JN436477

로스쿨
형법총론판례

이명복 지음

인북스

책머리에

이 책은 『로스쿨 형법판례 I 』과 『로스쿨 형법판례II』를 개정 증보하여 법과대학이나 법학전문대학원에서 본격적으로 형법을 배우고자 하는 독자를 위하여 판례를 조문별 체계로 요점 정리하여 2011년까지의 판례를 망라해 펴낸 것이다. 따라서 60여 년간 우리나라 사법부를 유지하여온 법률 실무가들이 형법의 실무 적용상 나타난 문제를 현장에서 해결해온 법률문화의 핵심내용이 되는 형법총론 부분의 판례 내용을 정리했다. 최소한 형법의 기초지식을 높이고 정확한 개념을 파악을 가능하게 해주기 때문에 규범문화를 창달하는 데 기여할 것으로 굳게 믿는다. 따라서 형법을 처음 입문하는 단계에서부터 상당한 수준을 유지하고 있는 독자에 이르기까지 형법총론에 대한 이해를 높이고 우리나라 사법부가 추구하는 법적 정의가 무엇인가를 바르게 이해시키고자 한 것이 이 책을 펴낸 목적이다.

이 책에 수록된 판례들은 형사법 교재에 수록된 판례, 사법연수원 형사판례 요약집의 판례, 최근 2011년도의 10년 전 판례 등을 집대성하여 수록 빈도와 형법 해석상 선판례 구속성이 높은 중요한 위치를 점하고 있는 비중 있는 내용만을 수록했음을 밝힌다. 때로는 조문에 따라 수록된 판례의 수가 일정하지 않고 조문 구별이 모호한 판례도 있다. 그 이유는 해당 조항에 속하는 판례가 없거나 있다 해도 학문적 가치나 형법논리에 타당하지 않은 것을 제외한 결과 균형 감각이 다소 낮아진 듯 보이지만 실질적인 내용에서는 확고한 균형을 유지하였다.

이 책의 독자인 법과대학생과 법학전문 대학원생들이 시간 낭비 없이 간편하게 활용하여 형법실무를 정확하게 이해하고 법률 적용의 응용력을 증진시키는 데 많은 도움이 되었으면 한다. 단 판례를 읽을 때 단순한 사건의 해결내용으로만 보지 말고 그 판례가 담고 있는 내용이 인권보장과 법적 정의에 알맞은 규범가치 · 입법정책 · 법적 논리 등의 요건을 갖추고 있는가 하는 점을 법철학의 입장에서 통찰 · 검증하여 주었으면 한다.

끝으로 앞으로 미흡한 점을 수정 · 보완하여 간단명료한 개념과 내용을 담을 수 있도록 독자들과 여러 선생님들에게 조언과 충고의 말씀을 부탁드린다. 그리고 이 책의 출판에 애써준 인북스 출판사 편집실, 법과대학원생 조정우, 박시욱 조교와 항상 근면 · 정직 · 성실하게 생활하는 우리 가족에게 깊은 고마움을 표하고 싶다.

2012년 12월
서운산 가락동에서
저자

차 례

제1장 형법의 적용범위

제1절 시간적 적용범위

1. 시간적 효력의 원칙과 예외 ······ 13
2. 범죄의 성립과 처벌 ······ 14

제2절 장소적 적용범위와 인적 예외

1. 장소적 효력의 일반원칙 ······ 23
2. 인적 적용범위 ······ 25
3. 국내범 ······ 25
4. 내국인의 국외범 ······ 27
5. 국외에 있는 내국 선박 등에서 외국인이 범한 죄와 국외범 ······ 29
6. 대한민국과 대한민국 국민에 대한 국외범 ······ 31
7. 외국에서 받은 형의 집행과 적용 ······ 34

제2장 죄

제1절 책임론

1. 책임의 일반이론 ······ 39
2. 책임의 기초 ······ 40

제2절 죄의 성립과 형의 감면

1. 책임능력 ······ 43
2. 책임무능력자와 한정책임능력자 ······ 44
3. 강요된 행위 ······ 52

제3절 구성요건적 고의

1. 고의의 의의, 본질 ······ 55
2. 고의의 체계적 지위 ······ 55

3. 고의의 성립요건 ······ 56
4. 고의의 종류 ······ 57

제4절 과실
1. 과실범의 의의 ······ 66
2. 과실의 체계적 지위 ······ 66
3. 과실의 종류 ······ 67

제5절 사실의 착오
1. 의의 ······ 71
2. 구성요건적 착오와 구별되는 유형 ······ 71
3. 사실착오의 유형 ······ 72
4. 고의의 성립범위에 관한 학설 ······ 73
5. 인과관계의 착오 ······ 74

제6절 법률의 착오
1. 법률의 착오의 의의 ······ 78
2. 법률의 착오의 종류 ······ 78
3. 형법 제16조의 해석 ······ 79

제7절 인과관계
1. 인과관계의 의의 ······ 88
2. 인과관계이론 ······ 88

제8절 부작위범
1. 부작위의 의의 ······ 96
2. 작위와 부작위의 구별 ······ 96
3. 부작위범의 구조 ······ 97
4. 부작위범의 성립요건 ······ 98

제9절 독립행위의 경합(同時犯)
1. 동시범의 의의 ······ 105
2. 형법 제19조(독립행위의 경합) ······ 105
3. 상해죄의 동시범 특례(제263조) ······ 106

제3장 위법성론

제1절 위법성 일반이론
1. 위법성의 의의 ······ 111
2. 형식적 위법성과 실질적 위법성 ······ 111
3. 주관적 위법성론과 객관적 위법성론 ······ 111
4. 주관적 불법요소와 주관적 정당화요소 ······ 111
5. 행위반가치와 결과반가치 ······ 112
6. 위법성조각사유의 일반원리 ······ 113

제2절 위법성조각사유
1. 정당행위 ······ 114
2. 정당방위 ······ 133
3. 긴급피난 ······ 142
4. 자구행위 ······ 146
5. 피해자의 승낙 ······ 149

제4장 미수범

제1절 미수범의 일반이론
1. 범죄의 실현단계 ······ 159
2. 미수범 관련 판례 ······ 160

제5장 공범

제1절 공범의 일반이론
1. 공범의 개념 ······ 195
2. 공범의 본질 ······ 196
3. 정범과 공범의 구별 ······ 197

제2절 공동정범
1. 의의 ······ 200
2. 공동정범의 본질 ······ 200
3. 과실범의 공동정범[행위공동설의 입장] ······ 201

제3절 협의의 공범
1. 교사범 ······ 208
2. 종범 ······ 215

제4절 공범과 신분
1. 형법 제33조 해석 ······ 218

제5절 간접정범, 특수한 교사, 방조에 대한 형의 가중
1. 간접정범의 본질 ······ 223

제6장 누범

제1절 누범
1. 누범의 의의 ······ 235
2. 누범가중의 요건 [제35조 (누범) 제1항] ······ 235
3. 누범의 처벌[제35조 (누범) 제2항] ······ 235

제2절 판결선고후의 누범발각 ······ 240

제7장 경합범

제1절 경합범
1. 실체적 경합범의 의의와 종류 …… 245
2. 실체적 경합범의 요건 …… 245

제2절 경합범과 처벌례
1. 실체적 경합의 처분 …… 254

제3절 판결을 받지 아니한 경합범,수개의 판결과 경합범, 형의 집행과 경합범 …… 266

제4절 경합
1. 상상적 경합 …… 271

제8장 형

제1절 형의 종류와 경중
1. 형의 종류 …… 287
2. 징역 또는 금고의 기간 …… 294
3. 형의 선고와 자격상실 …… 298
4. 자격정지 …… 301
5. 벌금 · 구류 · 과료 …… 306
6. 몰수의 대상과 추징 …… 308
7. 형의 경중 …… 321

제2절 형의 양정
1. 양형의 조건 …… 324
2. 자수 자복 …… 329
3. 작량감경 …… 333

4. 법률상의 감경 ……………………………… 335
5. 가중감경의 순서 ……………………………… 336
6. 판결선고전 구금일수의 통산 ……………………………… 339
7. 판결의 공시 ……………………………… 344

제3절 형의 선고유예
1. 선고유예 ……………………………… 345

제4절 형의 집행유예
1. 집행유예의 요건 ……………………………… 351
2. 집행유예의 실효 ……………………………… 357
3. 집행유예의 취소 ……………………………… 361
4. 집행유예의 효과 ……………………………… 364
5. 보호관찰, 사회봉사 · 수강명령 ……………………………… 367

제5절 형의 집행
1. 사형, 징역 ……………………………… 373
2. 금고와 구류 ……………………………… 380
3. 벌금과 과료 ……………………………… 385
4. 노역장 유치 ……………………………… 388
5. 유치일수의 공제 ……………………………… 390

참고문헌 ……………………………… 391

판례색인 ……………………………… 393

제1장 형법의 적용범위

제1절 시간적 적용범위
제2절 장소적 적용범위와 인적 예외

제1장 형법의 적용범위

형법의 적용범위의 문제는 ① 일정 시점의 행위(시간적 적용범위) ② 일정 장소에서 발생한 행위(장소적 적용범위) ③ 어떤 사람(인적 적용범위)에 대하여 형법이 적용되는가하는 문제에서 제기된다. 이것은 형법의 법률적 효력이 미치는 범위(효력범위)를 의미한다.

형법의 적용범위는 형법 제1조 내지 제7조와 부칙에 규정되어 있다.

제1절 시간적 적용범위

1. 시간적 효력의 원칙과 예외

원칙	①행위시법주의(구법주의) : **형법 제1조제1항 "범죄의 성립과 처벌은 행위시의 법률에 의한다."** 행위시법의 추급효는 인정되나, 재판시법(신법)의 소급효는 금지된다. **"행위시"** 란 **범죄행위의 종료시를 의미한다.**[대판 1994. 5. 10. 94도563] ②신구법 간의 차이가 없는 때에는 행위시법에 의한다. ③신법에 의하여 형이 신설, 가중 경우에도 행위시법에 의한다. ④범죄후 여러차례 법률이 변경되어 행위시법, 중간시법, 재판시법이 있을 경우에는 이 가운데에서 **피고인에게 가장 유리한 가벼운 법률을 적용**한다.[대판, 1968. 12. 17. 68도 1324] ⑤중간시법 : 행위시법과 재판시법 사이에 중간시법이 있는 경우에는 이 셋 중 가장 경한 법을 적용한다.
예외	①재판시법(신법)주의 : 형법 제1조제2항 "범죄후 법률의 변경에 의하여 그 행위가 범죄를 구성하지 아니하거나 형이 구법보다 경한 때에는 신법에 의한다." "범죄후"는 실행행위의 종료후를 의미하며 결과발생을 포함하지 않는다. "법률의 변경에 의하여"에서 법률은 형식상의 법률, 명령, 규칙을 불문하며 법률의 변경여부는 형벌에 영향을 주는 총체적 법률상태의 변경을 의미하므로 형법뿐만 아니라 친족범위에 관한 민법규정의 변경, 백지형법의 충전규범의 변경도 이에 포함된다. 또한, 경제통제법령에 근거해 발포된 고시의 변경이 행정처분에 불과하다 하여도 형벌에 영향을 주는 한 법률의 변경에 포함하는 것이 타당하다.(이형국) **형법 제1조제2항 규정은 재판시법을 행위시에 소급 적용하는 결과가 되므로 신법의 소급효를 인정하게 된다. 따라서, 소급효금지의 원칙에는 불합치 된다.** **②형법 제1조제3항 "재판확정후 법률의 변경에 의하여 범죄를 구성하지 아니하는 때에는 형의 집행을 면제한다."는 것은 형의 집행만 면제하고 형의 선고 자체가 무효되는 것은 아니다.** ③행위시법의 범죄행위가 재판시법에서는 범죄가 성립되지 않을 때에는 **형소법 제326조 4호의 "범죄후의 법령개폐로 형이 폐지되었을 때" 에 해당하여 면소판결을 받게 된다.** **④행위시법과 재판시법이 모두 범죄로 되나 형의 경중이 없으면 행위시법(구법)이 적용된다.**[대판 1960.11.16. 60 형상 445] **"형의 경중" 은 부가형까지 비교하여 결정하여야 하므로 법정형을 표준으로 한다.** **법정형의 경중은 병과형 또는 선택형 중 가장 중한 형을 기준으로 하여 다른 형과 경중을 정한다.**[대판, 1996.7.26. 96 도 1158] ⑤신법에 의하여 형의 폐지ㆍ감경된 경우에는 신법에 의한다.

2. 범죄의 성립과 처벌

조문

제1조(범죄의 성립과 처벌)
① 범죄의 성립과 처벌은 행위시의 법률에 의한다.
② 범죄후 법률의 변경에 의하여 그 행위가 범죄를 구성하지 아니하거나 형이 구법보다 경한 때에는 신법에 의한다.
③ 재판확정 후 법률의 변경에 의하여 그 행위가 범죄를 구성하지 아니하는 때에는 형의 집행을 면제한다.

관련판례

1] 대법원 2011. 9. 8. 선고 2011도7635 판결

❐ 형법 제1조 제2항의 적용 범위

형법 제1조 제2항의 규정은 형벌법령 제정의 이유가 된 법률이념의 변천에 따라 과거에 범죄로 보던 행위에 대하여 그 평가가 달라져 이를 범죄로 인정하고 처벌한 그 자체가 부당하였다거나 또는 과형이 과중하였다는 반성적 고려에서 법령을 개폐하였을 경우에 적용하여야 하고, 이와 같은 법률이념의 변경에 의한 것이 아닌 다른 사정의 변천에 따라 그때그때의 특수한 필요에 대처하기 위하여 법령을 개폐하는 경우에는 이미 그 전에 성립한 위법행위는 현재에 관찰하여서도 여전히 가벌성이 있는 것이어서 그 법령이 개폐되었다 하더라도 그에 대한 형이 폐지된 것이라고 할 수 없다 (대법원 2005. 12. 23. 선고 2005도747 판결 등 참조).

2] 대법원 2011. 7. 14. 선고 2011도1303 판결

❐ 형법 제1조 제2항 및 제8조에 의하면 범죄 후 법률의 변경에 의하여 형이 구법보다 가벼운 때에는 원칙적으로 신법에 따라야 하지만, 신법에 경과규정을 두어 이러한 신법의 적용을 배제하는 것도 허용되는 것으로서, 형을 종전보다 가볍게 형벌법규를 개정하면서 그 부칙에서 개정된 법의 시행 전의 범죄에 대하여는 종전의 형벌법규를 적용하도록 규정한다 하여 형벌불소급의 원칙이나 신법우선의 원칙에 반한다고 할 수 없다 (대법원 1992. 2. 28. 선고 91도2935 판결, 대법원 1999. 4. 13.자 99초76 결정, 대법원 1999. 7. 9. 선고 99도1695 판결 등 참조).

그리고 형법 제1조 제2항의 규정은 형벌법령 제정의 이유가 된 법률이념의 변천에 따라 과거에 범죄로 보던 행위에 대하여 그 평가가 달라져 이를 범죄로 보고 처벌한 자체가 부당하였다거나 또는 과형이 과중하였다는 반성적 고려에서 법령을 개폐하였을 경우에 적용하여야 하고, 이와 같은 법률이념의 변경에 의한 것이 아닌 다른 사정의 변천에 따라 그때그때의 특수한 필요에 대처하기 위하여 법령을 개폐하는 경우에는 이미 그 전에 성립한 위법행위를 현재에 관찰하여도 행위 당시의 행위로서는 가벌성이 있는 것이어서 그 법령이 개폐되었다 하더라도 그에 대한 형이 폐지된 것이라고는 할 수 없다(대법원 1984. 12. 11. 선고 84도413 판결, 대법원 1997. 12. 9. 선고 97도2682 판결 등 참조).

3] 대법원 2011. 4. 14. 선고 2010도2540 판결

❐ 국회의원 갑이 후원인 을로부터 직접 정치자금을 받아 구 정치자금에 관한 법률 위반죄로 공소제기된 사안에서, 갑이 을로부터 받은 정치자금을 30일 이내에 기부자 을의 인적사항과 함께 후원회 회계책임자에게 전달하였다면 이는 형법 제1조 제2항의 '범죄 후 법률의 변경에 의하여 그 행위가 범죄를 구성하지 않는 때'에 해당한다.

4] 대법원 2010. 3. 11. 선고 2009도12930 판결

[1] 형벌법령 제정의 이유가 된 법률이념의 변천에 따라 과거에 범죄로 보던 행위에 대하여 그 평가가 달라져 이를 범죄로 인정하고 처벌한 그 자체가 부당하였다거나 또는 과형이 과중하였다는 반성적 고려에서 법령을 개폐하였을 경우에는, 형법 제1조 제2항에 따라 신법을 적용하여야 한다.(대법원 2003. 10. 10. 선고 2003도2770 판결 등 참조).

[2] 구 군형법(2009. 11. 2. 법률 제9820호로 개정되기 전의 것) 제79조는 "허가 없이 근무장소 또는 지정장소를 일시이탈하거나 지정한 시간 내에 지정한 장소에 도달하지 못한 자는 1년 이하의 징역이나 금고에 처한다"고 규정하였으나, 원심판결 선고 후 시행된 군형법 제79조는 "허가 없이 근무장소 또는 지정장소를 일시적으로 이탈하거나 지정한 시간까지 지정한 장소에 도달하지 못한 사람은 1년 이하의 징역이나 금고 또는 300만 원 이하의 벌금에 처한다"고 규정하여 벌금형이 법정형으로 추가되었는바, 그 취지는 무단이탈의 형태와 동기가 다양함에도 불구하고 죄질이 경미한 무단이탈에 대하여도 반드시 징역형 내지 금고형으로 처벌하도록 한 종전의 조치가 과중하다는 데에서 나온 반성적 조치라고 보아야 할 것이어서, 이는 형법 제1조 제2항의 '범죄 후 법률의 변경에 의하여 형이 구법보다 경한 때'에 해당한다.

5] 대법원 2009. 9. 24. 선고 2009도3763 판결

❐ 원심은 2007. 3. 27. 대통령령 제19971호로 개정된 자원의 절약과 재활용촉진에 관한 법률 시행령(이하 '개정 후 시행령'이라 하고, 그 개정 전의 시행령은 '개정 전 시행령'이라 한다) 제10

조에 따르면 피고인들이 제조한 제품은 공업용 접착 플라스틱 테이프의 원료가 되는 필름으로서 소비자에게 판매하기 위하여 시장에 유통되는 최종 단계의 제품이 아니기 때문에 폐기물부담금 부과대상인 제품에 해당되지 아니하고, 한편 위 시행령 제10조는 그 법률조항의 위임에 따라 규정되어 범죄구성요건을 보충하는 형벌법규의 기능을 하는 것으로서, 개정 후 시행령에서 경과규정을 두고 있지 않은 이상 형법 제1조 제1항의 행위시법 적용의 원칙이 관철되어야 하는 바, 피고인들이 출고실적에 대한 자료제출명령을 받고도 이를 이행하지 않은 채 기한을 넘긴 것은 개정 후 시행령이 시행중인 때이고, 개정 후 시행령이 따로 그 적용에 관한 경과규정을 두고 있지 않으므로 피고인들이 제조한 제품은 폐기물부담금 부과대상이 되는 제품에 해당되지 않으며, 피고인들이 제출명령을 받은 출고실적서가 2004년분부터 2006년분까지의 출고분에 관한 것이라는 이유로 과거 그 당시 시행되던 개정 전 시행령에 따라 폐기물부담금 부과대상인지 여부를 결정할 것은 아니라고 판단하여 피고인들에게 각 무죄를 선고하였는바, 기록에 비추어 보면 이러한 원심의 판단은 정당하고, 거기에 형벌법규 변경시 적용할 법령 선택에 관한 법리오해의 위법이 없다.

6] 대법원 2009. 6. 25. 선고 2008도10096 판결

[1] 형사재판에 있어서 이미 확정된 형사판결이 동일한 사실관계에 관하여 인정한 사실의 증명력 및 유죄의 인정을 위한 증거의 증명력 정도.

❒ 동일한 사실관계에 관하여 이미 확정된 형사판결이 인정한 사실은 유력한 증거자료가 되므로, 그 형사재판의 사실판단을 채용하기 어렵다고 인정되는 특별한 사정이 없는 한 이와 배치되는 사실은 인정할 수 없다. 그리고 형사재판에서 공소가 제기된 범죄사실에 대한 입증책임은 검사에게 있고, 유죄의 인정은 법관으로 하여금 합리적인 의심을 할 여지가 없을 정도로 공소사실이 진실한 것이라는 확신을 가지게 하는 증명력을 가진 증거에 의해야 하므로, 그와 같은 증거가 없다면 설령 피고인에게 유죄 의심이 간다고 하더라도 피고인의 이익으로 판단할 수밖에 없다.

7] 서울고법 2009. 5. 21. 선고 2000재노6 판결 〈아람회 사건〉

[1] 구 집회 및 시위에 관한 법률(1989. 3. 29. 법률 제4095호로 전문 개정된 것)이 '현저히 사회적 불안을 야기시킬 우려가 있는 집회 또는 시위의 금지'에 대한 벌칙조항을 삭제하면서 그 부칙에 그 시행 전의 행위에 대한 벌칙의 적용에 관하여 아무런 경과규정을 두지 않은 것은 위 집회 또는 시위까지 처벌대상으로 삼은 종전의 조치가 부당하다는 반성적 고려에 의한 것이어서, 범죄 후 법률의 변경에 의하여 그 행위가 범죄를 구성하지 아니하는 경우에 해당하는 사유가 있게 되었다고 보아 원심판결을 직권파기한 사례.

1. 계엄법 위반, 집시법 위반의 점에 대한 직권판단

(가) 계엄법 위반의 점에 대한 직권판단

기록에 의하면, 전두환 등이 1979. 12. 12. 군사반란 및 1980. 5. 18. 광주민주화항쟁을 전후하여 행한 일련의 행위는 내란죄가 되어 헌정질서파괴범죄에 해당하고(대법원 1997. 4. 17. 선고 96도3376 판결 참조), 피고인들의 원심 판시 각 계엄법 위반의 행위(별지 공소사실의 요지 중 피고인 1의 제1.의 1항, 피고인 2의 제2.의 1항, 피고인 3의 제3.의 1항, 피고인 4의 제4.의 1항, 피고인 5의 제5.의 1, 2항)는 전두환 등의 이러한 헌정질서파괴범행을 저지하거나 반대함으로써 헌법의 존립과 헌정질서를 수호하기 위한 정당한 행위인 사실을 인정할 수 있으므로, 피고인들의 위 각 행위는 형법 제20조 소정의 정당행위에 해당하여 범죄로 되지 아니함에도, 이를 모두 유죄로 인정한 원심판결은 더 이상 유지될 수 없다.

(나) 집시법 위반의 점에 대한 직권판단

재심사유가 없는 범죄사실에 관한 법령이 재심대상판결 후 개정·폐지된 경우에는 그 범죄사실에 관하여도 재심판결 당시의 법률을 적용하여야 하는바(대법원 1996. 6. 14. 선고 96도477 판결 등 참조), 원심은 피고인 5를 제외한 나머지 피고인들의 판시 각 집시법 위반의 행위{별지 공소사실의 요지 중 피고인 1의 제1.의 15 (6)항, 피고인 2의 제2.의 8 (5)항, 피고인 3의 제3.의 11 (2)항, 피고인 4의 제4.의 10 (2)항}에 관하여 구 집회 및 시위에 관한 법률(1989. 3. 29. 법률 제4095호로 전문 개정되기 전의 것, 이하 같다) 제14조 제1항 본문, 제3조 제1항 제4호를 적용하였으나, 개정된 집회 및 시위에 관한 법률에 의하면, 구 집회 및 시위에 관한 법률 제3조 제1항 제4호 "현저히 사회적 불안을 야기시킬 우려가 있는 집회 또는 시위"를 삭제하면서 부칙에 그 시행 전의 행위에 대한 벌칙의 적용에 관하여 아무런 경과 규정을 두지 않았고, 이는 구 집회 및 시위에 관한 법률 제3조 제1항 제4호에 의한 집회 내지 시위까지 처벌대상으로 삼은 종전의 조치가 부당하다는 반성적 고려에 의한 것이어서(대법원 2009. 2. 26. 선고 2006도9311 판결 등 참조), 이 사건 공소사실 중 피고인 5를 제외한 나머지 피고인들의 판시 각 집시법 위반의 점은 '범죄 후 법률의 개폐에 의하여 형이 폐지되었을 때'에 해당한다고 할 것이므로, 이를 모두 유죄로 인정한 원심판결은 더 이상 유지될 수 없다.

(다) 소결론

따라서 피고인들에 대한 각 국가보안법 위반과 반공법 위반 및 계엄법 위반의 공소사실은 모두 '범죄의 증명이 없는 때'에 해당하여 무죄를 선고하여야 할 것이고, 또한 피고인 1, 2, 3, 4에 대한 각 집시법 위반의 공소사실은 '범죄 후 법률의 개폐에 의하여 형이 폐지되었을 때'에 해당하여 면소를 선고하여야 할 것이므로, 피고인들의 사실오인 주장은 모두 이유 있다.

2. 이 사건 재심의 결론

그렇다면 원심판결 중 국가보안법 위반과 반공법 위반의 점에 대한 피고인들의 항소는 모두 이유 있고, 또한 계엄법 위반과 집시법 위반의 점에 대하여 위와 같은 직권파기 사유도 있으므로, 피고인들 및 검사의 각 양형부당 주장에 대한 판단을 생략한 채, 형사소송법 제364조 제2항, 제6항에 의하여 원심판결을 파기하고 변론을 거쳐, 다시 다음과 같이 판결한다.

❐ 무죄 부분

이 사건 공소사실 중 피고인들에 대한 각 국가보안법 위반, 반공법 위반, 계엄법 위반의 점의 공소사실의 요지는, 별지 공소사실의 요지 중 피고인 1의 제1.의 15 (6)항, 피고인 2의 제2.의 8 (5)항, 피고인 3의 제3.의 11 (2)항, 피고인 4의 제4.의 10 (2)항의 각 가운데 "현저히 사회적 불안을 야기시킬 우려가 있는 집회를 개최하고" 부분을 제외한 피고인들의 나머지 공소사실 전부의 기재와 같은바, 위 "4. 판단"항에서 살펴 본 바와 같이 이 사건 공소사실 중 피고인들에 대한 각 국가보안법 위반, 반공법 위반, 계엄법 위반의 점은 각 범죄의 증명이 없는 경우에 해당하므로, 형사소송법 제325조 후단에 의하여 위 각 공소사실에 대하여 피고인들에게 각 무죄를 선고한다.

❐ 면소 부분

이 사건 공소사실 중 피고인 1, 2, 3, 4에 대한 각 집시법 위반의 점의 요지는 별지 공소사실의 요지 중 피고인 1의 제1.의 15 (6)항, 피고인 2의 제2.의 8 (5)항, 피고인 3의 제3.의 11 (2)항, 피고인 4의 제4.의 10 (2)항의 각 가운데 "현저히 사회적 불안을 야기시킬 우려가 있는 집회를 개최하고" 부분의 기재와 같은바, 위 각 공소사실에 적용된 구 집회 및 시위에 관한 법률 제14조 제1항 본문, 제3조 제1항 제4호 중 같은 법 제3조 제1항 제4호는 1989. 3. 29. 법률 제4095호로 전문 개정된 집회 및 시위에 관한 법률에 의하여 폐지되었음이 명백하므로, 형사소송법 제326조 제4호에 의하여 면소를 선고한다.

❐ 맺는 말

법치주의는 민주시민사회를 지탱하는 가장 중요한 이념적 가치이자 제도적 기반이고, 법관으로 대표되는 사법부는 법치주의의 이념을 구현하는 최후의 보루이다. 법관이 수행하는 법치주의의 여러 과제들 중 소수자 보호는 그 핵심적 과제인바, 그 뜻은 절대 권력자나 힘을 가진 다수가 진실에 반하는 요구를 하더라도 법원은 진실을 말하는 힘없는 소수의 편이 되어 그러한 소수를 보호하여야 한다는 것이다. 설령, 그러한 행위로 인하여 극심한 불이익을 받게 된다고 하더라도 법관은 진실을 밝히고 반드시 이를 지켜내야만 한다. 그러나 우리 민족과 민주주의에 대한 소박한 신념을 가진 교사, 대학생, 마을금고 직원, 검찰공무원 등 각자의 직역에서 일상을 평범하고 성실하게 살아가는 시민들에 불과하였던 피고인들이 이 사건 재심대상 재판 과정에서 국가기관에 의하여 저질러진 약 한 달간의 불법구금과 혹독한 고문 끝에 반국가단체의 구성원으로 조작·둔갑되어 허위 자백을 하였다고 절규하였음에도 불구하고, 이 사건 재심대상 재판 당시 법관들은 그 호소를 외면한 채 진실을 밝히고 지켜내지 못함으로써 사법부 본연의 역할을 다하지 못하였다.

오늘 그 시대 오욕의 역사가 남긴 뼈아픈 교훈을 본 재판부의 법관들은 가슴 깊이 되새겨 법관으로서의 자세를 다시금 가다듬으면서, 선배 법관들을 대신하여 억울하게 고초를 겪으며 힘든 세월을 견디어 온 피고인들과 그 가족들에게 심심한 사과와 위로의 뜻을 밝힌다.

이제 망 피고인 4는 하늘나라에서 편안하게 쉬고, 나머지 피고인들은 이 땅에서의 여생이 평화롭고 행복하기를 진심으로 바란다.

8] 대법원 2009. 4. 23. 선고 2008도11017 판결

[1] 게임산업진흥에 관한 법률 시행령 제18조의3의 시행일 이전에 행해진 게임머니의 환전 등 행위를 처벌하는 것이 형벌법규의 소급효금지 원칙에 반한다(적극).

❒ 헌법 제13조 제1항 전단과 형법 제1조 제1항은 형벌법규의 소급효금지 원칙을 밝히고 있고, 2007. 1. 19. 제8247호로 법률이 개정되면서 시행된 게임산업진흥에 관한 법률 제44조 제1항 제2호, 제32조 제1항 제7호와 2007. 5. 16. 제20058호로 대통령령이 개정되면서 신설된 법 시행령 제18조의3과 그 부칙 제1조에 의하면, 법 시행령 제18조의3의 시행일 이후 위 시행령 조항 각 호에 규정된 게임머니의 환전, 환전 알선, 재매입 영업행위가 처벌되는 것이므로, 그 시행일 이전에 위 시행령 조항 각 호에 규정된 게임머니를 환전, 환전 알선, 재매입한 영업행위를 처벌하는 것은 형벌법규의 소급효금지 원칙에 위배된다.

9] 대법원 2009. 4. 9. 선고 2009도321 판결

[1] 법 개정 전후에 걸친 포괄일죄에 대한 법령 적용

❒ 포괄일죄로 되는 개개의 범죄행위가 법 개정의 전후에 걸쳐서 행하여진 경우에는 신·구법의 법정형에 대한 경중을 비교하여 볼 필요도 없이 범죄실행 종료시의 법이라고 할 수 있는 신법을 적용하여 포괄일죄로 처단하여야 한다(대법원 1998. 2. 24. 선고 97도183 판결 참조).

【사례】

피고인 3이 2005. 9. 30.경부터 2007. 1. 16.경까지 등급분류를 받은 게임물과 다른 내용의 것을 이용에 제공하고, 위 게임물을 이용하여 사행행위를 하게 한 행위를 각 포괄일죄로 보고, 위 기간 동안의 전체 행위에 대하여 행위의 종료시에 시행중인 구 게임산업진흥에 관한 법률(2007.

1. 19. 법률 제8247호로 개정되기 전의 것)이 적용된다고 판단하여, 그 기간 동안에 발생한 전체의 범죄수익을 위 법률 제44조 제2항에 따라 추징한 것은 정당하다.

10] 대법원 2009. 3. 26. 선고 2008도93 판결

[1]영상물등급위원회 임직원이 게임물 등급분류와 관련하여 영상물등급위원회장 명의의 접수일부인을 허위로 작성・행사한 사안에서, 처벌법규의 개정으로 형법상 뇌물 관련 범죄 외에는 더 이상 공무원으로 의제되지 않게 된 영상물등급위원회 임직원들에 대해 허위공문서작성죄 및 동행사죄를 적용한 원심판결을 심리미진을 이유로 파기한 사례.

❒ 영상물등급위원회 임직원인 피고인들이 공모하여 2005. 6.경부터 2005. 9.경까지 사이에 공문서인 영상물등급위원회장 명의의 접수일부인을 허위로 작성하고, 이를 각 행사하였다는 것이고, 이에 관한 처벌규정인 구 음반・비디오물 및 게임물에 관한 법률(2006. 4. 28. 법률 제7943호로 폐지) 제48조가 "영상물등급위원회의 위원・직원과 소위원회의 위원・사후관리위원회의 위원, 문화관광부장관이 제47조의 규정에 의하여 위탁한 업무에 종사하는 협회 또는 단체의 임직원은 형법 그 밖의 법률에 의한 벌칙의 적용에 있어서는 이를 공무원으로 본다."고 규정하였다가, 위 법이 폐지됨에 따라 2006. 4. 28. 제정되어 10. 28.부터 시행된 영화 및 비디오물의 진흥에 관한 법률 제91조는 "영상물등급위원회의 위원과 그 사무국의 직원은 형법 제129조 내지 제132조에 의한 벌칙의 적용에 있어서는 이를 공무원으로 본다."고 규정함으로써, 벌칙의 적용에 있어서 영상물등급위원회 임직원이 공무원으로 의제되는 형법 등의 조문이 뇌물 관련 범죄로 축소되었다. 위와 같이 처벌법규의 개정으로 허위공문서작성죄 및 그 행사죄에 대하여는 영상물등급위원회 임직원이 공무원으로 의제되지 않게 되었으므로 피고인들은 처벌 대상이 되지 아니한다는 피고인들의 주장에 대하여, 원심은 영상물등급위원회가 수행하도록 되어 있는 게임물의 등급 분류에 관한 업무는 국가의 사무이므로 영상물등급위원회는 행정기관성이 인정되며, 따라서 영상물등급위원회에 접수된 게임물의 등급분류 신청서에 기재되는 접수번호 및 접수일자에 관한 접수인은 공문서에 해당한다는 이유만으로 피고인들의 위 주장을 배척하였다.

그러나 허위공문서작성죄 및 그 행사죄는 "공무원"만이 그 주체가 될 수 있는 신분범이라 할 것이므로, 신분상 공무원이 아님이 분명한 피고인들을 허위공문서작성죄 및 그 행사죄로 처벌하려면 그에 관한 특별규정이 있어야 할 것이고, 그들의 업무가 국가의 사무에 해당한다거나, 그들이 소속된 영상물등급위원회의 행정기관성이 인정된다는 사정만으로는 피고인들을 위 죄로 처벌할 수 없다고 할 것이다.

11] 대법원 2009. 2. 26. 선고 2006도9311 판결

❐ 구 의료법(2007. 1. 3. 법률 제8203호로 개정되기 전의 것)이 약효에 관한 광고를 허용하고 그에 대한 벌칙조항을 삭제하면서 부칙에 그 시행 전의 약효에 관한 광고행위에 대한 벌칙의 적용에 관하여 아무런 경과규정을 두지 않은 것은 약효에 대한 광고행위까지 처벌대상으로 삼은 종전의 조치가 부당하다는 반성적 고려에 의한 것이어서, 범죄 후 법률의 변경에 의하여 그 행위가 범죄를 구성하지 아니하는 경우에 해당하여 형법 제1조 제2항에 따라 신법을 적용하여야 함에도 구법을 적용한 조치가 위법하다.

12] 대법원 2004. 7. 22. 선고 2003도8153 판결

❐ 구 건설산업기본법이 1999. 4. 15. 일부 개정되어 당일 시행되었으나, 개정 법률 부칙 제6조에서 '이 법 시행 전의 행위에 대한 벌칙 및 과태료의 적용에 있어서는 종전의 규정에 의한다.'는 내용의 경과조치를 두고 있으므로 구법 시행 당시의 행위에 대하여는 구법을 적용하여야 하는 것이고, 이 경우 법률의 개정으로 범죄를 구성하지 않게 되거나 형이 폐지되었다고 볼 여지가 없어 면소사유에 해당하지 않는 것인바(대법원 2003. 1. 10. 선고 2002도5477 판결 참조), 개정 건설산업기본법 부칙 제6조에서 위와 같은 개정 법률 시행 전의 행위에 대한 벌칙의 적용에 있어서는 종전의 규정에 의한다는 경과규정을 두고 있는 이상, 원심이 구 건설산업기본법 시행 당시에 행하여진 이 사건 공소사실에 대하여 구 건설산업기본법을 적용하여 처벌한 것은 정당하고, 법률적용의 위법이 없다.

13] 대법원 2004. 1. 27. 선고 2001도3178 판결

❐ 2004. 1. 20. 법률 제7077호로 공포, 시행된 형법 중 개정법률에 의해 형법 제37조 후단의 "판결이 확정된 죄" 가 "금고 이상의 형에 처한 판결이 확정된 죄" 로 개정되었는바, 위 개정법률은 특별한 경과규정을 두고 있지 않으나, 형법 제37조는 경합범의 처벌에 관하여 형을 가중하는 규정으로서 일반적으로 두 개의 형을 선고하는 것보다는 하나의 형을 선고하는 것이 피고인에게 유리하므로 위 개정법률을 적용하는 것이 오히려 피고인에게 불리하게 되는 등의 특별한 사정이 없는 한 형법 제1조 제2항을 유추적용하여 위 개정법률 시행 당시 법원에 계속중인 사건 중 위 개정법률 전에 벌금형에 처한 판결이 확정된 경우에도 적용되는 것으로 보아야 한다.

14] 대법원 2001. 5. 8. 선고 2000도5313 판결

❐ 개정 법률의 부칙 등에서 '개정 법률의 시행전의 행위에 대한 벌칙의 적용에 있어서는 종전

의 규정에 의한다'는 내용의 경과규정을 두고 있는 때에는 구법 당시의 행위에 대하여 구법을 적용하여야 한다.

15] 대법원 2000. 12. 8. 선고 2000도2626 판결

❐ 구 청소년보호법 제2조 제5호의 개정으로 청소년의 숙박업소출입허용행위가 처벌대상에서 제외된 것은 범죄 후의 법률의 변경에 의하여 그 행위가 범죄를 구성하지 않는 경우에 해당한다.

16] 대법원 2000. 8. 18. 선고 2000도2943 판결

❐ 구 부동산중개업법(1999. 3. 31. 법률 제5957호로 개정되기 전의 것) 제6조 제2항의 중개보조원 고용인원수 제한이 개정된 법령에서 폐지된 것은 법률이념의 변천 보다는 사회 · 경제상황의 변화에 따라 취하여진 정책적인 조치에 불과한 것이므로 개정 법률에서 경과규정을 두지 않았다고 하더라도 종전 규정에 따라 처벌할 수 있다.

17] 대법원 2000. 6. 9. 선고 2000도764 판결

❐ 단란주점의 영업시간을 제한하고 있던 보건복지부 고시가 유효기간 만료로 실효되어 그 영업시간 제한이 해제된 것은 해제 이전에 범하여진 위반행위에 대한 가벌성이 소멸되는 것은 아니다.

18] 대법원 1999. 9. 17. 선고 97도3349 판결

❐ 행위 당시의 판례에 의하면 처벌대상이 아니었던 행위를 판례의 변경에 따라 처벌하는 것이 평등의 원칙과 형벌불소급의 원칙에 반한다고 할 수 없다.

19] 대법원 1999. 7. 9. 선고 99도1695 판결

❐ 형을 종전보다 가볍게 형벌법규를 개정하면서 그 부칙으로 개정된 법의 시행 전의 범죄에 대하여 종전의 형벌법규를 적용하도록 규정한다 하여 헌법상의 형벌불소급의 원칙이나 신법우선주의에 반한다고 할 수 없다.

20] 대법원 1998. 2. 24. 선고 97도183 판결

❐ 포괄일죄로 되는 개개의 범죄행위가 법 개정의 전후에 걸쳐서 행하여진 경우에는 신 · 구법의 법정형에 대한 경중을 비교하여 볼 필요도 없이 범죄 실행 종료시의 법이라고 할 수 있는 신법을 적용하여 포괄일죄로 처단하여야 한다.

21] 대법원 1997. 12. 9. 선고 97도2682 판결

❐ 한국전기통신공사법을 폐지하고, 공기업의경영구조개선및민영화에관한법률에서 한국전기통신공사를 더 이상 정부투자기관관리기본법상의 '정부투자기관'으로 보지 아니하도록 정한 것은 형의 폐지 · 변경이 있었던 것이라고 볼 수 없다.

22] 대법원 1997. 6. 13. 97도703 판결

❐ 보호관찰은 형벌이 아니라 보안처분의 성격을 갖는 것이므로 그에 관하여 반드시 행위 이전에 규정되어 있어야 하는 것은 아니며, 재판시의 규정에 의하여 보호관찰을 받을 것을 명할 수 있다고 보아야 한다.

제2절 장소적 적용범위와 인적 예외

1. 장소적 효력의 일반원칙

형법은 속지주의를 원칙으로 하고 속인주의와 보호주의로 보완하고 있다.

[형법적용 대상]

원칙		속지주의를 원칙으로 하면서 속인주의와 보호주의로 보완하고 있다.
속지주의	형법	제2조[국내법] 본 법은 대한민국 영역 내에서 죄를 범한 내국인과 외국인에게 적용한다.[속지주의] 제4조[국외에 있는 내국선박 등에서 외국인이 범한 죄] 본 법은 대한민국 영역 외에 있는 대한민국 선박 또는 항공기 내에서 죄를 범한 외국인에게 적용한다.[기국주의의 보충]
	내용	자국의 영역내에서 발생한 모든 범죄에 대하여 범죄인의 국적여하에 관계없이 자국의 형법을 적용한다. ①제2조 "죄를 범한"의 의미는 실행행위가 있는 것만을 의미하지 않고, 실행행위 또는 결과발생 중 어느 부분이라도 대한민국의 영역 내에서 발생하면 충분하다. 따라서, 범행의 장소와 결과발생장소가 다르거나, 범행이 여러 장소에 걸쳐 행하여진 경우라도 그 가운데 일부분의 범행지역이 자국의 영역 내에서 발생하였을 때에는 자국의 형법이 적용된다.
속인주의	형법	제3조[내국인의 국외범] 본 법은 대한민국 영역 외에서 죄를 범한 내국인에게 적용한다.
	내용	자국민이 범한 범죄에 대하여는 범죄지와 범죄의 객체에 관계없이 자국형법을 적용한다. ① OECD "국제상거래뇌물방지법"(1998.12.28, 법률 제5588호)제정은 우리나라 공무원이 외국공무원에게 뇌물을 공여하였을 때 처벌된다. 이는 속지주의가 아닌 속인주의의 법적근거가 된다.

<table>
<tr><td rowspan="2">보호
주의</td><td>형법</td><td>제5조[외국인의 국외범]. 본 법은 대한민국 영역 외에서 다음에 기재한 죄를 범한외국인에게 적용한다
1. 내란의 죄
2. 외환의 죄
3. 국기에 관한 죄
4. 통화에 관한 죄
5. 유가증권, 우표와 인지에 관한 죄
6. 문서에 관한 죄 중 제225조 내지 제230조(미수범을 제외한 공문서에 관한 죄)
7. 인장에 관한 죄 중 제238조(공인 등의 위조, 부정사용)
제6조[대한민국과 대한민국 국민에 대한 국외 범] 본 법은 대한민국 영역 외에서 대한민국 또는 대한민국 국민에 대하여 전조에 기재한 이외의 죄를 범한 외국인에게 적용한다. 단, 행위지의 법률에 의하여 법률을 구성하지 아니하거나 소추 또는 형의 집행을 면제할 경우에는 예외로 한다.</td></tr>
<tr><td>내용</td><td>자국 또는 자국민의 법익을 침해하는 범죄에 대하여는 범죄인의 국적과 범죄지역에 관계없이 자국형법을 적용한다.</td></tr>
<tr><td rowspan="2">세계
주 의</td><td>형법</td><td>제207조(통화의 위조 등) “③행사할 목적으로 외국에서 통화하는 외국의 화폐, 지폐 또는 은행권을 위조 또는 변조한 자는 10년이하의 징역에 처한다.”는 규정은 “제5조(외국인의 국외법). 4.통화에 관한 죄의 예외규정으로 세계주의를 채택한 것이다.”</td></tr>
<tr><td>내용</td><td>범죄인의 국적, 범죄지역, 범죄의 객체에 관계없이 그 범죄 행위가 자국법의 처벌대상이면 자국의 형법을 적용한다.
①세계인류사회의 공공질서를 침해하는 범죄[예) 전쟁도발, 해적행위, 항공기납치, 국제테러 등], 각국의 공동이익을 침해하는 범죄[예)통화위조, 마약밀매 등], 반인도적 범죄[예)인종학살, 인신매매 등]에 대하여 자국형법을 적용한다. ②각국이 형법의 보호법익에 차이가 있기 때문에 국제적 제재가 어렵다는 비판을 받는다.</td></tr>
</table>

<table>
<tr><td colspan="2">구분</td><td>속지주의
(제2조)</td><td>기국주의
(제4조)</td><td>속인주의
(제3조)</td><td>절대적
보호주의
(제5조)</td><td>상대적
보호주의
(제6조)</td></tr>
<tr><td rowspan="2">범죄지</td><td>영역 내</td><td>o</td><td>x</td><td>x</td><td>x</td><td>x</td></tr>
<tr><td>영역 외</td><td>x</td><td>o
(대한민국
국적의 선박,
항공기 내)</td><td>o</td><td>o</td><td>o</td></tr>
<tr><td rowspan="2">범인의
국적</td><td>내국인</td><td>o</td><td>x</td><td>o</td><td>x</td><td>x</td></tr>
<tr><td>외국인</td><td>o</td><td>o</td><td>x</td><td>o</td><td>o</td></tr>
</table>

2. 인적 적용범위

<table>
<tr><td>원칙</td><td colspan="2">시간적 · 장소적 효력의 범위 내에서는 원칙적으로 모든 사람에게 적용된다.</td></tr>
<tr><td rowspan="2">국내법상 예외</td><td>대통령</td><td>헌법 제84조[형사상 특권]대통령은 내란 또는 외환의 죄를 범한 경우를 제외하고는 재직 중 형사상의 소추를 받지 않는다.</td></tr>
<tr><td>국회의원</td><td>헌법 제45조[발언 · 표결의 면책특권]국회의원은 국회에서 직무상 행한 발언과 표결에 관하여 국회 외에서 책임을 지지 않는다.
이러한 면책특권은 국회의원의 신분상실 후에도 유효하다.</td></tr>
<tr><td rowspan="2">국제법상 예외</td><td>외교관계 면책특권 을가진자</td><td>외국의 원수 그 가족 및 내국인이 아닌 종자, 신임된 외국의 대사, 공사, 부수원, 그 가족 및 내국인이 아닌 종자는 형사소추를 받지 아니한다.</td></tr>
<tr><td>외국군대</td><td>한미간의 군대지위협정[SOFA:Status of Forces Agreement 1967.2.9.조약제232호]에 의해 공무집행중에 발생한 미군범죄에 대해 우리형법은 적용되지 않는다.</td></tr>
</table>

3. 국내범

조문

제2조(국내범) 본법은 대한민국 영역 내에서 죄를 범한 내국인과 외국인에게 적용한다.

관련판례

1] 대법원 2008. 12. 11. 선고 2008도3656 판결

[1] 간통죄를 처벌하지 않는 국가의 국적을 가진 외국인이 국내에서 벌어진 배우자의 간통행위에 대하여 고소권을 가진다(적극).

❐ 형법 제2조는 형법의 적용범위에 관하여 속지주의 원칙을 채택하고 있는바, 대한민국 영역 내에서 배우자 있는 자가 간통한 이상, 그 간통죄를 범한 자의 배우자가 간통죄를 처벌하지 아니하는 국가의 국적을 가진 외국인이라 하더라도 간통행위자의 간통죄 성립에는 아무런 영향이 없고, 그 외국인 배우자는 형사소송법의 규정에 따른 고소권이 있다.

2] 대법원 2006. 9. 22. 선고 2006도5010 판결

[1] 외국에 소재한 대한민국 영사관 내부가 대한민국 영역에 속하지 않는다(소극).

❐ 형법의 적용에 관하여 같은 법 제2조는 대한민국 영역 내에서 죄를 범한 내국인과 외국인에

게 적용한다고 규정하고 있으며, 같은 법 제6조 본문은 대한민국 영역 외에서 대한민국 또는 대한민국 국민에 대하여 같은 법 제5조에 기재한 이외의 죄를 범한 외국인에게 적용한다고 규정하고 있는바, 중국 북경시에 소재한 대한민국 영사관 내부는 여전히 중국의 영토에 속할 뿐 이를 대한민국의 영토로서 그 영역에 해당한다고 볼 수 없을 뿐 아니라, 사문서위조죄가 형법 제6조의 대한민국 또는 대한민국 국민에 대하여 범한 죄에 해당하지 아니함은 명백하다.

[2] 외국인이 중국 북경시에 소재한 대한민국 영사관 내에서 여권발급 신청서를 위조하였다는 취지의 공소사실에 대하여, 외국인의 국외범에 해당한다는 이유로 피고인에 대한 재판권이 없다.

❐ 내국인이 아닌 피고인이 위 영사관 내에서 공소외인 명의의 여권발급신청서 1장을 위조하였다는 취지의 공소사실에 대하여 외국인의 국외범에 해당한다는 이유로 피고인에 대한 재판권이 없다고 판단한 것은 옳다.

3] 대법원 2000. 4. 21. 선고 99도3403 판결

[1] 외국인이 대한민국 공무원에게 알선한다는 명목으로 금품을 수수한 행위가 대한민국 영역 내에서 이루어지고 금품수수의 명목이 된 알선행위의 장소가 대한민국 영역 외인 경우, 구 변호사법 제90조 제1호 위반죄가 성립하는지 여부(적극).

❐ 외국인이 대한민국 공무원에게 알선한다는 명목으로 금품을 수수하는 행위가 대한민국 영역 내에서 이루어진 이상, 비록 금품수수의 명목이 된 알선행위를 하는 장소가 대한민국 영역 외라 하더라도 대한민국 영역 내에서 죄를 범한 것이라고 하여야 할 것이므로, 형법 제2조에 의하여 대한민국의 형벌법규인 구 변호사법(2000. 1. 28. 법률 제6207호로 전문 개정되기 전의 것) 제90조 제1호가 적용되어야 한다.

4] 대법원 1998. 11. 27. 선고 98도2734 판결

❐ 국외에서 국외로 운반중인 히로뽕이 경유지인 국내 공항에서 환적을 위하여 항공사측에 의하여 일시적으로 지상반출된 경우, 형법 제2조를 적용함에 있어서 공모공동정범에 있어서 공모지도 범죄지에 해당한다. 따라서 피고인 갑이 이 사건 향정신성의약품을 매수한 행위는 외국인의 국외범에 해당한다고 본 것은 형법 제2조 국내범에 관한 법리를 오해한 위법이 있다.

4. 내국인의 국외범

조문

제3조(내국인의 국외범) 본법은 대한민국 영역 외에서 죄를 범한 내국인에게 적용한다.

관련판례

1] 헌법재판소 2008. 11. 27. 선고 2007헌마49 전원재판부【재판취소】

[1] 헌법소원의 대상이 되는 법원의 재판이 아니라고 본 사례

❐ 헌법재판소가 위헌으로 결정한 법령을 적용함으로써 국민의 기본권을 침해한 재판을 제외한 법원의 재판은 헌법소원심판의 대상으로 삼을 수 없는바, 심판대상판결은 헌법소원심판의 대상이 되는 예외적인 재판에 해당되지 아니하므로 그 취소를 구하는 이 사건 심판청구는 부적법하다.

❐ 재판관 조대현, 재판관 김종대, 재판관 민형기의 반대의견

청구인의 청구취지는 동일한 사건으로 외국에서 형벌을 집행받았는데 이를 무시하고 국내에서 거듭 처벌하는 것은 부당하다는 것이므로, 외국에서 형벌을 집행받은 청구인을 국내에서 거듭 처벌하는 것 자체와 그 경우에 외국에서 집행받은 형기를 국내의 거듭처벌에서 공제하여 주지 않는 형법 제7조를 모두 심판대상으로 삼은 것이라고 봄이 상당하고, 외국에서 형의 집행을 받은 자에 대하여 거듭처벌할 수 있음을 전제로 하고 있는 형법 제7조는 헌법 제13조 제1항 후문(거듭처벌금지)에 위반된다고 볼 수는 없다.

그러나 동일한 범죄에 대하여 외국과 국내에서 거듭 처벌하는 것을 허용하는 경우에도 그로 인하여 신체의 자유가 침해되는 정도를 최소한도로 줄여야 한다. 형법 제7조의 법정형 감경제도는 법정형의 형기를 2분의 1로 줄일 뿐 선고형의 감면이나 형기의 감축을 보장하는 것이 아니고, 법정형의 감경 여부도 법관의 재량에 맡기고 있으므로, 거듭처벌로 인한 인권침해의 정도를 최소한도로 줄이기에는 미흡하므로 헌법 제37조 제2항의 요구 중 기본권 제한 최소한의 원칙을 충족시키지 못한다고 할 것이다. 이와 같이 형법 제7조는 헌법에 위반되지만 합헌적인 부분도 포함하고 있고, 그 위헌성을 제거하여 합헌적인 내용으로 변경하는 일은 입법권에 속하는 사항이라고 보여지므로, 형법 제7조에 대하여 헌법불합치결정을 하고 합헌적인 개선입법을 촉구함이 상당하다.

❐ 재판관 이동흡의 보충의견

청구인은 이 사건 심판청구서에서 형법 제7조를 헌법소원심판의 대상으로 기재한 바 없고, 형

법 제7조는 형의 임의적 감면사유를 규정한 것일 뿐 일사부재리원칙이나 거듭 처벌에 관한 근거 조항이 될 수는 없는 점, 이 사건과 같이 재판취소를 구하는 헌법소원의 경우에 있어 재판에 적용된 법률조항 즉, 형법 제7조에까지 이 사건 심판대상을 확장할 수도 없는 점, 이 사건에서 청구인이 형법 제7조를 심판대상으로 하여 헌법소원을 청구한 것이라면, 그 헌법소원은 외국에서 형의 집행을 받은 자에 대하여는 임의적 변경이 아닌 필요적 면제 또는 필요적 형기산입조항을 두어야 한다는 내용의 부진정입법부작위에 관한 헌법소원의 형식을 취하여야 할 것인데 그와 같은 헌법소원은 이 사건 재판소원과는 본질적으로 차이가 있으며, 나아가서 설사 이 사건에서 청구인이 형법 제7조에 대한 법령소원을 제기한 것으로 본다 하더라도, 청구인은 늦어도 형 면제 또는 필요적 형기산입이 이루어지지 않은 1심 판결을 선고받은 2006. 7. 25.경 기본권 침해사유를 알게 되었다고 할 것이어서 2007. 1. 12. 제기된 이 사건 심판청구는 90일의 청구기간을 도과한 것이므로, 형법 제7조에 대한 심판청구는 부적법하여 각하를 면할 수 없는 점 등에 비추어 보면, 이 사건 심판의 대상은 법원의 재판인 위 항소심 판결에 한정될 수밖에 없는 것이다.

2] 대법원 2004. 4. 23. 선고 2002도2518 판결

[1] 도박죄를 처벌하지 않는 외국 카지노에서의 도박행위의 위법성이 조각되지 않는다(적극).

❐ 형법 제3조는 "본법은 대한민국 영역 외에서 죄를 범한 내국인에게 적용한다."고 하여 형법의 적용 범위에 관한 속인주의를 규정하고 있고, 또한 국가 정책적 견지에서 도박죄의 보호법익보다 좀더 높은 국가이익을 위하여 예외적으로 내국인의 출입을 허용하는 폐광지역개발지원에 관한특별법 등에 따라 카지노에 출입하는 것은 법령에 의한 행위로 위법성이 조각된다고 할 것이나, 도박죄를 처벌하지 않는 외국 카지노에서의 도박이라는 사정만으로 그 위법성이 조각된다고 할 수 없다.

3] 대법원 2001. 9. 25. 선고 99도3337 판결

[1] **형법의 적용 범위로서의 내국인의 국외범**

❐ 형법 제3조는 "본법은 대한민국 영역 외에서 죄를 범한 내국인에게 적용한다."고 하여 형법의 적용 범위에 관한 속인주의를 규정하고 있는바, 필리핀국에서 카지노의 외국인 출입이 허용되어 있다 하여도, 형법 제3조에 따라, 필리핀국에서 도박을 한 피고인에게 우리 나라 형법이 당연히 적용된다.

4] 대구고법 1971. 4. 15. 선고 71노176 형사부 판결 : 확정

❐ 형법 3조에 의하면 우리나라 형사재판권은 대한민국영역외에서 죄를 범한 내국인에게 미침

을 알 수 있으므로 내국인인 피고인이 범죄를 제3국인 태국과 일본에서 범하였다 할지라도 피고인에 대한 형사재판권은 우리나라에 있다.

5. 국외에 있는 내국 선박 등에서 외국인이 범한 죄와 국외범

조문

제4조(국외에 있는 내국선박등에서 외국인이 범한 죄) 본법은 대한민국영역외에 있는 대한민국의 선박 또는 항공기내에서 죄를 범한 외국인에게 적용한다.
제5조(외국인의 국외범) 본법은 대한민국영역외에서 다음에 기재한 죄를 범한 외국인에게 적용한다.
1. 내란의 죄
2. 외환의 죄
3. 국기에 관한 죄
4. 통화에 관한 죄
5. 유가증권, 우표와 인지에 관한 죄
6. 문서에 관한 죄중 제225조 내지 제230조
7. 인장에 관한 죄중 제238조

관련판례

1] 대법원 2008. 4. 17. **선고** 2004도4899 **판결〈송두율 사건〉**

[1] 외국인이 북한의 지령을 받아 외국 주재 북한이익대표부를 방문하여 북한공작원을 만남으로 인한 국가보안법 위반행위가 외국인의 국외범에 해당하는지 여부(적극)

❐ 국가보안법 제6조 제2항의 "반국가단체나 그 구성원의 지령을 받거나 받기 위하여 또는 그 목적수행을 협의하거나 협의하기 위하여 잠입하거나 탈출한 자" 및 같은 법 제8조 제1항의 "국가의 존립·안전이나 자유민주적 기본질서를 위태롭게 한다는 정을 알면서 반국가단체의 구성원 또는 그 지령을 받은 자와 회합·통신 기타의 방법으로 연락을 한 자"의 적용과 관련하여, 독일인이 독일 내에서 북한의 지령을 받아 베를린 주재 북한이익대표부를 방문하고 그곳에서 북한공작원을 만났다면 위 각 구성요건상 범죄지는 모두 독일이므로 이는 외국인의 국외범에 해당하여, 형법 제5조와 제6조에서 정한 요건에 해당하지 않는 이상 위 각 조항을 적용하여 처벌할 수 없다.

2] 대법원 2006. 9. 22. 선고 2006도5010 판결

[1] 외국인이 중국 북경시에 소재한 대한민국 영사관 내에서 여권발급신청서를 위조하였다는 취지의 공소사실에 대하여, 외국인의 국외범에 해당한다는 이유로 피고인에 대한 재판권이 없다.

❐ 형법의 적용에 관하여 같은 법 제2조는 대한민국 영역 내에서 죄를 범한 내국인과 외국인에게 적용한다고 규정하고 있으며, 같은 법 제6조 본문은 대한민국 영역 외에서 대한민국 또는 대한민국 국민에 대하여 같은 법 제5조에 기재한 이외의 죄를 범한 외국인에게 적용한다고 규정하고 있는바, 중국 북경시에 소재한 대한민국 영사관 내부는 여전히 중국의 영토에 속할 뿐 이를 대한민국의 영토로서 그 영역에 해당한다고 볼 수 없을 뿐 아니라, 사문서위조죄가 형법 제6조의 대한민국 또는 대한민국 국민에 대하여 범한 죄에 해당하지 아니함은 명백하다.

따라서 원심이 내국인이 아닌 피고인이 위 영사관 내에서 공소외인 명의의 여권발급신청서 1장을 위조하였다는 취지의 공소사실에 대하여 외국인의 국외범에 해당한다는 이유로 피고인에 대한 재판권이 없다고 판단한 것은 옳고, 거기에 상고이유의 주장과 같이 재판권에 관한 법리오해 등의 잘못은 없다.

3] 대법원 2002. 11. 26. 선고 2002도4929 판결

[1] 사인위조죄가 형법 제6조 소정의 대한민국과 대한민국국민에 대한 국외범에 해당하는지 여부(소극)

❐ 형법 제239조 제1항의 사인위조죄는 형법 제6조의 대한민국 또는 대한민국국민에 대하여 범한 죄에 해당하지 아니하므로 중국 국적자가 중국에서 대한민국 국적 주식회사의 인장을 위조한 경우에는 외국인의 국외범으로서 그에 대하여 재판권이 없다.

4] 대법원 1998. 11. 27. 선고 98도2734 판결

❐ 형법 제2조를 적용함에 있어서 공모공동정범의 경우 공모지도 범죄지로 보아야 한다.

5] 대법원 1989. 4. 11. 선고 88도460 판결

❐ 관세법 제2조 제1항 제1호는 외국의 선박 등에 의하여 공해에서 채포된 수산물 등을 우리나라에 인취하는 것을 수입으로 규정하고 있는 바, 여기에서 외국의 선박이라 함은 원칙적으로 외국 국적의 선박을 의미하나 외국 국적의 선박이라도 내국인이 나용선하거나 양수하여 이를 운용하면서 수산물을 채포하는 경우에는 위 외국선박에 해당하지 않는다 고 보아야 할 것이다. 왜

냐하면, 내국이나 외국의 영역에 속하지 않는 공해에서 채포되는 수산물은 채포의 주체에 따라 외국물품 또는 내국물품으로 구분되는 것인바, 선박의 국적은 그 주체를 판별하는 원칙적인 기준이 되는 것이지만 내국 국적의 선박이라도 외국인이 나용선하거나 양수하여 이를 운용하면서 채포한 수산물은 외국물품으로서 그 국내인취를 수입으로 볼 수 있는 반면에 외국 국적의 선박이라도 내국인이 나용선하거나 양수하여 채포한 수산물은 내국물품으로서 그 국내인취를 수입이라고 보기 어렵기 때문이다.

6. 대한민국과 대한민국 국민에 대한 국외범

조 문

제6조(대한민국과 대한민국국민에 대한 국외범) 본법은 대한민국영역외에서 대한민국 또는 대한민국국민에 대하여 전조에 기재한 이외의 죄를 범한 외국인에게 적용한다. 단 행위지의 법률에 의하여 범죄를 구성하지 아니하거나 소추 또는 형의 집행을 면제할 경우에는 예외로 한다.

관련판례

1] 대법원 2011. 8. 25. 선고 2011도6507 판결

[1] 형법 제5조, 제6조의 각 규정에 의하면, 외국인이 외국에서 죄를 범한 경우에는 형법 제5조 제1호 내지 제7호에 열거된 죄를 범한 때와 형법 제5조 제1호 내지 제7호에 열거된 죄 이외에 대한민국 또는 대한민국 국민에 대하여 죄를 범한 때에만 대한민국 형법이 적용되어 우리나라에 재판권이 있게 되고, 여기서 '대한민국 또는 대한민국 국민에 대하여 죄를 범한 때'란 대한민국 또는 대한민국 국민의 법익이 직접적으로 침해되는 결과를 야기하는 죄를 범한 경우를 의미한다.

[2] 형법 제6조 단서에서 정한 '외국법규의 존재'에 대한 증명의 정도(=엄격한 증명)와 증명책임의 소재(=검사)

❐ 형법 제6조 본문에 의하여 외국인이 대한민국 영역 외에서 대한민국 국민에 대하여 범죄를 저지른 경우 우리 형법이 적용되지만, 같은 조 단서에 의하여 행위지 법률에 의하여 범죄를 구성하지 아니하거나 소추 또는 형의 집행을 면제할 경우에는 우리 형법을 적용하여 처벌할 수 없고, 이 경우 행위지 법률에 의하여 범죄를 구성하는지는 엄격한 증명에 의하여 검사가 이를 증명하여야 한다.

2] 대법원 2008. 7. 24. 선고 2008도4085 판결

[1] 외국의 시민권을 취득한 대한민국의 국민이 국적을 상실하는 시기 및 형법 제6조의 외국법규의 존재에 대한 증명의 정도와 증명책임 부담자

❐ 대한민국의 국민이 뉴질랜드의 시민권을 취득하면 국적법(2008. 3. 14. 법률 제8892호로 개정되기 전의 것, 이하 같다) 제15조 제1항에 정한 '자진하여 외국 국적을 취득한 자'에 해당하여 우리나라의 국적을 상실하게 되는 것이지 대한민국과 뉴질랜드의 '이중국적자'가 되어 국적법 제14조 제1항의 규정에 따라 법무부장관에게 대한민국의 국적을 이탈한다는 뜻을 신고하여야 비로소 대한민국의 국적을 상실하게 되는 것은 아니다(대법원 1999. 12. 24. 선고 99도3354 판결 등 참조). 한편 형법 제6조 본문에 의하여 외국인이 대한민국 영역 외에서 대한민국 국민에 대하여 범죄를 저지른 경우에도 우리 형법이 적용되지만, 같은 조 단서에 의하여 행위지의 법률에 의하여 범죄를 구성하지 아니하거나 소추 또는 형의 집행을 면제할 경우에는 우리 형법을 적용하여 처벌할 수 없다고 할 것이고, 이 경우 행위지의 법률에 의하여 범죄를 구성하는지 여부에 대해서는 엄격한 증명에 의하여 검사가 이를 입증하여야 할 것이다(대법원 1973. 5. 1. 선고 73도289 판결 참조).

[2] 피고인이 뉴질랜드 시민권을 취득함으로써 우리나라 국적을 상실하였으므로, 그 후 뉴질랜드에서 대한민국 국민에 대하여 사기행위를 하였더라도 외국인이 대한민국 영역 외에서 대한민국 국민에 대하여 범죄를 저지른 경우에 해당한다.

❐ 피고인은 2001년경에 뉴질랜드 시민권을 취득한 사실이 인정되므로 피고인은 그 무렵 대한민국의 국적을 상실하였다고 할 것이어서, 피해자 공소외 1에 대한 이 사건 사기 범행 당시에는 피고인이 외국인이라고 할 것이고, 위 사기범행의 장소도 뉴질랜드임을 알 수 있으므로, 이는 결국 외국인이 대한민국 영역 외에서 대한민국 국민에 대하여 범죄를 저지른 경우에 해당한다고 할 것이다. 따라서 원심으로서는 피해자 공소외 1에 대한 사기의 점에 관한 이 사건 공소사실이 행위지인 뉴질랜드법률에 의하여 범죄를 구성하는지 여부 및 소추 또는 형의 집행이 면제되는지 여부를 심리하여 이 부분 공소사실이 행위지의 법률에 의하여 범죄를 구성하고 그에 대한 소추나 형의 집행이 면제되지 않는 경우에 한하여 우리 형법을 적용하여 처벌하였어야 할 것인데, 이에 관하여 아무런 입증이 없음에도 원심이 이 부분 공소사실을 유죄로 인정한 것은 위법하다고 할 것이다.

3] 대법원 2008. 4. 17. 선고 2004도4899 판결 〈송두율 사건〉

[1] 외국인이 북한의 지령을 받아 외국 주재 북한이익대표부를 방문하여 북한공작원을 만남으로 인한 국가보안법 위반행위가 외국인의 국외범에 해당한다(적극).

❐ 국가보안법 제6조 제2항의 "반국가단체나 그 구성원의 지령을 받거나 받기 위하여 또는 그 목적수행을 협의하거나 협의하기 위하여 잠입하거나 탈출한 자" 및 같은 법 제8조 제1항의 "국가의 존립·안전이나 자유민주적 기본질서를 위태롭게 한다는 정을 알면서 반국가단체의 구성원 또는 그 지령을 받은 자와 회합·통신 기타의 방법으로 연락을 한 자"의 적용과 관련하여, 독일인이 독일 내에서 북한의 지령을 받아 베를린 주재 북한이익대표부를 방문하고 그곳에서 북한공작원을 만났다면 위 각 구성요건상 범죄지는 모두 독일이므로 이는 외국인의 국외범에 해당하여, 형법 제5조와 제6조에서 정한 요건에 해당하지 않는 이상 위 각 조항을 적용하여 처벌할 수 없다.

4] 대법원 2006. 9. 22. 선고 2006도5010 판결

[1] 외국에 소재한 대한민국 영사관 내부가 대한민국 영역에 속하는지 여부(소극)

❐ 형법의 적용에 관하여 같은 법 제2조는 대한민국 영역 내에서 죄를 범한 내국인과 외국인에게 적용한다고 규정하고 있으며, 같은 법 제6조 본문은 대한민국 영역 외에서 대한민국 또는 대한민국 국민에 대하여 같은 법 제5조에 기재한 이외의 죄를 범한 외국인에게 적용한다고 규정하고 있는바, 중국 북경시에 소재한 대한민국 영사관 내부는 여전히 중국의 영토에 속할 뿐 이를 대한민국의 영토로서 그 영역에 해당한다고 볼 수 없을 뿐 아니라, 사문서위조죄가 형법 제6조의 대한민국 또는 대한민국 국민에 대하여 범한 죄에 해당하지 아니함은 명백하다.

[2] 외국인이 중국 북경시에 소재한 대한민국 영사관 내에서 여권발급신청서를 위조하였다는 취지의 공소사실에 대하여, 외국인의 국외범에 해당한다는 이유로 피고인에 대한 재판권이 없다.

❐ 내국인이 아닌 피고인이 위 영사관 내에서 공소외인 명의의 여권발급신청서 1장을 위조하였다는 취지의 공소사실에 대하여 외국인의 국외범에 해당한다는 이유로 피고인에 대한 재판권이 없다고 판단한 것은 옳고, 거기에 상고이유의 주장과 같이 재판권에 관한 법리오해 등의 잘못은 없다. 상고이유는 받아들일 수 없다.

5] 서울지법 2003. 6. 11. 선고 2003고단728 판결: 확정

[1] 외국인의 국외범에 대하여 재판권이 없음을 이유로 공소기각 판결을 한 사례

❐ 중국인이 중국에서 중국인에게 한국에 입국하는 여행의 편의를 제공함으로써 일반 여행업을 한 경우, 이는 이른바 외국인의 국외범에 해당하고, 한편 등록하지 아니하고 일반 여행업을 하였다는 관광진흥법 제77조 제1호, 제4조 제1항 위반죄는 형법 제6조의 대한민국 또는 대한민국 국민에 대하여 범한 죄에 해당하지 아니하여 재판권이 없음을 이유로 공소기각 판결을 한다.

6] 대법원 2002. 11. 26. 선고 2002도4929 판결

❒ 형법 제239조 제1항의 사인위조죄는 형법 제6조의 대한민국 또는 대한민국국민에 대하여 범한 죄에 해당하지 아니하므로, 중국 국적의 피고인이 중국에서 대한민국 국적 주식회사의 인장을 위조하였다는 공소사실은 외국인의 국외범으로서 피고인에 대하여 재판권이 없다.

7. 외국에서 받은 형의 집행과 적용

조 문

제7조(외국에서 받은 형의 집행) 범죄에 의하여 외국에서 형의 전부 또는 일부의 집행을 받은 자에 대하여는 형을 감경 또는 면제할 수 있다.
제8조(총칙의 적용) 본법 총칙은 타법령에 정한 죄에 적용한다. 단 그 법령에 특별한 규정이 있는 때에는 예외로 한다.

관련판례

1] 헌법재판소 2008. 11. 27. 선고 2007헌마49 전원재판부【재판취소】

[1] 헌법소원의 대상이 되는 법원의 재판이 아니라고 본 사례

❒ 헌법재판소가 위헌으로 결정한 법령을 적용함으로써 국민의 기본권을 침해한 재판을 제외한 법원의 재판은 헌법소원심판의 대상으로 삼을 수 없는바, 심판대상판결은 헌법소원심판의 대상이 되는 예외적인 재판에 해당되지 아니하므로 그 취소를 구하는 이 사건 심판청구는 적법하지 않다.

❒ 재판관 조대현, 재판관 김종대, 재판관 민형기의 반대의견

청구인의 청구취지는 동일한 사건으로 외국에서 형벌을 집행받았는데 이를 무시하고 국내에서 거듭 처벌하는 것은 부당하다는 것이므로, 외국에서 형벌을 집행받은 청구인을 국내에서 거듭 처벌하는 것 자체와 그 경우에 외국에서 집행받은 형기를 국내의 거듭처벌에서 공제하여 주지 않는 형법 제7조를 모두 심판대상으로 삼은 것이라고 봄이 상당하고, 외국에서 형의 집행을 받은 자에 대하여 거듭처벌할 수 있음을 전제로 하고 있는 형법 제7조는 헌법 제13조 제1항 후문(거듭처벌금지)에 위반된다고 볼 수는 없다. 그러나 동일한 범죄에 대하여 외국과 국내에서 거듭 처벌하는 것을 허용하는 경우에도 그로 인하여 신체의 자유가 침해되는 정도를 최소한도로 줄여야 한다. 형법 제7조의 법정형 감경제도는 법정형의 형기를 2분의 1로 줄일 뿐 선고형의 감면이나 형기의 감축을 보장하는 것이 아니고, 법정형의 감경 여부도 법관의 재량에 맡기고 있으

므로, 거듭처벌로 인한 인권침해의 정도를 최소한도로 줄이기에는 미흡하므로 헌법 제37조 제2항의 요구 중 기본권 제한 최소한의 원칙을 충족시키지 못한다고 할 것이다. 이와 같이 형법 제7조는 헌법에 위반되지만 합헌적인 부분도 포함하고 있고, 그 위헌성을 제거하여 합헌적인 내용으로 변경하는 일은 입법권에 속하는 사항이라고 보여지므로, 형법 제7조에 대하여 헌법불합치 결정을 하고 합헌적인 개선입법을 촉구함이 상당하다.

❐ 재판관 이동흡의 보충의견

청구인은 이 사건 심판청구서에서 형법 제7조를 헌법소원심판의 대상으로 기재한 바 없고, 형법 제7조는 형의 임의적 감면사유를 규정한 것일 뿐 일사부재리원칙이나 거듭 처벌에 관한 근거조항이 될 수는 없는 점, 이 사건과 같이 재판취소를 구하는 헌법소원의 경우에 있어 재판에 적용된 법률조항 즉, 형법 제7조에까지 이 사건 심판대상을 확장할 수도 없는 점, 이 사건에서 청구인이 형법 제7조를 심판대상으로 하여 헌법소원을 청구한 것이라면, 그 헌법소원은 외국에서 형의 집행을 받은 자에 대하여는 임의적 변경이 아닌 필요적 면제 또는 필요적 형기산입조항을 두어야 한다는 내용의 부진정입법부작위에 관한 헌법소원의 형식을 취하여야 할 것인데 그와 같은 헌법소원은 이 사건 재판소원과는 본질적으로 차이가 있으며, 나아가 설사 이 사건에서 청구인이 형법 제7조에 대한 법령소원을 제기한 것으로 본다 하더라도, 청구인은 늦어도 형 면제 또는 필요적 형기산입이 이루어지지 않은 1심 판결을 선고받은 2006. 7. 25.경 기본권 침해사유를 알게 되었다고 할 것이어서 2007. 1. 12. 제기된 이 사건 심판청구는 90일의 청구기간을 도과한 것이므로, 형법 제7조에 대한 심판청구는 부적법하여 각하를 면할 수 없는 점 등에 비추어 보면, 이 사건 심판의 대상은 법원의 재판인 위 항소심 판결에 한정될 수밖에 없는 것이다.

2] 대법원 1988. 1. 19. 선고 87도2287 판결

[1] 외국에서 형의 집행을 받은 자에 대한 형의 선고는 적법하다.

❐ 형법 제7조의 규정취지는 외국에서 형의 전부 또는 일부를 받은 자에 대하여 법원의 재량으로 형을 감경 또는 면제할 수 있다는 것이므로 외국에서 형의 집행을 받은 자에 대하여 형을 선고한 것을 위법하다고 할 수 없다.

3] 서울고법 1980. 7. 10. 선고 80노509 제1형사부판결 : 확정

[1] 외국에서 형의 일부를 집행받은 것은 형의 필요적 감면사유에 해당하지 않는다.

❐ 피고인이 본건으로 인하여 일본에서 형의 선고를 받고 그 일부의 집행을 받은 사실이 있다 하여도, 이는 형의 임의적 감면사유에 불과한 것이므로 원심이 위 사유를 참작하여 감면하지 않았다고 하여 법률위반이라고 할 수 없다.

제2장 죄

제1절 책임론
제2절 죄의 성립과 형의 감면
제3절 구성요건적 고의
제4절 과실
제5절 사실의 착오
제6절 법률의 착오
제7절 인과관계
제8절 부작위범
제9절 독립행위의 경합(同時犯)

제2장 죄

제1절 책임론

1. 책임의 일반이론

1) 책임의 의의

형법상 책임이란 "行爲者에 과하여지는 위법행위에 대한 非難可能性(Vorwerfbarkeit)"을 말한다. 문제는 책임을 근거로 '위법한 행위'에 대하여 행위자를 비난할 수 있는가이다. 행위는 행위자의 의사지배이므로, 책임판단의 대상은 의사지배된 행위이다. 그러므로 책임은 의사책임이고 의사형성의 비난 가능성(Vorwerfbarkeit der Willensbildung)을 의미한다. 따라서 책임을 비난가능성으로 이해하게 된다.

구성요건에 해당하고 위법한 행위를 한 자에 대하여 비난가능성으로서의 책임은 형벌의 부과를 정당화하는 요건이므로, 책임에서는 행위자에게 자신의 불법행위를 귀속시킬 수 있는가에 대하여 주관적 귀속을 논의・결정한다.

2) 위법성과 책임

위법성이 '당위'의 문제라고 하면, 책임은 행위자가 "다른 행위를 할 수 있었다"라고 하는 "타행위가능성(他行爲可能性)"의 문제라고 할 수 있다.

3) 책임주의

형법상 책임문제는 행위의 위법성이 확정된 후에 제기되므로 불법은 책임의 기초로서 존재한다. 책임판단의 '接點(Anknüpfungspunkt)'이면서 대상인 위법'행위'는 행위자의 '법의식 결여가 표출된 것'이므로 '心情反價値(Gesinnungsunwert)'로서 비난대상이 된다. 비난대상인 행위자의 위법행위는 범죄행위로서 법적 책임(Rechtsschlud)근거의 하나가 되는 것이다.

근대형법의 최고원리이자 지도이념으로서 법적 지위를 가진 '책임주의'는 "책임 없으면 형벌 없다"는 논리에 근거하여 책임이 형벌을 정당화하는 "형벌근거적 책임"과 책임을 초과한 형벌이 금지된다는 "형벌제한적 책임"을 내포하고 있다. 또한 형사책임의 인정여부는 법원에서 법적 기준과 절차에 따라 판단・결정되는 것이다.

4) 개인책임의 원칙

책임은 '행위자 개인'의 행위에 대한 비난가능성에 있으므로, 책임판단의 대상은 '행위자의 행위'를 원칙으로 한다. 한편 누범, 금지착오에 있어서의 정당한 이유의 판단, 양형 등에서의 형사책임과 행위자의 인격과의 관계도 중요한 의미를 갖는다. 이것이 "개인책임의 원칙" "자기책임의 원칙"이다.

이 원칙은 공범론에서 정범의 위법행위는(협의의) 공범의 성립에 영향을 주지만 정범의 책임은 공범에게 아무런 영향을 주지 못한다(공범 종속성의 제한종속형식).

2. 책임의 기초

1) 책임과 자유의사

"책임 없으면 형벌 없다"는 책임주의의 원칙은 인간의 의사의 자유, 결정의 자유(Entscheidungsfreiheit)를 전제로 한다. 행위자의 행위에 대하여 법적으로 비난할 수 있는가의 의문을 해결하기 위해서는 책임과 자유의지(自由意志, Willensfreiheit)와의 관계설정의 문제이다. 이미 책임은 "行爲者에 과하여지는 위법행위에 대한 非難可能性"을 의미한다고 하였는데, 인간을 이성적 존재라고 전제한다면, 자유의사는 "네가 당연히 해야 할 일이므로 행할 수 있다.(Du kannst, denn du sollst)"라는 명제에서 "이성(理性, Vernunft)에 의하여 지배 · 조정되는 상태"라고 정의할 수 있다.

그렇지만, 인간이 과연 자기의 행위를 지배할 수 있는 자유의사를 가진 존재인가, 책임의 근거를 자유의사로 볼 것인가, 하는 본질의 문제에 대해서는 아직도 과제로 남아 있다. 형법은 신구학파의 산물인 도의적 책임론과 사회적 책임론을 검증하는 상태이다.

[인간의 의사결정자유에 관한 견해]

자유의사	"이성(理性, Vernunft)에 의하여 지배 · 조정되는 상태"	
	비결정주의	결정주의
개념	인간의사는 절대적으로 자유롭다. 인간은 아무런 제약 없이 법과 불법을 선택할 수 있는 자유를 가지고 있는 존재다.	인간행위는 모두 인과 법적으로 결정된다. 범죄는 개인의 소양과 환경의 필연적 산물이다.
비판점	의사자유는 보편적일 뿐이고 구체적 상황에서 입증하기 곤란하다.	인간은 본래 충동을 억제하고 가치에 따라 행위를 결정할 수 있는 유일한 존재이다.

2) 책임 근거

인간의 자유의지(자유의사)의 문제에 대하여 형법학에서는 도의적 책임론(자유의사론)과 사회적 책임론(의사결정론)이 대립한다.

도의적 책임론	사회적 책임론
비결정주의=행위에 대한 도덕적 비난	결정주의=행위에 대한 사회적 비난
의사책임 – 자유의사 자의 범죄행위	성격책임 – 범죄로부터 사회방위 목적
비난대상 – 행위 그 자체	행위자의 반사회적 성격
일반인의 도덕(도의적)감정 만족 목적	사회 방위를 위한 목적
형벌과 보안처분의질적 이질성(이원론)	형벌과 보안처분의 질적 동일성(일원론)
책임무능력자 – 도의적 비난 불가능	책임무능력자 – 사회 방위목적 처벌가능
책임표준 – 피해결과의 경중에 의함	행위자의 반사회적 성격의 위험성 정도
행위책임 – 응보형주의	행위자 책임 – 교육형 주의, 목적형주의
객관주의(구파)	주관주의(신파)

(1) 도의적 책임론(道義的 責任論)

도의적 책임론은 인간에게 자유의사가 있다는 것을 전제로 하여(자유의사론, 非決定論), 책임의 근거(기초)를 이 '自由意思'에 둔다.

책임이란 자유의사를 가진 자가 그의 자유로운 의사결정에 따라 적법행위를 하지 않고 위법한 행위의 의사결정을 하였기 때문에 도의적으로 비난을 가하는 것이라고 한다. 이 점에서 도의적 책임론은 '의사책임', '행위책임(객관주의)'이다. 따라서 위법한 행위에 대하여 책임비난의 대상으로 삼는다. 자유의사가 없는 자는 책임무능력자로서 형벌을 부과할 수 없다. 자유의사를 가진 책임능력자에게 과해지는 형벌과 자유의사가 없는 책임무능력자에게 부과하는 보안처분은 그 본질이 다르다고 보아서 서로 형벌 대체가 허용되지 않는다(二元論).

도의적 책임론은 인간을 이성적 존재로 파악하고 추상적 인간관에 기초를 두고 고전학파 견해로서 형벌의 본질을 응보로 이해하는 '응보형주의'의 책임론이다.

(2) 사회적 책임론(社會的 責任論)

사회적 책임론은 인간의 자유의사를 부정하고 인간의 의사와 행위는 개인의 유전적 소질과 사회적 환경에 의하여 결정된다고 한다(決定論). 또 책임의 근거를 소질과 환경에 의하여 결정된 행위자의 '反社會的 性格(社會的 危險性)'에 두고, 책임이란 반사회적 성격을 가진 자가 사회방위수단으로서의 형벌의 제재를 받게 되는 지위(사회적 비난가능성)라고 할 수 있다. 즉 의사결정론을 전제로 하여 책임의 근거를 행위자의 반사회적 성격에서 도출하였고 그런 행위자가 사회방위처분을 받아야 할 지위를 책임으로 본다. 이점에서 사회적 책임론은 '성격책임' '행위자 책임(주관주의)'이다.

사회적 위험성이 있어서 사회방위처분을 받아야 한다는 본질적 측면에서는 책임능력자이건 책임무능력자이건 동일하지만, 책임능력자에게는 형벌이, 책임무능력자에게는 보안처분이 더 합목적적이라 보고 형벌과 보안처분의 차이는 합목적성의 양적 차이에 불과하고 질적으로는 동일하기 때문에 양자의 형벌대체도 허용된다고 한다(一元論).

사회적 책임론은 자유의사를 실증불가능한 환상에 불과한 것이다라는 전제아래 실증주의에서 출발하여 소질과 환경에 의하여 결정되는 구체적 인간관을 기초로 하여, 형벌의 본질을 응보가 아닌 범죄예방목적의 '목적형주의'의 책임론이다.

(3) 인격적 책임론(人格的 責任論)

책임론의 절충입장으로 인격적 책임론은 행위를 행위자의 '인격이 현실화'된 것으로 보고 행위자의 '형성된 인격'을 책임의 근거로 보는 견해다. 즉 행위자가 완전한 인격을 형성하는데 최선의 노력을 다하지 아니한 결과가 발단이 되어 사회적 피해를 발생하게 하였기 때문에, 이 잘못 형성된 인격에 대하여 책임을 물을 수 있다는 것이 '인격형성책임(人格形成責任)'이다. 따라서 책임은 "행위자의 인격에 대한 비난"이다. 구체적 행위에 대한 책임의 소재를 행위의 배경이 된 행위자의 생활영위(생활영위의 책임), 생활결정(생활결정책임)이라고 보는 것이다.

(4) 결론

비결정론의 도의적 책임론은 범죄에 있어서 인간이 소질과 환경의 영향을 받는다는 점을 파악하지 못하였고. 결정론의 사회적 책임론은 인간이 숙명적으로 결정되는 측면만을 보고, 사람은 자신의 가치관에 따라 행위를 조종하고 목적를 추구하는 주체적 존재라는 점을 이해하지 못하였다는 비판을 받고 있다. 그리고 인격적 책임론에서 인격이 누범, 양형 등에서 중요한 의미를 갖고 있지만, 책임판단의 대상은 인격이 아니라 '행위자의 행위'라는 점을 간과하고 있다는 비판은 피할 수 없다.

그런데 여기에서 논의의 핵심은 자유의사의 존재를 인정하고자 하는 형법학적 모색이다. 인간의 자유의사를 책임론에서 현실적이고 실용적인 측면만을 논의한다면 형법규범이라는 "상대적 개념의 범주"에서 인간은 소질과 환경의 제약과 자유의사에 의한 결정 및 행동에 대한 책임을 감당하는 주체적 존재이다. 이 주체적 존재의 가치를 긍정한다면 절대적 자유의사가 아닌 "상대적 자유의사(relativer Willensfreiheit)," 즉 "상대적으로 이성(理性: Vernunft)에 의하여 지배 · 조정되는 상태"는 인정된다고 할 수 있다.

제2절 죄의 성립과 형의 감면

1. 책임능력

1) 책임능력의 의의

책임능력이란 "행위자가 법규범의 금지와 명령을 통찰하여 규범에 따라 행동할 수 있는 능력"이다. 책임능력은 법과 불법을 분별 · 통찰할 수 있는 '지적' 능력과 그에 따라 행위의사를 결정하고 행동을 제어, 조정할 수 있는 '의지적' 능력을 말한다.

책임비난은 행위자의 책임능력을 전제로 한다. 책임능력은 책임의 '전제조건'인 동시에 '책임요소'가 된다.

2) 책임능력의 本質

(1) 도의적 책임론은 책임능력을 '범죄능력' '유책행위능력'으로 파악하여 행위의 시비를 분별하고 이에 따라 행위를 할 수 있는 능력이다. 책임능력이 요구되는 시점은 범죄'행위시'이다.

(2) 사회적 책임론은 책임능력을 '수형능력' '형벌적응능력'으로 파악하여 사회방위처분인 형벌이 효과를 거둘 수 있는 능력이다. 책임능력이 요구되는 시점은 '재판시' 또는 형벌부과시점이다.

(3) 결합설은 책임능력을 '범죄능력,' '유책행위능력'과 '수형능력' '형벌적응능력'으로 파악한다.

(4) 형법(제9조~제11조)은 행위시를 기준으로 하여 책임능력을 정하고, 소년법 제59조에서는 "죄를 범할 때에" 18세 미만인 소년에 대하여 사형과 무기형을 완화하도록 규정하는 등을 볼 때 현행법은 책임능력을 범죄능력으로 해석한 것으로 이해된다.

3) 책임능력 판단의 기준

형법이 책임능력을 판정하는 방법에는 세 가지가 있다. ① 생물학적 방법은 형법이 행위자의 비정상적인 상태를 기술하고 그러한 상태가 있으면 바로 책임능력이 없다고 하는 방법이다.(입법주의). 생물학적 비정상상태가 구체적인 위법행위에 어떠한 영향을 주었는가를 전혀 고려하지 않는 점에서 비판을 받고 있다.

② 심리학적 방법은 행위자가 어떠한 상태에 있는가를 불문하고 사물을 변별하거나 의사를 결정할 능력이 없는 심리상태면 책임능력이 없다고 규정하는 방법이다. 이 방법은 심리에 영향을 미치는 생물학적 요인, 정신의학의 과학적 지식 등을 책임능력의 판정에 전혀 고려하지 않고 행위자의 의사결정에 영향을 미칠 수 있는 기초를 법관에게 일임하여 법적 안정성에 위험을 초래

한다는 점에서 타당하지 못하다.

③ 혼합적 방법는 행위자의 비정상상태를 책임무능력의 생물학적 기초로 규정하고 이러한 생물학적 요인이 행위자의 변별능력과 의사결정능력에 영향을 주었는가를 심리학적으로 검토하여 판정한다.(입법주의) 생물학적 · 심리적 방법이라고도 한다. 형법 제10조의 규정도 이 방법을 택한 것으로 생각되지만,[1] 책임능력의 판단의 문제는 결국 법률문제라고 할 수 있다.

2. 책임무능력자와 한정책임능력자

형법은 구성요건에 해당하고 위법한 행위를 한 자는 책임능력이 있다고 전제를 하고 시작하기 때문에 책임능력을 적극적으로 규정하지 않고 소극적으로 책임이 조각되는 책임무능력자와 책임이 감경되는 한정책임능력자를 규정하고 있다.

형법상 책임무능력은 '심신장애'라는 생물학적 요인과 '사물의 변별능력,' '의사결정능력'이라고 하는 심리학적 요인을 혼합하여 판정하도록 규정함으로써 '결합적 방법'을 채택하고 있다. 책임무능력자는 만 14세 미만의 형사미성년자(제9조)와 심신상실자(제10조 제1항)가 있고, 한정책임능력자는 심신미약자(제10조 제2항)와 농아자(제11조)가 있다.

책임무능력은 책임조각사유가 되고, 한정책임능력은 책임감경사유로서 형의 필요적 감경사유가 된다.

1) 책임무능력자(責任無能力者)

(1) 형사미성년자(刑事未成年者)

형법 제 9조는, 14세 되지 아니한 자의 행위는 벌하지 아니한다. 14세 미만 자에 대하여 책임능력을 부정하고 있다. 즉 14세가 되지 아니한 자는 책임무능력의 상태에 있다는 취지가 아니라 위법한 행위를 비난하기에 필요한 정도로 성숙하지 못하였다고 보는 것이다. 형사미성년자의 행위는 책임이 조각된다. 이것은 범죄예방 차원에서 처벌하지 않는 것이 성장기의 청소년에게 바람직하다는 형사정책적 논리가 반영된 것이다. 그렇지만 소년법에 의한 보호처분은 적용된다. 즉 '소년법'은 형법위반행위 또는 형법위반행위를 할 우려가 있는 12세 이상 14세 미만자(제4조 1항)에 대하여는 '보호처분'을 할 수 있다(제23조 1항).

---

1) 대법원 2007.2.8. 선고 2006도7900 판결. 형법 제10조에 규정된 심신장애는 생물학적 요소로서 정신병 또는 비정상적 정신상태와 같은 정신적 장애가 있는 외에 심리학적 요소로서 이와 같은 정신적 장애로 말미암아 사물에 대한 변별능력과 그에 따른 행위통제능력이 결여되거나 감소되었음을 요하므로, 정신적 장애가 있는 자라고 하여도 범행 당시 정상적인 사물변별능력이나 행위통제능력이 있었다면 심신장애로 볼 수 없다.

(2) 심신장애자(心神障碍者)

심신장애자란 생물학적 요인으로서 행위자가 정신적 장애로 인하여 책임있는 행위를 할 능력이 없는 자를 말한다. 이 행위자는 법적으로 비난할 수 없으므로 책임조각이 된다.

형법은 제10조 1항 심신상실자(心神喪失者)와 제10조 2항 심신미약자(心神微弱者)를 규정하고 있다.

[심신상실자(心神喪失者)]

심신장애로 인하여 사물을 변별할 능력이 없거나 의사를 결정할 능력이 없는 자의 행위는 벌하지 아니한다(제10조 1항). 심신상실자는 정신기능의 장애로 인하여 보통인의 건전한 정신상태를 완전히 상실하였기 때문에 책임무능력자로서 책임이 조각된다. 그러나「치료감호법」은 심신장애자로서 형법 제10조 제1항의 규정에 의하여 처벌할 수 없는 자가 금고 이상의 형에 해당하는 죄를 범하고 치료감호시설에서의 치료가 필요하고 재범의 위험성이 있다고 인정되는 때에는 치료감호에 처한다(치료감호법 제 2 조 1항 1호).

심신상실의 요건은 결합적 방법을 택하고 있는 형법의 규정을 근거로 ① 생물학적 요소인 심신장애는 있고, ② 심리적 요소인 사물 변별능력(지적 요소)과 의사결정 능력(의지적 요소)은 없을 것을 요건으로 한다.

심신장애란 생물학적 요인으로서의 정신적 장애를 말하고, ② 사물을 변별할 능력(지적 요소)이나 의사를 결정할 능력(의지적 요소)은 심리적 요인을 규정한 것이다.

2) 한정책임능력자(限正責任能力者)

(1)심신미약자(心神微弱者)

심신장애로 인하여 사물을 변별할 능력이나 의사를 결정할 능력이 미미한 자의 행위는 형을 감경한다(제10조 2항). 심신미약자는 한정책임능력자로 책임감경사유가 된다.

한정책임능력자는 책임능력이 현저히 저하되어 행위하는 것이 극히 곤란하기 때문에 책임이 감경되는 것이다. 심신미약자도 형벌 이외에 보안처분이 과하여질 수 있다. 즉 심신장애자로서 형이 감경되는 자가 금고 이상의 형에 해당하는 죄를 범하고 치료감호시설에서의 치료가 필요하고 재범의 위험성이 있다고 인정되는 때에는 치료감호에 처한다(치료감호법 제2조 1항 1호).

(2)농아자(聾啞者)

농아자의 행위는 형을 감경한다(제11조). 농아자란 청각과 발음 기능에 장애가 중첩되어 있는 자를 말한다. 청각 기능과 발음기능의 장애는 선천적이든 후천적이든 불문한다. 수화와 농아교육, 과학의 발달로 농아자의 책임능력이 일반인과 동등하다고 하여 한정책임능력자로 규정하는 것은 입법론상 문제가 있다. 따라서 형법 제11조의 규정을 재검토하고, 일반 규정에 의하여 처리하는 것이 타당하다는 주장이 대세이다.

조문

제9조(형사미성년자) 14세 되지아니한 자의 행위는 벌하지 아니한다.
1) 14세 되지 않는 자는 형사책임을 지지 않는다. 따라서 형벌과 보안처분을 받지 않는다.
2) 예외
① '소년법'은 형법위반행위를 하거나 형법위반행위를 할 우려가 있는 10세 이상 14세 미만자(제4조 제1항)에 대하여는 '보호처분'을 할 수 있도록 규정하고 있다(제32조 제1항).
② 위법한 행위를 한 자가 14세 이상인 책임능력자라고 하더라도 19세 미만인 경우에는 「소년법」상의 '소년'으로서 특별한 취급을 받는다.
(제2조). 즉 14세 이상과 19세 미만자에 대하여는 형벌대신 '보호처분'을 부과할 수 있다.
(제32조 제1항) 이 경우에 16세 이상의 소년에게는 '사회봉사명령' 또는 '수강명령'을 동시에 명할 수 있다(제3항).
③ 소년이 법정형 장기 2년 이상의 유기형에 해당하는 죄를 범한 때에는 법정형의 범위 안에서 장기와 단기를 정한 '부정기형'을 선고하며, 이 경우에 장기는 10년, 단기는 5년을 초과하지 못한다(제60조 제1항 : 상대적 부정기형 선고제도의 채택). 죄를 범할 때에 18세 미만인 소년에 대하여는 사형 또는 무기형으로 처할 경우 15년의 유기징역으로 한다(제59조).

관련판례

1] 헌법재판소 2003. 9. 25. 2002헌마533 전원재판부【형법제9조위헌확인 등】

[1] 14세 미만의 자를 형사미성년자로 규정하고 있는 형법 제9조가 청구인의 재판절차진술권 및 평등권을 침해하여 위헌인지 여부(소극)

❐ 형법 제9조는, 육체적 · 정신적으로 미성숙한 소년의 경우 사물의 변별능력과 그 변별에 따른 행동통제능력이 없기 때문에 그 행위에 대한 비난가능성이 없고, 나아가 형사정책적으로 어린 아이들은 교육적 조치에 의한 개선가능성이 있다는 점에서 형벌 이외의 수단에 의존하는 것이 적당하다는 고려에 입각한 것이다. 그리고 일정한 정신적 성숙의 정도와 사물의 변별능력이나 행동통제능력의 존부 · 정도를 각 개인마다 판단 · 추정하는 것은 곤란하고 부적절하므로 일정한 연령을 기준으로 하여 일률적으로 형사책임연령을 정한 것은 합리적인 방법으로 보인다.

형사책임이 면제되는 소년의 연령을 몇 세로 할 것인가의 문제는 현저하게 불합리하고 불공정한 것이 아닌 한 입법자의 재량에 속하는 것인바, 형사미성년자의 연령을 너무 낮게 규정하거나 연령 한계를 없앤다면 책임의 개념은 무의미하게 되고, 14세 미만이라는 연령기준은 다른 국가들의 입법례에 비추어 보더라도 지나치게 높다고 할 수 없다는 점을 고려할 때 이 사건 법률조항은 입법자의 합리적인 재량의 범위를 벗어난 것으로 보기 어려우며, 따라서 청구인의 재판절차진술권이나 평등권을 침해한다고 볼 수 없다

❐ 재판관 전효숙의 보충의견

이 사건 법률조항이 입법자가 명백히 불합리하게 입법형성권을 행사한 것으로 보기 어려우므로 합헌이라는 다수의견에 원칙적으로 찬성한다.

그러나, 최근 들어 조기교육의 활성화와 교육제도의 발달, 물질의 풍요 등으로 인간의 정신적・육체적 성장속도가 점점 빨라지고 있으며, 범죄의 저연령화・흉폭화 등이 문제되고 있는 현실을 고려하면 통상 중학교 1-2학년까지의 소년에 해당하는 14세 미만이라는 책임연령은 이제는 현실적으로 높다고 하지 않을 수 없다.

그리고 이 사건 법률조항은 소년법상의 보호처분대상을 12세 이상으로 한정하고 있는 현행법체계와 결합하여 범죄행위자가 12세 미만인 경우에는 피해자가 국가로부터 어떠한 보호도 받지 못하는 결과를 초래하고 있다. 12세 미만의 청소년범죄가 증가하는 추세에 있음에도 국가가 12세 미만의 소년의 범죄행위에 대하여 아무런 조치도 취하지 않고 방치하는 것은 범죄피해자의 생명・신체에 대한 보호의무를 완전히 저버리고 있는 것이며, 이는 범죄행위자의 나이에 근거하여 피해자에 대한 보호의 정도를 부당하게 차별하는 것이다. 이러한 점에서 범죄행위자의 연령으로 인하여 피해자가 생명・신체라는 기본권적 법익을 보호받지 못하는 일이 없도록 관련 형법 및 소년법규정을 재검토하고 이를 보완하는 입법적 시정조치가 있어야 한다.

2] 대법원 1991.12.10. 선고 91도2478 판결

[1] 형사미성년자의 행위를 처벌한 위법이 있다고 하여 원심판결을 파기.

❐ 피고인의 상고이유에 대한 판단

피고인이나 변호인이 사실심법원에서 소론과 같이 피고인의 이 사건 각 범행이 심신장애로 인하여 사물을 판별할 능력이나 의사를 결정할 능력이 미약한 상태에서 저지른 강요된 행위라는 사실을 진술한 바 없음이 명백하므로, 원심판결에 이 점에 관하여 심리를 제대로 하지 아니한 채 사실을 잘못 인정하였거나 이에 대한 판단을 명시하지 아니한 위법이 있다는 취지의 논지는 받아들일 것이 못된다.

❐ 국선변호인의 상고이유에 대한 판단

원심이 인용한 제1심판결에 기재된 범죄사실 중에는, 피고인이 상습으로 공소외 원병국과 합동하여 1988.10.29. 21:00경 피해자 황형기의 집에 침입하여 피해자 소유의 금목걸이 등 재물을 절취한 범행이 포함되어 있다. 그러나 기록에 의하면 피고인은 1974.12.20.생으로서 위 죄를 범

할 당시에는 아직 14세가 되지 아니하였음이 역수상 명백하므로, 위 범죄행위는 형법 제9조에 의하여 벌할 수 없는 것이다.

조문

제10조(심신장애자) ① 심신장애로 인하여 사물을 변별할 능력이 없거나 의사를 결정할 능력이 없는 자의 행위는 벌하지 아니한다.
② 심신장애로 인하여 전항의 능력이 미약한 자의 행위는 형을 감경한다.
③ 위험의 발생을 예견하고 자의로 심신장애를 야기한 자의 행위에는 전2항의 규정을 적용하지 아니한다.
제11조(농아자) 농아자의 행위는 형을 감경한다.

관련판례

1] 대법원 2011. 2. 10. 선고 2010도14512 판결

[1] 충동조절장애와 같은 성격적 결함으로 인한 범행을 심신장애로 인한 범행으로 볼 수 있는지 여부(한정 적극)

❐ 자신의 충동을 억제하지 못하여 범죄를 저지르게 되는 현상은 정상인에게서도 얼마든지 찾아볼 수 있는 일로서, 특단의 사정이 없는 한 위와 같은 성격적 결함을 가진 자에 대하여 자신의 충동을 억제하고 법을 준수하도록 요구하는 것이 기대할 수 없는 행위를 요구하는 것이라고는 할 수 없으므로, 원칙적으로 충동조절장애와 같은 성격적 결함은 형의 감면사유인 심신장애에 해당하지 아니한다고 봄이 타당하다. 다만 충동조절장애와 같은 성격적 결함이라 할지라도 그것이 매우 심각하여 원래의 의미의 정신병을 가진 사람과 동등하다고 평가할 수 있는 경우에는 그로 인한 범행은 심신장애로 인한 범행으로 보아야 한다(대법원 2002. 5. 24. 선고 2002도1541 판결, 대법원 2009. 2. 26. 선고 2008도9867 판결 등 참조).

2] 대법원 2009. 4. 9. 선고 2009도870 판결

[1] 항소이유서에서 명시적으로 심신장애 주장을 하지 않은 경우라도 법원이 직권으로 피고인의 심신장애 여부를 심리하였어야 한다는 이유로 원심판결을 파기한 사례

❐ 피고인이 정신장애 3급의 장애자로 등록되어 있고, 진료소견서 등에도 병명이 '미분화형 정신분열증 및 상세불명의 간질' 등으로 기재되어 있을 뿐만 아니라, 수사기관에서부터 자신의 심신장애 상태를 지속적으로 주장하여 왔으며, 변호인 또한 공판기일에서 피고인의 심신장애를

주장하는 내용의 진술을 하였다면, 비록 피고인이 항소이유서에서 명시적으로 심신장애 주장을 하지 않았다고 하더라도, 직권으로라도 피고인의 병력을 상세히 확인하여 그 증상을 밝혀보는 등의 방법으로 범행 당시 피고인의 심신장애 여부를 심리했어야 한다는 이유로 원심판결을 파기한다.

3] 대전고법 2008. 5. 28. 선고 2008노123,2008감노18 판결 확정

[1] 국민의 형사재판 참여에 관한 법률에 따른 배심원의 평결이 실질적 효력을 갖도록 하기 위한 법원의 책무

❒ 국민의 형사재판 참여에 관한 법률에 따라 권고적 효력에 그치고 있는 배심원의 평결이 종국에 가서 위 법률의 취지에 따라 실질적 효력을 갖도록 하기 위해서는 배심원 평결과 의견의 합리성, 정확성, 적정성 보장이 긴요하다. 법원은 그 심급을 불문하고 배심원들의 건전한 상식과 합리적인 판단에 기초한 의견을 존중하여야 한다. 무엇보다도 제1심법원은 재판 결과가 상급심에서 무산되지 않도록 각별한 주의와 세심한 배려가 필요하다. 상급심으로서도 배심원 판단 존중의 기조를 유지하는 것은 두말할 나위가 없되, 국민참여재판의 적정한 운영을 조력하기 위하여 혹여 생길 수 있는 오류가 반복되지 않도록 지도적 엄정심사를 다할 책무를 부담한다.

4] 부산고법 2008. 3. 21. 자 2007코8 결정【형사보상】확정

[1] 어머니에 대한 존속살해 혐의로 긴급체포되어 구속된 후 범행 당시 심신상실의 상태에 있었다는 이유로 무죄를 선고받고 석방된 사람이 위 구금에 대한 형사보상금을 청구한 사안에서, 자신의 친어머니를 잔인하게 살해하는 패륜을 범하였다는 이유로 형사보상청구를 기각한 사례

❒ 어머니에 대한 존속살해 혐의로 긴급체포되어 구속된 후 심신상실을 이유로 무죄를 선고받고 석방된 사람이 위 구금에 대한 형사보상금을 청구한 사안에서, 청구인이 형법 제10조 제1항(심신상실) 등의 사유에 의하여 무죄판결을 받은 경우 법원은 재량에 의하여 보상청구의 전부 또는 일부를 기각할 수 있다고 규정하는 형사보상법 제3조에 근거하여, 청구인이 아무리 심신상실의 상태에 있었다고는 하나 잘못도 없는 자신의 친어머니를 잔인하게 살해하는 패륜을 범하였으므로 인륜적인 측면이나 법적인 정의의 관념에 비추어 그 형사보상청구를 기각한다.

❒ 판단

형사보상법 제3조에 의하면, 청구인이 형법 제10조 제1항(심신상실) 등의 사유에 의하여 무죄판결을 받은 경우 법원은 재량에 의하여 보상청구의 전부 또는 일부를 기각할 수 있는바, 청구인이 아무리 심신상실의 상태에 있었다고는 하나 잘못도 없는 자신의 친어머니를 식칼과 쇠막대기로 잔인하게 살해하는 패륜을 범하였으므로, 인륜적인 측면이나 법적인 정의의 관념에 비

추어 도저히 청구인의 형사보상청구를 받아들일 수 없다.

5] 대법원 2007. 11. 29. 선고 2007도8333,2007감도22 판결

[1] 심신장애의 유무 및 정도에 대한 판단 방법

❒ 형법 제10조에 규정된 심신장애의 유무 및 정도의 판단은 법률적 판단으로서 반드시 전문감정인의 의견에 기속되어야 하는 것은 아니고, 정신질환의 종류와 정도, 범행의 동기, 경위, 수단과 태양, 범행 전후의 피고인의 행동, 반성의 정도 등 여러 사정을 종합하여 법원이 독자적으로 판단할 수 있다(대법원 1999. 8. 24. 선고 99도1194 판결, 대법원 2007. 7. 12. 선고 2007도3391 판결 등 참조).

피고인과 변호인은 피고인이 이 사건 범행당시 정신분열병으로 인하여 심신상실의 상태에 있었다고 주장하나, 피고인에 대한 정신감정서 등 채용증거를 종합하여 피고인이 이 사건 범행 당시 자폐적 사고, 비합리적인 사고, 현실판단력의 장애 등을 보이는 정신분열병으로 인하여 사물변별능력이나 의사결정능력이 미약한 상태에 있었다고 인정한 제1심판결에 대해 피고인이 항소하지 아니하였을 뿐 아니라, 기록을 검토하여 보아도 피고인이 이 사건 범행당시 심신상실의 상태에 있었다고 인정되지 아니하므로 이를 지적하는 상고이유의 주장은 이유 없다.

6] 대법원 2007. 7. 27. 선고 2007도4484 판결

[1] 음주운전을 할 의사를 가지고 음주만취한 후 운전을 결행하여 교통사고를 일으킨 경우 심신장애로 인한 감경 등을 할 수 있는지 여부(소극)

❒ 음주운전을 할 의사를 가지고 음주만취한 후 운전을 결행하다가 교통사고를 일으킨 경우에는 음주시에 교통사고를 일으킬 위험성을 예견하였는데도 자의로 심신장애를 야기한 경우에 해당하므로 형법 제10조 제3항에 의하여 심신장애로 인한 감경 등을 할 수 없다(대법원 1992. 7. 28. 선고 92도999 판결 등 참조).

7] 대법원 2007. 6. 14. 선고 2007도2360 판결

[1] 정신적 장애가 있는 자에 대하여 형법 제10조에 규정된 심신장애를 인정하기 위한 요건 및 심신장애 상태에 있었는지 여부의 판단방법

❒ 피고인의 정신상태에 관한 심리미진 및 채증법칙 위배 주장에 대하여 형법 제10조에 규정된 심신장애는, 생물학적 요인으로 인하여 정신병 또는 비정상적 정신상태와 같은 정신적 장애가 있는 외에, 심리학적 요인으로 인한 정신적 장애로 말미암아 사물에 대한 변별능력과 그에 따른 행위통제능력이 결여되거나 감소되었음을 요하므로, 정신적 장애가 있는 자라고 하여도 범

행 당시 정상적인 사물변별능력이나 행위통제능력이 있었다면 심신장애로 볼 수 없다(대법원 2007. 2. 8. 선고 2006도7900 판결 등 참조). 그리고 피고인이 범행 당시 심신장애의 상태에 있었는지 여부를 판단함에 있어 반드시 전문가의 감정을 거쳐야 하는 것은 아니므로, 법원이 범행의 경위와 수단, 범행 전후의 피고인의 행동 등 기록에 나타난 여러 자료와 공판정에서의 피고인의 태도 등을 종합하여 피고인이 심신장애의 상태에 있지 아니하였다고 판단하여도 이것만 가지고 위법이라고 할 수는 없다(대법원 1993. 12. 7. 선고 93도2701 판결 등 참조).

8] 대법원 2007. 2. 8. 선고 2006도7900 판결

[1] 정신적 장애가 있는 자에 대하여 형법 제10조에 규정된 심신장애를 인정하기 위한 요건

❐ 형법 제10조에 규정된 심신장애는 생물학적 요소로서 정신병 또는 비정상적 정신상태와 같은 정신적 장애가 있는 외에 심리학적 요소로서 이와 같은 정신적 장애로 말미암아 사물에 대한 변별능력과 그에 따른 행위통제능력이 결여되거나 감소되었음을 요하므로, 정신적 장애가 있는 자라고 하여도 범행 당시 정상적인 사물변별능력이나 행위통제능력이 있었다면 심신장애로 볼 수 없다.

[2] 소아기호증이 있다는 자체만으로 심신장애에 해당하는지 여부(소극) 및 소아기호증으로 인해 심신장애에 이르렀다고 보기 위한 기준

❐ 특단의 사정이 없는 한 성격적 결함을 가진 자에 대하여 자신의 충동을 억제하고 법을 준수하도록 요구하는 것이 기대할 수 없는 행위를 요구하는 것이라고는 할 수 없으므로, 사춘기 이전의 소아들을 상대로 한 성행위를 중심으로 성적 흥분을 강하게 일으키는 공상, 성적 충동, 성적 행동이 반복되어 나타나는 소아기호증은 성적인 측면에서의 성격적 결함으로 인하여 나타나는 것으로서, 소아기호증과 같은 질환이 있다는 사정은 그 자체만으로는 형의 감면사유인 심신장애에 해당하지 아니한다고 봄이 상당하고, 다만 그 증상이 매우 심각하여 원래의 의미의 정신병이 있는 사람과 동등하다고 평가할 수 있거나, 다른 심신장애사유와 경합된 경우 등에는 심신장애를 인정할 여지가 있으며, 이 경우 심신장애의 인정 여부는 소아기호증의 정도, 범행의 동기 및 원인, 범행의 경위 및 수단과 태양, 범행 전후의 피고인의 행동, 증거인멸 공작의 유무, 범행 및 그 전후의 상황에 관한 기억의 유무 및 정도, 반성의 빛의 유무, 수사 및 공판정에서의 방어 및 변소의 방법과 태도, 소아기호증 발병 전의 피고인의 성격과 그 범죄와의 관련성 유무 및 정도 등을 종합하여 법원이 독자적으로 판단할 수 있다.

9] 대법원 2005. 12. 9. 선고 2005도7342 판결

❐ 형법 제10조에 규정된 심신장애는 생물학적 요소로서 정신병, 정신박약 또는 비정상적 정

신상태와 같은 정신적 장애가 있는 외에 심리학적 요소로서 이와 같은 정신적 장애로 말미암아 사물에 대한 판별능력과 그에 따른 행위통제능력이 결여되거나 감소되었음을 요하므로, 정신적 장애가 있는 자라고 하여도 범행 당시 정상적인 사물판별능력이나 행위통제능력이 있었다면 심신장애로 볼 수 없음은 물론이나, 정신적 장애가 정신분열증과 같은 고정적 정신질환의 경우에는 범행의 충동을 느끼고 범행에 이르게 된 과정에서의 범인의 의식상태가 정상인과 같아 보이는 경우에도 범행의 충동을 억제하지 못한 것이 정신질환과 연관이 있는 경우가 흔히 있고, 이러한 경우에는 정신질환으로 말미암아 행위통제능력이 저하된 것이어서 심신미약이라고 볼 여지가 있다 (대법원 1992. 8. 18. 선고 92도1425 판결 참조).

10] 대법원 1998. 3. 13. 선고 98도159 판결

❒ 형법 제10조 소정의 심신장애의 유무 및 정도를 판단함에 있어서 반드시 전문가의 감정에 의존하여야 하는 것이 아니고, 범행의 경위, 수단, 범행 전후의 피고인의 행동 등 기록에 나타난 관계 자료와 피고인의 법정 태도 등을 종합하여 법원이 독자적으로 판단할 수 있다.

3. 강요된 행위

조문

제12조(강요된 행위) 저항할 수 없는 폭력이나 자기 또는 친족의 생명 신체에 대한 위해를 방어할 방법이 없는 협박에 의하여 강요된 행위는 벌하지 아니한다.

1) 강요된 행위의 의의

저항할 수 없는 폭력이나 자기 또는 친족의 생명, 신체에 대한 위해를 방어할 방법이 없는 협박에 의하여 강요된 행위를 말한다. 즉 강제상태(Zwangslage)에서는 행위자에게 적법행위에 대한 기대불가능성이 책임조각사유가 된다는 것을 명백히 인정하는 예시규정이다.

2) 성립요건

(1) 저항할 수 없는 폭력

'저항할 수 없는 폭력'이라 함은 피강요자의 항거를 억압할 유형력행사를 말한다.

(2) 자기 또는 친족의 생명 · 신체에 대한 위해(危害)를 방어할 방법이 없는 협박이 있을 것.

(3) 강요된 행위가 있을 것.

강요된 행위란 강요자의 폭력이나 협박에 의하여 피강요자의 의사결정의 자유와 의사활동의 자유가 침해되어 강요자가 요구하는 일정한 행위를 하는 것을 말한다.

3) 효과

피강요자의 행위는 적법행위의 기대가능성이 없으므로 책임이 조각된다. 강요자는 피강요자를 생명 있는 도구로 이용한 '간접정범'이다(통설).

관련판례

1] 대법원 2010. 12. 9. 선고 2010도10451 판결

[1] 전 · 현직의 기초자치단체장, 광역의회 · 기초의회 의원으로서 차기 지방선거에 입후보할 의사가 있는 피고인들이 지역신문사 대표 및 편집국장의 요구에 의하여 여론조사비용 명목의 돈을 교부한 사안에서, 위 공직선거법 위반행위가 공갈 또는 강요된 행위에 의한 금전제공에 해당하지 않는다.

❐ 공갈죄의 수단으로서 협박은 사람의 의사결정의 자유를 제한하거나 의사실행의 자유를 방해할 정도로 겁을 먹게 할 만한 해악을 고지하는 것을 말하는 것인바(대법원 2005. 7. 15. 선고 2004도7565 판결 등 참조), 피고인 1 등 7인과 원심공동피고인 1, 2의 각 사회적 지위 및 경력, 원심공동피고인 1이 위 피고인들에게 여론조사비용을 요구한 경위 등에 비추어 볼 때, 원심공동피고인 1의 요구를 공갈죄의 협박에 해당한다고 보기는 어렵다.

2] 대법원 2007. 6. 29. 선고 2007도3306 판결【도로법위반】

[1] 형법 제12조(강요된 행위)에서 말하는 '폭력' '협박' '강요'의 의미

❐ 형법 제12조에서 말하는 강요된 행위는 저항할 수 없는 폭력이나 생명, 신체에 위해를 가하겠다는 협박 등 다른 사람의 강요에 의하여 이루어진 행위를 의미하는데, 여기서 저항할 수 없는 폭력은 심리적 의미에 있어서 육체적으로 어떤 행위를 절대적으로 하지 아니할 수 없게 하는 경우와 윤리적 의미에 있어서 강압된 경우를 말하고, 협박이란 자기 또는 친족의 생명, 신체에 대한 위해를 달리 막을 방법이 없는 협박을 말하며, 강요라 함은 피강요자의 자유스런 의사결정을 하지 못하게 하면서 특정한 행위를 하게 하는 것을 말하는 것이다(대법원 1997. 7. 10. 선고 98도1309 판결, 2004. 12. 10. 선고 2003도5124 판결 등 참조).

3] 대법원 2007. 5. 11. 선고 2007도1373 판결

[1] 직무상 지휘 · 복종관계에 있는 부하가 직장 상사의 범법행위에 가담하지 않을 기대가능성

이 있다.(적극)

❒ 직장 상사의 범법행위에 가담한 부하에 대하여 직무상 지휘·복종관계에 있다는 이유만으로 범법행위에 가담하지 않을 기대가능성이 없다고는 할 수 없다(대법원 2005. 7. 29. 선고 2004도5685 판결 등 참조).

4] 서울중앙지법 2006. 9. 20. 선고 2005노3760 판결【국회에서의증언감정등에관한법률위반】상고

[1] 국정감사 증인으로 채택되어 출석요구를 받은 사람이 국정감사장에 출석하지 아니하고 이후 동행명령도 거부한 사안에서, 법률의 착오나 강요된 행위에 해당한다거나 기대가능성이 없었다고 보기 어렵다.

5] 대법원 2005. 7. 29. 선고 2004도5685 판결

[1] 직무상 지휘·복종관계에 있는 부하가 직장 상사의 범법행위에 가담하지 않을 기대가능성 유무(적극)

❒ 업무상배임죄에 있어서 타인의 사무를 처리하는 자란 고유의 권한으로서 업무를 처리를 하는 자에 한하지 않고 보조기관으로서 직접 또는 간접으로 그 처리에 관한 사무를 담당하는 자도 포함하는 것이고(대법원 2000. 4. 11. 선고 99도334 판결, 2004. 6. 24. 선고 2004도520 판결 등 참조), 한편 직장의 상사가 범법행위를 하는 데 가담한 부하가 직무상 지휘·복종관계에 있다 하여 범법행위에 가담하지 않을 기대가능성이 없다고 할 수는 없는 것이다(대법원 1999. 7. 23. 선고 99도1911 판결 참조).

6] 대법원 1999. 4. 23. 선고 99도636 판결

❒ 공무원이 그 직무를 수행함에 있어 하관은 명백히 위법 내지 불법한 상관의 명령을 따라야 할 의무가 없다.

7] 대법원 1990. 3. 27. 선고 89도1670 판결

[1] 성장교육과정을 통하여 형성된 관념으로 인하여 행위자의 의사결정이 사실상 강제되는 경우는 형법 제12조 소정의 강요된 행위에 포함되지 않는다(소극).

❒ 형법 제12조에서 말하는 강요된 행위는 저항할 수 없는 폭력이나 생명, 신체에 위해를 가하겠다는 협박 등 다른 사람의 강요행위에 의하여 이루어진 행위를 의미하는 것이지 어떤 사람의 성장교육과정을 통하여 형성된 내재적인 관념 내지 확신으로 인하여 행위자 스스로의 의사결정

이 사실상 강제되는 결과를 낳게 하는 경우까지 의미한다고 볼 수 없다.

8] 대법원 1986. 9. 23. 선고 86도1547 판결

❒ 단체사이의 상하관계에서 오는 구속력 때문에 이루어진 행위라는 사유만으로는 그 행위를 강요된 행위라 볼 수 없다.

제3절 구성요건적 고의

조문

제13조(범의) 죄의 성립요소인 사실을 인식하지 못한 행위는 벌하지 아니한다. 단, 법률에 특별한 규정이 있는 경우에는 예외로 한다.

1. 고의의 의의, 본질

1) 의의와 본질

구성요건적 고의란 행위자가 불법구성요건을 실현하고자 하는 인식과 인용을 의미한다. 즉 고의는 불법구성요건에 대한 지적 요소와 의지적 요소로 구성되어 있다. 여기에서 지적 요소는 불법구성요건의 내용, 즉 범죄사실을 인식하는 것이고, 의지적 요소는 불법구성요건을 실현하고자 하는 의욕, 즉 결과실현의사를 의미한다.

2. 고의의 체계적 지위

1) 책임요소설

고의를 책임조건, 책임형식으로 본다. 이것은 인과적 행위론을 기반으로 하는 고전적·신고전적 범죄론체계의 특징이다. 그러나 고의를 책임판단의 대상으로 이해하고, 구성요건해당성의 심사없이 책임단계에서 고의를 심사함으로써 구성요건해당성의 확정이 불가능하게 하는 오류를 범하고 있다.

2) 주관적 구성요건요소 (주관적 불법요소설)

고의(과실)를 행위요소임과 동시에 주관적 구성요건요소(주관적 불법요소)로 평가한다. 이것은 고의의 행위방향의 좌표만 설정한 것에 불과하다. 이설은 구성요건사실의 인식을 고의의 대상으로 보고, 위법성 인식은 독자적 책임요소로 본다. 목적적 행위론을 기반으로 하는 목적적 범죄론체계의 특징이다.

3) 구성요건요소이면서 책임요소설

고의는 주관적 구성요건요소로서 행위반가치의 판단대상(구성요건적 고의)이 되고, 책임조건으로서 심정반가치의 판단대상(책임고의)이 되는 이중의 기능(Doppelfunktion)이 인정된다. 즉 고의가 방향결정요인인 좌표의 설정(행위반가치)을 구성요건요소라 하고, 행위자의 동기과정의 결과인 판단대상(심정반가치)을 책임요소라고 한다. 사회적행위론과 합일태적 범죄론체계의 특징이다.

고의의 이중적 지위를 인정하는 이설이 고의의 체계적 지위로서 타당하다.

3. 고의의 성립요건

고의가 성립하기 위하여는 불법구성요건에 대한 지적 요소와 의지적 요소를 충족해야 한다.

1) 고의의 지적 요소

고의의 지적요소는 객관적 구성요건요소에 대한 사실의 인식을 말한다. 지적요소의 인식・인용의 대상은 모든 객관적 구성요건요소를 전부를 의미한다. 구성요건에 규정된 행위의 주체, 행위의 객체, 행위의 결과 및 상황 등의 사실에 대한 인식뿐만 아니라, 인과관계, 형의 가중 ・감경요소, 규범적 구성요건요소 등이에 대한 인식도 포함된다.

2) 고의의 의지적 요소

고의의 의지적 요소는 행위자가 구성요건을 인식한 내용을 실현하고자 하는 의사를 말한다. 의욕대상은 인식대상과 일치한다.

의지적 요소를 단계적으로 그 강도를 살펴보면, 목적추구적 의욕단계 ⇨ 단순의욕단계 ⇨ 감수의사단계 ⇨ 감수의사조차 없는 단계 등으로 단계적 구분이 가능하다. 따라서 목적추구적 의욕단계 ⇦ 고의범주 ⇨ 감수의사 단계 사이가 고의영역의 의지적 요소가 존재한다고 할 수 있다.

3) 고의의 존재시기

구성요건적 고의의 시점은 범죄실행에 착수한 때이고, 종료시점은 범죄가 종료된 때이다.

4. 고의의 종류

1) 확정적 고의

확정적 고의는 행위자가 법익을 침해의 행위로 결과발생의 사실을 예견한 사안을 확실하게 인식 · 인용하는 행태의 고의를 말한다. 직접고의라고도 한다.

2) 불확정적 고의

(1) 미필적고의 (조건고의)

미필적 고의는 행위자가 법익침해의 객체를 명확하게 인식하였지만 결과발생에 대하여는 불확실한 예측에 의하여 소극적으로 용인한 형태의 고의를 말한다. 행위자가 구성요건적 결과발생의 불확실성 속에서 그 가능성을 불분명하게 예측하고 행위한 행태이기 때문에 매우 낮은 정도의 인식(가능성 단계) 과 의욕(감수의사단계)에 의하여 실현된 고의라고 말할 수 있다.

(2) 택일적 고의

택일적 고의란 행위자가 불법구성요건의 결과발생은 확정적이지만 행위의 대상이 둘 또는 그 이상 중 어느 객체에 결과가 실현될 것인가가 불확실한 행태의 고의를 의미한다.

(3) 개괄적 고의

개괄적 고의란 행위자가 불법구성요건을 실현하는데 있어서 그 진행과정의 오인으로 인하여, 1차 행위에 의해 범행의 결과가 발생하였다고 인식하였으나, 사실은 2차 행위에 의하여 결과가 발생한 행태로 인과과정의 착오가 있는 행태의 고의를 말한다.

관련판례

1] 대법원 2011. 12. 8. 선고 2010도9500 판결

[1] 방조범 성립요건으로서 '고의'의 의미와 그 증명 방법

❐ 형법상 방조행위는 정범이 범행을 한다는 정을 알면서 그 실행행위를 용이하게 하는 직접 · 간접의 모든 행위를 가리키는 것으로서, 그 방조는 정범의 실행행위 중에 이를 방조하는 경우뿐만 아니라, 실행 착수 전에 장래의 실행행위를 예상하고 이를 용이하게 하는 행위를 하여 방조한 경우에도 성립한다. 그리고 방조범은 정범의 실행을 방조한다는 이른바 방조의 고의와 정범의 행위가 구성요건에 해당하는 행위인 점에 대한 정범의 고의가 있어야 하나, 이와 같은 고의는 내심적 사실이므로 피고인이 이를 부정하는 경우에는 사물의 성질상 고의와 상당한 관련성이 있는 간접사실을 증명하는 방법에 의하여 입증할 수밖에 없고, 이때 무엇이 상당한 관련성이 있는 간접사실에 해당할 것인가는 정상적인 경험칙에 바탕을 두고 치밀한 관찰력이나 분석력

에 의하여 사실의 연결상태를 합리적으로 판단하는 외에 다른 방법이 없다고 할 것이며, 또한 방조범에 있어서 정범의 고의는 정범에 의하여 실현되는 범죄의 구체적 내용을 인식할 것을 요하는 것은 아니고 미필적 인식 또는 예견으로 충분하다(대법원 1997. 4. 17. 선고 96도3377 전원합의체 판결, 대법원 2004. 6. 24. 선고 2002도995 판결, 대법원 2005. 4. 29. 선고 2003도6056 판결 등 참조).

2] 대법원 2011. 7. 28. 선고 2010도9652 판결

[1] 업무상배임죄의 주관적 요건인 '고의'의 의미와 증명 방법

❒ 업무상배임죄가 성립하려면 주관적 요건으로서 임무위배의 인식과 그로 인하여 자기 또는 제3자가 이익을 취득하고 본인에게 손해를 가한다는 인식, 즉 배임의 고의가 있어야 하는데, 이러한 인식은 미필적 인식으로도 족하다. 피고인이 배임죄의 범의를 부인하는 경우에는 사물의 성질상 배임죄의 주관적 요소로 되는 사실은 고의와 상당한 관련성이 있는 간접사실을 증명하는 방법에 의하여 입증할 수밖에 없고, 이때 무엇이 상당한 관련성이 있는 간접사실에 해당할 것인가는 정상적인 경험칙에 바탕을 두고 치밀한 관찰력이나 분석력에 의하여 사실의 연결상태를 합리적으로 판단하여야 한다(대법원 2004. 3. 26. 선고 2003도7878 판결, 대법원 2010. 7. 15. 선고 2008도9066 판결 등 참조).

3] 대법원 2011. 5. 26. 선고 2011도2412 판결

[1] 협박죄에서 '협박'의 의미 및 협박행위 내지 협박의 고의 유무를 판단하는 기준

❒ 협박죄에 있어서의 협박이라 함은 사람으로 하여금 공포심을 일으킬 수 있을 정도의 해악을 고지하는 것을 말하고 협박죄가 성립하기 위하여는 적어도 발생 가능한 것으로 생각될 수 있는 정도의 구체적인 해악의 고지가 있어야 하며, 해악의 고지가 있다 하더라도 그것이 사회의 관습이나 윤리관념 등에 비추어 사회통념상 용인될 정도의 것이라면 협박죄는 성립하지 않으나, 이러한 의미의 협박행위 내지 협박의 고의가 있었는지 여부는 행위의 외형뿐 아니라 그러한 행위에 이르게 된 경위, 피해자와의 관계 등 전후 상황을 종합하여 판단해야 할 것이다(대법원 1991. 5. 10. 선고 90도2102 판결, 대법원 2005. 3. 25. 선고 2005도329 판결 등 참조).

4] 대법원 2010. 10. 28. 선고 2010도2877 판결

[1] 전파가능성을 이유로 명예훼손죄의 공연성을 인정하는 경우, 주관적 요소로서 고의의 내용 및 고의 유무의 판단 방법

❒ 전파가능성을 이유로 명예훼손죄의 공연성을 인정하는 경우에는 범죄구성요건의 주관적 요소로서 적어도 미필적 고의가 필요하므로 전파가능성에 관한 인식이 있음은 물론 나아가 그

위험을 용인하는 내심의 의사가 있어야 하고, 그 행위자가 전파가능성을 용인하고 있었는지의 여부는 외부에 나타난 행위의 형태와 행위의 상황 등 구체적인 사정을 기초로 하여 일반인이라면 그 전파가능성을 어떻게 평가할 것인가를 고려하면서 행위자의 입장에서 그 심리상태를 추인하여야 한다(대법원 2004. 4. 9. 선고 2004도340 판결 참조).

5] 대법원 2009. 7. 23. 선고 2009도1934 판결

[1] 고의범인 상해죄로 처벌한 상해를 다시 결과적 가중범인 강제추행치상죄의 상해로 인정할 수 없다(소극).

❐ 강제추행치상죄에서 상해의 결과는 강제추행의 수단으로 사용한 폭행이나 추행행위 그 자체 또는 강제추행에 수반하는 행위로부터 발생한 것이어야 한다. 따라서 상해를 가한 부분을 고의범인 상해죄로 처벌하면서 이를 다시 결과적 가중범인 강제추행치상죄의 상해로 인정하여 이중으로 처벌할 수는 없다.

6] 대법원 2009. 2. 26. 선고 2007도1214 판결

[1] 사기죄에서 편취 범의에 대한 판단 기준 및 미필적 고의를 인정하기 위한 요건

❐ 사기죄의 주관적 구성요건인 편취의 범의는 피고인이 자백하지 않는 이상 범행 전후의 피고인의 재력, 환경, 범행의 내용, 거래의 이행과정 등과 같은 객관적인 사정 등을 종합하여 판단할 수밖에 없으며, 미필적 고의에 의하여도 사기죄는 성립되는 것인바, 범죄구성요건의 주관적 요소로서 미필적 고의라 함은 범죄사실의 발생가능성을 불확실한 것으로 표상하면서 이를 용인하고 있는 경우를 말하고, 미필적 고의가 있었다고 하려면 범죄사실의 발생가능성에 대한 인식이 있음은 물론, 나아가 범죄사실이 발생할 위험을 용인하는 내심의 의사가 있어야 하며, 그 행위자가 범죄사실이 발생할 가능성을 용인하고 있었는지의 여부는 행위자의 진술에 의존하지 아니하고, 외부에 나타난 행위의 형태와 행위의 상황 등 구체적인 사정을 기초로 하여 일반인이라면 당해 범죄사실이 발생할 가능성을 어떻게 평가할 것인가를 고려하면서 행위자의 입장에서 그 심리상태를 추인하여야 한다(대법원 2008. 1. 18. 선고 2007도8781 판결 등 참조).

7] 대법원 2009. 2. 26. 선고 2008도9867 판결

[1] 살인죄에서 살인의 범의의 인정 기준 및 피고인이 범행 당시 살인의 범의는 없었고 상해 또는 폭행의 범의만 있었을 뿐이라고 다투는 경우, 살인의 범의에 대한 판단 기준

❐ 살인의 범의는 반드시 살해의 목적이나 계획적인 살해의 의도가 있어야 인정되는 것은 아니고, 자기의 행위로 인하여 타인의 사망의 결과를 발생시킬 만한 가능성 또는 위험이 있음을 인

식하거나 예견하면 족한 것이고 그 인식이나 예견은 확정적인 것은 물론 불확정적인 것이라도 이른바 미필적 고의로 인정되는 것인바, 피고인이 범행 당시 살인의 범의는 없었고 단지 상해 또는 폭행의 범의만 있었을 뿐이라고 다투는 경우에 피고인에게 범행 당시 살인의 범의가 있었는지 여부는 피고인이 범행에 이르게 된 경위, 범행의 동기, 준비된 흉기의 유무 · 종류 · 용법, 공격의 부위와 반복성, 사망의 결과발생 가능성 정도 등 범행 전후의 객관적인 사정을 종합하여 판단할 수밖에 없는 것이다(대법원 2002. 2. 8. 선고 2001도6425 판결, 대법원 2006. 4. 14. 선고 2006도734 판결 등 참조).

위 법리와 기록에 비추어 살펴보면, 원심이 그 채택 증거에 의하여 그 판시와 같은 사실을 인정한 다음, ① 피해자 공소외 1에 대해서는 피고인에게 미필적으로라도 살인의 범의가 있었다고 단정할 수 없으나, ② 피해자 공소외 2, 3에 대해서는, 피고인이 자신의 행위로 인하여 사망의 결과를 발생시킬 만한 가능성 또는 위험이 있음을 인식하거나 예견한 상태에서 왼손으로 피해자 공소외 3의 오른쪽 가슴을 누르고 오른손으로 발버둥을 치는 피해자 공소외 3의 코와 입을 막고 힘껏 눌러 그 자리에서 질식사하게 하고, 계속하여 옷으로 얼굴이 덮여 있던 피해자 공소외 2의 가슴 위에 올라타 무릎으로 양 팔을 누르고, 얼굴에 덮어놓은 옷을 벗겨낸 다음 양 손으로 발버둥을 치는 피해자 공소외 2의 코와 입을 막고 힘껏 눌러 그 자리에서 질식사하게 하여 위 피해자들을 살해하였다고 판단한 것은 정당한 것으로 받아들일 수 있고, 거기에 피고인 및 검사가 주장하는 바와 같은 살인의 범의에 관한 법리오해, 채증법칙 위반으로 인한 사실오인 등의 위법이 없다.

8] 대법원 2009. 2. 26. 선고 2007도1214 판결

[1] 사기죄에서 편취 범의에 대한 판단 기준 및 미필적 고의를 인정하기 위한 요건

❐ 사기죄의 주관적 구성요건인 편취의 범의는 피고인이 자백하지 않는 이상 범행 전후의 피고인의 재력, 환경, 범행의 내용, 거래의 이행과정 등과 같은 객관적인 사정 등을 종합하여 판단할 수밖에 없으며, 미필적 고의에 의하여도 사기죄는 성립되는 것인바, 범죄구성요건의 주관적 요소로서 미필적 고의라 함은 범죄사실의 발생가능성을 불확실한 것으로 표상하면서 이를 용인하고 있는 경우를 말하고, 미필적 고의가 있었다고 하려면 범죄사실의 발생가능성에 대한 인식이 있음은 물론, 나아가 범죄사실이 발생할 위험을 용인하는 내심의 의사가 있어야 하며, 그 행위자가 범죄사실이 발생할 가능성을 용인하고 있었는지의 여부는 행위자의 진술에 의존하지 아니하고, 외부에 나타난 행위의 형태와 행위의 상황 등 구체적인 사정을 기초로 하여 일반인이라면 당해 범죄사실이 발생할 가능성을 어떻게 평가할 것인가를 고려하면서 행위자의 입장에서 그 심리상태를 추인하여야 한다(대법원 2008. 1. 18. 선고 2007도8781 판결 등 참조).

9] 대법원 2009. 2. 12. 선고 2008도6551 판결

[1] 공모공동정범의 성립 요건 및 피고인이 공모사실과 범의를 부인하는 경우 그 증명방법

❐ 2인 이상이 공동으로 가공하여 범죄를 행하는 공동정범에 있어서 공모나 모의는 반드시 직접, 명시적으로 이루어질 필요는 없고 순차적, 암묵적으로 상통하여 이루어질 수도 있으나, 어느 경우에도 범죄에 공동가공하여 이를 공동으로 실현하려는 의사의 결합이 있어야 하고, 피고인이 공모의 점과 함께 범의를 부인하는 경우에는 이러한 주관적 요소로 되는 사실은 사물의 성질상 범의와 상당한 관련성이 있는 간접사실 또는 정황사실을 증명하는 방법에 의하여 이를 입증할 수밖에 없다(대법원 2006. 2. 23. 선고 2005도8645 판결 등 참조). 형법 제30조의 공동정범은 공동가공의 의사와 그 공동의사에 기한 기능적 행위지배를 통한 범죄 실행이라는 주관적 · 객관적 요건을 충족함으로써 성립하는바, 공모자 중 구성요건 행위 일부를 직접 분담하여 실행하지 않은 자라도 경우에 따라 이른바 공모공동정범으로서의 죄책을 질 수도 있는 것이기는 하나, 이를 위해서는 전체 범죄에 있어서 그가 차지하는 지위, 역할이나 범죄 경과에 대한 지배 내지 장악력 등을 종합해 볼 때, 단순한 공모자에 그치는 것이 아니라 범죄에 대한 본질적 기여를 통한 기능적 행위지배가 존재하는 것으로 인정된다면, 이른바 공모공동정범으로서의 죄책을 면할 수 없는 것이다(대법원 1998. 5. 21. 선고 98도321 전원합의체 판결, 2004. 6. 24. 선고 2002도995 판결, 2005. 3. 11. 선고 2002도5112 판결, 2006. 12. 22. 선고 2006도1623 판결(대법원 2007. 4. 26. 선고 2007도235 판결 등 참조).

10] 대법원 2008. 11. 27. 선고 2008도6728 판결

[1] 업무방해죄에서 허위사실 유포의 의미 및 고의의 정도

❐ 허위사실을 유포하는 방법에 의하여 타인의 업무를 방해함으로써 성립하는 업무방해죄에 있어, 허위사실을 유포한다고 함은 실제의 객관적 사실과 서로 다른 사항을 내용으로 하는 사실을 불특정 다수인에게 전파시키는 것을 말하고, 특히 이러한 경우 그 행위자에게 행위 당시 자신이 유포한 사실이 허위라는 점을 적극적으로 인식하였을 것을 요한다(대법원 1994. 1. 28. 선고 93도1278 판결 참조).

11] 대법원 2008. 10.2 3. 선고 2008도7362 판결

[1] 위법한 함정수사에 기한 공소제기의 효력(무효)

❐ 범의를 가진 자에 대하여 단순히 범행의 기회를 제공하거나 범행을 용이하게 하는 것에 불과한 수사방법이 경우에 따라 허용될 수 있음은 별론으로 하고, 본래 범의를 가지지 아니한 자에 대하여 수사기관이 사술이나 계략 등을 써서 범의를 유발케 하여 범죄인을 검거하는 함정수사

는 위법함을 면할 수 없고, 이러한 함정수사에 기한 공소제기는 그 절차가 법률의 규정에 위반하여 무효인 때에 해당한다고 볼 것이다(대법원 2005. 10. 28. 선고 2005도1247 판결 등 참조).

12] 대법원 2008. 9. 11. 선고 2007도6706 판결

[1] 피고인이 공동정범으로서 공동가공의 의사를 부인하는 경우, 그 입증 방법

❒ 형법 제30조의 공동정범은 2인 이상이 공동하여 죄를 범하는 것으로서, 공동정범이 성립하기 위하여는 주관적 요건인 공동가공의 의사와 객관적 요건인 공동의사에 의한 기능적 행위지배를 통한 범죄의 실행사실이 필요하고, 공동가공의 의사는 공동의 의사로 특정한 범죄행위를 하기 위하여 일체가 되어 서로 다른 사람의 행위를 이용하여 자기의 의사를 실행에 옮기는 것을 내용으로 하는 것인바(대법원 2001. 11. 9. 선고 2001도4792 판결 등 참조), 이러한 공동가공의 의사는 타인의 범행을 인식하면서도 이를 제지하지 아니하고 용인하는 것만으로는 부족하나(대법원 2000. 4. 7. 선고 2000도576 판결 등 참조), 반드시 사전에 치밀한 범행계획의 공모에까지 이를 필요는 없으며 공범자 각자가 공범자들 사이에 구성요건을 이루거나 구성요건에 본질적으로 관련된 행위를 분담한다는 상호이해가 있으면 충분하다 할 것이다. 그리고 이러한 공동가공의 의사를 인정하기 위하여는 엄격한 증명이 요구되지만, 피고인이 주관적 요소인 공동가공의 의사를 부인하는 경우에는, 사물의 성질상 범의와 상당한 관련성이 있는 간접사실 또는 정황사실을 증명하는 방법에 의하여 이를 입증할 수밖에 없고, 무엇이 상당한 관련성이 있는 간접사실에 해당할 것인가는 정상적인 경험칙에 바탕을 두고 치밀한 관찰력이나 분석력에 의하여 사실의 연결상태를 합리적으로 판단하는 방법에 의하여야 할 것이다(대법원 2003. 1. 24. 선고 2002도6103 판결 등 참조).

13] 대법원 2008. 7. 24. 선고 2008도2794 판결

[1] 함정수사의 위법성에 대한 판단 기준

❒ 본래 범의를 가지지 아니한 자에 대하여 수사기관이 사술이나 계략 등을 써서 범의를 유발하게 하여 범죄인을 검거하는 함정수사는 위법하다. 구체적인 사건에 있어서 위법한 함정수사에 해당하는지 여부는 해당 범죄의 종류와 성질, 유인자의 지위와 역할, 유인의 경위와 방법, 유인에 따른 피유인자의 반응, 피유인자의 처벌 전력 및 유인행위 자체의 위법성 등을 종합하여 판단하여야 한다. 수사기관과 직접 관련이 있는 유인자가 피유인자와의 개인적인 친밀관계를 이용하여 피유인자의 동정심이나 감정에 호소하거나, 금전적 · 심리적 압박이나 위협 등을 가하거나, 거절하기 힘든 유혹을 하거나, 또는 범행방법을 구체적으로 제시하고 범행에 사용될 금전까지 제공하는 등으로 과도하게 개입함으로써 피유인자로 하여금 범의를 일으키게 하는 것은 위법한 함정수사에 해당하여 허용되지 않지만, 유인자가 수사기관과 직접적인 관련을 맺지 않은

상태에서 피유인자를 상대로 단순히 수차례 반복적으로 범행을 부탁하였을 뿐 수사기관이 사술이나 계략 등을 사용하였다고 볼 수 없는 경우는, 설령 그로 인하여 피유인자의 범의가 유발되었다 하더라도 위법한 함정수사에 해당하지 않는다(대법원 2007. 7. 12. 선고 2006도2339 판결 등 참조).

14] **대법원** 2006. 12. 21. **선고** 2006도2684 **판결**

[1] 배임죄의 고의와 그 증명 방법

❐ 일반적으로 배임죄의 고의는 타인의 사무를 처리하는 자가 본인에게 재산상의 손해를 가한다는 의사와 자기 또는 제3자의 재산상의 이득의 의사가 임무에 위배된다는 인식과 결합하여 성립되는 것이며, 이와 같은 배임죄의 주관적 요소로 되는 사실(고의, 동기 등의 내심적 사실)은 피고인이 본인의 이익을 위하여 문제가 된 행위를 하였다고 주장하면서 범의를 부인하고 있는 경우에는 사물의 성질상 고의와 상당한 관련성이 있는 간접사실을 증명하는 방법에 의하여 증명할 수밖에 없고, 무엇이 상당한 관련성이 있는 간접사실에 해당할 것인가는 정상적인 경험칙에 바탕을 두고 치밀한 관찰력이나 분석력에 의하여 사실의 연결상태를 합리적으로 판단하는 방법에 의하여야 한다(대법원 2004. 7. 22. 선고 2002도4229 판결 등 참조).

한편, 대지 및 지상건물의 소유자가 대지를 매도하면서 잔대금 수령 후 일정 기간 내에 매수인을 위하여 그 지상건물을 스스로 철거하고 멸실등기절차를 해주기로 약정하였음에도 매수인으로부터 잔대금을 모두 수령한 뒤에 그 지상건물에 대하여 제3자 앞으로 소유권이전청구권 보전을 위한 가등기를 마쳐주었다면, 그와 같은 매도인의 행위는 대지에 대한 매수인의 소유권행사에 지장을 초래케 하였다는 점에서 매수인 앞으로의 소유권이전등기임무에 위반되는 배임행위라고 할 것이지만(대법원 1983. 6. 14. 선고 81도2278 판결 참조), 매도인이 지상건물을 철거하기로 약속한 기한까지 위 가등기를 말소하고 건물철거의무를 이행할 수 있을 것으로 믿었고 객관적으로도 그 이행이 가능하였다는 등의 특별한 사정이 있는 경우에는 배임죄의 고의가 인정되지 않는다고 봄이 상당하다.

15] **대법원** 2005. 10. 7. **선고** 2005도5554 **판결**

[1] 미필적 고의의 요건 및 그 존재 여부의 판단 방법

❐ 범죄구성요건의 주관적 요소로서 미필적 고의라 함은 범죄사실의 발생 가능성을 불확실한 것으로 표상하면서 이를 용인하고 있는 경우를 말하고, 미필적 고의가 있었다고 하려면 범죄사실의 발생 가능성에 대한 인식이 있음은 물론 나아가 범죄사실이 발생할 위험을 용인하는 내심의 의사가 있어야 하며, 그 행위자가 범죄사실이 발생할 가능성을 용인하고 있었는지의 여부는 행위자의 진술에 의존하지 아니하고 외부에 나타난 행위의 형태와 행위의 상황 등 구체적인 사

정을 기초로 하여 일반인이라면 당해 범죄사실이 발생할 가능성을 어떻게 평가할 것인가를 고려하면서 행위자의 입장에서 그 심리상태를 추인하여야 하고, 이와 같은 경우에도 공소가 제기된 범죄사실의 주관적 요소인 미필적 고의의 존재에 대한 입증책임은 검사에게 있는 것이며, 한편, 유죄의 인정은 법관으로 하여금 합리적인 의심을 할 여지가 없을 정도로 공소사실이 진실한 것이라는 확신을 가지게 하는 증명력을 가진 증거에 의하여야 하므로, 그와 같은 증거가 없다면 설령 피고인에게 유죄의 의심이 간다고 하더라도 피고인의 이익으로 판단할 수밖에 없다(대법원 2004. 5. 14. 선고 2004도74 판결 참조).

16] 대법원 2002. 3. 12. 선고 2001도2064 판결

❐ 피고인이 범의를 부인하는 경우에는 간접 사실을 증명하는 방법에 의하여 이를 입증할 수밖에 없고, 간접 사실에 해당 여부는 정상적인 경험칙에 바탕을 두고 치밀한 관찰력이나 분석력에 의하여 사실의 연결상태를 합리적으로 판단하는 방법에 의하여야 한다.

17] 대법원 2002. 2. 8. 선고 2001도6425 판결

❐ 강도살인죄에 있어서의 살인의 범의는 반드시 살해의 목적이나 계획적인 살해의 의도가 있어야 인정되는 것은 아니고, 자기의 행위로 인하여 타인의 사망의 결과를 발생시킬 만한 가능 또는 위험이 있음을 인식하거나 예견하면 족하다.

18] 대법원 2000. 11. 28. 선고 2000도1089 판결

❐ 허위감정죄는 고의범이므로, 비록 감정내용이 객관적 사실에 반한다고 하더라도 감정인의 주관적 판단에 반하지 않는 이상 허위의 인식이 없어 허위감정죄로 처벌할 수 없다.

19] 대법원 1995. 1. 24. 선고 94도1949 판결

❐ 공무집행방해죄에 있어서의 범의는 상대방이 직무를 집행하는 공무원이라는 사실, 그리고 이에 대하여 폭행 또는 협박을 한다는 사실을 인식하는 것을 그 내용으로 하고, 그 인식은 불확정적인 것이라도 소위 미필적 고의가 있다고 보아야 하며, 그 직무집행을 방해할 의사를 필요로 하지 아니한다.

20] 대법원 1993. 3. 23. 선고 92도3045 판결

❐ 관할 경찰당국이 운전면허취소통지에 갈음하여 적법한 공고를 거쳤다고 하더라도 공고만

으로 운전면허가 취소된 사실을 알게 되었다고 볼 수 없다.

21] 대법원 1992. 10. 13. **선고** 92**도**1046 **판결**

❐ 부동산 매도인이 당초계약의 내용에 없는 새로운 요구조건을 내세우는 매수인에게 계약을 이행할 의사가 없는 것으로 판단한 것이 무리가 아니라고 보이므로 계약이 적법히 해제되었는지 여부에 관계없이 매매목적 부동산에 관하여 제3자 앞으로 가등기를 경료한 피고인에게 배임의 범의가 없다.

22] 대법원 1991. 5. 10. **선고** 90**도**2601 **판결**

❐ 무고죄에 있어서 형사처분 또는 징계처분을 받게 할 목적은 허위신고를 함에 있어서 다른 사람이 그로 인하여 형사 또는 징계처분을 받게 될 것이라는 인식이 있으면 족한 것이고 그 결과 발생을 희망하는 것을 요하는 것은 아니다.

23] 대법원 1991. 5. 10. **선고** 89**도**1748 **판결**

❐ 위증죄에서 증인의 증언이 기억에 반하는 허위의 진술인지 여부를 가릴 때에는 그 증언의 단편적인 구절에 구애될 것이 아니라 당해 신문절차에서 한 증언 전체를 일체로 파악하여야 하고, 그 결과 증인이 무엇인가 착오에 빠져 기억에 반한다는 인식 없이 증언하였음이 밝혀진 경우에는 위증의 범의를 인정할 수 없다.

24] 대법원 1971. 12. 28. **선고** 71**도**2022 **판결**

❐ 경찰관의 부당한 처사에 격분하여 항의하는 뜻에서 '우리나라 법이 빨갱이 법보다 못하다'는 말을 한 것은 경찰관의 처사가 부당하다는 것을 아주 나쁘게 표현하는 방법에 불과한 것이므로 북괴를 고무 찬양한다는 고의가 있었다고는 볼 수 없다.

제4절 과실

조문

제14조(과실) 정상의 주의를 태만함으로 인하여 죄의 성립요소인 사실을 인식하지 못한 행위는 법률에 특별한 규정이 있는 경우에 한하여 처벌한다.

1. 과실범의 의의

과실(過失, Fahrlässigkeit)은 행위자가 정상의 주의의무를 태만히 하였기 때문에 죄의 성립요소인 사실을 인식하지 못한 행위를 말한다. 고로 과실은 주의의무의 위반으로 자기의사와는 전혀 다른 범죄를 실현한 것이라고 할 수 있다. 따라서 인식없는 과실 뿐만 아니라 인식있는 과실도 포함된다.

2. 과실의 체계적 지위

학설 / 구분	범죄체계	책임개념	과실의 특징	내용
책임요소설 [책임형식·책임조건]	고전적 범죄체계	심리적 책임개념	고의·과실[주관적 요소] ⇨ 책임요소	① 법익침해·위험성 ⇨ 과실범의 위법성인정. 결과의 위험성을 반영하는 결과예견의무는 과실의 중심요소로서 책임에 속함 ② 법익침해 : 고의·과실범 [위법성단계 같음] ⇨ 책임단계 구별됨. ③ 허용된 위험 : 과실범 ⇨ 책임조각사유.
	신고전적 범죄체계	규범적 책임개념	고의[책임단계]부정 ⇨ 과실이 문제됨	
구성요건요소설·위법성요소설	목적적 범죄체계	순수한 규범적 책임개념 (벨첼)	① 과실의 주의의무위반 ⇨ 불법요소임. 책임요소 완전배제됨.(신과실이론) ② 구성요건해당성은 위법성의 징표 ⇨ 위법성요소(구성요건요소설·위법성요소설)	① 고의·과실은 결과반가치는 같지만, 객관적 주의의무위반이 과실의 본질적 불법요소 ⇨ 행위반가치임. ② 결과회피의무위반이 없으면 과실불법은 부정되므로 고의·과실은 구성요건단계에서 구별됨 ⇨ 구성요건요소이면서 위법성요소. ③ 주의의무위반 ⇨ 행위자의 준수 능력 기준 ⇨ 과실책임 ④ 허용된 위험 ⇨ 적법행위로 구성요건해당성조각사유.
이중적 기능설 (구성요건요소이면서책임요소설)	합일태적 (<u>신고전적</u>·<u>목적적</u>) 범죄체계	복합적 책임개념	① 고의·과실 ⇨ 행위형식과 책임형식 ⇨ 이중적 성격(Doppelnatur) ⇨ 이중지위 인정	① 객관적 주의의무위반[사회생활상 요구 기준 (행위반가치의 판단대상)] ⇨구성요건요소(불법요소). ② 주관적 주의의무위반[행위자의 준수 능력기준 (심정반가치의 판단대상)] ⇨ 책임요소.

결론	책임은 행위자의 타행위가능성을 전제로 한 비난가능성이다. 고로 과실범에서 행위자의 객관적 주의의무는 행위반가치의 판단대상으로서 주관적 구성요건요소이고, 주관적 주의의무는 심정반가치의 판단대상으로서 책임요소임을 인정할 때 과실범의 이중적 기능설이 타당하다.

3. 과실의 종류

1) 인식 없는 과실과 인식 있는 과실

인식 없는 과실(unbewußte Fahrlässigkeit)이란 '행위자가 주의의무를 위반하여 구성요건적 결과발생 또는 그 가능성을 인식·예견하지 못한 것'을 말하고, 인식 있는 과실(bewußte Fahrlässigkeit)이란 '행위자가 구성요건적 결과발생 또는 그 가능성을 인식·예견하였으나 주의의무를 위반하여 결과발생을 회피하지 못한 것'을 말한다.

2) 중과실과 경과실

중과실(重過失)이란 '행위자가 조금만 주의의무를 준수하였더라면 결과발생을 인식할 수 있었음에도 불구하고 중대하고 현저한 부주의로 결과발생을 회피하지 못한 것'을 말하고,[2] 경과실(輕過失)이란 '행위자의 단순 부주의로 결과발생은 하였으나 주의의무위반의 정도가 중과실보다 적은 것'을 의미하며 '일반과실' 또는 '보통과실'이라고도 한다. 형법상 중과실과 경과실의 구별은 구체적인 경우에 사회통념을 고려하여 결정되며,[3] 중과실과 업무상 과실을 동일하게 취급하므로 같은 행위가 중과실과 업무상과실이 경합하면 '택일관계'에 놓이게 된다. 또한 중과실은 일반과실에 비하여 형이 가중되는 경우가 있다.

3) 업무상과실

업무상과실이란 일정한 업무에 종사하는 자가 업무상 요구되는 주의의무를 위반하여 결과발생을 회피하지 못한 것'을 말한다. 업무란「사람이 사회생활상의 지위로서 계속·반복의 의사로 종사하는 사무」를 의미한다. 업무상과실은 일반과실보다 비난가능성이 많기 때문에 형이 가중된다.

---

2) 대법원 판례 1997. 4. 22, 선고 97도 538 판결.

3) 대법원 판례 1980. 10. 14, 선고 79도 05 판결.「중과실은 행위자가 극히 근소한 주의를 함으로써 결과발생을 예견할 수 있었음에도 불구하고 부주의로 이를 예견하지 못한 경우를 말하는 것으로서 중과실과 경과실의 구별은 구체적인 경우에 사회통념을 고려하여 결정할 문제이다.」

관련판례

1] 대법원 2011. 11. 10. 선고 2009다45146 판결

[1] 의사가 의료행위를 할 때 취하여야 할 주의의무의 정도 및 기준

❒ 의사가 진찰・치료 등의 의료행위를 함에 있어서는 사람의 생명・신체・건강을 관리하는 업무의 성질에 비추어 환자의 구체적인 증상이나 상황에 따라 위험을 방지하기 위하여 요구되는 최선의 조치를 취하여야 할 주의의무가 있고, 의사의 이와 같은 주의의무는 의료행위를 할 당시 의료기관 등 임상의학 분야에서 실천되고 있는 의료행위의 수준을 기준으로 삼되, 그 의료수준은 통상의 의사에게 의료행위 당시 일반적으로 알려져 있고 또 시인되고 있는 이른바 의학상식을 뜻하므로, 진료환경 및 조건, 의료행위의 특수성 등을 고려하여 규범적인 수준으로 파악하여야 한다(대법원 1999. 3. 26. 선고 98다45379, 45386 판결, 대법원 2005. 10. 28. 선고 2004다13045 판결 등 참조).

2] 대법원 2011. 9. 8. 선고 2009도13959 판결

[1] 의료사고에서 의료종사자의 과실을 인정하기 위한 요건과 판단 기준

❒ 의료사고에 있어 의료종사자의 과실을 인정하기 위해서는 의료종사자가 결과발생을 예견할 수 있고 또 회피할 수 있었음에도 불구하고 이를 예견하거나 회피하지 못한 과실이 인정되어야 하고, 그러한 과실의 유무를 판단함에는 같은 업무와 직무에 종사하는 보통인의 주의 정도를 표준으로 하여야 하며, 이에는 사고 당시의 일반적인 의학의 수준과 의료 환경 및 조건, 의료행위의 특수성 등이 고려되어야 한다(대법원 2007. 9. 20. 선고 2006도294 판결, 대법원 2011. 4. 14. 선고 2010도10104 판결 등 참조).

3] 대법원 2010. 7. 8. 선고 2007다55866 판결

[1] 진단상의 과실 유무에 관한 판단 방법

❒ 의사가 진찰・치료 등의 의료행위를 함에 있어서는 사람의 생명・신체・건강을 관리하는 업무의 성질에 비추어 환자의 구체적인 증상이나 상황에 따라 위험을 방지하기 위하여 요구되는 최선의 조치를 취하여야 할 주의의무가 있고, 의사의 이와 같은 주의의무는 의료행위를 할 당시 의료기관 등 임상의학 분야에서 실천되고 있는 의료행위의 수준을 기준으로 삼되, 그 의료수준은 통상의 의사에게 의료행위 당시 일반적으로 알려져 있고 또 시인되고 있는 이른바 의학상식을 뜻하므로 진료환경 및 조건, 의료행위의 특수성 등을 고려하여 규범적인 수준으로 파악되어야 하며, 또한 진단은 문진・시진・촉진・청진 및 각종 임상검사 등의 결과에 터잡아 질병 여

부를 감별하고 그 종류, 성질 및 진행 정도 등을 밝혀내는 임상의학의 출발점으로서 이에 따라 치료법이 선택되는 중요한 의료행위이므로, 진단상의 과실 유무를 판단함에 있어서는 그 과정에 있어서 비록 완전무결한 임상진단의 실시는 불가능하다고 할지라도 적어도 임상의학 분야에서 실천되고 있는 진단 수준의 범위 내에서 그 의사가 전문직업인으로서 요구되는 의료상의 윤리와 의학지식 및 경험에 터잡아 신중히 환자를 진찰하고 정확히 진단함으로써 위험한 결과 발생을 예견하고 그 결과 발생을 회피하는 데에 필요한 최선의 주의의무를 다하였는지 여부를 따져 보아야 한다.

4] 대법원 2010. 6. 24. 선고 2007다62505 판결

[1] 의사의 의료행위에 있어서 주의의무의 기준이 되는 의료수준의 의미 및 그 평가 방법

❒ 진찰 · 치료 등의 의료행위를 함에 있어서는 사람의 생명 · 신체 · 건강을 관리하는 업무의 성질에 비추어 환자의 구체적인 증상이나 상황에 따라 위험을 방지하기 위하여 요구되는 최선의 조치를 취하여야 할 주의의무가 있고, 의사의 이와 같은 주의의무는 의료행위를 할 당시 의료기관 등 임상의학 분야에서 실천되고 있는 의료행위의 수준을 기준으로 삼되, 그 의료수준은 통상의 의사에게 의료행위 당시 일반적으로 알려져 있고 또 시인되고 있는 이른바 의학상식을 뜻하므로, 진료환경 및 조건, 의료행위의 특수성 등을 고려하여 규범적인 수준으로 파악되어야 한다(대법원 1999. 3. 26. 선고 98다45379, 45386 판결, 대법원 2005. 10. 28. 선고 2004다13045 판결 등 참조).

또한 의사는 진료를 행함에 있어 환자의 상황과 당시의 의료수준 그리고 자기의 지식 및 경험에 따라 적절하다고 판단되는 진료방법을 선택할 상당한 범위의 재량을 가진다고 할 것이고, 그것이 합리적인 범위를 벗어난 것이 아닌 한 진료의 결과를 놓고 그 중 어느 하나만이 정당하고 이와 다른 조치를 취한 것에 과실이 있다고 할 수는 없다(대법원 1992. 5. 12. 선고 91다23707 판결, 대법원 2007. 5. 31. 선고 2005다5867 판결 등 참조).

한편 의료행위에 있어서의 잘못을 원인으로 한 불법행위책임이 성립하기 위해서는 일반적인 경우와 마찬가지로 의료상의 주의의무 위반과 손해의 발생이 있고 그 사이에 인과관계가 있음이 증명되어야 하므로, 환자가 진료를 받는 과정에서 손해가 발생하였다면 의료행위의 특수성을 감안하더라도 일련의 의료행위 과정에 의료상의 과실 있는 행위가 있었고 그 행위와 손해의 발생 사이에 다른 원인이 개재되지 않았다는 점을 먼저 환자 측에서 증명하여야 한다(대법원 1999. 4. 13. 선고 98다9915 판결, 대법원 2003. 12. 12. 선고 2003다50610 판결 등 참조).

5] 대법원 1987. 11. 10. 선고 87도1213 판결

[1] 미성년자보호법 제4조 제2항의 영업자에 영업주의 고용인도 포함된다.

❐ 미성년자보호법 제4조 제1, 2항, 제2조 제1항 제3호와 제7조의 규정을 종합하면 위 제4조 제2항의 영업자에는 영업주가 아닌 영업주의 대리인, 사용인 기타 종업원 등 고용인도 포함된다.

[2] 종업원의 동법 위반죄의 구성요건상 자격흠결과 양벌규정에 의한 영업주의 범죄가 성립한다.

❐ 양벌규정에 의한 영업주의 처벌은 금지위반행위자인 종업원의 처벌에 종속하는 것이 아니라 독립하여 그 자신의 종업원에 대한 선임감독상의 과실로 인하여 처벌되는 것이므로 영업주의 위 과실책임을 묻는 경우 금지위반행위자인 종업원에게 구성요건상의 자격이 없다고 하더라도 영업주의 범죄성립에는 아무런 지장이 없다.

[3] 타인이 고용한 종업원의 위법행위로 인한 영업주의 양벌규정에 의한 범죄가 성립한다.

❐ 종업원 등의 행정법규위반행위에 대하여 양벌규정으로 영업주의 책임을 묻는 것은 종업원 등에 대한 영업주의 선임감독상의 과실책임을 근거로 하는 것이며 그 종업원은 영업주의 사업경영과정에 있어서 직접 또는 간접으로 영업주의 감독통제 아래 그 사업에 종사하는 자를 일컫는 것이므로 영업주 스스로 고용한 자가 아니고 타인의 고용인으로서 타인으로부터 보수를 받고 있다 하더라도 객관적 외형상으로 영업주의 업무를 처리하고 영업주의 종업원을 통하여 간접적으로 감독통제를 받는 자라면 위에 포함된다.

[4] 종업원의 위법행위의 동기가 영업주의 책임에 영향을 준다.

❐ 객관적 외형상으로 영업주의 업무에 관한 행위이고 종업원이 그 영업주의 업무를 수행함에 있어서 위법행위를 한 것이라면 그 위법행위의 동기가 종업원 기타 제3자의 이익을 위한 것에 불과하고 영업주의 영업에 이로운 행위가 아니라 하여도 영업주는 그 감독해태에 대한 책임을 면할 수 없다.

6] **대법원** 1984. 2. 14.**선고** 83도2982 **판결**

[1] 장물여부에 관한 중고품매입상의 주의의무

❐시계점을 경영하는 자가 장물로 판단된 시계를 매입함에 있어 매도인에게 그 시계의 구입장소, 구입시기, 구입가격, 매각이유 등을 묻고 비치된 장부에 매입가격 및 주민등록증에 의해 확인된 위 매도인의 인적사항 일체를 사실대로 기재하였다면, 매도인의 신분이나 시계출처 및 소지 경위에 대한 매도인의 설명의 진부에 대하여서까지 확인하여야 할 주의의무가 있다고는 보기 어렵다.

7] **대법원** 1962. 3. 29. **선고** 61도598 **판결**

[1] 과실범과 공동정범

❐ 2인 이상이 어떠한 과실 행위를 서로의 의사연락 아래 하여 범죄되는 결과를 발생케 한 것

이라면 과실범의 공동정범이 성립된다.

형법 제30조에 「공동하여 죄를 범한 때」의 「죄」는 고의범이고 과실범이고를 불문한다고 해석하여야 할 것이고 따라서 공동정범의 주관적 요건인공동의 의사도 고의를 공동으로 가질 의사임을 필요로 하지 않고 고의 행위이고 과실 행위이고 간에 그 행위를 공동으로 할 의사이면 족하다고 해석하여야 할 것이므로 2인 이상이 어떠한 과실 행위를 서로의 의사연락 아래 하여 범죄되는 결과를 발생케 한 것이라면 여기에 과실범의 공동정범이 성립되는 것이다. 본건 사고는 경관의 검문에 응하지 않고 트럭을 질주함으로써 야기된 것인 바 각 증거를 종합하면 피고인은 공동 피고인과 서로 의사를 연락하여 경관의 검문에 응하지 않고 트럭을 질주케 하였던 것임을 충분히 인정할 수 있음이 명백하므로 피고인은 본건 과실 치사 죄의 공동정범이 된다.

제5절 사실의 착오

조문

제15조(사실의 착오) ① 특별히 중한 죄가 되는 사실을 인식하지 못한 행위는 중한 죄로 벌하지 아니한다

② 결과로 인하여 형 이 중할 죄에 있어서 그 결과의 발생을 예견할 수 없었을 때에는 중한 죄로 벌하지 아니한다.

1. 의의

사실의 착오라 함은 행위자가 주관적으로 인식,인용한 범죄사실과 행위로 인하여 현실로 발생한 범죄사실이 일치하지 않는 것을 말한다.

2. 구성요건적 착오와 구별되는 유형

구성요건적 착오는 행위자가 주관적으로 불법구성요건을 인식하고 실행하였고, 객관적으로 범죄사실의 결과발생을 하였지만 양자의 구성요건사실의 내용이 불일치하기 때문에 '구성요건적 착오'의 문제가 제기된다. 따라서 구성요건적 착오의 전제조건을 충족하지 못하여 구성요건적 착오와 구별되는 유형들은 다음과 같다.

1) 과실범

행위자가 주관적 구성요건사실을 인식하고 결과발생에 대하여 예견하였지만, 발생결과는 행위자가 인식한 사실의 불법구성요건은 아니지만 다른 구성요건사실에 해당되는 경우이다. 이

때에는 발생결과에 대한 과실이 인정되므로 과실범으로 처벌된다.

2) 미수범 (불능범)

행위자가 주관적 구성요건사실을 인식하였지만 발생결과는 인식사실의 범죄가 성립되지 않는 경우이다. 이 때에는 고의는 성립하지만 결과가 없으므로 미수범 또는 불능범의 문제가 발생한다.

3) 불능미수

행위자가 실제로 존재하지도 않는 구성요건상황을 존재하는 것으로 잘못 인식한 경우이다. (반전된 구성요건착오). 이때에는 해당행위에 대한 미수처벌의 규정이 있어야 불능미수이론으로 처리할 수 있다.

3. 사실착오의 유형

1) 구체적 사실의 착오와 추상적 사실착오의 비교

<table>
<tr><th>구체적 사실착오</th><th colspan="2">추상적 사실착오</th></tr>
<tr><td rowspan="4">▾ 서로 같은 가치 객체 사이의 착오
▾ 인식사실과 발생사실이 구체적으로 일치하지는 않지만 인식사실과 발생사실이 같은 구성요건에 해당하는 경우
▾ 예) A을 구타하려고 했는데 그 옆에 있던 B가 맞은 경우</td><td colspan="2">▾ 서로 다른 가치 객체 사이의 착오
▾ 인식사실과 발생사실이 서로 다른 구성요건에 해당되는 경우</td></tr>
<tr><td rowspan="3">유형</td><td>▾ 경한 사실의 인식으로 중한 결과가 발생한 경우</td></tr>
<tr><td>▾ 중한 사실의 인식으로 경한 결과가 발생한 경우</td></tr>
<tr><td>▾ 형의 가중 · 감경사유에 관한 착오</td></tr>
</table>

2) 객체착오 · 방법착오의 비교

객체착오	방법착오(타격 또는 수단착오)
▾ 행위객체의 동일성에 관한 착오로 행위대상을 잘못 인식하여 의도 하지 않은 다른 객체에 침해의 결과가 발생한 경우 ▾ 예) A인줄 알고 쏘았는데 B인 경우	▾ 행위방법이 잘못으로 인식표적이 아닌 의도하지 않은 다른 객체에 침해의 결과가 발생한 경우 ▾예) A을 쏘려다가 오발로 B를 맞춘 경우
객체착오와 방법착오는 구체적 사실착오와 추상적 사실착오에서 가능할 수 있다.	

4. 고의의 성립범위에 관한 학설

1) 구체적 부합설(다수설)

행위자가 인식·인용한 사실에 현실적으로 발생한 사실이 구체적으로 부합하면 발생한 사실(결과)에 대한 고의의 성립을 인정한다.

구체적 부합은 i) 현실적으로 인식한 객체에 결과가 발생할 것, ii) 인식·인용했던 객체와 공격당한 객체 사이에 구성요건적 동가치성이 있을 것 등의 두 가지 요건에 모두 부합할 때에만 인정된다.

[구체적 부합설]

구분	객체의 착오	방법의 착오
구체적 사실의 착오	발생한 사실에 대한 기수	인식한 사실에 대한 미수, 발생한 사실에 대한 과실의 상상적 경합
추상적 사실의 착오	인식한 시실에 대한 불능 미수, 발생한 사실에 대한 과실의 상상적 경합	상동

2) 법정적 부합설

행위자의 인식사실과 현실적으로 발생한 사실이 같은 구성요건(구성요건부합설)에 해당하면 언제나 발생된 사실(결과)에 대한 고의의 성립을 인정한다.

[법정적 부합설]

구분	객체의 착오	방법의 착오
구체적 사실의 착오	발생한 사실에 대한 기수	좌동
추상적 사실의 착오	인식한 사실에 대한 불능 미수와 발생한 사실에 대한 과실의 상상적 경합	인식한 사실에 대한 미수와 발생한 사실에 대한 과실의 상상적 경합

3) 추상적 부합설

범죄의 고의가 있고 범죄사실의 발생이 추상적으로 일치하기만 하면 고의기수의 책임을 인정하되, 그 고의가 발생한 사실보다 경한 범죄에 관한 것일 때에는 그 중한 바에 따라 논할 수 없다고 주장한다.

[추상적 부합설]

구분	객체의 착오	방법의 착오
구체적 사실의 착오	발생한 사실에 대한 기수	좌동
추상적 사실의 착오	①인식한 사실보다 발생한 사실이 중한 경우에는 인식한 사실의 기수와 발생한 사실의 과실의 상상적 경합 ②인식한 사실보다 발생한 사실이 경한 경우에는 인식한 사실의 미수와 발생한 사실에 대한 기수의 상상적 경합	①좌동 ②인식한 사실보다 발생한 사실이 경한 경우에는 인식한 사실의 불능미수와 발생한 사실에 대한 기수의 상상적 경합

4) 각 부합설에 의한 구체적 사실착오의 해결 결과표

구분		객체착오	방법착오
구체적 부합설	구체적 사실착오	고의기수	미수 + 과실
	추상적 사실착오	불능미수 + 과실	미수 + 과실
법정적 부합설	구체적 사실착오	고의기수	고의기수
	추상적 사실착오	불능미수 + 과실	미수 + 과실
추상적 부합설	구체적 사실착오	고의기수	고의기수
	추상적 사실착오	중〉경 (중한 죄 미수 + 경한 죄 기수) 경〉중 (경한 죄 기수 + 중한 죄 과실)	

5. 인과관계의 착오

행위자가 예측한 행위와 결과 사이의 인과관계의 연관성이 실질적으로는 다르게 진행되어 결과가 발생한 행태를 의미한다. 즉 행위자가 인식한 인과과정에 다른 원인이 개입하여 결과가 실현된 경우이다. 객관적 구성요건요소인 인과관계는 구체적 사실착오에서만 문제된다.(개괄적 고의의 사례).

[인과관계의 착오]

구분	제1의 고의행위	제2의 고의행위	책임
불법구성요건의 결과발생이 2개의 부분적 고의의 순차행위에 의하여 의도된 결과가 제1행위가 아닌 제2행위에 의한 것일 때 2개의 행위를 단일의 행위로 인정한다.			
개괄적 고의설	제1, 2의 고의행위를 단일행위의 지배로 인정		고의의 기수
객관적 귀속설	인과관계의 착오는 객관적 귀속이 긍정된 때 인정		책임인정

미수설	이미 결과가 발생함	독립성을 인정	제1의 미수범과 제2의 과실범의 경합범
인과관계 착오설	인과관계를 무시하고 제1의 고의행위에 의한 결과가 실현된 것으로 이해한다.		고의의 기수

관련판례

1] 대구지법 2008. 12. 17. 선고 2008고합783 판결

[1] 폭행과 사망 사이에 피해자나 제3자의 과실 등이 경합한 경우, 상당인과관계의 인정 여부(적극) 및 사망 결과에 대한 예견가능성 유무를 판단하는 방법

❐ 폭행치사죄는 결과적 가중범이므로, 그 행위와 중한 결과 사이에 상당인과관계가 있어야 할 뿐만 아니라 사망의 결과에 대한 예견가능성이 있어야 한다. 먼저, 상당인과관계는 피고인의 행위가 피해자의 사망이라는 결과를 발생케 한 유일한 원인이거나 직접적인 원인이 되어야 하는 것은 아니며, 피해자나 제3자의 과실 등이 경합하여 결과가 발생한 경우에도 이를 인정할 수 있다. 예컨대, 피해자가 평소 병약한 상태에 있었고 피고인의 폭행으로 그가 사망함에 있어서 지병이 또한 사망 결과에 영향을 주었다고 하여 폭행과 사망 간에 인과관계가 없다고 할 수 없다. 다음으로 예견가능성의 유무는 피고인의 폭행의 부위·정도 및 방법, 피해자가 특별한 병이나 특이체질을 지니고 있었는지 여부, 피해자의 사인, 피고인과 피해자의 관계 등 구체적 상황을 살펴서 엄격하게 가려야 한다.

❐ 함께 술을 마시던 만취 상태의 상대방을 폭행하여 사망케 한 사안에서, 피해자에게 심장질환 등의 지병이 있었다고 하더라도 사인의 직접적 원인인 피고인의 폭행과 피해자의 사망 간에 인과관계가 인정되고, 폭행 당시 피해자가 매우 쇠약한 상태임을 알고 있었다면 사망의 결과도 예견할 수 있었다고 보아, 폭행치사죄의 성립을 인정한다.

2] 대법원 2008. 6. 26. 선고 2007도6188 판결

[1] 300여 단체의 대표들이 공동대표를 겸하고 있는 한미FTA저지범국민운동본부의 집회에서 그 집행위원장을 대신하여 사회를 맡은 사람을 구 집회 및 시위에 관한 법률상 옥외집회 또는 시위의 '주최자'로 인정한 사례.

❐ 공모공동정범에 관한 법리오해에 대하여

원심이, 어느 범죄에 2인 이상이 공동가공하는 경우 공모는 법률상 어떠한 정형을 요구하는 것이 아니고 2인 이상이 공모하여 범죄에 공동가공하여 범죄를 실현하려는 의사의 결합만 있으면 되므로, 비록 암묵적으로라도 수인 사이에 의사가 상통하여 의사의 결합이 이루어지면 공모

관계가 성립하고, 이러한 공모가 이루어진 이상 실행행위에 직접 관여하지 아니한 자라도 다른 공모자의 행위에 대하여 공동정범으로서 형사책임을 지며, 또 결과적가중범의 공동정범은 기본 행위를 공동으로 할 의사가 있으면 성립하고 결과를 공동으로 할 의사까지는 요하지 않는바, 특수공무집행방해치상죄는 단체 또는 다중의 위력을 보이거나 위험한 물건을 휴대하고 직무를 집행하는 공무원에 대하여 폭행·협박을 하여 공무원을 사상에 이르게 한 경우에 성립하는 결과적가중범으로서, 행위자가 그 결과를 의도할 필요는 없고 그 결과의 발생을 예견할 수 있으면 족하다(대법원 2002. 4. 12. 선고 2000도3485 판결 등 참조)는 대법원 판결의 법리를 전제하고, 그 채택 증거에 의하여 판시와 같은 사실들을 인정한 다음 피고인들의 각 폭력행위 등 처벌에 관한 법률 위반(집단·흉기등상해), 특수공무집행방해치상, 특수공용물건손상의 점을 유죄로 처단한 제1심판결을 유지한 조치는 정당하고, 피고인들이 상고이유에서 주장하는 바와 같은 법리오해 등의 위법이 없다.

3] **부산고법** 2006. 10. 20. **선고** 2006수17 **판결**

[1] 공직선거법 제193조에서 정한 ' 명백한 착오'의 의미

❒ 당선인결정의 착오시정사유인 공직선거법 제193조에서 정한 '명백한 착오'라 함은 인식과 대상 또는 생각과 사실이 일치하지 않는 것이 명백한 것으로 계산 또는 집계상의 착오, 갑(갑) 후보를 당선인으로 결정한다는 것이 을(을) 후보로 잘못 결정하는 것을 말한다.

4] **대법원** 2002. 4. 12. **선고** 2000도3485 **판결**

[1] 공동정범에 있어서 공모관계의 성립 요건 및 결과적가중범인 특수공무집행방해치상죄의 주관적 성립 요건

❒ 어느 범죄에 2인 이상이 공동가공하는 경우 공모는 법률상 어떠한 정형을 요구하는 것이 아니고 2인 이상이 공모하여 범죄에 공동가공하여 범죄를 실현하려는 의사의 결합만 있으면 되는 것으로서, 비록 암묵적으로라도 수인 사이에 의사가 상통하여 의사의 결합이 이루어지면 공모관계가 성립하고, 이러한 공모가 이루어진 이상 실행행위에 직접 관여하지 아니한 자라도 다른 공모자의 행위에 대하여 공동정범으로서 형사책임을 지며, 또 결과적가중범의 공동정범은 기본 행위를 공동으로 할 의사가 있으면 성립하고 결과를 공동으로 할 의사는 필요 없는바, 특수공무집행방해치상죄는 단체 또는 다중의 위력을 보이거나 위험한 물건을 휴대하고 직무를 집행하는 공무원에 대하여 폭행·협박을 하여 공무원을 사상에 이르게 한 경우에 성립하는 결과적가중범으로서 행위자가 그 결과를 의도할 필요는 없고 그 결과의 발생을 예견할 수 있으면 족하다.

5] 대법원 2000. 5. 12. 선고 2000도745 판결

[1] 결과적 가중범인 상해치사죄의 공동정범의 성립에 결과를 공동으로 할 의사가 필요한지 여부(소극) 및 수인이 상해의 범의로 범행 중 한 사람이 중한 상해를 가하여 피해자가 사망에 이르게 된 경우, 나머지 사람들도 상해치사의 죄책을 지는지 여부(한정 적극)

❐ 결과적 가중범인 상해치사죄의 공동정범은 폭행 기타의 신체침해 행위를 공동으로 할 의사가 있으면 성립되고 결과를 공동으로 할 의사는 필요 없으며, 여러 사람이 상해의 범의로 범행 중 한 사람이 중한 상해를 가하여 피해자가 사망에 이르게 된 경우 나머지 사람들은 사망의 결과를 예견할 수 없는 때가 아닌 한 상해치사의 죄책을 면할 수 없다.

6] 대법원 1995. 1. 20. 선고 94도2842 판결

❐ 특수공무집행방해치상죄는 결과에 대한 예견가능성이 있었음에도 불구하고 예견하지 못한 경우뿐만 아니라 고의가 있는 경우까지도 포함하는 부진정결과적가중범이다.

7] 대법원 1990. 6. 26. 선고 90도765 판결

❐ 특수공무방해치사상죄에 있어서 공무집행을 방해하는 집단행위의 과정에서 일부 집단원이 고의로 방화행위를 하여 사상의 결과를 초래한 경우에 다른 집단원이 그 방화행위로 인한 사상의 결과를 예견할 수 있는 상황이었다면 특수공무방해치사상의 죄책을 면할 수 없으나 그 방화행위 자체에 공모가담한 바 없는 이상 방화치사상죄로 의율할 수는 없다.

8] 대법원 1988. 4. 12. 선고 88도178 판결

❐ 형법 제15조 제2항이 규정하고 있는 이른바 결과적 가중범은 행위자가 행위시에 그 결과의 발생을 예견할 수 없을 때에는 비록 그 행위와 결과 사이에 인과관계가 있다 하더라도 중한 죄로 벌할 수 없다.

9] 대법원 1987. 10. 26. 선고 87도1745 판결

❐ 갑이 을 등 3명과 싸우다가 힘이 달리자 식칼을 가지고 이들 3명을 상대로 휘두르다가 이를 말리면서 식칼을 뺏으려던 피해자 병에게 상해를 입혔다면 상해를 입은 사람이 목적한 사람이 아닌 다른 사람이라 하여도 상해죄의 책임을 진다.

10] 대법원 1985. 4. 23. 선고 85도303 판결

❒ 폭행정도가 서로 시비하다가 피해자를 떠밀어 땅에 엉덩방아를 찧고 주저앉게 한 정도에 지나지 않은 것이었고 또 피해자는 외관상 건강하여 전혀 병약한 흔적이 없는 자인데 사실은 특수체질자이었기 때문에 심장마비를 일으켜 사망하게 된 것이라면 사망의 결과에 대한 예견가능성이 있었다고 보기 어렵다.

제6절 법률의 착오

조문

제16조(법률의 착오) 자기의 행위가 법령에 의하여 죄가 되지 아니하는 것으로 오인한 행위는 그 오인에 정당한 이유가 있는 때에 한하여 벌하지 아니한다.

1. 법률의 착오의 의의

'법률의 착오'라 함은 행위자가 자신의 행위가 위법함을 알지 못한 경우, 즉 행위자에게 위법성의 인식이 결여된 경우"를 의미한다. 제16조 (법률의 착오)의 규정은 단순한 법률의 부지를 말하는 것이 아니고, 일반적으로 범죄가 되는 경우이지만 자기의 특수한 경우에는 법령에 의하여 허용된 행위로서 죄가 되지 아니한다고 그릇 인식하고 그와 같이 그릇 인식함에 정당한 이유가 있는 경우에는 벌하지 않는다는 취지이다[4] 이 때 행위자는 법적으로 금지되어 있다는 사실을 허용되어 있는 것으로 오인한 경우이다.

2. 법률의 착오의 종류

법률의 착오는 유형분류는 여러 가지의 방법이 있겠으나 일반적으로 직접적 착오와 간접적 착오로 분류한다.

1) 직접적 착오

행위자가 자신의 행위에 직접 적용되는 금지규범 그 자체에 관하여 착오로 인하여 자신의 행위가 허용되는 것으로 알고 있는 것을 말한다.

위법성의 '직접적' 착오에는 행위자가 ① 법규범의 존재자체를 인식하지 못한 것을 '법률의 부

---

4) 대법원 2010. 4. 29. 선고 2009도13868 판결 ; 대법원 2000. 9. 29. 선고 2000도3051 판결 등 참조. 」

지(不知),' ② 법규범의 존재 자체는 알고 있지만 그 법규범의 적용한계를 정확히 알지 못하여 자신의 행위에 해당하는 법규범이 무효라고 생각하는 것을'효력의 착오(錯誤),' ③구성요건적 사실은 인식했으나 무엇이 법적의미인가에 대하여 착오를 일으켜서 자신의 행위가 법률적으로 허용된다고 믿은 것을 '포섭의 착오'라 한다.

2) 간접적 착오

위법성의 '간접적' 착오란 행위자가 금지된 사실은 인식하고 있었으나 구체적인 경우에는 '위법성조각사유'가 있다고 잘못 알고 있는 것을 말한다.

행위자가 ① 금지된 사실은 인식하였으나 구체적인 경우에 법적으로 인정되는 위법성조각사유가 존재하지 않음에도 불구하고 이것이 존재하는 것으로 오신한 "위법성조각사유의 '존재'자체에 대한 착오(허용규범의 착오)," ② 위법성조각사유의 법적 허용한계를 오인하여 자신의 행위가 허용된다고 판단한 "위법성조각사유의 법적'한계'에 대한 착오(허용한계의 착오)"가 있다.

3. 형법 제16조의 해석

형법 제16조 (법률의 착오)는 자기의 행위가 법령에 의하여 죄가 되지 아니하는 것으로 오인한 행위는 그 오인에 정당한 이유가 있는 때에 한하여 벌하지 아니한다.라고 규정하고 있다. 이 규정은 위법성인식의 체계적 지위에 관한 학설 가운데 제한고의설(:위법성인식 가능성설-법과실준고의설)과 책임설에 의하여 해석해야 설명이 가능하다.

① 자기의 행위가 法令에 의하여 죄가 되지 아니한 것으로 오인한 행위: '법령에 의하여 죄가 되지 아니하는 것'은 위법하지 않는 것 것으로 오인하는 것, 불법이 되지 않는 것, 즉 허용되는 것이라는 의미이다. 따라서 위법성의 인식이 없는 경우로 법률의 부지를 법률착오에 포함된다(판례는 법률의 부지를 금지착오에서 배제).

② 정당한 이유 : 형법 제16조의 "오인에 정당한 이유가 있는 때에"라는 내용부분을, 제한고의설은 "위법성의 인식가능성이 없는 때에"로 해석하고, 책임설은 "오인을 회피할 수 없는 때에"로 해석하게 된다. 이는 착오의 회피 불가능성을 의미한다.

③ 벌하지 아니한다: 형법 제16조 법률의 착오는 원칙적으로 처벌하지만 예외적으로 '오인에 정당한 이유가 있는 때에 한하여 벌하지 아니한다'라는 것이다. 여기에서 "벌하지 아니한다"라는 것은 "위법성의 착오를 회피할 수 없었을 때에는 책임이 조각되어 벌하지 아니한다"를 의미함으로 책임을 배제한다는 뜻이다.

이 부분을 '책임설'로 반대해석하면, 그 오인을 회피할 수 "있었을 때"에는 행위자에게 비난이 가능함으로 '고의범'으로 처벌할 수 있다.

관련판례

1] 대법원 2011. 10. 13. 선고 2010도15260 판결

[1] 자신의 행위가 구 건축법상 허가대상인 줄 몰랐다는 사정이 '법률의 착오'에 해당하지 않는다(소극).

❐ 「형법」제16조에 의하여 처벌하지 아니하는 경우란 단순한 법률의 부지의 경우를 말하는 것이 아니고, 일반적으로 범죄가 되는 행위이지만 자기의 특수한 경우에는 법령에 의하여 허용된 행위로서 죄가 되지 아니한다고 그릇 인식하고 그와 같이 인식함에 있어 정당한 이유가 있는 경우에는 벌하지 아니한다는 취지이므로, 피고인이 자신의 행위가 구「건축법」상의 허가대상인 줄을 몰랐다는 사정은 단순한 법률의 부지에 불과하고 특히 법령에 의하여 허용된 행위로서 죄가 되지 않는다고 적극적으로 그릇 인식한 경우가 아니어서 이를 법률의 착오에 기인한 행위라고 할 수 없다 (대법원 1991. 10. 11. 선고 91도1566 판결 등 참조).

2] 대법원 2010. 4. 29. 선고 2009도13868 판결

[1] 법률의 착오에 관한 형법 제16조의 규정 취지

❐ 「형법」제16조에서 "자기가 행한 행위가 법령에 의하여 죄가 되지 아니한 것으로 오인한 행위는 그 오인에 정당한 이유가 있는 때에 한하여 벌하지 아니한다"고 규정한 것은 단순한 법률의 부지를 말하는 것이 아니고, 일반적으로 범죄가 되는 경우이지만 자기의 특수한 경우에는 법령에 의하여 허용된 행위로서 죄가 되지 아니한다고 그릇 인식하고 그와 같이 그릇 인식함에 정당한 이유가 있는 경우에는 벌하지 않는다는 취지이다(대법원 2000. 9. 29. 선고 2000도3051 판결 등 참조).

3] 대법원 2009. 6. 11. 선고 2008도10373 판결

❐ 이미 무선설비의 형식승인을 받은 다른 수입업자가 있음을 이용하여 동일한 제품을 형식승인 없이 수입 · 판매한 행위는 무선설비에 대한 관계 법령의 취지 및 내용에 비추어 볼 때 전파법위반죄에 해당하고, 무선설비의 납품처 직원으로부터 형식등록이 필요 없다는 취지의 답변을 들었다는 사정만으로는 형법 제16조의 법률의 착오에 해당하지 않는다.

4] 대법원 2009. 5. 28. 선고 2008도3598 판결

❐ 대출회사가 '스크린 스크래핑 프로그램'을 이용하여 대출신청인들의 서면상의 요구나 동의 없이 금융기관들로부터 위 신청인들의 금융거래내역을 제공받은 경우, 금융기관에 대한 거래정

보의 요구를 금지하는 금융실명거래 및 비밀보장에 관한 법률 제4조 제1항 위반죄가 성립한다. 피고인들은 대출신청인들로 하여금 피고인 회사의 인터넷 홈페이지를 통하여 대출신청을 할 때 거래은행의 예금계좌번호와 비밀번호를 입력하게 한 다음 '빠른조회서비스'를 통해 해당 은행의 인터넷 홈페이지로 연결되고 자동으로 계좌번호와 비밀번호가 입력되도록 하여 입출금내역을 열람할 수 있는 스크린 스크래핑 프로그램 제작자가 변호사에게 위 프로그램을 통한 고객 정보 수집의 적법 여부만을 검토한 것만으로는 금융실명거래 및 비밀보장에 관한 법률 제4조 제1항 위반행위에 정당한 이유가 없어 법률의 착오에 해당하지 않는다.

5] 대법원 2008. 10. 23. 선고 2008도5526 판결

[1] 법률의 착오에 관한 형법 제16조의 규정 취지 및 정당한 이유가 있는지 여부의 판단 방법

❐ 형법 제16조에서 "자기가 행한 행위가 법령에 의하여 죄가 되지 아니한 것으로 오인한 행위는 그 오인에 정당한 이유가 있는 때에 한하여 벌하지 아니한다."고 규정하고 있는 것은 일반적으로 범죄가 되는 경우이지만 자기의 특수한 경우에는 법령에 의하여 허용된 행위로서 죄가 되지 아니한다고 그릇 인식하고, 그와 같이 그릇 인식함에 정당한 이유가 있는 경우에는 벌하지 아니한다는 취지이고, 이러한 정당한 이유가 있는지 여부는 행위자에게 자기 행위의 위법의 가능성에 대해 심사숙고하거나 조회할 수 있는 계기가 있어 자신의 지적능력을 다하여 이를 회피하기 위한 진지한 노력을 다하였더라면 스스로의 행위에 대하여 위법성을 인식할 수 있는 가능성이 있었음에도 이를 다하지 못한 결과 자기 행위의 위법성을 인식하지 못한 것인지 여부에 따라 판단하여야 할 것이며, 이러한 위법성의 인식에 필요한 노력의 정도는 구체적인 행위정황과 행위자 개인의 인식능력, 그리고 행위자가 속한 사회집단에 따라 달리 평가되어야 한다(대법원 2006. 3. 24. 선고 2005도3717 판결, 대법원 2006. 9. 28. 선고 2006도4666 판결, 대법원 2008. 2. 28. 선고 2007도5987 판결 등 참조).

6] 대구고법 2009. 6. 11. 선고 2008노591 판결

[1] 국회의원 후보자가 선거사무소 개소식 초청장에 의례적인 초청 문구를 넘어 지방자치단체장 재직시의 치적 사항, 지지 호소 문구 등을 기재하여 선거인들에게 발송한 사안에서, 설령 초청장을 보내도 되는지 여부에 관하여 선거관리위원회에 문의하여 보았다는 선거사무장의 듣고 한 행위라 하더라도, 피고인의 선거 경력 등에 비추어 피고인이 자신의 행위에 대한 위법성을 인식하지 못한 데 정당한 이유가 있다고 할 수 없어, '탈법 방법에 의한 문서 배부'로 인한 공직선거법 위반죄가 성립한다.

7] 대법원 2009. 1. 30. 선고 2008도8607 판결

[1] 계속범의 성격을 갖는 무허가 처리업체에 의한 건설폐기물의 위탁처리행위가 그 처벌규정인 구 건설폐기물의 재활용촉진에 관한 법률 제63조 제1의2호가 신설된 이후까지 계속된 경우, 위 조항이 적용되는지 여부(적극)

[2] 구 건설폐기물의 재활용촉진에 관한 법률 제16조 제1항의 위반행위를 하면서 이를 판단하는 데 직접적인 자료가 되지 않는 환경부의 질의회신을 받은 것만으로는 정당한 이유가 있는 법률의 착오에 해당하지 않는다고 본 사례

[3] 건설폐기물의 처리기준에 관하여 그 구체적인 내용 및 범위를 대통령령에 위임한 구 건설폐기물의 재활용촉진에 관한 법률 제13조 제1항 및 그에 따른 시행령 제9조가 다시 위임하여 보관기간 제한규정을 둔 같은 법 시행규칙 제5조 제2항 [별표 1]이 죄형법정주의나 위임입법의 한계를 일탈한 것인지 여부(소극)

❒ 형법 제16조에서 자기가 행한 행위가 법령에 의하여 죄가 되지 아니한 것으로 오인한 행위는 그 오인에 정당한 이유가 있는 때에 한하여 벌하지 아니한다고 규정하고 있는 것은 일반적으로 범죄가 되는 경우이지만 자기의 특수한 경우에는 법령에 의하여 허용된 행위로서 죄가 되지 아니한다고 그릇 인식하고 그와 같이 그릇 인식함에 정당한 이유가 있는 경우에는 벌하지 아니한다는 취지이고, 이러한 정당한 이유가 있는지 여부는 행위자에게 자기 행위의 위법의 가능성에 대해 심사숙고하거나 조회할 수 있는 계기가 있어 자신의 지적능력을 다하여 이를 회피하기 위한 진지한 노력을 다하였더라면 스스로의 행위에 대하여 위법성을 인식할 수 있는 가능성이 있었음에도 이를 다하지 못한 결과 자기 행위의 위법성을 인식하지 못한 것인지 여부에 따라 판단하여야 할 것이고, 이러한 위법성의 인식에 필요한 노력의 정도는 구체적인 행위정황과 행위자 개인의 인식능력 그리고 행위자가 속한 사회집단에 따라 달리 평가되어야 한다(대법원 2006. 3. 24. 선고 2005도3717 판결 등 참조).

기록에 의하면, 피고인이 자기의 행위가 죄가 되지 아니한다고 오인한 근거로 주장하는 환경부의 질의회신 내용은, 법 제27조 제1항에 따라, 건설폐기물의 배출자가 건설공사현장에 건설폐기물처리시설을 직접 설치・운영하여 건설폐기물을 재활용하고자 하는 경우, 관할관청이 그 설치승인을 함에 있어서 그 대상이 되는 건설폐기물처리시설의 범위에 관한 것일 뿐, 법 제16조 제1항의 자가처리의 범위를 판단할 수 있는 직접적인 자료가 되는 것은 아니라고 보이므로, 위 피고인이 위 질의회신에 따라 자기의 행위가 죄가 되지 아니한다고 오인하였다고 하더라도, 이는 위 질의회신을 자기에게 유리하게 잘못 해석한 것에 불과하여 정당한 이유가 있는 법률의 착오에 해당한다고 볼 수 없고, 피고인이 관할관청으로부터 건설폐기물처리시설의 설치승인을 받았다는 점 등 상고이유에서 주장하는 그 밖의 사정을 아울러 고려하더라도 달리 볼 수 없다.

그리고 위 피고인의 행위는 업무를 수행하는 과정에서 저질러진 것일 뿐, 정당한 업무행위에 기한 것이 아니므로 업무로 인한 정당행위로서 위법성이 조각된다고 보기 어렵고, 또한 원심이 확정한 사실관계에 의하면, 위 피고인의 행위는 고의에 의한 것으로 봄이 상당하고 위 피고인이 자신의 행위가 '위탁하여 처리'하는 행위로서 구성요건에 해당하는지에 대한 오인을 일으켰다고 하여 고의가 없다고 볼 수도 없다.

8] **대법원** 2008. 10. 23. **선고** 2008**도**5526 **판결**

[1] 법률의 착오에 관한 형법 제16조의 규정 취지 및 정당한 이유가 있는지 여부의 판단 방법

❐ 형법 제16조에서 "자기가 행한 행위가 법령에 의하여 죄가 되지 아니한 것으로 오인한 행위는 그 오인에 정당한 이유가 있는 때에 한하여 벌하지 아니한다."고 규정하고 있는 것은 일반적으로 범죄가 되는 경우이지만 자기의 특수한 경우에는 법령에 의하여 허용된 행위로서 죄가 되지 아니한다고 그릇 인식하고, 그와 같이 그릇 인식함에 정당한 이유가 있는 경우에는 벌하지 아니한다는 취지이고, 이러한 정당한 이유가 있는지 여부는 행위자에게 자기 행위의 위법의 가능성에 대해 심사숙고하거나 조회할 수 있는 계기가 있어 자신의 지적능력을 다하여 이를 회피하기 위한 진지한 노력을 다하였더라면 스스로의 행위에 대하여 위법성을 인식할 수 있는 가능성이 있었음에도 이를 다하지 못한 결과 자기 행위의 위법성을 인식하지 못한 것인지 여부에 따라 판단하여야 할 것이며, 이러한 위법성의 인식에 필요한 노력의 정도는 구체적인 행위정황과 행위자 개인의 인식능력, 그리고 행위자가 속한 사회집단에 따라 달리 평가되어야 한다(대법원 2006. 3. 24. 선고 2005도3717 판결, 대법원 2006. 9. 28. 선고 2006도4666 판결, 대법원 2008. 2. 28. 선고 2007도5987 판결 등 참조).

9] **대법원** 2007. 11. 16. **선고** 2007**도**7205 **판결**

[1] 형법 제16조에서 자기가 행한 행위가 법령에 의하여 죄가 되지 아니한 것으로 오인한 행위

❐ 형법 제16조에서 자기가 행한 행위가 법령에 의하여 죄가 되지 아니한 것으로 오인한 행위는 그 오인에 정당한 이유가 있는 때에 한하여 벌하지 아니한다고 규정하고 있는 것은 일반적으로 범죄가 되는 경우이지만 자기의 특수한 경우에는 법령에 의하여 허용된 행위로서 죄가 되지 아니한다고 그릇 인식하고 그와 같이 그릇 인식함에 정당한 이유가 있는 경우에는 벌하지 아니한다는 취지이고, 이러한 정당한 이유가 있는지 여부는 행위자에게 자기 행위의 위법의 가능성에 대해 심사숙고하거나 조회할 수 있는 계기가 있어 자신의 지적능력을 다하여 이를 회피하기 위한 진지한 노력을 다하였더라면 스스로의 행위에 대하여 위법성을 인식할 수 있는 가능성이 있었음에도 이를 다하지 못한 결과 자기 행위의 위법성을 인식하지 못한 것인지 여부에 따라 판

단하여야 할 것이고, 이러한 위법성의 인식에 필요한 노력의 정도는 구체적인 행위정황과 행위자 개인의 인식능력 그리고 행위자가 속한 사회집단에 따라 달리 평가되어야 한다(대법원 2006. 3. 24. 선고 2005도3717 판결, 대법원 2006. 3. 10. 선고 2005도6316 판결 등 참조).

한편, 공직선거법상 기부행위의 구성요건을 충족하는지 여부와 업무추진비의 사용이 적법·타당한 것인지 여부는 별개의 문제이므로, 위법한 업무추진비 지출을 통하여 이루어진 금품제공행위라도 공직선거법상 금지하고 있는 기부행위에는 해당하지 아니할 수도 있는 반면, 적법한 업무추진비 지출을 통하여 이루어진 금품제공행위라도 공직선거법상 금지하고 있는 기부행위에 해당할 수도 있는 것이다.

위와 같은 법리 및 기록에 비추어 살펴보면, 비록 여러 지방자치단체장들이 관행적으로 그와 같은 간담회 개최 및 음식물 제공을 하여 왔고 행정자치부에서 이를 금지하는 구체적인 지침이 없으며, 그 비용을 행정자치부에서 마련한 업무추진비 집행기준을 준수하여 적법한 절차에 따라 업무추진비에서 지출하여 옴으로써, 피고인이 자신의 그와 같은 행위가 공직선거법 제112조 제2항 제4호 (가)목 또는 (나)목에서 정한 법령 또는 조례에 의한 금품제공행위 내지는 같은 항 제4호 각 목에서 정한 직무상의 행위와 동등하게 평가할 수 있는 행위에 해당하여 법령에 의하여 허용되는 행위라고 오인하였다고 하더라도 그러한 오인에 정당한 이유가 있다고 볼 수 없다. 따라서 피고인의 이 사건 각 기부행위를 형법 제16조에서 말하는 법률의 착오에 기한 행위라고 볼 수 없다.

10] 대법원 2007. 5. 11. 선고 2006도1993 판결

[1] 일본 영주권을 가진 재일교포가 영리를 목적으로 관세물품을 구입한 것이 아니라거나 국내 입국시 관세신고를 하지 않아도 되는 것으로 착오하였다는 등의 사정만으로는 형법 제16조의 법률의 착오에 해당하지 않는다.

❒ 형법 제16조에 자기가 행한 행위가 법령에 의하여 죄가 되지 아니한 것으로 오인한 행위는 그 오인에 정당한 이유가 있는 때에 한하여 벌하지 아니한다고 규정하고 있는 것은 단순한 법률의 부지를 말하는 것이 아니고, 일반적으로 범죄가 되는 경우이지만 자기의 특수한 경우에는 법령에 의하여 허용된 행위로서 죄가 되지 아니한다고 그릇 인식하고, 그와 같이 그릇 인식함에 정당한 이유가 있는 경우에는 벌하지 않는다는 취지인바(대법원 1994. 4. 15. 선고 94도365 판결 등 참조), 피고인이 일본 영주권을 가진 재일교포로서 영리를 목적으로 이 사건 관세물품을 구입한 것이 아니라거나 국내 입국시 관세신고를 하지 않아도 되는 것으로 착오하였다는 등의 사정만으로는 위에서 말한 형법 제16조의 법률의 착오에 해당한다고 할 수 없다.

11] 대법원 2006. 11. 23. 선고 2005도5511 판결

[1] 법률의 착오에 관한 형법 제16조의 규정 취지

❒ 형법 제16조에서 "자기가 행한 행위가 법령에 의하여 죄가 되지 아니한 것으로 오인한 행위는 그 오인에 정당한 이유가 있는 때에 한하여 벌하지 아니한다."라고 규정하고 있는 것은 단순한 법률의 부지를 말하는 것이 아니고, 일반적으로 범죄가 되는 경우이지만 자기의 특수한 경우에는 법령에 의하여 허용된 행위로서 죄가 되지 아니한다고 그릇 인식하고 그와 같이 그릇 인식함에 정당한 이유가 있는 경우에는 벌하지 않는다는 취지이다 (대법원 2006. 1. 13. 선고 2005도8873 판결, 대법원 2006. 4. 28. 선고 2003도4128 판결 등 참조).

12] 서울지법 2003. 10. 16. 선고 2003가합25992 판결 : 항소

❒ 교원임용예정자가 사립대학교에 교원임용지원서를 제출할 당시 교사경력을 기재하지 아니하였으나, 가사 교원임용예정자가 교사경력을 고의로 누락하였다고 하더라도 그것만으로 교원임용예정자가 위 대학교의 교원으로서의 직무를 수행할 수 없을 정도로 도덕성이 결여되어 있다고 보기는 어렵고, 또한 교사경력과 석 · 박사 학위기간 경력이 중복된다고 하여 대학교원으로서의 자질 및 능력이 부족하다고 단정할 수는 없으므로 학교법인이 교원임용예정자의 교사경력을 모르고 임용계약을 체결하였다고 하더라도 그것이 법률행위의 중요 부분에 관한 착오에 해당한다고 할 수는 없다.

13] 대법원 2003. 7. 25. 선고 2002도6006 판결

[1] 법률의 착오에 해당한다고 볼 수 없다.

❒ 서울특별시 사격연맹 사무국장인 피고인은 원칙적으로 소지가 불허된 공기권총을 사격선수에 대하여는 예외적으로 소지를 허용하는 관련 법령이나 소관 부서인 경찰의 업무지침을 이용하여 선수로서 활동할 능력이나 의사가 없는 일반인들이 단지 호기심에서나 기타 선수로서의 활동과는 무관한 의도로 공기권총을 구입하여 소지하고자 한다는 사정을 잘 알면서도, 선수로서의 활동능력이나 의사의 점에 대한 확인이나 심사를 거치지 아니한 채 총포판매상을 통하여 접수되는 등록신청을 아무런 제한 없이 받아들이고 선수등록확인증을 발급하여, 서울을 비롯한 전국 각 지역에 거주하는 공소외인들로 하여금 그 선수등록확인증에 기하여 관할 경찰서장으로부터 공기권총 소지허가를 받게 하였음을 알 수 있는바, 이는 피고인이 공기권총을 판매하고 선수등록 및 소지허가신청절차를 대행한 총포판매상 및 그 구입자들과 공모하여 총포 · 도검 · 화약류등단속법 제72조 제7호 소정의 '거짓이나 그 밖의 옳지 못한 방법으로' 총포소지허가를 받은 경우에 해당한다 할 것이다. 비록 피고인이 그 주장과 같이 종전부터 이어져 내려온 관행에

따라 선수등록업무를 처리하였다고 하더라도, 위 인정과 같은 사정에 비추어 보면, 피고인으로서는 자신의 행위가 법령에 의하여 죄가 되지 아니하는 것으로 오인한 데에 정당한 이유가 있다고 볼 수 없다.

14] 대법원 2001. 6. 29. 선고 99도5026 판결

[1] 법률의 착오에 해당하지 않는다.

❒ 피고인이 학교교육도 제대로 받지 못한 가정주부로서 보험회사의 지점장인 김순애나 영업소장인 이부혜가 규정에 어긋난 행동을 할 줄은 꿈에도 몰랐다든가, 특정경제범죄가중처벌등에관한법률 제9조 제1항이 헌법재판소에서 비록 합헌결정이 났으나 5인의 헌법재판관이 위헌의견을 내었다는 등 상고이유로 내세우는 사유만으로는 피고인이 자신의 행위가 특히 법령에 의하여 허용된 행위로서 죄가 되지 않는다고 그릇 인식한 경우라고 할 수 없고, 단순한 법률의 부지에 해당하는 경우이므로, 위법성에 관한 법리를 오해한 위법이 없다.

15] 대법원 2000. 9. 29. 선고 2000도3051 판결

❒ 피고인이 영상물등급위원회로부터 외국인공연추천세칙에 관한 통지를 받고서야 외국연예인의 관광업소 공연허가 신청시 근로자파견사업허가증을 첨부하여야 한다는 사실을 알았다든가, 1999. 12. 1. 이전까지는 근로자파견사업 허가와 관계없이 러시아 무용수들에 대한 입국이 허용되었다는 등의 사유만으로는 법률의 착오에 해당되지 않는다.

16] 대법원 2000. 8. 18. 선고 2000도2943 판결

❒ 부동산중개업자가 부동산중개업협회의 자문을 통하여 인원수의 제한 없이 중개보조원을 채용하는 것이 허용되는 것으로 믿었다고 하더라도 그러한 사정만으로 자신의 행위가 법령에 저촉되지 않는 것으로 오인함에 정당한 이유가 있었다고 할 수 없다.

17] 대법원 2000. 4. 21. 선고 99도5563 판결

❒ 공무원이 그 직무에 관하여 실시한 봉인 등의 표시를 손상 또는 은닉 기타의 방법으로 그 효용을 해함에 있어서 그 봉인 등의 표시가 법률상 효력이 없다고 믿은 것은 법규의 해석을 잘못하여 행위의 위법성을 인식하지 못한 것이라고 할 것이다.

18] 대법원 1995. 8. 25. 선고 95도717 판결

❐ 이전에 검찰의 혐의없음 결정을 받은 적이 있다면, 허가가 없이 의약품인 가감삼십전대보초를 판매하였더라도 자기의 행위가 법령에 의하여 죄가 되지 않는 것으로 오인한 데 정당한 이유가 있는 경우에 해당한다.

19] 대법원 1995. 7. 28. 선고 95도702 판결

❐ 변리사로부터 자문과 감정을 받아 자신이 제작한 물통의 의장등록을 하고 그 등록상표와 유사한 상표를 사용한 경우, 자기의 행위가 죄가 되지 아니한다고 믿었다 하더라도 이러한 경우에는 누구에게도 그 위법의 인식을 기대할 수 없다고 단정할 수 없다.

20] 대법원 1995. 7. 11. 선고 94도1814 판결

❐ 허가를 담당하는 공무원이 허가를 요하지 않는 것으로 잘못 알려주어 이를 믿었기 때문에 허가를 받지 아니하였다면, 죄가 되지 않는 것으로 착오를 일으킨 데 대하여 정당한 이유가 있는 경우에 해당한다.

21] 대법원 1992. 8. 18. 선고 92도1140 판결

❐ 피고인이 한국무도교육협회의 정관에 따라 무도교습소를 운영하였고, 위 협회가 소속회원을 교육함에 있어서는 학원설립인가를 받을 필요가 없다고 한 검찰의 무혐의결정내용을 통지받은 사실만으로 피고인이 인가를 받지 않고 교습소를 운영한 것이 법률의 착오에 해당한다고 볼 수 없다.

22] 대법원 1971. 12. 14. 선고 71다1638 판결

❐ 직장예비군 편성에 관하여 전입신고를 법령해석의 착오로 소정기간내에 하지 않았던 사실을 이유로 파면처분함은 징계권의 남용에 해당한다.

23] 대법원 1972. 3. 31. 선고 72도64 판결

❐ 국민학교 교장이 도 교육위원회의 지시에 따라 교과내용으로 되어 있는 꽃양귀비를 교과식물로 비치하기 위하여 양귀비 종자를 사서 교무실 앞 화단에 심은 것이라면 이는 죄가 되지 아니하는 것으로 오인한 행위로서 그 오인에 정당한 이유가 있는 경우에 해당한다.

제7절 인과관계

조문

제17조(인과관계) 어떤 행위라도 죄의 요소되는 위험발생에 연결되지 아니한 때에는 그 결과로 인하여 벌하지 아니한다.

1. 인과관계의 의의

결과범에 있어서 "일정한 결과가 일정한 행위를 통하여 발생했다고 하기 위해서는 그 결과와 행위 사이의 불가분의 관계"를 의미한다.

● 선행사실 ▼ 行爲	● 인과적 연관(聯關性) ▼ 논리적 불가분성의 관계 [認識의 問題]	● 후행사실 ▼ 發生結果	■ 불법행위.

① 인과적 연관을 인과관계라 한다.② 형법의 인과관계는 형이상학적・존재론적・자연과학적 개념이 아닌 "법적・사회적 관점"에서 파악한 개념이다.

③ 결과범과 침해범에서는 행위와 발생한 결과사이에 일정한 인과적 연관이 있을 때에만 불법행위가 된다.

④ 일정한 결과발생을 구성요건상 전제로 하는 결과범에서만 문제가 된다.

⑤ 결과범에서 인과관계는 미수와 기수의 구별기준이 된다.

2. 인과관계이론

형법 제17조가 행위의 결과를 연관성 기준으로 규정한 '죄의 요소되는 위험발생의 연결'의 의미를 밝히기 위한 이론논쟁이다.

[因果關係의 基本類型]

▶ 선행행위	◀ **인과적 연관성** ▶	■ 결과발생.	■ 불법행위.

[인과관계의 유형]

유형	의의	인과관계 인정여부
基本 인과관계	행위가 다른 개입원인 없이 직접 구성요건결과를 발생한 때.	인과관계 인정
二重的 (擇一的) 인과관계	단독으로 동일한 결과를 만들어 낼 수 있는 충분한 다수의 조건들이 결합하여 일정한 결과를 발생한 때.	인과관계 긍정
累積的 (重疊的) 인과관계	각기 독자적으로 동일한 결과에 이를 수 없는 여러 조건들이 공동으로 총합 작용하여 일정한 결과에 발생한 때.	인과관계는 긍정되나 객관적귀속이 부정됨 (미수)
❐ 假說的 인과관계	발생한 결과에 대한 원인행위가 없었더라도 가설적 원인에 의해 같은 결과가 발생했을 고도의 개연성이 있는 때. 추월인과관계와 경합인과관계가 이에 속한다.	현실적 행위와 결과사이에만 인과관계 긍정
❐ 追越的 인과관계	뒤에 발생한 조건이 기존의 조건을 추월하는 결과를 야기한 경우에서의 현실적 인과과정, 즉 먼저 발생한 원인이 진행하는 도중에 뒤에 다른 원인의 개입으로 인하여 결과발생이 앞당겨진 때.	뒤의 조건과 발생한 결과사이의 인과관계만 긍정
❐ 競合的 인과관계	어느 조건에 의하더라도 동시에 결과가 발생했을 경우의 현실적 인과과정	인과관계 긍정
斷絶된 인과관계	원인과 결과 사이에 제3의 독립된 원인행위가 본래 진행 중인 제1의 원인행위에 의한 그 결과가 나타나기 전에 개입하여 제3의 독립된 원인행위 스스로 구성요건결과를 발생시킨 때.	인과관계 부정 (단 판례는 상당인과관계 긍정)
非類型的 인과관계	한 행위가 구성요건적 결과발생에 대한 원인이 되지만 그 결과발생에 피해자의 귀책이나 특이체질 등 다른 원인이 비유형적(변칙적)으로 결합되어 결과를 발생시킨 때.	인과관계 긍정

관련판례

1] 대구지법 2008. 12. 17. 선고 2008고합783 판결

(1) 폭행과 사망 사이에 피해자나 제3자의 과실 등이 경합한 경우, 상당인과관계의 인정 여부(적극) 및 사망 결과에 대한 예견가능성 유무를 판단하는 방법

❐ 폭행치사죄는 결과적 가중범이므로, 그 행위와 중한 결과 사이에 상당인과관계가 있어야 할 뿐만 아니라 사망의 결과에 대한 예견가능성이 있어야 한다. 먼저, 상당인과관계는 피고인의 행위가 피해자의 사망이라는 결과를 발생케 한 유일한 원인이거나 직접적인 원인이 되어야 하는 것은 아니며, 피해자나 제3자의 과실 등이 경합하여 결과가 발생한 경우에도 이를 인정할 수 있다. 예컨대, 피해자가 평소 병약한 상태에 있었고 피고인의 폭행으로 그가 사망함에 있어서 지

병이 또한 사망 결과에 영향을 주었다고 하여 폭행과 사망 간에 인과관계가 없다고 할 수 없다. 다음으로 예견가능성의 유무는 피고인의 폭행의 부위·정도 및 방법, 피해자가 특별한 병이나 특이체질을 지니고 있었는지 여부, 피해자의 사인, 피고인과 피해자의 관계 등 구체적 상황을 살펴서 엄격하게 가려야 한다.

함께 술을 마시던 만취 상태의 상대방을 폭행하여 사망케 한 사안에서, 피해자에게 심장질환 등의 지병이 있었다고 하더라도 사인의 직접적 원인인 피고인의 폭행과 피해자의 사망 간에 인과관계가 인정되고, 폭행 당시 피해자가 매우 쇠약한 상태임을 알고 있었다면 사망의 결과도 예견할 수 있었다고 보아, 폭행치사죄의 성립을 인정한다.

2] 대법원 2007. 10. 26. 선고 2005도8822 판결

[1] 선행 교통사고와 후행 교통사고 중 어느 쪽이 원인이 되어 피해자가 사망하였는지가 분명하지 않은 경우, 후행 교통사고와 피해자의 사망 사이에 인과관계를 인정하기 위한 요건 및 그 증명책임의 소재(=검사)

❐ 선행 교통사고와 후행 교통사고 중 어느 쪽이 원인이 되어 피해자가 사망에 이르게 되었는지 밝혀지지 않은 경우 후행 교통사고를 일으킨 사람의 과실과 피해자의 사망 사이에 인과관계가 인정되기 위해서는 후행 교통사고를 일으킨 사람이 주의의무를 게을리하지 않았다면 피해자가 사망에 이르지 않았을 것이라는 사실이 증명되어야 하고, 그 증명책임은 검사에게 있다.

3] 대법원 2007. 6. 1. 선고 2006도1813 판결

[1] 부실 재무제표 제출로 인한 기망행위와 금융기관의 여신 결정 사이의 인과관계를 인정하기 위한 요건

❐ 개정 전의 회계처리기준에 따라야 할 재무제표를 개정 후의 회계처리기준에 따라 작성 제출함으로 인하여 금융기관이 개정 전 회계처리기준에 따라 회사에 해당 회계연도 당기 순이익이 발생한 것으로 믿고 이로 인하여 여신을 결정한 것이고, 만약 개정 전 회계처리기준에 따라 재무제표가 작성되었다면 당기 순손실이 나타날 것인데 이를 숨기기 위해서 위와 같은 방법으로 재무제표를 작성하였다는 사실을 금융기관이 여신 심사 당시 알았다면 당해 여신이 불가능하거나 곤란하였다고 볼 사정이 인정된다면, 회사의 변제의사나 변제능력, 담보 제공 여부와는 무관하게 부실 재무제표 제출로 인한 기망행위와 여신 결정 사이의 인과관계는 인정되는 것이며, 금융기관이 제출된 재무제표를 면밀히 분석해 보았다면 위와 같은 회계처리를 알 수 있었을 것이라고 하여 달리 볼 것은 아니다. 또 금융기관의 통상적인 여신처리기준에 의하면, 적자 상태인 당해 기업에 대한 여신이 가능했을 수도 있다고 하더라도 이로 인하여 획일적으로 부실 재무

제표 제출로 인한 기망행위와 여신 결정 사이의 인과관계가 단절된다고 볼 수는 없고, 기업이 적자 상태를 숨기기 위하여 흑자 상황인 것처럼 작성한 재무제표를 제출하였다는 사실이 발각될 경우 초래될 수 있는 신뢰성 평가에 있어서의 부정적인 영향까지 적절하게 고려·평가하여 인과관계 단절 여부를 살펴보아야 한다.

[2] 구회사채를 지급보증한 금융기관이 회사의 요청에 따라 자신의 자금으로 구회사채를 우선상환한 다음 그 직후 회사가 발행하는 신회사채를 지급보증하는 방법으로 자금을 조달하여 위 구회사채 우선상환 자금을 변제받기로 하는 포괄적 약정을 체결한 경우, 금융기관의 신회사채에 대한 지급보증과 회사의 재무상황에 대한 기망행위 사이에 인과관계가 인정된다.

4] 서울고법 2006. 5. 26. 선고 2005노1861 판결【폭행치사】파기환송

[1] 폭행치사죄에 관한 사실오인 내지 법리오해

❒ 피해자에 대한 검시결과 피해자의 우측 아랫입술 부위에 열상이 있고, 부검결과 피해자의 좌측 위팔, 아래팔 등 곳곳에 멍이 있으며 피해자의 후두부 부종과 관련하여 사망 3~4일 전에 외력에 의하여 혈종이 발생하고 그것이 커지면서 사망에 이를 가능성이 있다는 것이므로 피고인이 피해자를 폭행하여 벽에 머리를 부딪치게 함으로써 피해자가 사망에 이른 것이어서 피고인의 폭행과 피해자의 사망 사이의 인과관계를 인정할 수 있고 또한, 시멘트 벽에 머리를 부딪칠 경우 그 충격으로 사람이 사망할 수 있음은 경험칙상 예견가능한 것임에도 불구하고, 원심은 신빙성이 없는 피고인의 진술에 근거하여 피고인의 폭행과 피해자의 사망 사이의 인과관계를 인정하기에 부족하고, 가사 그렇지 않다고 하더라도 피고인의 폭행 당시 피해자의 사망이라는 결과를 예견할 수도 있었다고 보기 어렵다고 판단한 데에 사실을 오인하거나 폭행치사죄의 예견가능성에 관한 법리를 오해함으로써 판결에 영향을 미친 위법이 있다.

5] 서울중앙지법 2004. 2. 11. 선고 2003고합604 판결 항소

[1] 회사의 분식된 재무제표 제출행위와 이에 기한 금융기관의 대출행위 사이에 재물편취의 인과관계가 인정된다.

❒ 금융기관들이 그 대출금 등의 회수가능성 및 여신한도 등을 판단하기 위해서는 기업의 신용도 평가가 필수적이라 할 것인데 이를 위해서는 진정하게 작성된 재무제표를 통한 재무상황의 분석이 불가결한 요소이고, 따라서 금융기관들이 해당 기업이 손실이 난 회사라는 사정을 알았다면 대출 및 지급보증을 하지 않았거나 여신한도를 축소하여 대출하였을 것으로 보이는 점 등의 사정에 비추어 볼 때, 회계분식 및 그 분식된 재무제표의 제출행위와 금융기관의 대출 및 지급보증행위 사이에 사기죄에서 요구하는 상당인과관계가 인정된다.

6] 대법원 2002. 10. 11. 선고 2002도4315 판결

[1] 감금 행위와 혈전이 폐동맥을 막아 사망한 결과 사이에 상당인과관계가 있다.

❐ 4일 가량 물조차 제대로 마시지 못하고 잠도 자지 아니하여 거의 탈진 상태에 이른 피해자의 손과 발을 17시간 이상 묶어 두고 좁은 차량 속에서 움직이지 못하게 감금한 행위와 묶인 부위의 혈액 순환에 장애가 발생하여 혈전이 형성되고 그 혈전이 폐동맥을 막아 사망에 이르게 된 결과 사이에는 상당인과관계가 있다.

7] 대법원 2000. 7. 4. 선고 2000도2154 판결

❐ 주먹으로 피해자의 복부를 강타하여 복막염 등으로 사망케 하였다면 비록 수술지연 등 과실이 피해자의 사망의 공동원인이 되었다 하더라도 피고인의 폭력행위와 치사의 결과 간에는 인과관계가 있다.

8] 대법원 1995. 5. 12. 선고 95도425 판결

[1] 폭행이나 협박을 가하여 간음을 하려는 행위와 이에 극도의 흥분을 느끼고 공포심에 사로잡혀 이를 피하려다 사상에 이르게 된 사실과는 이른바 상당인과관계가 있어 강간치사상죄로 다스릴 수 있다.

2] 피고인의 강간미수행위와 피해자의 추락사 사이에 상당인과관계가 있다고 보아 강간치사죄로 처벌된다.

❐ 피고인이 자신이 경영하는 속셈학원의 강사로 피해자를 채용하고 학습교재를 설명하겠다는 구실로 유인하여 호텔 객실에 감금한 후 강간하려 하자, 피해자가 완강히 반항하던 중 피고인이 대실시간 연장을 위해 전화하는 사이에 객실 창문을 통해 탈출하려다가 지상에 추락하여 사망한 사안에서, 피고인의 강간미수행위와 피해자의 사망과의 사이에 상당인과관계가 있다.

9] 대법원 1996. 9. 24. 선고 95도245 판결

❐ 피해자가 다른 병원으로 전원할 당시 이미 후복막에 농양이 광범위하게 형성되어 있었고 후복막 내 장기 등 조직의 괴사가 진행되어 이미 회복하기 어려운 상태에 빠져 있었다면, 피고인의 진료상의 과실과 피해자의 사망과의 사이의 인과관계가 단절된다고 볼 수는 없다.

10] 대법원 1995. 5. 12. 선고 95도425 판결

❐ 폭행이나 협박을 가하여 간음을 하려는 행위와 이에 극도의 흥분을 느끼고 공포심에 사로

잡혀 이를 피하려다 사상에 이르게 된 사실과는 이른바 상당인과관계가 있다.

11] **대법원** 1992. 12. 22. **선고** 92**다**28518 **판결**

[1] 매매목적물에 대한 가압류집행이 되었다는 사실만으로 매도인의 계약위반을 이유로 매매계약을 해제할 수 없는 사정이어서 매도인이 착각하여 계약금의 배액을 위약금으로 지급하였다 하더라도 위약금 지급과 가압류집행 사이에 상당인과 관계가 없다

❐ 원고가 위 정봉식에게 매매한 버스 7대가 가압류가 되어 있다고 하더라도 위 매매에 따른 소유권이전등록은 가능한 것이고 다만 피고가 본안소송에서 승소하여 위 버스가 경락되는 경우에는 위 정봉식이 소유권을 상실할 수 있으나 이는 담보책임 등으로 해결할 수 있고 경우에 따라서는 신의칙 등에 따라 대금지급채무의 이행을 거절할 수 있음에 그친다고 할 것이므로 위 가압류집행만으로 원고가 계약을 위반하였다고 하여 위 매매계약을 해제할 수는 없고, 원고의 전 거증에 의하여도 매매목적물이 가압류되는 것을 해제의 사유로 삼기로 하였음을 인정할 수도 없으므로 원고가 받은 계약금의 배액을 지급하였다 하더라도 그것은 매매계약에 의거한 의무에 의한 것이라고 볼 수 없고 호의적인 지급이거나 지급의무 있는 것으로 착각하고 지급한 것이라고 보일 뿐이어서 위 위약금 지급과 위 가압류집행 사이에는 법률적으로 상당인과 관계가 없는 것이다(당원 1972.7.25. 선고 72다867 판결 참조)

12] **대법원** 1991. 10. 25. **선고** 91**도**2085 **판결**

❐ 아파트 안방에 감금된 피해자가 가혹행위를 피하려고 창문을 통하여 아파트 아래 잔디밭에 뛰어 내리다가 사망한 경우, 중감금행위와 피해자의 사망 사이에 인과관계가 있어 중감금치사죄가 성립된다.

13] **대법원** 1990. 10. 16. **선고** 90**도**1786 **판결**

❐ 계속되는 폭행에 위협을 느낀 피해자가 화장실 창문 밖으로 숨으려다가 실족하여 떨어짐으로써 사망한 경우에는 폭행행위와 피해자의 사망 사이에는 인과관계가 있다.

14] **대법원** 1989. 10. 13. **선고** 89**도**556 **판결**

[1] 심장질환이 있는 피해자에 대한 폭행과 그로 인한 사망사이에 상당인과 관계를 인정한다.

피고인이 피해자의 멱살을 잡아 흔들고 주먹으로 가슴과 얼굴을 1회씩 구타하고 멱살을 붙들고 넘어뜨리는 등 신체 여러 부위에 표피박탈, 피하출혈 등의 외상이 생길 정도로 심하게 폭행을 가함으로써 평소에 오른쪽 관상동맥폐쇄 및 심실의 허혈성심근섬유화증세 등의 심장질환을 앓

고 있던 피해자의 심장에 더욱 부담을 주어 나쁜 영향을 초래하도록 하였다면, 비록 피해자가 관상동맥부전과 허혈성심근경색 등으로 사망하였더라도, 피고인의 폭행의 방법, 부위나 정도 등에 비추어 피고인의 폭행과 피해자의 사망과 간에 상당인과관계가 있었다고 볼 수 있다.

15] 대법원 1989. 7. 25. 선고 88누10947 판결

[1] 산업재해보상보험법상 업무상 재해의 의미와 업무와 재해 사이의 인과 관계에 관한 입증책임

❐ 산업재해보상보험법 제3조 제1항 소정의 업무상의 재해라 함은 근로자가 업무수행 중 그 업무에 기인하여 발생한 재해를 말하므로 업무와 재해 사이에 인과관계가 있어야 하고, 이 경우 근로자의 업무와 재해간의 인과관계에 관하여는 이를 주장하는 측에서 입증하여야 한다.

16] 대법원 1988. 5. 10. 선고 87다카3101 판결

(1) 부동산처분금지가처분채무자의 가집행선고부 가처분취소판결의 가집행과 가처분채권자의 손해와의 사이에 상당인과관계가 없다.

❐ 부동산처분금지가처분채무자가 가집행선고부 가처분취소판결에 기하여 가처분등기를 말소한 후에 그 판결을 취소, 변경하는 판결이 선고되기 전에 그 부동산을 타에 처분함으로써 가처분채권자(가집행채무자)가 그 부동산을 취득할 수 없게 된 경우에 있어서 비록 가처분채권자가 그로 인하여 손해를 입었다 하더라도 그 손해는 가처분채무자(가집행채권자)의 별도의 처분행위에 의한 것일뿐 가집행선고부판결의 가집행으로 인한 것이라고는 볼 수 없으므로 그 취소변경된 판결의 가집행과 가처분채권자의 손해와의 사이에는 상당인과관계가 없다.

17] 대법원 1983. 12. 13. 선고 81다카1030 판결

[1] 증거조작행위와 유죄판결 등으로 인한 손해사이에 상당인과관계가 있다.

❐ 원고가 무고죄 등으로 구속 기소된 것은 제3자인 검사에 의한 것이고 유죄판결 역시 법원에 의하여 선고된 것이라고 할지라도 이 사건 피고가 자기의 죄를 면하기 위해 타인으로 하여금 내용 허위의 영수증을 작성하게 하여 수사기관 등에 제출하였고 또 증인에게 위증을 교사하는 등 일련의 증거조작행위를 한 때문이라면 피고의 행위와 원고의 유죄확정 판결과 사이에는 상당인과 관계가 있다고 보아야 할 것이다.

18] 대법원 1983. 10. 25. 선고 83다카1163 판결

[1] 전문기술자를 고용하지 않은 것과 사고발생 간에 상당인과 관계가 없다.

❒ 점원의 텔레비젼 안테나 설치작업중 발생한 사고가 안테나 등에 관한 전문지식의 부족으로 일어난 것이 아니라 안테나가 매어져 있는 굴뚝이 무너져 난 사고라면 테레비전 점포경영자가 테레비전에 관한 전문기술자를 고용하지 아니한 사실과 위 사고로 인한 손해와는 상당인과관계가 없다.

19] 대법원 1975. 6. 24. 선고 75다36 판결

[1] 신원보증채권의 집행보전을 위하여 지출한 비용이 피신원보증인의 직무상 과실과 상당인과 관계의 범위내에 있는 손해라고 볼 수 없다.

❒ 신원보증채권의 집행보전을 위하여 신원보증인의 부동산을 가압류함에 있어 소요한 인지대, 송달료 및 등록세와 변호사 위임비용등은 피신원보증인의 직무상 과실과 상당인과관계의 범위내에 있는 손해라고 볼 수 없다.

20] 대법원 1972.4.20. 선고 72다268 판결

[1] 광산사고로 입은 상해와 자살 사이에 상당인과 관계가 있다.

❒ 피해자가 이 사건 광산사고로 요부 찰과 투박상 좌슬 관절부 투박상 및 탈구의 상실을 입어 광부로서는 전 노동 능력을 잃었고 일용근로자로서는 40%의 노동능력을 잃었다는 것이니 피해자가 이 사건 사고 후 생활고와 사고 후유증으로 인한 고통을 이기지 못하여 비관자살을 한 것이라면 이 사건 중상과 자살사이에는 상당인과관계가 있다.

21] 대법원 1972. 7. 25. 선고 72다867 판결

❒ 매매계약이 성립된 부동산에 대하여 피고가 가압류를 하였다 하여 위 매매계약이 해제되고 원고가 계약금의 배액을 지급하였다 하더라도 원고의 소외인에 대한 부동산매매계약의 계약금 배액지급이 피고의 동 부동산에 대한 가압류와 법률상 인과관계에 있는 손해라고는 할 수 없다.

22] 대법원 1967. 10. 31. 선고 67도1151 판결

[1] 유기행위와 피해자의 사망과의 사이에 상당인과 관계가 없다.

❒ 치사량의 청산가리를 음독했을 경우 미처 인체에 흡수되기 전에 지체없이 병원에서 위 세척을 하는 등 응급 치료를 받으면 혹 소생할 가능은 있을지 모르나 이미 이것이 혈관에 흡수되어 피고인이 피해자를 변소에서 발견했을 때의 피해자의 증상처럼 환자의 안색이 변하고 의식을 잃었을 때는 우리의 의학기술과 의료시설로서는 그 치료가 불가능하여 결국 사망하게 되는 것이고 또 일반적으로 병원에서 음독환자에게 위세척 호흡촉진제 강심제주사 등으로 응급가료를

하나 이것이 청산가리 음독인 경우에는 아무런 도움도 되지 못하는 것이므로 피고인의 유기행위와 피해자의 사망간에는 상당인과 관계가 없다.

23] 대법원 1966. 6. 28. 선고 66도758 판결

[1] 화약류취급 책임자의 선임에 대한 과실과, 범죄 사실과의 인과 관계가 있다.

❒ 화약류를 취급하는 데 필요한 소정의 면허를 받지 못한 자를 화약류취급책임자로 선임하여 발파작업에 종사케 함으로써 그 발파작업중 그 책임자의 과실로 인하여 사상의 사고가 발생한 경우에는 위 사상과 그 선임자의 과실 사이에는 상당인과관계가 있어 그 책임을 면하지 못한다.

제8절 부작위범

조 문

제18조(부작위범) 위험의 발생을 방지할 의무가 있거나 자기의 행위로 인하여 위험발생의 원인을 야기한 자가 그 위험발생을 방지하지 아니한 때에는 그 발생된 결과에 의하여 처벌한다.

1. 부작위의 의의

형법상의 行爲에는 作爲(Tun)와 不作爲(Unterlassen)가 있다. 作爲(Tun)는 금지규범(Verbotsnorm)을 적극적으로 위반하는 행위이고, 不作爲(Unterlassen)는 명령규범(Gebotsnorm)을 위반하는 소극적 태도로 구성요건 결과를 발생시키는 행위를 말한다. 따라서 부작위는 "단순히 아무 행위도 하지 않는 것"이 아니라, "법률상 기대되는 일정한 행위를 하지 않는 것"을 의미한다.

형법 "제18조 (부작위범) 위험의 발생을 방지할 의무가 있거나 자기의 행위로 인하여 위험발생의 원인을 야기한 자가 그 위험발생을 방지하지 아니한 때에는 그 발생된 결과에 의하여 처벌한다."라고 규정하고 있다. 고로 부작위범이란 법률상 당연히 행할 것으로 기대되는 그 무엇을 하여야 할 의무자가 그 의무를 이행하지 아니 함으로써 성립하는 범죄이다.

형법에 부작위범에 관한 특별규정이 없어도 대부분의 범죄는 부작위에 의한 실행이 가능하다. 부작위범으로 제116조(다중불해산죄)와 제319조 2항(퇴거불응죄)가 있다.

2. 작위와 부작위의 구별

형법상 작위와 부작위의 구별의 척도는 고의범과 과실범의 경우로 구분하여 살펴 볼 수 있다.

1) 고의범

고의범은 작위가 선행하고 부작위가 뒤따르는 순차의 경우이다. 이때에는 법적비난의 핵심이 어디에 있는가? 를 구별의 척도로 하여 작위, 부작위의 문제를 판단하면 된다. 판례는 보호자의 강청에 따라 치료를 요하는 환자에 대하여 치료를 중단하고 퇴원을 허용한 전문의와 주치의에 대하여 작위에 의한 살인방조죄가 성립한다고 판시하였다.[5)]

2) 과실범

과실범은 하나의 행위에 작위요소와 부작위요소가 동시에 있는 경우이다. 즉 주의의무의 위반행위는 작위인 동시에 작위의무에 따른 의무위반적 부작위로 평가되기 때문에 작위와 부작위가 동시에 존재할 수 있다는 점을 참고하여 생각할 때, 과실범에서 주가 되는 것은 작위이므로, 의심스러울 때에는 주의의무 위반적 작위에 의한 범죄로 이해하는 것이 타당하다.

3. 부작위범의 구조

1) 진정부작위범과 부진정부작위범

형법은 부작위범을 구성요건이라는 형식적 기준에 의하여 진정부작위범과 부진정부작위범으로 구별하고 있다.

(1) 眞正不作爲犯

진정부작위범은 구성요건상 부작위로 실현될 것을 내용으로 하는 범죄이다. 즉 부작위범의 구성요건을 말한다.[6)] 형법 제103조 1항(전시군수계약 불이행죄), 제116조(다중불해산죄)가 여기에 속한다.

(2) 不眞正不作爲犯

부진정부작위범은 부작위로 작위범의 구성요건을 실현하는 범죄를 말한다. 즉 부작위에 의한 작위범이다.

---

5) 대법원 2004. 6. 24. 선고 2002도995 판결.「어떠한 범죄가 적극적 작위에 의하여 이루어질 수 있음은 물론 결과의 발생을 방지하지 아니하는 소극적 부작위에 의하여도 실현될 수 있는 경우에, 행위자가 자신의 신체적 활동이나 물리적 · 화학적 작용을 통하여 적극적으로 타인의 법익 상황을 악화시킴으로써 결국 그 타인의 법익을 침해하기에 이르렀다면, 이는 작위에 의한 범죄로 봄이 원칙이고, 작위에 의하여 악화된 법익 상황을 다시 되돌이키지 아니한 점에 주목하여 이를 부작위범으로 볼 것은 아니며, 나아가 악화되기 이전의 법익 상황이, 그 행위자가 과거에 행한 또 다른 작위의 결과에 의하여 유지되고 있었다 하여 이와 달리 볼 이유가 없다.」

6) 대법원 1994. 4. 25. 선고 93도1731 판결.

4. 부작위범의 성립요건

부작위범(진정부작위범 · 부진정부작위범)이 성립하기 위하여는 다음의 요건이 있어야 한다.

1) 구성요건해당성

부작위범이 성립요건으로 명령규범에 위배되는 부작위가 있어야 한다. 명령규범의 구체적인 작위의무의 내용을 인식할 수 있는 사실관계, 즉 법익이 침해될 위험한 상황에서 일정한 작위가 요구되는 객관적 사태를 구성요건상황이라고 한다. 진정부작위범의 구성요건상황은 형법 각칙에 규정되어 있다. 부진정부작위범의 구성요건상황은 명령규범을 전제로 하여 행위자에게 '보증인적 지위'에 의하여 구성요건적 결과발생 내지 구성요건 실현에 의한 위험이라고 할 수 있다.

행위자의 고의 또는 과실에 의한 부작위범의 성립은 명령규범이 요구하는 행위를 하지 아니한 때에만 가능하다.

2) 부작위범의 위법성

부작위범도 작위범과 같이 구성요건해당성이 위법을 징표한다. 따라서 불법구성요건에 해당하고 위법성조각사유가 없으면 부작위의 위법성은 인정된다. 즉 부작위의 위법성은 작위의무위반에 있다.

부작위범의 위법성에서 '의무의 충돌(Pflicht-enkollision)'의 경우도 형법의 일반논리를 적용하면 된다. 그러나 작위의무와 금지의무가 충돌한 경우에는 긴급피난의 이론으로 해결하는 것이 타당하다.

3) 부작위범의 책임

부작위범의 책임도 작위범과 같다. 책임능력, 위법성인식 및 기대가능성 등의 요건이 있을 때에 책임비난이 가능하다. 한편 부작위범에서 법률오인에 정당한 이유가 있는 금지의 착오는 책임을 면제할 수 있다. 또한 부작위범에서 적법행위에 대한 기대불가능성은 초법규적 책임조각사유에 해당한다.

4) 보증인지위

(1) 의의

① 부진정부작위범에 있어서 법익침해의 위험성이 있는 "구성요건적 상황"이 존재하면 법익침해를 방지해야 할 保證人의 지위가 발생한다.

행위자가 자기행위로 위험발생의 원인을 야기한 때에는 위험발생을 방지할 법적 의무가 발생하므로 그 위험발생을 방지하지 않은 때에는 부진정부작위범된다.

② 위험발생을 방지해야 할 법적 의무를 보증인의무, 보증인의무를 발생시키는 지위를 보증인지위라고 한다.

(2) 보증인의 체계상 지위

부진정부작위범에 있어서 보증인 지위와 의무의 체계적 지위에 관한 학설

① 위법성설

보증인지위와 의무를 모두 부진정부작위범의 위법성의 요소로 파악한다.

② 구성요건설

보증인의 지위와 의무를 모두 부진정부작위범의 구성요건요소로 파악한다.

③ 이분설(二分說)

보증인지위는 구성요건요소, 보증인의무는 위법성요소로 파악한다.

(3) 보증인지위의 발생근거

제18조 후단의 선행행위로 인한 보증인의무는 규정되어 있으나, 전단의 보증인지위의 발생근거는 학설에 따른다.

① 형식설

법적 의무의 형식을 중시하여 개개사례의 성립근거에 따라 작위의무를 확정하려는 견해로서 법령, 계약, 선행행위 등을 근거로 제시한다.

② 실질설

보증인의무의 기능을 보호의무(일정한 법익을 보호해야 할 의무)와 안전의무(일정한 위험원천을 감시해야 할 의무)로 구별하여 형식설을 수정하는 견해이다.

③ 절충설

형식설을 취하면서도 사회상규나 조리와 같은 제 3의 보증인지위의 근거를 인정하는 견해이다. 형식적 관점과 실질적 관점을 연결시키는 절충적 견해다.

관련판례

1] 대법원 2011. 3. 24. 선고 2009도7230 판결

[1] 구 주택법 제39조 제1항에서 정한 '거짓 그 밖의 부정한 방법으로 주택을 공급받게 한 행위'의 의미 및 여기에 부작위에 의한 소극적 행위도 포함된다(적극).

❐ 구 주택법(2009. 2. 3. 법률 제9405호로 개정되기 전의 것, 이하 같다) 제39조 제1항은 "누구든지 거짓 그 밖의 부정한 방법으로 이 법에 의하여 건설 · 공급되는 증서나 지위 또는 주택을 공

급받거나 공급받게 하여서는 아니된다."는 규정에서 말하는 '거짓 그 밖의 부정한 방법으로 주택을 공급받거나 받게 하는 행위'라 함은 같은 법에 의하여 공급되는 주택을 공급받을 자격이 없는 사람이나 그러한 사람에게 그 자격이 있는 것으로 가장하는 등 정당성이 결여된 부정한 방법으로 주택을 공급받거나 공급받게 하는 행위로서 사회통념상 거짓, 부정으로 인정되는 모든 행위를 말하며, 적극적 행위뿐만 아니라 부작위에 의한 소극적 행위도 포함한다 (대법원 1994. 1. 14. 선고 93도2579 판결, 대법원 2005. 10. 7. 선고 2005도2652 판결 등 참조).

2] 대법원 2010. 9. 30. 선고 2010도3364 판결

[1] 집행관이 부작위를 명하는 가처분 발령 사실을 고시하였을 뿐 구체적인 집행행위를 하지 않은 상태에서 가처분의 피신청인이 위 부작위명령을 위반한 경우, 형법 제140조 제1항 공무상표시무효죄는 성립하지 않는다(소극).

❒ 형법 제140조 제1항의 공무상 표시무효죄는 공무원이 그 직무에 관하여 봉인, 동산의 압류, 부동산의 점유 등과 같은 구체적인 강제처분을 실시하였다는 표시를 손상 또는 은닉하거나 기타 방법으로 그 효용을 해함으로써 성립하는 범죄이다. 따라서 집행관이 법원으로부터 피신청인에 대하여 부작위를 명하는 가처분이 발령되었음을 고시하는 데 그치고 나아가 봉인 또는 물건을 자기의 점유로 옮기는 등의 구체적인 집행행위를 하지 아니하였다면, 단순히 피신청인이 위 가처분의 부작위명령을 위반하였다는 것만으로는 공무상 표시의 효용을 해하는 행위에 해당하지 않는다(대법원 2008. 12. 24. 선고 2006도1819 판결 참조).

3] 대법원 2010. 1. 14. 선고 2009도12109, 2009감도38 판결

[1] 형법상 부작위범이 성립하기 위한 요건

❒ 형법이 금지하고 있는 법익침해의 결과발생을 방지할 법적인 작위의무를 지고 있는 자가 그 의무를 이행하지 아니한 경우, 이를 작위에 의한 실행행위와 동일하게 부작위범으로 처벌하기 위하여는, 그 의무를 이행함으로써 결과발생을 쉽게 방지할 수 있었음에도 불구하고 그 결과의 발생을 용인하고 이를 방관한 채 그 의무를 이행하지 아니한 결과, 그 부작위가 작위에 의한 법익침해와 동등한 형법적 가치를 가진다고 볼 수 있어 그 범죄의 실행행위로 평가될 만한 것이라야 한다(대법원 1992. 2. 11. 선고 91도2951 판결, 대법원 2006. 4. 28. 선고 2003도4128 판결 등 참조). 부작위에 의한 현주건조물방화치사 및 현주건조물방화치상죄가 성립하기 위하여는, 피고인에게 법률상의 소화의무가 인정되는 외에 소화의 가능성 및 용이성이 있었음에도 피고인이 그 소화의무에 위배하여 이미 발생한 화력을 방치함으로써 소훼의 결과를 발생시켜야 하는 것인데, 이 사건 화재가 피고인의 중대한 과실 있는 선행행위로 발생한 이상 피고인에게 이 사건

화재를 소화할 법률상 의무는 있다 할 것이나, 피고인이 이 사건 화재 발생 사실을 안 상태에서 모텔을 빠져나오면서도 모텔 주인이나 다른 투숙객들에게 이를 알리지 아니하였다는 사정만으로는 피고인이 이 사건 화재를 용이하게 소화할 수 있었다고 보기 어렵고, 달리 이를 인정할 만한 증거가 없어 무죄로 판단하였다.

4] 대법원 2009. 3. 26. 선고 2008도6641 판결

[1] 피고인이 점포에 대한 권리금을 지급한 것처럼 허위의 사용내역서를 작성·교부하여 동업자들을 기망하고 출자금 지급을 면제받으려 하였으나 미수에 그친 사안에서, 동업자들이 피고인에 대한 출자의무를 명시적으로 면제하지 않았더라도, 착오에 빠져 이를 면제해주는 결과에 이를 수 있어, 이는 부작위에 의한 처분행위에 해당한다.

❐ 사기죄는 타인을 기망하여 착오를 일으키게 하고 그로 인한 처분행위를 유발하여 재물·재산상의 이득을 얻음으로써 성립하고, 여기서 처분행위라 함은 재산적 처분행위로서 피기망자가 자유의사로 직접 재산상 손해를 초래하는 작위에 나아가거나 또는 부작위에 이른 것을 말한다(대법원 2007. 7. 12. 선고 2005도9221 판결 참조).

5] 대법원 2008. 2. 28. 선고 2007도9354 판결

[1] 형법상 부작위범의 성립 요건

❐ 형법상 부작위범이 인정되기 위해서는 형법이 금지하고 있는 법익침해의 결과발생을 방지할 법적인 작위의무를 지고 있는 자가 그 의무를 이행함으로써 결과발생을 쉽게 방지할 수 있었음에도 불구하고 그 결과의 발생을 용인하고 이를 방관한 채 그 의무를 이행하지 아니한 경우에, 그 부작위가 작위에 의한 법익침해와 동등한 형법적 가치가 있는 것이어서 그 범죄의 실행행위로 평가될 만한 것이라면, 작위에 의한 실행행위와 동일하게 부작위범으로 처벌할 수 있고, 여기서 작위의무는 법령, 법률행위, 선행행위로 인한 경우는 물론, 기타 신의성실의 원칙이나 사회상규 혹은 조리상 작위의무가 기대되는 경우에도 인정된다 할 것이다(대법원 1992. 2. 11. 선고 91도2951 판결, 대법원 2006. 4. 28. 선고 2003도4128 판결 등 참조).

6] 대법원 2008. 2. 14. 선고 2005도4202 판결

❐ 하나의 행위가 부작위범인 직무유기죄와 작위범인 허위공문서작성·행사죄의 구성요건을 동시에 충족하는 경우, 그 중 하나의 죄로만 공소를 제기할 수 있다(적극).

7] 대법원 2008. 2. 1. 선고 2006다33418,33425 판결

[1] 공무원의 부작위로 인한 국가배상책임을 인정하기 위한 요건

❐ 공무원의 부작위로 인한 국가배상책임을 인정하기 위하여는 공무원의 작위로 인한 국가배상책임을 인정하는 경우와 마찬가지로 "공무원이 그 직무를 집행함에 당하여 고의 또는 과실로 법령에 위반하여 타인에게 손해를 가한 때"라고 하는 국가배상법 제2조 제1항의 요건이 충족되어야 할 것이다.

8] 대법원 2007. 7. 12. 선고 2005도9221 판결

[1] 피해자가 기망에 의해 착오에 빠진 결과 채권의 존재를 알지 못하여 채권을 행사하지 아니한 것이 부작위에 의한 재산의 처분행위에 해당한다(적극).

❐ 사기죄는 타인을 기망하여 착오를 일으키게 하고 그로 인한 처분행위를 유발하여 재물·재산상의 이득을 얻음으로써 성립하고, 여기서 처분행위라 함은 재산적 처분행위로서 피해자가 자유의사로 직접 재산상 손해를 초래하는 작위에 나아가거나 또는 부작위에 이른 것을 말하므로, 피해자가 착오에 빠진 결과 채권의 존재를 알지 못하여 채권을 행사하지 아니하였다면 그와 같은 부작위도 재산의 처분행위에 해당한다.

9] 대법원 2007. 4. 12. 선고 2007도1033 판결

[1] 사기죄의 요건으로서 부작위에 의한 기망의 의미와 요건

❐ 사기죄의 요건으로서의 기망은 널리 재산상의 거래관계에 있어 서로 지켜야 할 신의와 성실의 의무를 저버리는 모든 적극적 또는 소극적 행위를 말하는 것이고, 그 중 소극적 행위로서의 부작위에 의한 기망은 법률상 고지의무 있는 자가 일정한 사실에 관하여 상대방이 착오에 빠져 있음을 알면서도 그 사실을 고지하지 아니함을 말하는 것으로서, 일반거래의 경험칙상 상대방이 그 사실을 알았더라면 당해 법률행위를 하지 않았을 것이 명백한 경우에는 신의칙에 비추어 그 사실을 고지할 법률상 의무가 인정된다(대법원 2006. 2. 23. 선고 2005도8645 판결 등 참조).

10] 대법원 2006. 4. 28. 선고 2003도4128 판결

[1] 형법상 부작위범이 인정되기 위한 작위의무의 존재

❐ 형법상 방조행위는 정범의 실행을 용이하게 하는 직접, 간접의 모든 행위를 가리키는 것으로서 작위에 의한 경우뿐만 아니라 부작위에 의하여도 성립되는 것이고(대법원 1984. 11. 27. 선고 84도1906 판결, 대법원 1995. 9. 29. 선고 95도456 판결 등 참조), 형법이 금지하고 있는 법익

침해의 결과발생을 방지할 법적인 작위의무를 지고 있는 자가 그 의무를 이행함으로써 결과발생을 쉽게 방지할 수 있었음에도 불구하고 그 결과의 발생을 용인하고 이를 방관한 채 그 의무를 이행하지 아니한 경우에, 그 부작위가 작위에 의한 법익침해와 동등한 형법적 가치가 있는 것이어서 그 범죄의 실행행위로 평가될 만한 것이라면, 작위에 의한 실행행위와 동일하게 부작위범으로 처벌할 수 있고, 여기서 작위의무는 법령, 법률행위, 선행행위로 인한 경우는 물론, 기타 신의성실의 원칙이나 사회상규 혹은 조리상 작위의무가 기대되는 경우에도 인정된다(대법원 1992. 2. 11. 선고 91도2951 판결, 1997. 3. 14. 선고 96도1639 판결, 2003. 12. 12. 선고 2003도5207 판결, 2005. 7. 22. 선고 2005도3034 판결 등 참조).

11] 대법원 1994. 4. 26. 선고 93도1731 판결

[1] 진정부작위 범죄의 기수시기

❐ 일정한 기간 내에 잘못된 상태를 바로잡으라는 행정청의 지시를 이행하지 않았다는 것을 구성요건으로 하는 범죄는 이른 바 진정부작위범으로서 그 의무이행기간의 경과에 의하여 범행이 기수에 이름과 동시에 작위의무를 발생시킨 행정청의 지시 역시 그 기능을 다한 것으로 볼 것인 바, 2개월 내에 작위의무를 이행하라는 행정청의 지시를 이행하지 아니한 행위와 그 7개월 후 다시 같은 내용의 지시를 받고 이를 이행하지 아니한 행위는 그 성립의 근거와 일시 및 이행기간이 뚜렷이 구별되어 서로 양립이 가능한 전혀 별개의 범죄이고, 피고인의 전임자가 저지른 범죄의 책임이 후임자인 피고인에게 승계되어 두개의 행위가 하나로 이어지는 것도 아니다.

12] 대법원 1992. 2. 11. 선고 91도2951 판결

[1] 부작위에 의한 작위범의 요건

❐ 형법이 금지하고 있는 법익침해의 결과발생을 방지할 법적인 작위의무를 지고 있는 자가 그 의무를 이행함으로써 결과발생을 쉽게 방지할 수 있었음에도 불구하고 그 결과의 발생을 용인하고 이를 방관한 채 그 의무를 이행하지 아니한 경우에, 그 불작위가 작위에 의한 법익침해와 동등한 형법적 가치가 있는 것이어서 그 범죄의 실행행위로 평가될 만한 것이라면, 작위에 의한 실행행위와 동일하게 부작위범으로 처벌할 수 있다고 할 것이다.

【사례】

피고인이 조카인 피해자 1(10세)과 2(8세)를 살해할 것을 마음먹고, 피해자들을 불러내어 미리 물색하여 둔 저수지로 데리고 가서 인적이 드물고 경사가 급하여 미끄러지기 쉬운 제방쪽으로 유인하여 함께 걷다가, 피해자 1로 하여 금위와 같이 가파른 물가에서 미끄러져 수심이 약 2미터나 되는 저수지 물속으로 빠지게 하고, 그를 구호하지 아니한 채 앞에 걸어가고 있던 피해자 2의 소매를 잡아당겨 저수지에 빠뜨림으로써 그 자리에서 피해자들을 익사하게 한 것이라면, 소론과 같이 피해자 1이 스스로 미끄러져서 물에 빠진 것이고, 그 당시는 피고인이 살인죄의 예비단계에 있었을 뿐 아직 실행의 착수에는 이르지 아니하였다고 하더라도, 피고인은 피해자들의 숙부로서 위와 같은 익사의 위험에 대처할 보호능력이 없는 나이 어린 피해자들을 급한 경사로 인하여 미끄러지기 쉬워 위와 같은 익사의 위험이 있는 저수지로 데리고 갔던 것이므로, 피고인으로서는 피해자들이 물에 빠져 익사할 위험을방지하고 피해자들이 물에 빠지는 경우 그들을 구호하여 주어야 할 법적인 작위의무가 있다고 보아야 할 것이고, 이와 같은 상황에서 피해자 1이 물에 빠진 후에 피고인이 살해의 범의를 가지고 그를 구호하지 아니한 채 그가 익사하는 것을 용인하고 방관한 행위(부작위)는 피고인이 그를 직접 물에 빠뜨려 익사시키는 행위와 다름없다고 형법상 평가될 만한 살인의 실행행위라고 보는 것이 상당하다.

13] 대법원 1985. 11. 26. 선고 85도1906 판결

[1] 부작위에 의한 종범의 성부

❒ 종범의 방조행위는 작위에 의한 경우뿐만 아니라 부작위에 의한 경우도 포함하는 것으로서 법률상 정범의 범행을 방지할 의무있는 자가 그 범행을 알면서도 방지하지 아니하여 범행을 용이하게 한 때에는 부작위에 의한 종범이 성립한다.

14] 대법원 1981. 8. 20. 선고 81도1638 판결

[1] 부작위에 의한 사기를 인정한 예

❒ 토지를 매도함에 있어서 채무담보를 위한 가등기와 근저당권설정등기가 경료되어 있는 사실을 숨기고 이를 고지하지 아니하여 매수인이 이를 알지 못한 탓으로 그 토지를 매수하였다면 이는 사기죄를 구성한다.

15] 대법원 1980. 7. 8. 선고 79도2734 판결

[1] 부작위에 의한 기망과 고지의무

❒ 부작위에 의한 기망은 상대방이 착오에 빠져 있는 것을 지실하면서 법률상 고지의무가 있음에도 불구하고 이를 고지하지 아니하고 사실을 묵비 하는 것을 말하고 신의성실의 원칙하에 이루어져야 할 거래상의 필요가 있는 경우에도 법률상의 고지의무가 있다고 할 것이다.

16] 대법원 1972. 5. 9. 선고 72도722 판결

[1] 작위범인 허위공문서작성, 동행사죄만이 성립하고 부작위범인 직무유기죄는 성립하지 않

는 경우의 일례.

❐ 공무원이 신축건물에 대한 착공 및 준공검사를 마치고 관계서류를 작성함에 있어 그 허가조건 위배사실을 숨기기 위하여 허위의 복명서를 작성 행사하였을 경우에는 작위범인 허위공문서작성 동행사죄만이 성립하고 부작위범인 직무유기죄는 성립하지 아니한다.

17] 서울고법 1971. 4. 29. 선고 71노103 제2형사부판결 : 확정

[1]부작위에 의한 방화범의 성립요건

❐ 방화죄로 해당하지 않는 자기의 행위로 인하여 불을 일으킨 자는 그 불이 형법 164조에 의하여 기재된 물건에 연소될 우려가 있는 경우에는 그 불을 끌 수 있는 한 꺼야할 의무가 있음은 물론, 이와 같은 지위에 있는 자가 이미 일어난 화력을 이용하여 그러한 물건을 소훼할 의도에서 또는 그 화력을 이용하려고 하는 정도의 적극적인 의도는 없더라도 그와 같은 결과의 발생을 인식하면서 이를 인용하는 의사로서 그 불을 끄는데 필요한 조치를 취하지 않은채 이를 방치할 때는 부작위에 의한 방화죄가 성립한다.

제9절 독립행위의 경합(同時犯)

조문

제19조(독립행위의 경합) 동시 또는 이시의 독립행위가 경합한 경우에 그 결과발생의 원인된 행위가 판명되지 아니한 때에는 각 행위를 미수범으로 처벌한다.

1. 동시범의 의의

① 2인 이상의 행위자가 공동행위의 결의없이 각자 같은 대상에 대하여 '同時' 또는 '異時'에 구성요건적 결과를 실현한 경우를 말한다.

② 행위자가 두 사람 이상인 점에서 단독정범과 다르고, 의사연락이 없는 점에서 공동정범·합동범과 구분되고, 다른 행위자가 단순한 도구가 아니라는 점에서 간접정범과 구분된다.

2. 형법 제19조(독립행위의 경합)

결과발생의 원인된 행위가 판명되지 않는 동시범

1) 요 건

① 2인 이상의 실행행위가 있을 것,
② 의사의 연락이 없을 것(이른바 편면적 공동정범은 동시범),
③ 행위객체가 동일할 것(구성요건적으로 동일한 필요는 없다),
④ 장소와 시간이 반드시 동일할 필요는 없음
⑤ 결과발생의 원인된 행위가 판명되지 않을 것.

2) 취 급

각 행위자는 자신의 구성요건적 행위의 척도에 따라 책임을 지고, 원인된 행위가 판명되지 않은 경우에는 발생된 결과에 대하여 미수범으로서 책임을 진다.

3. 상해죄의 동시범 특례(제263조)

독립행위 경합 제19조에 대한 예외규정이다.

관련판례

1] 대법원 1997. 11. 28. 선고 97도1740 판결

[1] 독립행위 경합의 요건

❐ 2인 이상이 상호의사의 연락이 없이 동시에 범죄구성요건에 해당하는 행위를 하였을 때에는 원칙적으로 각인에 대하여 그 죄를 논하여야 하나, 그 결과발생의 원인이 된 행위가 분명하지 아니한 때에는 각 행위자를 미수범으로 처벌하고(독립행위의 경합), 이 독립행위가 경합하여 특히 상해의 경우에는 공동정범의 예에 따라 처단(동시범)하는 것이므로, 상호의사의 연락이 있어 공동정범이 성립한다면, 이에는 독립행위경합 등의 문제는 제기될 여지가 없다(대법원 1985. 12. 10. 선고 85도1892 판결 참조).

2] 대법원 1996. 10. 25. 선고 96다30113 판결(민법 참고)

[1] 피용자 아닌 타인의 독립행위로 발생한 공작물의 화재로 제3자에게 손해를 입힌 경우, 공작물 소유자의 배상책임 성립요건(실화책임에관한법률 , 민법 제756조)

❐ 화재가 피용자가 아닌 타인의 독립된 행위로 인하여 발화된 후 그것이 공작물에 연소・확산되는 과정에서 제3자에게 입힌 손해에 대하여는, 그 공작물의 소유자는 특히 실화책임에관한법률에 의하여 중대한 과실이 있는 경우에 한하여 그를 배상할 책임이 있다.

3] 대법원 1981. 3. 10. 선고 80도3321 판결

[1] 이시(異時)의 독립행위가 경합하여 사망의 결과가 일어난 경우와 공동정범에 의한 처벌

❒ 형법 제19조와 같은 법 제263조의 규정취지를 새겨 보면 본건의 경우와 같은 이시의 상해의 독립행위가 경합하여 사망의 결과가 일어난 경우에도 그 원인된 행위가 판명되지 아니한 때에는 공동정범의 예에 의하여야 한다고 해석하여야 할 것이니 이와 같은 견해에서 피고인의 소위에 대하여 형법 제263조의 동시범으로 의율처단한 원심의 조치는 정당하고 원판결에 형법 제19조와 동 제263조의 법리를 오해한 위법이나 소론 의률착오의 위법이 없으며 사람의 안면은 사람의 가장 중요한 곳이고 이에 대한 강한 타격은 생리적으로 두부에 중대한 영향을 주어 정신적 흥분과 혈압의 항진 등으로 인하여 뇌출혈을 일으켜 사망에 이르게 할 수도 있다는 것은 통상인이라면 누구나 예견할 수 있다.

4] 광주고법 1961. 2. 20. 선고 4293형공817 제1형사부판결 : 확정

[1] 이시(異時)의 독립행위가 경합한 경우 미수범의 처벌규정이 없을 때.

❒ 이시의 독립행위가 경합하여 치사의 결과가 발생하였는데 그 결과발생의 원인행위가 판명되지 아니한 경우 업무상과실치사죄에는 미수범의 처벌규정이 없기 때문에 형법 제19조를 적용할 수 없고, 범죄의 증명이 없는 것으로 보아 무죄를 선고하여야 한다.

제3장 위법성론

제1절 위법성 일반이론
제2절 위법성조각사유

제3장 위법성론

제1절 위법성 일반이론

1. 위법성의 의의

위법성은 전체 법질서의 관점에서 객관적으로 검토하여 볼 때 허용되지 아니한다는 부정적 가치판단을 말한다.

2. 형식적 위법성과 실질적 위법성

형식적 위법성은 위법성의 본질을 형식적인 금지법규의 위반개념이고, 실질적 위법성은 위법성의 본질을 규범의 근저에 놓여 있는 실질적 기준에 따라 위법성의 의미를 인정하는 개념이다.

3. 주관적 위법성론과 객관적 위법성론

1) 주관적 위법성론

주관적 위법성론은 법의 본질을 법의 평가규범성보다 의사결정규범으로 보고 수명자의 주관적 능력을 위법성에 연결시켰다. 따라서 책임능력자의 행위라야 위법하다고 한다.

2) 객관적 위법성론

객관적 위법성론은 법의 본질을 객관적인 평가규범으로 이해하고 위법성의 평가를 행위자 개인의 입장보다 사회 일반인의 입장에서 객관적으로 내린다고 본다.

따라서, 책임무능력자의 행위도 위법판단이 가능하며 위법(불법)과 책임은 명확히 구분된다.

4. 주관적 불법요소와 주관적 정당화요소

1) 주관적 불법요소

행위의 불법에 영향을 주는 행위자의 주관적 · 심리적 요소를 말한다.

2) 주관적 정당화요소

주관적 정당화요소는 행위자가 위법성조각사유의 행위(정당화 행위)를 함에 있어서 위법성조각사유의 객관적 요건에 해당하는 사실(정당화 상황)의 존재를 인식하고 정당화사유에 기초한 행위의사를 말한다. 주관적 정당화요소가 결여된 경우에 대응하여 위법성조각설, 기수범설, 불능미수설이 대립한다.

5. 행위반가치와 결과반가치

1) 의의

(1) 행위반가치는 행위에 대하여 사회윤리적 관점에서 내려지는 부정적 가치판단으로서 '주관적 불법요소'(고의 · 과실 · 목적 · 경향 · 표현 · 불법영득의 의사 등), 행위태양(행위 자체와 행위수행의 수단 · 방법 및 행위상황 등), '객관적 행위자요소(예 : 공무원범죄에 있어서 공무원의 신분 또는 제317조 업무상비밀누설죄에 있어서 의사 등의 신분)' 등이 이에 해당한다. 형법을 의사결정규범으로 파악한다.

(2) 결과반가치는 법익보호의 관점에서 검토된 결과에 대한 부정적 가치판단으로서 법익에 대한 '침해'와 '위태화'의 야기를 말한다. 형법을 평가규범으로 파악한다.

2) 행위반가치와 결과반가치의 이론고찰

<table>
<tr><td>(1) 결과반가치 일원론</td><td colspan="2">①고전적 범죄체계
②위법성의 실질을 법익침해(위험성)
③결과반가치론은 주관적 정당화요소를 필요로 하지 않는다.</td></tr>
<tr><td rowspan="2">(2) 행위반가치 일원론</td><td>일원적 (주관적) 불법론</td><td>①위법성의 실질을 행위반가치만으로 파악하고, 결과반가치는 불법판단에 무의미하며 단지 '객관적 처벌조건'에 불과한 것으로 파악한다.
②불능미수가 불법의 원형이 되는 불합리성과
③미수와 기수를 동일시하는 문제점이 나타난다.</td></tr>
<tr><td>인적 불법론</td><td>결과반가치를 2차적으로 인정 → 형법의 사회윤리적 가치보호 기능만 강조하여 심정형법화할 우려가 있다.</td></tr>
<tr><td>(3) 이원적 · 인적불법론(통설)</td><td colspan="2">위법성의 실질에 있어서 행위반가치와 결과반가치를 「동등한 지위의 구성요소」로 파악한다. 고로, 불법개념은 행위반가치와 결과반가치라는 두 축으로 구성된다.</td></tr>
</table>

3) 행위반가치와 결과반가치의 비교

구분	행위반가치	결과반가치
형법의 성격	의사결정규범으로 파악	평가규범으로 파악
부정적 가치판단 기준	행위가치	(법익)결과
기능	사회윤리적 행위가치 보호	법익보호
고의, 과실	주관적 불법요소	책임요소
과실범의 불법	고의범과 불법의 경중에 차이 인정	고의범과 차이 부정
위법성조각사유	사회상당성설, 목적설	법익교량설, 우월적 이익설
불능범, 불능미수	주관설	객관설
실행의 착수시기	주관설(주관주의)	객관설 (객관주의)

4) 행위반가치와 결과반가치의 관계

<table>
<tr><td>(1)결과반가치론</td><td colspan="2">① 고전적 범죄체계
② 위법성의 실질을 법익침해(위험성)
③결과반가치론은 주관적 정당화요소를 필요로 하지 않는다.</td></tr>
<tr><td rowspan="2">(2)행위반가치론</td><td>일원적
(주관적)
불법론</td><td>①위법성의 실질을 행위반가치만으로 파악하고, 결과반가치는 불법판단에 무의미하며 단지 '객관적 처벌조건'에 불과한 것으로 파악한다.
②불능미수가 불법의 원형이 되는 불합리성과
③미수와 기수를 동일시하는 문제점이 나타난다.</td></tr>
<tr><td>인적불법론</td><td>인적불법이란 행위반가치의 내용 중에서 주관적 불법요소와 객관적 행위자요소의 행위자관련 요소를 말한다.
결과반가치를 2차적으로 인정 → 형법의 사회윤리적 가치보호기능만 강조하여 심정형법화할 우려가 있다.</td></tr>
<tr><td>(3)행위불법 · 결과불법 이원론; [이원적 인적불법론](통설)</td><td colspan="2">위법성의 실질에 있어서 행위반가치와 결과반가치를 「동등한 지위의 구성요소」로 파악한다. 고로, 불법개념은 행위반가치와 결과반가치로 구성된다.</td></tr>
<tr><td>결론</td><td colspan="2">불법은 사회윤리규범위반과 법익침해 내지 그 위태화로 성립한다.
위법성의 실질은 행위반가치와 결과반가치의 양자를 「동등한 구성요소」로 파악하고, 불법개념은 행위반가치와 결과반가치로 구성된다고 본다. 따라서 양자 중 하나가 결여되면 위법성이 조각되어, 책임과 형벌을 과할 수 없다. 형법은 불법의 성립에 '행위불법'과 '결과불법'이 충족될 때만 국가형벌권의 행사가 정당화될 수 있다. 따라서 행위불법 · 결과불법 이원론(이원적 인적불법론)이 타당하다.</td></tr>
</table>

6. 위법성조각사유의 일반원리

형법총칙상의 5가지 위법성조각사유와 기타 개별적인 위법성조각사유

(예 : 제310조)를 설명할 수 있는 일반원리에 대하여 일원설과 다원설이 대립하고 있다.

1) 일원설

모든 개별적인 위법성조각사유에 통일적인 일반원리가 존재한다고 보는 견해로 목적설과 이익형량설이 있다.

(1) 목적설

행위가 '정당한 목적을 위한 적합한 수단'일 경우에는 위법하지 않다는 주장이다.

이 설은 내용이 추상적이고 막연하여 위법성조각사유의 해석에 도움이 되지 못하며, 또한 위법성의 실질이 '행위반가치론'에 치우쳐서 결과반가치론을 고려하지 않고 있다.

(2) 이익형량설, 이익교량설(利益較量說)

정당한 이익 사이의 충돌있을 때 어느 한 쪽의 희생이 불가피하다면 이익정도가 가벼운 것을 희생시키고 우월한 이익을 보전하는 것이 사회 전체의 이익에 합치되며 위법하지 않다는 주장이다. 이 설은 위법성의 실질에 관한 '결과반가치론'에 일방적으로 뿌리를 두고 행위반가치를 고려하지 않는 점에서 모든 정당화사유의 공통되는 기본원리가 되기는 어렵다.

2) 다원설(多元說)

모든 개별적인 위법성조각사유를 하나의 통일적인 원리에 의하여 설명하는 것은 불가능하므로, 복수의 원리를 각각의 위법성조각사유에 상응하여 적용하거나, 위법성조각사유를 유형별로 분류하여 그 유형에 따라 복수의 원리를 결합해서 설명하려고 한다.

Mezger의 이원론이 대표적인 위법성조각사유의 일반원리이다. ① '우월적 이익의 원칙'은 구성요건에 해당하는 행위로부터 보호해야 할 이익은 있지만, 보다 우월한 이익을 보호하기 위하여 그 이익을 희생할 수 밖에 없는 때에는 위법하지 않다는 원칙이다(공무원의 직무집행행위, 징계행위, 정당방위, 긴급피난, 의무의 충돌등에 적용). ② '이익흠결의 원칙'이란 구성요건에 해당하는 행위가 있다 하여도 보호해야 할 이익이 존재하지 않을 때에는 위법하지 않다는 원칙이다.(피해자의 승낙, 추정적 승낙에 적용으로 양분한다.)

3) 개별성(個別說)

개별적인 위법성조각사유를 검토하여 1)행위반가치론에서 도출되는 ① "목적의 정당성과 수단의 적합성의 원칙," ② "긴급성의 원칙," ③ "보충성의 원칙"과 2)결과반가치론에서 도출되는 ④ "이익형량의 원칙," ⑤ "이익흠결의 원칙," ⑥ "우월적 이익의 원칙" 등을 개개의 위법성조각사유의 특성에 따라 융합하여 위법성조각사유의 개별적 판단원리로 적용하자는 주장이다.

제2절 위법성조각사유

1. 정당행위

조문

제20조(정당행위) 법령에 의한 행위 또는 업무로 인한 행위 기타 사회상규에 위배되지 아니하는 행위는 벌하지 아니한다.

[정당행위]

(1)법령행위	1) 공무원의 직무집행행위 2) 징계행위 3) 개인의 현행범인의 체포(형사소송법 제212조) 4) 노동쟁의행위 5) 기타
(2)업무행위	1)의료행위 2)변호업무행위 3)언론취재활동행위 4)종교활동행위
(3)기타 사회상규에 위배되지 아니하는 행위	1)사회상규의 의미 2)사회상규의 판단기준 3)사회상규에 위배되지 않는 행위

관련판례

1] 대법원 2011. 10. 13. 선고 2011도6287 판결

갑 주식회사 임원인 피고인들이 회사 직원들 및 그 가족들에게 수여할 목적으로 다량의 의약품을 매수하여 취득하였다고 하여 구 약사법 위반죄로 기소된 사안에서, 위 행위가 같은 법 제44조 제1항 위반행위에 해당한다는 전제에서, 사회상규에 위배되지 아니하는 정당행위로서 위법성이 조각된다는 취지의 주장을 배척한다.

❒ 구 약사법(2007. 10. 17. 법률 제8643호로 개정되기 전의 것, 이하 '구 약사법'이라 한다) 제44조 제1항은 약국 개설자가 아니면 의약품을 판매하거나 판매 목적으로 취득할 수 없다고 규정하고 있는바, 구 약사법 제2조 제1호가 약사법에서 사용되는 '약사(약사)'의 개념에 대해 정의하면서 '판매(수여를 포함한다. 이하 같다)'라고 규정함으로써 구 약사법 제44조 제1항을 포함하여 위 정의규정 이하의 조항에서의 '판매'에는 '수여'가 포함됨을 명문으로 밝히고 있는 점, 구 약사법은 약사(약사)에 관한 일들이 원활하게 이루어질 수 있도록 필요한 사항을 규정하여 국민보건 향상에 기여하는 것을 목적으로 하고(제1조), 약사 또는 한약사가 아니면 약국을 개설할 수 없도록 하며(제20조 제1항), 의약품은 국민의 보건과 직결되는 것인 만큼 엄격한 의약품 관리를 통하여 의약품이 남용 내지 오용되는 것을 막고 의약품이 비정상적으로 유통되는 것을 막고자 구 약사법 제44조 제1항에서 약국 개설자가 아니면 의약품을 판매 또는 판매 목적으로 취득할 수 없다고 규정한 것인데, 국내에 있는 불특정 또는 다수인에게 무상으로 의약품을 양도하는 수여의 경우를 처벌대상에서 제외한다면 약사법의 위와 같은 입법목적을 달성하기 어려울 것이고, 따라서 이를 처벌대상에서 제외하려고 한 것이 입법자의 의도였다고 보기는 어려운 점 등을

종합하면, 결국 국내에 있는 불특정 또는 다수인에게 무상으로 의약품을 양도하는 수여행위도 구 약사법 제44조 제1항의 '판매'에 포함된다고 보는 것이 체계적이고 논리적인 해석이라 할 것이고, 그와 같은 해석이 죄형법정주의에 위배된다고 볼 수는 없다 .

2] **대법원** 2011. 8. 18. **선고** 2010**도**9570 **판결**

[1] 갑 주식회사 감사인 피고인이 회사 경영진과의 불화로 한 달 가까이 결근하다가 자신의 출입카드가 정지되어 있는데도 이른 아침에 경비원에게서 출입증을 받아 컴퓨터 하드디스크를 절취하기 위해 회사 감사실에 들어간 사안에서, 위 방실침입 행위가 정당행위에 해당하지 않는다.

❒ 정당행위로 인정되기 위하여는 그 행위의 동기나 목적의 정당성뿐만 아니라 행위의 수단이나 방법의 상당성, 보호법익과 침해이익과의 법익균형성, 긴급성, 보충성 등의 요건을 갖추어야 할 것이다. 피고인이 공소외 주식회사의 감사였고 경비원으로부터 출입증을 받아서 감사실에 들어간 것이라고 하더라도, 피고인이 공소외 주식회사의 경영진과의 불화로 한 달 가까이 결근하다가 오전 6:48경에 피고인의 출입카드가 정지되어 있음에도 경비원으로부터 출입증을 받아 컴퓨터 하드디스크를 절취하기 위해 공소외 주식회사 감사실에 침입한 행위는 그 수단, 방법의 상당성을 결하는 것으로서 정당행위에 해당하지 않는다.

3] **대법원** 2011. 7. 14. **선고** 2011**도**639 **판결**

[1] 신문기자가 기사 작성 자료를 수집하기 위해 취재에 응해줄 것을 요청하고 취재한 내용을 관계 법령에 저촉되지 않는 범위 내에서 보도하는 것이 '정당행위'에 해당한다(원칙적 적극).

❒ 신문은 헌법상 보장되는 언론자유의 하나로서 정보원에 대하여 자유로이 접근할 권리와 그 취재한 정보를 자유로이 공표할 자유를 가지므로(신문 등의 진흥에 관한 법률 제3조 제2항 참조), 그 종사자인 신문기자가 기사 작성을 위한 자료를 수집하기 위해 취재활동을 하면서 취재원에게 취재에 응해줄 것을 요청하고 취재한 내용을 관계 법령에 저촉되지 않는 범위 내에서 보도하는 것은 신문기자로서의 일상적인 업무 범위 내에 속하는 것으로서, 특별한 사정이 없는 한, 사회통념상 용인되는 행위라고 보아야 할 것이다 .

4] **대법원** 2011. 5. 26. **선고** 2011**도**2412 **판결**

[1] 채권추심을 위하여 한 독촉 등 권리행사에 필요한 행위가 정당행위로 되기 위한 요건

❒ 채권자가 채권추심을 위하여 독촉 등 권리행사에 필요한 행위를 할 수 있기는 하지만, 법률상 허용되는 정당한 절차에 의한 것이어야 하며, 또한 채무자의 자발적 이행을 촉구하기 위해 필요한 범위 안에서 상당한 방법으로 그 권리가 행사되어야 한다.

【사례】

사채업자인 피고인은 피해자에게, 채무를 변제하지 않으면 피해자가 숨기고 싶어하는 과거의 행적과 사채를 쓴 사실 등을 남편과 시댁에 알리겠다는 등의 문자메시지를 발송하였다는 것인바, 이는 피해자에게 공포심을 일으키기에 충분하다고 보아야 할 것이고, 그 밖에 피고인이 고지한 해악의 구체적인 내용과 표현방법, 피고인이 피해자에게 위와 같은 해악을 고지하게 된 경위와 동기 등 제반 사정 등을 종합하면, 피고인에게 협박의 고의가 있었음을 충분히 인정할 수 있으며, 피고인이 정당한 절차와 방법을 통해 그 권리를 행사하지 아니하고 피해자에게 위와 같이 해악을 고지한 것이 사회의 관습이나 윤리관념 등 사회통념에 비추어 용인할 수 있는 정도의 것이라고 볼 수는 없다.

5] 대법원 2011. 5. 13. 선고 2009도14442 판결

[1] 불법 감청 · 녹음 등에 관여하지 아니한 언론기관이 그 통신 또는 대화 내용을 보도하여 공개하는 행위가 형법 제20조의 정당행위에 해당하기 위한 요건 및 공개행위의 주체가 언론기관이나 그 종사자 아닌 사람인 경우에도 동일한 법리가 적용된다(적극).

❒ 불법 감청 · 녹음 등에 관여하지 아니한 언론기관이 그 통신 또는 대화 내용을 보도하여 공개하는 행위가 형법 제20조의 정당행위에 해당하기 위하여는, 첫째, 그 보도의 목적이 불법 감청 · 녹음 등의 범죄가 저질러졌다는 사실 자체를 고발하기 위한 것으로 그 과정에서 불가피하게 통신 또는 대화의 내용을 공개할 수밖에 없는 경우이거나, 불법 감청 · 녹음 등에 의하여 수집된 통신 또는 대화의 내용이 이를 공개하지 아니하면 공중의 생명 · 신체 · 재산 기타 공익에 대한 중대한 침해가 발생할 가능성이 현저한 경우 등과 같이 비상한 공적 관심의 대상이 되는 경우에 해당하여야 하고, 둘째, 언론기관이 불법 감청 · 녹음 등의 결과물을 취득함에 있어 위법한 방법을 사용하거나 적극적 · 주도적으로 관여하여서는 아니되며, 셋째, 그 보도가 불법 감청 · 녹음 등의 사실을 고발하거나 비상한 공적 관심사항을 알리기 위한 목적을 달성하는 데 필요한 부분에 한정되는 등 통신비밀의 침해를 최소화하는 방법으로 이루어져야 하고, 넷째, 그 내용을 보도함으로써 얻어지는 이익 및 가치가 통신비밀의 보호에 의하여 달성되는 이익 및 가치를 초과하여야 한다 (대법원 2011. 3. 17. 선고 2006도8839 전원합의체 판결 참조). 이러한 법리는 불법 감청 · 녹음 등에 의하여 수집된 통신 또는 대화 내용의 공개가 관계되는 한, 그 공개행위의 주체가 언론기관이나 그 종사자 아닌 사람인 경우에도 마찬가지로 적용된다.

6] 대법원 2011. 3. 17. 선고 2006도8839 전원합의체 판결

[1] 불법 감청 · 녹음 등에 관여하지 아니한 언론기관이 그 사정을 알면서 이를 보도하여 공개

하는 행위가 형법 제20조의 '정당행위'로 인정되기 위한 요건

❒ 다수의견

가. 통신비밀보호법은 같은 법 및 형사소송법 또는 군사법원법의 규정에 의하지 아니한 우편물의 검열 또는 전기통신의 감청, 공개되지 아니한 타인 간의 대화의 녹음 또는 청취행위 등 통신비밀에 속하는 내용을 수집하는 행위(이하 이러한 행위들을 '불법 감청 · 녹음 등'이라고 한다)를 금지하고 이를 위반한 행위를 처벌하는 한편(제3조 제1항, 제16조 제1항 제1호), 불법 감청 · 녹음 등에 의하여 수집된 통신 또는 대화의 내용을 공개하거나 누설하는 행위를 동일한 형으로 처벌하도록 규정하고 있다(제16조 제1항 제2호). 이와 같이 통신비밀보호법이 통신비밀의 공개 · 누설행위를 불법 감청 · 녹음 등의 행위와 똑같이 처벌대상으로 하고 법정형도 동일하게 규정하고 있는 것은, 통신비밀의 침해로 수집된 정보의 내용에 관계없이 정보 자체의 사용을 금지함으로써 당초 존재하지 아니하였어야 할 불법의 결과를 용인하지 않겠다는 취지이고, 이는 불법의 결과를 이용하여 이익을 얻는 것을 금지함과 아울러 그러한 행위의 유인마저 없애겠다는 정책적 고려에 기인한 것이다.

나. 불법 감청 · 녹음 등에 관여하지 아니한 언론기관이, 그 통신 또는 대화의 내용이 불법 감청 · 녹음 등에 의하여 수집된 것이라는 사정을 알면서도 이를 보도하여 공개하는 행위가 형법 제20조의 정당행위로서 위법성이 조각된다고 하기 위해서는, 첫째 보도의 목적이 불법 감청 · 녹음 등의 범죄가 저질러졌다는 사실 자체를 고발하기 위한 것으로 그 과정에서 불가피하게 통신 또는 대화의 내용을 공개할 수밖에 없는 경우이거나, 불법 감청 · 녹음 등에 의하여 수집된 통신 또는 대화의 내용이 이를 공개하지 아니하면 공중의 생명 · 신체 · 재산 기타 공익에 대한 중대한 침해가 발생할 가능성이 현저한 경우 등과 같이 비상한 공적 관심의 대상이 되는 경우에 해당하여야 하고, 둘째 언론기관이 불법 감청 · 녹음 등의 결과물을 취득할 때 위법한 방법을 사용하거나 적극적 · 주도적으로 관여하여서는 아니 되며, 셋째 보도가 불법 감청 · 녹음 등의 사실을 고발하거나 비상한 공적 관심사항을 알리기 위한 목적을 달성하는 데 필요한 부분에 한정되는 등 통신비밀의 침해를 최소화하는 방법으로 이루어져야 하고, 넷째 언론이 그 내용을 보도함으로써 얻어지는 이익 및 가치가 통신비밀의 보호에 의하여 달성되는 이익 및 가치를 초과하여야 한다. 여기서 이익의 비교 · 형량은, 불법 감청 · 녹음된 타인 간의 통신 또는 대화가 이루어진 경위와 목적, 통신 또는 대화의 내용, 통신 또는 대화 당사자의 지위 내지 공적 인물로서의 성격, 불법 감청 · 녹음 등의 주체와 그러한 행위의 동기 및 경위, 언론기관이 불법 감청 · 녹음 등의 결과물을 취득하게 된 경위와 보도의 목적, 보도의 내용 및 보도로 인하여 침해되는 이익 등 제반 사정을 종합적으로 고려하여 정하여야 한다.

[2] 방송사 기자인 피고인이, 구 국가안전기획부 정보수집팀이 타인 간의 사적 대화를 불법 녹음하여 생성한 도청자료인 녹음테이프와 녹취보고서를 입수한 후 이를 자사의 방송프로그램을

통하여 공개한 사안은 형법 제20조의 정당행위에 해당하지 않는다.

❐ 불법 감청·녹음 등에 관여하지 아니한 언론기관이 그 통신 또는 대화의 내용이 불법 감청·녹음 등에 의하여 수집된 것이라는 사정을 알면서도 그것이 공적인 관심사항에 해당한다고 판단하여 이를 보도하여 공개하는 행위가 형법 제20조의 정당행위로서 위법성이 조각된다고 하려면, 적어도 다음과 같은 요건을 충족할 것이 요구된다.

첫째, 그 보도의 목적이 불법 감청·녹음 등의 범죄가 저질러졌다는 사실 자체를 고발하기 위한 것으로 그 과정에서 불가피하게 통신 또는 대화의 내용을 공개할 수밖에 없는 경우이거나, 불법 감청·녹음 등에 의하여 수집된 통신 또는 대화의 내용이 이를 공개하지 아니하면 공중의 생명·신체·재산 기타 공익에 대한 중대한 침해가 발생할 가능성이 현저한 경우 등과 같이 비상한 공적 관심의 대상이 되는 경우에 해당하여야 한다. 국가기관 등이 불법 감청·녹음 등과 같은 범죄를 저질렀다면 그러한 사실을 취재하고 보도하는 것은 언론기관 본연의 사명이라 할 것이고, 통신비밀보호법 자체에 의하더라도 '국가안보를 위협하는 음모행위, 직접적인 사망이나 심각한 상해의 위험을 야기할 수 있는 범죄 또는 조직범죄 등 중대한 범죄의 계획이나 실행 등 긴박한 상황'에 있는 때에는 예외적으로 법원의 허가 없이 긴급통신제한조치를 할 수 있도록 허용하고 있으므로(제8조), 이러한 예외적인 상황 아래에서는 개인 간의 통신 또는 대화의 내용을 공개하는 것이 허용된다.

둘째, 언론기관이 불법 감청·녹음 등의 결과물을 취득함에 있어 위법한 방법을 사용하거나 적극적·주도적으로 관여하여서는 아니 된다.

셋째, 그 보도가 불법 감청·녹음 등의 사실을 고발하거나 비상한 공적 관심사항을 알리기 위한 목적을 달성하는 데 필요한 부분에 한정되는 등 통신비밀의 침해를 최소화하는 방법으로 이루어져야 한다.

넷째, 언론이 그 내용을 보도함으로써 얻어지는 이익 및 가치가 통신비밀의 보호에 의하여 달성되는 이익 및 가치를 초과하여야 한다. 여기서 그 이익의 비교·형량은, 불법 감청·녹음된 타인 간의 통신 또는 대화가 이루어진 경위와 목적, 통신 또는 대화의 내용, 통신 또는 대화 당사자의 지위 내지 공적 인물로서의 성격, 불법 감청·녹음 등의 주체와 그러한 행위의 동기 및 경위, 언론기관이 그 불법 감청·녹음 등의 결과물을 취득하게 된 경위와 보도의 목적, 보도의 내용 및 그 보도로 인하여 침해되는 이익 등 제반 사정을 종합적으로 고려하여 정하여야 한다.

7] 대법원 2010. 10. 14. 선고 2008도6578 판결

[1] 운수회사 직원인 피고인이 회사 대표 갑 등과 공모하여 지입차주인 피해자들이 점유하는 각 차량 또는 번호판을 지입료 등 연체를 이유로 무단 취거한 사안에서, 위 권리행사방해 행위가 형법상 정당행위에 해당하지 않는다.

❐ 법적 절차에 의하지 아니하고 일방적으로 지입차량 등을 회수하지 않으면 안 될 급박한 필요성이 있다고 볼 만한 자료를 기록상 찾아볼 수 없고, 그 밖에 기록에 나타난 그 경위, 수단, 방법 등에 비추어 보아도 피고인의 이 사건 무단 취거 행위는 형법에 정한 정당행위에 해당한다고 할 수 없다.

8] 대법원 2010. 5. 27. 선고 2010도2680 판결

[1] 속칭 '생일빵'을 한다는 명목 하에 피해자를 가격하였다면 폭행죄가 성립하고, 가격행위의 동기, 방법, 횟수 등 제반 사정에 비추어 사회상규에 위배되지 아니하는 정당행위에 해당하지 않는다.

❐ 속칭 '생일빵'을 한다는 명목 하에 피해자를 가격하였다면 폭행죄가 성립한다. 폭행죄는 피해자의 명시한 의사에 반하여 공소를 제기할 수 없는 반의사불벌죄로서 처벌불원의 의사표시는 의사능력이 있는 피해자가 단독으로 할 수 있는 것이고(대법원 2009. 11. 19. 선고 2009도6058 전원합의체 판결 참조), 피해자가 사망한 후 그 상속인이 피해자를 대신하여 처벌불원의 의사표시를 할 수는 없다.

9] 대법원 2010. 4. 8. 선고 2009도11395 판결

[1] 시위 방법의 하나로 행한 '삼보일배 행진'이 사회상규에 반하지 아니하는 정당행위에 해당한다.

❐ 사건 집회 · 시위가 주된 참가단체 등에 있어서 신고내용과 다소 달라진 면이 있다고 하더라도, 이 사건 삼보일배 행진이라는 시위방법 자체에 있어서는 그 장소, 형태, 내용, 방법과 결과 등에 비추어 시위의 목적 달성에 필요한 합리적인 범위에서 사회통념상 용인될 수 있는 다소의 피해를 발생시킨 경우에 불과하다고 보이고, 또한 신고내용에 포함되지 않은 삼보일배 행진을 한 것이 신고제도의 목적 달성을 심히 곤란하게 하는 정도에 이른다고 볼 수도 없으므로, 결국 피고인들의 위와 같은 행위는 사회상규에 반하지 아니하는 행위로서 위법성이 조각된다

10] 대법원 2010. 3. 11. 선고 2009도5008 판결

[1] 근로자들이 사용자가 제3자와 공동으로 관리 · 사용하는 공간을 사용자에 대한 정당한 쟁의행위를 이유로 관리자의 의사에 반하여 침입 · 점거한 경우, 위 제3자에 대하여도 정당행위로서 주거침입의 위법성이 조각되지 않는다(소극).

❐ 2인 이상이 하나의 공간에서 공동생활을 하고 있는 경우에는 각자 주거의 평온을 누릴 권리가 있으므로, 사용자가 제3자와 공동으로 관리 · 사용하는 공간을 사용자에 대한 쟁의행위를 이

유로 관리자의 의사에 반하여 침입 · 점거한 경우 비록 그 공간의 점거가 사용자에 대한 관계에서 정당한 쟁의행위로 평가될 여지가 있다 하여도 이를 공동으로 관리 · 사용하는 제3자의 명시적 또는 추정적인 승낙이 없는 이상 위 제3자에 대하여서까지 이를 정당행위라고 하여 주거침입의 위법성이 조각된다고 볼 수는 없다.

11] 대법원 2010. 2. 25. 선고 2009도8473 판결

[1] 재건축사업으로 철거가 예정되어 있는 아파트를 가집행선고부 판결을 받아 철거한 행위는 형법 제20조의 정당행위에 해당한다.

❒ 재건축사업으로 철거가 예정되어 있었고 그 입주자들이 모두 이사하여 아무도 거주하지 않은 채 비어 있는 아파트라 하더라도, 그 아파트 자체의 객관적 성상이 본래 사용목적인 주거용으로 사용될 수 없는 상태가 아니었고, 더욱이 그 소유자들이 재건축조합으로의 신탁등기 및 인도를 거부하는 방법으로 계속 그 소유권을 행사하고 있는 상황이었다면 위와 같은 사정만으로는 위 아파트가 재물로서의 이용가치나 효용이 없는 물건으로 되었다고 할 수 없으므로, 위 아파트는 재물손괴죄의 객체가 된다고 할 것이다(대법원 2007. 9. 20. 선고 2007도5207 판결 참조). 그러나 피고인들이 재건축사업으로 철거가 예정되어 있는 아파트를 가집행선고부 판결을 받아 이 사건 각 아파트를 철거한 것은 형법 제20조에 정한 정당행위이므로 범죄로 되지 아니하는 경우에 해당한다.

12] 대법원 2009. 12. 24. 선고 2007도6243 판결

[1] 형법 제20조의 '사회상규에 위배되지 아니하는 행위'의 의미 및 판단 방법

❒ 형법 제20조 소정의 '사회상규에 위배되지 아니하는 행위'라 함은 법질서 전체의 정신이나 그 배후에 놓여 있는 사회윤리 내지 사회통념에 비추어 용인될 수 있는 행위를 말하고, 어떠한 행위가 사회상규에 위배되지 아니하는 정당한 행위로서 위법성이 조각되는 것인지는 구체적인 사정 아래서 합목적적, 합리적으로 고찰하여 개별적으로 판단하여야 할 것이다(대법원 2000. 4. 25. 선고 98도2389 판결 등 참조).

[2] 회사의 이익을 빼돌린다는 소문을 확인할 목적으로, 피해자가 사용하면서 비밀번호를 설정하여 비밀장치를 한 전자기록인 개인용 컴퓨터의 하드디스크를 검색한 행위는, 형법 제20조의 '정당행위'에 해당된다.

【사례】

컴퓨터 관련 솔루션 개발업체인 공소외 1 주식회사의 대표이사인 피고인은 영업차장으로 근무하던 피해자 김이 회사의 이익을 빼돌린다는 소문을 확인할 목적으로, 그 직원인 공소외 2, 공

소외 3과 공모하여, 공소외 2는 비밀번호를 설정함으로써 비밀장치를 한 전자기록인 피해자가 사용하던 개인용 컴퓨터의 하드디스크를 떼어낸 뒤, 공소외 3과 함께 이를 다른 컴퓨터에 연결하여 거기에 저장된 파일 중 '어헤드원'이라는 단어로 파일검색을 하여 피해자의 메신저 대화 내용과 이메일 등을 출력하여 비밀장치한 전자기록 등 특수매체기록을 기술적 수단을 이용하여 그 내용을 알아냈다는 것이다

❐ 컴퓨터 관련 솔루션 개발업체인 공소외 1 주식회사의 대표이사인 피고인은 영업차장으로 근무하던 피해자 김도영이 회사의 이익을 빼돌린다는 소문을 확인할 목적으로, 그 직원인 공소외 2, 공소외 3과 공모하여, 공소외 2는 비밀번호를 설정함으로써 비밀장치를 한 전자기록인 피해자가 사용하던 개인용 컴퓨터의 하드디스크를 떼어낸 뒤, 공소외 3과 함께 이를 다른 컴퓨터에 연결하여 거기에 저장된 파일 중 '어헤드원'이라는 단어로 파일검색을 하여 피해자의 메신저 대화 내용과 이메일 등을 출력하여 비밀장치한 전자기록 등 특수매체기록을 기술적 수단을 이용하여 그 내용을 알아냈다는 것이다.

이에 대하여 원심은, 판시 증거에 의하여 인정되는 사실과 거기에서 알 수 있는 다음과 같은 사정들, 즉 ① 피고인이 피해자가 사용하던 컴퓨터의 하드디스크를 검사할 무렵 피해자의 업무상배임 혐의가 구체적이고 합리적으로 의심되는 상황이었고, 그럼에도 불구하고 피해자가 이를 부인하고 있어 공소외 1 주식회사의 대표이사인 피고인으로서는 피해자가 회사의 무형자산이나 거래처를 빼돌리고 있는지 긴급히 확인하고 이에 대처할 필요가 있었던 점, ② 피고인은 피해자의 컴퓨터 하드디스크에 저장된 정보의 내용을 전부 열람한 것이 아니라 의심이 가는 "어헤드원"이라는 단어로 검색되는 정보만을 열람함으로써 조사의 범위를 업무와 관련된 것으로 한정한 점, ③ 피해자는 입사할 때에 회사 소유의 컴퓨터를 무단으로 사용하지 않고 업무와 관련된 결과물을 모두 회사에 귀속시키겠다고 약정하였을 뿐만 아니라, 위 컴퓨터에 피해자의 혐의와 관련된 자료가 저장되어 있을 개연성이 컸던 점, ④ 그리하여 위와 같이 검색해 본 결과 공소외 1 주식회사의 고객들을 빼돌릴 목적으로 작성된 어헤드원 명의의 견적서, 계약서와 어헤드원 명의로 계약을 빼돌렸다는 취지의 메신저 대화자료, 이메일 송신자료 등이 발견된 점, ⑤ 또한 회사의 모든 업무가 컴퓨터로 처리되고 그 업무에 관한 정보가 컴퓨터에 보관되고 있는 현재의 사무환경하에서 부하 직원의 회사에 대한 범죄 혐의가 드러나는 경우 피고인과 같은 감독자에 대하여는 회사의 유지 · 존속 및 손해방지 등을 위해서 그러한 정보에 대한 접근이 허용될 필요가 있는 점 등을 종합하여 볼 때, 피고인의 행위는 사회통념상 허용될 수 있는 상당성이 있는 행위로서 형법 제20조에 정하여진 정당행위에 해당하여 위법성이 조각된다.

13] 대법원 2009. 10. 29. 선고 2009도4783 판결

[1] 특정 인터넷 홈페이지에 갑이 게시한 글을 을이 운영하는 인터넷 카페 게시판에 퍼온 뒤,

을 지칭하면서 모욕적인 표현을 사용하여 댓글을 달거나 허위사실을 적시한 행위는, 사회상규에 위배되지 않는 정당행위로 볼 수 없다.

【사례】

피고인은 심천사혈요법 피해대책위원회 운영위원으로 활동하고 있는 피해자 공소외 1에게 불만을 품고, 피해자가 운영하는 '(명칭 생략)' 홈페이지에 피해자가 게시한 글들을 공소외 2가 운영하는 인터넷 다음 까페 '(명칭 생략)' 게시판에 퍼온 뒤, 이에 대하여 '호로 ○', '견 같은 새끼' 등의 피해자의 사회적 평가를 저하시키기에 충분한 모욕적인 표현을 사용하여 댓글을 달거나, '피해자가 심천사혈요법학회를 마음대로 주물럭거리고, 부당한 이익금을 챙기며, 심천의 지회체계를 무너뜨리려고 하였다'거나 '당시 피해자가 심천에 충성을 다할 것을 맹세하였다'는 등의 취지의 허위사실을 적시하였는데, 위 인터넷 다음 까페 '(명칭 생략)'은 심천 동호인들이 주된 회원이나, 일반인들도 누구나 접속하여 글을 볼 수 있도록 공개된 사이트이며, 피고인이 '유 ○' 또는 '유 ○'이라고 지칭한 경우에도 위 사이트의 공지사항에 ' 공소외 1의 정보를 수집한다'고 되어 있어 이 사이트를 이용하는 대부분의 사람들은 그것이 피해자를 가리키는 것임을 충분히 알 수 있는 점 등을 종합하여 보면, 비록 피고인이 이 사건 댓글을 게재한 경위에 다소 참작할 만한 사정이 있다 하더라도 이를 사회상규에 위배되지 않는 정당행위로 평가할 수 없다.

14] 대법원 2009. 10. 15. 선고 2006도6870 판결

[1] 무면허 의료행위가 사회상규에 위배되지 아니하는 정당행위로 인정되기 위한 요건

❒ 의료행위에 해당하는 어떠한 시술행위가 무면허로 행하여졌을 때, 개별적인 경우에 그 시술행위의 위험성의 정도, 일반인들의 시각, 시술자의 시술의 동기, 목적, 방법, 횟수, 시술에 대한 지식수준, 시술경력, 피시술자의 나이, 체질, 건강상태, 시술행위로 인한 부작용 내지 위험발생 가능성 등을 종합적으로 고려하여 법질서 전체의 정신이나 그 배후에 놓여 있는 사회윤리 내지 사회통념에 비추어 용인될 수 있는 행위에 해당한다고 인정되는 경우에만 사회상규에 위배되지 아니하는 행위로서 위법성이 조각되는 것이고(대법원 2002. 12. 26. 선고 2002도5077 판결, 대법원 2004. 10. 28. 선고 2004도3405 판결 등 참조), 한편 이러한 법리는 의료행위에 해당하는 진찰 및 처방에도 마찬가지로 적용된다.

[2] 한의사 면허나 자격 없이 소위 '통합의학'에 기초하여 환자를 진찰 및 처방하는 행위는 정당행위에 해당하지 않는다.

❒ 소위 '통합의학'이라는 분야의 지식을 쌓아 온 사실은 인정되나, 국내에서 진찰 및 처방행위를 할 수 있는 면허나 자격을 취득하지는 못한 사실, 위와 같은 '통합의학'은 아직 이에 대한 체계적인 연구가 부족하여 그 치료효과에 관한 과학적 근거가 부족한 사실, 이 사건 환자들은 간암, 간경화 등 질병의 치료를 목적으로 피고인을 찾아가 가입비를 납부한 뒤, 피고인으로부터 진

찰을 받고, 그 상태에 따라 한의사가 아니면 처방할 수 없고 한약사라고 하더라도 한약조제지침서에 정하여진 처방에 따라서 조제할 수 있을 뿐인 한약재로 구성된 소위 '달인 물'을 처방받아 이를 복용하였는데, 이러한 '통합의학'에 기초한 피고인의 질병에 대한 진찰 및 처방은 그 치료효과에 관한 과학적 근거가 부족하여 그로 인한 부작용 내지 위험발생의 개연성이 적지 아니할 것으로 보이는 사실 등을 인정할 수 있는바, 이러한 피고인의 진찰 및 처방은 의료법을 포함한 법질서 전체의 정신이나 사회통념에 비추어 용인될 수 없으므로 위법성이 조각되지 아니한다.

15] 대법원 2009. 7. 23. 선고 2009도840 판결

[1] 집회나 시위에서 소음이나 통행의 불편을 발생시키는 행위가 정당행위에 해당한다.

❐ 구 집시법이 신고제도를 둔 취지는 신고에 의하여 옥외집회 또는 시위의 성격과 규모 등을 미리 파악함으로써 적법한 옥외집회 또는 시위를 보호하는 한편, 그로 인한 공공의 안녕질서에 대한 위험을 미리 예방하는 등 공공의 안녕질서를 함께 유지하기 위한 조치를 마련하고자 하는 데 있는 것이다(대법원 2008. 10. 23. 선고 2008도3974 판결 등 참조). 한편, 집회나 시위는 다수인이 공동 목적으로 회합하고 공공장소를 행진하거나 위력 또는 기세를 보여 불특정 다수인의 의견에 영향을 주거나 제압을 가하는 행위로서 그 회합에 참가한 다수인이나 참가하지 아니한 불특정 다수인에게 의견을 전달하기 위하여 어느 정도의 소음이나 통행의 불편 등이 발생할 수밖에 없는 것은 부득이한 것이므로 집회나 시위에 참가하지 아니한 일반 국민도 이를 수인할 의무가 있다고 할 수 있다. 따라서, 그 집회나 시위의 장소, 태양, 내용, 방법 및 그 결과 등에 비추어, 집회나 시위의 목적 달성에 필요한 합리적인 범위에서 사회통념상 용인될 수 있는 다소간의 피해를 발생시킨 경우에 불과하다면, 정당행위로서 위법성이 조각될 수 있다고 할 것이다(대법원 2004. 10. 15. 선고 2004도4467 판결 등 참조).

16] 대법원 2009. 6. 11. 선고 2009도2114 판결

[1] 시위참가자들이 경찰관들의 위법한 제지 행위에 대항하는 과정에서 공동하여 경찰관들에게 PVC파이프를 휘두르거나 진압방패와 채증장비를 빼앗는 등의 폭행행위를 한 것이 정당행위나 정당방위에 해당하지 아니한다.

❐ 어떠한 행위가 사회상규에 위배되지 아니하는 정당한 행위로서 위법성이 조각되는 것인지는 구체적인 사정 아래서 합목적적, 합리적으로 고찰하여 개별적으로 판단되어야 하므로, 이와 같은 정당행위가 인정되려면, 첫째 그 행위의 동기나 목적의 정당성, 둘째 행위의 수단이나 방법의 상당성, 셋째 보호이익과 침해이익의 법익 균형성, 넷째 긴급성, 다섯째 그 행위 이외의 다른 수단이나 방법이 없다는 보충성 등의 요건을 갖추어야 하고(대법원 2003. 9. 26. 선고 2003도3000 판결, 대법원 2007. 3. 29. 선고 2006도9307 판결 등 참조), 형법 제21조 소정의 정당방위가

성립하려면 침해행위에 의하여 침해되는 법익의 종류, 정도, 침해의 방법, 침해행위의 완급과 방위행위에 의하여 침해될 법익의 종류, 정도 등 일체의 구체적 사정들을 참작하여 방위행위가 사회적으로 상당한 것이어야 한다(대법원 1992. 12. 22. 선고 92도2540 판결, 대법원 2007. 3. 29. 선고 2006도9307 판결 등 참조).

【사례】

피고인들을 비롯한 대학생 및 민노총 광주지역본부 회원 등 800여명은 2007. 11. 11. 08:10경부터 09:40경까지 광주 서구 유촌동에 있는 기아자동차 광주공장 앞 도로에서, 위 집회에 참가하기 위해 버스 22대를 대절하여 나누어 타고 상경하려다가 경찰에 의해 차단된 사실, 이에 피고인들을 비롯한 참가자 200여 명은 경찰이 상경을 차단하였다는 이유로 버스에서 내려 광주지방경찰청 북부경찰서 방범순찰대 소속 의경 공소외 1, 2, 3 등 대비병력을 향해 PVC파이프를 휘두르거나 돌을 던지고, 진압방패와 채증장비를 빼앗고, 주먹과 발로 마구 때리고, 경찰버스 유리창 등을 부순 사실, 그때 피고인들은 제1심 약식명령 공동피고인 1, 3, 4, 5, 7과 함께 도로를 가로막고 있는 대비병력 사이로 관광버스가 지날 수 있는 길을 뚫기 위하여 병력과 밀고 당기는 등의 몸싸움을 한 사실을 인정할 수 있는바, 위 법리에 비추어 보면, 비록 경찰관들의 위법한 상경 제지 행위에 대항하기 위하여 한 것이라 하더라도, 피고인들이 다른 시위참가자들과 공동하여 위와 같이 경찰관들을 때리고 진압방패와 채증장비를 빼앗는 등의 폭행행위를 한 것은 소극적인 방어행위를 넘어서 공격의 의사를 포함하여 이루어진 것으로서 그 수단과 방법에 있어서 상당성이 인정된다고 보기 어려우며 긴급하고 불가피한 수단이었다고 볼 수도 없으므로, 이를 사회상규에 위배되지 아니하는 정당행위나 현재의 부당한 침해를 방어하기 위한 정당방위에 해당한다고 볼 수 없다.

17] 서울고법 2009.5.21. 선고 2000재노6 판결【국가보안법위반 · 반공법위반 · 집회및시위에 관한법률위반 · 계엄법위반】확정〈아람회사건〉

[1] 전두환 등이 1979. 12. 12. 군사반란 및 1980. 5. 18. 광주민주화항쟁을 전후하여 행한 일련의 행위는 내란죄로서 헌정질서파괴범죄에 해당하므로, 이를 저지하거나 반대한 행위는 헌법의 존립과 헌정질서를 수호하기 위한 정당행위로서 위법성이 조각된다.

(가) 계엄법 위반의 점에 대한 직권판단

❒ 기록에 의하면, 전두환 등이 1979. 12. 12. 군사반란 및 1980. 5. 18. 광주민주화항쟁을 전후하여 행한 일련의 행위는 내란죄가 되어 헌정질서파괴범죄에 해당하고(대법원 1997. 4. 17. 선고 96도3376 판결 참조), 피고인들의 원심 판시 각 계엄법 위반의 행위(별지 공소사실의 요지 중 피고인 1의 제1.의 1항, 피고인 2의 제2.의 1항, 피고인 3의 제3.의 1항, 피고인 4의 제4.의 1항, 피고인 5의 제5.의 1, 2항)는 전두환 등의 이러한 헌정질서파괴범행을 저지하거나 반대함으로

써 헌법의 존립과 헌정질서를 수호하기 위한 정당한 행위인 사실을 인정할 수 있으므로, 피고인들의 위 각 행위는 형법 제20조 소정의 정당행위에 해당하여 범죄로 되지 아니함에도, 이를 모두 유죄로 인정한 원심판결은 더 이상 유지될 수 없다.

18] 인천지법 2009. 4. 23. 선고 2009고단1010 판결

[1] 징계방법으로서 체벌의 허용 여부(원칙적 소극) 및 교사의 학생에 대한 체벌이 징계권의 행사로서 정당행위에 해당하기 위한 요건

❐ 교육기본법, 초·중등교육법 및 그 시행령 등의 내용과 입법 취지 등에 비추어 볼 때, 징계방법으로서 체벌은 허용되지 않으며, 기타 '지도'의 방법으로서도 훈육·훈계가 원칙이다. 학생에게 신체적 고통을 가하는 체벌은 교육상 불가피한 경우에 예외적으로만 허용되는 것으로서, 교사의 체벌은 교육적 목적이 있다는 등의 일정한 요건을 갖추면 당연히 행사될 수 있는 것이 아니라, 원칙적으로 학생에 대한 체벌은 금지하되, 교육상 불가피한 예외적인 경우에 한해 학교장의 위임을 받아 학생의 기본적 인권이 존중되고 보호될 수 있는 한도 내에서만 허용되는 것이다. 따라서 다른 교육적 수단으로는 도저히 학생의 잘못을 교정하기 불가능한 경우로서 그 방법과 정도에서도 사회통념상 용인될 수 있을 만한 객관적 타당성을 갖춘 경우에만 학교장의 위임을 받아 교사의 체벌이 예외적으로 허용된다.

(2) 교사가 초등학교 2학년생들을 징계하기 위하여 나무 막대기로 엉덩이를 수십 회 때려 각각 2, 3주간의 치료를 받아야 할 상해를 입힌 사안에서, 위 징계행위는 그 방법 및 정도가 교사의 징계권행사의 허용한도를 넘어선 것으로서 정당행위로 볼 수 없다.

19] 대법원 2009. 4. 23. 선고 2008도6829 판결

[1] 불법 건축물이라는 이유로 일반음식점 영업신고의 접수가 거부되었고, 이전에 무신고 영업행위로 형사처벌까지 받았음에도 계속하여 일반음식점 영업행위를 한 피고인의 행위는, 식품위생법상 무신고 영업행위로서 정당행위 또는 적법행위에 대한 기대가능성이 없는 경우에 해당하지 아니한다고 한 사례

❐ 형법 제20조 소정의 '사회상규에 위배되지 아니하는 행위'라 함은 법질서 전체의 정신이나 그 배후에 놓여 있는 사회윤리 내지 사회통념에 비추어 용인될 수 있는 행위를 말하고, 어떠한 행위가 사회상규에 위배되지 아니하는 정당한 행위로서 위법성이 조각되는 것인지는 구체적인 사정 아래서 합목적적, 합리적으로 고찰하여 개별적으로 판단되어야 하므로, 이와 같은 정당행위를 인정하려면, 첫째 그 행위의 동기나 목적의 정당성, 둘째 행위의 수단이나 방법의 상당성, 셋째 보호이익과 침해이익과의 법익균형성, 넷째 긴급성, 다섯째 그 행위 외에 다른 수단이나 방

법이 없다는 보충성 등의 요건을 갖추어야 한다(대법원 2008. 10. 23. 선고 2008도6999 판결 등 참조).

기록에 의하여 인정되는 피고인의 나이, 학력이나 경력, 피고인이 이전에도 같은 장소에서 무신고 영업행위로 3차례나 형사처벌을 받았던 점 등 제반 사정에 비추어 볼 때, 불법 건축물이라는 이유로 영업신고의 접수가 거부되었고 이전에 형사처벌까지 받았음에도 같은 장소에서 계속하여 일반음식점 영업행위를 한 피고인의 행위가 사회상규에 반하지 아니하거나 또는 적법행위에 대한 기대가능성이 없었다고 판단되지 아니한다.

20] **울산지법** 2009. 4. 17. **선고** 2008**노**404, 975, 976, 977 **판결**

[1] 근로자의 쟁의행위가 형법상 정당행위가 되기 위한 요건

❒ 근로자의 쟁의행위가 형법상 정당행위가 되기 위하여는, 첫째 그 주체가 단체교섭의 주체로 될 수 있는 자이어야 하고, 둘째 그 목적이 근로조건의 향상을 위한 노사간의 자치적 교섭을 조성하는 데 있어야 하며, 셋째 사용자가 근로자의 근로조건 개선에 관한 구체적인 요구에 대하여 단체교섭을 거부하였을 때 개시하되 특별한 사정이 없는 한 조합원의 찬성결정 등 법령이 규정한 절차를 거쳐야 하고, 넷째 그 수단과 방법이 사용자의 재산권과 조화를 이루어야 함은 물론 폭력의 행사에 해당되지 아니하여야 한다는 여러 조건을 모두 구비하여야 한다.

[2] 한미 FTA 체결 저지를 위하여 근로제공을 거부하도록 한 행위가, 정치활동의 하나로서 국가기관에게 일정한 행위를 하게 하는 것을 목적으로 한 것으로 사용자가 법률적, 사실적으로 처리할 수 있는 사항의 범위를 벗어난 것이고 조합원 찬성절차를 거치지 않은 것이어서, 그 목적 및 절차의 정당성을 인정할 수 없다.

[3] 현대자동차에게 전국금속노동조합과의 산별 중앙교섭에 참여하도록 하거나 대각선교섭에서 중앙교섭 요구안을 논의하게 할 것을 목적으로 한 현대자동차지부의 쟁의행위에 대하여, 현대자동차가 현대자동차지부와의 단체협약 유효기간 중 현대자동차의 금속산업 사용자협의회 가입이나 비정규직 관련 제반 대책 등의 내용이 포함되어 있는 중앙교섭 요구안의 논의를 거절한 것이 부당한 것으로 볼 수 없어, 그 목적의 정당성을 인정할 수 없다.

[4] 미국산 쇠고기 수입반대 시위 중 체포된 전국금속노동조합 위원장의 석방 등을 목적으로 전국금속노동조합의 파업지침에 따라 행한 현대자동차지부의 쟁의행위에 대하여, 쟁의행위의 주된 목적이 부당하여 위법하다.

21] **청주지법** 2009. 4. 13. **선고** 2009**고정**255 **판결**

[1] 모욕죄에서 말하는 '모욕'의 의미 및 형법 제20조에 의하여 위법성이 조각되는 경우

❐ 모욕죄에서 말하는 '모욕'이란 사실을 적시하지 아니하고 사람의 사회적 평가를 저하시킬 만한 추상적 판단이나 경멸적 감정을 표현하는 것이다. 그러나 어떤 글이 모욕적인 표현을 포함하는 판단 또는 의견의 표현을 담고 있을 경우에도, 그 시대의 건전한 사회통념에 비추어 살펴보아 그 표현이 사회상규에 위배되지 않는 행위로 볼 수 있는 때에는 형법 제20조에 의하여 예외적으로 위법성이 조각된다.

[2] 피고인이 대학교 전체 공용 게시판에 작성·게시한 글 중 일부의 표현은 모욕적 언사로 볼 여지가 있으나, 전체적으로 볼 때 형법 제20조의 사회상규에 위배되지 아니하는 행위로서 위법성이 조각된다.

❐ 피고인이 대학교 전자결재시스템 전체 공용 게시판에 게시한 글 중 피해자에 대해 '막무가내로 학교를 파국으로 몰고 간다'거나 '추태를 부렸다'고 표현한 부분은, 피해자의 인격적 가치에 대한 사회적 평가를 훼손할 만한 모욕적 언사라고 볼 여지가 있다. 그러나 피고인이 글을 올리게 된 동기와 게시판의 사용 목적 및 접근의 제한성, 피해자와의 순차적 의견개진 경위, 모욕적 표현이 전체 내용에서 차지하는 비중이나 수준 등을 고려해 볼 때, 피고인이 게시판에 의견을 표현함에 있어 자신의 판단과 의견의 타당성을 강조하는 과정에서 필요하여 부분적으로 모욕적인 표현을 사용한 것에 불과하여, 형법 제20조의 사회상규에 위배되지 아니하는 행위로서 위법성이 조각된다.

22] 대법원 2003. 11. 28. 선고 2003도3972 판결

[1] 모욕죄에서 말하는 모욕의 의미

❐ 모욕죄에서 말하는 모욕이란 사실을 적시하지 아니하고 사람의 사회적 평가를 저하시킬 만한 추상적 판단이나 경멸적 감정을 표현하는 것이다.

[2] 피고인이 방송국 홈페이지의 시청자 의견란에 작성·게시한 글 중 일부의 표현이 모욕적 언사이기는 하나, 형법 제20조의 사회상규에 위배되지 아니하는 행위로서 위법성이 조각된다.

❐ 피고인이 방송국 홈페이지의 시청자 의견란에 작성·게시한 글 중 일부의 표현은 이미 방송된 프로그램에 나타난 기본적인 사실을 전제로 한 뒤, 그 사실관계나 이를 둘러싼 문제에 관한 자신의 판단과 나아가 이러한 경우에 피해자가 취한 태도와 주장한 내용이 합당한가 하는 점에 대하여 자신의 의견을 개진하고, 피해자에게 자신의 의견에 대한 반박이나 반론을 구하면서, 자신의 판단과 의견의 타당함을 강조하는 과정에서 부분적으로 "그렇게 소중한 자식을 범법행위의 변명의 방패로 쓰시다니 정말 대단하십니다" 등의 모욕적 표현을 사용한 것으로서 사회상규에 위배되지 않는다고 봄이 상당하다

23] 대법원 2003. 9. 26. 선고 2003도3000 판결

❐ 형법 제20조 소정의 '사회상규에 위배되지 아니하는 행위'라 함은 법질서 전체의 정신이나 그 배후에 놓여 있는 사회윤리 내지 사회통념에 비추어 용인될 수 있는 행위를 말하고, 어떠한 행위가 사회상규에 위배되지 아니하는 정당한 행위로서 위법성이 조각되는 것인지는 구체적인 사정 아래서 합목적적, 합리적으로 고찰하여 개별적으로 판단되어야 하므로, 이와 같은 정당행위를 인정하려면 첫째 그 행위의 동기나 목적의 정당성, 둘째 행위의 수단이나 방법의 상당성, 셋째 보호이익과 침해이익과의 법익권형성, 넷째 긴급성, 다섯째 그 행위 외에 다른 수단이나 방법이 없다는 보충성 등의 요건을 갖추어야 한다 - 간통 현장을 직접 목격하고 그 사진을 촬영하기 위하여 상간자의 주거에 침입한 행위가 정당행위에 해당하지 않는다.

24] 대법원 2003. 3. 10. 선고 99도4273 판결

[1] 형법 제20조 소정의 정당행위

❐ 피해자가 피고인의 고소로 조사받는 것을 따지기 위하여 야간에 피고인의 집에 침입한 상태에서 문을 닫으려는 피고인과 열려는 피해자 사이의 실랑이가 계속되는 과정에서 문짝이 떨어져 그 앞에 있던 피해자가 넘어져 2주간의 치료를 요하는 요추부염좌 및 우측 제4수지 타박상의 각 상해를 입게 된 경우, 피고인의 가해행위가 이루어진 시간 및 장소, 경위와 동기, 방법과 강도 및 피고인의 의사와 목적 등에 비추어 볼 때, 사회통념상 허용될 만한 정도를 넘어서는 위법성이 있는 행위라고 보기는 어려우므로 정당행위에 해당한다.

25] 대법원 2001. 9. 7. 선고 2001도2917 판결

[1] 주주총회에 참석한 주주가 회사측의 의사에 반하여 회사 사무실을 뒤져 회계장부를 강제로 찾아 열람한 경우, 형법 제20조 소정의 정당행위에 해당하지 않는다(소극).

❐ 회사의 정기주주총회에 적법하게 참석한 주주라고 할지라도 주주총회장에서의 질문, 의사진행 발언, 의결권의 행사 등의 주주총회에서의 통상적인 권리행사 범위를 넘어서서 회사의 구체적인 회계장부나 서류철 등을 열람하기 위하여는 별도로 상법 제466조 등에 정해진 바에 따라 회사에 대하여 그 열람을 청구하여야 하고, 만일 회사에서 정당한 이유 없이 이를 거부하는 경우에는 법원에 그 이행을 청구하여 그 결과에 따라 회계장부 등을 열람할 수 있을 뿐 주주총회 장소라고 하여 회사측의 의사에 반하여 회사의 회계장부를 강제로 찾아 열람할 수는 없다고 할 것이며, 설사 회사측이 회사 운영을 부실하게 하여 소수주주들에게 손해를 입게 하였다고 하더라도 위와 같은 사정만으로 주주총회에 참석한 주주가 강제로 사무실을 뒤져 회계장부를 찾아내는 것이 사회통념상 용인되는 정당행위로 되는 것은 아니다.

26] 대법원 1999. 12. 28. 선고 98도138 판결

❒ 경찰관이 임의동행을 요구하며 손목을 잡고 뒤로 꺾어 올리는 등으로 제압하자 거기에서 벗어나려고 몸싸움을 하는 과정에서 경찰관에게 경미한 상해를 입힌 경우, 위법성이 결여된 것으로 보아야 한다.

27] 대법원 1999. 10. 22. 선고 99도2971 판결

❒ 후보자의 회계책임자가 자원봉사자인 후보자의 배우자, 직계혈족 기타 친족에게 식사를 제공한 행위는 지극히 정상적인 생활형태의 하나로서 사회상규에 위배되지 아니하여 위법성이 조각된다.

28] 대법원 1999. 10. 12. 선고 99도3377 판결

❒ 외관상 서로 격투를 하는 것처럼 보이는 경우라고 할지라도 실지로는 한쪽 당사자가 일방적으로 불법한 공격을 가하고 상대방은 이러한 불법한 공격으로부터 자신을 보호하고 이를 벗어나기 위한 저항수단으로 유형력을 행사한 경우라면, 사회통념상 허용될 만한 상당성이 있는 행위이다.

29] 춘천지법 1998. 7. 9. 선고 97노368 판결

[1] 의사 아닌 자의 수지침 시술행위가 정당행위에 해당한다.

❒ 무면허 의료행위가 사회상규에 위반되지 아니하는 정당한 행위에 해당하는 지에 관하여 살피건대, 당심 증인 유태우의 법정에서의 진술, 피고인의 경찰에서의 진술, 기록에 편철된 고려수지침요법학회 발행 수지침현황의 각 기재를 종합하면, 수지침시술은 손등과 손바닥에만 시술하는 것이고, 또한 피부에 침투하는 정도도 아주 경미하여 부작용이 생길 위험이 극히 적은 사실(아직까지 부작용이 보고된 예는 보이지 아니한다), 수지침시술은 1971년경 공소외 유태우에 의하여 연구, 발표된 이래 국민건강요법으로 이용되어 왔고, 수지침을 연구하는 자들의 모임인 고려수지침요법학회는 전국 160개 지부를 통하여 전국에 걸쳐 수지침을 통한 의료봉사활동을 하고 있으며, 수지침시술은 누구나 쉽게 배워 스스로를 진단하여 자신의 손에 시술할 수 있고, 또한 실제 많은 사람들이 민간요법으로 이용하고 있는 사실, 피고인은 수지침의 전문가로서 위 학회의 춘천시지회를 운영하면서, 일반인들에게 수지침요법을 보급하고, 수지침을 통한 무료의료봉사활동을 하여 온 사실 등을 인정할 수 있는바, 위 인정과 같이 수지침시술로 인한 부작용발생가능성이 극히 적은 점, 수지침시술이 우리 사회에 민간요법으로서 광범위하게 행해지고 있는 점, 피고인이 위와 같은 행위에 이르게 된 경위 등 제반 사정에 비추어 보면, 피고인이 수치침시

술을 업으로 하거나 수지침시술에 대한 지식이 없음에도 그 시술을 하는 등의 특별한 사정이 없는 이 사건에 있어서, 피고인의 위 행위는 사회통념상 허용될 만한 정도의 상당성이 있는 것으로서 위법성이 결여된 행위라고 보아야 할 것이어서 피고인의 위 행위는 형법 제20조 의 정당행위에 해당하여 범죄로 되지 아니한다

30] 부산지법 1997. 9. 3. 선고 97재노2 판결 : 확정

[1] 내란행위를.반대하기 위한 목적의 정치집회를 한 행위는 정당행위이다(적극).

❐ 내란행위를 반대하기 위한 목적의 정치집회를 한 행위는 전두환 등이 1980. 5. 17. 24:00을 기하여 비상계엄을 전국적으로 확대하는 등 헌법기관인 대통령, 국무위원들에 대하여 강압을 가하고 있는 상태에서, 최후의 헌법수호자인 국민으로서 비상계엄 전국확대라는 헌정질서파괴범죄에 대항하여 이를 저지하거나 반대한 것이라 할 것이며, 또한 헌정질서수호를 위한 필요 최소한의 정당한 행위이다.

31] 대구지법 1996. 12. 27. 선고 96노170 판결 : 상고기각

❐ 교사가 교내에서 흡연하고 거짓말까지 한 학생을 체벌한 데 대하여 정당행위를 이유로 무죄

학생들을 교육하고 학생들의 생활을 지도하는 교사로서 학생이 교내에서 흡연을 하였을 뿐만 아니라 거짓말까지 하여 이를 훈계하고 선도하기 위한 교육 목적의 징계의 한 방법으로서 그 학생을 때리게 된 것이고, 그 폭행의 정도 또한 그리 무거운 것이 아니라면, 그 교사의 행위는 교사의 교육 목적 달성을 위한 징계로서 사회통념상 비난의 대상이 될 만큼 사회상규를 벗어난 것으로 볼 수 없으므로 형법 제20조 소정의 정당행위에 해당한다.

32] 서울지법 1995. 9. 28. 선고 95노1985 판결 : 확정

[1] 불법선거운동 적발을 위하여 타인의 주거에 도청장치를 설치한 경우, 정당행위에 해당하지 않는다.

❐ 정당행위가 인정되기 위하여는 그 행위의 동기나 목적의 정당성뿐만 아니라 그 행위의 수단이나 방법은 상당성, 보호법익과 침해이익과의 법익균형성, 긴급성, 보충성 등의 요건을 갖추어야 할 것인바, 피고인들이 비록 불법선거운동의 적발을 목적으로 이루어진 것이라 하더라도, 타인의 주거에 도청장치를 설치하는 행위는 그 수단, 방법의 상당성을 결하는 것으로서 사회상규에 반하는 행위라 할 것이므로 정당행위에 해당하지 않는다.

33] 서울형사지법 1991. 11. 12. 선고 90노2758 제4부판결

[1] 분묘발굴행위가 정당행위에 해당한다.

❒ 공원묘지재단의 이사장이 연고자가 나타나지 아니한 분묘들이 오랜 세월의 경과와 관리소홀로 인하여 유골이 거의 노출되어 유실될 지경에 이르자 이사장의 결의를 거쳐 신문에 공고를 낸 후 무연고묘에 한하여 그 유골들을 파낸 후 개별적으로 표시하여 안전한 곳에 안치하였다면, 위 분묘발굴행위는 그 경위와 그 목적, 방법 및 의사 등 제반사정에 비추어 사회통념상 허용될 만한 정도의 상당성이 있는 것으로서 위법성이 결여된 행위라고 보아야 할 것이므로, 형법 제20조의 정당행위에 해당하여 범죄로 되지 아니한다.

34] 서울고법 1989. 1. 26. 선고 88노2050 제5형사부판결

[1] 현행범인 체포를 위한 행위는 정당행위로서 위법성이 조각된다.

❒ 자정이 넘은 시각에 피해자가 택시 안의 물건을 훔치고 있다는 말을 듣고 그를 체포하기 위하여 택시문을 밀어부쳐 피해자에게 약 4개월간의 치료를 요하는 경골골절상등(이 사건 피해자의 체질적 특성 때문에 상해의 정도가 가중되었음)을 가하였다 하더라도 이는 현행범인 체포를 위한 정당행위로서 위법성이 조각된다.

35] 서울고법 1988. 11. 10. 선고 88노2534 제5형사부판결

[1] 종교상의 치료행위(안수)를 정당행위나 피해자의 승낙에 의한 행위라고 볼 수없다(소극).

❒ 피고인이 피해자의 정신질환을 치료하기 위해 안수기도를 하면서 피해자의 가슴과 머리를 눌러 전흉부 및 두정부피하출혈상을 가하고 정당성에도 불구하고 수단방법의 상당성, 법익의 교량, 긴급성, 보충성의 요건을 결한 것으로서 정당행위라 할 수 없고, 또 피해자의 승낙이 있는 경우에 해당한다고도 볼 수 없다.

36] 대구고법 1987. 7. 29. 선고 87노879 제1형사부판결

[1] 정당행위와 저항권의 수용요건

❒ 어느 행위가 정당행위에 해당한다고 할 수 있기 위해서는 국법질서 전체의 이념에 비추어 용인될 수 있는 것으로서 행위의 동기나 목적의 정당성, 행위의 수단이나 방법의 상당성, 보호법익과 침해법익의 권형성, 긴급성, 그 행위외에 다른 수단이나 방법이 없다는 보충성이 갖추어져 있어야 하며, 저항권의 개념도 실존하는 헌법적 질서를 무시하고 초법규적 권리개념으로써 현행 실정법에 위배된 행위의 정당화를 주장하는 것은 그 자체만으로써도 받아 들일 수 없다.

2. 정당방위

조문

제21조(정당방위) ①자기 또는 타인의 법익에 대한 현재의 부당한 침해를 방위하기 위한 행위는 상당한 이유가 있는 때에는 벌하지 아니한다.
②방위행위가 그 정도를 초과한 때에는 정황에 의하여 그 형을 감경 또는 면제할 수 있다.
③전항의 경우에 그 행위가 야간 기타 불안스러운 상태하에서 공포, 경악, 흥분 또는 당황으로 인한 때에는 벌하지 아니한다.

1) 정당방위의 개념

정당방위란 자기 또는 타인의 법익에 대한 현재의 부당한 침해를 방위하기 위한 상당한 이유가 있는 행위를 말한다. 정당방위는 긴급한 사태에서 '현재의 부당한 침해'에 대한 정당한 방위행위이므로 그 본질은「不正 對 正」의 관계로 성립하고, 「긴급은 법을 초월한다」, 「법은 불법에 양보할 수 없다」는 것이 기본관념이다.

2) 정당방위의 근거

정당방위를 인정하는 근거는 자기보호의 원리(自己保護의 原理)와 법수호의 원리(法守護의 原理)이다.

(1)자기보호의 원리

자기보호의 원리는 사람의 자기보존본능에 기초를 둔 개인적 차원의 자연법적 권리로서 正當防衛權(Notwehrrecht)이다. 정당방위는 개인의 권리보호를 위한 행위로 개인적 법익을 보호하기 위하여 허용될 뿐이며, 국가적 · 사회적 법익을 보호하기 위한 행위는 허용되지 않는다.

(2) 법수호의 원리

법질서수호의 원리는 개인적 측면에서 불법에 대한 법 수호로 자기방위권을 행사하고, 동시에 사회적 측면에서는 불법를 징벌하여 법의 정의를 실현함으로써 사회평화와 사회질서를 유지하여 사회방위의 정당한 근거가 된다.

3) 정당방위의 성질

위법성조각사유로서의 정당방위는 이익교량원리를 근거로 하지 않는 점에서 긴급피난과 구별된다. 또한 침해와 방위사이의 법익균형도 필요하지 않다.

4) 정당방위의 성립요건

정당방위는 ①현재의 부당한 침해가 있을 것(정당방위상황), ②자기 또는 타인의 법익을 방위하기 위한 행위일 것(방위행위), ③상당한 이유가 있을 것(상당성) 등 세 가지를 성립요건으로 한다.

관련판례

1] 대법원 2011. 5. 26. 선고 2011도3682 판결

[1] 현행범인을 체포하기 위하여 '체포의 필요성'이 있어야 하는지 여부(적극) 및 현행범인 체포 요건을 갖추지 못하여 위법한 체포에 해당하는지의 판단 기준

❒ 현행범인은 누구든지 영장 없이 체포할 수 있다(형사소송법 제212조). 현행범인으로 체포하기 위하여는 행위의 가벌성, 범죄의 현행성 · 시간적 접착성, 범인 · 범죄의 명백성 이외에 체포의 필요성 즉, 도망 또는 증거인멸의 염려가 있어야 하고, 이러한 요건을 갖추지 못한 현행범인 체포는 법적 근거에 의하지 아니한 영장 없는 체포로서 위법한 체포에 해당한다(대법원 1999. 1. 26. 선고 98도3029 판결 등 참조). 여기서 현행범인 체포의 요건을 갖추었는지 여부는 체포 당시의 상황을 기초로 판단하여야 하고, 이에 관한 검사나 사법경찰관 등 수사주체의 판단에는 상당한 재량의 여지가 있다고 할 것이나, 체포 당시의 상황으로 보아서도 그 요건의 충족 여부에 관한 검사나 사법경찰관 등의 판단이 경험칙에 비추어 현저히 합리성을 잃은 경우에는 그 체포는 위법하다고 보아야 한다(대법원 2002. 6. 11. 선고 2000도5701 판결, 대법원 2002. 12. 10. 선고 2002도4227 판결 등 참조).

[2] 공무집행방해죄에서 '적법한 공무집행'의 의미 및 현행범인이 경찰관의 불법한 체포를 면하려고 반항하는 과정에서 경찰관에게 상해를 가한 경우 '정당방위'의 성립 여부(적극)

❒ 형법 제136조가 규정하는 공무집행방해죄는 공무원의 직무집행이 적법한 경우에 한하여 성립하고, 여기서 적법한 공무집행은 그 행위가 공무원의 추상적 권한에 속할 뿐 아니라 구체적 직무집행에 관한 법률상 요건과 방식을 갖춘 경우를 가리킨다. 경찰관이 현행범인 체포의 요건을 갖추지 못하였음에도 실력으로 현행범인을 체포하려고 하였다면 적법한 공무집행이라고 할 수 없고, 현행범인 체포행위가 적법한 공무집행을 벗어나 불법하게 체포한 것으로 볼 수밖에 없다면, 현행범이 그 체포를 면하려고 반항하는 과정에서 경찰관에게 상해를 가한 것은 불법체포로 인한 신체에 대한 현재의 부당한 침해에서 벗어나기 위한 행위로서 정당방위에 해당하여 위법성이 조각된다 (대법원 2006. 9. 8. 선고 2006도148 판결, 대법원 2006. 11. 23. 선고 2006도2732 판결 등 참조).

[3] 피고인이 경찰관의 불심검문을 받아 운전면허증을 교부한 후 경찰관에게 큰 소리로 욕설을

하였는데, 경찰관이 피고인을 모욕죄의 현행범으로 체포하려고 하자 피고인이 반항하면서 경찰관에게 상해를 가한 사안에서, 위 행위가 정당방위에 해당한다는 이유로, 피고인에 대한 '상해' 및 '공무집행방해'의 공소사실을 무죄로 인정한다.

❐ 피고인을 체포한 행위는 현행범인 체포의 요건을 갖추지 못하여 적법한 공무집행이라고 볼 수 없으므로 공무집행방해죄의 구성요건을 충족하지 아니하고, 피고인이 그 체포를 면하려고 반항하는 과정에서 공소외 1에게 상해를 가한 것은 불법체포로 인한 신체에 대한 현재의 부당한 침해에서 벗어나기 위한 행위로서 정당방위에 해당하여 위법성이 조각된다.

2] 헌법재판소 2008. 12. 26. 선고 2008헌마547 전원재판부【기소유예처분취소】

[1] 외관상 유형력의 행사가 있었다고 하더라도 청구인의 행위가 정당방위나 정당행위가 될 여지가 많음에도 그에 대한 검토 또는 수사가 미진하다는 이유로 기소유예처분을 취소한 사례

❐ 피해자가 청구인의 상의 옷소매를 먼저 잡은 점, 청구인이 피해자의 손을 뿌리치는 과정에서 넘어져 손목 등에 상해를 입은 점 등 기타 정황에 비추어 볼 때 비록 청구인이 피해자를 밀친 유형력의 행사가 외관상 서로 다투는 과정에서 이루어진 행위로 보인다 하더라도, 이는 소극적인 방어의 한도를 벗어나지 않은 최소한의 행위로 정당하다고 할 것이고, 또한 그 과정에서 피해자가 다소 다쳤다고 하더라도 청구인이 그러한 행위에 이르게 된 경위, 목적, 수단, 의사 등과 청구인의 위 방어행위로 인하여 입은 피해자의 피해 정도 등 제반 사정에 비추어 볼 때 청구인의 행위는 사회통념상 허용될 만한 정도의 상당성이 있는 행위라고 할 것이다.

따라서 피청구인으로서는 청구인과 피해자 외에 다른 목격자 등을 더 조사하여 청구인의 행위가 정당방위나 정당행위에 해당하는지 여부를 밝혀보았어야 함에도 피해자의 주장만을 받아들여 상해의 혐의를 인정한 것은 중대한 수사미진의 잘못이 있다.

3] 울산지법 2007. 12. 26. 선고 2007고정713 판결

[1] 동주민들의 생명이나 신체 또는 재산에 직접적·간접적인 피해의 발생위험성이 명백히 존재하는 송전탑 설치공사의 강행을 막기 위하여 공사현장 진입로에 천막을 설치한 행위가 정당방위에 해당한다.

❐ 송전탑 설치공사 강행으로 인하여 비산먼지, 소음 등이 다량 발생하고, 산사태 또는 낙석의 위험을 방지하기 위한 조치를 취하지 아니하여 동주민들의 생명이나 신체 또는 재산에 직접적·간접적인 피해가 발생할 수 있는 위험성이 명백히 존재하며, 동주민들이 공사에 대한 정확한 정보를 얻기 전에 시공사가 공사를 강행하여 사법적인 절차에 따라 그와 같은 위험을 효과적으로 방지, 제거하기 위한 조치를 취하기는 어려운 상황이었다면, 위 공사 진행에 항의하고 이를

막기 위하여 각 공사현장 진입로에 천막을 설치한 행위는 동주민들의 현재의 부당한 법익 침해를 방위하기 위하여 필요한 상당한 행위라고 할 것이므로, 이는 업무방해죄의 구성요건에 해당한다고 하더라도 정당방위에 해당한다.

4] 대법원 2007. 4. 26. 선고 2007도1794 판결

[1] 정당방위의 성립요건

❐ 형법 제21조 소정의 정당방위가 성립하려면 침해행위에 의하여 침해되는 법익의 종류, 정도, 침해의 방법, 침해행위의 완급과 방위행위에 의하여 침해될 법익의 종류, 정도 등 일체의 구체적 사정들을 참작하여 방위행위가 사회적으로 상당한 것이어야 한다 (대법원 1992. 12. 22. 선고 92도2540 판결, 대법원 2005. 9. 30. 선고 2005도3940, 2005감도15 판결 등 참조).

5] 대법원 2007. 3. 29. 선고 2006도9307 판결

[1] 정당행위 및 정당방위의 성립요건

❐ 어떠한 행위가 사회상규에 위배되지 아니하는 정당한 행위로서 위법성이 조각되는 것인지는 구체적인 사정 아래서 합목적적, 합리적으로 고찰하여 개별적으로 판단되어야 하므로, 이와 같은 정당행위가 인정되려면, 첫째 그 행위의 동기나 목적의 정당성, 둘째 행위의 수단이나 방법의 상당성, 셋째 보호이익과 침해이익의 법익 균형성, 넷째 긴급성, 다섯째 그 행위 이외의 다른 수단이나 방법이 없다는 보충성 등의 요건을 갖추어야 하며(대법원 2002. 12. 26. 선고 2002도5077 판결, 대법원 2003. 9. 26. 선고 2003도3000 판결 등 참조), 형법 제21조 소정의 정당방위가 성립하려면 침해행위에 의하여 침해되는 법익의 종류, 정도, 침해의 방법, 침해행위의 완급과 방위행위에 의하여 침해될 법익의 종류, 정도 등 일체의 구체적 사정들을 참작하여 방위행위가 사회적으로 상당한 것이어야 한다 (대법원 1992. 12. 22. 선고 92도2540 판결 등 참조).

6] 대법원 2007. 2. 22. 선고 2006도8750 판결

[1] 통행로의 현황, 개설시기 및 이용상황 등 제반 사정에 비추어, 통행로 중 폭 100m 길이 부분을 포크레인으로 폭 2m 정도로 굴착하고 돌덩이까지 쌓아 놓은 행위가 정당행위나 정당방위에 해당한다고 보기는 어렵다.

❐ 형법 제185조의 일반교통방해죄는 일반공중의 교통의 안전을 보호법익으로 하는 범죄로서 여기서의 '육로'라 함은 사실상 일반공중의 왕래에 공용되는 육상의 통로를 널리 일컫는 것으로서 그 부지의 소유관계나 통행권리관계 또는 통행인의 많고 적음 등을 가리지 않는다 (대법원 1988. 4. 25. 선고 88도18 판결, 2002. 4. 26. 선고 2001도6903 판결 등 참조).

형법 제20조에 정하여진 '사회상규에 위배되지 아니하는 행위'라 함은 법질서 전체의 정신이나 그 배후에 놓여 있는 사회윤리 내지 사회통념에 비추어 용인될 수 있는 행위를 말하고, 어느 행위가 정당행위에 해당한다고 인정하려면 그 행위의 동기나 목적의 정당성, 행위의 수단이나 방법의 상당성, 보호법익과 침해법익과의 법익균형성, 긴급성, 그 행위 외에 다른 수단이나 방법이 없다는 보충성 등의 요건을 갖추어야 하는 것이며(대법원 2004. 8. 20. 선고 2003도4732 판결, 대법원 2005. 2. 25. 선고 2004도8530 판결 등 참조), 어떠한 행위가 정당방위로 인정되려면 그 행위가 자기 또는 타인의 법익에 대한 현재의 부당한 침해를 방어하기 위한 것으로서 상당성이 있어야 하므로, 위법하지 않은 정당한 침해에 대한 정당방위는 인정되지 아니하고, 방위행위가 사회적으로 상당한 것인지 여부는 침해행위에 의해 침해되는 법익의 종류, 정도, 침해의 방법, 침해행위의 완급과 방위행위에 의해 침해될 법익의 종류, 정도 등 일체의 구체적 사정들을 참작하여 판단하여야 하는 것인바(대법원 2003. 11. 13. 선고 2003도3606 판결 참조), 이 사건 통행로의 현황, 개설시기 및 이용상황 등 제반 사정에 비추어 보면, 피고인이 이 사건 통행로 중 폭 100m 길이 부분을 포크레인으로 폭 2m 정도로 굴착하고, 돌덩이까지 쌓아 놓은 행위가 정당행위나 정당방위에 해당한다고 보기는 어렵다.

7] 대법원 2006. 11. 23. 선고 2006도2732 판결

[1] 현행범이 경찰관의 불법한 체포를 면하려고 반항하는 과정에서 경찰관에게 상해를 가한 경우 정당방위의 성립 여부(적극)

❐ 형법 제136조가 규정하는 공무집행방해죄는 공무원의 직무집행이 적법한 경우에 한하여 성립하는 것이고, 여기서 적법한 공무집행이라고 함은 그 행위가 공무원의 추상적 권한에 속할 뿐 아니라 구체적 직무집행에 관한 법률상 요건과 방식을 갖춘 경우를 가리키는 것이며, 한편 헌법 제12조 제5항 전문, 형사소송법 제213조의2, 제72조의 규정 등에 의하면 사법경찰관리가 현행범인을 체포하는 경우에는 반드시 범죄사실의 요지, 구속의 이유와 변호인을 선임할 수 있음을 말하고 변명할 기회를 주어야 할 것임이 명백하므로, 경찰관이 위 적법절차를 준수하지 아니한 채 실력으로 현행범인을 연행하려고 하였다면 적법한 공무집행이라고 할 수 없고(대법원 2000. 7. 4. 선고 99도4341 판결, 대법원 2004. 11. 26. 선고 2004도5894 판결 등 참조), 경찰관의 현행범 체포행위가 적법한 공무집행을 벗어나 불법하게 체포한 것으로 볼 수밖에 없다면, 현행범이 그 체포를 면하려고 반항하는 과정에서 경찰관에게 상해를 가한 것은 불법 체포로 인한 신체에 대한 현재의 부당한 침해에서 벗어나기 위한 행위로서 정당방위에 해당하여 위법성이 조각된다(대법원 2000. 7. 4. 선고 99도4341 판결 참조).

8] 대법원 2006. 9. 8. 선고 2006도148 판결

[1] 검사가 참고인 조사를 받는 줄 알고 검찰청에 자진출석한 변호사사무실 사무장을 합리적 근거 없이 긴급체포하자 그 변호사가 이를 제지하는 과정에서 위 검사에게 상해를 가한 것이 정당방위에 해당한다.

❒ 긴급체포는 영장주의원칙에 대한 예외인 만큼 형사소송법 제200조의3 제1항의 요건을 모두 갖춘 경우에 한하여 예외적으로 허용되어야 하고, 요건을 갖추지 못한 긴급체포는 법적 근거에 의하지 아니한 영장 없는 체포로서 위법한 체포에 해당하는 것이고, 여기서 긴급체포의 요건을 갖추었는지 여부는 사후에 밝혀진 사정을 기초로 판단하는 것이 아니라 체포 당시의 상황을 기초로 판단하여야 하고, 이에 관한 검사나 사법경찰관 등 수사주체의 판단에는 상당한 재량의 여지가 있다고 할 것이나, 긴급체포 당시의 상황으로 보아서도 그 요건의 충족 여부에 관한 검사나 사법경찰관의 판단이 경험칙에 비추어 현저히 합리성을 잃은 경우에는 그 체포는 위법한 체포라 할 것이다 (대법원 2002. 6. 11. 선고 2000도5701 판결 참조).

형법 제136조가 규정하는 공무집행방해죄는 공무원의 직무집행이 적법한 경우에 한하여 성립하는 것이고, 여기서 적법한 공무집행이라 함은 그 행위가 공무원의 추상적 권한에 속할 뿐 아니라 구체적 직무집행에 관한 법률상 요건과 방식을 갖춘 경우를 가리키는 것이므로, 검사나 사법경찰관이 긴급체포의 요건을 갖추지 못하였음에도 실력으로 수사기관에 자진출석한 자를 체포하려고 하였다면 적법한 공무집행이라고 할 수 없고, 자진출석한 자가 검사나 사법경찰관에 대하여 이를 거부하는 방법으로써 폭행을 하였다고 하여 공무집행방해죄가 성립하는 것은 아니다 (대법원 1994. 10. 25. 선고 94도2283 판결, 대법원 2000. 7. 4. 선고 99도4341 판결 등 참조).

9] 대법원 2006. 4. 27. 선고 2003도4735 판결

[1] 정당방위의 요건

❒ 어떠한 행위가 정당방위로 인정되려면 그 행위가 자기 또는 타인의 법익에 대한 현재의 부당한 침해를 방어하기 위한 것으로서 상당성이 있어야 하므로, 위법하지 않은 정당한 침해에 대한 정당방위는 인정되지 아니하고, 방위행위가 사회적으로 상당한 것인지 여부는 침해행위에 의해 침해되는 법익의 종류, 정도, 침해의 방법, 침해행위의 완급과 방위행위에 의해 침해될 법익의 종류, 정도 등 일체의 구체적 사정들을 참작하여 판단하여야 한다(대법원 2003. 11. 13. 선고 2003도3606 판결 등 참조).

10] 대법원 2004. 3. 25. 선고 2003도3842 판결

[1] 경찰관 무기사용의 요건 및 그 판단 방법 및 경찰관의 권총 사용이 허용범위

❒ 경찰관직무집행법 제10조의4 제1항 에 의하면, 경찰관은 범인의 체포, 도주의 방지, 자기 또는 타인의 생명 · 신체에 대한 방호, 공무집행에 대한 항거의 억제를 위하여 필요하다고 인정되는 상당한 이유가 있을 때 그 사태를 합리적으로 판단하여 필요한 한도 내에서 무기를 사용할 수 있되, 다만 형법에 규정한 정당방위나 긴급피난에 해당하는 때, 사형 · 무기 또는 장기 3년 이상의 징역이나 금고에 해당하는 죄를 범하거나 범하였다고 의심할 만한 충분한 이유가 있는 자가 경찰관의 직무집행에 대하여 항거하거나 도주하려고 할 때 또는 체포, 도주의 방지나 항거의 억제를 위하여 다른 수단이 없다고 인정되는 상당한 이유가 있는 때를 제외하고는 무기 사용으로 인하여 사람에게 위해를 주어서는 안된다고 규정하고 있고, 경찰관의 무기 사용이 위와 같은 요건을 충족하는지 여부는 범죄의 종류, 죄질, 피해법익의 경중, 위해의 급박성, 저항의 강약, 범인과 경찰관의 수, 무기의 종류, 무기 사용의 태양, 주변의 상황 등을 고려하여 사회통념상 상당하다고 평가되는지 여부에 따라 판단하여야 하고, 특히 사람에게 위해를 가할 위험성이 큰 권총의 사용에 있어서는 그 요건을 더욱 엄격하게 판단하여야 한다.

【사례】

상대파출소 근무자인 김재웅으로부터 ' 공소외 1이 술집에서 맥주병을 깨 다른 사람의 목을 찌르고 현재 자기집으로 도주하여 칼로 아들을 위협하고 있다.'는 상황을 고지받고 현장에 도착한 피고인으로서는, 공소외 1이 칼을 소지하고 있는 것으로 믿었고 또 그렇게 믿은 데에 정당한 이유가 있었다고 할 것이므로, 피고인과 김종하가 공소외 1과의 몸싸움에 밀려 함께 넘어진 상태에서 칼을 소지한 것으로 믿고 있었던 공소외 1과 다시 몸싸움을 벌인다는 것은 피고인 자신의 생명 또는 신체에 위해를 가져올 수도 있는 위험한 행동이라고 판단할 수밖에 없을 것이고, 따라서 피고인이 공포탄 1발을 발사하여 경고를 하였음에도 불구하고 공소외 1이 김종하의 몸 위에 올라탄 채 계속하여 김종하를 폭행하고 있었고, 또 그가 언제 소지하고 있었을 칼을 꺼내어 김종하나 피고인을 공격할지 알 수 없다고 피고인이 생각하고 있던 급박한 상황에서 김종하를 구출하기 위하여 공소외 1을 향하여 권총을 발사한 것이므로, 이러한 피고인의 권총 사용이, 경찰관 직무집행법 제10조의4 제1항의 허용범위를 벗어난 위법한 행위라거나 피고인에게 업무상과실치사의 죄책을 지울만한 행위라고 선뜻 단정할 수는 없다.

11] 대법원 2002. 5. 10. 선고 2001도300 판결

[1] 현행범인으로서의 요건을 갖추지 못한 자에 대한 경찰관의 체포를 면하려고 반항하는 과정에서 경찰관에게 상해를 가한 경우, 정당방위가 성립한다(적극).

❒ 현행범인으로서의 요건을 갖추고 있었다고 인정되지 않는 상황에서 경찰관들이 동행을 거부하는 자를 체포하거나 강제로 연행하려고 하였다면, 이는 적법한 공무집행이라고 볼 수 없고, 그 체포를 면하려고 반항하는 과정에서 경찰관에게 상해를 가한 것은 불법 체포로 인한 신체에

대한 현재의 부당한 침해에서 벗어나기 위한 행위로서 정당방위에 해당하여 위법성이 조각된다.

12] 대법원 2001. 5. 15. **선고** 2001도1089 **판결**

❐ 이혼소송중인 남편이 찾아와 가위로 폭행하고 변태적 성행위를 강요하는 데에 격분하여 처가 칼로 남편의 복부를 찔러 사망에 이르게 한 경우, 그 행위는 방위행위로서의 한도를 넘어선 것으로 정당방위나 과잉방위에 해당하지 않는다.

13] 대법원 2000. 3. 28. **선고** 2000도228 **판결**

[1] 싸움 중에 이루어진 가해행위가 정당방위 또는 과잉방위행위에 해당할 수 없다(소극).

❐ 가해자의 행위가 피해자의 부당한 공격을 방위하기 위한 것이라기보다는 서로 공격할 의사로 싸우다가 먼저 공격을 받고 이에 대항하여 가해하게 된 것이라고 봄이 상당한 경우, 그 가해행위는 방어행위인 동시에 공격행위의 성격을 가지므로 정당방위 또는 과잉방위행위로 볼 수 없다.

14] 대법원 1999. 6. 11. **선고** 99도943 **판결**

[1] 폭력행위등처벌에관한법률위반행위가 정당방위에 해당한다.

❐ 피해자가 피고인 운전의 차량 앞에 뛰어 들어 함부로 타려고 하고 이에 항의하는 피고인의 바지춤을 잡아 당겨 찢고 피고인을 끌고 가려다가 넘어지자, 피고인이 피해자의 양 손목을 경찰관이 도착할 때까지 약 3분간 잡아 누른 경우, 정당방위에 해당한다.

15] 대법원 1996. 4. 9. **선고** 96도241 **판결**

[1] 침해행위에서 벗어난 후에 분을 풀려는 목적에서 나온 공격행위는 정당방위에 해당하지 않는다(소극)

❐ 피해자의 침해행위에 대하여 자기의 권리를 방위하려는 부득이한 행위가 아니고, 그 침해행위에서 벗어난 후 분을 풀려는 목적에서 나온 공격행위는 정당방위에 해당한다고 할 수 없다.

16] 대법원 1992. 12. 22. **선고** 92도2540 **판결**

❐ 의붓아버지의 강간행위에 의하여 정조를 유린당한 후 계속적으로 성관계를 강요받아 온 피고인이 상피고인과 공모하여 범행을 준비하고 의붓아버지가 제대로 반항할 수 없는 상태에서 식칼로 심장을 찔러 살해한 행위는 사회통념상 상당성을 결여하여 정당방위가 성립하지 아니한다.

17] 대법원 1989. 8. 8. 선고 89도358 판결

[1] 강제추행범의 혀를 깨문 행위가 정당방위에 해당된다.

❐ 갑과 을이 공동으로 인적이 드문 심야에 혼자 귀가중인 병여에게 뒤에서 느닷없이 달려들어 양팔을 붙잡고 어두운 골목길로 끌고들어가 담벽에 쓰러뜨린 후 갑이 음부를 만지며 반항하는 병여의 옆구리를 무릎으로 차고 억지로 키스를 함으로 병여가 정조와 신체를 지키려는 일념에서 엉겁결에 갑의 혀를 깨물어 설절단상을 입혔다면 병여의 범행은 자기의 신체에 대한 현재의 부당한 침해에서 벗어나려고 한 행위로서 그 행위에 이르게 된 경위와 그 목적 및 수단, 행위자의 의사등 제반사정에 비추어 위법성이 결여된 행위로써 정당방위에 해당한다.

18] 대법원 1989. 3. 14. 선고 87도3674 판결

❐ 갑 회사가 을이 점유하던 공사현장에 실력을 행사하여 들어와 현수막 및 간판을 설치하고 담장에 글씨를 쓴 행위는 을의 시공 및 공사현장의 점유를 방해하는 것으로서 을의 법익에 대한 현재의 부당한 침해라고 할 수 있으므로 을이 그 현수막을 찢고 간판 및 담장에 써어진 글씨를 지운 것은 그 침해를 방어하기 위한 행위로서 상당한 이유가 있다.

19] 서울고법 1987. 3. 20. 선고 87노94 제3형사부판결

[1] 싸움이 있은 뒤 몇 시간 후에 상대방을 찾아가 다짜고짜 심장부를 칼로 찌른 행위가 과잉방위에 해당하지 않는다.

❐ 과잉방위란 정당방위의 다른 요건은 갖추고 있되 다만 방위행위가 그 상당성의 정도를 벗어난 경우에 성립하는 것인바, 싸움을 이유로 그 몇 시간 후에 피해자를 찾아가 다짜고짜 심장부를 칼로 찌른 행위는 방위행위라고 보기 어렵고 오히려 새로운 공격행위라고 보아야 할 것이므로 위 행위는 정당방위는 물론 과잉방위에도 해당하지 않는다.

20] 대법원 1984. 1. 24. 선고 83도1873 판결

[1] 먼저 칼로 찔리자 이에 대항하여 가해한 행위와 정당방위

❐ 피해자가 칼을 들고 피고인을 찌르자 그 칼을 뺏어 그 칼로 반격을 가한 결과 피해자에게 상해를 입게 하였다 하더라도 그와 같은 사실만으로는 피고인에 대한 현재의 부당한 침해를 방위하기 위한 행위로서 상당한 이유가 있는 경우에 해당한다고 할 수 없다.

3. 긴급피난

조문

제22조(긴급피난) ①자기 또는 타인의 법익에 대한 현재의 위난을 피하기 위한 행위는 상당한 이유가 있는 때에는 벌하지 아니한다.
②위난을 피하지 못할 책임이 있는 자에 대하여는 전항의 규정을 적용하지 아니한다.
③전조 제2항과 제3항의 규정은 본조에 준용한다.

1) 의의

긴급피난(Notstaand)이란 "자기 또는 타인의 법익에 대한 현재의 위난을 피하기 위한 행위는 상당한 이유가 있는 행위"를 말한다. 형법 제 22조 1항에서 "벌하지 아니 하는 것"은 위법성을 조각한다는 의미다. 긴급피난은 긴급한 상황에서 침해의 부당성 여부와는 무관하게 위난을 피난하는 행위 그 자체를 법이 허용하는 것이므로「정(正) 대 정(正)」의 관계이다.

2) 긴급피난의 성립요건

형법 제22조 제1항에 근거한 긴급피난은 ① 자기 또는 타인의 법익에 대한 현재의 위난(危難)이 있을 것(긴급상태), ②위난을 피하기 위한 행위일 것(피난행위), ③ 상당한 이유가 있을 것(상당성)을 성립요건으로 한다.

관련판례

1] 대전지법 2006. 10. 18. 선고 2006고합102 판결【살인】 항소

[1] 정당방위와 긴급피난의 요건으로서 침해나 위난의 현재성 여부의 판단 방법

❐ 형법 제21조 제1항에 규정된 정당방위로 인정되려면 무엇보다도 자기 또는 타인의 법익에 대한 '현재의 부당한 침해'가 있어야 하고, 형법 제22조 제1항에 규정된 긴급피난으로 인정되려면 무엇보다도 자기 또는 타인의 법익에 대한 '현재의 위난'이 있어야 하며, 위와 같은 침해나 위난의 현재성 여부는 피침해자의 주관적인 사정에 따라 결정되는 것이 아니라 객관적으로 결정되어야 할 뿐만 아니라, 이러한 정당방위나 긴급피난이 범죄의 구성요건에 해당하는 어떤 행위의 위법성을 예외적으로 소멸시키는 사유라는 점에 비추어 그 요건으로서의 침해나 위난의 현재성은 엄격히 해석 · 적용되어야 한다.

【사례】

평소 남편으로부터 지속적인 폭행이나 학대를 당해오던 피고인이 잠자고 있는 남편을 살해한 사안에서, 사회심리학자의 견해(이른바 '학대나 폭력의 지속적인 재경험')나 오랜 기간 동안 남편으로부터의 폭력이나 학대에 시달려온 피고인의 특별한 심리상태를 수긍하더라도, 그러한 사정만으로는 살해 당시 객관적으로도 피고인 등의 법익에 대한 침해나 위난이 현존하고 있었다고 보기 어렵다는 이유로 정당방위나 긴급피난의 성립을 부정한다.

2] 청주지법 2006. 5. 3. 선고 2005노1200 판결 확정

[1] 한의사인 피고인이 같은 아파트에 거주하는 응급환자를 자신의 한의원으로 옮기기 위하여 무면허운전을 한 사안에서, 현재의 위난을 피하여야 할 긴급상태에 있었지만 대체 이동수단을 이용할 수 있었기 때문에 긴급피난의 성립요건인 보충성의 원칙을 충족시키지 못하여 긴급피난에 해당하지 않는다.

❐ 위 인정 사실에 의하면, 이 사건 당시 공소외인이 뇌압상승으로 인한 중풍 발병의 우려가 높아 공소외인을 신속히 병원으로 옮길 필요가 있다고 보이므로 현재의 위난을 피하여야 할 긴급상태에 있었다고 볼 수 있다. 그러나 대체 이동수단이 없었는지에 대하여 보건대, 위 아파트는 인근에 택시 등 대중교통수단은 물론 119나 구급차량을 이용할 수 있는 지역인 점, 앞서 본 택시나 구급차량 등을 호출하는 데 소요되는 시간과 위 아파트에서 도로까지의 거리, 피고인의 응급조치로 증상이 다소 완화된 공소외인이 부축을 받아 거동이 가능하였던 점 등 여러 사정에 비추어 볼 때, 당시 피고인은 택시나 119 구급차량을 호출하거나 아니면 이웃 주민이나 아파트 관리실 등에 협조를 요청하여 공소외인을 후송할 수 있었다고 판단되고 오로지 피고인이 직접 이 사건 차량으로 공소외인을 후송하여야 할 방법 밖에 없었던 상황이라 보기 어려우므로, 결국 긴급피난의 성립요건인 보충성의 원칙을 충족시키지 못하였다 할 것이어서, 피고인의 위와 같은 무면허운전행위를 긴급피난에 해당한다고 보기 어렵다. 따라서 피고인의 위 주장은 이유 없다.

3] 대법원 2006. 4. 13. 선고 2005도9396 판결

[1] 형법 제22조 제1항의 긴급피난에서 '상당한 이유 있는 행위'에 해당하기 위한 요건

❐ 형법 제22조 제1항의 긴급피난이란 자기 또는 타인의 법익에 대한 현재의 위난을 피하기 위한 상당한 이유 있는 행위를 말하고, 여기서 '상당한 이유 있는 행위'에 해당하려면, 첫째 피난행위는 위난에 처한 법익을 보호하기 위한 유일한 수단이어야 하고, 둘째 피해자에게 가장 경미한 손해를 주는 방법을 택하여야 하며, 셋째 피난행위에 의하여 보전되는 이익은 이로 인하여 침해되는 이익보다 우월해야 하고, 넷째 피난행위는 그 자체가 사회윤리나 법질서 전체의 정신에 비

추어 적합한 수단일 것을 요하는 등의 요건을 갖추어야 한다.

[2] 아파트 입주자대표회의 회장이 다수 입주민들의 민원에 따라 위성방송 수신을 방해하는 케이블TV방송의 시험방송 송출을 중단시키기 위하여 위 케이블TV 방송의 방송안테나를 절단하도록 지시한 행위를 긴급피난 내지는 정당행위에 해당한다고 볼 수 없다고 한 사례

❐ 원심은, 이 사건 당시 피고인이 경기동부방송의 시험방송 송출로 인하여 위성방송의 수신이 불가능하게 되었다는 민원을 접수한 후 경기동부방송에 시험방송 송출을 중단해달라는 요청도 해보지 아니한 채 시험방송이 송출된 지 약 1시간 30여 분 만에 곧바로 경기동부방송의 방송안테나를 절단하도록 지시한 점, 그 당시(아파트 이름 생략)아파트 전체 815세대 중 140여 세대는 경기동부방송과 유선방송이용계약을 체결하고 있었던 점 등 그 행위의 내용이나 방법, 법익침해의 정도 등에 비추어 볼 때, 당시 피고인이 다수 입주민들의 민원에 따라 입주자대표회의 회장의 자격으로 위성방송 수신을 방해하는 경기동부방송의 시험방송 송출을 중단시키기 위하여 경기동부방송의 방송안테나를 절단하도록 지시하였다고 할지라도 피고인의 위와 같은 행위를 긴급피난 내지는 정당행위에 해당한다고 볼 수 없다.

4] 대법원 2004. 11. 12. 선고 2003다52227 판결

[1] 시민단체의 특정 후보자에 대한 낙선운동이 시민불복종운동으로서 정당행위 또는 긴급피난에 해당한다고 볼 수 없다.

❐ 구 공직선거및선거부정방지법(2001. 1. 26. 법률 제6388호로 개정되기 전의 것, 이하 '공직선거법'이라고만 한다) 제58조 제2항은 "누구든지 자유롭게 선거운동을 할 수 있다. 그러나 이 법 또는 다른 법률의 규정에 의하여 금지되거나 제한되는 경우에는 그러하지 아니하다."고 규정하여, 원칙적으로 선거운동의 자유를 인정하면서도 한편으로는 선거운동의 주체, 시기, 방법 등을 제한하고 있는바, 공직선거에 출마한 원고로서는 공직선거법에서 정한 방법에 따라 다른 후보자들과의 공정한 경쟁을 통하여 선거권자들에 의하여 평가받게 될 것이라고 기대하는 것이 당연하므로, 피고들이 공직선거법을 위반하여 원고에 대한 낙선운동을 한 행위는 그 낙선운동으로 인하여 원고가 낙선하였는지 여부에 관계없이 원고의 합리적인 기대를 침해한 것이고, 이러한 기대는 인격적 이익으로서 보호할 가치가 있다 할 것이므로, 피고들은 원고가 입은 정신적 고통에 대하여 위자료를 지급할 의무가 있다고 봄이 상당하다.

시민불복종운동으로서 정당행위 및 사회상규에 위반되지 아니하는 정당행위 또는 긴급피난에 해당한다고 볼 수 없다.

5] 대법원 2004. 4. 27. 선고 2002도315 판결

[1] 시민단체의 특정 후보자에 대한 낙선운동이 시민불복종운동으로서 헌법상 정당행위이거나 형법상 정당행위 또는 긴급피난으로서 정당화될 수 없다(소극)

❐ 피고인들이 확성장치 사용, 연설회 개최, 불법행렬, 서명날인운동, 선거운동기간 전 집회 개최 등의 방법으로 특정 후보자에 대한 낙선운동을 함으로써 공직선거및선거부정방지법에 의한 선거운동제한 규정을 위반한 피고인들의 같은 법 위반의 각 행위는 위법한 행위로서 허용될 수 없는 것이고, 피고인들의 위 각 행위가 시민불복종운동으로서 헌법상의 기본권 행사 범위 내에 속하는 정당행위이거나 형법상 사회상규에 위반되지 아니하는 정당행위 또는 긴급피난의 요건을 갖춘 행위로 볼 수는 없다.

6] 대법원 1995. 1. 12. 선고 94도2781 판결

[1] 피고인이 스스로 야기한 강간범행의 와중에서 피해자가 손가락을 깨물며 반항하자 물린 손가락을 비틀며 잡아 뽑다가 피해자에게 치아결손의 상해를 입힌 소위를 긴급피난행위라 할 수 없다.

❐ 강간 등에 의한 치사상죄에 있어서 사상의 결과는 간음행위 그 자체로부터 발생한 경우나 강간의 수단으로 사용한 폭행으로부터 발생한 경우는 물론 강간에 수반하는 행위에서 발생한 경우도 포함하므로 피고인이 스스로 야기한 범행의 와중에서 피해자에게 상해를 입힌 소위를 가리켜 법에 의하여 용인되는 피난행위라 할 수도 없다.

7] 대구고법 1987. 9. 16. 선고 87노787 제1형사부판결

[1] 폭행과 긴급피난의 관계

❐ 피고인이 피해자의 목을 잡아 끌고 올라온 행위 그 자체는 피해자에 대한 폭행에 해당하는 것이고, 위 폭행이 피해자의 생명이라는 법익에 대한 현재의 위난을 피하기 위한 행위로서 긴급피난에 해당한다면 그 위법성이 없게 되는 것에 불과한 것이지 그 행위가 폭행이 되지 않거나 폭행의 고의가 없는 것은 아니다.

8] 대법원 1987. 1. 20. 선고 85도221 판결

❐ 미리 선박을 이동시키지 않고 있던 사이에 태풍을 만나 선박과 선원들의 안전을 위하여 사회통념상 가장 적절하고 필요불가결하다고 인정되는 조치를 취하였다면 형법상 긴급피난으로서 위법성이 없어서 범죄가 성립되지 아니한다.

9] 대법원 1976. 7. 13. 선고 75도1205 판결

❒ 임신의 지속이 모체의 건강을 해칠 우려가 현저할뿐더러 기형아 내지 불구아를 출산할 가능성마저도 없지 않다는 판단하에 부득이 취하게 된 산부인과 의사의 낙태수술행위는 정당행위 내지 긴급피난에 해당되어 위법성이 없다.

4. 자구행위

조문

제23조(자구행위) ①법정절차에 의하여 청구권을 보전하기 불능한 경우에 그 청구권의 실행불능 또는 현저한 실행곤란을 피하기 위한 행위는 상당한 이유가 있는 때에는 벌하지 아니한다.
②전항의 행위가 그 정도를 초과한 때에는 정황에 의하여 형을 감경 또는 면제할 수 있다.

1) 자구행위의 의의

자구행위(Selbsthilfe)란 권리자가 자기의 권리를 침해당한 때 공권력에 의한 구제를 받을 수 없는 긴급한 상황에서 자력으로 그 권리를 원상회복하는 행위를 말한다.[7] 형법 제23조는 "법정절차에 의하여 청구권을 보전하기 불능한 경우에 그 청구권의 실행불능 또는 현저한 실행곤란을 피하기 위한 행위는 상당한 이유가 있는 때에는 벌하지 아니 한다"고 규정하여 자구행위를 인정하고 있는데 이는 위법성을 조각하는 긴급행위의 하나이다.

2) 자구행위의 성립요건

자구행위의 성립요건은 ① 법정절차에 의하여 청구권을 보전하는 것이 불가능한 경우일 것, ② 청구권의 실행불능 또는 현저한 실행곤란을 피하기 위한 행위일 것, ③ 상당한 이유가 있을 것을 요건으로 한다.

관련판례

1] 대법원 2007. 12. 28. 선고 2007도7717 판결

---

7) 대법원 2007. 12. 28. 선고 2007도7717 판결; 대법원 2007. 3. 15. 선고 2006도9418 판결; 대법원 2007. 5. 11. 선고 2006도4328 판결 등 참조).

형법 제185조의 일반교통방해죄는 일반 공중의 교통의 안전을 그 보호법익으로 하는 범죄로서 육로 등을 손괴 또는 불통케 하거나 기타의 방법으로 교통을 방해하여 통행을 불가능하게 하거나 현저히 곤란하게 하는 일체의 행위를 처벌하는 것을 그 목적으로 하고 있으며, 여기서 '육로'라 함은 사실상 일반 공중의 왕래에 공용되는 육상의 통로를 널리 일컫는 것으로서 그 부지의 소유관계나 통행권리관계 또는 통행인의 많고 적음 등을 가리지 않는다(대법원 2002. 4. 26. 선고 2001도6903 판결, 대법원 2007. 3. 15. 선고 2006도9418 판결 등 참조).

[1] 형법상 자구행위의 의미

❐ 형법상 자구행위라 함은 법정절차에 의하여 청구권을 보전하기 불능한 경우에 그 청구권의 실행불능 또는 현저한 실행곤란을 피하기 위한 상당한 행위를 말하는 것이다(대법원 2007. 3. 15. 선고 2006도9418 판결, 대법원 2007. 5. 11. 선고 2006도4328 판결 등 참조). (2) 인근 상가의 통행로로 이용되고 있는 토지의 사실상 지배권자가 위 토지에 철주와 철망을 설치하고 포장된 아스팔트를 걷어냄으로써 통행로로 이용하지 못하게 한 경우, 이는 일반교통방해죄를 구성하고 자구행위에 해당하지 않는다.

❐ 이 사건 토지에 인접하여 있는 공소외 2 소유의 광주 서구 화정동 1051 소재 건물에 건축법상 위법요소가 존재하고 공소외 2가 그와 같은 위법요소를 방치 내지 조장하고 있다거나, 위 건물의 건축허가 또는 이 사건 토지상의 가설건축물 허가 여부에 관한 관할관청의 행정행위에 하자가 존재한다고 가정하더라도, 그러한 사정만으로 이 사건에 있어서 피고인이 이 사건 토지의 소유자를 대위 또는 대리하여 법정절차에 의하여 이 사건 토지의 소유권을 방해하는 사람들에 대한 방해배제 등 청구권을 보전하는 것이 불가능하였거나 현저하게 곤란하였다고 볼 수 없을 뿐만 아니라, 피고인의 이 사건 행위가 그 청구권의 실행불능 또는 현저한 실행곤란을 피하기 위한 상당한 행위라고 볼 수도 없음을 알 수 있다.

2] **대법원** 2007. 5. 11. **선고** 2006**도**4328 **판결**

[1] 토지소유권자가 피해자가 운영하는 회사에 대하여 그 토지의 인도 등을 구할 권리가 있다는 이유만으로 위 회사로 들어가는 진입로를 폐쇄한 것이 정당한 행위 또는 자력구제에 해당하지 않는다.

❐ 피고인이 법정절차에 의하여 자신의 공소외 주식회사 및 피해자에 대한 토지인도 등 청구권을 보전하는 것이 불가능하였거나 현저하게 곤란하였다고 볼 수 없을 뿐만 아니라, 피고인의 행위가 그 청구권의 보전불능 등을 피하기 위한 상당한 행위라고 할 수도 없다. 피고인의 자구행위 또는 자력구제 주장을 배척한 조치는 정당하고, 자구행위 또는 자력구제에 관한 법리오해 등의 위법이 있다고 할 수 없다.

3] 대법원 2007. 3. 15. 선고 2006도9418 판결

[1] 도로는 피고인 소유 토지상에 무단으로 확장 개설되어 그대로 방치할 경우 불특정 다수인이 통행할 우려가 있다는 사정만으로는 피고인이 법정절차에 의하여 자신의 청구권을 보전하는 것이 불가능한 경우에 해당한다고 볼 수 없다.

❒ 도로는 피고인 소유 토지상에 무단으로 확장 개설되어 그대로 방치할 경우 불특정 다수인이 통행할 우려가 있다는 사정만으로는 피고인이 법정절차에 의하여 자신의 청구권을 보전하는 것이 불가능한 경우에 해당한다고 볼 수 없을 뿐 아니라, 이미 불특정 다수인이 통행하고 있는 육상의 통로에 구덩이를 판 행위가 피고인의 청구권의 실행불능이나 현저한 실행곤란을 피하기 위한 상당한 이유가 있는 행위라고도 할 수 없다.

4] 대법원 2006. 3. 24. 선고 2005도8081 판결

[1] 채권자들이 채무자인 피해자에 대한 채권을 우선적으로 확보할 목적으로 피해자의 물건을 무단으로 취거한 사안에서, 절도죄에서의 불법영득의사를 인정하고, 자구행위의 성립과 추정적 승낙의 존재를 부정한다.

❒ 형법상 자구행위라 함은 법정절차에 의하여 청구권을 보전하기 불능한 경우에 그 청구권의 실행불능 또는 현저한 실행곤란을 피하기 위한 상당한 행위를 말한다(대법원 1984. 12. 26. 선고 84도2582, 84감도397 판결 참조), 이 사건에서 피고인들에 대한 채무자인 피해자가 부도를 낸 후 도피하였고 다른 채권자들이 채권확보를 위하여 피해자의 물건들을 취거해 갈 수도 있다는 사정만으로는 피고인들이 법정절차에 의하여 자신들의 피해자에 대한 청구권을 보전하는 것이 불가능한 경우에 해당한다고 볼 수 없을뿐만 아니라, 또한 피해자 소유의 가구점에 관리종업원이 있음에도 불구하고 위 가구점의 시정장치를 쇠톱으로 절단하고 들어가 가구들을 무단으로 취거한 행위가 피고인들의 피해자에 대한 청구권의 실행불능이나 현저한 실행곤란을 피하기 위한 상당한 이유가 있는 행위라고도 할 수 없다.

5] 서울고법 2005. 5. 31. 선고 2005노502 판결 확정

[1] 중소기업체 사장 등이 고의로 부도를 내고 잠적한 거래업자를 찾아내어 감금한 후 약속어음 등을 강취하고 지불각서 등을 강제로 작성하게 한 행위가 과잉자구행위에 해당한다.

❒ 중소기업체 사장 등이 고의로 부도를 내고 잠적한 거래업자를 찾아내어 감금한 후 약속어음 등을 강취하고 지불각서 등을 강제로 작성하게 한 행위가, 사기 피해액 상당의 민사상 청구권을 통상의 민사소송절차 등 법정 절차로 보전하기가 사실상 불가능한 경우에 그 청구권의 실행불능 내지 현저한 실행곤란을 피하기 위한 행위로서 상당한 이유가 있으나, 위법성이 조각되는

자구행위의 정도를 초과하였으므로 과잉자구행위에 해당한다.

6] 대법원 1985. 7. 9. 선고 85도707 판결

❒ 소유권의 귀속에 관한 민소소송이 계속중인 건조물에 관하여 현실적으로 관리인이 있음에도 위 건조물의 자물쇠를 쇠톱으로 절단하고 침입한 소위는 법정절차에 의하여 그 권리를 보전하기가 곤란하고 그 권리의 실행불능이나 현저한 실행곤란을 피하기 위해 상당한 이유가 있는 행위라고 할 수 없다.

7] 대법원 1984. 12. 26. 선고 84도2582 판결

[1] 형법 제23조 소정의 자구행위의 요건에 해당하지 않는다.

❒ 피해자에게 석고를 납품한 대금을 받지 못하고 있던 중 피해자가 화랑을 폐쇄하고 도주하자, 야간에 폐쇄된 화랑의 베니어판 문을 미리 준비한 드라이버로 뜯어내고 피해자의 물건을 몰래 가지고 나왔다면, 이는 자구행위라고 볼 수 없다.

8] 대법원 1970. 7. 21. 선고 70도996 판결

[1] 사회상규에 위배되지 않는 행위 또는 자구행위로 볼 수 없다.

❒ 절의 출입구와 마당으로 약 10년 전부터 사용하고 또 그곳을 통하여서만 출입할 수 있는 대지를 전 주지의 가족으로부터 매수하여 등기를 마쳤다는 구실로 불법침입하여 담장을 쌓기 위한 호를 파 놓았기 때문에 그 절의 주지가 신도들과 더불어 그 호를 메워버린 소위는 자구행위로서의 요건을 갖추었다고 볼 수 없고 그와같은 사정하에서의 주지의 소위는 이를 인용하는 것이 사회상규에 해당된다거나 또한 그러한 사회상규가 있다고 인정되지 아니하므로 사회상규에 위배되지 아니한 행위라고 단정할 수도 없다.

5. 피해자의 승낙

조문

> 제24조(피해자의 승낙) 처분할 수 있는 자의 승낙에 의하여 그 법익을 훼손한 행위는 법률에 특별한 규정이 없는 한 벌하지 아니한다.

1) 피해자의 승낙의 의의

피해자의 승낙은 법익주체의 유효한 동의에 의하여 법익의 그 요보호성 · 보호가치를 상실함으로써 범죄의 성립이 부정되는 것을 말한다. 즉 피해자(법익의 주체)가 가해자(상대방)에게 자기(법익의 주체)의 법익에 대한 침해를 허용한 것이다. 피해자의 승낙에서 법익주체의 유효한 동의에 의한 '법익성의 결여'는 범죄의 성립을 부정하는 근거로서 위법성을 조각한다.

2) 피해자의 승낙의 성립요건

피해자의 승낙이 위법성을 조각하기 위한 성립요건으로 ① 법익주체(피해자)의 유효한 승낙, ② 처분할 수 있는 법익에 대한 승낙, ③ 법률에 특별한 규정이 없는 것, ④ 주관적 위법성조각사유(주관적 정당화요소) 등이 있어야 한다.

관련판례

1] 대법원 2011.5.13. 선고 2010도9962 판결

[1] 피해자의 승낙을 자유롭게 철회할 수 있고(적극), 철회 방법에는 아무런 제한이 없다(적극).

❒ 위법성조각사유로서의 피해자의 승낙은 언제든지 자유롭게 철회할 수 있다고 할 것이고(대법원 2006. 4. 27. 선고 2005도8074 판결 참조), 그 철회의 방법에는 아무런 제한이 없다.

2] 대법원 2009.10.29. 선고 2009도7973 판결

[1] 피고인이 피해자의 승낙을 받아 캠코더로 촬영해 두었던 피해자와의 성행위 장면이 담긴 영상물을 반포하였다하여도 무죄.

❒ 성폭력범죄의 처벌 및 피해자보호 등에 관한 법률 제14조의2 제1항은 "카메라 기타 이와 유사한 기능을 갖춘 기계장치를 이용하여 성적 욕망 또는 수치심을 유발할 수 있는 타인의 신체를 그 의사에 반하여 촬영하거나 그 촬영물을 반포·판매·임대 또는 공연히 전시·상영한 자"를 처벌하도록 규정하고 있는바, 위 규정의 문언과 그 입법 취지 및 연혁, 보호법익 등에 비추어, 위 규정에서 말하는 '그 촬영물'이란 성적 욕망 또는 수치심을 유발할 수 있는 타인의 신체를 그 의사에 반하여 촬영한 영상물을 의미하고, 타인의 승낙을 받아 촬영한 영상물은 포함되지 않는다고 해석된다. 따라서 피고인이 피해자의 승낙을 받아 캠코더로 촬영해 두었던 피해자와의 성행위 장면이 담긴 영상물을 반포하였다는 이 사건 성폭력범죄처벌법위반의 공소사실에 대하여 무죄를 선고한 원심의 조치는 정당하고, 법 제14조의2 제1항에 관한 법리를 오해한 위법이 없다.

3] 대법원 2008. 12. 11. 선고 2008도9606 판결

[1] 위법성조각사유인 피해자의 승낙이 갖추어야 하는 요건

❐ 형법 제24조의 규정에 의하여 위법성이 조각되는 피해자의 승낙은 개인적 법익을 훼손하는 경우에 법률상 이를 처분할 수 있는 사람의 승낙이어야 할 뿐만 아니라 그 승낙이 윤리적 · 도덕적으로 사회상규에 반하는 것이 아니어야 한다(대법원 1985. 12. 10. 선고 85도1892 판결 등 참조).

[2] 갑이 을과 공모하여 보험사기를 목적으로 을에게 상해를 가한 사안에서, 피해자의 승낙으로 위법성이 조각되지 아니한다.

❐ 피고인이 피해자와 공모하여 교통사고를 가장하여 보험금을 편취할 목적으로 피해자에게 상해를 가하였다면 피해자의 승낙이 있었다고 하더라도 이는 위법한 목적에 이용하기 위한 것이므로 피고인의 행위가 피해자의 승낙에 의하여 위법성이 조각된다고 할 수 없다고 판단하였다. 앞서 본 법리 및 기록에 비추어 살펴보면, 원심의 위와 같은 판단은 정당하고, 거기에 상고이유의 주장과 같은 피해자 승낙에 관한 법리를 오해하였거나 죄형법정주의의 명확성 원칙에 위배되는 위법이 없다.

4] **대법원** 2008. 4. 10. **선고** 2007도9987 **판결**

[1] 문서명의인의 추정적 승낙이 예상되는 경우 사문서변조죄의 불성립(소극), 명의자의 승낙에 대한 막연한 기대나 예측만으로 추정적 승낙을 인정할 수 없다(소극)

❐ 사문서의 위 · 변조죄는 작성권한 없는 자가 타인 명의를 모용하여 문서를 작성하는 것을 말하는 것이므로 사문서를 작성 · 수정함에 있어 그 명의자의 명시적이거나 묵시적인 승낙이 있었다면 사문서의 위 · 변조죄에 해당하지 않고, 한편 행위 당시 명의자의 현실적인 승낙은 없었지만 행위 당시의 모든 객관적 사정을 종합하여 명의자가 행위 당시 그 사실을 알았다면 당연히 승낙했을 것이라고 추정되는 경우 역시 사문서의 위 · 변조죄가 성립하지 않는다고 할 것이나(대법원 1993. 3. 9. 선고 92도3101 판결, 대법원 2003. 5. 30. 선고 2002도235 판결 등 참조), 명의자의 명시적인 승낙이나 동의가 없다는 것을 알고 있으면서도 명의자 이외의 자의 의뢰로 문서를 작성하는 경우 명의자가 문서작성 사실을 알았다면 승낙하였을 것이라고 기대하거나 예측한 것만으로는 그 승낙이 추정된다고 단정할 수 없다.

3] **대법원** 2007. 9. 20. **선고** 2007도5207 **판결**

[1] 조합원이 재건축조합 정관에 규정된 조합원의 의무에 동의한다는 취지의 동의서를 제출하였고, 정관에 조합원은 조합의 건축물 철거에 응할 의무가 있다는 규정이 있는 경우, 재건축조합이 법적 절차를 따르지 않고 자력으로 건축물을 철거하는데 대한 사전 승낙을 받았다고 볼 수 없다(소극).

❐ 재건축조합의 규약이나 정관에 '조합은 사업의 시행으로서 그 구역 내의 건축물을 철거할 수 있다', '조합원은 그 철거에 응할 의무가 있다'는 취지의 규정이 있고, 조합원이 재건축조합에 가입하면서 '조합원의 권리, 의무 등 조합 정관에 규정된 모든 내용에 동의한다'는 취지의 동의서를 제출하였다고 하더라도, 조합원은 이로써 조합의 건축물 철거를 위한 명도의 의무를 부담하겠다는 의사를 표시한 것일 뿐이므로, 조합원이 그 의무이행을 거절할 경우 재건축조합은 명도청구소송 등 법적 절차를 통하여 그 의무이행을 구하여야 함이 당연하고, 조합원이 위와 같은 동의서를 제출한 것을 '조합원이 스스로 건축물을 명도하지 아니하는 경우 재건축조합이 법적 절차에 의하지 아니한 채 자력으로 건축물을 철거하는 것'에 대해서까지 사전 승낙한 것이라고 볼 수는 없다.

4] 서울중앙지법 2007. 6. 14. 선고 2007노450 판결

[1] 위법성 유무

❐ 피해자들의 승낙 유무

위 재건축조합 정관(제10조 제1항 제6호, 제35조 제4, 6항, 제38조 제1항)에 따라 조합원은 조합이 정하여 통지한 이주기한 내에 해당 건물에서 퇴거할 의무를 부담하는 사실, 피해자들은 모두 조합원으로 가입하면서 위 정관에 동의하였던 사실, 피해자들이 모두 2005. 2. 23.까지 신축아파트에 대해 분양신청을 하였을 뿐만 아니라 2006. 5.경까지 위 재건축조합 앞으로 신탁등기를 마쳐 주었으며, 2006. 7.경 동·호수 추첨 및 2006. 9.경 분양계약에도 빠짐 없이 참여하였던 사실 등을 각 인정할 수 있으나, 도시 및 주거환경 정비법 제49조 제6항은 관리처분계획의 인가·고시가 있은 때에는 종전의 토지 또는 건축물의 소유자·지상권자·전세권자·임차권자 등 권리자는 주택재건축사업 공사의 준공인가 및 그 고시 후 같은 법 제54조의 규정에 의한 새로운 토지 또는 건축물에 대한 소유권이전의 고시가 있은 날까지 종전의 토지 또는 건축물에 대하여 이를 사용하거나 수익할 수 없다고 규정하고 있을 뿐이고 종전의 토지 또는 건축물의 소유자 등의 소유권 자체를 부정하지는 않고 있는 점, 형법 제24조 소정의 피해자의 승낙은 그 승낙된 행위시까지는 언제든지 철회될 수 있는 것인 점, 피해자들이 신탁등기 및 이주를 거부하며 다투어 온 점 등에 비추어 보면, 피고인이 주장하는 위와 같은 사정만으로는 피해자들이 이 사건 각 아파트의 철거에 명시적 또는 묵시적으로 동의하였다고는 볼 수 없다.

5] 대법원 2006. 4. 27. 선고 2005도8074 판결

[1] 사무실 임차인이 임대차계약 종료 후 갱신계약 여부에 관한 의사표시나 명도의무를 지체하고 있다는 이유로 임대인이 단전조치를 취하여 업무방해죄로 기소된 사안에서, 피해자의 승낙,

정당행위, 법률의 착오 주장을 모두 배척한 사례

❐ 피해자의 승낙의 존재 여부

이 사건 임대차계약서 제16조 제2항은 "제16조 제1항의 경우 임대인이 임차인에게 단전조치 등을 요구할 수 있다."는 취지로 규정되어 있으나, 피해자는 임대차계약의 종료 후 '갱신계약에 관한 의사표시 혹은 명도의무를 지체'하였을 뿐 차임, 관리비의 연체 등과 같은 위 제16조 제1항 각 호의 위반행위를 한 적이 없기 때문에 이 사건의 경우 단전조치에 관한 계약상의 근거가 없고 (가사 계약상의 근거가 있다 하여도 피해자의 승낙은 언제든지 철회할 수 있는 것이므로 이 사건에 있어서와 같이 피해자측이 단전조치에 대해 즉각 항의하였다면 그 승낙은 이미 철회된 것으로 보아야 할 것이다), 피해자가 이 사건 단전조치와 같은 이유로 2003. 12.경에도 피고인에 의한 단전조치를 당한 경험이 있다거나 이 사건 단전조치 전 수십 차례에 걸쳐 피고인으로부터 단전조치를 통지받았다거나, 혹은 피고인에게 기한유예 요청을 하였다는 사정만으로는 이 사건 단전조치를 묵시적으로 승낙하였던 것으로 볼 수도 없으므로, 이 사건 단전조치는 피해자의 승낙에 의한 행위로서 무죄라고 볼 수 없다.

6] 대법원 2006. 3. 24. 선고 2005도8081 판결

[1] 추정적 승낙의 의미

❐ 추정적 승낙이란 피해자의 현실적인 승낙이 없었다고 하더라도 행위 당시의 모든 객관적 사정에 비추어 볼 때 만일 피해자가 행위의 내용을 알았더라면 당연히 승낙하였을 것으로 예견되는 경우를 말한다.

[2] 채권자들이 채무자인 피해자에 대한 채권을 우선적으로 확보할 목적으로 피해자의 물건을 무단으로 취거한 사안에서, 절도죄에서의 불법영득의사를 인정하고, 자구행위의 성립과 추정적 승낙의 존재를 부정한다.

7] 대법원 2005. 9. 30. 선고 2005도4688 판결

[1] 피해자가 불특정 · 다수인의 통행로로 이용되어 오던 기존통로의 일부 소유자인 피고인으로부터 사용승낙을 받지 아니한 채 통로를 활용하여 공사차량을 통행하게 함으로써 피고인의 영업에 다소 피해가 발생하자 피고인이 공사차량을 통행하지 못하도록 자신 소유의 승용차를 통로에 주차시켜 놓은 행위가 사회상규에 위배되지 않는 정당행위라고 할 수 없다

【사례】

피해자가 피고인 등 같은 리 613-6 토지의 소유자들로부터 사용승낙을 받지 아니한 채 이 사건 통로를 이용하여 공사차량을 통행하게 함으로써 피고인이 운영하는 휴게실에 소음, 먼지 등이

발생하였고 이로 인하여 피고인과 위 피해자 사이에 분쟁이 발생하자, 피고인이 약 4개월 동안 위 공사차량을 통행하지 못하도록 그 소유의 엑센트 승용차량을 이 사건 통로 중 피고인 등 소유 토지의 같은 리 613-6 토지 부분 뿐만 아니라, 위 피해자 소유의 같은 리 613-7 토지 부분까지에 걸쳐 오전 10시경부터 자정 무렵까지 주차시켜 놓았던 사실, 이로 인하여 이 사건 건축공사현장으로 차량은 물론 손수레의 출입마저 불가능하여 건축인부들이 손으로 자재를 운반하기도 하였고, 아침 일찍 들어갔던 차량들이 빠져나오지 못한 적도 있었던 사실 및 정면에서 바라볼 때 피고인의 휴게실의 출입문은 이 사건 통로와 반대쪽에 설치되어 있는 사실을 각 인정할 수 있는바, 피고인의 위와 같은 행위가 그 수단과 방법에 있어서 상당하다거나, 긴급 불가피한 수단이었다고 볼 수 없으므로 사회상규에 위배되지 않는 정당한 행위라고 할 수 없다.

8] 대법원 2003. 5. 30. 선고 2003도1256 판결

[1] 주거침입죄에 있어서 거주자의 반대의사는 추정될 수 있다(적극)

❐ 타인의 주거에 거주자의 의사에 반하여 들어가는 경우는 주거침입죄가 성립하며 이 때 거주자의 의사라 함은 명시적인 경우뿐만 아니라 묵시적인 경우도 포함되고 주변사정에 따라서는 거주자의 반대의사가 추정될 수도 있는바(대법원 1993. 3. 23. 선고 92도455 판결 참조), 앞서 본 바에 의하면, 피해자는 피고인의 노크 소리를 듣고 피해자의 남편으로 오인하고 용변칸 문을 연 것이고, 피고인은 피해자를 강간할 의도로 용변칸에 들어간 것으로 봄이 상당한바, 그렇다면 피고인이 용변칸으로 들어오는 것을 피해자가 명시적 또는 묵시적으로 승낙했다고는 볼 수 없다.

9] 대법원 2000. 11. 24. 선고 99도 822 판결

❐ 주식회사의 직원이 그 회사가 온천개발사업을 위하여 확보한 부지를 매도한 경우, 그 행위가 일반적으로 대표이사로부터 승낙받은 범위 내의 회사의 업무집행행위라거나, 추정적 승낙이 있는 경우에 해당한다고 볼 수 없다.

10] 대법원 2000. 3. 28. 선고 2000도493 판결

[1] 타인의 재물을 점유자의 승낙 없이 무단 사용하는 경우, 불법영득 의사 유무의 판단 기준

❐ 타인의 재물을 점유자의 승낙 없이 무단 사용하는 경우 그 사용으로 인하여 재물 자체가 가지는 경제적 가치가 상당한 정도로 소모되거나 또는 사용 후 그 재물을 본래의 장소가 아닌 다른 곳에 버리거나 곧 반환하지 아니하고 장시간 점유하고 있는 것과 같은 때에는 그 소유권 또는 본권을 침해할 의사가 있다고 보아 불법영득의 의사를 인정할 수 있으나, 그렇지 아니하고 그 사용으로 인한 가치의 소모가 무시할 수 있을 정도로 경미하고 또 사용 후 곧 반환한 것과 같은 때에

는 그 소유권 또는 본권을 침해할 의사가 있다고 할 수 없어 불법영득의 의사를 인정할 수 없다(대법원 1987. 12. 8. 선고 87도1959 판결, 대법원 1999. 7. 9. 선고 99도857 판결 등 참조). 따라서 원심이, 피고인이 피해자의 승낙 없이 혼인신고서를 작성하기 위하여 피해자의 도장을 피해자의 집 안방 화장대 서랍에서 몰래 꺼내어 사용한 후 곧바로 제자리에 갖다 놓은 사실을 인정한 다음, 피고인에게 위 도장에 대한 불법영득의 의사가 있었다고 인정할 수 없다고 판단한 것은 정당하다.

11] 대법원 1996. 1. 26. 선고 95도1464 판결

❐ 상표가 등록되어 있다는 사실을 잘 알면서도 그 등록상표와 유사한 상호를 간판에 표시하고 사용한 것이라면 비록 피해 회사가 상표를 등록하기 전부터 유사한 상호를 사용하여 온 제3자의 승낙을 받아 이를 사용한 것이라고 하더라도 부정경쟁의 목적이 없었다고 볼 수는 없다.

13] 대법원 1993. 7. 27. 선고 92도2345 판결

❐ 진단상의 과오가 없었으면 당연히 설명받았을 자궁외 임신에 관한 내용을 설명받지 못한 피해자로부터 수술승낙을 받았다면 위 승낙은 부정확 또는 불충분한 설명을 근거로 이루어진 것으로서 유효한 승낙이라고 볼 수 없다.

14] 대법원 1989. 11. 28. 선고 89도201 판결

[1] 치사의 결과에 대한 예견가능성이 있으면 피해자의 승낙이 부정된다.

❐ 각종의 장기와 신경이 밀집되어 있어 인체의 가장 중요한 부위를 점하고 있는 흉부에 대한 강도의 타격은 생리적으로 중대한 영향을 줄 뿐만 아니라 신경에 자극을 줌으로써 이에 따른 쇼크로 인해 피해자를 사망에 이르게 할 수 있고, 더우기 그 가격으로 급소를 맞을 때에는 더욱 그러할 것인데, 피할만한 여유도 없는 좁은 장소와 상급자인 피고인이 하급자인 피해자로부터 아프게 반격을 받을 정도의 상황에서 신체가 보다 더 건강한 피고인이 피해자에게 약 1분 이상 가슴과 배를 때렸다면 사망의 결과에 대한 예견가능성을 부정할 수도 없을 것이며 위와 같은 상황에서 이루어진 폭행이 장난권투로서 피해자의 승낙에 의한 사회상규에 어긋나지 않는 것이라고도 볼 수 없다.

15] 대법원 1989. 9. 12. 선고 89도889 판결

[1] 가옥소유자의 침입에 대한 피해자의 추정적 승낙

❐ 건물의 소유자라고 주장하는 피고인과 그것을 점유관리하고 있는 피해자 사이에 건물의 소

유권에 대한 분쟁이 계속되고 있는 상황이라면 피고인이 그 건물에 침입하는 것에 대한 피해자의 추정적 승낙이 있었다거나 피고인의 이 사건 범행이 사회상규에 위배되지 않는다고 볼 수 없다.

16] 대법원 1985. 12. 10. 선고 85도1892 판결

[1] 형법 제24조 소정의 위법성이 조각되는 피해자의 승낙의 범위

❐ 형법 제24조의 규정에 의하여 위법성이 조각되는 피해자의 승낙은 개인적 법익을 훼손하는 경우에 법률상 이를 처분할 수 있는 사람의 승낙을 말할 뿐만 아니라 그 승낙이 윤리적, 도덕적으로 사회상규에 반하는 것이 아니어야 한다.

17] 부산지법 1991.8.20. 선고 91고합291 제3형사부판결 : 확정

[1] 피해자의 승낙이 있은 것으로 오신하여 성교를 하려고 한 과정에서 상해를 입힌 경우, 강간치상죄의 성립을 부정한다.

❐ 강간치상죄는 강간죄와 마찬가지로 폭행 또는 협박으로 부녀자를 강간하려 한 경우에 성립하는 고의범으로서 피해자가 성교행위를 승낙하고 있는 경우에는 구성요건해당성이 없어 범죄가 성립할 수 없음은 물론 피해자가 겉으로는 승낙하지 않고 있다고 하더라도 내심의 진의는 승낙하고 있는 것이라고 행위자가 오신하여 성교를 하려고 한 과정에서 상해를 입힌 경우에도 강간치상죄의 고의는 조각되므로 같은 죄로 처벌할 수 없다.

19] 서울고법 1988. 11. 10. 선고 88노2534 제5형사부판결 : 확정

[1] 종교상의 치료행위(안수)를 정당행위나 피해자의 승낙에 의한 행위라고 볼 수 없다(소극).

❐ 피고인이 피해자의 정신질환을 치료하기 위해 안수기도를 하면서 피해자의 가슴과 머리를 눌러 전흉부 및 두정부피하출혈상을 가하고 정당성에도 불구하고 수단방법의 상당성, 법익의 교량, 긴급성, 보충성의 요건을 결한 것으로서 정당행위라 할 수 없고, 또 피해자의 승낙이 있는 경우에 해당한다고도 볼 수 없다.

20] 광주고법 1966. 5. 12. 선고 66노50 형사부판결 : 확정

[1] 피해자의 승낙에 의하여 위법성이 없다고 본 사례

❐ 피고인에 대한 주청구 강간치상, 예비적청구 상해인 공소사실에 대하여 주청구 공소사실인 강간치상이 화간으로 인정되는 경우에는 예비적 공소사실인 상해의 점은 처분할 수 있는 피해자의 승낙하에 이루어진 것이므로 처벌할 수 없다.

제4장 미수범

제1절 미수범의 일반이론

제4장 미수범

제1절 미수범의 일반이론

1. 범죄의 실현단계

형법상 범죄는 '기수(범)'를 기본형으로 한다. 범죄를 그 실현단계를 살펴보면, 범행의 결의→예비 · 음모→실행의 착수→미수→기수→종료의 순서로 진행된다. 기수 단계에 도달한 행위는 특히 구성요건을 '충족'하였다고 한다.

1) 미수범의 의의

미수범이란 범죄의 실현의사로 실행에 착수하여 행위를 종료하지 못하였거나 결과가 발생하지 아니한 것을 말한다. 미수는 실행을 착수이후에서 기수에 이르기 전 단계까지의 행위개념으로 구성요건적 실행행위를 착수한 점에서 예비 · 음모와 구분되고, 구성요건의 내용을 충족하지 못한 점에서 기수와 구분된다.

2) 미수의 처벌근거

미수를 처벌하는 근거와 미수의 본질의 문제에 대하여 학설이 대립하고 있다.

(1) 객관설

미수의 처벌근거를 행위자의 의사라는 행위반가치에 있는 것이 아니라 '법익침해의 직접적, 구체적 위험성' 내지 '구성요건적 결과발생의 높은 개연성'이라는 객관적 근거가 도출되는 결과반가치에서 찾는다. 객관주의 범죄론의 입장이다.

(2) 주관설

미수의 처벌근거는 행위자가 실행에 착수하면 범죄적 의사 내지 법적대적 의사의 실행으로 법익침해가 이루졌기 때문에, 보호법익에 대하여 직접 위험을 주지 않은 행위라고 하더라도 원칙적으로 처벌되어야 한다. 행위반가치를 중시하는 주관주의 범죄론의 입장이다.

(3) 절충설

절충설은 미수의 처벌'근거'는 '범죄적 의사'에 있고(행위자의 의지=주관주의), 미수의 '가벌성'은 '객관적 표준'(객관적 요소=객관주의)에 의하여 '제한'된다는 주장이다.

(가) 인상설

행위자의 법적대적 의지의 실행이 일반인에 대하여 법질서의 효력에 대한 신뢰와 법적안정감을 동요, 교란시킨다는 점에서 미수의 처벌근거가 된다고 본다.

(나) 행위자설

행위자 의사(행위자의 위험성)와 행위자의 보호법익에 대한 위험성에 가벌성의 근거가 있다.

3) 미수범의 공통구성요건

미수범의 공통된 구성요건은 형법 제25조 제1항에 근거하여 ① 주관적 요건으로서 고의, ② 객관적 요건으로서 실행의 착수, ③ 범죄의 미완성이다. ④ 각 본조에 미수범 처벌규정이 있어야 한다.

2. 미수범 관련 판례

1) 미수범

조문

제25조(미수범) ①범죄의 실행에 착수하여 행위를 종료하지 못하였거나 결과가 발생하지 아니한 때에는 미수범으로 처벌한다.
②미수범의 형은 기수범보다 감경할 수 있다.

관련판례

1] 대법원 2011. 12. 22. 선고 2011도12927 판결

[1] 소말리아 해적인 피고인들 등이 공모하여 공해상에서 대한민국 해운회사가 운항 중인 선박을 납치하여 대한민국 국민인 선원 등에게 해상강도 등 범행을 저질렀다는 내용으로 국내법원에 기소된 사안에서, 피고인 갑이 선장 을을 살해할 의도로 을에게 총격을 가하여 미수에 그친 사실을 충분히 인정할 수 있으나, 나머지 피고인들로서는 피고인 갑이 을을 살해하려고 할 것이라는 점까지 예상할 수는 없었다.

❐ 소말리아 해적인 피고인들 등이 공모하여 아라비아해 인근 공해상에서 대한민국 해운회사가 운항 중인 선박 '삼호주얼리호'를 납치하여 대한민국 국민인 선원 등에게 해상강도 등 범행을 저질렀다는 내용으로 국내법원에 기소된 사안에서, 피고인 갑이 선장 을을 살해할 의도로 을에게 총격을 가하여 미수에 그친 사실을 충분히 인정할 수 있다고 본 다음, 이 사건 해적들의 공모내용은 선박 납치, 소말리아로의 운항 강제, 석방대가 요구 등 본래 목적의 달성에 차질이 생기는 상황이 발생한 때에는 인질 등을 살상하여서라도 본래 목적을 달성하려는 것에 있을 뿐, 본래 목적 달성이 무산되고 자신들의 생존 여부도 장담할 수 없는 상황에서 보복하기 위하여 그 원

인을 제공한 이를 살해하는 것까지 공모한 것으로는 볼 수 없고, 당시 피고인 갑을 제외한 나머지 해적들은 두목의 지시에 따라 무기를 조타실 밖으로 버리고 조타실 내에서 몸을 숙여 총알을 피하거나 선실로 내려가 피신함으로써 저항을 포기하였고, 이로써 해적행위에 관한 공모관계는 실질적으로 종료하였으므로, 그 이후 자신의 생존을 위하여 피신하여 있던 나머지 피고인들로서는 피고인 갑이 을에게 총격을 가하여 살해하려고 할 것이라는 점까지 예상할 수는 없었다.

2] 대법원 2010. 11. 25. 선고 2010도11620 판결

[1] 구 특정범죄 가중처벌 등에 관한 법률 제5조의4 제1항에 의한 상습절도죄의 경우 형법 제25조 제2항에 의한 '미수감경'이 허용되지 않는다(소극)

❐ 구 특정범죄 가중처벌 등에 관한 법률(2010. 3. 31. 법률 제10210호로 개정되기 전의 것, 이하 '특가법'이라고 한다) 제5조의4 제1항은 '상습적으로 형법 제329조부터 제331조까지의 죄 또는 그 미수죄를 범한 사람은 무기 또는 3년 이상의 징역에 처한다'고 규정하고 있다.

위 규정에 의한 상습절도죄는 상습절도미수 행위 자체를 범죄의 구성요건으로 정하고 그에 관하여 무기 또는 3년 이상의 징역형을 법정하고 있는 점, 약취 · 유인죄의 가중처벌에 관한 특가법 제5조의2 제6항에서는 일부 기수행위에 대한 미수범의 처벌규정을 별도로 두고 있는 반면 상습절도죄 등의 가중처벌에 관한 특가법 제5조의4에서는 그와 같은 형식의 미수범 처벌규정이 아닌 위와 같은 내용의 처벌규정을 두고 있는 점을 비롯한 위 규정에 의한 상습절도죄의 입법 취지 등을 종합하면, 특가법 제5조의4 제1항이 적용되는 상습절도죄의 경우에는 형법 제25조 제2항에 의한 형의 미수감경이 허용되지 아니한다고 봄이 상당하다.

3] 대법원 2010. 4. 29. 선고 2010도1751 판결

❐ 헤로인을 수수하려다 미수에 그쳤다는 범죄사실에 대하여 마약류관리에 관한 법률 ' 제59조 제3항, 제1항 제4호, 제3조 제4호'가 아닌 같은 법 ' 제59조 제3항, 제1항 제1호, 제4조 제1항'을 적용한 원심판단에 법령의 적용을 그르친 잘못이 있으나, 위 법 제4조 제1항의 위반행위와 제3조 제4호의 위반행위는 모두 마약을 수수하는 범죄로서 죄질이 동일하고, 형벌에 경중의 차이가 없으므로 위와 같은 잘못은 판결에 영향이 없다면 판결에 위법이 없다.

4] 대법원 2010. 4. 29. 선고 2010도1099 판결

[1] 강도가 피해자에게 상해를 입혔으나 재물의 강취에는 이르지 못하고 그 자리에서 항거불능 상태에 빠진 피해자를 간음한 경우의 죄명 및 그 실행행위의 일부인 강도미수 행위는 별개의 범죄를 구성하지 않는다(소극).

❐ 강도가 피해자에게 상해를 입혔으나 재물의 강취에는 이르지 못하고 그 자리에서 항거불능 상태에 빠진 피해자를 간음한 경우에는 강도상해죄와 강도강간죄만 성립하고(대법원 1988. 6. 28. 선고 88도820 판결), 그 실행행위의 일부인 강도미수 행위는 위 각 죄에 흡수되어 별개의 범죄를 구성하지 않는다. 또한, 특정범죄 가중처벌 등에 관한 법률은 제5조의4 제3항에서 강도, 특수강도, 인질강도, 해상강도의 각 죄에 관해서만 상습범 가중처벌을 규정하고 있는 이상 이에 해당하지 않는 강도상해죄와 강도강간죄가 유죄로 인정된다 하여 위 상습범으로 가중처벌할 수는 없고, 별개의 독립한 범죄로 처벌하는 위 각 죄의 일부로서 그에 흡수된 강도미수 행위만을 따로 떼어 강도 등의 상습범에 관한 위 가중처벌 규정을 적용할 수도 없다.

5] 대법원 2010. 2. 25. 선고 2009도14263 판결

[1] 과실로 교통사고를 발생시켰다는 각 '교통사고처리 특례법 위반죄'와 고의로 교통사고를 낸 뒤 보험금을 청구하여 수령하거나 미수에 그쳤다는 '사기 및 사기미수죄'는 그 기본적 사실관계가 동일하다고 볼 수 없으므로, 위 전자에 관한 확정판결의 기판력이 후자에 미친다고 할 수 없다.

❐ 형사재판이 실체적으로 확정되면 동일한 범죄에 대하여 거듭 처벌할 수 없고(헌법 제13조 제1항), 확정판결이 있는 사건과 동일사건에 대하여 공소의 제기가 있는 경우에는 판결로써 면소의 선고를 하여야 하는 것인바(형사소송법 제326조 제1호), 피고인에 대한 각 교통사고처리 특례법 위반죄의 확정판결의 기판력이 이 사건 사기 및 사기미수죄에 미치는 것인지의 여부는 그 기본적 사실관계가 동일한 것인가의 여부에 따라 판단하여야 할 것이다. 또한 기본적 사실관계가 동일한가의 여부는 규범적 요소를 전적으로 배제한 채 순수하게 사회적, 전법률적인 관점에서만 파악할 수는 없고, 그 자연적, 사회적 사실관계나 피고인의 행위가 동일한 것인가 외에 그 규범적 요소도 기본적 사실관계 동일성의 실질적 내용의 일부를 이루는 것이라고 보는 것이 상당하다 (대법원 1994. 3. 22. 선고 93도2080 전원합의체 판결 참조).

【사례】

위 각 교통사고처리 특례법 위반죄의 행위 태양은 과실로 교통사고를 발생시켰다는 점인데 반하여, 이 사건 사기 및 사기미수죄는 고의로 교통사고를 낸 뒤 보험금을 청구하여 수령하거나 미수에 그쳤다는 것으로서 서로 행위 태양이 전혀 다르고, 각 교통사고처리 특례법 위반죄의 피해자는 교통사고로 사망한 사람들이나, 이 사건 사기 및 사기미수죄의 피해자는 피고인과 운전자 보험계약을 체결한 보험회사들로서 역시 서로 다르다. 따라서 위 각 교통사고처리 특례법 위반죄와 이 사건 사기 및 사기미수죄는 그 기본적 사실관계가 동일하다고 볼 수 없으므로, 위 전자에 관한 확정판결의 기판력이 후자에 미친다고 할 수 없다.

6] 대법원 2009. 3. 12. 선고 2009도202,2009감도1 판결

❒ 살인미수로 공소제기 및 치료감호가 청구된 피고인이 제1심법원에서 공소사실에 대한 집행유예의 형을 선고받고 치료감호영장도 발부되었으나, 아직 본형이 확정되지 않은 상태에서 치료감호영장이 집행되어 보호구금 중 공소사실과 치료감호사실에 대한 항소 및 상고를 제기한 사안에서, 항소심판결 선고 전의 보호구금일수를 전혀 본형에 산입하지 아니한 것은 위법하다.

7] 대법원 2008. 9. 11. 선고 2008도2409 판결

[1] 성폭력범죄의 처벌 및 피해자보호 등에 관한 법률 제5조 제1항의 주거침입에 의한 강간미수죄와 주거침입에 의한 강제추행죄의 법정형은 동일하지만, 전자의 경우 형법 제25조 제2항에 의한 미수감경을 할 수 있어 법원의 감경 여부에 따라 처단형의 하한에 차이가 발생할 수 있다. 따라서 법원이 성폭력범죄의 처벌 및 피해자보호 등에 관한 법률상 주거침입강간미수의 공소사실을 공소장 변경 없이 직권으로 같은 법의 주거침입강제추행죄로 인정하여 미수감경의 가능성을 배제하는 것은 피고인의 방어권 행사에 실질적인 불이익을 초래할 염려가 있어 위법하다.

8] 대법원 2008. 7. 10. 선고 2008도3747 판결

[1] 미성년자 약취 후 재물을 요구하였으나 취득하지는 못한 경우, 특정범죄 가중처벌 등에 관한 법률 제5조의2 제2항 제1호의 '재물요구죄'가 아닌 같은 조 제6항의 '재물취득 미수죄'로도 기소할 수 있다(적극)

❒ 특가법 제5조의2 제2항 제1호는 '취득'과 '요구'를 별도의 행위태양으로 규정하고 있으므로, 이 사건과 같이 미성년자를 약취한 자가 그 부모에게 재물을 요구하였으나 취득하지 못한 사안에서, 검사는 이를 '재물요구죄'로 기소할 수 있음은 물론이나 '재물취득'의 점을 중시하여 '재물취득 미수죄'로 기소할 수도 있다고 할 것이다.

9] 대법원 2008. 4. 24. 선고 2007도10058 판결

[1] 성폭력범죄의 처벌 및 피해자보호 등에 관한 법률 제9조에 의한 특수강간치상죄와 같은 법 제12조에 의한 미수범 처벌규정의 관계

❒ 성폭력범죄의 처벌 및 피해자보호 등에 관한 법률 제9조 제1항에 의하면 같은 법 제6조 제1항에서 규정하는 특수강간의 죄를 범한 자뿐만 아니라, 특수강간이 미수에 그쳤다고 하더라도 그로 인하여 피해자가 상해를 입었으면 특수강간치상죄가 성립하는 것이고, 같은 법 제12조에서 규정한 위 제9조 제1항에 대한 미수범 처벌규정은 제9조 제1항에서 특수강간치상죄와 함께 규정된 특수강간상해죄의 미수에 그친 경우, 즉 특수강간의 죄를 범하거나 미수에 그친 자가 피

해자에 대하여 상해의 고의를 가지고 피해자에게 상해를 입히려다가 미수에 그친 경우 등에도 적용된다.

10] 대법원 2008. 3. 27. 선고 2008도917 판결

[1] 야간에 다세대주택에 침입하여 물건을 절취하기 위하여 가스배관을 타고 오르다가 순찰 중이던 경찰관에게 발각되어 그냥 뛰어내렸다면, 야간주거침입절도죄의 실행의 착수에 이르지 못했다고 한 사례

❐ 피고인이 이 사건 다세대주택 2층의 불이 꺼져있는 것을 보고 물건을 절취하기 위하여 가스배관을 타고 올라가다가, 발은 1층 방범창을 딛고 두 손은 1층과 2층 사이에 있는 가스배관을 잡고 있던 상태에서 순찰 중이던 경찰관에게 발각되자 그대로 뛰어내린 사실을 인정한 후, 이러한 피고인의 행위만으로는 주거의 사실상의 평온을 침해할 현실적 위험성이 있는 행위를 개시한 때에 해당한다고 보기 어렵다는 이유로 이 부분 공소사실을 무죄로 판단하였다.

11] 대법원 2008. 2. 14. 선고 2007도8767 판결

[1] 신용카드를 절취한 사람이 대금을 결제하기 위하여 신용카드를 제시하고 카드회사의 승인까지 받았다고 하더라도 매출전표에 서명한 사실이 없고 도난카드임이 밝혀져 최종적으로 매출취소로 거래가 종결되었다면, 신용카드 부정사용의 미수행위에 불과하다.

❐ 여신전문금융업법 제70조 제1항은 분실 또는 도난된 신용카드 또는 직불카드를 판매하거나 사용한 자는 7년 이하의 징역 또는 5천만 원 이하의 벌금에 처한다고 규정하고 있는바, 위 부정사용죄의 구성요건적 행위인 신용카드의 사용이라 함은 신용카드의 소지인이 신용카드의 본래 용도인 대금결제를 위하여 가맹점에 신용카드를 제시하고 매출전표에 서명하여 이를 교부하는 일련의 행위를 가리키므로 (대법원 1992. 6. 9. 선고 92도77 판결, 대법원 1993. 11. 23. 선고 93도604 판결 등 참조), 단순히 신용카드를 제시하는 행위만으로는 신용카드부정사용죄의 실행에 착수한 것이라고 할 수는 있을지언정 그 사용행위를 완성한 것으로 볼 수 없고, 신용카드를 제시한 거래에 대하여 카드회사의 승인을 받았다고 하더라도 마찬가지라 할 것이다.

【사례】

피고인이 절취한 신용카드로 대금을 결제하기 위하여 신용카드를 제시하고 카드회사의 승인까지 받았으나 나아가 매출전표에 서명을 한 사실을 인정할 증거는 없고, 카드가 없어진 사실을 알게 된 피해자에 의해 거래가 취소되어 최종적으로 매출취소로 거래가 종결된 사실이 인정된다고 한 다음, 피고인의 행위는 신용카드 부정사용의 미수행위에 불과하다 할 것인데 여신전문금융업법에서 위와 같은 미수행위를 처벌하는 규정을 두고 있지 아니한 이상 피고인을 위 법률

위반죄로 처벌할 수 없다는 이유로 무죄를 선고한 판결은 법리 및 사실 판단이 정당하고 여신전문금융업법위반죄의 법리를 오해하거나 채증법칙을 위반한 위법이 없다.

12] 대법원 2007. 3. 30. 선고 2006도6350 판결

[1] 채권자가 채권배당절차에서 실제 배당받아야 할 금액을 초과하는 금액을 편취하려고 하였으나 미수에 그친 경우에 사기미수의 범죄사실을 인정할 수 있다.

❐ 피고인 1, 2가 공모하여 사실은 피고인 2의 피고인 1에 대한 카드임가공채권이 3,500만 원 정도에 불과함에도 불구하고 채권액이 8,840만 원이라는 허위 내용의 부동산가압류 신청을 하여 그 가압류결정에 따라 부동산강제경매절차가 진행 중인 피고인 1 소유의 이 사건 부동산에 관하여 가압류등기가 기입되도록 한 후, 피고인 2가 경매법원에 8,840만 원의 권리신고 및 배당요구 신청을 하여 실제 채권액 3,500만 원을 기준으로 하여 계산된 배당금을 초과하는 금액을 편취하려고 하였으나 미수에 그친 판시 사기미수의 범죄사실을 인정할 수 있다.

13] 대법원 2007. 1. 11. 선고 2006도5288 판결

[1] 범죄수익 등의 은닉에 관한 죄에 있어서 실행의 착수 시기

❐ 범죄수익은닉의 규제 및 처벌 등에 관한 법률 제3조 제1항 제3호에서 정한 범죄수익 등의 은닉에 관한 죄의 미수범으로 처벌하려면 그 실행에 착수한 것으로 인정되어야 하고, 위와 같은 은닉행위의 실행에 착수하는 것은 범죄수익 등이 생겼을 때 비로소 가능하므로, 아직 범죄수익 등이 생기지 않은 상태에서는 범죄수익 등의 은닉에 관한 죄의 실행에 착수하였다고 인정하기 어렵다.

[2] 은행강도 범행으로 강취할 돈을 송금받을 계좌를 개설한 것만으로는 범죄수익 등의 은닉에 관한 죄의 실행에 착수한 것으로 볼 수 없다.

14] 서울고등법원 2006. 12. 8. 선고 2006노1010 판결

[1] 법률상 감경

미성년자의제강간미수죄에 대하여 : 형법 제25조 제2항, 제55조 제1항 제3호(미수)

❐ 피고인의 이 사건 범행은, 학원 승합차를 운전하던 중 혼자 남은 만 11세의 여학생을 간음하려다 미수에 그치고, 나아가 피해자의 아버지가 위 간음미수 범행에 대해 경찰에 고소하자 오히려 허위로 고소하였다고 주장하며 피해자의 아버지를 무고한 것으로, 피고인이 학원 승합차를 운전하며 거의 매일 피해자를 귀가시키고, 그로 인하여 학원 수강생인 피해자가 피고인을 신뢰하게 됨을 이용하여 이 사건 범행을 저질렀고, 피해자가 만 11세에 불과한 어린 학생이며, 이 사

건 범행으로 인하여 피해자 및 그 가족에게 상당한 정신적 고통을 가한 점에서 그 죄질이 불량하고, 현재까지 피해자와 합의하지 못하였고, 피해자의 아버지가 피고인의 처벌을 강력하게 탄원하고 있는 점에 비추어 피고인에 대한 실형 선고가 불가피하다.

다만 피고인이 초범이고, 피해자에 대한 간음행위가 미수에 그친 점, 기타 피고인의 연령, 성행, 환경 등 기록에 나타난 모든 양형조건을 종합하여 주문과 같이 형을 정한다.

15] 대법원 2006. 9. 14. 선고 2006도4127 판결

[1] 금융기관 직원이 전산단말기를 이용하여 다른 공범들이 지정한 특정계좌에 돈이 입금된 것처럼 허위의 정보를 입력하는 방법으로 위 계좌로 입금되도록 한 경우, 컴퓨터 등 사용사기죄의 기수시기

❒ 금융기관 직원이 전산단말기를 이용하여 다른 공범들이 지정한 특정계좌에 돈이 입금된 것처럼 허위의 정보를 입력하는 방법으로 위 계좌로 입금되도록 한 경우, 이러한 입금절차를 완료함으로써 장차 그 계좌에서 이를 인출하여 갈 수 있는 재산상 이익을 취득하였으므로 형법 제347조의2에서 정하는 컴퓨터 등 사용사기죄는 기수에 이르렀고, 그 후 그러한 입금이 취소되어 현실적으로 인출되지 못하였다고 하더라도 이미 성립한 컴퓨터 등 사용사기죄에 어떤 영향이 있다고 할 수는 없다.

16] 대법원 2006. 4. 7. 선고 2005도9858 전원합의체 판결

[1] 허위의 주장을 하면서 소유권보존등기 명의자를 상대로 보존등기의 말소를 구하는 소송을 제기하여 승소확정판결을 받은 경우, 소송사기의 성립 여부(적극) 및 그 기수시기(=승소판결이 확정된 때)

❒ 다수의견

피고인 또는 그와 공모한 자가 자신이 토지의 소유자라고 허위의 주장을 하면서 소유권보존등기 명의자를 상대로 보존등기의 말소를 구하는 소송을 제기한 경우 그 소송에서 위 토지가 피고인 또는 그와 공모한 자의 소유임을 인정하여 보존등기 말소를 명하는 내용의 승소확정판결을 받는다면, 이에 터 잡아 언제든지 단독으로 상대방의 소유권보존등기를 말소시킨 후 위 판결을 부동산등기법 제130조 제2호 소정의 소유권을 증명하는 판결로 하여 자기 앞으로의 소유권보존등기를 신청하여 그 등기를 마칠 수 있게 되므로, 이는 법원을 기망하여 유리한 판결을 얻음으로써 '대상 토지의 소유권에 대한 방해를 제거하고 그 소유명의를 얻을 수 있는 지위'라는 재산상 이익을 취득한 것이고, 그 경우 기수시기는 위 판결이 확정된 때이다.

❒ 대법관 김황식의 반대의견

소유권보존등기의 말소를 명하는 확정판결은 그 자체의 효력에 의해서는 등기명의인의 보존등기가 말소될 뿐이고 이로써 피고인 또는 그 공모자가 부동산에 대하여 어떠한 권리를 취득하거나 의무를 면하는 것이 아니어서 그 자체만으로는 법원을 기망하여 재물이나 재산상 이익을 편취한 것이라고 볼 수 없다. 다만, 부동산을 편취하기 위해 허위소송을 제기하여 소유권보존등기의 말소를 명하는 확정판결을 얻어낸 경우 그 확정판결이 선고되는 과정에 피고인의 기망행위가 존재하는 이상, 실행의 착수시점은 소송을 제기한 시점이라고 보아야 하므로 소유권보존등기말소 소송을 제기한 경우에는 피고인의 범의가 재물인 부동산의 취득에 있는지 여부와 무관하게, 실행의 착수조차 없다고 본 판결(대법원 1983. 10. 25. 선고 83도1566 판결) 등의 견해는 이와 저촉되는 범위 내에서 이를 변경하여야 한다.

17] 대법원 2004. 11. 18. 선고 2004도5074 전원합의체 판결

[1] 준강도죄의 미수 · 기수의 판단 기준

❒ 다수의견

형법 제335조에서 절도가 재물의 탈환을 항거하거나 체포를 면탈하거나 죄적을 인멸할 목적으로 폭행 또는 협박을 가한 때에 준강도로서 강도죄의 예에 따라 처벌하는 취지는, 강도죄와 준강도죄의 구성요건인 재물탈취와 폭행 · 협박 사이에 시간적 순서상 전후의 차이가 있을 뿐 실질적으로 위법성이 같다고 보기 때문인바, 이와 같은 준강도죄의 입법 취지, 강도죄와의 균형 등을 종합적으로 고려해 보면, 준강도죄의 기수 여부는 절도행위의 기수 여부를 기준으로 하여 판단하여야 한다.

❒ 별개의견

폭행 · 협박행위를 기준으로 하여 준강도죄의 미수범을 인정하는 외에 절취행위가 미수에 그친 경우에도 이를 준강도죄의 미수범이라고 보아 강도죄의 미수범과 사이의 균형을 유지함이 상당하다.

❒ 반대의견

강도죄와 준강도죄는 그 취지와 본질을 달리한다고 보아야 하며, 준강도죄의 주체는 절도이고 여기에는 기수는 물론 형법상 처벌규정이 있는 미수도 포함되는 것이지만, 준강도죄의 기수 · 미수의 구별은 구성요건적 행위인 폭행 또는 협박이 종료되었는가 하는 점에 따라 결정된다고 해석하는 것이 법규정의 문언 및 미수론의 법리에 부합한다.

[2] 절도미수범이 체포를 면탈할 목적으로 폭행한 행위에 대하여 준강도미수죄로 의율한다.

❒ 형법 제335조는 절도범인이 절도의 기회에 재물탈환의 항거 등의 목적으로 폭행 또는 협박을 하는 행위가 그 태양에 있어서 재물탈취의 수단으로서 폭행 또는 협박을 가하는 강도죄와 같

이 보여질 수 있는 실질적 위법성을 지니게 됨에 비추어 이를 강도의 예에 의하여 무겁게 처벌하기 위한 규정이라는 점(대법원 1973. 11. 13. 선고 73도1553 전원합의체 판결 참조)과 폭행·협박행위를 기준으로 하여 준강도죄의 미수범을 인정하는 외에 절취행위가 미수에 그친 경우에도 이를 준강도죄의 미수범이라고 보아 강도죄의 미수범과 사이의 균형을 유지함이 상당하다고 할 것이다. 그러므로 폭행·협박행위 또는 절취행위 중 어느 하나라도 미수에 그쳤다면 이는 준강도죄의 미수범에 해당한다.

18] **대법원** 2000. 10. 24. **선고** 2000도3490 **판결**

[1] 히로뽕 매수 및 매도미수로 인한 구 향정신성의약품관리법 위반의 공소사실에 관한 피고인의 범의가 함정수사에 의하여 유발·야기된 것으로 보기 어렵다.

❐「함정수사라 함은 본래 범의를 가지지 아니한 자에 대하여 수사기관이 사술이나 계략 등을 써서 범의를 유발케 하여 범죄인을 검거하는 수사방법을 말하는 것이므로 범의를 가진 자에 대하여 범행의 기회를 주거나 범행을 용이하게 한 데에 불과한 경우에는 함정수사라고 말할 수 없는 것인바」(대법원 1992. 10. 27. 선고 92도1377 판결 등 참조), 피고인의 전력, 피고인과 공소외인 간의 히로뽕 매매의 교섭과정, 피고인에 대한 수사착수의 경위 등을 감안하면 이 사건 공소사실 중 히로뽕 매수 및 매도미수로 인한 구 향정신성의약품관리법 위반 부분에 관한 피고인의 범의가 함정수사에 의하여 비로소 유발·야기된 것이라고 보기 어려우므로, 함정수사에 의한 범행을 유죄로 인정한 위법이 있다고 할 수 없다.

19] **대법원** 1996. 4. 12. **선고** 96도304 **판결**

[1] 매매할 목적으로 마약을 소지한 자가 그 마약을 매도하거나 미수에 그친 경우 마약매매죄 또는 마약매매미수죄와 별도로 마약매매목적소지죄가 성립한다(적극)

❐ 매매할 목적으로 마약을 소지한 자가 그 마약을 매도하거나 매매행위에 착수하였으나 미수에 그친 경우에는, 그 소지행위가 매매실행행위와 불가분의 관계에 있거나 사회 통념상 매매실행행위의 일부로 평가되는 것뿐이 아닌 한, 마약법 제60조 제1항 제1호 소정의 마약매매죄 또는 제60조 제3항, 제1항 제1호 소정의 마약매매미수죄와 제60조 제1항 제1호 소정의 마약 매매목적소지죄가 성립하고, 두 죄는 실체적 경합범의 관계에 있다고 봄이 상당하고, 그 마약의 소지행위가 매도행위의 준비의 일환으로 일시적으로 이루어진 것이라고 하더라도, 소지행위가 매매행위에 흡수되어 별죄를 구성하지 않는다고 볼 것은 아니다.

20] 대법원 1988. 11. 8. 선고 88도1628 판결

[1] 강간미수와 강간치상죄

❒ 강간이 미수에 그친 경우라도 그 수단이 된 폭행에 의하여 피해자가 상해를 입었으면 강간치상죄가 성립하는 것이며, 미수에 그친 것이 피고인이 자의로 실행에 착수한 행위를 중지한 경우이든 실행에 착수하여 행위를 종료하지 못한 경우이든 가리지 않는다.

21] 대법원 1969. 1. 28. 선고 68도1709 판결

[1] 간첩미수죄의 성립을 인정하고 미수범으로서 형법 제25조를 적용하여 미수감경을 하였다면 형법 제100조를 적용하지 않았다 하여도 파기의 이유가 못된다

❒ 피고인 1에 대하여 간첩 미수죄를 인정하고, 간첩죄에 관한 형법 제98조 제1항만을 적용 하였을 뿐 미수범에 관한 같은 법 제100조를 적용하지 않았음은 잘못이라 할 것이나, 원심이 간첩미수죄의 성립을 인정하고 미수범으로서 형법 제25조를 적용하여 미수 감경을 하였으니 원심의 위법은 판결 결과에 영향이 없다.

22] 대법원 1955. 9. 23. 선고 4288형상221 판결

[1] 독약의 치사량과 살인미수

❒ 피고인이 살의를 가지고 전후 3회에 선하여 계33개의 유독 환약을 피해자의 공복시에 복용케 하여 엄동에 인적이 희소한 산정에 실신혼도케 하고 동인을 동소에 그대로 방치할시는 혹한에 의하여 절명할 것을 인식하면서 동소를 유기 이탈한 경우에 우 독약복용에 의한 살의 있음은 물론 우 방치이탈로 인한 살의도 있다고 볼 것이므로 피해자가 우연히 타인의 구조에 의하여 난을 면하였다 하여 살의가 없다 할 수 없고 따라서 살인미수죄 구성에는 영향이 없다 할 것이다.

2) 중지범

조 문

제26조(중지범) 범인이 자의로 실행에 착수한 행위를 중지하거나 그 행위로 인한 결과의 발생을 방지한 때에는 형을 감경 또는 면제한다.

(1) 의의

중지미수(Rücktritt vom Versuch)란 범인이 자의로 실행에 착수한 행위를 중지하거나 그 행위

로 인한 결과의 발생을 방지한 것을 말하며 '중지범'이라고도 한다. 중지미수는 범죄의 미완성이라는 점에서 장애미수와는 같지만 범죄의 미완성이 행위자의 자의성이라는 점에서 구별되고, 결과발생이 가능한 점과는 다르게 행위의 방법 또는 객체의 착오로 인하여 결과의 발생이 불가능한 불능미수와 구별된다.

중지미수(제26조)를 형의 '필요적 감경 또는 면제'사유로 규정하고 있다. 이는 장애미수(제25조), 불능미수(제27조)보다 형벌적용을 더 너그럽게 취급하는 미수범의 한 형태이다.

(2) 중지미수의 성립요건

중지미수는 범인이 자의로 실행에 착수한 행위를 중지하거나 그 행위로 인한 결과발생을 방지한 때에 성립한다. 중지미수가 성립하기 위하여는 일반적인 미수범의 기본적 성립요건 이외 특수한 요건으로 ① 주관적 요건인 '자의성(自意性)'과, ② 객관적 요건인 착수미수(着手未遂) 즉 '실행의 중지(미종료미수)'와 실행미수(實行未遂) 즉 '결과발생의 방지(종료미수)'가 있어야 한다.

관련판례

1] 대법원 2011. 11. 10. **선고** 2011**도**10539 **판결**

[1] 중지미수의 성립 요건

❒ 범죄의 실행행위에 착수하고 그 범죄가 완수되기 전에 자기의 자유로운 의사에 따라 범죄의 실행행위를 중지한 경우에 그 중지가 일반 사회통념상 범죄를 완수함에 장애가 되는 사정에 의한 것이 아니라면 이를 중지미수에 해당한다.

【사례】

피고인이 공소외 2에게 위조한 주식인수계약서와 통장사본을 보여주면서 50억 원의 투자를 받았다고 말하며 자금의 대여를 요청하였고, 이에 공소외 2와 함께 50억 원의 입금 여부를 확인하기 위해 은행에 가던 중 은행 입구에서 차용을 포기하고 돌아간 것이라면, 이는 피고인이 범행이 발각될 것이 두려워 범행을 중지한 것으로서, 일반 사회통념상 범죄를 완수함에 장애가 되는 사정에 해당한다고 보아야 할 것이므로, 이를 자의에 의한 중지미수라고는 볼 수 없다.

2] 대법원 2005. 2. 25. **선고** 2004**도**8259 **판결【성폭력범죄의처벌및피해자보호등에관한법률위반(특수강간등)】**

[1] 다른 공범의 범행을 중지하게 하지 아니한 채 자기만의 범의를 철회·포기한 경우, 중지미수의 인정 여부(소극)

❐ 다른 공범의 범행을 중지하게 하지 아니한 이상 자기만의 범의를 철회, 포기하여도 중지미수로는 인정될 수 없는 것인바(대법원 1969. 2. 25. 선고 68도1676 판결 참조), 기록에 의하면, 피고인은 원심 공동피고인과 합동하여 피해자를 텐트 안으로 끌고 간 후 원심 공동피고인, 피고인의 순으로 성관계를 하기로 하고 피고인은 위 텐트 밖으로 나와 주변에서 망을 보고 원심 공동피고인은 피해자의 옷을 모두 벗기고 피해자의 반항을 억압한 후 피해자를 1회 간음하여 강간하고, 이어 피고인이 위 텐트 안으로 들어가 피해자를 강간하려 하였으나 피해자가 반항을 하며 강간을 하지 말아 달라고 사정을 하여 강간을 하지 않았다는 것이므로, 앞서 본 법리에 비추어 보면 위 구본선이 피고인과의 공모하에 강간행위에 나아간 이상 비록 피고인이 강간행위에 나아가지 않았다 하더라도 중지미수에 해당하지는 않는다고 할 것이다.

같은 취지에서, 원심이, 피고인에 대한 판시 행위를 성폭력범죄의처벌및피해자보호등에관한법률 제6조 제1항, 형법 제297조의 기수로 인정하여 처벌한 제1심의 조치를 유지한 것은 정당하고, 거기에 상고이유로 주장하는 바와 같은 중지미수에 관한 법리오해의 위법이 없다.

3] 대법원 1999. 4. 13. 선고 99도640 판결

[1] 살해의 의사로 피해자를 칼로 수회 찔렀으나 많은 피가 흘러나오는 것을 보고 겁을 먹고 그만 둔 경우, 중지미수에 해당하지 않는다(소극).

❐ 피고인이 피해자를 살해하려고 그의 목 부위와 왼쪽 가슴 부위를 칼로 수 회 찔렀으나 피해자의 가슴 부위에서 많은 피가 흘러나오는 것을 발견하고 겁을 먹고 그만 두는 바람에 미수에 그친 것이라면, 위와 같은 경우 많은 피가 흘러나오는 것에 놀라거나 두려움을 느끼는 것은 일반 사회통념상 범죄를 완수함에 장애가 되는 사정에 해당한다고 보아야 할 것이므로, 이를 자의에 의한 중지미수라고 볼 수 없다.

4] 대법원 1999. 4. 9. 선고 99도424 판결

[1] 예비음모 행위를 처벌하는 경우, 중지범의 인정할 수 없다.(소극)

❐ 중지범은 범죄의 실행에 착수한 후 자의로 그 행위를 중지한 때를 말하는 것이고 실행의 착수가 있기 전인 예비음모의 행위를 처벌하는 경우에 있어서 중지범의 관념은 이를 인정할 수 없다.

5] 대법원 1997. 6. 13. 선고 97도957 판결

[1] 방화 후 불길이 치솟는 것을 보고 겁이 나서 불을 끈 경우를 중지미수에 해당하지 않는다(소극).

❐ 피고인이 장롱 안에 있는 옷가지에 불을 놓아 건물을 소훼하려 하였으나 불길이 치솟는 것

을 보고 겁이 나서 물을 부어 불을 끈 것이라면, 위와 같은 경우 치솟는 불길에 놀라거나 자신의 신체안전에 대한 위해 또는 범행 발각시의 처벌 등에 두려움을 느끼는 것은 일반 사회통념상 범죄를 완수함에 장애가 되는 사정에 해당한다고 보아야 할 것이므로, 이를 자의에 의한 중지미수라고는 볼 수 없다.

6] 대법원 1993. 10. 12. 선고 93도1851 판결

[1] 다음에 만나 친해지면 응해 주겠다는 피해자의 간곡한 부탁에 따라 강간행위의 실행을 중지한 경우를 중지미수로 본다.

❐ 피고인이 피해자를 강간하려다가 피해자의 다음 번에 만나 친해지면 응해 주겠다는 취지의 간곡한 부탁으로 인하여 그 목적을 이루지 못한 후 피해자를 자신의 차에 태워 집에까지 데려다 주었다면 피고인은 자의로 피해자에 대한 강간행위를 중지한 것이고 피해자의 다음에 만나 친해지면 응해 주겠다는 취지의 간곡한 부탁은 사회통념상 범죄실행에 대한 장애라고 여겨지지는 아니하므로 피고인의 행위는 중지미수에 해당한다.

7] 대법원 1986. 3. 11. 선고 85도2831 판결

[1] 특정범죄가중처벌등에관한법률 제5조의4 제1항 위반죄에 형법 제26조 소정의 중지미수 규정이 적용된다.

❐ 특정범죄가중처벌등에관한법률 제5조의4 제1항은 상습으로 형법 제329조 내지 제331조의 죄 또는 그 미수죄를 범한 자를 무기 또는 3년 이상의 징역에 처하도록 규정하고 있는바, 이는 절도, 야간주거침입절도, 특수절도 및 그 미수죄의 상습범행을 형법각칙이 정하는 형보다 무겁게 가중처벌하고자 함에 그 입법목적이 있을 뿐 달리 형법총칙규정의 적용을 배제할 이유가 없는 것이므로 중지미수에 관한 형법 제26조의 적용을 배제하는 명문규정이 없는 한 위 특정범죄가중처벌등에관한법률 제5조의4 제1항 위반의 죄에 위 형법규정이 적용된다.

8] 대법원 1985. 11. 12. 선고 85도2002 판결

[1] 중지미수의 의의

❐ 중지미수라 함은 범죄의 실행행위에 착수하고 그 범죄가 완수되기 전에 자기의 자유로운 의사에 따라 범죄의 실행행위를 중지하는 것으로서 장애미수와 대칭되는 개념이나 중지미수와 장애미수를 구분하는데 있어서는 범죄의 미수가 자의에 의한 중지이냐 또는 어떤 장애에 의한 미수이냐에 따라 가려야 하고 특히 자의에 의한 중지중에서도 일반사회통념상 장애에 의한 미수라고 보여지는 경우를 제외한 것을 중지미수라고 풀이함이 일반이다.

9] 서울고법 1985. 10. 25. 선고 85노2444 제3형사부판결

[1] 공범자중 1인의 실행의 착수와 중지미수의 성부

❒ 공범자중의 1인의 실행의 착수가 있다 하더라도 그 범죄의 장애미수에 이르기까지에는 그 범죄가 완성되는 것이 아니어서 타공범자에 있어서 중지범이 성립될 수 있다.

10] 서울고법 1985. 8. 14. 선고 85노1547 제2형사부판결

[1] 공범과 중지미수

❒ 공범자간에서는 다른 공범자의 범행을 중지케 한 바 없으면 그 중 1인이 범의를 철회하여도 중지미수가 될 수 없다.

11] 서울고법 1976. 9. 2. 선고 76노591,1593,1613 제3형사부판결

[1] 예비에는 중지미수가 성립될 수 없다.

❒ 예비에는 중지미수가 성립할 수 없음에도 예비에도 중지미수가 있을 수 있다는 원심판결은 판결에 영향을 미칠 법률위반의 위법이 있다.

12] 서울고법 1964. 3. 11. 선고 64노22 제형사부판결 : 확정

[1] 월북을 기도하고 휴전경계선을 방황하던 끝에 삼엄한 감시와 지뢰매설등으로 무사월북이 어려우리라는 판단하에 월북기도를 포기한 것이라면 중지미수라 할 수 없다.

❒ 피고인은 밤새 휴전경계선을 방황하던 끝에 월북탈출에 성공하려면 감시초소와 지뢰매설지대를 통과하는등 생명을 걸고 행동해야하나 월북목적은 살기위한 것이니 살기 위하여는 범행을 포기하는 것이 좋겠다고 생각하고 단념하였으니 이는 결국 범행의 발각 체포를 겁낸 나머지 그 행위를 중지하기에 이른 것으로서 중지범이라 할 수 없고 장애미수이다.

3) 불능미수

조문

제27조(불능범) 실행의 수단 또는 대상의 착오로 인하여 결과의 발생이 불가능하더라도 위험성이 있는 때에는 처벌한다. 단, 형을 감경 또는 면제할 수 있다.

(1) 의의

형법 "제27조 (불능범) 실행의 수단 또는 대상의 착오로 인하여 결과의 발생이 불가능하더라도 위험성이 있는 때에는 처벌한다. 단, 형을 감경 또는 면제할 수 있다."고 규정하고 있다. 즉 형법 제27조는 불가벌적인 불능범 규정이 아니라, 결과의 발생이 불가능하더라도 위험성이 있는 때에는 처벌되는 불능미수(不能未遂)를 규정한 것이다.

(가) 불능범과 불능미수의 개념

불능범(不能犯)이란 행위자의 범죄의사에 의하여 외관상 실행의 착수는 있었지만 행위의 성질상 결과의 발생이 불가능한 것, 즉 구성요건실현이 불가능할 뿐 아니라 위험성이 없기 때문에 벌할 수 없는 행위를 말한다.

불능미수(不能未遂)란 범죄의 실행에 착수하였으나 행위의 수단 또는 대상의 착오로 인하여 결과의 발생은 불가능하지만 危險性이 있는 것. 즉 결과의 발생은 현실적으로 불가능하지만 위험성이 있어 미수범으로 처벌되는 것을 말한다. 따라서 불능범과 불능미수의 구별은 위험성의 유무로 결정한다.

(나) 형법 제27조의 성격

형법 제27조 법문의 표제가 '불능범'으로 되어 있지만 "위험성이 있는 때에는 처벌한다"고 규정하고 있으므로 그 내용상 제27조는 제25조의 장애미수(형의 임의적 감경) 및 제26조의 중지미수(형의 필요적 감면)와는 구별되는 별개의 미수규정이라는 것이 일치된 견해이다.

(2) 불능미수의 성립요건

형법 제27조 불능미수의 성립요건은 ① 실행의 착수, ② 실행의 수단 또는 대상의 착오로 인하여 결과의 발생이 불가능할 것, ③ 위험성이 있을 것이다.

관련판례

1] 대법원 2007. 7. 26. 선고 2007도3687 판결

[1] 불능범의 의미

❒ 불능범은 범죄행위의 성질상 결과발생 또는 법익침해의 가능성이 절대로 있을 수 없는 경우를 말한다.

【사례】

일정량 이상을 먹으면 사람이 죽을 수도 있는 '초우뿌리'나 '부자' 달인 물을 마시게 하여 피해자를 살해하려다 미수에 그친 행위가 불능범이 아닌 살인미수죄에 해당한다.

2] 대법원 2005. 12. 8. 선고 2005도8105 판결

[1] 불능범의 위험성 판단 기준

❒ 불능범의 판단 기준으로서 위험성 판단은 피고인이 행위 당시에 인식한 사정을 놓고 이것이 객관적으로 일반인의 판단으로 보아 결과 발생의 가능성이 있느냐를 따져야 한다(대법원 1978. 3. 28. 선고 77도4049 판결 참조).

[2] 소송비용을 편취할 의사로 소송비용의 지급을 구하는 손해배상청구의 소를 제기한 경우, 사기죄의 불능범에 해당한다.

❒ 민사소송법상 소송비용의 청구는 소송비용액 확정절차에 의하도록 규정하고 있으므로, 위 절차에 의하지 아니하고 손해배상금 청구의 소 등으로 소송비용의 지급을 구하는 것은 소의 이익이 없는 부적법한 소로서 허용될 수 없다고 할 것이다. 따라서 소송비용을 편취할 의사로 소송비용의 지급을 구하는 손해배상청구의 소를 제기하였다고 하더라도 이는 객관적으로 소송비용의 청구방법에 관한 법률적 지식을 가진 일반인의 판단으로 보아 결과 발생의 가능성이 없어 위험성이 인정되지 않는다고 할 것이다.

3] 대법원 1990. 8. 28. 선고 90도1217 판결

[1] 북한과의 범민족단합대회 추진을 위한 예비회담을 하기 위하여 판문점을 향하여 출발하려한 행위가 국가보안법상 회합예비죄에 해당하는지 여부(적극)와 회합장소에 훨씬 못미치는 검문소에서 경찰에 의하여 저지된 경우 회합죄의 실행의 착수로 볼 수 없다. (소극)

❒ 피고인들이 실제 북한과의 범민족단합대회추진을 위한 예비회담을 하기 위하여 판문점을 향하여 출발하려 하였다면 비록 피고인들이 위 회담의 주체는 아니었다고 하더라도 그 주체와의 의사의 연락하에 위 행위를 하였고 당국의 제지가 없었더라면 위 회담이 반드시 불가능하지는 아니하였던 것이므로 위 피고인들의 소위는 국가보안법 제8조 제4항, 제1항 회합예비죄에 해당하고, 회합장소인 판문점 평화의 집으로 가던 중 그에 훨씬 못미치는 검문소에서 경찰의 저지로 그 뜻을 이루지 못한 것이라면 아직 반국가단체의구성원과의 회합죄의 실행에 착수하였다고 볼 수 없다.

4] 대구고법 1985. 2. 26. 선고 84노1615 제1형사부판결 : 확정

[1]함정수사에 의한 범행과 불능범

❒ 함정수사에 의한 마약매매라 하더라도 함정수사에 의하여 범인들의 범의가 비로소 야기된 것이 아니라면 처벌되어야 하고, 범인들의 소위가 수사기관에 의하여 발각되어 그 매매의 목적

을 달성할 수 없었을 뿐 그 범죄구성요건을 충족할 위험성이 없다할 수 없으므로 불능범에 해당한다고 할 수 없다.

5] 대법원 1984. 2. 14. **선고** 83도2967 **판결**

[1] 독살하려다 실패한 경우 장애미수와 불능미수의 판별심리(적극)

❒ 농약유제 3호는 동물에 대한 경구치사량에 있어서 엘.디(LD) 50이 키로그람당 1.590미리그람이라고 되어 있어서 피고인이 사용한 위의 양은 그 치사량에 현저히 미달한 것으로 보이고, 한편 형법은 범죄의 실행에 착수하여 결과가 발생하지 아니한 경우의 미수와 실행수단의 착오로 인하여 결과발생이 불가능하더라도 위험성이 있는 경우의 미수와는 구별하여 처벌하고 있으므로 원심으로서는 이 사건 종사소독약유 제3호의 치사량을 좀더 심리한 다음 피고인의 소위가 위의 어느 경우에 해당하는지를 가렸어야 할 것임에도 불구하고 원심이 이를 심리하지 아니한 채 그 판시와 같은 사유만으로 피고인에게 형법 제254조, 제250조 제1항, 제25조의 살인미수의 죄책을 인정하였음은 장애미수와 불능미수에 관한 법리를 오해하였거나 심리를 다하지 아니함으로써 판결에 영향을 미친 위법을 범하였다.

4) 음모, 예비

조 문

제28조(음모, 예비) 범죄의 음모 또는 예비행위가 실행의 착수에 이르지 아니한 때에는 법률에 특별한 규정이 없는한 벌하지 아니한다.

예비(豫備)와 음모(陰謀)는 실행의 착수 이전의 준비 또는 계획의 단계로서 범죄의 실현을 위한 일체의 행위를 말한다. 예비는 "범죄실현을 위한 일체의 외부적 준비행위"이며, 음모는 "2인 이상이 범죄실현을 위하여 협의하는 것"이다. 예비 · 음모는 범죄의 실행의 착수 '직전'단계로서 법익침해의 위험성이 미미하고 범죄의사도 불확정적이므로 원칙적으로 처벌되지 않는다. 예비 · 음모를 불가벌적 사전행위(straflose Vortat:不可罰的 事前行爲)라고도 한다.

[예비죄]

관련판례

1] 대법원 2009. 10. 29. **선고** 2009도7150 **판결**

[1] 갑이 을을 살해하기 위하여 병, 정 등을 고용하면서 그들에게 대가의 지급을 약속한 경우, 갑에게 살인예비죄가 성립한다.

❒ 형법 제255조, 제250조의 살인예비죄가 성립하기 위하여는 형법 제255조에서 명문으로 요구하는 살인죄를 범할 목적 외에도 살인의 준비에 관한 고의가 있어야 하며, 나아가 실행의 착수까지에는 이르지 아니하는 살인죄의 실현을 위한 준비행위가 있어야 한다. 여기서의 준비행위는 물적인 것에 한정되지 아니하며 특별한 정형이 있는 것도 아니지만, 단순히 범행의 의사 또는 계획만으로는 그것이 있다고 할 수 없고 객관적으로 보아서 살인죄의 실현에 실질적으로 기여할 수 있는 외적 행위를 필요로 한다.

【사례】

갑이 을을 살해하기 위하여 병, 정 등을 고용하면서 그들에게 대가의 지급을 약속한 경우, 갑에게는 살인죄를 범할 목적 및 살인의 준비에 관한 고의뿐만 아니라 살인죄의 실현을 위한 준비행위를 하였음을 인정할 수 있으므로 살인예비죄가 성립한다.

2] 대법원 2003. 3. 28. 선고 2003도665 판결

[1] 강도상습성의 발현으로 보여지는 강도예비죄가 특정범죄가중처벌등에관한법률 제5조의4 제3항 소정의 상습강도죄와 포괄일죄의 관계에 있다(적극)

❒ 특가법 제5조의4 제3항에 규정된 상습강도죄를 범한 범인이 그 범행 외에 상습적인 강도의 목적으로 강도예비를 하였다가 강도에 이르지 아니하고 강도예비에 그친 경우에도 그것이 강도상습성의 발현이라고 보여지는 경우에는 강도예비행위는 상습강도죄에 흡수되어 위 법조에 규정된 상습강도죄의 1죄만을 구성하고 이 상습강도죄와 별개로 강도예비죄를 구성하지 않는다고 보아야 할 것이다 (대법원 1984. 12. 26. 선고 84도1573 전원합의체 판결, 대법원 2002. 4. 26. 선고 2002도429 판결 등 참조).

3] 대법원 1999. 5. 25. 선고 99도949 판결

[1] 특정범죄가중처벌등에관한법률 제6조 제7항의 규정 취지 및 관세법상의 미신고수입예비죄의 경우에도 특정범죄가중처벌등에관한법률 제6조 제6항 제2호에 의하여 벌금이 병과될 수 있다(적극).

❒ 「특정범죄가중처벌등에관한법률 제6조 제7항에서 "관세법 제182조에 규정된 죄를 범한 자는 제1항 내지 제6항의 예에 의한 그 정범 또는 본죄에 준하여 처벌한다"고 규정한 취지는 정범이나 본죄에 정한 형으로 처벌한다는 뜻으로(대법원 1987. 9. 22. 선고 87도1635 판결 참조), 특정범죄가중처벌등에관한법률 제6조 제6항 제2호에 '수입한 물품원가'라고만 규정되었다고 하더

라도, 특정범죄가중처벌등에관한법률 제6조 제2항, 관세법 제179조 제2항과 대비하여 볼 때, 미신고수입예비죄의 경우 그 밀수입하려던 물품원가가 2억 원 이상 5억 원 미만인 때에는 특정범죄가중처벌등에관한법률 제6조 제6항 제2호에 의하여 그 밀수입하려던 물품원가의 2배에 상당하는 벌금이 병과되는 것이다」(대법원 1982. 4. 13. 선고 82도256 판결 참조).

4] 대법원 1999. 3. 26. 선고 98도3030 판결

[1] 본범 이외의 자가 본범이 절취한 차량이라는 정을 알면서 본범의 강도행위를 위해 그 차량을 운전해 준 경우, 강도예비죄와 아울러 장물운반죄가 성립한다(적극)

❐ 본범자와 공동하여 장물을 운반한 경우에 본범자는 장물죄에 해당하지 않으나 그 외의 자의 행위는 장물운반죄를 구성한다 할 것이므로, 피고인이 위 승용차가 위 공소외 1이 절취한 차량이라는 정을 알면서도 위 공소외 1, 2로부터 동인들이 위 승용차를 이용하여 강도를 하려 함에 있어 피고인이 위 승용차를 운전해 달라는 부탁을 받고 위 승용차를 안산시 와동 722의 1 앞길에서 같은 시 사동 1318의 2 앞길까지 운전하여 간 사실이 인정된다면, 피고인은 강도예비와 아울러 장물운반의 고의를 가지고 행위를 하였다고 봄이 상당하다 할 것이다.

5] 대법원 1993. 10. 8. 선고 93도1951 판결

[1] 남북교류협력에관한법률에 의한 방북신청 행위가 국가보안법상 탈출예비죄에 해당한다.

❐ 국가보안법의 규정은 남북교류협력에관한법률 제3조 소정의 남북교류와 협력을 목적으로 하는 행위에 관하여는 정당하다고 인정되는 범위 안에서는 적용이 배제되나, 피고인이 북한공작원들과의 사전 연락하에 주도한 민중당의 방북신청은 그러한 정을 모르는 다른 민중당 인사들에게는 남북교류협력의 목적이 있었다 할 수 있음은 별론으로 하고, 피고인 자신에 대한 관계에서는 위 법률 소정의 남북교류협력을 목적으로 한 것이라고 볼 수 없으므로, 피고인의 위 법률에 의한 방북신청은 국가보안법상의 탈출예비에 해당한다.

6] 대법원 1990. 9. 11. 선고 90도1333 판결

[1] 북한의 선동활동과 같은 내용을 지도이념으로 하고 자유민주적 기본질서에 위해를 주는 행위를 수행하기 위하여 단체를 구성하려고 준비한 행위가 국가보안법 제7조 소정의 이적단체구성예비죄에 해당한다(적극)

❐ 북한의 선전, 선전활동과 궤를 같이 하는 내용을 그 지도이념으로 하는 단체인 한미연구소를 구성하려고 하였고, 위 단체를 통하여 수행하려는 행위는 우리나라의 자유민주적 기본질서에 위해를 주는 행위에 해당되며, 또한 피고인 및 설시의 사람들의 위 단체의 구성을 위하여 준

비한 설시의 제반행위는 그것이 위 단체구성의 실행의 착수에는 이르지 아니하였더라도 그 단체구성의 예비에 이른 것이라고 보여지므로 피고인의 소위를 국가보안법 제7조 소정의 이적단체구성예비죄에 해당한다.

7] 대법원 1979. 5. 22. **선고** 79**도**552 **판결**

[1] 예비죄의 종범은 처벌할 수 없다.

❐ 정범이 실행의 착수에 이르지 아니한 예비의 단계에 그친 경우에는 이에 가공한다 하더라도 예비의 공동정범이 되는 때를 제외하고는 종범으로 처벌할 수 없다(대법원 1976. 5. 25. 선고 75도1549 판결 참조).

8] 대법원 1959. 7. 31. **선고** 4292**형상**308 **판결**

[1] 살인대상이 특정되지 아니한 한 살인 예비죄의 성립을 인정할 수 없다

❐ 직권으로써 살인 예비점에 관하여 심안컨대 사실적시(제1심 판결 인용)를 하고 살인 예비로 의율하였으나 피고인은「간첩에 당하여 불특정 다수인인 경찰관으로 부터 체포 기타 방해를 받을 경우에는 이를 배제하기 위하여 원판시 무기를 휴대한」것임이 명백한 바 이 경우에 있어서의 무기 소지는 법령 제5호 위반으로 문책함은 별론이라 할 것이나 살인 대상이 특정되지 아니한 살인 예비죄의 성립은 이를 인정할 수 없다고 해석함이 타당하다.

9] 대구지법 2004. 9. 16. **선고** 2004**노**2608 **판결**

[1] 준강도만을 예비한 행위를 강도예비죄로 처벌할 수는 없다.

❐ 피고인이 야간에 등산용칼, 후레쉬, 포장용 테이프를 휴대하고 배회한 사실만으로는 피고인이 강도할 목적으로 예비하였다고 인정하는데 합리적인 의심이 없는 정도의 증명이 있었다고 보기는 어렵고, 준강도만을 예비한 행위를 강도예비죄로 처벌할 수는 없다.

[음모죄]

관련판례

1] 대법원 2006. 9. 14. **선고** 2004**도**6432 **판결**

[1] 강도를 할 목적에 이르지 않고 준강도할 목적이 있음에 그치는 경우에 강도예비 · 음모죄 불성립(소극)

❐ 준강도죄에 관한 형법 제335조는 "절도가 재물의 탈환을 항거하거나 체포를 면탈하거나 죄

적을 인멸할 목적으로 폭행 또는 협박을 가한 때에는 전2조의 예에 의한다."라고 규정하고 있을 뿐 준강도를 항상 강도와 같이 취급할 것을 명시하고 있는 것은 아니고, 절도범이 준강도를 할 목적을 가진다고 하더라도 이는 절도범으로서는 결코 원하지 않는 극단적인 상황인 절도 범행의 발각을 전제로 한 것이라는 점에서 본질적으로 극히 예외적이고 제한적이라는 한계를 가질 수밖에 없으며, 형법은 흉기를 휴대한 절도를 특수절도라는 가중적 구성요건(형법 제331조 제2항)으로 처벌하면서도 그 예비행위에 대한 처벌조항은 마련하지 않고 있는데, 만약 준강도를 할 목적을 가진 경우까지 강도예비로 처벌할 수 있다고 본다면 흉기를 휴대한 특수절도를 준비하는 행위는 거의 모두가 강도예비로 처벌받을 수밖에 없게 되어 형법이 흉기를 휴대한 특수절도의 예비행위에 대한 처벌조항을 두지 않은 것과 배치되는 결과를 초래하게 된다는 점 및 정당한 이유 없이 흉기 기타 위험한 물건을 휴대하는 행위 자체를 처벌하는 조항을 폭력행위 등 처벌에 관한 법률 제7조에 따로 마련하고 있다는 점 등을 고려하면, 강도예비 · 음모죄가 성립하기 위해서는 예비 · 음모 행위자에게 미필적으로라도 '강도'를 할 목적이 있음이 인정되어야 하고 그에 이르지 않고 단순히 '준강도'할 목적이 있음에 그치는 경우에는 강도예비 · 음모죄로 처벌할 수 없다고 봄이 상당하다.

2] 대법원 1999. 11. 26. 선고 99도2461 판결

❒ 비지정문화재수출미수죄로 기소된 공소사실을 공소장변경 없이 비지정문화재수출예비 · 음모죄로 인정할 수 없다.

3] 대법원 1999. 11. 12. 선고 99도3801 판결

[1] 형법상 음모죄의 성립요건

❒ 형법상 음모죄가 성립하는 경우의 음모란 2인 이상의 자 사이에 성립한 범죄실행의 합의를 말하는 것으로, 범죄실행의 합의가 있다고 하기 위하여는 단순히 범죄결심을 외부에 표시 · 전달하는 것만으로는 부족하고, 객관적으로 보아 특정한 범죄의 실행을 위한 준비행위라는 것이 명백히 인식되고, 그 합의에 실질적인 위험성이 인정될 때에 비로소 음모죄가 성립한다.

4] 대법원 1984. 12. 11. 선고 82도3019 판결

[1] 강도예비로 공소를 제기하면서 강도결의를 하였다는 부분을 적시하고 있는 경우 위 강도결의부분만을 따로 강도음모죄의 공소로 볼 수 없다(소극).

❒ 형법 제343조는 그 구성요건으로서 예비.음모를 따로 규정하고 있으니 예비는 음모에 해당하는 행위를 제외하는 것으로 새겨야 할 것인바 강도 예비로 공소를 제기하면서 강도결의를 하

였다는 부분을 적시하고 있다 하더라도 그 결의의 일시. 장소 등이 명시되어 있지 아니하고 그 공소사실 말미에 강도의 예비를 하였다는 문구등이 있다면 이는 강도예비죄의 공범관계에 있음을 적시한 것일뿐 그 결의 자체를 따로 강도음모죄로 공소한 것으로는 볼 수 없다.

5] 대법원 1969. 11. 11. 선고 69도1517 판결

[1] 구 국가보안법(60. 6. 10. 법률 제549호) 제1조 소정의 반국가단체구성죄로 공소하였음에도 공소장변경절차없이 그 음모죄로 판단한 것은 위법이다.

❐ 반국가단체 구성음모 사실은 검찰관이 이를 국가보안법 제1조의 반국가단체 구성죄로 공소하였음이 명백한 바, 공소장 변경의 절차를 밟음이 없이 그 음모죄로 판단한 원판결은 공소원인으로 되어 있지 아니한 사실을 심판한 것이다고 보아야 할 것인바(대법원 1968. 7. 30. 선고 68도739 판결, 대법원 1968. 9. 30. 선고 68도1031 판결 참조)에 비추어 명백한 바이므로 상고이유에 판단을 기다릴 것없이 피고인 1에 대한 원판결은 파기를 면치 못 할 것이다.

6] 대법원 1969. 3. 18. 선고 68도1772 판결

[1] 불법단체 구성음모죄의 구성요건과 기성단체의 불법변질 음모

❐ 반공법(폐) 제4조 제5항, 제1항 후단 소정의 불법단체구성음모죄는 반국가단체나 그 구성원 또는 국외의 공산계열의 활동을 찬양, 고무 또는 이에 동조하거나 기타의 방법으로 반국가단체를 이롭게 하는 행위를 목적으로 하는 단체를 구성하기로 음모한 경우에 성립되는 것이고 여기에서 "구성하기로 음모"한다는 것은 새로이 그러한 단체를 만들기로 음모한 때만을 의미하는 것이 아니라 기왕의 합법적인 단체를 위에서 본 바와 같은 행위를 할 것을 목적으로 하는 단체로 변질시키기로 음모한 경우도 포함된다.

[실행의 착수 시기]

실행(實行)의 착수(着手)

실행의 착수란 예비 · 음모에서 미수 단계로 넘어가는 경계를 말한다.

관련판례

1] 대법원 2011. 12. 8. 선고 2010도9500 판결

[1] 형법상 '방조행위'의 의미 및 정범의 실행행위 착수 이전의 방조행위와 방조범 성립(적극)

❐ 형법상 방조행위는 정범이 범행을 한다는 정을 알면서 그 실행행위를 용이하게 하는 직접 · 간접의 모든 행위를 가리키는 것으로서, 그 방조는 정범의 실행행위 중에 이를 방조하는 경

우뿐만 아니라, 실행 착수 전에 장래의 실행행위를 예상하고 이를 용이하게 하는 행위를 하여 방조한 경우에도 성립한다. 그리고 방조범은 정범의 실행을 방조한다는 이른바 방조의 고의와 정범의 행위가 구성요건에 해당하는 행위인 점에 대한 정범의 고의가 있어야 하나, 이와 같은 고의는 내심적 사실이므로 피고인이 이를 부정하는 경우에는 사물의 성질상 고의와 상당한 관련성이 있는 간접사실을 증명하는 방법에 의하여 입증할 수밖에 없고, 이때 무엇이 상당한 관련성이 있는 간접사실에 해당할 것인가는 정상적인 경험칙에 바탕을 두고 치밀한 관찰력이나 분석력에 의하여 사실의 연결상태를 합리적으로 판단하는 외에 다른 방법이 없다고 할 것이며, 또한 방조범에 있어서 정범의 고의는 정범에 의하여 실현되는 범죄의 구체적 내용을 인식할 것을 요하는 것은 아니고 미필적 인식 또는 예견으로 충분하다(대법원 1997. 4. 17. 선고 96도3377 전원합의체 판결, 대법원 2004. 6. 24. 선고 2002도995 판결, 대법원 2005. 4. 29. 선고 2003도6056 판결 등 참조).

2] 대법원 2011. 1. 13. 선고 2010도9330 판결

[1] 사기도박에서 실행의 착수시기(=사기도박을 위한 기망행위를 개시한 때)

❒ 사기죄는 편취의 의사로 기망행위를 개시한 때에 실행에 착수한 것으로 보아야 하므로, 사기도박에서도 사기적인 방법으로 도금을 편취하려고 하는 자가 상대방에게 도박에 참가할 것을 권유하는 등 기망행위를 개시한 때에 실행의 착수가 있는 것으로 보아야 한다.

3] 대법원 2010. 4. 29. 선고 2009도14554 판결

[1] 절도죄의 실행의 착수 시기(=밀접행위시) 및 실행의 착수가 있는지 여부의 판단 기준

❒ 절도죄의 실행의 착수 시기는 재물에 대한 타인의 사실상의 지배를 침해하는 데에 밀접한 행위를 개시한 때라고 할 것이고(대법원 1986. 12. 23. 선고 86도2256 판결, 대법원 1999. 9. 17. 선고 98도3077 판결 등 참조), 실행의 착수가 있는지 여부는 구체적 사건에 있어서 범행의 방법, 태양, 주변상황 등을 종합 판단하여 결정하여야 한다(대법원 1983. 3. 8. 선고 82도2944 판결).

4] 대법원 2010. 4. 29. 선고 2009도14427 판결

[1] 부동산의 이중양도와 배임죄의 실행의 착수 시기

❒ 부동산을 이중으로 매도한 경우에 매도인이 선매수인에게 소유권이전의무를 이행하였다고 하여 후매수인에 대한 관계에서 그가 임무를 위법하게 위배한 것이라고 할 수 없다(대법원 1992. 12. 24. 선고 92도1223 판결, 대법원 2009. 2. 26. 선고 2008도11722 판결 등 참조). 그리고 부동산 이중양도에 있어서 매도인이 제2차 매수인으로부터 계약금만을 지급받고 중도금을 수령

한 바 없다면 배임죄의 실행의 착수가 있었다고 볼 수 없다(대법원 1983. 10. 11. 선고 83도2057 판결, 대법원 2003. 3. 25. 선고 2002도7134 판결 등 참조).

5] 대법원 2010. 2. 25. 선고 2009도13187 판결

[1] 배임죄의 실행의 착수(원칙적 적극)

❐ 채무자가 채권자와 사이에 그로부터 금원을 차용하되 그 담보로 채무자 소유의 주식에 대하여 현실 교부의 방법으로 양도담보를 설정하기로 약정하고 채권자로부터 차용금의 일부 또는 전부를 수령한 이상 특단의 사정이 없는 한 채무자는 채권자에게 그 주식을 현실로 교부함으로써 채권자가 그 주식에 대한 양도담보권을 취득하는 데에 협력할 임무가 있다고 할 것이므로, 아직 채권자에게 주식의 현실 교부가 이루어지지 아니한 상태에서 채무자가 제3자와 사이에 그로부터 금원을 차용하되 그 담보로 그 주식의 일부 또는 전부에 대하여 현실 교부의 방법으로 양도담보를 설정하기로 약정하고 제3자로부터 차용금의 일부 또는 전부를 수령하였다면 이는 채권자에 대한 양도담보권 취득을 위한 주식교부절차 협력의무 위배와 밀접한 행위로서 배임죄의 실행의 착수에 해당한다.

6] 대법원 2009. 12. 24. 선고 2009도9667 판결

[1] 형법 제331조 제2항 특수절도죄의 실행의 착수 시기(=물색행위시)

❐ 형법 제331조 제2항의 특수절도에 있어서 주거침입은 그 구성요건이 아니므로, 절도범인이 그 범행수단으로 주거침입을 한 경우에 그 주거침입행위는 절도죄에 흡수되지 아니하고 별개로 주거침입죄를 구성하여 절도죄와는 실체적 경합의 관계에 있게 되고(대법원 2008. 11. 27. 선고 2008도7820 판결 참조), 2인 이상이 합동하여 야간이 아닌 주간에 절도의 목적으로 타인의 주거에 침입하였다 하여도 아직 절취할 물건의 물색행위를 시작하기 전이라면 특수절도죄의 실행에는 착수한 것으로 볼 수 없는 것이어서 그 미수죄가 성립하지 않는다(대법원 1992. 9. 8. 선고 92도1650, 92감도80 판결 참조).

7] 대법원 2009. 10. 15. 선고 2008도9433 판결

[1] 부정경쟁방지 및 영업비밀보호에 관한 법률 제18조 제2항에 정한 '영업비밀 부정사용죄'의 실행의 착수 시기

❐ 부정경쟁방지 및 영업비밀보호에 관한 법률 제18조 제2항에서 정하고 있는 영업비밀부정사용죄에 있어서는, 행위자가 당해 영업비밀과 관계된 영업활동에 이용 혹은 활용할 의사 아래 그 영업활동에 근접한 시기에 영업비밀을 열람하는 행위(영업비밀이 전자파일의 형태인 경우에는

저장의 단계를 넘어서 해당 전자파일을 실행하는 행위)를 하였다면 그 실행의 착수가 있다.

8] 대법원 2009. 9. 24. 선고 2009도5595 판결

[1] 절도죄의 실행에 착수시기

❐ 피고인이 야간에 소지하고 있던 손전등과 박스 포장용 노끈을 이용하여 도로에 주차된 차량의 문을 열고 그 안에 들어있는 현금 등을 절취할 것을 마음먹고 이 사건 승합차량의 문이 잠겨 있는지 확인하기 위해 양손으로 운전석 문의 손잡이를 잡고 열려고 하던 중 경찰관에게 발각된 사실이 인정되는데, 이러한 행위는 승합차량 내의 재물을 절취할 목적으로 승합차량 내에 침입하려는 행위에 착수한 것으로 볼 수 있고, 그로써 차량 내에 있는 재물에 대한 피해자의 사실상의 지배를 침해하는 데에 밀접한 행위가 개시된 것으로 보아 절도죄의 실행에 착수한 것으로 봄이 상당하다

9] 대법원 2009. 9. 24. 선고 2009도4998 판결

[1] 공전자기록등불실기재죄의 실행의 착수 시기

❐ 공전자기록등불실기재죄에 있어서의 실행의 착수 시기는 공무원에 대하여 허위의 신고를 하는 때라고 보아야 할 것인바, 피고인이 위장결혼의 당사자 및 중국 측 브로커와의 공모 하에 허위로 결혼사진을 찍고, 혼인신고에 필요한 서류를 준비하여 위장결혼의 당사자에게 건네준 것만으로는 아직 공전자기록등불실기재죄에 있어서 실행에 착수한 것으로 보기 어렵다.

10] 대법원 2008. 7.2 4. 선고 2007도4310 판결

[1] 조세범처벌법 제9조 조세포탈죄의 실행의 착수시기

❐ 법인세에 대한 포탈범죄는 각 사업연도마다 1개의 범죄가 성립하고, 부가가치세에 대한 포탈범죄는 제1기분인 1. 1.부터 6. 30.까지와 제2기분인 7. 1.부터 12. 31.까지의 각 과세기간별로 1개의 범죄가 성립하며(대법원 2002. 7. 23. 선고 2000도746 판결 등 참조), 조세범처벌법 제9조가 규정하는 조세포탈죄에 있어서의 '사기 기타 부정한 행위'라고 함은 조세의 포탈을 가능하게 하는 행위로서 사회통념상 부정이라고 인정되는 행위, 즉 조세의 부과징수를 불능 또는 현저히 곤란하게 하는 위계 기타 부정한 적극적인 행위를 말하고, 어떤 다른 행위를 수반함이 없이 단순한 세법상의 신고를 하지 아니하거나 허위의 신고를 함에 그치는 것은 이에 해당하지 않는다고 할 것이므로(대법원 2007. 8. 23. 선고 2006도5041 판결 등 참조), 법인이 조세포탈의 고의를 가지고 조세의 부과징수를 불능 또는 현저히 곤란하게 하는 위계 기타 부정한 적극적인 행위를 한 때에 위 각 포탈범죄의 실행행위에 착수한 것으로 보아야 할 것이다.

11] 대법원 2008. 4. 10. 선고 2008도1464 판결

[1] 주거침입죄의 실행의 착수시기

❒ 주거침입죄의 실행의 착수는 주거자, 관리자, 점유자 등의 의사에 반하여 주거나 관리하는 건조물 등에 들어가는 행위, 즉 구성요건의 일부를 실현하는 행위까지 요구하는 것은 아니고 범죄구성요건의 실현에 이르는 현실적 위험성을 포함하는 행위를 개시하는 것으로 족하다고 할 것이나(대법원 2003. 10. 24. 선고 2003도4417 판결, 대법원 2006. 9. 14. 선고 2006도2824 판결 등 참조), 침입 대상인 아파트에 사람이 있는지를 확인하기 위해 그 집의 초인종을 누른 행위만으로는 침입의 현실적 위험성을 포함하는 행위를 시작하였다거나, 주거의 사실상의 평온을 침해할 객관적인 위험성을 포함하는 행위를 한 것으로 볼 수 없다 할 것이다.

12] 대법원 2007. 1. 11. 선고 2006도5288 판결

[1] 범죄수익 등의 은닉에 관한 죄에 있어서 실행의 착수 시기

❒ 범죄수익은닉의 규제 및 처벌 등에 관한 법률 제3조 제1항 제3호에서 정한 범죄수익 등의 은닉에 관한 죄의 미수범으로 처벌하려면 그 실행에 착수한 것으로 인정되어야 하고, 위와 같은 은닉행위의 실행에 착수하는 것은 범죄수익 등이 생겼을 때 비로소 가능하므로, 아직 범죄수익 등이 생기지 않은 상태에서는 범죄수익 등의 은닉에 관한 죄의 실행에 착수하였다고 인정하기 어렵다.

[2] 은행강도 범행으로 강취할 돈을 송금받을 계좌를 개설한 것만으로는 범죄수익 등의 은닉에 관한 죄의 실행에 착수한 것으로 볼 수 없다.

13] 대법원 2006. 11. 10. 선고 2006도5811 판결

[1] 사위소송에 있어서 소송사기의 실행의 착수 시기

❒ 소송사기는 법원을 기망하여 자기에게 유리한 판결을 얻고 이에 터잡아 상대방으로부터 재물의 교부를 받거나 재산상 이익을 취득하는 것을 말하는 것으로서 소송에서 주장하는 권리가 존재하지 않는 사실을 알고 있으면서도 법원을 기망한다는 인식을 가지고 소를 제기하면 이로써 실행의 착수가 있다고 할 것이고(대법원 1974. 3. 26. 선고 74도196 판결, 1993. 9. 14. 선고 93도915 판결 등 참조) 소장의 유효한 송달을 요하지 아니한다고 할 것인바, 이러한 법리는 제소자가 상대방의 주소를 허위로 기재함으로써 그 허위주소로 소송서류가 송달되어 그로 인하여 상대방 아닌 다른 사람이 그 서류를 받아 소송이 진행된 경우에도 마찬가지로 적용된다고 할 것이다.

14] 대법원 2005. 11. 10. 선고 2005도1995 판결

[1] 병역법 제86조에 정한 '사위행위'의 의미 및 그 실행의 착수시기

❐ 병역법 제86조는 "병역의무를 기피하거나 감면받을 목적으로 도망하거나 행방을 감춘 때 또는 신체손상이나 사위행위를 한 사람은 1년 이상 3년 이하의 징역에 처한다."라고 규정하고 있는바, 여기에서 '사위행위'라고 함은 도망, 잠적하는 행위나 신체를 손상하는 행위처럼 그 자체로서 병역의무의 이행을 면탈하거나 병역의무를 감면받을 신체적 상태를 야기하는 것은 아니지만, 병역의무를 감면받을 조건에 해당하지 않거나 그러한 신체적 상태가 아님에도 병무행정당국을 기망하여 병역의무를 감면받으려는 행위 일반을 가리키는 것이므로, 다른 행위 태양인 도망, 잠적에 상응할 정도로 병역의무의 이행을 면탈하고 병무행정의 적정성을 침해할 직접적인 위험이 있는 단계에 이르렀을 때 비로소 그 실행에 이르렀다고 보아야 할 것이다(대법원 2005. 9. 28. 선고 2005도3240 판결, 대법원 2005. 10. 13. 선고 2005도2200 판결 등 참조).

15] 대법원 2002. 3. 26. 선고 2001도6641 판결

[1] 매개물을 통한 현존건조물방화죄의 실행의 착수시기 및 그 판단 방법

❐ 매개물을 통한 점화에 의하여 건조물을 소훼함을 내용으로 하는 형태의 방화죄의 경우에, 범인이 그 매개물에 불을 켜서 붙였거나 또는 범인의 행위로 인하여 매개물에 불이 붙게 됨으로써 연소작용이 계속될 수 있는 상태에 이르렀다면, 그것이 곧바로 진화되는 등의 사정으로 인하여 목적물인 건조물 자체에는 불이 옮겨 붙지 못하였다고 하더라도, 방화죄의 실행의 착수가 있었다고 보아야 할 것이고, 구체적인 사건에 있어서 이러한 실행의 착수가 있었는지 여부는 범행 당시 피고인의 의사 내지 인식, 범행의 방법과 태양, 범행 현장 및 주변의 상황, 매개물의 종류와 성질 등의 제반 사정을 종합적으로 고려하여 판단하여야 한다.

16] 대법원 2001. 7. 27. 선고 2000도4298 판결

[1] 외환을 휴대하여 반출하는 경우 실행의 착수시기

❐ 외국환거래법 제28조 제1항 제3호에서 규정하는, 신고를 하지 아니하거나 허위로 신고하고 지급수단 · 귀금속 또는 증권을 수출하는 행위는 지급수단 등을 국외로 반출하기 위한 행위에 근접 · 밀착하는 행위가 행하여진 때에 그 실행의 착수가 있다.

【사례】

피고인이 일본으로 출국하기 위해 김해국제공항 1층에 도착하여 비행기표에 좌석을 지정받는 등 출국을 위한 탑승수속을 하면서 일화 500만 ￥을 감춰 놓은 김 상자를 기탁화물로 부친 이상 그 일화 500만 ￥에 대하여는 이미 이를 국외로 반출하기 위한 행위에 근접 · 밀착한 행위가 이

루어졌다고 보아야 하므로 그 실행의 착수가 있었다고 할 것이지만, 나머지 일화 400만 ￥은 피고인이 휴대용 가방에 넣어 가지고 비행기에 탑승하려고 하였으므로 이 부분에 대하여는 일화 400만 ￥이 들어 있는 휴대용 가방을 보안검색대에 올려 놓거나 이를 휴대하고 통과하는 때에 비로소 실행의 착수가 있다고 볼 것이고, 피고인이 위 휴대용 가방을 가지고 보안검색대로 나아가지 않은 채 공항 내에서 탑승을 기다리고 있던 중에 체포되었다면 위 일화 400만 ￥에 대하여는 실행의 착수가 있었다고 볼 수는 없다.

17] 대법원 1999. 11. 26. 선고 99도2461 판결

[1] 비지정문화재수출미수죄에 있어서 실행의 착수시기

❒ 비지정문화재의 수출미수죄가 성립하기 위하여는 비지정문화재를 국외로 반출하는 행위에 근접·밀착하는 행위가 행하여진 때에 그 실행의 착수가 있는 것으로 보아야 한다.

5) 미수범의 처벌

조 문

제29조(미수범의 처벌) 미수범을 처벌할 죄는 각본조에 정한다.

관련판례

1] 대법원 2005. 12. 8. 선고 2005도8105 판결

❒ 불능범의 판단 기준으로서 위험성 판단은 피고인이 행위 당시에 인식한 사정을 놓고 이것이 객관적으로 일반인의 판단으로 보아 결과 발생의 가능성이 있느냐를 따져야 한다 - 소송비용을 편취할 의사로 소송비용의 지급을 구하는 손해배상청구의 소를 제기한 경우, 민사소송법상 소송비용의 청구는 소송비용액 확정절차에 의하도록 규정하고 있으므로 이에 의하지 아니하고 손해배상금 청구의 소 등으로 소송비용의 지급을 구하는 것은 소의 이익이 없는 부적법한 소로서 허용될 수 없어 그 범행은 실행 수단의 착오로 인하여 결과 발생이 불가능할 뿐만 아니라 위험성도 없다고 할 것이어서 소송사기죄의 불능미수에 해당된다고 볼 수 없으므로 결국 범죄로 되지 않는 때에 해당한다.

2] 대법원 2000. 6. 9. 선고 2000도1253 판결

❒ 강간죄는 부녀를 간음하기 위하여 피해자의 항거를 불능하게 하거나 현저히 곤란하게 할

정도의 폭행 또는 협박을 개시한 때에 그 실행의 착수가 있다고 보아야 할 것이고, 실제로 그와 같은 폭행 또는 협박에 의하여 피해자의 항거가 불능하게 되거나 현저히 곤란하게 되어야만 실행의 착수가 있다고 볼 것은 아니다.

3] 대법원 1995. 9. 15. **선고** 94**도**2561 **판결**

❒ 신체의 극히 일부분이 주거 안으로 들어갔지만 사실상 주거의 평온을 해하는 정도에 이르지 아니하였다면 주거침입죄의 미수에 그친다.

4] 대법원 1992. 7. 28. **선고** 92**도**917 **판결**

❒ 형법 제334조 제1항의 야간주거침입강도죄는 주거침입과 강도의 결합범으로서 시간적으로 주거침입행위가 선행되므로 주거침입을 한 때에 본죄의 실행에 착수한 것으로 보아야 한다.

5] 대법원 1992. 7. 28. **선고** 92**도**917 **판결**

❒ 피해자를 강간하려고 작은 방으로 끌고가 팬티를 강제로 벗기고 음부를 만지던 중 피해자가 수술한 지 얼마 안되어 배가 아프다면서 애원하는 바람에 그 뜻을 이루지 못하였다면, 이는 외부적 사정에 의하여 범행을 중지한 것에 지나지 않는 것으로서 중지범의 요건인 자의성을 결여하였다.

6] 대법원 1991. 4. 9. **선고** 91**도**288 **판결**

❒ 간음할 목적으로 새벽 4시에 여자 혼자 있는 방문 앞에 가서 피해자가 방문을 열어 주지 않으면 부수고 들어갈 듯한 기세로 방문을 두드리고 피해자가 위험을 느끼고 창문에 걸터앉아 가까이 오면 뛰어 내리겠다고 하는데도 베란다를 통하여 창문으로 침입하려고 하였다면 강간의 수단으로서의 폭행에 착수하였다고 할 수 있다.

7] 대법원 1990. 5. 25. **선고** 90**도**607 **판결**

❒ 강간할 목적으로 피해자의 집에 침입하였다 하더라도 안방에 들어가 누워 자고 있는 피해자의 가슴과 엉덩이를 만지면서 간음을 기도하였다는 사실만으로는 강간의 수단으로 피해자에게 폭행이나 협박을 개시하였다고 하기는 어렵다.

8] 대법원 1989. 9. 12. **선고** 89도1153 **판결**

❒ 범인들이 함께 담을 넘어 마당에 들어가 그 중 1명이 그곳에 있는 구리를 찾기 위하여 담에 붙어 걸어가다가 잡혔다면 절취대상품에 대한 물색행위가 없었다고 할 수 없다.

9] 대법원 1989. 2. 28. **선고** 88도1165 **판결**

❒ 피해자의 집 부엌문에 시정된 열쇠고리의 장식을 뜯는 행위만으로는 절도죄의 실행행위에 착수한 것이라고 볼 수 없다

10] 대법원 1986. 11. 11. **선고** 86도1109 **판결**

❒ 소를 흥정하고 있는 피해자의 뒤에 접근하여 피고인이 들고 있던 가방으로 돈이 들어 있는 피해자의 하의 왼쪽 주머니를 스치면서 지나간 행위는 단지 금원을 절취하기 위한 예비단계의 행위에 불과하다.

11] 대법원 1985. 4. 23. **선고** 85도464 **판결**

❒ 노상에 세워 놓은 자동차의 유리창을 통하여 그 내부를 손전등으로 비추어 본 것에 불과하다면 절취행위의 착수에 이른 것이라고 볼 수 없다.

12] 대법원 1985. 3. 26. **선고** 85도206 **판결**

❒ 속칭 '히로뽕' 제조를 위해 그 원료인 염산에페드린 및 수종의 약품을 교반하여 '히로뽕' 제조를 시도하였으나 그 약품배합 미숙으로 그 완제품을 제조하지 못한 경우 습관성 의약품제조 미수범으로 처단한 것은 정당하다.

13] 대법원 1984. 12. 11. **선고** 84도2524 **판결**

❒ 소매치기의 경우 피해자의 양복상의 주머니로부터 금품을 절취하려고 그 호주머니에 손을 뻗쳐 그 겉을 더듬은 때에는 절도의 실행에 착수하였다고 봄이 상당하다.

14] 대법원 1984. 9. 11. **선고** 84도1381 **판결**

❒ 피고인이 기밀탐지 임무를 부여받고 대한민국에 입국 기밀을 탐지 수집 중 경찰관이 피고인의 행적을 탐문하고 갔다는 말을 전해 듣고 지령사항 수행을 보류하고 있던 중 체포되었다면

기밀탐지의 기회를 노리다가 검거된 것이므로 이를 중지범으로 볼 수는 없다.

15] 대법원 1984. 7. 24. **선고** 84도832 **판결**

❐ 관세를 포탈할 범의를 가지고 선박을 이용하여 물품을 영해내에 반입한 때에는 관세포탈죄의 실행의 착수가 있었다고 할 것이다.

16] 대법원 1984. 2. 14. **선고** 83도2967 **판결**

❐ 피고인이 피해자를 독살하려 하였으나 동인이 토함으로써 그 목적을 이루지 못한 경우에는 독약의 치사량을 좀 더 심리하여 장애미수인지 불능미수인지 가려야 한다.

17] 대법원 1983. 11. 22. **선고** 83도2590 **판결**

❐ 피고인이 히로뽕 제조원료 구입비로 금 3,000,000원을 제1심 공동피고인에게 제공하였는데 공동피고인이 그로써 구입할 원료를 물색 중 적발되었다면 피고인의 소위는 히로뽕 제조에 착수하였다고 볼 수 없다.

18] 대법원 1983. 10. 25. **선고** 83도2432 **판결**

❐ 금품을 절취하기 위하여 고속버스 선반 위에 놓여진 손가방의 한쪽 걸쇠를 연 경우 절도범행의 실행에 착수하였다 할 것이다.

19] 대법원 1983. 4. 26. **선고** 83도323 **판결**

❐ 피해자가 자동차에서 내릴 수 없는 상태에 있음을 이용하여 강간하려고, 주행중인 자동차에서 탈출불가능하게 하여 외포케 하고 50킬로미터를 운행하여 여관앞까지 강제연행한 후 강간하려다 미수에 그친 경우 위 협박은 감금죄의 실행의 착수임과 동시에 강간미수죄의 실행의 착수라고 할 것이다.

20] 대법원 1969. 7. 29. **선고** 69도984 **판결**

❐ 피해자의 고용인을 통하여 피해자에게 피해자가 경영하는 기업체의 탈세사실을 국세청이나 정보부에 고발한다는 말을 전한 것은 공갈죄의 실행에 착수한 것으로 보아야 한다.

21] 대법원 1955. 9. 23. 4288형상221 판결【강도살인미수】

[1] 독약의 치사량과 살인미수

❒ 피고인이 살의를 가지고 전후 3회에 선하여 계33개의 유독 환약을 피해자의 공복시에 복용케 하여 엄동에 인적이 희소한 산정에 실신혼도케 하고 동인을 동소에 그대로 방치할시는 혹한에 의하여 절명할 것을 인식하면서 동소를 유기 이탈한 경우에 우 독약복용에 의한 살의 있음은 물론 우 방치이탈로 인한 살의도 있다고 볼 것이므로 피해자가 우연히 타인의 구조에 의하여 난을 면하였다 하여 살의가 없다 할 수 없고 따라서 살인미수죄 구성에는 영향이 없다 할 것이다

제5장 공범

제1절 공범의 일반이론
제2절 공동정범
제3절 협의의 공범
제4절 공범과 신분
제5절 간접정범, 특수한 교사, 방조에 대한 형의 가중

제5장 공범

제1절 공범의 일반이론

1. 공범(共犯)의 개념

[범죄참가형태]

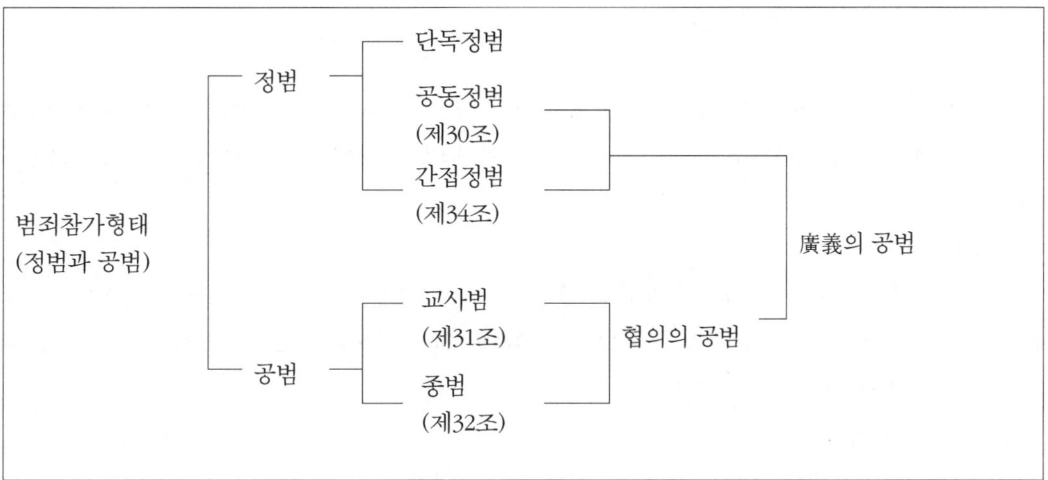

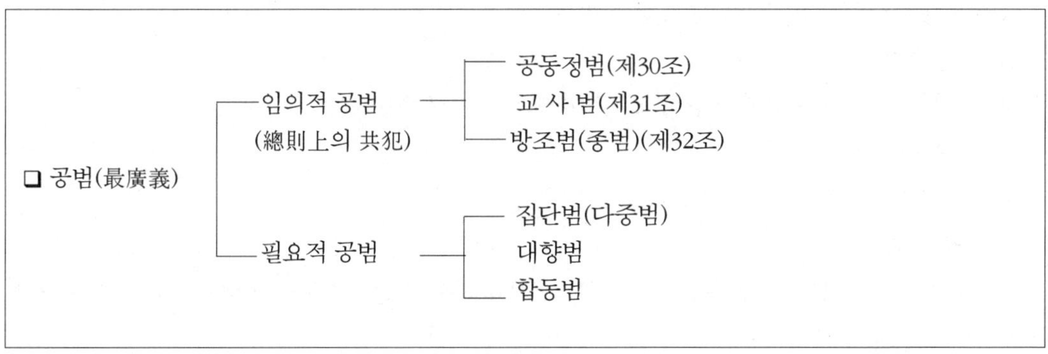

1) 공범개념의 광협의

(1) 최광의의 공범은 “2인 이상이 범죄구성요건의 실현에 관여한 일체의 행위”를 말한다.

최광의의 공범은 ① 임의적 공범과 ② 필요적 공범으로 분류된다.

① 임의적 공범이란 “구성요건의 규정형식상 1인에 의한 실현이 가능하지만 현실적으로 2인 이상이 관여하여 범죄를 실현한 것”을 의미한다(공동정범, 교사범, 방조범(종범)).

② 필요적 공범이란 "구성요건의 내용상 2인 이상이 범죄의 실현에 관여할 것으로 규정되어 있는 것"을 말한다(집단범, 대항범, 合同犯 등).

(2) 일반적으로 공범이라 하면 '협의의 공범'으로서 교사범과 방조범만을 지칭한다.

(3) 공동정범과 간접정범을 正犯에 속한다.

2. 공범의 본질

1) 공범의 종속성

(1) 공범종속성설과 공범독립성설

① 공범종속성설

협의의 공범(교사·방조범)에서 구성요건상의 '정형적 행위' (정범행위)를 실행행위로 이해하기 때문에 공범의 교사행위와 방조행위 그 자체는 범죄의 실행행위가 될 수 없다고 한다.(객관주의적 입장)

② 공범독립성설

협의의 공범(교사·방조범)에서 범죄의 실행행위 그 자체를 행위자의 범죄적 의사 내지 반사회적 성격의 표현으로 이해하므로 정범의 실행행위가 없어도 독자적으로 범죄를 구성한다고 본다(주관주의적 입장).

(2) 종속성의 정도

① 최소종속형식

정범의 행위가 구성요건에 해당하면 공범 성립.

② 제한종속형식

정범의 행위가 구성요건에 해당하고 위법하면 공범 성립(다수설).

③ 극단종속형식

정범의 행위가 구성요건에 해당하고 위법, 유책해야 공범 성립.

④ 최극단종속형식

정범의 행위가 구성요건에 해당하고 위법, 유책하면서 형벌의 가중, 감경의 정황까지도 공범에게 귀속되는 종속형식.

2) 공범의 처벌근거

공범은 정범의 성립에 종속하지만, 공범의 교사행위와 방조행위는 범죄의 실행행위가 아님에도 불구하고 처벌되는 근거가 무엇인가 하는 논의에 대한 학설이 대립하고 있다.

(1) 책임가담설[責任共犯說]

공범의 처벌근거는 정범의 책임있는 범행을 야기하기 때문이라고 보는 견해다.

(2) 불법가담설[不法共犯說]

공범의 처벌근거는 정범의 범행에 가담하여 불법행위을 가능하게 하였기 때문이라는 보는 견해다.

(3) 순수야기설

공범의 처벌근거는 공범은 정범의 불법과는 관계없이 '공범 그 자체의' 불법, 즉 독자적인 '共犯構成要件'을 실현했다는 점에 있다고 보는 견해다.

(4) 종속성설을 기초한 야기 및 촉진설

정범의 범행을 야기시키거나(교사범의 경우), 촉진하는데 있으며(종범의 경우) 공범 불법의 근거와 정도가 모두 정범의 범행에 종속한다고 보는 견해다.

(5) 혼합적 야기설

이 설에는 ① 종속적 법익침해설과 ② 행위반가치 · 결과반가치 구별설이 있다.

① 종속적 법익침해설

공범에서 불법의 일부는 정범의 행위에서(종속적 야기설의 입장), 또 다른 일부는 공범의 독자적인 법익침해에서(순수야기설) 도출된다고 본다. 공범의 처벌근거는 종속적이면서도 동시에 독립된 법익침해에 있다고 하는 견해이다.(결과반가치)

② 행위반가치 · 결과반가치 구별설

공범의 불법에서 행위반가치는 공범 자신의 '교사 · 방조행위'에서 독립적으로 인정되고, 결과반가치는 정범에 종속한다는 입장이다. 따라서, 공범의 독자적인 처벌근거는 공범 자신의 행위반가치에 있고, 공범의 종속적인 처벌근거는 정범의 결과반가치에 있다고 하겠다.

3. 정범과 공범의 구별

1) 공범에 대한 정범개념의 우위성

정범과 공범의 구별은「정범개념의 우위성」이라는 입장에서 정범의 개념이 정해짐에 따라 상대적으로 공범개념이 결정된다.

2) 정범과 공범의 구별기준

정범과 공범을 구별하는 기준에 대하여 어떠한 논리적 근거에 의하여 정범과 공범을 구별할 것인가에 대하여 객관설, 주관설, 행위지배설이 대립하고 있다.

[정범과 공범의 구별기준]

학설		내용
(1)객관설 (제한적 정범개념을 기초로 함)		객관주의 형법이론의 입장에서 행위의 객관적 표상을 표준으로 하여 정범과 공범을 구별하고자 하는 견해이다. 제한적 정범개념에 의하면, 형법 교사범(제31조), 방조범(제32조)은 정범의 처벌을 확장하는 '형벌확정사유' 또는 구성요건의 '수정형식'으로서 정범 이외에 '특별히' 처벌하는 공범규정(특별규정)이 된다. 정범과 공범의 구별을 객관적 표상을 표준으로 하므로 객관설과 결합하게 된다.
	형식적 객관설	구성요건의 정형을 표준으로 '구성요건상의 실행행위의 전부 또는 일부를 직접 실행하는 자'는 정범, '구성요건적 행위 이외의 범행가담자'는 공범이라고 한다.**(제한적 정범개념)** 이 설은 ① 정범개념의 본질을 범죄의 객관성만으로 파악하는 점, ② 간접정범의 정범성 설명이 불가한 점, ③ 공동정범자의 구성요건적 행위의 기능적 · 분업적 역할을 부정하여 (공동)정범의 성립을 부인하는 점이 결함으로 나타난다.
	실질적 객관설	실질적이란 '구성요건에 해당하는 실행행위의 기여정도'을 의미한다. 이 설은 인과관계론 중 '원인설'에 입각하여 범죄기여의 정도에 따라 '결과 · 구성요건실현에 대하여 원인을 제공한 자'는 정범, '단순조건을 부여한 자'는 공범이라고 하는 견해이다. ① **필요설** : 범죄실행에 필수불가결한 행위를 한 자는 정범, 그 외의 단순가담자는 공범. 결정적 조건을 리프만은 제시했다. 교사범과 간접정범을 구별할 수 없다다는 비판을 받는다. ② **동시설** : 범죄행위수행에 공동참여한 모든 자는 정범, 그 전 · 후에 가담한 자는 방조범. 시간성만 강조한다는 비판을 받는다. ③ **인과성 매개방법구별설** : 결과범에서 물리적 매개된 인과성이 인정되는 정범, 간접적인 심리적 매개된 인과성이 인정 때는 공범. 간접정범과 종범의 구별이 곤란하다는 비판을 받는다. ④ **우위설** : 범죄가담자의 법익침해행위를 객관적인 상황에서 구체적 으로 파악하여 우월적 · 동가치적이면 정범, 종속적이면 공범. 매우 추상적이라는 비판을 받는다.
(2)주관설 (확장적 정범개념을 기초로 함)		확장적 정범개념에 의하면, 모든 조건의 동가치성을 인정하여 구성요건실현에 원인을 제공한 모든 사람은 정범(통일적 정범개념), 교사범과 종범도 정범이다. 다만, 공범규정에 의하여 공범으로 취급하는 것에 불과한 '형벌축소사유'라고 본다. 정범과 공범의 구별은 주관적 척도에 의해서만 가능하게 되어 확장적 정범개념은 주관설과 결합된다.

<table>
<tr><td rowspan="1">(2)주관설
(확장적 정범개념을 기초로 함)</td><td>극단적 주관설</td><td>범죄가담자의 주관적 척도에 따라서 행위자 의사판단기준으로 이익설(목적설)과 의사설(고의설)이 있다.
① 이익설(목적설) : 정범의사(자신의 이익)에 따라 행위 한 자는 정범, 공범의사(타인의 이익)를 가지고 한 자는 공범이다. 이 설은 형법상 제3자를 위한 범죄에 대한 설명이 불가하고 형법해석과도 불합치 한다.
② 의사설(고의설) : 정범의 고의를 가지고 행위하면 정범, 타인범죄에 가담의 사면 공범이다. 이설은 정범없는 종범만 성립하는 문제가 있다.</td></tr>
<tr><td rowspan="2">(3)행위지배설
(합일태적 결합의 척도를 근거로 함)
(다수설)</td><td colspan="2">행위지배설(Tatherrschaftslehre)이란 정범과 공범을 구별기준을 주관적 요소와 객관적 요소의 결합에서 찾는 견해이다. 즉 주관적 · 객관적 요소를 결합하는 기준으로 '행위지배'를 사용하고, 행위지배의 개념을 정범과 공범의 구별의 논리적 근거로 삼는 이론이다. 행위지배란「구성요건에 해당하는 사건진행을 자신의 손안에 둔다」는 것이므로, "구성요건 실현을 위한 스스로의 의사결정에 의하여 예비, 음모, 실행의 착수, 중지, 진행, 결과의 발생, 종료 할 수 있다는 것"을 의미한다.
범죄실현에 있어서 행위지배의 척도는 ① 행위자의 지위와 역할 분담정도, ② 행위자의 의사 지배력(주관적 표지), ③ 행위실행의 기여의 정도(객관적 표지) 에 따라 정범인가? 혹은 공범인가? 가 결정될 것이다. 행위지배는 구성요건실현에 대한 조종 · 지배를 의미하므로, 이 설은 범죄에 대한 행위지배를 한 자는 정범, 행위지배 없이 범행의 야기 · 촉진한 자는 공범이라 한다.</td></tr>
<tr><td>Roxin</td><td>① 실행지배(實行支配) : 직접정범의 행위지배는 구성요건의 실행행위 그 자체를 지배한 것이므로 언제나 정범이 된다. 즉 행위지배는 직접정범에서는 실행지배로 된다. 형식적 객관설과 결론을 같다.
② 의사지배(意思支配) : 간접정범의 행위지배는 피이용자에 대한 의사지배로 된다. 간접정범은 범죄의 실행을 위하여 의사지배에 의하여 타인을 도구로 이용하므로 정범성이 인정 된다.
③ 기능적 행위지배(機能的 行爲支配) : 공동정범에서 행위지배가 분업적으로 행위하는 각각의 공동행위자와 결합하여 기능적 행위지배로 된다. 따라서 전체범행의 일부분을 수행하는 기능을 담당한 자도 기능적 행위지배가 인정되어 정범이 된다.</td></tr>
<tr><td>(4)결 론</td><td colspan="2">정범과 공범의 구별은 객관설, 주관설보다는 각 학설을 종합한 행위지배설로 해결하는 것이 비교적 바람직하다고 본다. 다만, 구성요건의 특수한 의무침해에 정범요소가 있는 의무범(신분범, 과실범의 경우), 정범요소가 자수성에 있는 자수범은 다른 관점에서 정범성을 판단하여야 할 것이다.</td></tr>
<tr><td>(5)형법의 입장</td><td colspan="2">① 고의범 : 정범과 공범을 구별한다(공동정범(제30조), 교사범(제31조), 방조범(제32조), 간접정범(제34조) : 제한적 정범개념).
② 과실범 : 과실로 결과를 야기한 자는 모두 정범이 된다. 단, 과실범의 공범은 부정한다(확장적 정범개념).</td></tr>
</table>

제2절 공동정범

조문

제30조(공동정범) 2인 이상이 공동하여 죄를 범한 때에는 각자를 그 죄의 정범으로 처벌한다.

1. 의의

2인 이상이 공동의 범행의사를 가지고 구성요건의 결과(범죄)를 실현하는 정범의 형태를 말한다.

2. 공동정범의 본질

공동정범이란 2인 이상이 공동하여 범행계획에 따라 각자 실행의 단계에서 본질적인 역할을 분담함으로써 성립하는 정범형태(제30조)라고 정의되지만, 공동정범이 무엇을 공동으로 하는 것인가? 하는 점은 제30조에 규정되어 있지 않기 때문에 이를 해결하려는 학설이 공동정범의 본질론이다.

[공동정범이 무엇을 공동으로 하는가에 관한 학설]

학설	학설내용
범죄공동설(犯罪共同說)	공동정범이란 범죄계획에 따라 여러 사람이 특정한 1개의 범죄를 '고의'의 공동으로 실행하는 것을 말한다. 공동의 의미는 ① 고의의 공동, ② 특정한 1개의 범죄에 객관적 구성요건의 공동(구성요건공동설)을 말한다. 따라서 서로 다른 범죄가 중첩되는 구성요건의 공동은 공동정범의 성립이 불가하기 때문에 동시범으로서 처벌하게 된다(객관주의 범죄론입장). 이설은 과실범의 공동정범, 고의범과 과실범의 공동정범, 공모공동정범, 편면적 공동정범, 승계적 공동정범, 이종·수개의 구성요건 사이의 공동정범, 부분적 공동정범의 성립이 부정된다.
행위공동설(行爲共同說)	공동정범이란 범죄계획에 따라 여러 사람이 행위를 공동하여 각자의 범죄수행을 일부 또는 전부를 실현하는 것을 말한다. 공동의 의미는 ① 범죄행위(Straftat), 즉 구성요건에 해당하는 행위를 말한다. [**참고**: 종래에는 공동으로 하는 행위란 구성요건적 행위가 아니라 순전히 '자연적', '前法律的', '전구성요건적' 행위를 말한다.] ② 주관적 요건인 의사공동은 특정구성요건적 고의의 공동은 필요 없다(주관주의 범죄론입장). 이설은 고의범과 고의범, 고의범과 과실범, 과실범과 과실범의 공동정범의 성립이 모두 가능하다.

결론	형법 제30조의 「2인 이상이 공동하여 죄를 범한 때」의 의미는「2인 이상이 '행위'를 공동으로 하여 죄를 범한 때」라고 해석하여 행위공동설의 견해로 이해하는 것이 현실적이다. 대법원도 행위공동설의 입장이다.[8)] 공동정범의 성립은 ① 공동실행의사의 범위, ② 개별의 기능적 행위지배의 인정범위 내에서 긍정되는 합리적 선택의 문제이다. 따라서 공동정범에 공범의 종속성이 적용될 필요성이 없기 때문에 구성요건, 범죄사실, 서로 다른 고의로 행위를 공동으로 하는 부분적 공동정범을 제한, 부정해야 할 이유도 없다. 그리고 1개의 범죄사실의 일부를 공동하는 승계적 공동정범과 과실범의 공동정범도 인정할 필요성이 있다. 이러한 점에서 공동정범의 본질을 행위공동설에 의하여 구성요건적 행위의 공동은 공동정범의 기능적 지배가 전범죄계획을 지배하므로, 구성요건적 행위의 전부공동이 아닌 그 일부공동으로 충분하다. 고로 공동정범의 본질은 행위공동설의 입장이 타당하다.

3. 과실범의 공동정범 [행위공동설의 입장]

긍정설	과실범도 공동정범의 성립이 가능하다고 보는 견해이다
	① 행위공동설(行爲共同說) : 공동정범은 특정한 범죄의 공동이 아니라 행위의 공동만 있으면 과실범의 공동정범을 인정한다. 공동실행의 의사도 행위공동의 의사로 해석하므로 고의의 공동은 필요 없다. 판례의 입장이다.[9)] ② 공동행위주체설(共同行爲主體說) : 공동정범은 공모만으로는 부족하고 실행행위의 분담의 범위 내에서 공동정범이 성립하며, 공동행위주체가 성립되어 실행행위를 분담한 이상 과실에 의해 결과를 낸 때에도 공동정범이 성립한다고 본다.[10)] ③ 과실공동 · 행위공동설(過失共同 · 行爲共同說) : 과실범의 공동정범은 의사의 연락을 필요 없고, 과실범의 구성요건인 주의의무위반과 구성요건을 실현하는 행위의 공동이 있으면 성립한다고 본다. ④ 기능적 행위지배설(機能的 行爲支配說) : 주의의무위반의 공동과 기능적 행위지배가 있으면 과실범의의사연락이 없어도 공동정범이 성립한다고 본다.
부정설	공동정범은 고의범에서만 가능하고 과실범의 공동정범성립을 부정하고 각자를 과실범의 동시범으로 처벌하면 된다는 견해이다.
	①범죄공동설 : 공동정범은 특정한 범죄에 행위자 사이의 고의공동이 있어야 성립하고, 과실의 공동정범은 부정된다. 다만 동시범이 된다는 견해이다. ②목적적 행위지배설 : 정범은 범죄의사와 목적적 행위지배를 요건으로 하기 때문에 과실범의 공동정범은 존재할 수 없다는 견해이다. ③기능적 행위지배설 : 공동정범의 본질을 기능적 행위지배에 두고 기능적 행위지배는 공동의 범죄의사에 기초한 각자에게 범행수단의 '계획적 조종의사'가 있을 것을 요건으로 한다. 따라서 역할분담이 결여된 과실범에서는 공동정범이 부정되고, 과실범의 동시범으로 취급해야 한다는 견해이다.
결론	과실범은 공동실행의 의사가 없기 때문에 공동정범을 인정할 수 없다. 만약 과실범의 공동정범을 인정하게 되면 형사처벌의 흠결을 피할 수 있는 점은 있으나, 개별책임의 원칙에 어긋나고 처벌남용으로 인한 가벌성의 확대위험이 있기 때문에 과실범의 공동정범을 부정하고 과실범의 공동현상은 동시범으로 취급하는 것이 바람직하다.

과실범의 공동정범은 "2인 이상이 공동의 과실로 과실범의 구성요건적 결과를 발생시킨 것"을 말한다. 공동정범의 성립은 '행위자들 사이에 공동의 범죄의사의 연락'이 있어야 하므로 과실공동정범에서는 '어떤 구성요건표지'를 의사연락으로 볼 수 있는가가 문제된다.

1) 견해의 대립

과실범의 공동정범을 인정여부에 관하여는 긍정설과 부정설이 대립되고 있다.

관련판례

1] 대법원 2011. 12. 22. 선고 2011도9721 판결

(1) 공동정범에서 공모관계의 성립 요건 및 피고인이 공모의 점을 부인하는 경우, 증명 방법

❐ 2인 이상이 범죄에 공동가공하는 공범관계에 있어서 공모는 법률상 어떤 정형을 요구하는 것이 아니고 2인 이상이 공모하여 범죄에 공동가공하여 범죄를 실현하려는 의사의 결합만 있으면 되는 것으로서, 비록 전체의 모의과정이 없다고 하더라도 수인 사이에 순차적으로 또는 암묵적으로 상통하여 그 의사의 결합이 이루어지면 공모관계가 성립한다(대법원 1997. 9. 12. 선고 97도1706 판결 등 참조). 그리고 이러한 공모관계를 인정하기 위해서는 엄격한 증명이 요구되지만, 피고인이 범죄의 주관적 요소인 공모의 점을 부인하는 경우에는, 사물의 성질상 이와 상당한 관련성이 있는 간접사실 또는 정황사실을 증명하는 방법에 의하여 이를 입증할 수밖에 없으며, 이때 무엇이 상당한 관련성이 있는 간접사실에 해당할 것인가는 정상적인 경험칙에 바탕을 두고 치밀한 관찰력이나 분석력에 의하여 사실의 연결상태를 합리적으로 판단하는 방법에 의하여야 할 것이다(대법원 2003. 1. 24. 선고 2002도6103 판결, 대법원 2008. 9. 11. 선고 2007도6706 판결 등 참조).

---

8) 대법원 1962. 3. 29. 4294 형상 598「형법 제30조에 공동하여 죄를 범한 때의 죄는 고의범이고 과실범이고를 불문한다고 해석하여야 할 것이다. 따라서 공동정범의 주관적 요건인 공동의 의사도 고의를 공동으로 가질 의사임을 필요로 하지 않고 고의행위이고 과실행위이고 간에 그 행위를 공동으로 할 의사이면 족하다고 해석하여야 할 것이므로 2인 이상이 어떠한 과실행위를 서로의 의사연락 아래 하여 범죄되는 결과를 발생케 한 것이라면 과실범의 공동정범이 성립되는 것이다. 기록에 의하면 본건 사고는 경관의 검문에 응하지 않고 질주함으로써 야기된 것인 바 피고인은 원심공동피고인과 서로 의사를 연락하여 경관의 검문에 응하지 않고 트럭을 질주케 하였던 것임을 충분히 인정할 수 있음이 명백하므로 피고인은 본건 과실치사죄의 공동정범이 성립된다 할 것이다.」

9) 대법원 1962. 3. 29. 4294 형상 598 참조 ; 1962. 6. 14, 62도57; 1979. 8. 21, 79도1249 ; 1982. 6. 8, 82도781 ; 1994. 3. 22, 94도35; 대법원 1996. 8. 23, 96도1231-서울 삼풍백화점붕괴사건 등; 대법원 1997. 11. 28, 97도1740. 同旨.

10) 유기천, 288면.

2] 대법원 2011. 9. 29. 선고 2009도2821 판결

[1] 구 집회 및 시위에 관한 법률상 시위 '주최자'의 의미 및 미신고 옥외집회 또는 시위 주최행위에 대한 공모공동정범 성립(적극)

❒ 구 집회 및 시위에 관한 법률(2007. 5. 11. 법률 제8424호로 전부 개정되기 전의 것, 이하 '집시법'이라 한다) 제2조 제3호에 의하면 '주최자'는 자기 명의로 자기 책임 아래 집회 또는 시위를 개최하는 사람 또는 단체를 의미하는 것으로, 집시법 제6조 제1항에 따라 사전신고를 요하는 시위의 주최자는 시위를 주창하여 개최하거나 이를 주도하는 자 또는 시위를 계획하고 조직하여 실행에 옮긴 자를 의미하는데, 미신고 옥외집회 또는 시위의 주최에 관하여 공동가공의 의사와 공동의사에 기한 기능적 행위지배를 통하여 그 실행을 공모한 자는 비록 구체적 실행행위에 직접 관여하지 아니하였더라도 다른 공범자의 미신고 옥외집회 또는 시위의 주최행위에 대하여 공모공동정범으로서의 죄책을 면할 수 없다.

3] 대법원 2011. 7. 14. 선고 2011도3180 판결

[1] 상법 제628조 제1항에서 규정한 납입가장죄가 신분범인지 여부(적극) 및 신분이 없는 자가 신분이 있는 자의 범행에 가공하여 공동정범으로 처벌되기 위한 요건

❒ 상법 제628조 제1항에서 규정한 납입가장죄는 상법 제622조에서 정한 지위에 있는 자만이 주체가 될 수 있는 신분범이다. 한편 신분이 없는 자도 신분이 있는 자의 범행에 가공한 경우에 공범이 될 수 있으나, 그 경우에도 공동가공의 의사와 그 공동의사에 기한 기능적 행위지배를 통한 범죄의 실행이라는 주관적 · 객관적 요건이 충족되어야 공동정범으로 처벌할 수 있다.

4] 대법원 2011. 5. 13. 선고 2011도2021 판결

[1] 공모공동정범의 성립 요건

❒ 형법 제30조의 공동정범은 공동가공의 의사와 그 공동의사에 기한 기능적 행위지배를 통한 범죄 실행이라는 주관적 · 객관적 요건을 충족함으로써 성립하는바, 공모자 중 일부가 구성요건행위 중 일부를 직접 분담하여 실행하지 않은 경우라 할지라도 전체 범죄에서 그가 차지하는 지위, 역할이나 범죄 경과에 대한 지배 내지 장악력 등을 종합해 볼 때, 단순한 공모자에 그치는 것이 아니라 범죄에 대한 본질적 기여를 통한 기능적 행위지배가 존재하는 것으로 인정된다면, 이른바 공모공동정범으로서의 죄책을 면할 수 없다(대법원 1998. 5. 21. 선고 98도321 전원합의체 판결, 대법원 2007. 4. 26. 선고 2007도235 판결, 대법원 2007. 4. 26. 선고 2007도428 판결 등 참조).

5] 대법원 2011. 1. 27. 선고 2010도11030 판결

[1] 공모공동정범의 공모자들에게 공모한 범행 외에 부수적으로 파생된 범죄에 대하여도 암묵적 공모와 기능적 행위지배가 있다고 인정하기 위한 판단 기준

❐ 형법 제30조의 공동정범은 공동가공의 의사와 그 공동의사에 기한 기능적 행위지배를 통한 범죄 실행이라는 주관적 · 객관적 요건을 충족함으로써 성립하는바, 범죄의 수단과 태양, 가담하는 인원과 그 성향, 범행 시간과 장소의 특성, 범행과정에서 타인과의 접촉가능성과 예상되는 반응 등 제반 상황에 비추어, 공모자들이 그 공모한 범행을 수행하거나 목적 달성을 위해 나아가는 도중에 부수적인 다른 범죄가 파생되리라고 예상하거나 충분히 예상할 수 있는데도 그러한 가능성을 외면한 채 이를 방지하기에 족한 합리적인 조치를 취하지 아니하고 공모한 범행에 나아갔다가 결국 그와 같이 예상되던 범행들이 발생하였다면, 비록 그 파생적인 범행 하나하나에 대하여 개별적인 의사의 연락이 없었다고 하더라도 당초의 공모자들 사이에 그 범행 전부에 대하여 암묵적인 공모는 물론 그에 대한 기능적 행위지배가 존재한다고 보아야 할 것이다(대법원 2007. 4. 26. 선고 2007도428 판결 등 참조).

6] 대법원 2010. 9. 9. 선고 2010도6924 판결

[1] 공모에 주도적으로 참여한 공모자가 공모관계에서 이탈하여 공동정범으로서 책임을 지지 않기 위한 요건

❐ 공모공동정범에 있어서 공모자 중의 1인이 다른 공모자가 실행행위에 이르기 전에 그 공모관계에서 이탈한 때에는 그 이후의 다른 공모자의 행위에 관하여는 공동정범으로서의 책임은 지지 않는다 할 것이나, 공모관계에서의 이탈은 공모자가 공모에 의하여 담당한 기능적 행위지배를 해소하는 것이 필요하므로 공모자가 공모에 주도적으로 참여하여 다른 공모자의 실행에 영향을 미친 때에는 범행을 저지하기 위하여 적극적으로 노력하는 등 실행에 미친 영향력을 제거하지 아니하는 한 공모자가 구속되었다는 등의 사유만으로 공모관계에서 이탈하였다고 할 수 없다(대법원 2007. 4. 12. 선고 2006도9298 판결, 대법원 2008. 4. 10. 선고 2008도1274 판결 등 참조).

7] 대법원 2010. 7. 15. 선고 2010도3544 판결

[1] 구성요건행위를 직접 분담하여 실행하지 아니한 공모자를 공모공동정범으로 인정하기 위한 요건

❐ 구성요건행위를 직접 분담하여 실행하지 아니한 공모자가 공모공동정범으로 인정되기 위하여는 전체 범죄에 있어서 그가 차지하는 지위 · 역할이나 범죄경과에 대한 지배 내지 장악력

등을 종합하여 그가 단순한 공모자에 그치는 것이 아니라 범죄에 대한 본질적 기여를 통한 기능적 행위지배가 존재하는 것으로 인정되어야 한다(대법원 2007. 4. 26. 선고 2007도235 판결 참조).

8] 대법원 2009. 6. 23. 선고 2009도2994 판결

[1] 공모공동정범의 단순 가담자

❐ 전국노점상총연합회가 주관한 도로행진시위에 참가한 피고인이 다른 시위 참가자들과 함께 경찰관 등에 대한 특수공무집행방해 행위를 하던 중 체포된 사안에서, 단순 가담자인 피고인에게 체포된 이후에 이루어진 다른 시위참가자들의 범행에 대하여는 공모공동정범의 죄책을 인정할 수 없다.

9] 대법원 2009. 6. 11. 선고 2008도11784 판결

[1] 예인선 정기용선자의 현장소장 갑은 사고의 위험성이 높은 시점에 출항을 강행할 것을 지시하였고, 예인선 선장 을은 갑의 지시에 따라 사고의 위험성이 높은 시점에 출항하는 등 무리하게 예인선을 운항한 결과 예인되던 선박에 적재된 물건이 해상에 추락하여 선박교통을 방해한 사안에서, 갑과 을을 업무상과실일반교통방해죄의 공동정범으로 처벌한다.

10] 서울고등법원 2009. 4. 2. 선고 2008노2518 판결

[1] 사실오인 또는 법리오해의 점

❐ 형법 제30조의 공동정범은 공동가공의 의사와 그 공동의사에 기한 기능적 행위지배를 통한 범죄 실행이라는 주관적·객관적 요건을 충족함으로써 성립하는바, 원심이 적법하게 채택하여 조사한 증거들을 종합하여 인정되는 다음과 같은 사정 즉, 피고인은 전국노점상총연합회 오산·화성지역 조직국장으로 활동하면서 2006. 9. 28. 노점상 단속 및 철거조치에 주도적으로 항의하다가 특수공무집행방해죄, 공용물건손상죄로 집행유예의 처벌을 받은 전력이 있는 점, 피고인은 이 사건 범행 당시 조직간부가 아닌 일반회원으로서 이 사건 집회 및 시위를 주최하는 지위에 있지는 않은 것으로 보이긴 하나 집회에 참여하면서 단결투쟁이라고 기재된 검정색 조끼를 입고 손에는 고무로 코팅이 된 면장갑을 끼고 얼굴에 흰 마스크를 한 상태로 시위대 전열에서 적극적으로 시위에 참가한 점, 그 당시 시위대 전열에서는 시청 정문 방어벽으로 설치한 컨테이너 3개를 밧줄로 잡아당겨 넘어뜨리고 폐타이어에 불을 붙였으며 시청 정문 안으로 돌, 유리병, 각목 등을 집어 던지는 등 시위가 과격해지는 양상이었고 시위대 중 일부가 시청 진입을 막고 있는 경찰들을 향하여 각목을 휘두르고 이에 대하여 일부 사복경찰들이 시위대 전열에서 각목 등

을 휘두르는 적극 가담자들을 검거하고 있는 상황에서 피고인은 사복경찰을 잡아 밀쳐내면서 동료의 검거를 제지하는 등 폭력을 행사한 점, 그 밖에 이 사건 집회 당시의 피고인의 지위·역할과 전체적인 사태의 추이, 집회를 위한 사전 준비의 내용과 정도 및 실제 폭행을 가하거나 기물을 파손한 집회참가자들의 구체적인 행위의 태양, 폭력사태의 지속시간 및 그로 인한 피해 정도 등의 여러 사정에 비추어 보면, 피고인은 단순한 암묵적·순차적 공모자에 그치는 것이 아니라 범죄에 대한 본질적 기여를 통한 기능적 행위지배가 존재하는 것으로 인정되므로, 같은 취지의 원심 판단은 정당하고 거기에 공동정범의 성립범위를 과도하게 확장하여 행위책임의 원칙에 위반한 위법이 없다.

11] 서울서부지법 2009. 3. 19. 선고 2008노1325 판결

[1] 관세법상 추징의 경우 그 공범자 또는 범칙자 중 어떤 자가 그 가액의 전액을 납부한 때에는 다른 공범자에 대하여 그 추징의 집행이 면제

❒ 피고인은 원심의 양형 중 특히 추징액의 액수가 너무 과하므로 이를 감액하여 줄 것을 항소이유로서 주장하나, 관세법상의 추징은 필요적 추징으로서 일반 형사법상의 추징과는 달리 징벌적 성격을 띠고 있어 여러 사람이 공모하여 밀수입행위를 하거나 그 밀수품을 취득, 양여, 감정한 경우에는 범칙자의 1인이 그 물품을 소유하거나 점유하였다면 그 물품의 범칙 당시의 국내도매가격 상당의 가액 전액을 그 물품의 소유 또는 점유사실의 유무를 불문하고 범칙자 전원으로부터 각각 추징하여야 하는바, 이 사건 기록을 살펴보더라도 원심이 선고한 추징액을 변경할 어떠한 사정도 보이지 아니하므로 피고인의 이 부분 주장은 이유 없다. 다만, 관세법상 추징의 경우 그 공범자 또는 범칙자 중 어떤 자가 그 가액의 전액을 납부한 때에는 다른 공범자에 대하여 그 추징의 집행이 면제될 수 있으므로 이 사건 범행의 공범자 또는 범칙자 중 일부가 그 가액의 전부 또는 일부를 납부한 경우 피고인에 대하여는 그 납부한 가액 상당에 한하여 추징의 집행이 면제될 수 있다.

12] 대법원 2009. 2. 12. 선고 2008도6551 판결

[1] 타인의 시세조종을 통한 주가조작 범행과 관련하여, 자기 명의의 증권계좌와 자금을 교부하였을 뿐만 아니라 적극적으로 투자자 등을 유치·관리한 사람에게 증권거래법 제188조의4 위반죄의 공모공동정범을 인정한다.

❒ 위 피고인들은 공소외인 등이 시세조종의 방법으로 주가조작을 하는 데 사용하도록 자신 및 지인들의 증권계좌와 자금을 교부하였을 뿐만 아니라, 적극적으로 투자자들을 유치하여 관리함으로써 그들 명의의 증권계좌와 자금이 공소외인 등의 주가조작 범행에 사용되도록 한 사

실을 알 수 있으므로, 위 피고인들이 미필적으로나마 공소외인 등의 주가조작 범행을 인식하면서 그 범행에 공동가공하려는 의사를 가지고 투자자 유치 등의 행위를 분담함으로써 기능적 행위지배를 통한 범죄실행에 나아갔다고 할 것이다. 피고인들이 공소외인 등과 공모하여 이 사건 주가조작 범행을 저질렀다는 공소사실을 유죄로 인정한 것은 정당하고, 공모나 범의, 공모공동정범의 성립에 관한 위법이 없다.

13] 대법원 2006. 1. 26. 선고 2005도8507 판결

[1] 공모공동정범에 있어서 공모관계의 성립 요건

❒ 2인 이상이 범죄에 공동 가공하는 공범관계에서 공모는 법률상 어떤 정형을 요구하는 것이 아니고 2인 이상이 공모하여 어느 범죄에 공동 가공하여 그 범죄를 실현하려는 의사의 결합만 있으면 되는 것으로서, 비록 전체의 모의과정이 없었다고 하더라도 수인 사이에 순차적으로 또는 암묵적으로 상통하여 그 의사의 결합이 이루어지면 공모관계가 성립하고, 이러한 공모가 이루어진 이상 실행행위에 직접 관여하지 아니한 자라도 다른 공모자의 행위에 대하여 공동정범으로서의 형사책임을 진다.

14] 대법원 1995. 6. 16. 선고 94도1793 판결

[1] 상명하복 관계에 있는 자들 사이에 공동정범이 성립

❒ 상명하복관계에 있는 자들 사이에 있어서도 범행에 공동가공한 이상 공동정범이 성립하는데 아무런 지장이 없다.

15] 대법원 2001. 12. 28. 선고 2001도5158 판결

[1] 대향적 공범에 대하여 공범이나 방조범에 관한 형법총칙 규정이 적용되지 아니한다.(소극)

❒ 매도, 매수와 같이 2인 이상의 서로 대향된 행위의 존재를 필요로 하는 관계에 있어서는 공범이나 방조범에 관한 형법총칙 규정의 적용이 있을 수 없고, 따라서 매도인에게 따로 처벌규정이 없는 이상 매도인의 매도행위는 그와 대향적 행위의 존재를 필요로 하는 상대방의 매수범행에 대하여 공범이나 방조범관계가 성립되지 아니한다.

16] 대법원 1998. 5. 21. 선고 98도321 전원합의체 판결

[1] 3인 이상이 합동절도를 모의한 후 2인 이상이 범행을 실행한 경우, 직접 실행행위에 가담하지 않은 자에 대한 공모공동정범의 인정(적극)

❐ 3인 이상의 범인이 합동절도의 범행을 공모한 후 적어도 2인 이상의 범인이 범행 현장에서 시간적, 장소적으로 협동관계를 이루어 절도의 실행행위를 분담하여 절도 범행을 한 경우에는 공동정범의 일반 이론에 비추어 그 공모에는 참여하였으나 현장에서 절도의 실행행위를 직접 분담하지 아니한 다른 범인에 대하여도 그가 현장에서 절도 범행을 실행한 위 2인 이상의 범인의 행위를 자기 의사의 수단으로 하여 합동절도의 범행을 하였다고 평가할 수 있는 정범성의 표지를 갖추고 있다고 보여지는 한 그 다른 범인에 대하여 합동절도의 공동정범의 성립을 부정할 이유가 없다고 할 것이다. 형법 제331조 제2항 후단의 규정이 위와 같이 3인 이상이 공모하고 적어도 2인 이상이 합동절도의 범행을 실행한 경우에 대하여 공동정범의 성립을 부정하는 취지라고 해석할 이유가 없을 뿐만 아니라, 만일 공동정범의 성립가능성을 제한한다면 직접 실행행위에 참여하지 아니하면서 배후에서 합동절도의 범행을 조종하는 수괴는 그 행위의 기여도가 강력함에도 불구하고 공동정범으로 처벌받지 아니하는 불합리한 현상이 나타날 수 있다. 그러므로 합동절도에서도 공동정범과 교사범・종범의 구별기준은 일반원칙에 따라야 하고, 그 결과 범행현장에 존재하지 아니한 범인도 공동정범이 될 수 있으며, 반대로 상황에 따라서는 장소적으로 협동한 범인도 방조만 한 경우에는 종범으로 처벌될 수도 있다.

제3절 협의의 공범

1. 교사범

조문

제31조(교사범) ① 타인을 교사하여 죄를 범하게 한 자는 죄를 실행한 자와 동일한 형으로 처벌한다.
② 교사를 받은 자가 범죄의 실행을 승낙하고 실행의 착수에 이르지 아니한 때에는 교사자와 피교사자를 음모 또는 예비에 준하여 처벌한다.
③ 교사를 받은 자가 범죄의 실행을 승낙하지 아니한 때에도 교사자에 대하여는 전항과 같다.

1) 교사범

교사범이란 범행의사가 없는 타인을 교사하여 범죄를 실행하게 하는 것을 말한다. 형법 제31조 제1항은 "타인을 교사하여 죄를 범하게 한 자는 죄를 실행한 자와 동일한 형으로 처벌한다"라고 규정하고 있다. 타인을 교사하여 죄를 범하게 한 자를 '교사자'라 하고, 교사를 받아 범죄를 실행한 자를 '피교사자'라 한다.

2) 미수의 교사

미수의 교사란 피교사자의 실행행위가 처음부터 미수에 그칠 것을 예견하고서도 교사한 것을 말한다.

(1) 기도(企圖)된 교사

(가) 효과 없는 교사

"교사자의 교사에 대하여 피교사자가 범행은 승낙하였으나 실행행위에 나아가지 아니한 경우"를 말한다.

① 예비·음모에 그친 경우와 ② 실행에 착수했지만 불가벌적 미수에 그친 경우도 교사자·피교사자 모두를 예비·음모에 준하여 처벌한다(제31조 ②항).

(나) 실패한 교사

교사자의 교사가 있었으니 피교사자가 범죄의 실행을 승낙하지 않거나 이미 범행의 결의를 하고 있는 경우이다. 즉, 교사자체를 실패하는 것이다. 교사자만이 예비·음모에 준하여 처벌된다(제31조 ③항).

관련판례

1] 대법원 2011. 11. 24. 선고 2011도9585 판결

[1] 여러 사람이 공동으로 뇌물을 수수한 경우 가액 추징의 방법 및 공동수수자가 아닌 교사범 또는 종범에게 뇌물 중 일부를 사례금 등의 명목으로 교부한 경우 추징하여야 할 금액(수뢰액 전부)

❒ 공무원이 뇌물을 받는 데에 필요한 경비를 지출한 경우 그 경비는 뇌물수수의 부수적 비용에 불과하여 뇌물의 가액 및 추징액에서 공제할 항목에 해당하지 아니하고(대법원 1999. 10. 8. 선고 99도1638 판결, 대법원 2005. 7. 15. 선고 2003도4293 판결 등 참조), 뇌물로 금품을 수수한 자가 독자적인 판단에 따라 금품의 전부 또는 일부를 위와 같은 경비로 사용하였다면 이는 범인이 취득한 재물을 소비한 것에 불과하므로 그 경비 상당액도 뇌물수수자로부터 추징하여야 한다(대법원 2008. 8. 21. 선고 2008도4378 판결 등 참조). 한편 여러 사람이 공동으로 뇌물을 수수한 경우에 그 가액을 추징하려면 실제로 분배받은 금품만을 개별적으로 추징하여야 하고 수수금품을 개별적으로 알 수 없을 때에는 평등하게 추징하여야 하며 공동정범뿐 아니라 교사범 또는 종범도 뇌물의 공동수수자에 해당할 수 있으나(대법원 2001. 3. 9. 선고 2000도794 판결, 대법원 2004. 10. 27. 선고 2003도6738 판결 등 참조), 공동정범이 아닌 교사범 또는 종범의 경우에

는 정범과의 관계, 범행 가담 경위 및 정도, 뇌물 분배에 관한 사전약정의 존재 여부, 뇌물공여자의 의사, 종범 또는 교사범이 취득한 금품이 전체 뇌물수수액에서 차지하는 비중 등을 고려하여 공동수수자에 해당하는지를 판단하여야 한다. 그리고 뇌물을 수수한 자가 공동수수자가 아닌 교사범 또는 종범에게 뇌물 중의 일부를 사례금 등의 명목으로 교부하였다면 이는 뇌물을 수수하는 데에 따르는 부수적 비용의 지출 또는 뇌물의 소비행위에 지나지 아니하므로, 뇌물수수자로부터 그 수뢰액 전부를 추징하여야 한다.

2] 대법원 2008. 3. 14. 선고 2007도10601 판결

[1] 제3자 뇌물공여 교사행위에 대하여 형법 제31조 제1항, 제130조를 적용하여 형법상의 제3자 뇌물공여 교사죄로 기소한 경우, 비록 구성요건이 동일하더라도 공소장변경 없이 형이 더 무거운 특정범죄 가중처벌 등에 관한 법률 제2조 제1항, 형법 제31조 제1항, 제130조를 적용하여 처벌할 수 없다.

❒ 직권 판단

원심은, 피고인 2가 피고인 1로 하여금 그의 직무와 관련하여 부정한 청탁을 받고 3억 2,000만 원을 제3자인 피고인 2에게 뇌물로 공여하게 하는 행위를 하도록 교사하였다는 부분에 관하여, 검사가 형법 제130조, 제31조 제1항을 적용하여 형법상의 제3자 뇌물공여 교사죄로 기소한 데 대하여, 특정범죄 가중처벌 등에 관한 법률 제2조는 뇌물의 가액에 따라 가중처벌하는 규정이므로 뇌물의 가액이 공소장에 특정된 이상 검사가 공소장에 가중처벌에 관한 적용법조의 기재 또는 추가 · 변경 등의 절차를 취하지 아니하여도 법원이 직권으로 뇌물의 가액에 해당하는 법조를 적용하여야 한다는 이유로 이 부분 공소사실에 대하여 특정범죄 가중처벌 등에 관한 법률 제2조 제1항, 형법 제130조, 제31조 제1항을 적용하여 피고인에게 그 가중된 법정형에 따라 형을 선고하고 있다.

그러나 이 사건과 같이 일반법과 특별법이 동일한 구성요건을 가지고 있고 어느 범죄사실이 그 구성요건에 해당하는데 검사가 그 중 형이 보다 가벼운 일반법의 법조를 적용하여 그 죄명으로 기소하였으며, 그 일반법을 적용한 때의 형의 범위가 '징역 5년 이하'이고, 특별법을 적용한 때의 형의 범위가 '무기 또는 10년 이상의 징역'으로서 차이가 나는 경우에는, 비록 그 공소사실에 변경이 없고 또한, 그 적용 법조의 구성요건이 완전히 동일하다 하더라도, 그러한 적용 법조의 변경이 피고인의 방어권 행사에 실질적인 불이익을 초래한다고 보아야 하며, 따라서 법원은 공소장 변경 없이는 형이 더 무거운 특별법의 법조를 적용하여 특별법 위반의 죄로 처단할 수는 없다(대법원 2007. 12. 27. 선고 2007도4749 판결 참조).

원심이 이와 달리 공소장 변경 없이 이 부분 공소사실에 대하여 특정범죄 가중처벌 등에 관한 법률 제2조 제1항, 형법 제130조, 제31조 제1항을 적용한 것에는 공소장변경에 관한 법리를 오해한 위법이 있고, 판결의 결과에 영향을 미쳤다 할 것이다.

3] 대법원 2007. 1 .25. 선고 2006도6912 판결

[1] 의사가 그 사용인 등을 교사하여 의료법 위반행위를 하게 한 경우, 의료법위반교사의 책임을 지게 된다.(적극)

❐ 의사인 피고인이 그 사용인 등을 교사하여 의료법 위반행위를 하게 한 경우 피고인은 의료법의 관련 규정 및 형법 총칙의 공범규정에 따라 의료법 위반 교사의 책임을 지게 된다고 할 것이다.

이와 달리 피고인이 양벌규정인 의료법 제70조에 따라 그 사용인 등의 위료법 위반행위에 대하여 책임을 지게 되므로 피고인에 대하여는 형법 총칙의 공범규정의 적용이 배제된다는 주장 및 신분관계로 인하여는 의 경중이 있는 경우에는 중한 형으로 벌하지 아니한다는 형법 제33조 단서의 취지에 따라 피고인에 대하여는 의료법 제70조에 규정한 벌금형만을 부과하여야 한다는 주장은 피고인의 독자적인 주장으로서 받아들일 수 없다.

4] 대법원 2006. 12. 7. 선고 2005도3707 판결

[1] 범인이 자신을 위하여 형법 제151조 제2항에 의하여 처벌을 받지 아니하는 친족 등으로 하여금 허위의 자백을 하게 하여 범인도피죄를 범하게 하는 경우, 범인도피교사죄의 성립 여부(적극)

❐ 범인이 자신을 위하여 타인으로 하여금 허위의 자백을 하게 하여 범인도피죄를 범하게 하는 행위는 방어권의 남용으로 범인도피교사죄에 해당하는바, 이 경우 그 타인이 형법 제151조 제2항에 의하여 처벌을 받지 아니하는 친족, 호주 또는 동거 가족에 해당한다 하여 달리볼 것은 아니다.

[2] 무면허 운전으로 사고를 낸 사람이 동생을 경찰서에 대신 출두시켜 피의자로 조사받도록 한 행위가 범인도피교사죄를 구성한다.

5] 고등군사법원 2005. 9. 27. 선고 2005노74 판결

[1] 범인도피 교사의 점에 대한 판단

피고인은 과거 헌병 수사관으로 활동하는 등 헌병 병과에서 약 18년간 근무한 경력이 있는 자로서, 음주단속에 적발이 될 경우 그 처리 절차에 대하여 누구보다도 잘 알고 있는 상태에서 공소외 2에게 헌병 음주단속에 적발이 되었으니 현장에 좀 나와 달라고 부탁한 점, 공소외 2는 피고인의 헌병 병과 후배로서 당시 군내에서 발생하는 각종 형사사건의 처리를 담당하는 헌병 수사관의 직책에 있었던 점, 피고인의 전화를 받은 공소외 2는 형사 처벌을 면하게 해달라는 취지의 부탁으로 받아들이고 음주단속 현장에 나간 점, 공소외 2가 공소외 3과 공소외 1에게 자신의 신분을 밝히면서 이들이 주취운전자적발보고서를 작성하거나 재차 음주측정하는 것을 제지하고 있을 때, 피고인은 그곳으로부터 3~4 미터 정도 떨어진 곳에서 그들의 대화를 전부 듣고 있었던 점, 공소외 2가 공소외 3 등으로부터 피고인의 신병을 인수하기 위해 노력하고 있을 때, 피고인은 "어떻게 좀 해봐라. 안되면 안되잖아"라는 등의 말로 공소외 2를 재촉한 점, 공소외 3 등으로부터 피고인의 신병을 인수받은 공소외 2는 피고인을 전혀 형사 입건할 의사없이 귀가시킨 점, 비록 음주측정자의 측정상의 과실이 결합되기는 하였으나, 공소외 1이 음주 측정상의 준수사항을 올바로 지킨 상태에서 제대로 음주측정을 실시하였거나 공소외 3을 재측정을 실시하였다면 형사처벌 수치 이상의 혈중알콜농도가 정확하게 측정되었을 가능성도 있는 상황에서, 범죄혐의를 받아 수사 대상이 되어 있던 피고인이 공소외 2에게 공소외 3 등으로부터 자신의 신병을 인수받도록 한 후 아무런 조사없이 귀가시키도록 한 점(대법원 2000. 11. 24. 2000도4078 판결 참조) 등을 종합하여 볼 때, 원심 판시 범인도피교사의 점을 넉넉히 인정할 수 있으므로 이 부분에 관한 피고인의 항소는 이유 없다.

6] 대법원 2004. 10. 28. 선고 2004도3994 판결

[1] 변호사 아닌 자에게 고용된 변호사를, 변호사 아닌 자가 변호사를 고용하여 법률사무소를 개설·운영하는 행위를 처벌하도록 규정하고 있는 변호사법 제109조 제2호, 제34조 제4항 위반죄의 공범으로 처벌할 수 없다(소극).

❒ 변호사 아닌 자가 변호사를 고용하여 법률사무소를 개설·운영하는 행위에 있어서는 변호사 아닌 자는 변호사를 고용하고 변호사는 변호사 아닌 자에게 고용된다는 서로 대향적인 행위의 존재가 반드시 필요하고, 나아가 변호사 아닌 자에게 고용된 변호사가 고용의 취지에 따라 법률사무소의 개설·운영에 어느 정도 관여할 것도 당연히 예상되는바, 이와 같이 변호사가 변호사 아닌 자에게 고용되어 법률사무소의 개설·운영에 관여하는 행위는 위 범죄가 성립하는 데 당연히 예상될 뿐만 아니라 범죄의 성립에 없어서는 아니 되는 것인데도 이를 처벌하는 규정이 없는 이상, 그 입법 취지에 비추어 볼 때 변호사 아닌 자에게 고용되어 법률사무소의 개설·운영에 관여한 변호사의 행위가 일반적인 형법 총칙상의 공모, 교사 또는 방조에 해당된다고 하더라도 변호사를 변호사 아닌 자의 공범으로서 처벌할 수는 없다.

7] 대법원 2002. 10. 25. 선고 2002도4089 판결

[1] 상해 또는 중상해를 교사하였는데 피교사자가 살인을 실행한 경우 교사자의 죄책

❐ 교사자가 피교사자에 대하여 상해 또는 중상해를 교사하였는데 피교사자가 이를 넘어 살인을 실행한 경우에, 일반적으로 교사자는 상해죄 또는 중상해죄의 죄책을 지게 되는 것이지만 이 경우에 교사자에게 피해자의 사망이라는 결과에 대하여 과실 내지 예견가능성이 있는 때에는 상해치사죄의 죄책을 지울 수 있다.

8] 대법원 2000. 2. 25. 선고 99도1252 판결

[1] 교사범이 성립하기 위하여는 정범의 범죄행위가 인정되는 것이 전제요건이다.(적극)

❐ 교사범이 성립하기 위해서는 교사자의 교사행위와 정범의 실행행위가 있어야 하는 것이므로, 정범의 성립은 교사범의 구성요건의 일부를 형성하고 교사범이 성립함에는 정범의 범죄행위가 인정되는 것이 그 전제요건이 된다.

9] 대법원 1998. 2. 24. 선고 97도183 판결

[1] 교사범의 정범종속성

❐ 정범의 성립은 교사범의 구성요건의 일부를 형성하고 교사범이 성립함에는 정범의 범죄행위가 인정되는 것이 그 전제요건이 되는 것이고(대법원 1981. 11. 24. 선고 81도2422 판결 참조), 문서의 위조라고 하는 것은 작성권한 없는 자가 타인 명의를 모용하여 문서를 작성하는 것을 말하는 것이므로 사문서를 작성함에 있어 그 명의자의 명시적이거나 묵시적인 승낙(위임)이 있었다면 이는 사문서위조에 해당한다고 할 수 없다(대법원 1988. 1. 12. 선고 87도2256 판결, 대법원 1993. 3. 9. 선고 92도3101 판결 등 참조).

10] 대법원 1991. 5. 14. 선고 91도542 판결

[1] 피교사자가 이미 범죄의 결의를 가지고 있을 때에는 교사범이 성립할 수 없다.(소극)

❐ 교사범이란 타인(정범)으로 하여금 범죄를 결의하게 하여 그 죄를 범하게 한 때에 성립하는 것이고 피교사자는 교사범의 교사에 의하여 범죄실행을 결의하여야 하는 것이므로, 피교사자가 이미 범죄의 결의를 가지고 있을 때에는 교사범이 성립할 여지가 없다.

[2] 교사의 수단 · 방법과 범행의 특정 정도

❐ 교사의 수단방법에 제한이 없다 할 것이므로, 교사범이 성립하기 위하여는 범행의 일시, 장소, 방법 등의 세부적인 사항까지를 특정하여 교사할 필요는 없는 것이고, 정범으로 하여금 일정한 범죄의 실행을 결의할 정도에 이르게 하면 교사범이 성립된다 – 피고인이 갑, 을, 병이 절취하여 온 장물을 상습으로 19회에 걸쳐 시가의 3분의 1 내지 4분의 1의 가격으로 매수하여 취득하여 오다가, 갑, 을에게 일제 드라이버 1개를 사주면서 "병이 구속되어 도망다니려면 돈도 필요

할 텐데 열심히 일을 하라(도둑질을 하라)"고 말하였다면, 그 취지는 종전에 병과 같이 하던 범위의 절도를 다시 계속하면 그 장물은 매수하여 주겠다는 것으로서 절도의 교사가 있었다고 보아야 한다.

[3] 정범의 범죄습벽과 함께 교사행위가 원인이 되어 정범이 범죄를 실행한 경우에도 교사범은 성립한다(적극).

❐ 교사범의 교사가 정범이 죄를 범한 유일한 조건일 필요는 없으므로, 교사행위에 의하여 정범이 실행을 결의하게 된 이상 비록 정범에게 범죄의 습벽이 있어 그 습벽과 함께 교사행위가 원인이 되어 정범이 범죄를 실행한 경우에도 교사범의 성립에 영향이 없다.

11] 대법원 1983. 12.1 3. 선고 83도1458 판결

[1] 무허가 건물을 허가받은 것처럼 가옥대장에 등재케 한 경우 허위공문서작성죄의 교사범 성립한다(적극).

❐ 고인이 건축물조사 및 가옥대장 정리업무를 담당하는 지방행정서기를 교사하여 무허가 건물을 허가받은 건축물인 것처럼 가옥대장 등에 등재케하여 허위공문서 등을 작성케 한 사실이 인정된다면, 허위공문서작성죄의 교사범으로 처단한 것은 정당하다.

12] 대법원 1981. 11. 24. 선고 81도2422 판결

[1] 교사범, 방조범의 범죄사실 적시방법

❐ 교사범, 방조범의 범죄사실 적시에 있어서는 그 전제요건이 되는 정범의 범죄 구성요건이 되는 사실 전부를 적시하여야 하고, 이 기재가 없는 교사범, 방조범의 사실 적시는 죄가 되는 사실의 적시라고 할 수 없다.

13] 서울고법 1990. 2. 27. 선고 89노4058 제3형사부판결 : 확정

[1] 강간치상죄의 공동정범으로 기소되었으나 피고인이 그 공모 또는 교사사실 자체를 다투고 있는 경우 공소장변경 없이 강간치사상죄의 교사범으로 인정할 수 없다.

❐ 피고인이 강간치상죄의 공모 또는 그 교사사실 자체를 다투고 있는 이 사건에 있어서, 피고인에 대한 강강치상죄의 공동정범의 공소사실에 관하여 공소장변경절차 없이 이를 강간치상죄의 교사범으로 인정하여 처벌함으로써 인정사실 및 적용법조를 달리하는 것은 피고인의 방어에 실질적인 불이익을 초래할 염려가 있어 위법하다.

2. 종범

조 문

제32조(종범) ① 타인의 범죄를 방조한 자는 종범으로 처벌한다. ② 종범의 형은 정범의 형보다 감경한다.

1) 종범의 의의

'종범(從犯, Beihilfe)'이란 타인(정범)의 범죄를 방조한 자를 말한다. 방조범(幇助犯)이라고도 한다. 형법 제32조의 규정에 의하여 정범의 형에 대한 '필요적 감경사유'로 되어 있다.

'방조'란 범행결의를 가진 정범의 범죄실행을 쉽게 하거나 결의를 강화시켜 주는 일체의 행위를 말한다. 방조의 방법에는 물질적 · 유형적 방조이든, 정신적 · 무형적 방조이든 제한이 없다. 종범은 그 자신이 범죄를 실행하지 않고, 정범의 실행행위에 가담하는 형태로 교사범과 함께 협의의 공범에 해당한다. 그러나 종범은 이미 범죄를 결의한 자에 대하여 그 결의를 강화시키는 형태의 가담이고, 교사범은 아직 범죄의사가 없는 자에게 범죄를 결의하게 하는 형태의 가담인 점에서 양자가 구별된다.

2) 종범의 성립요건

종범이 성립하기 위해서는 방조자는 정범의 범죄를 방조할 ① 종범의 주관적 요건, ② 방조행위, ③ 정범의 실행행위가 있어야 한다.

관련판례

1] 대법원 2011. 7. 14. 선고 2011도3180 판결

❐ 상법 제628조 제1항에서 규정한 납입가장죄는 상법 제622조에서 정한 지위에 있는 자만이 주체가 될 수 있는 신분범이다. 한편 신분이 없는 자도 신분이 있는 자의 범행에 가공한 경우에 공범이 될 수 있으나, 그 경우에도 공동가공의 의사와 그 공동의사에 기한 기능적 행위지배를 통한 범죄의 실행이라는 주관적 · 객관적 요건이 충족되어야 공동정범으로 처벌할 수 있다.

2] 대법원 1996. 9. 6. 선고 95도2551 판결

[1] 정범의 실행행위 착수 이전의 방조행위를 종범으로 처벌하기 위한 요건

❐ 종범은 정범의 실행행위 중에 이를 방조하는 경우뿐만 아니라 실행 착수 전에 장래의 실행

행위를 예상하고 이를 용이하게 하는 행위를 하여 방조한 경우에도 정범이 실행행위를 한 경우에 성립한다(대법원 1983. 3. 8. 선고 82도2873 판결 참조).

3] 대법원 1989. 4. 11. 선고 88도1247 판결

[1] 공동정범의 본질 및 종범과의 구별

❐ 공동정범의 본질은 분업적 역할분담에 의한 기능적 행위지배에 있다고 할 것이므로 공동정범은 공동의사에 의한 기능적 행위지배가 있음에 반하여 종범은 그 행위지배가 없는 점에서 양자가 구별된다.

4] 대법원 1986. 9. 23. 선고 86도1429 판결

[1] 국가보안법상의 간첩방조죄에 대한 종범감경가부

❐ 형법 제98조 제1항의 간첩방조죄는 정범인 간첩죄와 대등한 독립죄로서 간첩죄와 동일한 법정형으로 처단하게 되어 있어 형법 총칙 제32조 소정의 감경대상이 되는 종범과는 그 실질이 달라 종범감경을 할 수 없는 것이므로 그 가중규정인 국가보안법 제4조 제1항 제2호의 반국가단체의 간첩방조죄에 대하여도 그 정범인 반국가단체의 간첩죄와 동일한 법정형으로 처단하여야 하고 종범감경을 할 수 없다.

5] 대법원 1985. 11. 26. 선고 85도1906 판결

[1] 부작위에 의한 종범

❐ 종범의 방조행위는 작위에 의한 경우 뿐만 아니라 부작위에 의한 경우도 포함하는 것으로서 법률상 정범의 범행을 방지할 의무있는 자가 그 범행을 알면서도 방지하지 아니하여 범행을 용이하게 한 때에는 부작위에 의한 종범이 성립한다.

6] 대법원 1985. 8. 13. 선고 85도1278 판결

[1] 관세포탈 및 동 미수행위를 방조한 자에 대한 종범감경할 수 없다.(소극)

❐ 관세법 제182조 및 특정범죄가중처벌등에관한법률 제6조 제6항에 관세포탈미수죄는 관세포탈죄에 준하여 처벌하고, 관세포탈 및 동 미수행위를 방조한 자는 정범에 준하여 처벌토록 규정하고 있으므로 위 법조의 소위에 관하여 형법 제32조 제2항에 의한 종범감경을 하지 아니한 것은 정당하다.

7] 대법원 1983. 3. 8. 선고 82도2873 판결

[1] 타인의 외화취득을 알선한 경우 외국화폐불매각죄의 종범이 성립된다(적극).

❐ 종범은 정범의 실행행위 전에 장래의 실행행위를 예상하고 이를 용이하게 하는 행위를 하여 방조한 경우에도 그뒤 정범이 그 실행행위에 나아갔다면 성립하는 것이므로 피고인(갑)이 피고인(을)의 지시를 받고 미화를 취득하여줌에 있어서 피고인(을)이 그 미화를 금융기관에 매각 집중시키지 아니할 것이라는 정을 알고 있었다면 피고인(갑)의 행위는 외국화폐불매각죄의 종범이 된다.

8] 대법원 1982. 11. 23. 선고 82도2024 판결

[1] 미성년자의 약취, 유인에는 가담한 바 없으나 그 후 그 정을 알면서 이를 미끼로 한 뇌물요구행위에 가담한 경우 특정범죄가중처벌등에 관한 법률 제5조의2 제2항 제1호 위반죄의 종범에 해당한다.

❐ 특정범죄가중처벌등에 관한 법률 제5조의2 제2항 제1호 소정의 죄는 형법 제287조의 미성년자 약취, 유인행위와 약취 또는 유인한 미성년자의 부모 기타 그 미성년자의 안전을 염려하는 자의 우려를 이용하여 재물이나 재산상의 이익을 취득하거나 이를 요구하는 행위가 결합된 단순일죄의 범죄라고 봄이 상당하므로 비록 타인이 미성년자를 약취. 유인한 행위에는 가담한 바 없다 하더라도 사후에 그 사실을 알면서 약취.유인한 미성년자를 부모 기타 그 미성년자의 안전을 염려하는 자의 우려를 이용하여 재물이나 재산상의 이익을 취득하거나 요구하는 타인의 행위에 가담하여 이를 방조한 때에는 단순히 재물등 요구행위의 종범이 되는데 그치는 것이 아니라 종합범인 위 특정범죄가중처벌등에 관한 법률 제5조의2 제2항 제1호 위반죄의 종범에 해당한다.

9] 대법원 1976. 5. 25. 선고 75도1549 판결

[1] 예비단계에 있어서의 종범의 성립부정

❐ 형법 32조 1항 소정 타인의 범죄란 정범이 범죄의 실현에 착수한 경우를 말하는 것이므로 종범이 처벌되기 위하여는 정범의 실행의 착수가 있는 경우만 가능하고 형법 전체의 정신에 비추어 정범이 실행의 착수에 이르지 아니한 예비의 단계에 그친 경우에는 이에 가공하는 행위가 예비 공동정범이 되는 경우를 제외하고는 종범의 성립을 부정하고 있다고 보는 것이 타당하다.

10] 대법원 1974. 5. 28. 선고 74도509 판결

[1] 편면적 종범에서도 공범의 종속성 부정

❒ 방조범은 종범으로서 정범의 존재를 전제로 하는 것이다. 즉 정범의 범죄행위 없이 방조범만이 성립될 수는 없다. 이른바 편면적 종범에 있어서도 그 이론은 같다.

제4절 공범과 신분

조문

제33조(공범과 신분) 신분관계로 인하여 성립될 범죄에 가공한 행위는 신분관계가 없는 자에게도 전3조의 규정을 적용한다. 단, 신분관계로 인하여 형의 경중이 있는 경우에는 중한 형으로 벌하지 아니한다.

1. 형법 제33조 해석

1) 학설대립

<table>
<tr><th colspan="2">구분</th><th>신분관계</th><th>적용범위</th><th></th></tr>
<tr><td rowspan="2">제1설
(다수설)</td><td>본문</td><td>구성적 신분(진정신분범) = 위법신분</td><td>신분범 일반에 대한 공법성립의 규정
[불법신분의 연대작용]</td><td rowspan="2">제한종속형식의 적용</td></tr>
<tr><td>단서</td><td>가감적신분(부진정신분범) = 책임신분</td><td>부진정신분범의 과형문제의 규정
[책임신분의 개별성]</td></tr>
<tr><td rowspan="2">제2설
(판례)</td><td>본문</td><td>진정신분범, 부진정신분범 포함</td><td>진정신분범, 부진정신분범을 불문하고 공범의 "성립"에 관한 규정</td><td rowspan="2">책임도
공범의 종속성
인정</td></tr>
<tr><td>단서</td><td></td><td>부진정신분범의 "科刑"에 관한 규정. 책임신분의 경우에도 비신분자에게 일단 신분범의 성립을 인정</td></tr>
<tr><td rowspan="3">제3설</td><td>본문</td><td>진정신분범, 부진정신분범 포함</td><td>가감적 신분이 포함된 위법신분으로 규정된 범죄를 의미함.
[위법신분의 연대작용]</td><td rowspan="2">공범의 종속성</td></tr>
<tr><td>단서</td><td></td><td>책임신분의 개별적용을 규정</td></tr>
<tr><td colspan="3">①가감적 신분에서 위법신분, 책임신분의 구별 기준 불분명 함.
②위법가중적 신분의 정범에 가공한 비신분자를 제33조 본문을 적용하여 가중적 범죄의 공범으로 처벌하는 것은 형의 경중이 있을 경우 비신분자를 "중한 형으로 처벌하지 아니 한다"는 '단서' 규정에 정면으로 배치되는 결함이 있다.</td><td>공범의 종속성</td></tr>
</table>

관련판례

1] 대법원 2011. 6. 24. 선고 2009다58364 판결

[1] 기간제로 임용된 사립대학 교원이 임용기간 만료로 대학교원 신분을 상실한다(한정 적극).

❒ 사용자가 취업규칙에서 정한 근로조건을 근로자에게 불리하게 변경함에 있어서 근로자의 동의를 얻지 않은 경우에 그 변경으로 기득이익이 침해되는 기존의 근로자에 대한 관계에서는 변경의 효력이 미치지 않게 되어 종전 취업규칙의 효력이 그대로 유지되지만, 변경 후에 변경된 취업규칙에 따른 근로조건을 수용하고 근로관계를 갖게 된 근로자에 대한 관계에서는 당연히 변경된 취업규칙이 적용되어야 한다(대법원 1992. 12. 22. 선고 91다45165 판결 등 참조). 한편 기간을 정하여 임용된 사립대학 교원은 학교법인의 정관이나 인사규정 또는 임용계약에 재임용 강제조항이 있거나 임용기간은 형식에 불과하고 임용계약이 계속 반복 갱신되어 연쇄적 근로관계가 인정되는 등의 특별한 사정이 없는 한 재임용의 기대나 재임용 여부에 관하여 합리적 기준에 의한 공정한 심사를 요구할 권리가 있을 뿐, 그와 같은 심사에 의해 재임용되지 않은 이상 그 임용기간 만료로 교원의 신분은 상실된다(대법원 2010. 7. 29. 선고 2007다42433 판결 등 참조).

2] 대법원 2011. 3. 24. 선고 2008다92022 판결

❒ 국가 또는 지방자치단체가 수행하던 특정 사업을 법률에 의하여 새로 설립되는 공사에 이관하는 경우 인적 조직에 신분상 변동이 있고 물적 조직에도 그것을 규율하는 법률 등에 차이가 있는 점에 비추어 볼 때 입법정책적 판단에 의하여 새로 설립되는 공사에 승계되는 권리 · 의무의 범위를 정할 수 있다. 그런데 철도산업발전기본법 제21조 제3항은 "국가는 철도운영 관련사업을 효율적으로 경영하기 위하여 철도청 및 고속철도건설공단의 관련조직을 전환하여 특별법에 의하여 한국철도공사(이하 '철도공사'라 한다)를 설립한다."고 규정하고, 같은 법 제25조 제1항은 "철도공사 및 철도시설공단은 철도청 직원 중 공무원 신분을 계속 유지하는 자를 제외한 철도청 직원 및 고속철도건설공단 직원의 고용을 포괄하여 승계한다."고 규정하고 있다. 이에 따라 한국철도공사법 부칙(2003. 12. 31.) 제7조 제1항, 제2항, 제4항은 철도청장은 소속 공무원 중 철도공사의 직원으로 신분이 전환될 자를 확정하여 철도공사가 직원을 임용할 수 있도록 조치하여야 하고, 철도공사 설립 당시 공무원 신분을 계속 유지하는 자와 한국철도시설공단 직원으로 임용된 자를 제외한 철도청 직원은 철도공사의 직원으로 임용하며, 철도공사의 직원으로 임용된 때에는 공무원 신분에서 퇴직한 것으로 본다고 규정하고 있다. 위 각 규정의 문언 및 입법 취지에 비추어, 위 부칙 제7조 제1항, 제2항, 제4항에 의하여 철도공사 설립 당시 철도청 소속 공무원의 신분에서 퇴직하여 철도공사 직원으로 임용된 자의 종전 근로관계는 철도공사에 당연

히 승계된다고 보아야 하고, 다만 이 경우 승계되는 근로관계는 구 한국철도공사법(2007. 4. 6. 법률 제8339호로 개정되기 전의 것) 시행일인 2005. 1. 1. 현재 철도청 공무원 신분을 갖고 있는 자와의 근로관계만을 의미하고 그 시점에 이미 철도청 공무원 신분을 상실한 자로서 사실상 근무해 온 자의 근로관계까지 승계하는 것은 아니다.

3] 대법원 2009. 1. 30. 선고 2008도8138 판결

[1] 국회의원이 후원회 회원이 아닌 자와 공모하여 1인당 후원금 한도를 초과한 금액을 기부하게 한 사안에서, 구 정치자금에 관한 법률 제30조 제1항 위반죄의 공동정범의 죄책을 인정한다.

❐ 2인 이상이 공모하여 범죄에 공동 가공하는 공범관계의 경우, 공모는 법률상 어떤 정형을 요구하는 것이 아니고 공범자 상호 간에 직접 또는 간접으로 범죄의 공동실행에 관한 암묵적인 의사연락이 있으면 족하며, 이에 대한 직접증거가 없더라도 정황사실과 경험법칙에 의하여 이를 인정할 수 있다(대법원 1999. 3. 9. 선고 98도3169 판결, 대법원 2002. 6. 28. 선고 2002도868 판결 등 참조).

4] 서울동부지법 2008. 1. 31. 선고 2007노880 판결

[1] 신분범

❐ 병역법 제86조의 '사위행위'로 인한 병역법위반죄는 '병역의무자'라는 신분을 구성요건으로 하는 신분범이라 할 것이나, 형법 제33조에 의하여 병역의무자가 아닌 자라도 그러한 신분있는 자의 범행에 관하여 공동가공하여 범죄를 실현하려는 의사의 결합이 이루어진 경우에는 공동정범으로서 위 병역법위반죄로 처벌할 수 있다고 할 것이다.

5] 대법원 2007. 11. 29. 선고 2007도7062 판결

[1] 친족 간의 정치자금 기부행위 불처벌을 규정한 정치자금법 제45조 제1항 단서의 법적 성격(책임조각사유)

❐ 정치자금법 제45조 제1항은 "이 법에 정하지 아니한 방법으로 정치자금을 기부하거나 기부받은 자는 5년 이하의 징역 또는 1천만 원 이하의 벌금에 처한다. 다만, 정치자금을 기부하거나 기부받은 자의 관계가 민법 제777조의 규정에 의한 친족인 경우에는 그러하지 아니하다"라고 규정하고 있는바, 위 조항의 단서 규정은 정치자금을 기부하는 자와 받는 자 사이에 민법상 친족관계가 있는 경우에는 친족 간의 정의(정의)를 고려할 때 정치자금법에서 정한 방법으로 돈을 주고 받으리라고 기대하기 어려움을 이유로 책임이 조각되는 사유를 정한 것이지 범죄의 구성요건해당성이 조각되는 사유를 정한 것이 아니므로, 정치자금을 기부받는 자와 민법 제777조

의 규정에 의한 친족관계에 있는 자가 그러한 친족관계 없는 자와 공모하여 정치자금법에 정하지 아니한 방법으로 정치자금을 기부한 경우에는 형법 제33조 본문에서 말하는 '신분관계로 인하여 성립될 범죄에 가공한 행위'에 해당한다고 볼 수 없으며, 친족관계에 있는 자의 책임은 조각된다.

7] 서울고등법원 2007. 11. 1. 선고 2006노407 판결

[1] 피고인들의 임대차보증금 및 임대료 명목의 횡령의 점

❐ 피고인들이 공모하여 은마상가 (지번 생략)호와 은마상가 편의동 103동에 관하여 (명칭 생략)대학과 공소외 3 주식회사 사이에 허위의 임대차계약을 체결한 후 그 임대차보증금과 임대료 명목으로 (명칭 생략)대학의 교비회계에 속하는 자금을 공소외 3 주식회사에 송금하여 횡령하였고, 피고인들의 위와 같은 횡령행위는 (명칭 생략)대학의 교비를 유출할 단일한 의사로 허위의 임대차계약을 체결한 후 십 여 회에 걸쳐 (명칭 생략)대학의 교비를 횡령한 것이므로 포괄하여 1개의 업무상횡령죄를 구성한다고 판단하여 위 주장을 배척하였다. 원심이 적법한 증거조사를 거쳐 채택한 여러 증거들과 대조하여 면밀히 살펴보면 원심의 판단은 정당한 것으로 수긍이 되고 거기에 채증법칙을 위반하여 사실을 오인함으로써 판결에 영향을 미친 위법이 있다고 할 수 없다. 설사 은마상가 (지번 생략)호와 은마상가 편의동 103동에 관하여 (명칭 생략)대학과 공소외 3 주식회사 사이에 체결된 임대차계약이 허위계약이 아니라 진정한 계약이라고 하더라도, (명칭 생략)대학이 은마상가 (지번 생략)호와 은마상가 편의동 103동을 임차한 것은 서울 실습생들을 위한 기숙사를 설치한다는 (명칭 생략)대학의 이익을 도모할 목적보다는 공소외 2의 이익을 도모할 목적으로 행해졌다고 보이므로, 피고인들에게는 횡령죄에서 요구되는 불법영득의 의사가 있어서 횡령죄의 죄책을 면할 수가 없다(대법원 1999. 6. 25. 선고 99도1141 판결 참조).

8] 대법원 2007. 1. 25. 선고 2006도8663 판결

❐ 군인 신분의 회계관계직원이 횡령한 금원을 공무원범죄에 관한 몰수 특례법 제6조에서 규정한 "불법재산"으로 보아 그 가액을 추징한 것이 정당하다.

9] 전주지법 2006. 5. 12. 선고 2005노1381 판결

[1] 공모의 점과 범의를 부인하는 경우에 주관적 요소로 되는 사실은 사물의 성질상 범의와 상당한 관련성이 있는 간접사실 또는 정황사실을 증명하는 방법

❐ 2인 이상이 공동으로 가공하여 범죄를 행하는 공동정범에 있어서 공모나 모의는 반드시 직접·명시적으로 이루어질 필요는 없고 순차적·암묵적으로 상통하여 이루어질 수도 있으며, 피

고인이 공모의 점과 함께 범의를 부인하는 경우에는 이러한 주관적 요소로 되는 사실은 사물의 성질상 범의와 상당한 관련성이 있는 간접사실 또는 정황사실을 증명하는 방법에 의하여 이를 입증할 수밖에 없고, 이 때 무엇이 상당한 관련성이 있는 간접사실에 해당할 것인가는 정상적인 경험칙에 바탕을 두고 치밀한 관찰력이나 분석력에 의하여 사실의 연결상태를 합리적으로 판단하는 방법에 의하여야 한다(대법원 2006. 2. 23. 선고 2005도8645 판결 참조).

【사례】

피고인은 학위취득자들의 지도교수의 부탁을 받고 단순히 실험만을 대행한 것에 그치지 않고 실험결과를 논문의 주요부분으로 사용할 수 있을 정도로 정리하여 학위취득자들에게 제공하였고, 나아가 학위생들로부터 수령한 실험비를 가지고 실험하여 얻은 결과를 토대로 별도의 양의학적 관점의 논문을 작성한 다음 실험실 조교 및 피고인 등을 공동저자로 하여 국제학술지에 싣는 등 피고인의 실험실 연구성과로 적극 사용하였으며, 피고인이 지도교수를 거치지 아니하고 학위취득자들로부터 직접 돈을 받기도 하였고, 무려 71회에 걸쳐 학위취득자들로부터 돈을 받고 실험을 대행해 주었으므로, 피고인이 그저 단순히 실험 실비만을 지급받고 의뢰받은 실험을 대행함으로써 논문지도교수들의 배임수재행위를 인식하고 이를 용인·방조한 데 그쳤다고 볼 수 없고, 배임수재죄의 기능적 행위지배를 충분히 인정할 수 있다.

10] 대법원 2003. 10. 24. 선고 2003도4027 판결

❒ 동업으로 인한 배임죄의 신분관계가 있음을 전제로 배임죄의 공범으로 기소된 자에 대하여 심리 결과 동업관계는 인정되지 아니하나 동업관계가 없는 자가 비신분자로서 신분이 있는 자와 공모하여 배임죄를 저지른 사실이 인정되는 경우, 피고인의 방어권 행사에 실질적인 불이익을 초래할 염려가 없다면 공소장 변경 없이도 비신분자에 대하여 형법 제33조 본문에 의하여 배임죄의 공범으로 처단할 수 있다.

11] 대법원 2000. 10. 13. 선고 99오1 판결

❒ 구 민법(1990. 1. 13. 법률 제4199호로 개정되기 전의 것) 제789조 제1항은, '가족은 혼인하면 당연히 분가된다.'고 규정하고 있었으므로, 호주의 직계비속 장남자 아닌 가족인 남자가 혼인하면 법률의 규정에 의하여 당연히 분가되어야 함에도 호적상 법정분가의 절차를 거치지 아니하여 호주의 호적부에 가족으로 남아 있다고 하더라도, 그러한 호적 기재와는 관계없이 혼인신고를 한 이후에는 호주의 가족이라는 신분관계는 소멸되는 것이다.

12] 대법원 1994. 12. 23. 선고 93도1002 판결

[1] 형법 제33조 소정의 '신분관계'의 의미

❐ 형법 제33조 소정의 이른바 신분관계라 함은 남녀의 성별, 내 · 외국인의 구별, 친족관계, 공무원인 자격과 같은 관계뿐만 아니라 널리 일정한 범죄행위에 관련된 범인의 인적관계인 특수한 지위 또는 상태를 지칭하는 것이다.

❐ 형법 제31조 제1항은 협의의 공범의 일종인 교사범이 그 성립과 처벌에 있어서 정범에 종속한다는 일반적인 원칙을 선언한 것에 불과하고, 신분관계로 인하여 형의 경중이 있는 경우에 신분이 있는 자가 신분이 없는 자를 교사하여 죄를 범하게 한 때에는 형법 제33조 단서가 형법 제31조 제1항에 우선하여 적용됨으로써 신분이 있는 교사범이 신분이 없는 정범보다 중하게 처벌된다.

제5절 간접정범, 특수한 교사, 방조에 대한 형의 가중

조문

제34조(간접정범, 특수한 교사, 방조에 대한 형의 가중) ① 어느 행위로 인하여 처벌되지 아니하는 자 또는 과실범으로 처벌되는 자를 교사 또는 방조하여 범죄행위의 결과를 발생하게 한 자는 교사 또는 방조의 예에 의하여 처벌한다.

② 자기의 지휘, 감독을 받는 자를 교사 또는 방조하여 전항의 결과를 발생하게 한 자는 교사인때에는 정범에 정한 형의 장기 또는 다액에 그 2분의 1까지 가중하고 방조인 때에는 정범의 형으로 처벌한다.

1. 간접정범의 본질

간접정범은 직접 구성요건에 해당하는 실행행위를 하지 않는 점이 직접정범과 구별되고, 타인을 이용하여 범죄를 실현한다는 점에서 '교사범'과 유사하다. 간접정범은 직접정범과 교사범의 경계영역으로 정범과 공범의 한계에 놓여 있는 개념이므로 그 본질과 성립범위를 어떻게 확정할 것인가? 에 대하여는 정범설과 공범설로 견해가 나누어진다.

1) 정범설과 공범설

<table>
<tr><th colspan="2">학설</th><th colspan="2">내용</th></tr>
<tr><td rowspan="5">정범설</td><td colspan="3">확장적 정범개념 및 공범종족성설은 정범성을 인정한다.</td></tr>
<tr><td>확장적
정범개념</td><td colspan="2">형법의 법익보호적 기능에 착안하여 구성요건적 결과발생에 직·간접으로 법익침해에 원인을 제공한 자는 모두 정범이므로 간접정범도 정범이라는 견해이다. 즉 형법은 본질상 정범규정으로 충분하다(단일정범개념). 따라서 간접정범의 개념을 인정할 필요가 없다. 단 공범규정은 '형벌축소사유'에 불과하다는 입장이다.</td></tr>
<tr><td rowspan="3">공범
종속성설
(객관주의)</td><td colspan="2">간접정범이 사람을 도구로 이용하는 것과 직접정범이 도구를 이용하는 것은 법적평가의 면에서는 같다고 보고 정범을 인정하는 입장이다.(다수설)</td></tr>
<tr><td>도구이론
(道具理論,
Werkzeugsth-
eorie)</td><td>이용자의 행위의 확대로 기구나 도구가 사용되는 것이 정범의 행위로 귀속됨과 같이 사람을 도구로 이용한 때에도 동일하게 평가하여 정범이라고 보는 견해이다(M. E. Mayer). 문제는 사람과 도구를 같이 취급해야 할 타당한 근거가 없고, 피이용자만을 근거로 간접정범의 정범성을 인정하는 오류를 범하고 있다.</td></tr>
<tr><td>의사지배설
(意思支配說
Willenshersch-
aftslehre)</td><td>간접정범의 행위지배는 이용자의 주관적 요소<u>(의사지배에 의한 피이용자에 대한 행위지배)</u>와 객관적 요소<u>(피이용자의 도구적 범죄실현)</u>가 있어야 한다. 따라서 이용자의 실행행위가 없는 대신 피이용자에 대한 이용자의 '의사지배'가 간접정범의 정범성근거가 된다는 견해이다. 즉 간접정범에서는 행위지배설은 의사지배설의 형태로 된다. 고로 이용자의 의사지배는 간접정범의 성립요건 된다. 의사지배가 없으면 교사범이 된다.</td></tr>
<tr><td rowspan="2">공범설</td><td colspan="3">제한적 정범개념, 공범독립성설은 간접정범을 부정하고 공범으로 본다.</td></tr>
<tr><td>제한적
정범개념</td><td colspan="2">정범이란 행위자가 직접 구성요건을 실현하는 것을 말한다. 따라서 타인을 이용하여 범죄를 실현하는 간접정범은 공범으로 취급된다. 간접정범의 처벌규정(제34조 제1항)은 정범처벌규정에 대한 '형벌확장사유'로 해석된다. 이 학설은 정범개념을 구성요건적 정형성을 엄격하게 제한함으로써 결과발생의 불가결한 기능적 분담에 의하여 실현되는 공동정범·집단범의 정범성은 부정된다.</td></tr>
<tr><td>공범설</td><td>공범
독립성설
(주관주의)</td><td colspan="2">공범이란 자기의 범죄실현을 위하여 타인의 모든 행위를 이용하는 것이라고 한다. 타인의 행위이용이 도구로서 이용하든 또는 교사의 형태로 이용하든 공범과는 아무관계가 없다고 보는 입장이다. 따라서 이용자와 교사자는 피이용자와 피교사자의 실행행위와는 독립된 공범으로 성립된다. 간접정범은 공범의 개념에 포함된다.</td></tr>
</table>

형법 입장	형법 제34조 제1항 "어느 행위로 인하여 처벌되지 아니하는 자 또는 과실범으로 처벌되는 자"를 교사 또는 방조하여 범죄행위의 결과를 발생하게 한 자"는 "교사 또는 방조의 예에 의하여 처벌한다."고 규정함으로써 형식적으로 간접정범을 인정하면서 공범형태로 표현한 입법태도를 취하고 있으나, "어느 행위로 인하여 처벌되지 아니하는 자 또는 과실범으로 처벌되는 자"는 '생명이 있는 도구'로, "교사 또는 방조의 예에 의하여"는 '이용하여'로 해석되는 것은 필연적 귀결이며 간접정범의 '정범성'으로 인정하는 것은 형법의 기본입장과 합치한다. 1) 형법상 간접정범을 정범으로 인정하면 교사범은 정범과 동일한 형으로 처벌하고(제31조 제1항), 종범은 형은 정범의 형보다 감경한다(제32조 제2항). 2) 반면에 형법상 간접정범을 공범으로 인정하면 기도된 교사는 예비 · 음모에 준하여 처벌한다(제31조 제2 · 3항).

관련판례

1] 대법원 2011.7.14. 선고 2009도13151 판결

❐ 조합 지부장인 피고인 갑이 업무상횡령 혐의로 조합원들로부터 고발을 당하자 피고인 을과 공동하여 조합 회계서류를 무단 폐기한 후 폐기에 정당한 근거가 있는 것처럼 피고인 을로 하여금 조합 회의록을 조작하여 수사기관에 제출하도록 교사한 사안에서, 회의록의 변조 · 사용은 이 사건 회계서류 폐기에 정당한 근거가 존재하는 양 꾸며냄으로써 피고인들이 공범관계에 있는 문서손괴죄의 형사사건에 관한 증거를 변조 · 사용한 것으로 볼 수 있다는 이유로, 이 사건 공소사실 중 피고인 피고인 2에 대한 증거변조 및 변조증거사용의 점을 무죄로 판단하고, 공범의 종속성 법리에 따라 피고인 1에 대한 증거변조교사 및 변조증거사용교사의 점도 무죄로 판단하였다.

간접정범도 정범의 일종인 이상 증거변조죄 및 변조증거사용죄의 정범으로 처벌되지 아니하는 피고인 1을 같은 죄의 간접정범으로 처벌할 수는 없고, 비록 자기의 형사사건에 관한 증거를 변조 · 사용하기 위하여 타인을 교사하여 증거를 변조 · 사용하도록 하였더라도 피교사자인 타인이 같은 형사사건의 공범에 해당하여 증거변조죄 및 변조증거사용죄로 처벌되지 않은 이상 본 죄의 교사범을 처벌하는 취지와 달리 자기 방어권 행사를 위해 제3자로 하여금 새로운 범죄를 저지르게 함으로써 자기 방어권의 한계를 일탈하여 새로이 국가의 형사사법기능을 침해한 경우라고도 보기 어렵다는 이유로, 피고인 1에 대하여 증거변조죄 및 변조증거사용죄의 간접정범도 성립하지 않는다.

2] 대법원 2011. 5. 13. 선고 2011도1415 판결

[1] 허위공문서작성죄의 간접정범 성립

❒ 허위공문서작성의 주체는 직무상 그 문서를 작성할 권한이 있는 공무원에 한하고 작성권자를 보조하는 직무에 종사하는 공무원은 허위공문서작성죄의 주체가 되지 못한다. 다만 공문서의 작성권한이 있는 공무원의 직무를 보좌하는 사람이 그 직위를 이용하여 행사할 목적으로 허위의 내용이 기재된 문서 초안을 그 정을 모르는 상사에게 제출하여 결재하도록 하는 등의 방법으로 작성권한이 있는 공무원으로 하여금 허위의 공문서를 작성하게 한 경우에는 허위공문서작성죄의 간접정범이 성립한다(대법원 1992. 1. 17. 선고 91도2837 판결).

3] 대법원 2010. 1. 14. 선고 2009도9963 판결

❒ 평창군청 산림과 소속 공무원인 피고인 1, 2는 공모하여 원심 판시 별지 범죄일람표 기재 각 임야가 산지이용구분도 상에 준보전산지에 해당한다는 내용으로 피고인 2가 기안하고, 피고인 1이 전결한 위 각 임야에 대한 '산지이용구분 내역 통보'를 평창군청 민원봉사과에 보내어 그 정을 모르는 성명불상 민원봉사과 소속 공무원으로 하여금 용도지역이 전부 관리지역으로 기재된 평창군수 명의의 위 각 임야에 대한 토지이용계획확인서를 작성, 발급하게 하였고, 피고인 2가 속사리 임야에 대하여는 단독으로, 원길리 임야 및 송정리 임야에 대하여는 피고인 3, 원심공동피고인 4와 공모하여, 속사리 임야, 원길리 임야 및 송정리 임야가 산지이용구분도 상에 준보전산지에 해당한다는 내용으로 각 '산지이용구분 내역 통보' 공문을 기안하고, 그 정을 모르는 피고인 1의 전결로 위 각 공문을 평창군청 민원봉사과로 보내어 그 정을 모르는 성명불상 민원봉사과 소속 공무원으로 하여금 용도지역이 관리지역으로 기재된 평창군수 명의의 속사리 임야, 원길리 임야 및 송정리 임야에 대한 각 토지이용계획확인서를 작성, 발급하게 하였음을 알 수 있으나, 그러한 사정만으로는 피고인 1, 2가 위 각 토지이용계획확인서의 작성권한자라고 볼 수 없을 뿐만 아니라 위 각 문서의 발급을 담당하는 민원봉사과 소속 공무원의 업무를 보조하는 직무에 종사하거나 위 각 문서의 작성을 기안하는 업무에 종사하는 지위에서 위 각 '산지이용구분 내역 통보' 공문을 보내 준 것으로 보기도 어려우므로, 피고인 1, 2를 각 허위공문서작성죄의 간접정범 내지 간접정범의 공동정범으로 볼 수는 없다고 할 것이고, 피고인 2에게 각 허위공문서작성죄의 간접정범으로서의 죄책이 인정되지 않으므로 그와 공모한 공무원 아닌 피고인 3 역시 각 허위공문서작성죄의 간접정범의 공동정범으로 처단할 수 없다 할 것이다.

3] 대법원 2009. 12. 24. 선고 2009도7815 판결

❒ 보증인이 아닌 자가 허위 보증서 작성의 고의 없는 보증인들을 이용하여 허위의 보증서를 작성하게 한 경우 간접정범이 성립한다(대법원 1997. 7. 11. 선고 97도1180 판결 참조), 따라서 부동산소유권 이전등기 등에 관한 특별조치법 제13조 제1항 제3호에 정한 '허위보증서작성죄'

의 간접정범이 성립한다.

4] 대법원 2008. 9. 11. 선고 2007도7204 판결

[1] 간접정범의 성립에 타인의 의사를 부당억압할 것을 요하지 않는다(소극)

❐ 처벌되지 아니하는 타인의 행위를 적극적으로 유발하고 이를 이용하여 자신의 범죄를 실현한 자는 형법 제34조 제1항이 정하는 간접정범의 죄책을 지게 되고, 그 과정에서 타인의 의사를 부당하게 억압하여야만 간접정범에 해당하는 것은 아니다. [2] 정유회사 경영자의 청탁으로 국회의원이 위 경영자와 지역구 지방자치단체장 사이에 정유공장의 지역구 유치와 관련한 간담회를 주선하고 위 경영자는 정유회사 소속 직원들로 하여금 위 국회의원이 사실상 지배 · 장악하고 있던 후원회에 후원금을 기부하게 한 사안에서, 국회의원에게는 정치자금법 제32조 제3호 위반죄가, 경영자에게는 정치자금법 위반죄의 간접정범이 성립한다.

❐ 형법 제34조 제1항은 "어느 행위로 인하여 처벌되지 아니하는 자 또는 과실범으로 처벌되는 자를 교사 또는 방조하여 범죄행위의 결과를 발생하게 한 자는 교사 또는 방조의 예에 의하여 처벌한다."고 규정하고 있으므로, 처벌되지 아니하는 타인의 행위를 적극적으로 유발하고 이를 이용하여 자신의 범죄를 실현한 자는 위 법조항이 정하는 간접정범으로서의 죄책을 지게 되고, 그 과정에서 타인의 의사를 부당하게 억압하여야만 간접정범에 해당하게 되는 것은 아니다.

5] 대법원 2007. 9. 6. 선고 2006도3591 판결

[1] 간접정범 형태에 의한 소송사기죄가 성립

❐ 자기에게 유리한 판결을 얻기 위하여 소송상의 주장이 사실과 다름이 객관적으로 명백하거나 증거가 조작되어 있다는 정을 인식하지 못하는 제3자를 이용하여 그로 하여금 소송의 당사자가 되게 하고 법원을 기망하여 소송 상대방의 재물 또는 재산상 이익을 취득하려 하였다면 간접정범의 형태에 의한 소송사기죄가 성립하게 된다.

【사례】

갑이 을 명의 차용증을 가지고 있기는 하나 그 채권의 존재에 관하여 을과 다툼이 있는 상황에서 당초에 없던 월 2푼의 약정이자에 관한 내용 등을 부가한 을 명의 차용증을 새로 위조하여, 이를 바탕으로 자신의 처에 대한 채권자인 병에게 차용원금 및 위조된 차용증에 기한 약정이자 2,500만 원을 양도하고, 이러한 사정을 모르는 병으로 하여금 을을 상대로 양수금 청구소송을 제기하도록 한 사안에서, 적어도 위 약정이자 2,500만 원 중 법정지연손해금 상당의 돈을 제외한 나머지 돈에 관한 갑의 행위는 병을 도구로 이용한 간접정범 형태의 소송사기죄를 구성한다.

5] 대법원 2007. 3. 15. 선고 2006도7318 판결【부정수표단속법위반】

[1] 수표의 발행인이 아닌 사람이 부정수표단속법 제4조가 정한 허위신고죄의 주체가 될 수 없다(소극) 및 간접정범의 형태로 같은 죄를 범할 수 없다(소극)

❐ 부정수표단속법 제4조가 '수표금액의 지급 또는 거래정지처분을 면할 목적'을 요건으로 하고, 수표금액의 지급책임을 부담하는 자 또는 거래정지처분을 당하는 자는 발행인에 국한되는 점에 비추어 볼 때 그와 같은 발행인이 아닌 자는 부정수표단속법 제4조가 정한 허위신고죄의 주체가 될 수 없고, 발행인이 아닌 자는 허위신고의 고의 없는 발행인을 이용하여 간접정범의 형태로 허위신고죄를 범할 수도 없다 할 것인바(대법원 1992. 11. 10. 선고 92도1342 판결), 타인으로부터 명의를 차용하여 수표를 발행하는 경우에 있어서도 수표가 제시됨으로써 당좌예금계좌에서 수표금액이 지출되거나 거래정지처분을 당하게 되는 자는 결국 수표의 지급인인 은행과 당좌예금계약을 체결한 자인 수표의 발행명의인이 되고, 수표가 제시된다고 하더라도 수표금액이 지출되거나 거래정지처분을 당하게 되는 자에 해당된다고 볼 수 없는 명의차용인은 부정수표단속법 제4조가 정한 허위신고죄의 주체가 될 수 없다(대법원 2003. 1. 24. 선고 2002도5939 판결 참조).

6] 대법원 2006. 5. 25. 선고 2003도3945 판결

[1] 감금죄는 간접정범의 형태로도 행하여질 수 있는 것이므로, 인신구속에 관한 직무를 행하는 자 또는 이를 보조하는 자가 피해자를 구속하기 위하여 진술조서 등을 허위로 작성한 후 이를 기록에 첨부하여 구속영장을 신청하고, 진술조서 등이 허위로 작성된 정을 모르는 검사와 영장전담판사를 기망하여 구속영장을 발부받은 후 그 영장에 의하여 피해자를 구금하였다면 형법 제124조 제1항의 직권남용감금죄가 성립한다.

❐ 어느 문서의 작성권한을 갖는 공무원이 그 문서의 기재 사항을 인식하고 그 문서를 작성할 의사로써 이에 서명날인 하였다면, 설령 그 서명날인이 타인의 기망으로 착오에 빠진 결과 그 문서의 기재사항이 진실에 반함을 알지 못한데 기인한다고 하여도, 그 문서의 성립은 진정하며 여기에 하등 작성명의를 모용한 사실이 있다고 할 수는 없으므로, 공무원이 아닌 자가 관공서에 허위 내용의 증명원을 제출하여 그 내용이 허위인 정을 모르는 담당공무원으로부터 그 증명원 내용과 같은 증명서를 발급받은 경우 공문서위조죄의 간접정범으로 의율할 수 없다(대법원 2001. 3. 9. 2000도938). 공문서의 작성권한이 있는 공무원의 직무를 보좌하는 자가 그 직위를 이용하여 허위의 내용이 기재된 문서 초안을 그 정을 모르는 상사에게 제출하여 결재하도록 하는 등의 방법으로 허위의 공문서를 작성하게 한 경우에는 간접정범이 성립되고 이와 공무한 자 역시 그 간접정범의 공범으로서의 죄책을 면할 수 없다(대법원 1992. 1. 17. 91도2837).

7] 대법원 1997. 4. 17. 선고 96도3376 전원합의체 판결

[1] 간접정범의 방법에 의한 내란죄의 성립

❐ 범죄는 '어느 행위로 인하여 처벌되지 아니하는 자'를 이용하여서도 이를 실행할 수 있으므로, 내란죄의 경우에도 '국헌문란의 목적'을 가진 자가 그러한 목적이 없는 자를 이용하여 이를 실행할 수 있다.

8] 대법원 1983. 6. 14. 선고 83도515 전원합의체 판결

[1] 형법 제104조의 2 제2항 소정의 국가모독죄가 외국인을 이용한 간접정범의 처벌규정이 아니다.

❐ 형법 제104조의 2 제2항 소정의 외국인이나 외국단체 등은 본죄의 주체가 아니어서 범죄의 대상이나 수단 또는 도구나 손발자체는 될 수 있을지언정 이를 간접정범에서의 도구나 손발처럼 이용하는 것은 원칙적으로 불가능하므로 이 규정을 들어 간접정범을 정한 취지라고 볼 수 없다.

9] 대법원 1970. 7. 28. 선고, 70도1044 판결

[1] 공무원 아닌 자가 허위공문서 작성의 간접정범인 때에는 형법 제228조(공정증서원본 등의 불실기재)의 경우 이외에는 이를 처벌하지 아니한다.

❐ 형법은 소위 무형위조에 관하여서는 공문서에 관하여서만 이를 처벌할 뿐 일반 사문서의 무형위조를 인정하지 아니할 뿐 아니라(다만 형법 제233조의 경우는 예외)공문서의 무형위조에 관하여서도 동법 제227조의 허위공문서작성의 경우 이외에 특히 공무원에 대하여 허위의 신고를 하고, 공정증서원본 면허장, 감찰, 또는 여권에 사실 아닌 기재를 하게 한 때에 한하여 동법 제228조의 경우의 처벌규정을 만들고 더구나 위 제227조의 경우의 형벌보다 현저히 가볍게 벌하고 있음에 지나지 아니하는 점으로 보아 공무원 아닌 자가 허위 공문서 작성의 간접정범인 때에는 동법 제228조(공정증서원본 등의 불실기재)의 경우 이외에는 이를 처벌하지 아니하는 취지로 해석함이 상당하다(대법원 1961.12.14. 선고 4292형상제645 판결, 대법원 1962.1.11. 선고, 4294형상제593 판결 참조).

10] 대법원 1958. 8. 29. 선고 4290형상57 판결

[1] 간접정범에 관한 총칙적 규정의 적용 표시

❐ 형법 제228조(공정증서원본 등의 불실기재),형법 제229조의 조문은 그 자체가 간접정범적

요소가 내포된 것이므로 동죄의 간접정범은 법률상 성립할 수 없음에 비추어 명백한 오인이고 원심적용 법조와 동일한 법조를 표시하려는 의사였음을 주지 못할 바 아니므로 이 점에 관한 원심의 적용법조 위반은 없다고 할 것이고 소론 간접정범에 관한 총칙적 규정의 적시가 없다 하여도 원판결의 영향할 바 없고 원심 적용 법조의 간접정범의 성립을 인정치 않는다는 취지로 공정증서 원본부실 기재죄가 규정되었다는 소론은 근거없다.

11] 대법원 1955. 2. 25. 4286형상39

[1] 간접 정범의 죄책

❒ 범죄사실의 인식없는 타인을 이용하여 범죄를 실행케 한 자는 법률상 직접공동정범으로 논할 수 없다 할지라도 간접정범으로서 단독으로 그 죄책을 부담함이 당연하다.

12] 마산지법 1985. 2. 28. 선고 84고단1541 판결

[1] 남편에게 소송외 갑과 간통하였다고 하여 허위자복하여 남편이 그 갑을 고소한 경우, 유부녀에 대한 무고죄의 간접정범

❒ 유부녀가 남편 아닌 자와 간통하였다고 남편에게 허위자복을 하고 남편이 그에 기하여 상간자라는 사람을 간통죄로 고소하였다 하더라도 그 유부녀의 허위자복만으로써는 무고죄의 간접정범이 성립되지 아니한다.

[교사범]

1] 대법원 2000. 2. 25. 선고 99도1252 판결

[1] 교사범이 교사사실을 부인하는 경우의 입증방법

❒ 교사자의 교사행위는 정범에게 범죄의 결의를 가지게 하는 것을 말하는 것으로서, 그 범죄를 결의하게 할 수 있는 것이면 그 수단에는 아무런 제한이 없고, 반드시 명시적 · 직접적 방법에 의할 것을 요하지도 않으며, 이와 같은 교사범에 있어서의 교사사실은 범죄사실을 구성하는 것으로서 이를 인정하기 위하여는 엄격한 증명이 요구되지만, 피고인이 교사사실을 부인하고 있는 경우에는 사물의 성질상 그와 상당한 관련성이 있는 간접사실을 증명하는 방법에 의하여 이를 입증할 수도 있고, 이러한 경우 무엇이 상당한 관련성이 있는 간접사실에 해당할 것인가는 정상적인 경험칙에 바탕을 두고 치밀한 관찰력이나 분석력에 의하여 사실의 연결상태를 합리적으로 판단하는 방법에 의하여야 할 것이다(대법원 1998. 11. 24. 선고 98도2654 판결, 1999. 7. 9. 선고 99도1864 판결 등 참조).

[2] 정범의 성립은 교사범의 구성요건의 일부를 형성하고 교사범이 성립함에는 정범의 범죄행

위가 인정되는 것이 그 전제요건이 된다.

❐ 교사범이 성립하기 위해서는 교사자의 교사행위와 정범의 실행행위가 있어야 하는 것이므로, 정범의 성립은 교사범의 구성요건의 일부를 형성하고 교사범이 성립함에는 정범의 범죄행위가 인정되는 것이 그 전제요건이 된다(대법원 1981. 11. 24. 선고 81도2422 판결, 1998. 2. 24. 선고 97도183 판결 등 참조)

2] 대법원 1998. 2. 24. 선고 97도183 판결

[1] 교사범의 정범종속성

❐ 정범의 성립은 교사범의 구성요건의 일부를 형성하고 교사범이 성립함에는 정범의 범죄행위가 인정되는 것이 그 전제요건이 된다(대법원 1981. 11. 24. 선고 81도2422 판결 참조), 문서의 위조라고 하는 것은 작성권한 없는 자가 타인 명의를 모용하여 문서를 작성하는 것을 말하는 것이므로 사문서를 작성함에 있어 그 명의자의 명시적이거나 묵시적인 승낙(위임)이 있었다면 이는 사문서위조에 해당한다고 할 수 없다(대법원 1988. 1. 12. 선고 87도2256 판결, 1993. 3. 9. 선고 92도3101 판결 등 참조).

3] 대법원 1994. 12. 23. 선고 93도1002 판결

[1] 형법 제33조 단서가 형법 제31조 제1항에 우선 적용되어 신분이 있는 교사범이 신분이 없는 정범보다 중하게 처벌된다.

❐ '타인을 교사하여 죄를 범하게 한 자는 죄를 실행한 자와 동일한 형으로 처벌한다'고 규정한 형법 제31조 제1항은 협의의 공범의 일종인 교사범이 그 성립과 처벌에 있어서 정범에 종속한다는 일반적인 원칙을 선언한 것에 불과하고, 신분관계로 인하여 형의 경중이 있는 경우에 신분이 있는 자가 신분이 없는 자를 교사하여 죄를 범하게 한 때에는 형법 제33조 단서가 형법 제31조 제1항에 우선하여 적용됨으로써 신분이 있는 교사범이 신분이 없는 정범보다 중하게 처벌된다.

4] 대법원 1991. 5. 14. 선고 91도542 판결

[1] 피교사자가 이미 범죄의 결의를 가지고 있을 때에도 교사범이 성립할 수 없다(소극)

❐ 교사범이란 타인(정범)으로 하여금 범죄를 결의하게 하여 그 죄를 범하게 한 때에 성립하는 것이고 피교사자는 교사범의 교사에 의하여 범죄실행을 결의하여야 하는 것이므로, 피교사자가 이미 범죄의 결의를 가지고 있을 때에는 교사범이 성립할 여지가 없다.

[2] 교사의 수단 · 방법과 범행의 특정 정도

❐ 막연히 "범죄를 하라"거나 "절도를 하라"고 하는 등의 행위만으로는 교사행위가 되기에 부

족하다 하겠으나, 타인으로 하여금 일정한 범죄를 실행할 결의를 생기게 하는 행위를 하면 되는 것으로서 교사의 수단방법에 제한이 없다 할 것이므로, 교사범이 성립하기 위하여는 범행의 일시, 장소, 방법 등의 세부적인 사항까지를 특정하여 교사할 필요는 없는 것이고, 정범으로 하여금 일정한 범죄의 실행을 결의할 정도에 이르게 하면 교사범이 성립된다.

5] **대법원** 1965. 12. 10. **선고** 65도826 **전원합의체 판결**

[1] 자기의 형사피고사건에 관한 증거의 인멸을 타인에게 교사한 경우에 증거인멸죄 교사범의 죄책을 인정한다.

❐ 형법 제155조 제1항의 증거인멸죄는 국가형벌권의 행사를 저해하는 일체의 행위를 처벌의 대상으로 하고 있으나 범인 자신이 한 증거인멸의 행위는 피고인의 형사소송에 있어서의 방어권을 인정하는 취지와 상충하므로 처벌의 대상이 되지 아니한다. 그러나 타인이 타인의 형사사건에 관한 증거를 그 이익을 위하여 인멸하는 행위를 하면 본법 제155조 제1항의 증거인멸죄가 성립되므로 자기의 형사사건에 관한 증거를 인멸하기 위하여 타인을 교사하여 죄를 범하게 한 자에 대하여도 교사범의 죄책을 부담케 함이 상당할 것이다.

제6장 누범

제1절 누범
제2절 판결선고후의 누범발각

제6장 누범

제1절 누범

조문

제35조(누범) ① 금고 이상의 형을 받어 그 집행을 종료하거나 면제를 받은 후 3년내에 금고 이상에 해당하는 죄를 범한 자는 누범으로 처벌한다.
② 누범의 형은 그 죄에 정한 형의 장기의 2배까지 가중한다.

1. 누범의 의의

광의의 누범(累犯)이란 행위자가 범한 2개 이상의 범죄가 시간적으로 연이어 겹쳐진 관계에 있는 범죄를 말한다. 즉 확정판결을 받은 범죄인 전범(前犯)과 그 이후에 다시 범한 범죄인 후범(後犯)을 의미한다.

한편, 협의의 누범은 형법상의 의미로 형법 제35조의 요건을 구비한 금고 이상의 형을 받아 그 집행을 종료하거나 면제를 받은 후 3년 내에 금고 이상에 해당하는 죄를 범한 자에 대하여 형이 가중되는 범죄를 말한다.

2. 누범가중의 요건 [제35조 (누범) 제1항]

① 전범과 후범이 모두 금고 이상의 형에 해당할 것.

② 전범의 형이 그 집행을 종료하거나 면제를 받은 후 3년 내에 금고 이상에 해당하는 죄를 범할 것.

3. 누범의 처벌[제35조 (누범) 제2항]

① 형법 제35조 (누범) 제2항.

② 형법 제36조 (판결선고후의 누범발각)

이 규정은 형사소송의 기본원리인 '의심스러운 때에는 피고인의 이익으로(in dubio pro reo)의 원칙'과 형사피고인의 진술거부권보장에도 위배되는 범죄자에게 지나치게 가혹한 사법적 편의주의의 발상이라고 할 수 있다.

관련판례

1] 대법원 2010. 4. 29. 선고 2010도973 판결

[1] 절도죄의 소년범으로서 1회, 성인범으로서 2회 각 징역형을 선고받아 그 집행을 종료한 후 누범기간 중에 다시 절도범행을 저지른 경우, 구 특정범죄 가중처벌 등에 관한 법률 제5조의4 제5항에 해당한다.

❒ 소년법 제67조는 "소년이었을 때 범한 죄에 의하여 형을 선고받은 자가 그 집행을 종료하거나 면제받은 경우 자격에 관한 법령을 적용할 때에는 장래에 향하여 형의 선고를 받지 아니한 것으로 본다"라고 규정하고 있는바, 위 규정은「사람의 자격」에 관한 법령의 적용에 있어 장래에 향하여 형의 선고를 받지 아니한 것으로 본다는 취지에 불과할 뿐 전과까지 소멸한다는 것은 아니다. 따라서 특정범죄 가중처벌 등에 관한 법률 제5조의4 제5항을 적용하기 위한 요건으로서 요구되는 과거 전과로서의 징역형에는 소년으로서 처벌받은 징역형도 포함된다고 보아야 한다.

피고인이 1997. 9. 26. 서울남부지법에서 특수절도죄로 징역 장기 1년 2월, 단기 8월을 선고받고, 2003. 6. 26. 서울중앙지법에서 절도죄 등으로 징역 6월을 선고받고, 2006. 11. 23. 같은 법원에서 야간주거침입절도죄 등으로 징역 10월을 선고받아 2007. 8. 5. 그 형의 집행을 종료한 사실을 인정한 다음, 피고인이 누범기간 중에 다시 이 사건 범행을 저질렀으므로 특정범죄 가중처벌 등에 관한 법률 제5조의4 제5항에 해당한다.

2] 헌법재판소 2008. 12. 26. 선고 2007헌가10, 16(병합) 전원재판부

[1] '특정강력범죄의 처벌에 관한 특례법' (이하 '특강법'이라 한다) 제3조 중 "특정강력범죄로 형을 받아 그 집행을 종료하거나 면제받은 후 3년 이내에 다시 형법 제337조의 죄 또는 그 미수죄를 범하여 '특정범죄 가중처벌 등에 관한 법률' (이하 '특가법'이라 한다) 제5조의5에 의하여 가중처벌되는 때"에 관한 부분(이하에서는 특강법 제3조 중 이 부분만을 한정하여 '이 사건 법률조항'이라 한다)이 책임과 형벌의 비례를 요구하는 책임원칙에 위반(적극)

❒ 이 사건 법률조항에서 정한 요건에 해당하는 경우에는 특가법 제5조의5와 특강법 제3조가 거듭 적용됨으로 인하여 사실상 그 형이 사형, 무기 또는 20년 이상의 징역이 되는바, 위 두 조항은 강도상해죄 등의 누범자로부터 국민의 생명과 신체의 안전을 보장하고 범죄로부터 사회를 방위하고자 하는 동일한 목적을 위하여 하나의 범죄행위에 대한 형을 거듭 가중하는 것으로, 이 사건 법률조항에 의하여 '특가법 제5조의5에서 규정한 전범과 후범의 존재' 및 '누범기간'이라는 형식적인 누범요건이 존재하기만 하면 특강법 제3조까지 적용하여 형법 제337조에서 정한 7년 이상의 유기징역보다 3배 가까이 가중된 20년 이상의 유기징역에 처할 수 있게 하는 것은 사실상 그 형의 하한이 형법상 유기징역형의 원칙적 상한인 징역 15년보다도 더 높게 되는 결과가

되어 형벌 본래의 기능과 목적을 달성함에 있어 필요한 정도를 현저히 일탈하여 형벌체계상 지나치게 과중한 형벌을 부과한 것으로 책임과 형벌의 비례를 요구하는 책임원칙에 반한다.

[2] 이 사건 법률조항이 형벌체계상의 균형성을 상실하여 평등원칙의 위반(적극)

❐ 형법 제337조 또는 그 미수죄의 누범자는 검사의 기소 여하에 따른 특가법 제5조의5의 적용 여부에 의하여 사실상 '무기 또는 징역 14년 이상'에서부터 '사형, 무기 또는 징역 20년 이상'에 이르는 편차가 큰 형을 선고받을 수 있고, 만일 특가법 제5조의5를 적용하고 그 법정형 중 무기징역형을 선택하면 누범에 관한 특강법 제3조를 적용할 여지가 없게 되고 그 후 법률상감경 또는 작량감경을 하면 처단형이 징역 7년 이상 15년 이하가 되는 데 비하여 애초에 유기징역형을 선택한 후 특강법 제3조를 적용하여 누범가중을 하게 되면 나중에 감경을 하더라도 처단형이 징역 10년 이상 12년 6월 이하의 징역이 됨으로써 특가법 제5조의5의 법정형 중 가장 가벼운 유기징역형을 선택하는 경우가 무기징역형을 선택하는 것보다 처단형의 하한이 더 높아 불합리하게 되며, 형법상 각 규정에 대해 특강법 제3조가 적용되는 경우에는 전범과 후범이 강도상해·치상죄인 경우나 그보다 더 무거운 강간치사죄, 강도치사죄 및 해상강도상해·치상죄인 경우에 유기징역형은 모두 동일하게 되는바 이는 보호법익이나 죄질의 경중이 달라 그에 대한 형을 정함에 있어서도 달리 취급하여야 할 강도상해·치상죄와 강간치사죄, 강도치사죄 및 해상강도상해·치상죄 등을 자의적으로 동일하게 취급하는 결과가 되는데, 이와 같은 불합리한 결과가 발생 가능하게 되는 이 사건 법률조항은 형벌의 체계상의 균형성을 상실하여 평등원칙에도 반한다.

❐ 재판관 이강국, 재판관 김희옥, 재판관 이동흡의 반대의견

이 사건 법률조항은 누범에 관한 형법 제35조의 특례규정으로 형법 제35조의 누범과는 달리 전범과 후범의 범죄가 모두 죄질이 불량하고 범행에 대한 비난가능성이 크며 피해가 중한 반인륜적이고 반사회적인 범죄인 특정강력범죄에 해당하는 경우에만 그 법정형의 단기까지 2배로 가중하고 있는 것인바, 반인륜적이고 반사회적인 흉악범죄인 특정강력범죄에 대한 가중처벌을 통하여 국민의 생명과 신체의 안전을 보장하고 범죄로부터 사회를 방위하는데 그 입법목적이 있고, 단순한 누범이 아니라 이전의 특정강력범죄로 유죄판결을 받고도 죄질이 중한 같은 특정강력범죄를 저지른 경우에만 가중처벌을 하고 있으며, 그와 같은 경우 비난가능성·반사회성 및 책임이 더 클 뿐만 아니라 범죄예방 및 사회방위라는 목적달성을 위한 특별한 수단이 요구되는 점 등을 고려하면, 이 사건 법률조항이 지나치게 과중한 형벌을 규정하여 책임원칙에 반한다거나 형벌체계상 균형을 상실하여 평등원칙에 위배되는 조항이라고 볼 수 없다.

3] 대법원 2008. 12. 24. 선고 2006도1427 판결

[1] 형법 제35조가 누범전과와 상관관계에 있는 범죄에 한하여 적용되며 합헌이다(소극).

❐ 형법 제35조가 누범에 해당하는 전과사실과 새로이 범한 범죄 사이에 일정한 상관관계가

있다고 인정되는 경우에 한하여 적용되는 것으로 제한하여 해석하여야 할 아무런 이유나 근거가 없고, 위 규정이 헌법상의 평등원칙 등에 위배되는 것도 아니다.

4] 대전고법 2008. 7. 23.자 2008초기69,2008노105 결정 위헌제청

[1] 특정강력범죄의 처벌에 관한 특례법 제3조에서 특정강력범죄의 전과를 가진 자가 누범기간 중 다시 특정강력범죄를 범한 경우 일률적으로 형의 장기와 단기 모두 2배까지 가중하도록 규정한 것은 책임주의원칙, 비례의 원칙과 평등의 원칙에 위배된다고 보아 위헌심판제청을 결정한 사례

❒ 형법 제35조의 누범조항에 대한 특칙인 특정강력범죄의 처벌에 관한 특례법 제3조에서 특정강력범죄의 전과를 가진 자가 누범기간 중에 다시 특정강력범죄를 범한 경우 전범과 후범의 각 특정강력범죄의 불법의 정도, 죄질, 법정형 등에 대한 고려나 책임에 상응하는 적정한 양형을 위한 입법적 보완 없이 일률적으로 형의 장기와 단기 모두 2배까지 가중하도록 규정한 것은, 행위자의 책임을 초과하는 형벌을 부과하거나 실질적으로 달리 취급하여야 할 것을 동일하게 취급할 우려가 있어 책임주의원칙, 비례의 원칙과 헌법 제11조에서 정한 평등의 원칙에 위배된다고 보아 위헌심판제청을 결정한다.

5] 대법원 2007. 8. 23. 선고 2007도4913 판결

[1] 폭력행위 등 처벌에 관한 법률 제3조 제4항의 누범에 대하여 다시 형법 제35조의 누범가중 규정을 적용하는 것이 이중처벌로서 행복추구권 등을 침해하여 위헌인지 여부(소극)

❒ 폭력행위 등 처벌에 관한 법률 제3조 제4항에 해당하여 처벌하는 경우에도 형법 제35조의 누범가중 규정의 적용은 면할 수 없으므로, 형법 제35조를 적용한다고 하더라도 그것이 동일한 행위에 대한 이중처벌로서 헌법상의 인간의 존엄과 가치, 행복추구권을 침해하는 것이라고는 볼 수 없다.

6] 대법원 2006. 12. 8. 선고 2006도6886 판결

[1] 특정범죄 가중처벌 등에 관한 법률 제5조의4 제6항을 적용한 후 다시 형법 제35조에 의한 누범가중을 한다(적극)

❒ 2005. 8. 4. 법률 제7654호로 개정 · 시행된 특정범죄 가중처벌 등에 관한 법률 제5조의4 제6항은 그 입법 취지가 2005. 8. 4. 법률 제7656호로 공포 · 시행된 사회보호법 폐지법률에 의하여 사회보호법이 폐지됨에 따라 상습절도 사범 등에 관한 법정형을 강화하기 위한 데 있다고 보이고, 조문의 체계가 일정한 구성요건을 규정하는 형식으로 되어 있으며, 적용요건이나 효과

도 형법 제35조와 달리 규정되어 있는 점 등에 비추어 볼 때, 위 법률 제5조의4 제1항 또는 제2항의 죄로 2회 이상 실형을 받아 그 집행을 종료하거나 면제받은 후 3년 이내에 다시 위 제1항 또는 제2항의 죄를 범한 때에는 그 죄에 정한 형의 단기의 2배까지 가중한 법정형에 의하여 처벌한다는 내용의 새로운 구성요건을 창설한 규정이라고 새겨야 할 것이므로, 이러한 경우 위 제6항에 정한 형에 다시 형법 제35조의 누범가중한 형기 범위 내에서 처단형을 정하는 것이 옳다.

7] 대법원 2006. 4. 7. 선고 2005도9858 전원합의체 판결

[1] 누범가중의 요건으로서 다시 금고 이상에 해당하는 죄를 범하였는지 여부의 판단 기준

❐ 형법 제35조 소정의 누범이 되려면 금고 이상의 형을 받아 그 집행을 종료하거나 면제를 받은 후 3년 내에 다시 금고 이상에 해당하는 죄를 범하여야 하는바, 이 경우 다시 금고 이상에 해당하는 죄를 범하였는지 여부는 그 범죄의 실행행위를 하였는지 여부를 기준으로 결정하여야 하므로 3년의 기간 내에 실행의 착수가 있으면 족하고, 그 기간 내에 기수에까지 이르러야 되는 것은 아니다.

8] 대법원 1986. 11. 11. 선고 86도2004 판결

[1] 특별사면으로 출소한 후 3년 이내에 다시 죄를 범한 자에 대한 누범가중 인정

❐ 형의 선고를 받은 자가 특별사면을 받아 형의 집행을 면제받고 또 후에 복권이 되었다 하더라도 형의 선고의 효력이 상실되는 것은 아니므로 실형을 선고받아 복역타가 특별사면으로 출소한 후 3년 이내에 다시 범죄를 저지른 자에 대한 누범가중은 정당하다.

9] 대법원 1983. 8. 23. 선고 83도1600 판결

[1] 집행유예 기간중의 범죄와 누범가중을 할 수없다.

❐ 각 형법 제35조에 의하여 판시 제2의 죄에 대하여는 형법 제42조 단서의 제한에 따라 누범가중을 하고……경합범가중을 하며……작량감경한 형기범위 내에서 피고인을 징역 3년에 처한다고 설시하고 있다. 그러나 금고 이상의 형을 받고 그 형의 집행유예기간 중에 금고 이상에 해당하는 죄를 범하였다하더라도 이는 누범가중의 요건으로 규정한 형법 제35조 제1항은 이 경우에 포함되지 않는다 할 것이다.(대법원 1965. 10. 5 선고 65도676, 대법원 1969. 8. 26. 선고 69도1111 판결 참조).

제2절 판결선고후의 누범발각

조문

제36조(판결선고후의 누범발각) 판결선고후 누범인 것이 발각된 때에는 그 선고한 형을 통산하여 다시 형을 정할 수 있다. 단, 선고한 형의 집행을 종료하거나 그 집행이 면제된 후에는 예외로 한다.

관련판례

1] 대법원 2006. 4. 7. 선고 2005도9858 전원합의체 판결

❒ 형법 제35조 소정의 누범이 되려면 금고 이상의 형을 받아 그 집행을 종료하거나 면제를 받은 후 3년 내에 다시 금고 이상에 해당하는 죄를 범하여야 하는 바, 이 경우 다시 금고 이상에 해당하는 죄를 범하였는지 여부는 그 범죄의 실행행위를 하였는지 여부를 기준으로 결정하여야 하므로 3년의 기간 내에 실행의 착수가 있으면 족하고, 그 기간 내에 기수에까지 이르러야 되는 것은 아니다.

2] 대법원 1969. 8. 26. 선고 69도1111 판결【군무이탈】

[1] 집행유예 기간중에 새로운 죄를 범하였다 하더라도 위 집행유예를 받은 죄와의 관계에 있어서 누범가중 처벌할 수 없다.

❒ 변호인의 상고이유를 보기전에 직권으로 원심이 유지하고 있는 제1심 판결을 보면, 다음과 같은 취지로 되어 있다. 즉, 피고인은 1968.10.18 제5관구 보통군법회의에서 군무이탈죄로 징역 6월에 단1년간 집행유예의 형을 선고받은 사실을 인정한 다음 그 의률에 있어서 피고인에게는 판시 모두의 전과가 있으므로 형법 제35조에 의하여 누범가중한 형기 범위내에서 피고인을 징역 8월에 처한다라 하였다. 그러나 피고인의 군무이탈기간은 1968.11.1부터 1968.12.5 사이므로 필경 피고인은 위의 집행유예의 기간 내에 군무이탈죄를 범한것이 된다. 누범으로 처벌할 요건을 규정한 형법 제36조 제1항은 위와 같은 경우를 포함하지 아니한다. 그렇다면 이 사건 제1심 판결은 누범가중을 하지 못할 경우에 누범가중을 한 경우이므로 위법을 범하였다 할 것이요, 이러한 위법인 판결을 유지한 원심판결 또한 법령에 위반되었다 할 것이다.

3] 서울고법 1975. 6. 13. 선고 75노410 제2형사부판결 : 확정

[1] 검사가 보다 가벼운 죄로 공소사실을 변경하였을 때 구형도 변경하여야 하는 것은 아니다.

❐ 검사의 구형은 재량권의 범위에 속하는 것이므로 공소사실을 가벼운 것으로 변경하였다하여 반드시 구형까지 가볍게 하여야 하는 것은 아니다.

❐ 이유

피고인의 항소이유의 요지는 첫째, 피고인은 본건 공소범죄사실을 저지른 일이 없는데 원심이 피고인을 유죄로 인정하였으니 원심판결에는 판결에 영향을 미칠 사실을 오인한 위법이 다는 것이고, 둘째, 상습장물취득죄에서 장물취득죄로 공소장변경후 구형변경없이 판결에 이른 것은 잘못이며 셋째, 원심이 피고인에 대하여 선고한 형의 양정이 너무 무거워서 부당하다는 것이고, 검사의 항소이유는 형이 너무 가벼워서 부당하다는 것이다.

그러므로 먼저 피고인 항소이유 첫째 점에 대하여 살펴보건대, 원심이 적법하게 증거조사를 마쳐 채택한 여러 증거들을 본건 기록에 비추어 종합검토하여 보면, 원심이 판시한 피고인의 본건 범죄사실을 충분히 인정할 수 있으므로 달리 원심의 사실인정과정에는 논지가 지적하는 바와 같은 위법이 없으므로 이점 사실오인에 관한 항소이유는 받아들일 수 없다.

둘째점에 대하여 보건대, 일건기록에 의하면 검사는 공소장변경후 전에 한 구형을 유지한 사실을 인정할 수 없으므로(구형은 검사의 재량이므로 가벼운 죄도 공소장을 변경했다하여 반드시 구형을 낮추어야 하는 것은 아니다) 이유없고, 셋째점에 대하여 살펴보기에 앞서 직권으로 보건대, 일건기록에 의하면 원심은 장물취득사실을 인정하고 형법 제36조 1항을 적용 처단한 잘못이 있는 사실을 알아볼 수 있으므로 더 판단할 것없이 이 점에서 원심판결은 파기를 면치 못할 것이다.

제7장 경합범

제1절 경합범
제2절 경합범과 처벌례
제3절 판결을 받지 아니한 경합범, 수개의 판결과 경합범, 형의 집행과 경합범
제4절 경합

제7장 경합범

제1절 경합범

조문

> 제37조(경합범) 판결이 확정되지 아니한 수 개의 죄 또는 금고 이상의 형에 처한 판결이 확정된 죄와 그 판결확정 전에 범한 죄를 경합범으로 한다. (개정 2004. 1. 20)

1. 실체적 경합범의 의의와 종류

경합범(競合犯); 실체적 경합범(實體的 競合犯)이란 한 사람에 의하여 이루어진 수 개의 범행에 대하여 판결이 확정되지 아니한 수 개의 죄 또는 금고 이상의 형에 처한 판결이 확정된 죄와 그 판결확정 전에 범한 죄를 의미한다.

2. 실체적 경합범의 요건

1) 동시경합범의 성립요건

동시경합범(同時競合犯)은 판결이 확정되지 않은 수 개의 죄를 의미한다(제37조 전단).

(1) 단일성과 동일성이 인정되지 않는 수 개의 행위가 있을 것.

(2) 수 개의 구성요건이 실현이 있을 것.

(3) 수 개의 죄는 금고 이상의 형이 확정판결이 없어야 한다. 이때 판결의 확정이란 판결이 상소 등 통상의 불복방법에 의하여 다툴 수 없는 상태를 말한다.[11]

(4) 수 개의 죄는 동시에 형이 선고 될 것을 요건으로 한다.

2) 사후경합범의 성립요건

(1) 판결이 확정된 죄

(2) 확정판결 전에 범한 죄

(3) 죄를 범한 시기

---

11) 대법원 1983. 7. 12. 선고 83도1200 판결.

관련판례

1] 대법원 2011. 10. 27. 선고 2009도9948 판결

[1] 형법 제37조 후단 경합범 중 아직 판결을 받지 아니한 죄가 이미 판결이 확정된 죄와 동시에 판결할 수 없었던 경우, 형법 제39조 제1항에 따라 동시에 판결할 경우와 형평을 고려하여 형을 선고하거나 형을 감경 또는 면제할 수 없다(소극)

❐ 형법 제37조는 후단에서 '금고 이상의 형에 처한 판결이 확정된 죄와 그 판결 확정 전에 범한 죄'를 경합범으로 한다고 규정하고, 「형법」제39조 제1항은 경합범 중 판결을 받지 아니한 죄가 있는 때에는 그 죄와 판결이 확정된 죄를 동시에 판결할 경우와 형평을 고려하여 그 죄에 대하여 형을 선고하며 이 경우 그 형을 감경 또는 면제할 수 있다고 규정하고 있다. 위 각 조항의 문언, 입법취지 등에 비추어 보면, 아직 판결을 받지 아니한 죄가 이미 판결이 확정된 죄와 동시에 판결할 수 없었던 경우에는「형법」제39조 제1항에 따라 동시에 판결할 경우와 형평을 고려하여 형을 선고하거나 그 형을 감경 또는 면제할 수 없다고 해석함이 상당하다.

2] 대법원 2011. 9. 29. 선고 2008도9109 판결

[1] 이미 판결이 확정된 '군무이탈죄 등'과 형법 제37조 후단 경합범 관계에 있는 '강도상해죄'에 대하여 형법 제39조 제1항의 법률상 감경을 하고 거듭 작량감경을 하여 산출한 처단형 범위 내에서 형을 정하고 그 집행을 유예한 사안에서, 두 죄를 동시에 판결할 경우와의 형평을 고려한 것으로 볼 수 있어 정당하다.

❐ 이미 징역 2년에 집행유예 3년에 처하는 판결이 확정된 군무이탈죄(법정형 2년 이상 10년 이하의 징역) 등과 형법 제37조 후단 경합범 관계에 있는 강도상해죄(법정형 무기징역 또는 7년 이상의 유기징역)에 대하여 형법 제39조 제1항의 법률상 감경을 하고 거듭 작량감경을 하여 산출한 처단형 범위 내인 징역 3년으로 형을 정하고 그 집행을 유예한 사안에서, 선고된 각 본형의 합계, 집행유예의 실효 가능성 및 강도상해죄와 관련된 제반 사정에 비추어, 원심의 조치는 판결이 확정된 죄와 형법 제37조 후단 경합범을 동시에 판결할 경우와의 형평을 고려한 것으로 볼 수 있어 정당하다.

3] 대법원 2011. 4. 14. 선고 2009도9576 판결

[1] 형법 제37조 전단 경합범 관계에 있는 죄에 대하여 일부는 유죄, 일부는 무죄를 선고한 제1심판결에 대하여 피고인은 항소하지 않고 검사만이 전체에 대하여 항소한 경우 항소심의 심판범위(=1심판결 전부) 및 항소법원이 항소이유서에 포함되지 않은 '형벌에 관한 법률조항에 대한

헌법재판소의 위헌결정'에 대하여 직권으로 심판할 수 있다(적극)

❐ 형법 제37조 전단의 경합범 관계에 있는 죄에 대하여 일부는 유죄, 일부는 무죄를 선고한 제1심판결에 대하여 피고인은 항소하지 아니하고 검사만이 무죄 부분에 한정하지 아니하고 그 전체에 대하여 항소한 경우에, 제1심판결 전부가 항소심에 이심되어 항소심의 심판범위에 속한다(대법원 2004. 10. 15. 선고 2004도5035 판결 등 참조). 또한 항소법원은 항소이유에 포함된 사유에 관하여 심판하여야 하지만, 판결에 영향을 미친 사유에 대하여는 항소이유서에 포함되지 아니한 경우에도 직권으로 심판할 수 있다(형사소송법 제364조 제1항, 제2항). 그렇다면 형벌에 관한 법률조항에 대한 헌법재판소의 위헌결정은 재심청구사유(헌법재판소법 제47조 제2항 단서, 제3항) 및 항소이유(형사소송법 제361조의5 제13호)에 해당하여, 비록 항소이유서에 항소이유로 포함되어 있지 아니한 경우에도 항소심이 직권으로 이에 대하여 심판할 수 있다(대법원 2009. 9. 10. 선고 2008도7537 판결, 대법원 2010. 12. 9. 선고 2008도1092 판결 등 참조).

4] 대법원 2011. 3. 10. 선고 2010도17779 판결

❐ 형법 제37조 전단 경합범 관계에 있는 공소사실 중 일부에 대하여 유죄, 나머지 부분에 대하여 무죄를 선고한 제1심판결에 대하여 검사만이 항소하면서 무죄 부분에 대하여는 항소이유를 기재하고 유죄 부분에 대하여는 이를 기재하지 않았으나 항소 범위는 '전부'로 표시한 사안에서, 이 경우 제1심판결 전부가 이심되어 원심의 심판대상이 되므로, 원심으로서는 제1심판결 무죄 부분을 유죄로 인정하는 이상 제1심판결 전부를 파기하고 경합범 관계에 있는 공소사실 전부에 대하여 하나의 형을 선고하여야 한다.

5] 대법원 2011. 2. 24. 선고 2010도15989 판결

❐ 수개의 범죄사실에 대하여 항소심이 일부는 유죄, 일부는 무죄의 판결을 하고, 그 판결에 대하여 피고인 및 검사 쌍방이 상고를 제기하였으나, 유죄 부분에 대한 피고인의 상고는 이유 없고 무죄 부분에 대한 검사의 상고만 이유 있는 경우, 항소심이 유죄로 인정한 죄와 무죄로 인정한 죄가 「형법」제37조 전단의 경합범 관계에 있다면 항소심판결의 유죄 부분도 무죄 부분과 함께 파기되어야 한다(대법원 2000. 11. 28. 선고 2000도2123 판결 참조).

6] 대법원 2010. 7. 8. 선고 2010도931 판결

[1] 형법 제37조 후단 경합범 중 판결을 받지 아니한 죄에 대하여 형을 선고하는 경우에, 형법 제37조 후단에 규정된 '금고 이상의 형에 처한 판결이 확정된 죄'의 형도 형법 제59조 제1항 단서에서 정한 선고유예의 예외사유인 '자격정지 이상의 형을 받은 전과'에 포함된다(적극)

❐ 선고유예가 주로 범정이 경미한 초범자에 대하여 형을 부과하지 않고 자발적인 개선과 갱생을 촉진시키고자 하는 제도인 점, 형법은 선고유예의 예외사유를 '자격정지 이상의 형을 받은 전과'라고만 규정하고 있을 뿐 그 전과를 범행 이전의 것으로 제한하거나 형법 제37조 후단 경합범 규정상의 금고 이상의 형에 처한 판결에 의한 전과를 제외하고 있지 아니한 점, 형법 제39조 제1항은 경합범 중 판결을 받지 아니한 죄가 있는 때에는 그 죄와 판결이 확정된 죄를 동시에 판결할 경우와 형평을 고려하여 그 죄에 대하여 형을 선고하여야 하는데 이미 판결이 확정된 죄에 대하여 금고 이상의 형이 선고되었다면 나머지 죄가 위 판결이 확정된 죄와 동시에 판결되었다고 하더라도 선고유예가 선고되었을 수 없을 것인데 나중에 별도로 판결이 선고된다는 이유만으로 선고유예가 가능하다고 하는 것은 불합리한 점 등을 종합하여 보면, 형법 제39조 제1항에 의하여 형법 제37조 후단 경합범 중 판결을 받지 아니한 죄에 대하여 형을 선고하는 경우에 있어서 형법 제37조 후단에 규정된 금고 이상의 형에 처한 판결이 확정된 죄의 형도 형법 제59조 제1항 단서에서 정한 '자격정지 이상의 형을 받은 전과'에 포함된다고 봄이 상당하다.

7] **대법원** 2010. 1. 28. **선고** 2009**도**13411 **판결**

❐ 피고인의 각 범행이 형법 제37조 후단의 경합범에 해당되어 징역 4년, 징역 2년 6월 및 징역 4년의 각 형이 선고된 경우, 이를 합하면 징역 10년 이상이 되므로 형사소송법 제383조 제4호에 기하여 원심의 양형부당을 이유로 상고할 수 있다.

8] **대법원** 2009. 12. 10. **선고** 2009**도**1166 **판결**

[1] 형법 제37조 전단의 경합범 관계인 수개의 범죄사실에 대해 일부 유죄, 일부 무죄를 선고한 항소심판결에 대하여 쌍방이 상고를 제기하였으나, 무죄 부분에 대한 검찰관의 상고만 이유 있는 때의 파기 범위

❐ 수개의 범죄사실에 대하여 항소심이 일부는 유죄, 일부는 무죄의 판결을 하고, 그 판결에 대하여 피고인 및 검찰관 쌍방이 상고를 제기하였으나, 유죄 부분에 대한 피고인의 상고는 이유 없고 무죄 부분에 대한 검찰관의 상고만 이유 있는 경우, 항소심이 유죄로 인정한 죄와 무죄로 인정한 죄가 형법 제37조 전단의 경합범 관계에 있다면 항소심판결의 유죄 부분도 무죄 부분과 함께 파기되어야 한다 (대법원 2000. 11. 28. 선고 2000도2123 판결 참조).

9] **대법원** 2009. 7. 23. **선고** 2007**도**541 **판결**

[1] 수 개의 업무상 배임행위가 포괄일죄를 구성하는 경우

❐ 수 개의 업무상 배임행위가 있더라도 피해법익이 단일하고 범죄의 태양이 동일할 뿐만 아

니라 그 수 개의 배임행위가 단일한 범의에 기한 일련의 행위라고 볼 수 있는 경우에는 그 수 개의 배임행위는 포괄하여 일죄를 구성한다.

10] 서울고법 2009. 5. 21. 선고 2000재노6 판결【국가보안법위반 · 반공법위반 · 집회및시위에관한법률위반 · 계엄법위반】확정〈아람회 사건〉

[1] 1개의 형이 확정된 경합범 중 일부 범죄사실에 대하여만 재심사유가 있는 것으로 인정되어 재심개시의 결정이 이루어졌으나, 재심법원 심리과정에서 나머지 범죄사실에 대하여도 명백하고 새로운 재심사유가 있는 것으로 인정된 경우, 재심법원의 심리 범위

❐ 경합범 관계에 있는 수개의 범죄사실을 유죄로 인정하여 한 개의 형을 선고한 불가분의 확정판결에서 그 중 일부의 범죄사실에 대하여만 재심청구의 이유가 있는 것으로 인정된 경우에는, 형식적으로는 1개의 형이 선고된 그 판결 전부에 대하여 재심개시의 결정을 할 수밖에 없으나, 비상구제수단인 재심제도의 본질상 재심사유가 없는 범죄사실에 대하여는 재심개시결정의 효력이 그 부분을 형식적으로 심판의 대상에 포함하는 데 그치므로, 재심법원은 그 부분에 대하여는 이를 다시 심리하여 유죄인정을 파기할 수 없다. 그러나 재심청구의 이유가 없다고 본 나머지 범죄사실에 대한 재심법원의 심리과정에서 명백하고 새로운 재심사유가 추가로 발견되었다면, 재심청구인으로 하여금 위 나머지 범죄사실에 대하여 새로운 재심청구를 하게 하는 것보다 진행중인 재심사건에서 이를 한꺼번에 심리 · 판단 받을 수 있도록 하는 것이 소송경제상 타당할 뿐만 아니라 인권보장을 위한 비상구제수단이라는 재심제도의 취지와 목적에도 부합하므로, 재심의 심판범위는 재심개시결정 당시 재심사유가 인정된 범죄사실뿐만 아니라, 유 · 무죄 판단을 포함한 나머지 범죄사실 전부에 미친다고 봄이 상당하다.

11] 대법원 2009. 4. 23. 선고 2008도11921 판결

[1] 실체적 경합범에 대하여 이종(異種)의 형을 부과한 경우, 일부에만 파기사유가 있는 때 그 파기 범위

❐ 업무상과실선박파괴죄와 해양오염방지법 위반 및 선원법 위반(일부)을 실체적 경합범으로 보아 업무상과실선박파괴죄와 해양오염방지법 위반에 대하여는 하나의 징역형을 선고하고 선원법 위반에 대하여는 이와 별개로 벌금형을 병과한 경우, 하나의 징역형이 선고된 업무상과실선박파괴죄와 해양오염방지법 위반은 소송상 일체로 취급되어야 하므로 업무상과실선박파괴죄에 관한 원심판단에 위법이 있는 이상 해양오염방지법 위반 부분까지 함께 파기를 면할 수 없으나, 별개의 벌금형이 병과된 선원법 위반 부분은 소송상 별개로 분리 취급되어야 하므로 이 부분은 파기 범위에 속하지 아니한다.

12] 대법원 2009. 4. 9. 선고 2009도675 판결

[1] 주식시세조종의 목적으로 허위매수주문행위, 고개매수주문행위 및 통정매매행위 등을 반복한 경우의 죄수(포괄일죄)

❐ 주식시세조종의 목적으로 허위매수주문행위, 고가매수주문행위 및 통정매매행위 등을 반복한 경우, 이는 시세조종 등 불공정거래의 금지를 규정하고 있는 구 증권거래법(2007. 8. 3. 법률 제8635호 자본시장과 금융투자업에 관한 법률 부칙 제2조 제1호로 폐지, 이하 '구 증권거래법'이라 한다) 제188조의4에 해당하는 수개의 행위를 단일하고 계속된 범의 아래 일정기간 계속하여 반복한 범행이라 할 것이고, 이 범죄의 보호법익은 유가증권시장 또는 협회중개시장에서의 유가증권 거래의 공정성 및 유통의 원활성 확보라는 사회적 법익이고 각각의 유가증권 소유자나 발행자 등 개개인의 재산적 법익은 직접적인 보호법익이 아닌 점에 비추어 위 각 범행의 피해법익의 동일성도 인정되므로, 구 증권거래법 제188조의4 소정의 불공정거래행위금지 위반의 포괄일죄가 성립한다(대법원 2002. 7. 26. 선고 2002도1855 판결 등 참조). 그리고 구 증권거래법 제188조의4 제1항 위반죄가 성립하기 위하여는 통정매매 또는 가장매매 사실 외에 주관적 요건으로 '거래가 성황을 이루고 있는 듯이 잘못 알게 하거나 기타 타인으로 하여금 그릇된 판단을 하게 할 목적'이 있어야 하는데, 이러한 목적은 다른 목적과의 공존 여부나 어느 목적이 주된 것인지는 문제되지 아니하고, 그 목적에 대한 인식의 정도는 적극적 의욕이나 확정적 인식임을 요하지 아니하고 미필적 인식이 있으면 족하며, 투자자의 오해를 실제로 유발하였는지 여부나 타인에게 손해가 발생하였는지 여부 등은 문제가 되지 아니하며, 구 증권거래법 제188조의4 제2항 소정의 '매매거래를 유인할 목적'이라 함은 인위적인 조작을 가하여 시세를 변동시킴에도 불구하고, 투자자에게는 그 시세가 유가증권시장에서의 자연적인 수요 · 공급의 원칙에 의하여 형성된 것으로 오인시켜 유가증권의 매매에 끌어들이려는 목적으로서 이 역시 다른 목적과의 공존 여부나 어느 목적이 주된 것인지는 문제되지 아니하고, 목적에 대한 인식의 정도도 미필적 인식으로 충분하며, 나아가 위 조항 제1호 소정의 '유가증권의 매매거래가 성황을 이루고 있는 듯이 잘못 알게 하거나 그 시세를 변동시키는 매매거래'라 함은 본래 정상적인 수요 · 공급에 따라 자유경쟁시장에서 형성될 시세 및 거래량을 시장요인에 의하지 아니한 다른 요인으로 인위적으로 변동시킬 가능성이 있는 거래를 말하는 것일 뿐 그로 인하여 실제로 시세가 변동될 필요까지는 없고, 일련의 행위가 이어진 경우에는 전체적으로 그 행위로 인하여 시세를 변동시킬 가능성이 있으면 충분한데, 이상의 각 요건에 해당하는지 여부는 당사자가 이를 자백하지 않더라도 그 유가증권의 성격과 발행된 유가증권의 총수, 가격 및 거래량의 동향, 전후의 거래상황, 거래의 경제적 합리성과 공정성, 가장 혹은 허위매매 여부, 시장관여율의 정도, 지속적인 종가관리 등 거래의 동기와 태양 등의 간접사실을 종합적으로 고려하여 이를 판단할 수 있다(대법원 2005. 11.

10. 선고 2004도1164 판결, 대법원 2006. 5. 11. 선고 2003도 4320 판결, 대법원 2007. 11. 29. 선고 2007도7471 판결 등 참조).

13] 대법원 2009. 4. 9. 선고 2006도9022 판결

[1] 같은 기회에 하나의 행위로 여러 개의 영업비밀을 취득한 경우 그 죄수(=일죄)

❒ 같은 기회에 하나의 행위로 여러 개의 영업비밀을 취득한 행위는 구 부정경쟁방지 및 영업비밀보호에 관한 법률(2007. 12. 21. 법률 제8767호로 개정되기 전의 것) 제18조 제2항 위반죄의 일죄로 평가되어야 한다.

14] 대법원 2009. 2. 26. 선고 2009도39 판결

[1] 17개월 동안 피해자의 휴대전화로 거의 동일한 내용을 담은 문자메세지를 발송함으로써 이루어진 정보통신망 이용촉진 및 정보보호 등에 관한 법률 위반행위 중 일부 기간의 행위에 대하여 먼저 유죄판결이 확정된 후, 판결확정 전의 다른 일부 기간의 행위가 다시 기소된 사안에서, 이는 판결이 확정된 위 법률 위반죄와 포괄일죄의 관계이므로 확정판결의 기판력이 미친다.

❒ '정보통신망 이용촉진 및 정보보호 등에 관한 법률' (이하 "정보통신망이용법"이라 한다) 제44조의7 제1항 제3호는 누구든지 정보통신망을 통하여 공포심이나 불안감을 유발하는 부호 · 문언 · 음향 · 화상 또는 영상을 반복적으로 상대방에게 도달하게 하는 내용의 정보를 유통하여서는 아니된다고 규정하고, 그 벌칙조항인 법 제65조에서는 위 제44조의7 제1항 제3호의 규정을 위반하여 공포심이나 불안감을 유발하는 부호 · 문언 · 음향 · 화상 또는 영상을 '반복적으로' 상대방에게 도달하게 한 자를 형벌에 처하도록 규정하고 있다. 한편 동일 죄명에 해당하는 여러 개의 행위를 단일하고 계속된 범의 아래 일정 기간 계속하여 행하고 그 피해법익도 동일한 경우에는 이들 각 행위를 통틀어 포괄일죄로 처단하여야 한다(대법원 2002. 7. 26. 선고 2002도1855 판결 등 참조).

15] 대법원 2009. 2. 26. 선고 2008도9685 판결

[1] 농성중 인도 위 천막의 설치로 인한 도로법 위반행위에 천막의 강제철거 후 이를 다시 설치하여 이루어진 사정이 있더라도, 그 일부에 대한 확정판결의 기판력이 그 판결선고 전에 범한 도로법위반의 공소사실에 미친다고 보아 면소판결을 선고한 원심의 조치를 수긍한 사례

❒ 원심은 그 채택 증거들을 종합하여, 피고인들이 "성명불상의 노조원들과 공모하여 2007. 1. 17. 20:00경 및 2007. 1. 19. 20:00경 이 사건 도로법위반의 공소사실 기재와 같이 원주시청 앞 인도 위에 비닐하우스를 설치하여 관할관청의 허가를 받지 아니하고 도로를 점용하였다"는 도로

법위반의 공소사실로 2007. 8. 29. 춘천지법 원주지원에 약식명령 청구되었다가 2007. 10. 17. 공판절차에 회부됨으로써, 같은 법원 2007고단626호로 재판이 계속되어 2007. 11. 13. 각 벌금 500,000원의 판결이 선고되었고 그 판결은 2007. 11. 21. 확정된 사실, 피고인들이 2007. 1. 17. 18:37경부터 노조지부 사무실의 철거에 항의하기 위하여 천막을 설치하여 놓고 농성을 계속하던 중 2007. 1. 30. 14:00경 천막이 강제철거 당하자 같은 날 18:44경 다시 동일한 천막을 설치하였고 종국적으로 2007. 2. 1. 18:26경까지 도로를 점용하게 된 사실을 인정한 다음, 천막 설치의 목적, 천막의 규모 및 형태, 천막을 설치하여 둔 기간 및 장소 등을 고려하여 보면 피고인들이 천막철거 후 새로운 범의를 가지고 새로운 천막을 다시 설치한 것이라기보다는 단일하고 계속된 목적과 범의하에 일정 기간 동안 계속하여 천막을 설치하여 둔 것이라고 보아, 판결이 확정된 위 범죄사실과 그 판결선고 전에 범한 이 사건 도로법위반의 공소사실은 동일 죄명에 해당하는 수개의 행위를 단일하고 계속된 범의하에 일정 기간 동안 계속하여 행한 것으로 그 보호법익도 동일한 경우로서 포괄일죄의 관계에 있으므로, 위 확정된 판결의 기판력이 이 부분 공소사실에 미친다는 이유로 면소를 선고하였다.

16] 대법원 2008. 10. 23. 선고 2008도209 판결

[1] 소심법원이 유죄판결이 확정된 갑 · 을 · 병 세 개의 죄와 형법 제37조 후단의 경합범 관계에 있는 정죄에 대한 형을 선고하면서 판결 이유의 '법령의 적용' 부분에서 을 · 병죄에 대한 전과 기재를 누락하고 전과의 구체적 내용을 심리하지 아니한 경우, 형법 제39조 제1항을 위반하여 위법하다.

17] 대법원 2006. 3. 23. 선고 2006도1076 판결

[1] 형법 제38조 제1항 제3호에 의하여 징역형과 벌금형을 병과하는 경우, 징역형에만 작량감경을 한 것이 위법하지 않다.(소극)

❒ 형법 제38조 제1항 제3호에 의하여 징역형과 벌금형을 병과하는 경우에는 각 형에 대한 범죄의 정상에 차이가 있을 수 있으므로 징역형에만 작량감경을 하고 벌금형에는 작량감경을 하지 아니하였다고 하여 이를 위법하다고 할 수 없다.

※ 징역형과 벌금형을 병과하여야 할 경우에 특별한 규정이 없는 한 징역형에만 작량감경을 하고 벌금형에는 이것을 하지 아니함은 잘못이라고 판시한 76도2012 등은 하나의 죄에 대하여 징역형과 벌금형을 병과하는 경우에 관한 것임.

18] 대법원 2006. 5. 29. 자 2006모135 결정

[1] 선고 · 확정된 경합범관계에 있는 수개의 형 중 중한 형인 무기징역형이 사후에 징역 20년 형으로 감형된 경우, 몰수나 벌금, 과료 이외의 다른 형을 집행할 수 있는지 여부(소극) 및 이미 집행한 형기의 통산규정인 구 형법 제39조 제4항이 적용되는지 여부(소극)

❐ 구 형법(2005. 7. 29. 법률 제7623호로 개정되기 전의 것) 제39조 제2항, 제1항, 제38조 제1항 제1호는 경합범관계에 있는 사건에 관하여 수개의 형이 선고 · 확정된 경우에는 경합범의 처벌례에 의하여 집행하도록 되어 있으므로 그 중 중한 형이 사형 또는 무기징역이나 무기금고인 때에는 그 형만을 집행할 수 있을 뿐 몰수나 벌금, 과료 이외의 다른 형은 집행하지 아니함이 그 규정 취지에 의하여 분명하므로 경합범에 해당하는 무기징역형이 사후에 징역 20년 형으로 감형되었다 하더라도 그 감형된 형만을 집행할 수 있을 뿐 몰수나 벌금, 과료 이외의 다른 형은 집행할 수 없다.

19] 대법원 2005. 9. 30. 선고 2005도4051 판결

[1] 컴퓨터로 음란 동영상을 제공한 제1범죄행위로 서버컴퓨터가 압수된 이후 다시 장비를 갖추어 동종의 제2범죄행위를 하고 제2범죄행위로 인하여 약식명령을 받아 확정된 사안에서, 피고인에게 범의의 갱신이 있어 제1범죄행위는 약식명령이 확정된 제2범죄행위와 실체적 경합관계에 있다고 보아야 할 것이라는 이유로, 포괄일죄를 구성한다고 판단한 원심판결을 파기한 사례

❐ 동일 죄명에 해당하는 수개의 행위 혹은 연속된 행위를 단일하고 계속된 범의하에 일정 기간 계속하여 행하고 그 피해법익도 동일한 경우에는 이들 각 행위를 통틀어 포괄일죄로 처단하여야 할 것이나, 범의의 단일성과 계속성이 인정되지 아니하거나 범행방법이 동일하지 않은 경우에는 각 범행은 실체적 경합범에 해당한다 - 컴퓨터로 음란 동영상을 제공한 제1범죄행위로 서버컴퓨터가 압수된 이후 다시 새로운 장비와 프로그램을 갖추어 동종의 제2범죄행위를 하고 제2범죄행위로 인하여 약식명령을 받아 확정된 사안에서, 피고인에게 범의의 갱신이 있어 제1범죄행위는 약식명령이 확정된 제2범죄행위와 실체적 경합관계에 있다고 보아야 할 것이라는 이유로, 포괄일죄를 구성한다고 판단한 원심판결을 파기한다.

20] 대법원 2001. 6. 1. 선고 2001도70 판결

[1] 형법 제37조 전단의 경합범 관계에 있는 죄에 대하여 일부는 유죄, 일부는 무죄를 선고한 항소심의 판결에 대하여 검사만이 무죄 부분에 대해 상고한 경우, 상고심에서 이를 파기할 때의 파기범위(무죄 부분)

❐ 형법 제37조 전단의 경합범 관계에 있는데, 무죄 부분에 대해 검사만이 상고한 경우 당사자 쌍방이 상고하지 아니한 유죄 부분은 상고기간이 지남으로써 분리 확정되어 상고심에 계속된 사건은 무죄 부분에 대한 공소뿐이라 할 것이므로 상고심에서 이를 파기할 때에는 무죄 부분만을 파기할 수밖에 없다.

제2절 경합범과 처벌례

조문

제38조(경합범과 처벌례) ①경합범을 동시에 판결할 때에는 다음의 구별에 의하여 처벌한다.
1. 가장 중한 죄에 정한 형이 사형 또는 무기징역이나 무기금고인 때에는 가장 중한 죄에 정한 형으로 처벌한다.
2. 각 죄에 정한 형이 사형 또는 무기징역이나 무기금고이외의 동종의 형인 때에는 가장 중한 죄에 정한 장기 또는 다액에 그 2분의 1까지 가중하되 각 죄에 정한 형의 장기 또는 다액을 합산한 형기 또는 액수를 초과할 수 없다. 단 과료와 과료, 몰수와 몰수는 병과할 수 있다.
3. 각 죄에 정한 형이 무기징역이나 무기금고이외의 이종의 형인 때에는 병과한다.
② 전항 각호의 경우에 있어서 징역과 금고는 동종의 형으로 간주하여 징역형으로 처벌한다.

1. 실체적 경합의 처분

1) 동시경합범의 처분

경합범을 동시에 판결할 때에는 다음과 같이 처벌한다.

(1) 흡수주의

형법 제38조 (경합범과 처벌례) 제①항 1호. 가장 중한 죄에 정한 형이 사형 또는 무기징역이나 무기금고인 때에는 가장 중한 죄에 정한 형으로 처벌한다. 하여 흡수주의가 적용된다.

(2) 가중주의

형법 제38조 (경합범과 처벌례) 제①항 2호. 각 죄에 정한 형이 사형 또는 무기징역이나 무기금고이외의 동종의 형인 때에는 가장 중한 죄에 정한 장기 또는 다액에 그 2분의 1까지 가중하되 각 죄에 정한 형의 장기 또는 다액을 합산한 형기 또는 액수를 초과할 수 없다.[12] 단 과료와 과

12) 대법원 1959. 10. 16. 4292 형상 279; 대법원 1971. 11. 23. 선고 71도1834 판결.

료, 몰수와 몰수는 병과할 수 있다. 하여 가중주의와 단일형 선고의 원칙을 채택하고 있다. 법 제38조 제②항은 이 경우에 징역과 금고는 동종의 형으로 간주하여 징역형으로 처벌한다. 법 제42조 단서에 의하면 유기자유형을 형을 가중하는 때에는 50년까지로 한다.

(3) 병과주의

형법 제38조 (경합범과 처벌례) 제①항 3호. 각 죄에 정한 형이 무기징역이나 무기금고이외의 이종의 형인 때에는 병과한다. 하여 예외적 병과주의를 취한다. 여기서 이종의 형은 서로 다른 형 즉 유기자유형과 벌금 또는 과료,[13] 벌금과 과료, 자격정지와 구류와 관계를 말하고, 병과방법에는 제한이 없다.[14] 그러나 소위 과형상의 일죄로 동종의 수개의 행위에 상습성을 인정하면서도 실질적인 경합범으로 보아 형법 제37조, 제38조를 적용하여 경합가중하는 것은 위법하다.[15]

2) 사후경합범의 처분

(1) 형의 선고

형법 제39조(판결을 받지 아니한 경합범, 수개의 판결과 경합범, 형의 집행과 경합범) 제①항. 경합범중 판결을 받지 아니한 죄가 있는 때에는 그 죄와 판결이 확정된 죄를 동시에 판결할 경우와 형평을 고려하여 그 죄에 대하여 형을 선고한다. 이 경우 그 형을 감경 또는 면제할 수 있다(개정 2005. 7. 29).

(2) 형의 집행과 경합범

형법 제39조 제③항. 경합범에 의한 판결의 선고를 받은 자가 경합범중의 어떤 죄에 대하여 사면 또는 형의 집행이 면제된 때에는 다른 죄에 대하여 다시 형을 정한다. 법 제39조 제④항. 제①항과 제③항의 형의 집행에 있어서는 이미 집행한 형기를 통산한다.

관련판례

1] 대법원 2011. 8. 18. 선고 2011도6311 판결

[1] 경합범으로 기소된 수개의 죄에 대하여 형법 제38조의 적용을 배제하고 따로 형을 선고하기 위한 요건

---

13) 대법원 1968. 3. 19. 선고 68도99 판결.

14) 대법원 1955. 6. 10. 4287형상210

15) 대법원 1982. 9. 28. 선고 82도1669 판결「상습범이라 함은 수다한 동종의 행위가 상습적으로 반복될 때 이를 일괄하여 하나의 죄로 처단하는 소위 과형상의 일죄를 말하는 것이니 동종의 수개의 행위에 상습성이 인정된다면 그 중 형이 중한 죄에 나머지 행위를 포괄시켜 처단하는 것이 상당하고 상습범으로 인정하면서도 실질적인 경합범으로 보아 형법 제37조, 제38조를 적용하여 경합가중함은 위법하다.」

❐ 공직선거법 제263조 및 제265조에 규정된 죄의 경합범 처리에 관한 법리에 관하여,

판결이 확정되지 아니한 수개의 죄를 동시에 판결할 때에는 형법 제38조가 정하는 처벌례에 따라 처벌하여야 하므로, 경합범으로 공소제기된 수개의 죄에 대하여 형법 제38조의 적용을 배제하고 위 처벌례와 달리 따로 형을 선고하려면 예외를 인정한 명문의 규정이 있어야 한다 (대법원 2009. 1. 30. 선고 2008도4986 판결 등 참조).

【사례】

공직선거법 제18조 제3항은 선거사무소의 회계책임자 등에게 " 공직선거법 제263조 및 제265조에 규정된 죄와 공직선거법 제18조 제1항 제3호에 규정된 죄의 경합범으로 징역형 또는 300만 원 이상의 벌금형을 선고하는 때"에는 이를 분리 선고하여야 한다고 정하고 있을 뿐, 그 회계책임자 등에게 공직선거법 제263조에 규정된 죄와 공직선거법 제265조에 규정된 죄의 경합범으로 징역형 또는 300만 원 이상의 벌금형을 선고하는 때에도 이를 분리하여 형을 선고하도록 정하고 있지 아니하고, 달리 그와 같은 규정을 두고 있지 아니하다. 따라서 선거사무소의 회계책임자 등에게 공직선거법 제263조에 규정된 죄와 공직선거법 제265조에 규정된 죄의 경합범으로 징역형 또는 300만 원 이상의 벌금형을 선고하는 경우에 이를 분리하여 형을 선고할 수는 없고, 다른 경합범과 마찬가지로 형법 제38조가 정하는 처벌례에 따라 형을 선고하여야 한다.

2] 대법원 2009. 7. 23. 선고 2009도3131 판결

[1] 조세범처벌법 제4조에서 '형법 제38조 제1항 제2호 중 벌금경합에 관한 제한가중규정을 적용하지 아니한다'는 문언의 의미

❐ 「조세범처벌법」제4조에서 "「조세범처벌법」제11조의2의 범칙행위를 한 자에 대하여는「형법」제38조 제1항 제2호 중 벌금경합에 관한 제한가중규정을 적용하지 아니한다"라고 규정한 문언의 의미는, 판결이 확정되지 아니한 수개의 위 각 범칙행위를 동시에 벌금형으로 처벌함에 있어서는 「형법」제38조 제1항 제2호 본문에서 규정하고 있는 '가장 중한 죄에 정한 벌금다액의 2분의 1을 한도로 가중하여 하나의 형을 선고하는 방식'을 적용하지 아니한다는 취지로 해석되고, 따라서 위 각 범칙행위로 인한 각 조세범처벌법 위반죄에 대해서 벌금을 병과하는 경우에는 각 죄마다 벌금형을 따로 양정하여 이를 합산한 액수의 벌금형을 선고하여야 할 것이다(대법원 1996. 5. 31. 선고 94도952 판결 등 참조).

3] 대법원 2009. 6. 25. 선고 2009도3505 판결

[1] 동일한 공무를 집행하는 여러 공무원의 공무집행을 방해한 경우의 죄수 관계(=상상적 경합)

❐ 동일한 공무를 집행하는 여럿의 공무원에 대하여 폭행 · 협박 행위를 한 경우에는 공무를 집행하는 공무원의 수에 따라 여럿의 공무집행방해죄가 성립하고, 위와 같은 폭행 · 협박 행위가 동일한 장소에서 동일한 기회에 이루어진 것으로서 사회관념상 1개의 행위로 평가되는 경우에는 여럿의 공무집행방해죄는 상상적 경합의 관계에 있다.

[2] 피해 신고를 받고 출동한 두 명의 경찰관에게 욕설을 하면서 순차로 폭행을 하여 신고 처리 및 수사 업무에 관한 정당한 직무집행을 방해한 사안에서, 위 공무집행방해죄가 상상적 경합의 관계에 있다.

❐ 범죄 피해 신고를 받고 출동한 두 명의 경찰관에게 욕설을 하면서 차례로 폭행을 하여 신고 처리 및 수사 업무에 관한 정당한 직무집행을 방해한 사안에서, 동일한 장소에서 동일한 기회에 이루어진 폭행 행위는 사회관념상 1개의 행위로 평가하는 것이 상당하다는 이유로, 위 공무집행방해죄는 형법 제40조에 정한 상상적 경합의 관계에 있다.

4] 대법원 2009. 4. 23. 선고 2008도11921 판결

[1] 실체적 경합범에 대하여 이종(異種)의 형을 부과한 경우, 일부에만 파기사유가 있는 때 그 파기 범위

❐ 업무상과실선박파괴죄와 해양오염방지법 위반 및 선원법 위반(일부)을 실체적 경합범으로 보아 업무상과실선박파괴죄와 해양오염방지법 위반에 대하여는 하나의 징역형을 선고하고 선원법 위반에 대하여는 이와 별개로 벌금형을 병과한 경우, 하나의 징역형이 선고된 업무상과실선박파괴죄와 해양오염방지법 위반은 소송상 일체로 취급되어야 하므로 업무상과실선박파괴죄에 관한 원심판단에 위법이 있는 이상 해양오염방지법 위반 부분까지 함께 파기를 면할 수 없으나, 별개의 벌금형이 병과된 선원법 위반 부분은 소송상 별개로 분리 취급되어야 하므로 이 부분은 파기 범위에 속하지 아니한다.

5] 대법원 2009. 1. 30. 선고 2008도4986 판결

[1] 당선무효사유에 해당하는 선거범과 다른 선거범이 형법 제38조 경합범일 때, 분리하여 형을 선고할 수 없다(소극).

❐ 판결이 확정되지 아니한 수개의 죄를 동시에 판결할 때에는 형법 제38조가 정하는 처벌례에 따라 처벌하여야 하므로, 경합범으로 공소제기된 수개의 죄에 대하여 형법 제38조의 적용을 배제하고 위 처벌례와 달리 따로 형을 선고하려면 예외를 인정한 명문의 규정이 있어야 한다(대법원 2004. 4. 9. 선고 2004도606 판결 참조). 공직선거법 제265조는 선거사무장 · 선거사무소의 회계책임자 또는 후보자의 직계존 · 비속 및 배우자가 당해 선거에 있어서 같은 법 제230조 내

지 제234조, 제257조 제1항 중 기부행위를 한 죄 등을 범함으로 인하여 징역형 또는 300만 원 이상의 벌금형을 선고받은 때에는 그 후보자의 당선을 무효로 하도록 규정하고 있어, 위 법조항에 정하여진 선거범에 대한 형을 그 밖의 선거범과 분리하여 선고하기 위하여는 형법 제38조의 예외를 인정한 명문의 규정이 있어야 한다. 그런데 공직선거법 제18조 제3항은 "선거범과 다른 죄의 경합범에 대하여는 형법 제38조의 규정에 불구하고, 이를 분리 심리하여 따로 선고하여야 한다"고 하여 선거범이 아닌 다른 죄와 선거범 사이에 따로 형을 선고하도록 규정하고 있을 뿐, 당선무효사유에 해당하는 선거범과 그 밖의 선거범을 분리하여 형을 선고하도록 규정하고 있지는 않고 달리 그와 같은 규정을 두고 있지도 아니하므로, 현행 공직선거법의 규정만으로는 그 제265조가 정하는 선거범을 그 밖의 선거범과 분리하여 형을 선고할 수는 없고 다른 경합범과 마찬가지로 형법 제38조가 정하는 처벌례에 따라 형을 선고하여야 한다.

6] 대법원 2008. 9. 11. 선고 2006도8376 판결

[1] 형법 제39조 제1항이 경합범 중 판결을 받지 아니한 죄에 대하여 "그 죄와 판결이 확정된 죄를 동시에 판결할 경우와 형평을 고려하여" 형을 선고한다고 정한 취지

❒ 형법 제39조 제1항이 형법 제37조의 후단 경합범과 전단 경합범 사이에 처벌의 불균형이 없도록 하고자 하면서도, 경합범 중 판결을 받지 아니한 죄가 있는 때에는 "그 죄와 판결이 확정된 죄를 동시에 판결할 경우와 형평을 고려하여" 판결을 받지 아니한 죄에 대하여 형을 선고한다고 정한 취지는, 두 죄에 형법 제38조를 적용하여 산출한 처단형의 범위 내에서 전체형을 정한 다음 그 전체형에서 판결이 확정된 죄에 대한 형을 공제한 나머지를 판결을 받지 아니한 죄에 대한 형으로 선고하거나, 두 죄에 대한 선고형의 총합이 두 죄에 대하여 형법 제38조를 적용하여 산출한 처단형의 범위 내에 속하도록 형을 선고하는 방법으로 전체형을 정하거나 처단형의 범위를 제한하게 되면, 이미 판결이 확정된 죄에 대하여 일사부재리 원칙에 반할 수 있고, 먼저 판결을 받은 죄에 대한 형이 확정됨에 따라 뒤에 판결을 선고받는 후단 경합범에 대하여 선고할 수 있는 형의 범위가 지나치게 제한되어 책임에 상응하는 합리적이고 적절한 선고형의 결정이 불가능하거나 현저히 곤란하게 될 우려가 있음을 감안한 것이다.

[2] 형법 제37조 후단 경합범의 선고형을 정하는 법원이 갖는 재량의 범위

❒ 형법 제37조의 후단 경합범에 대하여 심판하는 법원은 판결이 확정된 죄와 후단 경합범의 죄를 동시에 판결할 경우와 형평을 고려하여 후단 경합범의 처단형의 범위 내에서 후단 경합범의 선고형을 정할 수 있는 것이고, 그 죄와 판결이 확정된 죄에 대한 선고형의 총합이 두 죄에 대하여 형법 제38조를 적용하여 산출한 처단형의 범위 내에 속하도록 후단 경합범에 대한 형을 정하여야 하는 제한을 받는 것은 아니며, 후단 경합범에 대한 형을 감경 또는 면제할 것인지는 원칙적으로 그 죄에 대하여 심판하는 법원이 재량에 따라 판단할 수 있다.

[3] 무기징역의 판결이 확정된 죄와 형법 제37조 후단 경합범의 관계에 있는 죄에 대하여 공소가 제기된 경우, 형을 필요적으로 면제하여야 하는 것은 아니다(소극).

❐ 무기징역에 처하는 판결이 확정된 죄와 형법 제37조의 후단 경합범의 관계에 있는 죄에 대하여 공소가 제기된 경우, 법원은 두 죄를 동시에 판결할 경우와 형평을 고려하여 후단 경합범에 대한 처단형의 범위 내에서 후단 경합범에 대한 선고형을 정할 수 있고, 형법 제38조 제1항 제1호가 형법 제37조의 전단 경합범 중 가장 중한 죄에 정한 처단형이 무기징역인 때에는 흡수주의를 취하였다고 하여 뒤에 공소제기된 후단 경합범에 대한 형을 필요적으로 면제하여야 하는 것은 아니다.

7] 대구지법 2007. 12. 26. 선고 2006노266 판결 확정

[1] 궐석재판에서 5차례의 절도행위에 대한 공소장의 죄명과 적용법조를 특정범죄 가중처벌 등에 관한 법률 제5조의4 제1항의 상습절도죄에서 형법 제329조 단순절도죄의 실체적 경합범으로 변경하는 것을 허가한다.

❐ 항소심법원이 피고인의 궐석으로 재판을 진행하면서 5차례의 절도행위에 대한 공소장의 죄명과 적용법조를 특정범죄 가중처벌 등에 관한 법률 제5조의4 제1항의 상습절도죄에서 형법 제329조 단순절도죄의 실체적 경합범으로 변경하는 검사의 신청에 대하여, 이러한 변경이 결과적으로 피고인에게 실질적인 불이익변경이 될 수 있는 여지도 있으나 형식적으로는 불이익변경에 해당하지 아니함이 명백하다는 이유로 이를 허가한다.

8] 대법원 2006. 3. 23. 선고 2006도1076 판결

[1] 형법 제38조 제1항 제3호에 의하여 징역형과 벌금형을 병과하는 경우, 징역형에만 작량감경을 한 것은 적법하다(소극).

❐ 형법 제38조 제1항 제3호에 의하여 징역형과 벌금형을 병과하는 경우에는 각 형에 대한 범죄의 정상에 차이가 있을 수 있으므로 징역형에만 작량감경을 하고 벌금형에는 작량감경을 하지 아니하였다고 하여 이를 위법하다고 할 수 없다.

9] 대법원 2004. 2. 13. 선고 2003도3090 판결

[1] 형법 제38조의 경합범 처벌의 예외를 규정한 공직선거및선거부정방지법 제18조 제3항이 합헌적인 법률조항(소극)

공직선거및선거부정방지법(이하 '공직선거법'이라 한다) 제18조 제3항(이하 '이 사건 법률조항'이라 한다)은 "선거범과 다른 죄의 경합범에 대하여는 형법 제38조의 규정에 불구하고 이를 분리 심리하여 따로 선고하여야 한다."고 규정하고 있는바, 그 취지는 선거범이 아닌 다른 죄가 선거범의 양형에 영향을 미치는 것을 최소화하기 위하여 형법상 경합범 처벌례에 관한 조항의 적용을 배제하고 분리 심리하여 형을 따로 선고하여야 한다는 것이다 (대법원 1999. 4. 23. 선고 99도636 판결 참조).

❒ 공직선거법상의 선거범죄와 다른 범죄를 저지른 자가 공직선거법 제18조 제3항에 의하여 처벌을 받을 경우 따로 형이 선고될 선거범죄와 다른 범죄의 각 법정형의 상한의 합계가 형법 제38조에 의한 경합범 가중을 한 형벌의 상한보다 무거워지게 되는 수가 있으나, 판결이 확정되지 아니한 수개의 죄를 단일한 형으로 처벌할 것인지 수개의 형으로 처벌할 것인지 여부 및 가중하여 하나의 형으로 처벌하는 경우 그 가중의 방법은 입법자의 재량에 맡겨진 사항이라고 할 것이고, 이 사건 법률조항은 선거범에 대한 제재를 강화하여 선거풍토를 일신하고 공정한 선거문화를 정착시키려는 측면에서 그 입법목적의 정당성이 인정되고, 법원으로서는 선거권 및 피선거권이 제한되는 사정을 고려하여 선고형을 정하게 되므로 이 사건 법률조항에 따른 처벌이 형법상 경합범 처벌례에 의한 처벌보다 항상 불리한 결과가 초래된다고 할 수 없어 이 사건 법률조항이 형법상 경합범 처벌례를 규정한 조항과 비교하여 현저히 불합리하게 차별하는 자의적인 입법이라고 단정할 수 없다 .

10] 대법원 1999. 9. 7. 선고 99도3092 판결

[1] 형법 제37조 전단의 경합범에 대하여 같은 법 제38조 제1항 제2호에 의하여 경합범가중을 하면서 판결이유에 경합범가중의 적용법조만을 나열식으로 기재하고 어느 죄에 정한 형에 경합범가중을 한 것인지 기재하지 아니하여도 형사소송법 제323조 제1항에 합치함(소극)

❒ 형법 제37조 전단의 경합범에 대하여 같은 법 제38조 제1항 제2호에 의하여 경합범가중을 함에 있어서 판결이유에 경합범가중의 적용법조로서 같은 법 제37조 전단, 제38조 제1항 제2호, 제50조를 나열식으로 기재한 경우, 동종의 형 사이의 경중은 같은 법 제50조에 의하여 형기나 금액, 죄질과 범정에 의하여 결정되는 것이므로 당연히 위 규정에 의하여 결정된 가장 중한 죄에 정한 형에 경합범가중을 한 것으로 보아야 할 것이고, 형기나 금액이 동일하고 또 죄질과 범정으로도 경중이 가려지지 않을 때에는 어느 죄에 경합범가중을 하더라도 차이가 없을 것이므로, 어느 죄에 정한 형에 경합범가중을 한 것인지에 관하여 기재하지 아니하였다고 하더라도 특별한 사정이 없는 한 형사소송법 제323조 제1항의 법령의 적용을 명시하지 아니한 위법이 없다.

11] 대법원 1992. 10. 13. 선고 92도1428 전원합의체 판결

[1] 무기징역형을 작량감경하는 경우 경합범가중사유나 누범가중사유가 있다 하여 15년을 넘

는 징역형을 선고할 수 없다.(소극)

❐ 형법 제38조 제1항 제1호는 경합범 중 가장 중한 죄에 정한 형이 사형 또는 무기징역이나 무기금고인 때에는 가장 중한 죄에 정한 형으로 처벌하도록 규정하고 있으므로, 경합범 중 가장 중한 죄의 소정형에서 무기징역형을 선택한 이상 무기징역형으로만 처벌하고 따로이 경합범가중을 하거나 가장 중한 죄가 누범이라 하여 누범가중을 할 수 없음은 더 말할 나위도 없고, 위와 같이 무기징역형을 선택한 후 형법 제56조 제6호의 규정에 의하여 작량감경을 하는 경우에는 같은 법 제55조 제1항 제2호의 규정에 의하여 7년 이상의 징역으로 감형되는 한편, 같은 법 제42조의 규정에 의하여 유기징역형의 상한은 15년이므로 15년을 초과한 징역형을 선고할 수 없다.

❐ 반대의견

① 피고인이 법정형으로 사형과 무기징역형 밖에 규정되어 있지 않은 중죄인 강도치사죄를 범하고 법원이 그 법정형 중 유기징역형보다 훨씬 무거운 무기징역형을 선택한 후 그 무기징역형 자체가 너무 무겁다고 인정되어 유기징역으로 작량감경을 하였을 때에는, 강도치사죄를 범하지 않고 유기징역형이 선택형으로 법정되어 있는 더 가벼운 죄를 범하여 법원이 그 중 유기징역형을 선택한 경우보다 아주 낮게 징역 15년 이하라는 상한범위 내에서 형을 양정할 수밖에 없어 현저히 균형에 어긋나므로, 전자의 경우에도 징역 15년을 넘는 처단형을 정할 수 있다.

② 무기징역형을 감경하는 경우 원칙적으로는 형법 제42조 본문 후단에 따라 그 상한을 15년으로 보되, 감경 대상이 되는 무기징역이 실질적으로는 가중된 의미를 갖는 무기징역일 때에는 형법 제42조 단서에 따라 그 상한은 징역 25년의 범위 내에서 가중되는 내용에 상응하는 범위의 징역형기가 되는 것으로 보아야 한다.

③ 경합범인 강도치사죄와 특정범죄가중처벌등에관한법률위반죄 중 전자에 대하여는 소정형 중 무기징역형을, 후자에 대하여는 소정형 중 유기징역형을 각 선택하고, 경합범 처벌례에 따라 유기징역을 무기징역에 흡수시킨 후 작량감경을 한 경우, 다수의견과 같이 징역 15년 이하의 유기징역밖에 선고할 수 없다고 한다면 피고인에게 유리한 것처럼 보이기는 하나, 만약 다수의견대로라면, 법정형이 이보다 낮고 그 상한이 각 15년의 유기징역형인 범죄를 경합범가중한 경우의 상한과 비교하여 현저하게 균형을 잃는다고 생각할 경우, 즉 징역 15년의 형은 가볍고 무기징역형은 무거운 사안에서 사실심법원으로 하여금 무기징역형의 작량감경을 주저하게 만드는 불합리가 있어 실질적으로 피고인에게 불리한 결과가 생김을 부인할 수 없다.

④ 형법이 유기징역의 상한을 형의 가중이라는 형식을 거쳐 실질적으로 25년까지 확장하고 있는 점, 무기징역은 종신형이므로 일정한 기간만 징역에 처하는 유기징역에 비하여 현격한 차이가 있는 점에 비추어 무기징역형을 작량감경하고 난 후의 유기징역형의 상한을 징역 25년까지로 확장한다 하더라도, 이렇게 감경된 형과 감경되지 아니한 무기징역 사이에도 역시 현격한 차이가 있다고 하지 않을 수 없고 이렇게 보는 것이 우리의 법률감정에도 부합한다.

12] 대법원 1984. 2. 28. 선고 83도2470 판결

[1] 관세법 위반사건에 대해 벌금형을 선고할 경우 형법 제38조 제1항 제2호의 적용배제.

❐ 관세법에 규정한 벌칙에 위반한 자에 대해 벌금형을 과하는 경우에는 형법 제38조 제1항 제2호의 적용이 배제되므로(관세법 제194조) 판결이 확정되지 아니한 수개의 죄에 대하여는 각 죄마다 벌금형을 양정할 것이다.

13] 대법원 1972. 5. 9. 선고 72도597 판결

❐ 두개의 공소사실들이 형법 제37조 전단 소정의 경합범 관계에 있는 경우 그 사실들에 대하여 병합심리를 하고 한 판결로서 처단하는 이상 형법 제38조 제1항 소정의 예에 따라 경합 가중한 형기 범위 내에서 피고인을 단일한 선고형으로 처단하여야 한다.

14] 대법원 1966. 6. 28. 선고 66도482 판결

[1] 형법 제38조 1항 2호를 적용하면서, 징역형에 벌금형을, 병과한 것은 위법.

❐ 관세포탈죄에 있어서 범인이 소유 또는 점유하는 물품에 관하여서는 이를 몰수하거나 추징하여야 한다.

관세법 198조 1항, 형법 30조를, 원판시 외국환관리법위반 범죄사실에 대하여, 외국환관리법 17조 1항 1호, 같은 법 35조를 각각 적용하여, 전자에 대하여는 소정형중 징역형을, 후자에 대하여는 소정형중 벌금형을 각각 선택하고, 나아가서 이상 각 소위는 형법 37조 전단의 경합범이므로, 같은 법 38조 1항 2호 같은 법 50조에 의하여 범정이 무거운 1심 판시 2의 가항 기재, 관세법 위반죄에 정한 장기에 경합 가중한 형기 범위 안에서, 피고인을 징역 1년 6월 및 벌금 20만원에 처한다고 판시 하였으나, 형법 38조 1항 2호만을 적용하여서는 피고인에게 징역 1년 6월과 벌금 20만원을 병과할 수 없다.

15] 대법원 1991. 8. 9. 자 91모54 결정

[1] 선고 확정된 경합범관계에 있는 무기징역형과 징역 5년 형 중 위 무기징역형이 사후에 징역 20년 형으로 감형된 경우, 위 20년 형에다가 위 5년 형을 합산하여 집행하라는 검사의 집행지휘처분은 위법하다(소극).

❐ 경합범관계에 있는 수개의 형이 선고, 확정된 경우에는 경합범의 처벌례에 따라 집행하도록 되어 있으므로 피고인에 대하여 선고, 확정된 경합범관계에 있는 2개의 형 중 1개의 형이 무기징역형이고, 1개의 형이 징역 5년 형인 경우에는 위 무기징역형이 사후에 징역 20년 형으로 감

형되었다 하더라도 그 감형된 형만을 집행할 수 있을 뿐 위 5년형은 집행할 수 없는 것이니 위 20년 형에다가 위 5년 형을 합산하여 집행하라는 검사의 집행지휘처분은 위법하다.

16] 대법원 1985. 4. 23. 선고 84도2890 판결

[1] 경합범으로 처단할시, 가장 중한 죄 아닌 죄에 정한 형의 단기가 가장 중한 죄에 정한 형의 단기보다 중한 경우, 형의 하한.

❒ 경합범의 처벌에 관하여 형법 제38조 제1항 제2호 본문은 각 죄에 정한 형이 사형 또는 무기징역이나 무기금고 이외의 동종의 형인 때에는 가장 중한 죄에 정한 장기 또는 다액에 그 2분의 1까지 가중하도록 규정하고 그 단기에 대하여는 명문을 두고 있지 않고 있으나 가장 중한 죄 아닌 죄에 정한 형의 단기가 가장 중한 죄에 정한 형의 단기보다 중한 때에는 위 본문 규정취지에 비추어 그 중한 단기를 하한으로 한다고 보아야 할 것이다.

17] 대법원 1967. 3. 6. 자 67초6 결정【형집행이의신청】

[1] 수개의 판결이 있는 때의 형의 집행방법

❒ 본조 중 전조의 예에 의하여 집행한다 함은 그 각 판결이 선고한 형기를 위 법조의 예에 의하여 경감 집행한다는 취지가 아니고 그 각 판결의 선고형을 합산한 형기를 위 법조의 예에 의하여 그 경합범 중 가장 중한 죄에 정한 법정형의 장기에 그 2분의1을 가중한 형기 범위내에서 집행한다는 취지이다.

[법조경합]

1] 대법원 2011.11.24. 선고 2010도8568 판결

[1] 법조경합의 의미와 실질적 죄수의 판단 기준

❒ 법조경합은 1개의 행위가 외관상 수개의 죄의 구성요건에 해당하는 것처럼 보이나 실질적으로 1죄만을 구성하는 경우를 말하며, 실질적으로 1죄인가 또는 수죄인가는 구성요건적 평가와 보호법익의 측면에서 고찰하여 판단하여야 한다(대법원 2004. 1. 15. 선고 2001도1429 판결 등 참조).

【사례】

구 국토의 계획 및 이용에 관한 법률(2009. 2. 6. 법률 제9442호로 개정되기 전의 것, 이하 '국토계획법'이라 한다)과 구 경제자유구역의 지정 및 운영에 관한 법률(2009. 1. 30. 법률 제9366호 경제자유구역의 지정 및 운영에 관한 특별법으로 개정되기 전의 것, 이하 '경제자유구역법'이라 한다)은 각기 그 입법목적과 보호법익을 달리하고 있을 뿐만 아니라, 이 사건 공소사실과 관련된 처벌조항인 국토계획법 제140조 제1호, 제56조 제1항과 경제자유구역법 제33조 제1호, 제8조의2 제1항을 비교하여 보면, 그 행위의 대상지역 및 허가권자, 금지되는 행위의 내용 등 구체적인 구성요건에 있어 상당한 차이가 있으므로, 국토계획법 위반죄가 경제자유구역법 위반죄와 법조경합 관계에 있다고 하기 어렵고, 두 죄는 각기 독립된 구성요건으로 이루어져 있다.

2] 대법원 2006. 5. 26. 선고 2006도1713 판결

[1] 법조경합의 한 형태인 특별관계의 의미

❒ 법조경합의 한 형태인 특별관계란 어느 구성요건이 다른 구성요건의 모든 요소를 포함하는 이외에 다른 요소를 구비하여야 성립하는 경우로서 특별관계에 있어서는 특별법의 구성요건을 충족하는 행위는 일반법의 구성요건을 충족하지만 반대로 일반법의 구성요건을 충족하는 행위는 특별법의 구성요건을 충족하지 못한다(대법원 2005. 2. 17. 선고 2004도6940 판결)

【사례】

구 정치자금에 관한 법률(2004. 3. 12. 법률 제7191호로 개정되기 전의 것과 2005. 8. 4. 법률 제7682호로 전문 개정되기 전의 것, 이하 양자를 '구 정치자금에 관한 법률'이라 한다) 제30조 제2항 제5호, 제13조 제3호의 규정이 형법 제132조의 규정에 대하여 특별관계에 있는가의 여부는 두 법규의 구성요건의 비교로부터 논리적으로 결정되어야 할 것인바, 구 정치자금에 관한 법률은 정치자금의 적정한 제공을 보장하고 그 수입과 지출내역을 공개하여 투명성을 확보하며 정치자금과 관련한 부정을 방지함으로써 민주정치의 건전한 발전에 기여함에 그 입법목적이 있고(제1조), 같은 법 제13조 제3호는 공무원이 담당 · 처리하는 사무에 관하여 청탁 또는 알선하는 일과 관련하여 정치자금을 기부하거나 받는 것을 금지하여 정치자금과 관련한 부정을 방지하기 위한 규정이므로, 이는 뇌물죄의 한 태양으로서 직무집행의 공정과 이에 대한 사회의 신뢰 및 직무행위의 불가매수성을 그 직접적 보호법익으로 하고 있는 알선수뢰죄와는 그 보호법익을 달리하고 있을 뿐 아니라, 알선수뢰죄는 공무원이 그 지위를 이용하는 것을 구성요건으로 하고 나아가 뇌물을 수수한 경우뿐만 아니라 요구, 약속한 경우도 포함하여 그 행위 주체, 행위의 내용 및 방법 등 구체적인 구성요건에 있어서 구 정치자금에 관한 법률 위반죄와 많은 차이가 있어, 같은 법 제30조 제2항 제5호, 제13조 제3호의 구성요건이 알선수뢰죄의 구성요건의 모든 요소를 포함하는 외에 다른 요소를 구비하는 경우에 해당하지 않으므로, 위 구 정치자금에 관한 법률의 규정이 형법 제132조의 규정에 대하여 특별관계에 있다고는 볼 수 없다(대법원 2005. 2. 17. 선고 2004도6940 판결 참조).

3] 대법원 2005. 12. 23. 선고 2005도6484 판결

[1] 통관에 필요한 절차를 거치지 않고 귀금속 등을 수출입한 행위의 처벌법규

❒ 관세법상의 무신고 수출입죄와 외국환거래법상의 무허가・신고 수출입죄의 입법목적, 그 대상 물품과 구성요건, 그 수출입 및 통관 절차에 관한 규정 등을 비교・종합하여 보면, 귀금속 등의 수출입 및 통관에 관한 한 외국환거래법은 관세법의 특별법으로 보아야 할 것이므로, 통관에 필요한 절차를 거치지 않고 귀금속 등을 수출입한 행위에 대해서는 외국환거래법상 무허가・신고 수출입죄에 의하여 처벌할 수 있을 뿐, 관세법이나 그 가중처벌 규정인 특정범죄 가중처벌 등에 관한 법률 위반(관세)죄를 적용하여 처벌할 수는 없다.

4] 대법원 2001. 3. 27. 선고 2000도5318 판결

[1] 법조경합의 판단 기준

❒ 법조경합은 1개의 행위가 외관상 수개의 죄의 구성요건에 해당하는 것처럼 보이나 실질적으로 1죄만을 구성하는 경우를 말하며, 실질적으로 1죄인가 또는 수죄인가는 구성요건적 평가와 보호법익의 측면에서 고찰하여 판단하여야 한다.

[2] 방문판매등에관한법률상 무등록영업행위와 사실상 금전거래만을 하는 영업행위의 관계(실체적 경합범)

❒ 방문판매등에관한법률상 무등록영업행위와 사실상 금전거래만을 하는 영업행위는 각 그 구성요건이, 등록을 하지 않고 다단계판매업을 하거나(제28조 제1항) 다단계조직을 이용하여 금전거래만을 하는 행위(제45조 제2항 제1호)로서 서로 상이하고, 나아가 그 하나의 행위가 다른 하나의 행위를 포함한다고 할 수도 없으며, 그 보호법익 또한 다른 전혀 별개의 행위로서 별개의 죄를 구성한다고 할 것이므로 어느 한쪽의 죄가 다른 한쪽의 죄에 흡수된다고 볼 수는 없는 것이어서 위 두 가지 죄는 실체적 경합범의 관계에 있다.

5] 대법원 1974. 6. 11. 선고 73도2817 판결

[1] 강간죄에 대한 고소취소가있은 경우 그 수단인 폭행만을 분리하여 폭력행위등 처벌에 관한 법률위반죄로 처벌할 수 없다.

❒ 2인 이상이 공동하여 폭행으로 부녀를 강간한 경우에는 형법 297조 소정의 강간죄만 해당하고 별도로 폭력행위등처벌에관한법률 2조 2항의 죄를 구성한다고는 볼 수 없고 이 두개의 죄는 법조경합의 관계가 있을 뿐 상상적 경합관계에 있다고 볼 수 없으므로 강간죄에 대한 고소취소가 있은 후 그 수단인 폭행만을 분리하여 폭력행위등처벌에관한위반죄로 처벌할 수 없다.

제3절 판결을 받지 아니한 경합범, 수 개의 판결과 경합범, 형의 집행과 경합범

조문

제39조(판결을 받지 아니한 경합범, 수개의 판결과 경합범, 형의 집행과 경합범) ①경합범 중 판결을 받지 아니한 죄가 있는 때에는 그 죄와 판결이 확정된 죄를 동시에 판결할 경우와 형평을 고려하여 그 죄에 대하여 형을 선고한다. 이 경우 그 형을 감경 또는 면제할 수 있다. (개정 2005. 7. 29)
②삭제 (2005. 7. 29)
③경합범에 의한 판결의 선고를 받은 자가 경합범중의 어떤 죄에 대하여 사면 또는 형의 집행이 면제된 때에는 다른 죄에 대하여 다시 형을 정한다.
④전3항의 형의 집행에 있어서는 이미 집행한 형기를 통산한다.

관련판례

1] 대법원 2011. 10. 27. 선고 2009도9948 판결

[1] 형법 제37조 후단 경합범 중 아직 판결을 받지 아니한 죄가 이미 판결이 확정된 죄와 동시에 판결할 수 없었던 경우, 형법 제39조 제1항에 따라 동시에 판결할 경우와 형평을 고려하여 형을 선고하거나 형을 감경 또는 면제할 수 없다(소극).

❒ 「형법」제37조는 후단에서 '금고 이상의 형에 처한 판결이 확정된 죄와 그 판결 확정 전에 범한 죄'를 경합범으로 한다고 규정하고, 「형법」제39조 제1항은 경합범 중 판결을 받지 아니한 죄가 있는 때에는 그 죄와 판결이 확정된 죄를 동시에 판결할 경우와 형평을 고려하여 그 죄에 대하여 형을 선고하며 이 경우 그 형을 감경 또는 면제할 수 있다고 규정하고 있다. 위 각 조항의 문언, 입법취지 등에 비추어 보면, 아직 판결을 받지 아니한 죄가 이미 판결이 확정된 죄와 동시에 판결할 수 없었던 경우에는 「형법」 제39조 제1항에 따라 동시에 판결할 경우와 형평을 고려하여 형을 선고하거나 그 형을 감경 또는 면제할 수 없다고 해석함이 상당하다.

【사례】

피고인을 금고 이상의 형에 처한 각 판결의 확정일이 갑죄 2005. 4. 16., 을죄 2007. 8. 28., 병죄 2007. 11. 9., 정죄 2007. 12. 29.이고, 을 · 병 · 정죄는 모두 갑죄 판결 확정일 이전 범행인 사안에서, 갑죄 판결 확정일 이후 범행인 2007. 7. 26.자 및 2007. 8. 22.자 범죄는 이미 판결이 확정된 을 · 병 · 정죄와 처음부터 동시에 판결을 선고할 수 없었으므로 형법 제39조 제1항에 따라 동시에 판결할 경우와 형평을 고려하여 형을 감경 또는 면제할 수 없다.

2] 대법원 2011.9.29. 선고 2008도9109 판결

[1] 형법 제39조 제1항 후문을 적용하여 형을 감경 또는 면제하기 위한 요건 및 형법 제39조 제1항 전문에서 정한 '형평을 고려하여'의 판단 기준.

❒ 판결이 확정된 죄와 형법 제37조 후단 경합범(이하 '후단 경합범'이라 한다)을 동시에 판결할 경우와의 형평을 고려하라는 형법 제39조 제1항 취지에 비추어 볼 때 후단 경합범에 대하여 심판하는 법원의 재량이 무제한이라 할 수는 없으므로, 후단 경합범에 해당한다는 이유만으로 특별히 형평을 고려하여야 할 사정이 존재하지 아니함에도 형법 제39조 제1항 후문을 적용하여 형을 감경 또는 면제하는 것은 오히려 판결이 확정된 죄와 후단 경합범을 동시에 판결할 경우와 형평에 맞지 아니할 뿐만 아니라 책임에 상응하는 합리적이고 적절한 선고형이 될 수 없어 허용될 수 없다. 따라서 형법 제39조 제1항 후문의 '감경' 또는 '면제'는 판결이 확정된 죄의 선고형에 비추어 후단 경합범에 대하여 처단형을 낮추거나 형을 추가로 선고하지 않는 것이 형평을 실현하는 것으로 인정되는 경우에만 적용할 수 있다고 보는 것이 타당하다. 이때 형법 제39조 제1항 후문을 적용하여 후단 경합범 자체에 대한 처단형을 낮추어 선고형을 정하는 경우, 그러한 조치가 판결이 확정된 죄와 후단 경합범을 동시에 판결할 경우와 형평에 맞는 정당한 것인지는 판결이 확정된 죄의 선고형과 후단 경합범에 대하여 선고할 형의 각 본형을 기준으로 판단하되, 후단 경합범에 대한 형의 집행을 유예하는 등 다른 처분을 부과할 경우에는 그 처분을 비롯한 관련 제반 사정을 종합하여 전체적, 실질적으로 판단하여야 한다.

3] 대법원 2008. 10. 23. 선고 2008도209 판결

[1] 항소심법원이 유죄판결이 확정된 갑 · 을 · 병 세 개의 죄와 형법 제37조 후단의 경합범 관계에 있는 정죄에 대한 형을 선고하면서 판결 이유의 '법령의 적용' 부분에서 을 · 병죄에 대한 전과 기재를 누락하고 전과의 구체적 내용을 심리하지 아니한 경우, 형법 37조 후단 경합범에서 당해 사건 범죄와 이미 판결이 확정된 죄를 동시에 판결할 경우와 형평을 고려하여 당해 사건 범죄에 대하여 형을 선고할 것을 요구하는 형법 제39조 제1항을 위반하여 위법하다.

❒ 형법 제39조 제1항을 적용할 경우, 그 형을 감경 또는 면제할 수 있는 여지가 있다고 하더라도 이는 어디까지나 임의적인 것이므로 원심이 피고인들에 대하여 형법 제39조 제1항을 적용하면서 형을 감경 또는 면제하지 않았다고 하더라도 거기에 어떠한 잘못이 있다고 할 수 없고(대법원 2007. 10. 25. 선고 2007도6868 판결 참조), 같은 피고인에 대한 여러 형사사건을 병합심리할 것인지 여부는 각 사건의 관련성과 심리의 정도 등을 고려하여 법원이 재량에 의하여 정하는 것이므로, 피고인 2에 대한 별개의 형사사건이 계속중임에도 원심이 이와 별도로 이 사건 범죄사실에 대해 판결을 선고하였다는 사정만으로 원심판결에 어떠한 위법이 있다고 할 수 없다. 그

리고 피고인 1의 전과인 확정판결에 대하여 재심절차가 진행중이라는 것만으로는 그 확정판결의 존재 내지 효력을 부정할 수 없다. 이 부분 피고인들의 상고이유 주장은 모두 이유 없다.

"금고 이상의 형에 처한 판결이 확정된 죄와 그 판결 확정 전에 범한 죄"는 형법 제37조 후단에서 규정하는 경합범에 해당하고, 이 경우 형법 제39조 제1항에 의하여 경합범 중 판결을 받지 아니한 죄와 판결이 확정된 죄를 동시에 판결할 경우와 형평을 고려하여 그 죄에 대하여 형을 선고하여야 한다.

기록에 의하면, 피고인 2는 이 사건 범죄 이후인 ① 2002. 10. 17. 수원지법에서 사문서위조죄로 징역 1년 6월을 선고받아 그 판결이 2003. 1. 10. 판결 확정된 바 있고, ② 2004. 5. 14. 의정부지법에서 위 판결 확정일 이전에 저지른 사기미수, 유가증권위조, 무고, 사기, 사문서변조, 변조사문서행사 및 변호사법위반 등의 죄로 징역 5년을 선고받아 같은 해 9. 3. 그 판결이 확정된 바 있음을 알 수 있으므로, 이 사건 범죄와 위 판결이 확정된 각 죄는 모두 형법 제37조 후단의 경합범의 관계에 있어 형법 제39조 제1항에 의하여 이 사건 범죄와 판결이 확정된 위 각 죄를 동시에 판결할 경우와 형평을 고려하여 이 사건 범죄에 대하여 형을 선고하여야 할 것인바, 기록상 위 ② 전과의 각 심급 판결문들이 제출되어 있고, 원심판결 제3면, 제5면에서 이를 언급하기도 한 점에 비추어, 원심은 앞서 본 법리에 따라 형의 양정을 한 것으로 봄이 상당하고, 원심판결의 이유의 '법령의 적용' 부분에서 위 ② 전과의 기재를 누락한 점만으로 원심이 위 규정에서 정한 형평의 고려를 다하지 아니한 것으로 보아 위법하다고 할 수는 없다(대법원 2006. 3. 23. 선고 2005도9678 판결 참조).

4] 대법원 2008. 9. 11. 선고 2006도8376 판결

[1] 형법 제39조 제1항이 경합범 중 판결을 받지 아니한 죄에 대하여 "그 죄와 판결이 확정된 죄를 동시에 판결할 경우와 형평을 고려하여" 형을 선고한다고 정한 취지

❒ 형법 제39조 제1항이 형법 제37조의 후단 경합범과 전단 경합범 사이에 처벌의 불균형이 없도록 하고자 하면서도, 경합범 중 판결을 받지 아니한 죄가 있는 때에는 "그 죄와 판결이 확정된 죄를 동시에 판결할 경우와 형평을 고려하여" 판결을 받지 아니한 죄에 대하여 형을 선고한다고 정한 취지는, 두 죄에 형법 제38조를 적용하여 산출한 처단형의 범위 내에서 전체형을 정한 다음 그 전체형에서 판결이 확정된 죄에 대한 형을 공제한 나머지를 판결을 받지 아니한 죄에 대한 형으로 선고하거나, 두 죄에 대한 선고형의 총합이 두 죄에 대하여 형법 제38조를 적용하여 산출한 처단형의 범위 내에 속하도록 형을 선고하는 방법으로 전체형을 정하거나 처단형의 범위를 제한하게 되면, 이미 판결이 확정된 죄에 대하여 일사부재리 원칙에 반할 수 있고, 먼저 판결을 받은 죄에 대한 형이 확정됨에 따라 뒤에 판결을 선고받는 후단 경합범에 대하여 선고할 수 있는 형의 범위가 지나치게 제한되어 책임에 상응하는 합리적이고 적절한 선고형의 결정이 불가능하

거나 현저히 곤란하게 될 우려가 있음을 감안한 것이다.

[2] 형법 제37조 후단 경합범의 선고형을 정하는 법원이 갖는 재량의 범위에 대하여 공소가 제기된 경우, 형의 필요적 면제는 아니다(소극).

❒ 형법 제37조의 후단 경합범에 대하여 심판하는 법원은 판결이 확정된 죄와 후단 경합범의 죄를 동시에 판결할 경우와 형평을 고려하여 후단 경합범의 처단형의 범위 내에서 후단 경합범의 선고형을 정할 수 있는 것이고, 그 죄와 판결이 확정된 죄에 대한 선고형의 총합이 두 죄에 대하여 형법 제38조를 적용하여 산출한 처단형의 범위 내에 속하도록 후단 경합범에 대한 형을 정하여야 하는 제한을 받는 것은 아니며, 후단 경합범에 대한 형을 감경 또는 면제할 것인지는 원칙적으로 그 죄에 대하여 심판하는 법원이 재량에 따라 판단할 수 있다.

[3] 무기징역의 판결이 확정된 죄와 형법 제37조 후단 경합범의 관계에 있는 죄에 대하여 공소가 제기된 경우, 형의 필요적 면제는 아니다(소극).

❒ 무기징역에 처하는 판결이 확정된 죄와 형법 제37조의 후단 경합범의 관계에 있는 죄에 대하여 공소가 제기된 경우, 법원은 두 죄를 동시에 판결할 경우와 형평을 고려하여 후단 경합범에 대한 처단형의 범위 내에서 후단 경합범에 대한 선고형을 정할 수 있고, 형법 제38조 제1항 제1호가 형법 제37조의 전단 경합범 중 가장 중한 죄에 정한 처단형이 무기징역인 때에는 흡수주의를 취하였다고 하여 뒤에 공소제기된 후단 경합범에 대한 형을 필요적으로 면제하여야 하는 것은 아니다.

5] 대법원 2007. 1. 12. 선고 2006도5696 판결

[1] 원심판결 선고 후에 비로소 별개의 범죄에 대하여 금고 이상의 형을 선고한 판결이 확정된 경우, 형사소송법 제383조 제1호나 제2호의 상고이유 존재(소극)

❒ 사후심인 상고심은 원심판결에 형사소송법 제383조 제1호의 상고이유인 '판결에 영향을 미친 헌법 · 법률 · 명령 또는 규칙의 위반이 있을 때' 여부를 원심판결 당시를 기준으로 판단하는 것이 원칙이므로, 원심판결 선고 후에 비로소 별개의 범죄에 대하여 금고 이상의 형을 선고한 판결이 확정되었다면 원심판결이 형법 제39조 제1항을 적용하지 않은 것을 위법하다고 볼 수 없는 것이고, 형사소송법 제383조 제2호의 상고이유인 '판결 후 형의 폐지나 변경이 있는 때'는 원심판결 후 법령의 개폐로 인하여 형이 폐지되거나 변경된 경우를 뜻하는 것이고 법령의 개폐 없이 단지 형을 감경하거나 면제할 수 있는 사유가 되는사실이 발생한 것에 불과한 경우는 이에 포함되지 않는 것이다.

[2] 경합범 중 판결을 받지 아니한 죄에 대하여 형을 감면할 수 있도록 개정된 형법 제39조 제1항이 시행된 후에 항소심판결이 선고되고, 그 후에 별개의 범죄에 대하여 징역형을 선고한 판결이 확정된 경우, 형사소송법 제383조 제1호나 제2호의 상고이유 부존재(소극)

❐ 경합범 중 판결을 받지 아니한 죄가 있는 때에는 그 죄와 판결이 확정된 죄를 동시에 판결할 경우와 형평을 고려하여 그 죄에 대하여 형을 선고하되 그 형을 감경 또는 면제할 수 있도록 형법 제39조 제1항이 2005. 7. 29. 법률 제7623호로 개정 · 시행된 후에 원심판결이 선고되고, 피고인의 별개의 범죄에 대하여 징역형을 선고한 판결이 원심판결 선고 후에 이르러 비로소 확정된 경우에는, 원심판결에 형사소송법 제383조 제1호나 제2호에서 정한 상고이유 중 어느 것도 존재하지 않는다.

6] 대법원 2006. 3. 23. 선고 2005도9678 판결

[1] 원심판결이 형법 제39조 제1항의 법령적용을 설시함에 있어서 일부 전과의 기재를 누락하였다는 사정만으로, 원심이 위 규정에 정한 형평의 고려를 다하지 아니한 것으로 위법하다고는 할 수 없다.

❐ 피고인에게 유사수신행위의 규제에 관한 법률 위반죄의 집행유예 전과 이외에 사기죄의 징역형 전과가 있고, 위 두 전과가 모두 형법 제39조 제1항의 규정에 따라 동시에 판결할 경우와의 형평을 고려하여야 할 대상이 되는 '판결이 확정된 죄'에 해당하는 경우, 사기죄의 판결문과 확정일에 관한 자료가 검찰 추송서에 첨부되어 제출되어 있고 원심의 공판과정에서도 그와 관련한 변론이 이루어졌음이 명백히 나타나는 이상, 원심판결이 형법 제39조 제1항의 법령적용을 설시함에 있어서 단지 판결서에 위 사기죄 전과의 기재를 누락하였다는 사정만으로 원심이 위 규정에 정한 형평의 고려를 다하지 아니한 것으로 위법하다고는 할 수 없다.

7] 대법원 2005. 9. 29. 선고 2005도4205 판결

[1] 원심판결 선고 후 형법 제39조 제1항이 개정되어 판결 후 형의 변경이 있는 때에 해당하는 사유가 있게 되었다고 보아 원심판결을 직권파기한 사례.

❐원심판결이 선고된 뒤인 2005. 7. 29. 법률 제7623호로 형법 제39조 제1항이 개정되어 경합범 중 판결을 받지 아니한 죄가 있는 때에는 그 죄와 판결이 확정된 죄를 동시에 판결할 경우와 형평을 고려하여 그 죄에 대하여 형을 선고하되 이 경우 그 형을 감경 또는 면제할 수 있게 되었고, 부칙에서는 종전의 규정을 적용하는 것이 행위자에게 유리한 경우를 제외하고 원칙적으로 개정 법률이 그 시행 전에 행하여진 죄에 대하여도 적용하도록 규정하고 있으므로, 종전의 규정을 적용하는 것이 유리한 경우에 해당하지 않는 이 사건에 있어서 위 폭력행위 등 처벌에 관한 법률 위반(집단 · 흉기등상해)죄의 판결 확정 전에 범한 위 피고인의 이 사건 판시 각 죄에 대하여 개정 법률이 적용되어야 할 것이므로, 이 사건 공소사실에 관하여는 형사소송법 제383조 제2호 소정의 '판결 후 형의 변경이 있는 때'에 해당한다, 원심판결은 그대로 유지할 수 없게

되었다.

8] 대법원 2001. 4. 27. 선고 2001도1276 판결

[1] 범행 이후에 확정된 다른 죄가 없음에도 불구하고 법령의 적용에서 형법 제37조 후단, 제39조 제1항을 착오로 기재하였다고 하더라도 범죄사실의 기재에 경합범이 되는 다른 범죄의 기재가 없는 경우, 이와 같은 법령 기재상의 착오나 잘못이 판결에 영향을 미친 것이라고 볼 수는 없다.

❐ 형법 제37조 후단의 경합범 관계에 있는 경우에는, 형법 제39조 제1항에 의하여 이미 확정된 죄와 별도로 형을 따로 정하여 선고하고 다만 집행에 있어서 같은 조 제2항에 의하여 그 특례를 인정하는 것에 지나지 아니하므로, 원심이 이 사건 범행 이후에 확정된 다른 죄가 없음에도 불구하고 법령의 적용에서 형법 제37조 후단, 제39조 제1항을 착오로 기재하였다고 하더라도, 범죄사실의 기재에 경합범이 되는 다른 범죄의 기재가 없는 이상 재판 받는 죄에 대한 처단형이 달라지거나 그 집행에 있어서 특례가 적용될 여지는 전혀 없다고 할 것이어서 원심의 이와 같은 법령 기재상의 착오나 잘못이 판결에 영향을 미친 것이라고 볼 수는 없다.

9] 대법원 1990. 12. 10. 자 90초108 결정

[1] 형법 제39조 제1항의 헌법 제12조(신체의 자유) 제2항 합치(소극)

❐ 경합범 중 판결을 받지 아니한 죄가 있는 때에는 그 죄에 대하여 형을 선고하게 함으로써 판결이 확정되기 전과 후에 각 범죄를 저질렀을 때 두 개의 형을 선고하게 하는 형법 제39조 제1항이 헌법 제12조(신체의 자유) 제2항 등에 위반한다고 할 수 없다.

제4절 경합

1. 상상적 경합

조문

제40조(상상적 경합) 1개의 행위가 수개의 죄에 해당하는 경우에는 가장 중한 죄에 정한 형으로 처벌한다.

1) 상상적 경합의 의의

상상적 경합(想像的 競合, Idealkonkurrenz, Tateinheit)이란 1개의 행위가 수개의 죄에 해당하는 것을 의미한다. 예컨대 1회의 테러행위로 여러 명을 사상하거나, 1개의 행위로 사람을 살해하고, 다른 사람에게 상해 및 재물을 손괴한 경우 등이다.

2) 상상적 경합의 요건

상상적 경합의 성립요건으로서 행위의 단일성과 수개의 죄가 있어야 한다.

(1) 행위의 단일성과 동일성

가) 행위의 단일성

행위의 단일성은 구성요건 해당행위를 기준으로 하는 법적 판단으로, 행위자의 1개의 침해행위에 의하여 수개의 죄의 구성요건을 실현하여야 한다.

나) 행위의 동일성

행위의 동일성은 행위의 '완전동일성'은 물론 '부분적 동일성'도[16] 포함된다. 따라서 고의와 과실 또는 수개의 부작위범 사이에서는 상상적 경합이 가능하지만, 작위와 부작위범 사이에는 실행행위의 동일성을 인정할 수 없으므로 상상적 경합이 성립되지 않는다.

다) 실행행위의 부분적 동일성

실행행위의 부분적 동일성이 인정되기 위하여는 부분행위의 합치가 실행의 '착수시'부터 범행 '종료시'까지의 시점에 있어야 한다.

라) 연결효과에 의한 상상적 경합

연결효과((Klammer-wirkung))에 의한 상상적 경합이란 독립적인 2개의 범죄를 제3의 범죄가 실질적으로 연결하고 있을 때, 제3의 범죄가 연결되어지는 다른 두 개의 범죄 중 하나보다도 중하거나, 불법내용이 비슷할 경우에는 제3의 범죄의 연결효과에 의하여 독립적인 두 개의 범죄 사이에 상상적 경합의 성립을 인정하는 것을 말한다.

(2) 수개의 죄의 구성요건실현

1개의 행위로 2개 이상의 구성요건을 실현하여야 하며, 법조경합의 관계는 없어야 한다. 1개의 행위가 둘 이상의 서로 다른 구성요건을 실현하는 이종(異種)의 상상적 경합뿐만 아니라, 동일한 구성요건을 2회 이상 실현하는 동종(同種)의 상상적 경합도 가능하다.

---

16) 대법원 1983. 4. 26, 선고 83도323 판결. 「강간하려다 미수에 그친 경우 위 협박은 감금죄의 실행의 착수임과 동시에 강간미수죄의 실행의 착수라고 할 것이고, 감금과 강간미수의 두 행위가 시간적, 장소적으로 중복될 뿐 아니라 감금행위 그 자체가 강간의 수단인 협박행위를 이루고 있는 경우로서 이 사건 감금과 강간미수죄는 일개의 행위에 의하여 실현된 경우로서 형법 제40조의 상상적 경합이라고 해석함이 상당할 것.」

관련판례

1] 대법원 2011. 6. 30. 선고 2011도1651 판결

❐ 유죄판결이 확정된 '아파트 사전분양'으로 인한 구 주택건설촉진법(2003. 5. 29. 법률 제6916호 주택법으로 전부 개정되기 전의 것) 위반죄 범죄사실과 '아파트를 건축하여 분양할 의사나 능력 없이 피해자들을 기망하여 분양대금을 편취하였다'는 내용의 특정경제범죄 가중처벌 등에 관한 법률 위반(사기) 공소사실 사이에 동일성이 있다고 보기 어렵고, 또한 두 죄는 행위 태양이나 보호법익에 비추어 1죄 내지 상상적 경합관계에 있다고 볼 수도 없으므로, 피고인이 구 주택건설촉진법 위반죄의 범죄사실에 관하여 확정판결을 받았다고 하여 위 사기 부분 공소사실에 대하여 면소를 선고할 수 없다.

2] 대법원 2011. 2. 24. 선고 2010도13801 판결

❐ 동일인 대출한도 초과대출 행위로 인하여 상호저축은행에 손해를 가함으로써 상호저축은행법 위반죄와 업무상배임죄가 모두 성립한 경우, 그 두 죄는 형법 제40조 소정의 상상적 경합관계에 있다 할 것이고, 형법 제40조 소정의 상상적 경합관계의 경우에는 그 중 1죄에 대한 확정판결의 기판력은 다른 죄에 대하여도 미친다(대법원 2008. 7. 10. 선고 2008도3357 판결 참조).

3] 대법원 2010. 12. 9. 선고 2010도10451 판결

[1] 상상적 경합과 법조경합의 구별 기준 및 법조경합의 한 형태인 '특별관계'의 의미

❐ 상상적 경합은 1개의 행위가 실질적으로 수개의 구성요건을 충족하는 경우를 말하고 법조경합은 1개의 행위가 외관상 수개의 죄의 구성요건에 해당하는 것처럼 보이나 실질적으로 1죄만을 구성하는 경우를 말하며, 실질적으로 1죄인가 또는 수죄인가는 구성요건적 평가와 보호법익의 측면에서 고찰하여 판단하여야 한다(대법원 1984. 6. 26. 선고 84도782 판결, 대법원 2003. 4. 8. 선고 2002도6033 판결 등 참조). 그리고 법조경합의 한 형태인 특별관계란 어느 구성요건이 다른 구성요건의 모든 요소를 포함하는 외에 다른 요소를 구비하여야 성립하는 경우로서 특별관계에 있어서는 특별법의 구성요건을 충족하는 행위는 일반법의 구성요건을 충족하지만 반대로 일반법의 구성요건을 충족하는 행위는 특별법의 구성요건을 충족하지 못한다(대법원 1993. 6. 22. 선고 93도498 판결, 대법원 2003. 4. 8. 선고 2002도6033 판결 등 참조).

4] 대법원 2010. 10. 28. 선고 2010도11165 판결

❐ 토지거래허가 없이 토지거래계약을 체결하였다'는 확정판결의 범죄사실과 '토지거래허가

구역에서 해제될 것처럼 기망하여 토지매매대금을 편취하였다'는 공소사실이 동일성이 있다거나 1죄 내지 상상적 경합관계에 있다고 볼 수 없다.

5] **대법원** 2010. 10. 28. **선고** 2008**도**11999 **판결**

[1] 형법 제139조 인권옹호직무명령불준수죄와 형법 제122조 직무유기죄의 죄수 관계(상상적 경합)

❐ 형법 제139조의 입법 취지 및 보호법익, 그 적용대상의 특수성 등을 고려하면 여기서 말하는 '인권'은 범죄수사 과정에서 사법경찰관리에 의하여 침해되기 쉬운 인권으로서, 주로 헌법 제12조에 의한 국민의 신체의 자유 등을 그 내용으로 한다. 인권의 내용을 이렇게 볼 때 형법 제139조에 규정된 '인권옹호에 관한 검사의 명령'은 사법경찰관리의 직무수행에 의하여 침해될 수 있는 인신 구속 및 체포와 압수수색 등 강제수사를 둘러싼 피의자, 참고인, 기타 관계인에 대하여 헌법이 보장하는 인권 가운데 주로 그들의 신체적 인권에 대한 침해를 방지하고 이를 위해 필요하고도 밀접 불가분의 관련성 있는 검사의 명령 중 '그에 위반할 경우 사법경찰관리를 형사처벌까지 함으로써 준수되도록 해야 할 정도로 인권옹호를 위해 꼭 필요한 검사의 명령'으로 보아야 하고 나아가 법적 근거를 가진 적법한 명령이어야 한다(헌법재판소 2007. 3. 29. 선고 2006헌바69 전원재판부 결정 참조).

형법 제139조에 규정된 인권옹호직무명령불준수죄와 형법 제122조에 규정된 직무유기죄의 각 구성요건과 보호법익 등을 비교하여 볼 때, 인권옹호직무명령불준수죄가 직무유기죄에 대하여 법조경합 중 특별관계에 있다고 보기는 어렵고 양 죄를 상상적 경합관계로 보아야 한다.

6] **대법원** 2010. 3. 25. **선고** 2009**도**1530 **판결**

[1] 수 개의 접근매체를 한꺼번에 양도하여 수개의 전자금융거래법 위반죄를 범한 경우 그 죄수관계(=상상적 경합)

❐ 구 전자금융거래법(2008. 12. 31. 법률 제9325호로 개정되기 전의 것) 제6조 제3항은 "접근매체는 다른 법률에 특별한 규정이 없는 한 양도 · 양수하거나 질권을 설정하여서는 아니된다"고 규정하고, 같은 법 제49조 제5항 제1호는 " 제6조 제3항의 규정을 위반하여 접근매체를 양도 · 양수하거나, 질권을 설정한 자"는 1년 이하의 징역 또는 1천만 원 이하의 벌금에 처한다고 규정하고 있는바, 위 법률 조항에서 규정하는 접근매체 양도죄는 각각의 접근매체마다 1개의 죄가 성립하는 것이고, 다만 위와 같이 수개의 접근매체를 한꺼번에 양도한 행위는 하나의 행위로 수개의 전자금융거래법 위반죄를 범한 경우에 해당하여 각 죄는 상상적 경합관계에 있다.

7] 대법원 2010. 1. 14. 선고 2009도10845 판결

[1] 특정범죄가중처벌 등에 관한 법률상 '위험운전치사상죄'와 도로교통법상 '업무상과실 재물손괴죄'의 죄수관계(상상적 경합)

❒ 음주 또는 약물의 영향으로 정상적인 운전이 곤란한 상태에서 자동차를 운전하여 사람을 상해에 이르게 함과 동시에 다른 사람의 재물을 손괴한 때에는 특정범죄가중처벌 등에 관한 법률 위반(위험운전치사상)죄 외에 업무상과실 재물손괴로 인한 도로교통법 위반죄가 성립하고, 위 두 죄는 1개의 운전행위로 인한 것으로서 상상적 경합관계에 있다.

8] 대법원 2009. 12. 10. 선고 2009도11151 판결

[1] 무허가 카지노영업으로 인한 '관광진흥법 위반죄'와 '도박개장죄'의 죄수 관계(상상적 경합)

❒ 관광진흥법상 '카지노업의 허가를 받지 아니하고 카지노업을 경영한 자'라는 무허가 카지노영업으로 인한 관광진흥법위반죄와 도박개장죄는 상상적경합범 관계에 있다(대법원 2008. 6. 26. 선고 2008도3189 판결 참조).

9] 대법원 2009. 6. 25. 선고 2009도3505 판결

[1] 동일한 공무를 집행하는 여러 공무원의 공무집행을 방해한 경우의 죄수관계(상상적 경합)

❒ 동일한 공무를 집행하는 여럿의 공무원에 대하여 폭행·협박 행위를 한 경우에는 공무를 집행하는 공무원의 수에 따라 여럿의 공무집행방해죄가 성립하고, 위와 같은 폭행·협박 행위가 동일한 장소에서 동일한 기회에 이루어진 것으로서 사회관념상 1개의 행위로 평가되는 경우에는 여럿의 공무집행방해죄는 상상적 경합의 관계에 있다.

[2] 범죄 피해 신고를 받고 출동한 두 명의 경찰관에게 욕설을 하면서 차례로 폭행을 하여 신고처리 및 수사 업무에 관한 정당한 직무집행을 방해한 사안에서, 동일한 장소에서 동일한 기회에 이루어진 폭행 행위는 사회관념상 1개의 행위로 평가하는 것이 상당하다는 이유로, 위 공무집행방해죄는 형법 제40조에 정한 상상적 경합의 관계에 있다.

10] 대법원 2009. 4. 23. 선고 2009도834 판결

[1] 국회의원 선거에서 정당의 공천을 받게 하여 줄 의사나 능력이 없음에도 이를 해 줄 수 있는 것처럼 기망하여 공천과 관련하여 금품을 받은 경우의 죄책 및 그 죄수관계(공천관련금품수수죄와 사기죄의 상상적 경합관계)

❒ 국회의원 선거에서 정당의 공천을 받게 하여 줄 의사나 능력이 없음에도 이를 해 줄 수 있는

것처럼 기망하여 공천과 관련하여 금품을 받은 경우, 공직선거법상 공천관련금품수수죄와 사기죄가 모두 성립하고 양자는 상상적 경합의 관계에 있다.

11] **대법원** 2009. 4. 9. **선고** 2008도5634 **판결**

[1] 회사 명의의 합의서를 임의로 작성 · 교부하여 회사에 재산상 손해를 가한 경우, 사문서위조 · 동 행사죄와 업무상배임죄의 죄수관계(상상적 경합)

❐ 회사 명의의 합의서를 임의로 작성 · 교부한 행위에 대하여 약식명령이 확정된 사문서위조 및 그 행사죄의 범죄사실과 그로 인하여 회사에 재산상 손해를 가하였다는 업무상 배임의 공소사실은 그 객관적 사실관계가 하나의 행위이므로 1개의 행위가 수개의 죄에 해당하는 경우로서 형법 제40조에 정해진 상상적 경합관계에 있다.

12] **대법원** 2009. 1. 30. **선고** 2008도10560 **판결**

[1] 상상적 경합관계에 있는 수죄 중 일부만이 유죄임에도 전부를 유죄로 인정한 경우, 그와 같은 위법이 판결 결과에 영향이 있다고 볼 수 있는지 여부(적극)

❐ 업무방해와 상상적 경합범으로 기소된 일반교통방해죄의 법정형이 업무방해죄의 법정형보다 무겁다고 하더라도, 상상적 경합범의 관계에 있는 수죄 중 일부만이 유죄로 인정된 경우와 그 전부가 유죄로 인정된 경우와는 형법 제51조에 규정된 양형의 조건이 달라 선고형을 정함에 있어서 차이가 있을 수 있으므로, 위와 같은 원심판결의 위법은 판결 결과에 영향을 미친 것이다(대법원 1980. 12. 9. 선고 80도384 전원합의체 판결, 대법원 2000. 4. 25. 선고 98도4490 판결 등 참조).

13] **대법원** 2007. 11. 15. **선고** 2007도7140 **판결**

[1] 허위사실 유포에 의한 업무방해죄와 명예훼손죄의 죄수관계(상상적 경합관계)

❐ 허위사실을 유포한 1개의 행위가 형법 제314조 제1항의 허위사실 유포에 의한 업무방해죄뿐 아니라 형법 제307조 제2항의 허위사실적시에 의한 명예훼손죄에도 해당하는 경우 그 2개의 죄는 상상적 경합관계에 있다(대법원 2007. 2. 23. 선고 2005도10233 판결 참조).

14] **대법원** 2007. 9. 21. **선고** 2007도4724 **판결**

[1] 선거일 후에 선거구민 등에게 금품 또는 향응을 제공한 행위가 공직선거법 제113조 제1항의 '후보자 등의 기부행위제한' 위반죄와 같은 법 제118조의 '선거일 후 답례금지' 위반죄에 모두 해당할 때, 그 죄수관계(=상상적 경합)

❐ 선거일 후에 선거구민 등에게 금품 또는 향응을 제공한 행위가 공직선거법 제113조 제1항 소정의 '후보자 등의 기부행위제한' 위반죄와 같은 법 제118조 소정의 '선거일 후 답례금지' 위반죄에 동시에 해당할 때에 그 양 죄의 관계는 형법 제40조 소정의 상상적 경합관계라고 보아야 한다.

15] 대법원 2007. 2. 23. **선고** 2005**도**10233 **판결**

[1]상상적 경합관계의 경우 1죄에 대한 확정판결의 기판력이 다른 죄에 대하여도 미친다(적극), 형법 제40조에 정한 '1개의 행위'의 의미.

❐ 형법 제40조 소정의 상상적 경합 관계의 경우에는 그 중 1죄에 대한 확정판결의 기판력은 다른 죄에 대하여도 미치는 것이고(대법원 1991. 6. 25. 선고 91도643 판결, 대법원 1991. 12. 10. 선고 91도2642 판결 등 참조), 여기서 1개의 행위라 함은 법적 평가를 떠나 사회 관념상 행위가 사물자연의 상태로서 1개로 평가되는 것을 의미한다(대법원 1987. 2. 24. 선고 86도2731 판결 참조).

16] 대법원 2006. 12. 8. **선고** 2006**도**6356 **판결**

[1] 상상적 경합의 관계에 있는 사기죄와 변호사법 위반죄 중 변호사법 위반죄의 공소시효가 완성된 경우 사기죄의 공소시효까지 완성된 것으로 볼 수 없다(소극).

❐ 1개의 행위가 여러 개의 죄에 해당하는 경우 형법 제40조는 이를 과형상 일죄로 처벌한다는 것에 지나지 아니하고, 공소시효를 적용함에 있어서는 각 죄마다 따로 따져야 할 것인바, 공무원이 취급하는 사건에 관하여 청탁 또는 알선을 할 의사와 능력이 없음에도 청탁 또는 알선을 한다고 기망하여 금품을 교부받은 경우에 성립하는 사기죄와 변호사법 위반죄는 상상적 경합의 관계에 있으므로(대법원 2006. 1. 27. 선고 2005도8704 판결), 변호사법 위반죄의 공소시효가 완성되었다고 하여 그 죄와 상상적 경합관계에 있는 사기죄의 공소시효까지 완성되는 것은 아니다.

17] 대법원 1996. 10. 15. **선고** 96**도**1301 **판결**

[1] 피해자를 협박하여 법정 중개수수료 상한을 초과하여 금품을 갈취한 경우, 죄수 관계

❐ 피고인이 피해자를 협박함으로써 법정 중개수수료 상한을 초과하여 금품을 갈취한 경우 1개의 행위가 수개의 죄에 해당하는 상상적 경합의 경우에 해당한다.

18] 대법원 1995. 1. 20. **선고** 94**도**2842 **판결**

[1] 기본범죄를 통하여 고의로 중한 결과를 발생케 한 부진정결과적가중범의 경우, 그 중한 결

과가 별도의 구성요건에 해당한다면 결과적가중범과 중한 결과에 대한 고의범의 상상적 경합관계에 있다.

❐ 고의로 중한 결과를 발생케 한 경우에 무겁게 벌하는 구성요건이 따로 마련되어 있는 경우에는 당연히 무겁게 벌하는 구성요건에서 정하는 형으로 처벌하여야 할 것이고, 결과적가중범의 형이 더 무거운 경우에는 결과적가중범에 정한 형으로 처벌할 수 있도록 하여야 할 것이므로, 기본범죄를 통하여 고의로 중한 결과를 발생케 한 부진정결과적가중범의 경우에 그 중한 결과가 별도의 구성요건에 해당한다면 이는 결과적가중범과 중한 결과에 대한 고의범의 상상적 경합관계에 있다.

19] 대법원 1993. 9. 14. 선고 93도1790 판결

[1] 진료거부로 인한 의료법위반죄와 응급조치불이행으로 인한 의료법위반죄의죄수관계

❐ 의료법 제68조, 제16조 제1항의 진료거부로 인한 의료법위반죄와 같은 법 제67조, 제16조 제2항의 응급조치불이행으로 인한 의료법위반죄는 그 규제내용이나 같은법시행규칙 제10조 등의 관계규정에 비추어 포괄1죄의 관계에 있는 것이 아니라 상상적경합 관계에 있다.

20] 대법원 1991. 12. 10. 선고 91도2642 판결

[1] 도로공사 현장소장이 산업안전보건법 제23조 제3항의 위험방지조치를 취하지 아니한 같은 법 위반의 범죄사실과 그와 같은 조치를 취하지 아니한 업무상과실로 근로자를 사망케 한 업무상과실치사죄의 죄수관계(상상적경합범)

❐ 도로공사의 현장소장은 지반의 붕괴 등에 의하여 근로자에게 위험을 미칠 우려가 있는 때에는 그 위험을 방지하기 위하여 지반을 안전한 경사로 하고 낙하의 위험이 있는 토석을 제거하거나 옹벽 및 흙막이 지보공 등을 설치하여야 함에도, 이러한 위험방지조치를 취하지 아니함으로써 산업안전보건법 제23조 제3항의 규정에 위반하였다는 범죄사실과 위와 같은 위험을 방지하기 위하여 필요한 조치를 취하지 아니한 업무상과실로 인하여 위 근로자를 사망에 이르게 하였다는 범죄사실에 있어서, 위의 산업안전보건법상의 위험방지조치의무와 업무상주의의무가 일치하고 이는 1개의 행위가 2개의 업무상과실치사죄와 산업안전보건법위반죄에 해당하는 상상적 경합관계이다.

21] 대법원 1990. 7. 27. 선고 89도1829 판결

[1] 건축물부설 주차장의 용도를 허가 없이 변경한 행위에 대하여 성립하는 주차장법위반죄와 건축법위반죄의 죄수관계(상상적경합범)

❒ 주차장법과 건축법은 각기 입법목적, 규정사항, 그 적용대상 등을 달리하므로 주차장법이 전면적으로 건축법의 특별법이라고 볼 수 없고, 한편 주차장법이 건축물 부설 주차장의 용도를 변경하는 행위를 처벌하는 것은 기왕에 설치된 주차장 시설을 그대로 유지, 확보하고자 하는 데 목적이 있다 할 것이고, 건축법이 일단 허가받아 건축된 건축물의 용도를 무단으로 변경하는 행위를 처벌하는 것은 건축물의 구조나 설비의 기준 및 용도에 관한 규제를 위태롭게 하는 것을 방지하려는데 목적이 있는 것으로서 그 보호법익을 달리한다고 볼 것이므로 주차장법의 처벌법규는 건축법상의 처벌법규에 대한 특별법규가 아니라 각기 독립된 별개의 구성요건이라고 보는 것이 상당하고, 따라서 건축물 부설 주차장의 용도를 허가없이 변경한 행위에 대한 주차장법위반죄와 건축법위반죄는 상상적경합관계에 있다 .

22] 대법원 1984. 2. 28. 선고 83도3160 판결

[1] 상상적 경합에 있어서 중한 죄의 하한이 다른 법조의 최하한의 형보다 경한 경우의 처단형

❒ 형법 제40조가 규정하는 1개의 행위가 수개의 죄에 해당하는 경우에는 "가장 중한 죄에 정한 형으로 처벌한다"함은 그 수개의 죄명중 가장 중한 형을 규정한 법조에 의하여 처단한다는 취지와 함께 다른 법조의 최하한의 형보다 가볍게 처단할 수는 없다는 취지 즉, 각 법조의 상한과 하한을 모두 중한 형의 범위내에서 처단한다는 것이다.

23] 대법원 1980. 12. 9. 선고 80도2236 판결

[1] 실체적 경합범으로 공소제기 된 수죄를 공소장 변경없이 상상적 경합범으로 처단할 수 있는지 여부

❒ 검사가 공소를 제기함에 있어 실질적인 경합범 관계에 있다고 그 법적 견해를 표시하였다 할지라도 법원에서 심리한 결과 공소 제기한 수죄가 상상적경합관계에 있다고 인정되면 법원은 검사의 공소장변경 없이도 이를 상상적 경합범으로 처단할 수 있다.

24] 대법원 1976. 1. 27. 선고, 75도1543 판결

[1] 상상적 경합범 처벌에 있어서 실체적 경합범 처벌에 관한 형법 38조 2항이 준용될 수 있는지 여부와 업무상과 실치상죄에 대하여 1심에서 금고 6월을 선고받은 판결에 대하여 피고인만이 항소한 경우에 항소심에서 징역 6월에 집행유예 1년을 선고한 것이 불이익변경금지의 원칙에 저촉된다.

❒ 상상적 경합범 처벌에 있어서 실체적 경합범 처벌에 관한 형법 38조 2항의 규정은 준용될 수 없고 금고형과 벌금형만이 있는 업무상과 실치상죄를 범한 피고인에 대하여 징역형을 선고

하였음은 위법이며 또 제1심이 피고인에 대하여 금고 6월을 선고한데 대하여 피고인만이 항소하였음에도 불구하고 원심이 제1심판결을 파기하고 피고인에 대하여 징역 6월에 집행유예 1년을 선고한 것은 군법회의법 427조의 불이익변경금지의 원칙에 저촉된다.

25] 서울고법 1975. 4. 11. 선고 75노245 제2형사부판결

[1] 형법 제40조의 "가장 중한 죄에 정한 형"의 의미

❐ 형법 제40조의 "가장 중한 죄에 정한 형으로"란 뜻은 법정형으로서 가장 중한 형을 정한 법조만에 의하여 자유로이 형을 선택하여 형량을 정할 수 있다는 것이 아니고 상상적경합관계에 있는 다른 법조에 정한 형의 최하한보다 가볍게 처벌을 할 수 없다는 것이어서 중한 죄의 법조에는 선택형으로 벌금형이 규정되어 있어도 위 벌금형이 가벼운 죄의 법정형보다 가벼운 형이라면 벌금형을 선택하여 처단할 수는 없다.

【사례】

피고인 2의 본건 범행은 관세법상의 관세포탈방조죄와 형법상의 직무유기죄에서, 위 두죄는 형법 제40조의 상상적경합범인바, 상상적경합범으로 처단함에 있어 본건과 같이 관세포탈방조죄의 법정형은 징역형 또는 벌금형이고, 직무유기죄의 법정형은 징역형, 금고 또는 자격정지인 경우에 중한 죄인 관세포탈방조죄에 정한 형중에서 직무유기죄에 정한 형보다 가벼운 형인 벌금형을 선택할 수는 없는 것임에도 불구하고 원심은 위 두죄를 상상적경합범으로 처단함에 있어 중한 죄인 관세포탈방조죄에 정한 형중 경한 죄인 직무유기죄에 정한 하한형인 자격정지형보다도 가벼운 벌금형을 선택하여, 동 피고인을 처단하였으니 원심판결에는 판결에 영향을 미친 법률위반의 위법이 있다.

26] 서울고법 4293. 2. 19. 선고 4292형공2188 제4형사부판결 : 확정

[1] 상상적경합관계에 있는 공소사실의 일부에 대한 무죄와 판결주문

❐ 상상적경합관계에 있는 공소사실의 일부에 대하여는 범죄의 증명이 없어 무죄에 해당하더라도 그와 상상적경합관계에 있는 다른 공소사실에 대하여 유죄로 인정하는 경우에는 특히 판결주문에서 무죄를 선고하여서는 아니된다.

[포괄일죄]

1] 대법원 2010. 5. 27. 선고 2010도2182 판결

[1] 상습범으로서 포괄적 일죄의 관계에 있는 여러 개의 범죄사실 중 일부에 대하여 유죄판결

이 확정된 경우, 그 확정판결의 사실심판결 선고 전에 저질러진 나머지 범죄에 대하여 면소판결을 선고하기 위한 요건

❐ 상습범으로서 포괄적 일죄의 관계에 있는 여러 개의 범죄사실 중 일부에 대하여 유죄판결이 확정된 경우에, 그 확정판결의 사실심판결 선고 전에 저질러진 나머지 범죄에 대하여 새로이 공소가 제기되었다면 그 새로운 공소는 확정판결이 있었던 사건과 동일한 사건에 대하여 다시 제기된 데 해당하므로 이에 대하여는 판결로써 면소의 선고를 하여야 한다(형사소송법 제326조 제1호). 그런데 이러한 법리가 적용되기 위해서는 전의 확정판결에서 당해 피고인이 상습범으로 기소되어 처단되었을 것을 필요로 하는 것이고, 상습범이 아닌 기본 구성요건의 범죄로 처단되는 데 그친 경우에는, 가사 뒤에 기소된 사건에서 비로소 드러났거나 새로 저질러진 범죄사실과 전의 판결에서 이미 유죄로 확정된 범죄사실 등을 종합하여 비로소 그 모두가 상습범으로서의 포괄적 일죄에 해당하는 것으로 판단된다 하더라도 뒤늦게 앞서의 확정판결을 상습범의 일부에 대한 확정판결이라고 보아 그 기판력이 그 사실심판결 선고 전의 나머지 범죄에 미친다고 보아서는 아니된다.

확정판결의 기판력이 미치는 범위를 정함에 있어서는 그 확정된 사건 자체의 범죄사실과 죄명을 기준으로 하는 것이 원칙이고, 비상습범으로 기소되어 판결이 확정된 이상 그 사건의 범죄사실이 상습범 아닌 기본 구성요건의 범죄라는 점에 관하여 이미 기판력이 발생하였다고 보아야 하며, 뒤에 드러난 다른 범죄사실이나 그 밖의 사정을 부가하여 전의 확정판결의 효력을 검사의 기소내용보다 무거운 범죄유형인 상습범에 대한 판결로 바꾸어 적용하는 것은 형사소송의 기본원칙에 비추어 적절하지 않다(대법원 2004. 9. 16. 선고 2001도3206 전원합의체 판결, 대법원 2010. 2. 11. 선고 2009도12627 판결 등 참조).

2] 대법원 2006. 4. 27. 선고 2006도514 판결

[1] 포괄일죄에 있어서 공소장변경허가 여부의 결정 기준

❐ 포괄일죄에 있어서는 공소장변경을 통한 종전 공소사실의 철회 및 새로운 공소사실의 추가가 가능한 점에 비추어 그 공소장변경허가 여부를 결정함에 있어서는 포괄일죄를 구성하는 개개 공소사실별로 종전 것과의 동일성 여부를 따지기보다는 변경된 공소사실이 전체적으로 포괄일죄의 범주 내에 있는지 여부, 즉 단일하고 계속된 범의하에 동종의 범행을 반복하여 행하고 그 피해법익도 동일한 경우에 해당한다고 볼 수 있는지 여부에 초점을 맞추어야 한다.

3] 대법원 2005. 10. 28. 선고 2005도3963 판결

[1] 상습범으로서 포괄적 일죄의 관계에 있는 여러 개의 범죄사실 중 일부에 대하여 유죄판결

이 확정된 경우, 그 확정판결의 사실심판결 선고 전에 저질러진 나머지 범죄에 대하여 면소판결을 선고하기 위한 요건

❒ 상습범으로서 포괄적 일죄의 관계에 있는 여러 개의 범죄사실 중 일부에 대하여 유죄판결이 확정된 경우에, 그 확정판결의 사실심판결 선고 전에 저질러진 나머지 범죄에 대하여 새로이 공소가 제기되었다면 그 새로운 공소는 확정판결이 있었던 사건과 동일한 사건에 대하여 다시 제기된 데 해당하므로 이에 대하여는 판결로써 면소의 선고를 하여야 하는 것인바(형사소송법 제326조 제1호), 다만 이러한 법리가 적용되기 위해서는 전의 확정판결에서 당해 피고인이 상습범으로 기소되어 처단되었을 것을 필요로 하는 것이고, 상습범이 아닌 기본구성요건의 범죄로 처단되는 데 그친 경우에는, 가사 뒤에 기소된 사건에서 비로소 드러났거나 새로 저질러진 범죄사실과 전의 판결에서 이미 유죄로 확정된 범죄사실 등을 종합하여 비로소 그 모두가 상습범으로서의 포괄적 일죄에 해당하는 것으로 판단된다 하더라도 뒤늦게 앞서의 확정판결을 상습범의 일부에 대한 확정판결이라고 보아 그 기판력이 그 사실심판결 선고 전의 나머지 범죄에 미친다고 보아서는 아니된다(2004. 9. 16. 2001도3206 전원합의체).

4] 대법원 2003. 2. 28. 선고 2002도7335 판결

[1]직계존속에 대한 폭행과 상해를 상습으로 범한 경우의 죄책

❒ 직계존속인 피해자를 폭행하고, 상해를 가한 것이 존속에 대한 동일한 폭력습벽의 발현에 의한 것으로 인정되는 경우, 그 중 법정형이 더 중한 상습존속상해죄에 나머지 행위들을 포괄시켜 하나의 죄만이 성립한다.

5] 대법원 2002. 4. 26. 선고 2002도429 판결

[1] 절도습벽의 발현으로 자동차등불법사용의 범행도 함께 저지른 경우, 형법 제331조의2 소정의 자동차등불법사용죄가 특정범죄가중처벌등에관한법률 제5조의4 제1항 소정의 상습절도죄와 포괄일죄의 관계에 있는지 여부(적극)

❒ 형법 제331조의2, 제332조 및 특정범죄가중처벌등에관한법률(이하 '특가법'이라 한다) 제5조의4 제1항 등의 규정 취지나 자동차등불법사용죄의 성질에 비추어 보면, 상습으로 절도, 야간주거침입절도, 특수절도 또는 그 미수 등의 범행을 저지른 자가 마찬가지로 절도 습벽의 발현으로 자동차등불법사용의 범행도 함께 저지른 경우에 검사가 형법상의 상습절도죄로 기소하는 때는 물론이고, 자동차등불법사용의 점을 제외한 나머지 범행에 대하여 특가법상의 상습절도 등의 죄로 기소하는 때에도 자동차등불법사용의 위법성에 대한 평가는 특가법상의 상습절도 등 죄의 구성요건적 평가 내지 위법성 평가에 포함되어 있다고 보는 것이 타당하고, 따라서 상습절

도 등의 범행을 한 자가 추가로 자동차등불법사용의 범행을 한 경우에 그것이 절도 습벽의 발현이라고 보이는 이상 자동차등불법사용의 범행은 상습절도 등의 죄에 흡수되어 1죄만이 성립하고 이와 별개로 자동차등불법사용죄는 성립하지 않는다고 보아야 하고, 검사가 상습절도 등의 범행을 형법 제332조 대신에 특가법 제5조의4 제1항으로 의율하여 기소하였다 하더라도 그 공소제기의 효력은 동일한 습벽의 발현에 의한 자동차등불법사용의 범행에 대하여도 미친다.

6] 대법원 2001. 10. 12. 선고 99도5294 판결

[1] 공무원이 제3자를 초대하여 함께 향응을 접대받은 경우, 뇌물수수액의 산정 방법

❐ 피고인이 증뢰자와 함께 향응을 하고 증뢰자가 이에 소요되는 금원을 지출한 경우 이에 관한 피고인의 수뢰액을 인정함에 있어서는 먼저 피고인의 접대에 요한 비용과 증뢰자가 소비한 비용을 가려내어 전자의 수액을 가지고 피고인의 수뢰액으로 하여야 하고 만일 각자에 요한 비용액이 불명일 때에는 이를 평등하게 분할한 액을 가지고 피고인의 수뢰액으로 인정하여야 할 것이고, 피고인이 향응을 제공받는 자리에 피고인 스스로 제3자를 초대하여 함께 접대를 받은 경우에는, 그 제3자가 피고인과는 별도의 지위에서 접대를 받는 공무원이라는 등의 특별한 사정이 없는 한 그 제3자의 접대에 요한 비용도 피고인의 접대에 요한 비용에 포함시켜 피고인의 수뢰액으로 보아야 한다.

7] 대법원 1998. 5. 29. 선고 97도1126 판결

[1] 일정한 기간 동안 계속하여 환자를 보내준 자에게 환자를 보내준 때마다 대가를 지급하는 것은 포괄일죄이다(적극).

❐ 동일 죄명에 해당하는 수 개의 행위를 단일하고 계속된 범의하에 일정기간 계속하여 행하고 그 피해법익도 동일한 경우에는 이들 각 행위를 통틀어 포괄일죄로 처단하여야 하므로, 일정한 기간 동안 계속하여 환자를 보내준 자에게 환자를 보내준 때마다 대가를 지급한 경우 포괄일죄를 구성한다.

[2] 포괄일죄의 경우 공소사실의 특정 정도

❐ 포괄일죄에 있어서는 그 죄의 일부를 구성하는 개개의 행위에 대하여 구체적으로 특정하지 아니하더라도 그 전체 범행의 시기와 종기, 범행방법, 범행횟수 또는 피해액의 합계 및 피해자나 상대방을 명시하면 이로써 그 범죄사실은 특정된다고 할 것이고, 또한 공소장의 공소사실 기재는 법원에 대하여 심판의 대상을 한정하고 피고인에게 방어의 범위를 특정하여 그 방어권 행사를 용이하게 하기 위하여 요구되는 것이므로 범죄의 일시, 장소, 방법 등 소인을 명시하여 사실을 가능한 한 명확하게 특정할 수 있도록 하는 것이 바람직하나, 그렇다고 해서 필요 이상 엄격

하게 특정을 요구하는 것도 공소의 제기와 유지에 장애를 초래할 수 있으므로, 범죄의 일시는 이중기소나 시효에 저촉되지 않을 정도로, 장소는 토지관할을 가늠할 수 있을 정도로, 그리고 방법에 있어서는 범죄구성요건을 밝히는 정도로 기재하면 족하다.

8] 대법원 1998. 2. 24. 선고 97도183 판결

[1] 법 개정 전후에 걸친 포괄일죄에 대한 법령 적용

❐ 포괄일죄로 되는 개개의 범죄행위가 법 개정의 전후에 걸쳐서 행하여진 경우에는 신·구법의 법정형에 대한 경중을 비교하여 볼 필요도 없이 범죄 실행 종료시의 법이라고 할 수 있는 신법을 적용하여 포괄일죄로 처단하여야 한다

9] 대법원 1997. 6. 27. 선고 97도163 판결

[1] 포괄일죄의 범행 도중에 공동정범으로 가담한 자는 가담 이후의 범행에 대하여만 책임을 진다(적극).

❐ 포괄일죄의 범행 도중에 공동정범으로 범행에 가담한 자는 비록 그가 그 범행에 가담할 때에 이미 이루어진 종전의 범행을 알았다 하더라도 그 가담 이후의 범행에 대하여만 공동정범으로 책임을 진다.

제8장 형

제1절 형의 종류와 경중
제2절 형의 양정
제3절 형의 선고유예
제4절 형의 집행유예
제5절 형의 집행

제8장 형

제1절 형의 종류와 경중

1. 형의 종류

조 문

제41조(형의 종류) 형의 종류는 다음과 같다.
1. 사형
2. 징역
3. 금고
4. 자격상실
5. 자격정지
6. 벌금
7. 구류
8. 과료
9. 몰수

관련판례

1] 대법원 2009. 2. 26. 선고 2008도9867 판결

[1] 사형의 선고가 허용되기 위한 요건 및 사형선택 여부의 결정 방법

❐ 사형은 인간의 생명 자체를 영원히 박탈하는 냉엄한 궁극의 형벌로서 문명국가의 이성적인 사법제도가 상정할 수 있는 극히 예외적인 형벌이라는 점을 감안할 때, 사형의 선고는 범행에 대한 책임의 정도와 형벌의 목적에 비추어 그것이 정당화될 수 있는 특별한 사정이 있다고 누구라도 인정할 만한 객관적인 사정이 분명히 있는 경우에만 허용되어야 하고, 따라서 사형을 선고함에 있어서는 형법 제51조가 규정한 사항을 중심으로 한 범인의 연령, 직업과 경력, 성행, 지능, 교육정도, 성장과정, 가족관계, 전과의 유무, 피해자와의 관계, 범행의 동기, 사전계획의 유무, 준비의 정도, 수단과 방법, 잔인하고 포악한 정도, 결과의 중대성, 피해자의 수와 피해감정, 범행 후의 심정과 태도, 반성과 가책의 유무, 피해회복의 정도, 재범의 우려 등 양형의 조건이 되는 모

든 사항을 철저히 심리하여 위와 같은 특별한 사정이 있음을 명확하게 밝힌 후 비로소 사형의 선택 여부를 결정하여야 할 것이고, 이를 위하여 법원으로서는 마땅히 기록에 나타난 양형조건들을 평면적으로만 참작하는 것에서 더 나아가, 피고인의 주관적인 양형요소인 성행과 환경, 지능, 재범의 위험성, 개선교화 가능성 등을 심사할 수 있는 객관적인 자료를 확보하여 이를 통하여 사형선택 여부를 심사하여야 할 것은 물론이고, 피고인이 범행을 결의하고 준비하며 실행할 당시를 전후한 피고인의 정신상태나 심리상태의 변화 등에 대하여서도 정신의학이나 심리학 등 관련 분야의 전문적인 의견을 들어 보는 등 깊이 있는 심리를 하여 본 다음에 그 결과를 종합하여 양형에 나아가야 한다(대법원 2003. 6. 13. 선고 2003도924 판결 등 참조).

[2] 여아 2명을 강제추행, 살해하고 이를 은폐하기 위하여 사체를 토막내어 유기한 피고인에 대하여 사형을 선고한 원심의 형의 양정을 인정.

❐ 원심이 피고인의 성장과정, 이 사건 각 범행을 전후한 피고인의 정신상태나 심리상태의 변화 등에 대한 전문적인 의견 등 공판과정에서 나타난 각종 양형자료들을 토대로 하여, 그 판시와 같은 양형조건들, 특히 피고인이 사소한 이유로 성인 여성 1명을 때려 숨지게 하고, 몇 달 지나지 않아 다시 자신의 힘으로 스스로를 방어하기 힘든 여자 어린이 2명을 유인하여 강제추행한 다음 살해한 점, 그 후 이를 은폐하기 위하여 치밀한 계획 아래 사체들을 여러 토막으로 절단하고 이를 야산에 나누어 묻거나 하천에 버리는 등 그 범행수단이 잔혹하고 무자비하여 온 사회를 경악하게 만든 점, 이 사건 각 범행에 이르게 된 동기에 전혀 납득할 만한 사정이 없는 점, 피고인의 수사기관과 법정에서의 진술 태도에 비추어 피고인이 진심으로 그 잘못을 뉘우치고 있는지에 대하여 의심이 가고, 오히려 여성 및 사회를 탓하면서 자신의 행위를 합리화하려는 경향이 있으며 개선교화의 여지도 거의 없고, 또한 동일한 범행을 반복한 점에 비추어 재범의 위험성이 매우 큰 점 등을 종합적으로 고려하여 피고인에게 사형을 선고한 조치는 정당한 것으로 받아들일 수밖에 없고, 그 형의 양정이 심히 부당하다고 인정할 현저한 사유를 찾아볼 수 없다.

2] 광주고법 2008. 9. 17. 자 2008초기29 결정【위헌법률심판제청신청】

[1] 형법 제41조, 제250조 제1항 및 성폭력범죄의 처벌 및 피해자보호 등에 관한 법률 제10조 제1항에서 규정하고 있는 사형제도는, 입법자가 법정형이 종류와 범위를 정할 때는 형벌 위협으로부터 인간의 존엄과 가치를 존중하고 보호하여야 한다는 헌법 제10조의 요구, 헌법 제37조 제2항의 과잉입법금지의 원칙, 비례의 원칙 등에 위배된다고 보아 위헌심판을 제청한 사례.

[2] 형법 제41조, 제42조, 제72조 제1항, 제250조 제1항 및 성폭력범죄의 처벌 및 피해자보호 등에 관한 법률 제10조 제1항에서 가석방이 허용되는 무기징역형과 구별하여 가석방이 허용되지 않는 종신 무기징역형을 규정하지 않고 있음에 관하여, 그 결과 무기징역형의 체계와 유기형의 체계 사이에 적절한 비례관계가 성립하지 않아 형벌체계의 정당성과 균형을 잃고 있어, 인간

의 존엄과 가치를 존중하고 보호하여야 한다는 헌법 제10조의 요구, 헌법 제11조 평등의 원칙, 헌법 제37조 제2항의 비례의 원칙 등에 위배된다고 보아 위헌심판을 제청한 사례.

❐ 이유

가. 사형 부분의 위헌성

헌법 제12조 제1항은 "모든 국민은 … 법률과 적법절차에 의하지 아니하고는 처벌 · 보안처분 또는 강제노역을 받지 아니한다."고 규정하고 있다. 헌법 제12조 제1항의 위임에 따라 형법 제41조는 형의 종류로서 '1. 사형, 2. 징역, 3. 금고, 4. 자격상실, 5. 자격정지, 6. 벌금, 7. 구류, 8. 과료, 9. 몰수' 등 9가지만을 규정하고 있고, 형법 제42조는 징역 또는 금고의 기간과 관련하여, '징역 또는 금고는 무기 또는 유기로 하고, 유기는 1월 이상 15년 이하로 한다. 단 유기징역 또는 유기금고에 대하여 형을 가중하는 때에는 25년까지로 한다.'고 규정하고 있다. 형법각칙 및 특별형법에서는 위 형법 제41조와 제42조에서 정한 형의 종류의 범위 내에서 각 법정형을 규정하고 있고, 살인죄에 대하여 규정한 형법 제250조 제1항도 사형, 무기 또는 5년 이상의 징역형을, 강간 등 살인죄에 대하여 규정하고 있는 성폭력범죄의 처벌 및 피해자보호 등에 관한 법률 제10조 제1항도 사형 또는 무기징역형을 각 법정형으로 규정하고 있다. 그리고 형법 제72조 제1항은 가석방의 요건과 관련하여, "징역 또는 금고의 집행중에 있는 자가 그 행상이 양호하여 개전의 정이 현저한 때에는 무기에 있어서는 10년, 유기에 있어서는 형기의 3분의 1을 경과한 후 행정처분으로 가석방을 할 수 있다"고 규정하고 있다.

어떤 범죄행위에 대하여 어떠한 형벌을 과할 것인가에 관해서는 그 범죄의 죄질과 보호법익에 대한 고려뿐만 아니라 우리의 역사와 문화, 입법 당시의 시대적 상황, 국민 일반의 가치관 내지 법감정 그리고 범죄예방을 위한 형사정책적 측면 등 여러 가지 요소를 종합적으로 고려하여 입법자가 결정할 사항으로서, 광범위한 입법재량 내지 형성의 자유가 인정되어야 하지만, 이러한 입법재량은 무제한한 것이 될 수 없으며 기본권의 본질적 내용을 침해해서는 안 되므로, 입법자가 법정형의 종류와 범위를 정함에 있어서는 형벌위협으로부터 인간의 존엄과 가치를 존중하고 보호하여야 한다는 헌법 제10조의 요구에 따라야 하고, 헌법 제37조 제2항이 규정하고 있는 과잉입법금지의 정신에 따라 범죄의 실태 및 죄질의 경중, 교화개선의 가능성을 고려한 형벌 개별화의 원칙이 적용될 수 있는 범위의 법정형을 설정하여 실질적 법치국가의 원리를 구현하도록 하여야 하며, 형벌이 죄질과 책임에 상응하도록 적절한 비례성을 지켜야 한다.

형벌로서 사형에 대하여 '① 헌법 제12조 제1항, 헌법 제110조 제4항이 군사법 분야가 아닌 일반적인 범죄에서 사형을 예정하고 있지 않다는 비판, ② 사형수에 대한 헌법 제10조 소정의 인간의 존엄과 가치를 침해함은 물론이고, 법규정에 의하여 사형을 선고해야 하는 법관, 양심에 반하여 사형의 집행에 관여하는 자들의 양심의 자유와 인간으로서의 존엄과 가치를 침해한다는 비판, ③ 중범죄에 대하여 하급심과 상급심의 결론이 달라지는 것과 같이 인간이 하는 재판인 한 오판이 얼마든지 있을 수 있고 오판에 의한 사형 판결이 집행된 경우 어떠한 방법으로도 원상회복이 절대적으로 불가능한데다가, 사형제도에 의하여 달성하려는 범인의 영구적 격리나 범죄의 일반예방이라는 공익은 가석방이 불가능한 종신형에 의하여도 충분히 달성될 수 있음에도 국민의 기본권 중 가장 기초적인 의미를 갖는 생명권을 최종적으로 박탈하는 사형제도는 피해의 최소성 원칙에 반하여 기본권 제한에 있어서의 과잉금지의 원칙에 위반되는 것으로서 헌법 제37조 제2항 후단에 반한다는 비판, ④ 범죄인은 자신의 생명이 박탈될 것이라고 예상하고 더욱 흉포한 범죄를 저지를 수 있어 형벌로서의 사형의 일반예방적인 효과는 그리 크지 않다고 보이는 반면, 종신형에 있어서 범죄인에게 생명이 존속할 때까지 참회할 기회를 줄 수 있는 것과 함께 사형과 동일하게 범죄인의 영구적인 사회격리라는 목적을 달성할 수 있고, 일반인들에게 가석방이 허용되지 않는 범죄인의 수형생활을 보면서 인간으로서 자유를 상실하는 것에 대하여 자유의 소중함을 생동감 있게 인식될 수 있도록 함으로써 형벌의 일반예방적 목적을 효과적으로 달성할 수 있을 것이라는 비판, ⑤ 범죄의 원인에는 범죄인의 악성과 반사회성뿐만 아니라 국가와 사회환경적 요인도 적지 않은데 국가가 범죄의 모든 책임을 범죄인에게 돌리고 반성의 기회조차 박탈하는 것은 형벌에 있어서 책임의 원칙에 반한다는 비판' 등 여러 가지 근거를 들어 사형제도를 반대하고 있다. 학자들 사이에서는 사형폐지론과 사형존치론이 대립하고 있으나 사형존치론을 적극적으로 주장하고 있는 경우는 드물며, 사형존치론자도 대부분 정치, 사회, 문화적 여건으로 보아 사형폐지는 시기상조라고 하거나 단계적인 폐지 내지는 사형의 집행유예제도 도입 등 개선을 주장하고 있는 형편이다. 우리나라는 1995년 11월 2일 19명, 1997년 12월 30일 23명에 대한 사형을 집행한 이래 10년이 지나도록 사형을 집행하지 않고 있다(현재 사형 미집행자수는 58명이다). 국제사면위원회 등 인권단체에서는 10년 동안 사형을 집행하지 않는 국가는 사실상의 사형폐지국으로 분류하고 있는바, 이러한 분류에 의하면 우리나라도 이미 2007. 12. 30.부터 사실상의 사형폐지국으로 분류되게 되었다. 국제사면위원회에 따르면 2007년 10월 현재 완전 사형폐지국은 102개국이며 사실상 사형폐지국은 31개국이고 사형존치국은 64개국이라고 한다.

헌법재판소 1996. 11. 28.자 95헌바1 결정에서도, 사형제도는 필요악으로서 불가피하게 선택된 것이고 여전히 제 기능을 하고 있다는 점에서 정당화될 수 있으므로 헌법상의 비례원칙이나 헌법질서에 반하지 아니한다고 판단하면서도, 형벌로서의 사형이 우리의 문화 수준이나 사회현실에 미루어 보아 지금 곧 이를 완전히 무효화시키는 것이 타당하지 아니하므로 아직은 현행의 법질서에 위반되지 않는다고 판시하면서, 나라의 문화가 고도로 발전하고 인지가 발달하여 평화롭고 안정된 사회가 실현되는 등 시대상황이 바뀌어 생명을 빼앗는 사형이 가진 두려움성에 의한 범죄예방의 필요성이 거의 없게 되거나 국민의 법감정이 사형의 필요성이 없다고 인식하는 시기에 이르게 되면 사형을 곧바로 폐지하여야 하며, 그럼에도 불구하고 형벌로서 사형이 그대로 남아 있다면 당연히 헌법에도 위반되는 것으로 보아야 한다고 분명히 판시한 바 있다. 즉, 우리 헌법재판소도 1996년 당시에는 사형에 대하여 합헌판결을 한 바 있으나, 그 내용을 들여다보면 단계적 사형폐지론을 취하면서 당시로서는 사형제도가 위헌이 아니라는 견해를 취하고 있었던 것이다. 그런데 위에서 본 바와 같이 이미 우리나라는 1997. 12. 30. 이후 사형을 집행하지 않고 있어, 사회·문화적으로 사형집행에 대한 인식이 1996년의 위 합헌결정 당시의 상황과는 달라졌다고 할 것이고, 이미 전세계적으로 완전 사형폐지국은 102개국이며 실질적 사형폐지국은 31개국에 이르렀고, 위 사형폐지국가들도 사형의 존치 여부 및 대체형벌에 대한 치열한 논의를 통하여 사형을 폐지하였을 것인데, 굳이 우리나라가 사형존치국으로 남아 있을 만큼 문화적, 사회적으로 열악한 위치에 있는 것인지도 의문이다. 위 합헌결정 이후 현재에 이르기까지 우리나라의 정치, 문화 수준이 높아지고 종교와 자선단체의 활동이 증가하고 있으며, 국제화 및 세계화의 물결 속에 시민적·정치적 권리에 관한 국제협약에 참가한 국가들이 증가하고 있는 추세이므로, 이제 과감히 사형폐지의 시기상조론이나 단계적 폐지론에서 탈피하여야 할 것이다. 우리나라의 국민의 법감정이 사형폐지보다 사형존치에 실려 있고 아직도 국민의 의식이 사형제도의 필요성을 요구하고 있다는 주장은 폐기되어야 할 구시대의 허상일 뿐이다. 만일 아래에서 보는 바와 같이 사형에 대체할 형벌과 함께 사형제도의 중대성과 심각성, 사형존치론과 사형폐지론의 근거를 일반 국민에게 납득시킨다면 사형폐지론을 지지하는 수가 절대적 다수가 될 것임을 믿어 의심치 않는다.

나. 현행 무기징역형 제도의 문제

사형제도가 위에서 본 것처럼 위헌일지라도, 우리 현행법 체계하에서는 사형과 무기징역형 사이에는 범죄와 형벌의 균형을 상실할 정도로 많은 간극이 존재하여, 아무런 대체적 형벌에 대한 고려가 없이 사형을 폐지하는 것은 불합리하다.

현행 형벌로서 무기징역형에 대하여는 다음과 같은 문제점이 제기되고 있다. 첫째, 현행 무기징역형의 가석방 요건은 그의 책임이 계속적인 형 집행을 요구할 정도인지를 검토할 필요 없이, 오직 그 수형자가 행상이 양호하여 개전의 정이 현저한 때에는 10년 이상의 수형생활을 받으면 행정처분으로서 가석방이 되는데, 이는 일반 국민의 법감정과 헌법상 권력분립의 원칙 및 사법권 독립의 원칙에 부합하지 않고, 위 가석방 조건은 형법 제정시의 국민의 평균수명과 오늘날의 국민의 평균수명을 비교해 볼 때 적절하지 않다고 할 것이다. 둘째, 우리 헌법에서 인신의 구속과 석방의 문제는 근본적으로 법원이 행사할 수 있도록 되었음에도 불구하고, 무기수의 가석방 문제는 현행법에 따르면 행정처분으로 가능하게 되었는바, 무기수에 대한 가석방 여부가 합법적인 고려보다는 행정 편의주의적 발상 내지 정치적 목적에 따라 이루어질 우려가 존재한다. 셋째, 현행 무기징역형의 체계는 유기형의 체계와 적절한 비례 관계에 있지 않다. 즉, 유기징역형의 경우 비록 상한선은 15년이지만 가중사유가 존재하면 25년이 가능하다. 그런데 무기징역형을 작량감경할 경우 7년 이상의 유기징역형에 불과하여 법정최고형인 15년 이상으로 벌할 수 없다. 그 결과 무기징역형을 받는 자에게는 형벌의 가중사유가 있을 때에는 더 이상 형벌을 가중하지 못한 결함이 생기는데 반해, 작량감경사유가 존재하여 작량감경 하더라도 15년 이상의 유기징역형을 선고할 수 없게 된다. 이에 반해 유기징역형의 경우 법정최고형이 15년이지만 가중사유가 존재하면 25년까지의 처단형이 가능하여, 작량감경사유가 존재하더라도 결과적으로 12.5년까지 형벌을 선고할 수 있다. 그 결과 무기징역형과 유기징역형 사이에 질적 양적인 면에서 분명한 한계가 존재하지 않는 상황이 발생한다.

사형에 대하여는 헌법원론에서부터 시작되는 여러 가지 비판이 존재하여 그러한 비판을 무릅쓰고 쉽게 선택형으로 골라서 선고하기 곤란하고, 또한 죄질의 경중보다는 개인의 생명권에 대한 법관의 태도 및 직업적 양심에 따라서 선택형이 정해질 가능성을 배제할 수 없게 되는 폐해가 있다. 반면에 우리 형법체계상 사형을 제외한 형 중 가장 무거운 무기징역형은 위에서 본 바와 같이 경우에 따라서는 유기징역형과 다를 바 없는 결론에 이르게 됨으로써 책임의 원칙에 반하게 된다. 따라서 사형과 무기징역형 사이에 이러한 간극이 존재하는 것은 위헌적인 상황이라고 할 것이다.

한편, 범죄의 예방 및 범행의 처벌이라는 형벌의 목적에 대하여 보더라도 뒤에서 보는 가석방이 허용되지 않는 형태의 무기징역형은 사형에 의하여 달성하려는 일반예방 및 특별예방의 형벌의 목적도 충분히 충족시킨다고 할 것인 반면, 사형의 경우 위에서 본 바와 같이 여러 가지 헌법적 논란의 대상이 되고 있을 뿐 아니라 가석방이 허용되지 않는 형태의 무기징역형보다 더 나은 형벌의 효과를 거둔다고 볼 수도 없다.

위에서 본 우리의 문화, 시대적 상황, 국민의 법감정, 형사정책, 사형·무기징역·유기징역 사이의 조화와 균형, 헌법해석 등에 비추어 살펴볼 때, 형법 제41조, 제42조가 형벌의 종류로서 무기징역형을 세분하여 '① 형법 제72조 제1항에 의한 가석방이 허용되지 않는 무기징역형, ② 형법 제72조 제1항에 의한 가석방이 허용되는 무기징역형'으로 세분하여 규정하고 있지 않음으로써 가석방이 불가능한 종신형에 대하여 규정하지 않고 있는 것은 형벌체계상의 정당성과 균형을 상실한 것으로서, 헌법 제11조의 평등의 원칙 위반의 의심이 있고, 형벌이 죄질과 책임에 상응하도록 적절한 비례성을 갖추어야 한다는 원칙에 반하며, 이에 따라 헌법 제10조의 인간으로서의 존엄과 가치를 보장하려는 국가의 의무 및 헌법 제37조 제2항의 비례의 원칙 위반의 의심이 있다. 마찬가지로 형법 제250조 제1항 및 성폭력범죄의 처벌 및 피해자보호 등에 관한 법률 제10조 제1항 중 선택형으로 규정되어 있는 무기징역형을 위와 같이 세분하지 않은 것은 동일한 이유로 위헌의 의심이 있다(이 사건에서와 같이 입법자가 헌법의 여러 규정 등에 의하여 위임된 입법을 하지 않고 있는 경우 헌법불합치결정을 할 수밖에 없을 것이다).

3] 대법원 2006. 3. 24. 선고 2006도354 판결

[1] 사형의 선고가 허용되기 위한 요건

❐ 사형은 인간의 생명 자체를 영원히 박탈하는 냉엄한 궁극의 형벌로서 문명국가의 이성적인 사법제도가 상정할 수 있는 극히 예외적인 형벌이라는 점을 감안할 때, 사형의 선고는 범행에 대한 책임의 정도와 형벌의 목적에 비추어 그것이 정당화될 수 있는 특별한 사정이 있다고 누구라도 인정할 만한 객관적인 사정이 분명히 있는 경우에만 허용되어야 하고, 따라서 사형을 선고함에 있어서는 형법 제51조가 규정한 사항을 중심으로 한 범인의 연령, 직업과 경력, 성행, 지능, 교육정도, 성장과정, 가족관계, 전과의 유무, 피해자와의 관계, 범행의 동기, 사전계획의 유무, 준비의 정도, 수단과 방법, 잔인하고 포악한 정도, 결과의 중대성, 피해자의 수와 피해감정, 범행 후의 심정과 태도, 반성과 가책의 유무, 피해회복의 정도, 재범의 우려 등 양형의 조건이 되는 모든 사항을 철저히 심리하여 위와 같은 특별한 사정이 있음을 명확하게 밝힌 후 비로소 사형의 선택 여부를 결정하여야 한다(대법원 2005. 8. 25. 선고 2005도4178 판결 등 참조).

기록에 나타난 이 사건 범행의 내용과 피해의 정도, 범행의 동기와 수단, 범행 후의 정황, 피고인과 피해자들의 관계, 피고인의 연령과 환경, 성행 등 여러 양형 조건을 참작하면, 위에서 본 사형선고의 양형기준을 아무리 엄격히 적용하여 보아도 범행의 책임의 정도와 형벌의 목적에 비추어 볼 때, 피고인에 대하여 사형을 선고한 제1심을 그대로 유지한 원심의 형량이 너무 무거워 현저히 부당한 것으로는 인정되지 아니하므로, 피고인의 양형부당의 상고이유는 이를 받아들이지 아니한다.

4] 헌법재판소 2005. 9. 29. 선고 2003헌마127 전원재판부【지방공무원법제61조위헌확인】

[1] 이 사건 법률조항이 법원의 판결에 의하여 자격이 정지된 자를 공무원직으로부터 당연 퇴직하도록 하는 것이 자격상실의 경우와 비교하여 과도한 불이익을 과함으로써 평등의 원칙에 위반되는지 여부(소극)

❐ 자격정지는 비록 일정한 기간 동안 잠정적인 것이라 하더라도 공무원을 비롯한 공적인 업무를 담당할 자격자체가 박탈되는 효과가 확정적으로 발생하는 점에서 기한이 존재하지 않는 자격상실과 본질적으로 다르지 않다. 따라서 공무원의 신분을 박탈하지 않고 자격정지기간 동안 직무에서만 배제하는 것은 자격정지형을 올바로 집행하는 것이라 볼 수 없다. 게다가 자격정지의 판결을 받은 자가 공무원직으로부터 당연퇴직된다 하더라도 자격정지기간이 경과하면 결격사유가 해소되어 신규채용을 통해 공무원으로서의 지위를 가질 수 있는 점에서 영구히 공무원직으로부터 배제되는 자격상실형을 선고받은 경우와는 효과에 차이가 있다.

따라서 이 사건 법률조항이 법원의 판결에 의하여 자격이 정지된 자를 공무원직으로부터 당연퇴직시킨다고 하여도 자격상실의 경우와 비교하여 과도한 불이익을 과함으로써 평등의 원칙에 반한다고 볼 수는 없다.

2. 징역 또는 금고의 기간

조문

제42조(징역 또는 금고의 기간) 징역 또는 금고는 무기 또는 유기로 하고 유기는 1월 이상 15년 이하로 한다. 단, 유기징역 또는 유기금고에 대하여 형을 가중하는 때에는 25년까지로 한다.

관련판례

1] 대법원 2011. 4. 14. **선고** 2010**도**16939, 2010**전도**159 **판결**

(1) 아동 · 청소년 대상 성폭력범죄의 피고인에게 '징역 15년 및 5년 동안의 위치추적 전자장치 부착명령'을 선고한 제1심판결을 파기한 후 '징역 9년, 5년 동안의 공개명령 및 6년 동안의 위치추적 전자장치 부착명령'을 선고한 원심의 조치가 불이익변경금지원칙에 위배되지 않는다.

❐ 특정 성폭력범죄자에 대한 위치추적 전자장치 부착에 관한 법률'에 의한 전자감시제도는 성폭력범죄자의 재범 방지와 성행교정을 통한 재사회화를 위하여 그의 행적을 추적하여 위치를 확인할 수 있는 전자장치를 신체에 부착하게 하는 부가적인 조치를 취함으로써 성폭력범죄로부터 국민을 보호함을 목적으로 하는 일종의 보안처분으로서 형벌과 구별되며 그 본질을 달리한다(대법원 2009. 9. 10. 선고 2009도6061, 2009전도13 판결 등 참조). 이러한 취지에서 원심이 피고인 겸 피부착명령청구자(이하 '피고인'이라고만 한다)에게 징역 15년 및 5년 동안의 위치추적 전자장치 부착명령을 선고한 제1심판결을 파기한 후 피고인에 대하여 징역 9년, 5년 동안의 공개명령 및 6년 동안의 위치추적 전자장치 부착명령을 선고한 조치가 불이익변경금지의 원칙에 어긋나는 것이라고 할 수 없다.

2] 대법원 2008. 12. 11. **선고** 2008**도**4101 **판결**

[1] 법정최고형이 징역 5년인 부정수표단속법 위반죄를 범한 사람이 중국으로 출국하여 체류하다가 그곳에서 징역 14년을 선고받고 8년 이상 복역한 후 우리나라로 추방되어 위 죄로 공소제기된 사안에서, 위 수감기간 동안에는 형사소송법 제253조 제3항의 '형사처분을 면할 목적'을 인정할 수 없어 공소시효의 진행이 정지되지 않는다.

【사례】

피고인은 1995. 6.부터 같은 해 11.경까지 이 사건 부정수표단속법 위반죄를 범하고 1996. 6. 22.경 우리나라에 가족을 그대로 둔 채 중국으로 출국하여 그곳에서 사업을 하던 중 범한 죄로 징역 14년의 형을 선고받고 1998. 3. 13.경부터 그 약 8년 10개월 동안 중국의 수감시설에 수감되어 있다가 2007. 1. 13. 우리나라로 추방되어 2007. 9. 19. 이 사건 공소가 제기되었음을 알 수 있는바, 이 사건 부정수표단속법 위반죄의 법정형은 최고 징역 5년으로서 그 공소시효의 기간이 5년에 불과한 반면, 이 사건 공소제기는 범행종료일로부터 약 12년이 경과한 시점에 제기되고, 그 사이 피고인이 중국에 체류하면서 그곳 교도소에 수감되어 있었던 기간이 무려 8년 10개월이나 되는 점에 비추어 보면 피고인이 그 수감기간 중에 가족이 있는 우리나라로 돌아오려고 하였을 것이라고 충분히 짐작되는 점을 고려하면, 피고인이 귀국하려는 의사가 수사기관 등에 통보되는 등 객관적으로 표출된 사정이 없다고 하더라도 중국의 교도소에 수감되어 있었던 기간 동안에도 이 사건 범죄에 대한 '형사처분을 면할 목적'이 있었다고 볼 다른 자료가 없는 상태에서는 이 사건 범죄에 대한 '형사처분을 면할 목적'이 있다고 쉽게 단정할 수 없다.

3] 대법원 2008. 9. 11. 선고 2006도8376 판결

[1] 무기징역의 판결이 확정된 죄와 형법 제37조 후단 경합범의 관계에 있는 죄에 대하여 공소가 제기된 경우, 형을 필요적 면제사유 아니다(소극).

❐ 무기징역에 처하는 판결이 확정된 죄와 형법 제37조의 후단 경합범의 관계에 있는 죄에 대하여 공소가 제기된 경우, 법원은 두 죄를 동시에 판결할 경우와 형평을 고려하여 후단 경합범에 대한 처단형의 범위 내에서 후단 경합범에 대한 선고형을 정할 수 있고, 형법 제38조 제1항 제1호가 형법 제37조의 전단 경합범 중 가장 중한 죄에 정한 처단형이 무기징역인 때에는 흡수주의를 취하였다고 하여 뒤에 공소제기된 후단 경합범에 대한 형을 필요적 면제하여야 하는 것은 아니다.

4] 대법원 2006. 5. 29. 자 2006모135 결정

[1] 경합범관계에 있는 각 죄에 대하여 각 2년 6월의 징역형과 무기징역형이 별도로 선고·확정된 경우에는 위 무기징역형이 사후에 징역 20년으로 감형되었다고 하더라도 징역 2년 6월의 형 집행으로 복역한 형기를 감형된 징역 20년의 형기에 통산할 수 없다.

❐ 구 형법(2005. 7. 29. 법률 제7623호로 개정되기 전의 것, 이하 '구법'이라 한다) 제39조 제2항, 제1항, 제38조 제1항 제1호는 경합범관계에 있는 사건에 관하여 수개의 형이 선고·확정된 경우에는 경합범의 처벌례에 의하여 집행하도록 되어 있으므로 그 중 중한 형이 사형 또는 무기

징역이나 무기금고인 때에는 그 형만을 집행할 수 있을 뿐 몰수나 벌금, 과료 이외의 다른 형은 집행하지 아니함이 그 규정 취지에 의하여 분명하므로 경합범에 해당하는 무기징역형이 사후에 징역 20년 형으로 감형되었다 하더라도 그 감형된 형만을 집행할 수 있을 뿐 몰수나 벌금, 과료 이외의 다른 형은 집행할 수 없다 (대법원 1991. 8. 9.자 91모54 결정 참조). 한편, 이미 집행한 형기의 통산규정인 구법 제39조 제4항은 수개의 형을 합산하여 집행하는 경우에 이미 집행한 형기는 수개의 형 중 일부에 해당하는 것이어서 이를 통산하라는 취지이므로 무기징역형만을 집행할 뿐 다른 형을 더 이상 집행하지 아니하는 경우에는 적용될 여지가 없다, 위 무기징역형이 사후에 징역 20년 형으로 감형되었다 하더라도 마찬가지로 그 적용이 없다.

5] 대법원 1991. 4. 9. 선고 91도357 판결

[1] 미성년자에 대하여 법정형 중에서 무기징역을 선택한 후 작량감경하여 부정기의 징역형을 선고할 수 있다(소극).

❐ 법정형중에서 무기징역을 선택한 후 작량감경한 결과 피고인에게 유기징역을 선고하게 되었을 경우에는 피고인이 미성년자라 하더라도 부정기형을 선고할 수 없는 것이므로, 피고인 1에게 강도강간죄의 소정형중 무기징역형을 선택한 후 작량감경을 하여 징역 10년의 정기형을 선고한 제1심판결과 이를 유지한 원심판결에 소론과 같은 소년법 제59조, 제60조의 해석을 잘못한 위법이 없다.

7] 대법원 1991. 3. 4. 자 90모59 결정

[1] 사형이 무기징역으로 특별감형된 경우 구금된 사형집행대기기간을 처음부터 무기징역을 받은 경우와 동일하게 가석방요건 중의 하나인 형의 집행기간에 산입할 없다(소극).

❐ 사형집행을 위한 구금은 미결구금도 아니고 형의 집행기간도 아니며 특별감형은 형을 변경하는 효과만 있을 뿐이고 이로 인하여 형의 선고에 의한 기성의 효과는 변경되지 아니하므로 사형이 무기징역으로 특별감형된 경우 사형의 판결확정일에 소급하여 무기징역형이 확정된 것으로 보아 무기징역형의 형기 기산일을 사형의 판결 확정일로 인정할 수도 없고 사형집행대기 기간이 미결구금이나 형의 집행기간으로 변경된다고 볼 여지도 없으며, 또한 특별감형은 수형 중의 행장의 하나인 사형집행대기기간까지를 참작하여 되었다고 볼 것이므로 사형집행대기기간을 처음부터 무기징역을 받은 경우와 동일하게 가석방요건 중의 하나인 형의 집행기간에 다시 산입할 수는 없다.

8] 대법원 1971. 3. 9. 선고 70도2681 판결

[1] 형법 제42조 단서를 적용하지 아니한 위법이 판결에 영향이 없다.

❐ 형법 제42조 단서규정에 의하면 유기징역 또는 유기금고에 대하여 형을 가중하는 때에는 25년 까지로 한다 하였고, 누범가중의 경우에는 이 단서규정이 적용된 것인 바, 원판결 및 1심판결이 동단서규정을 적용치 아니 하였음은 위법이나 징역 3년이 선고된 경우 판결의 결과에 영향을 미칠 것은 못된다.

9] 대법원 1966. 12. 8. 선고 66도1319 전원합의체 판결

[1] 징역6월과 징역8월(단 집행유예2년)의 경중

❐ 피고인은 제1심에서 본건으로 말미암아 징역 6월의 선고를 받고 피고인만이 항소하였던바, 원심은 제1심의 선고형이 중하다 하여 제1심 판결을 파기하고 피고인에게 대하여 징역8월에 집행유예2년을 선고하고 있음이 분명하다. 집행유예라는 제도는 그 선고를 받은 후 그 선고가 실효되거나 취소되지 아니하고, 그 유예기간을 경과한 때에는 그 형의 선고는 효력을 잃은 것이지만 그 선고가 실효되거나 취소된 경우에는 그 형의 선고는 효력을 지니게 되므로 피고인으로서는 그 형의 집행을 받아야 된다. 이러한 경우를 고려에 넣는다면 비록 원심이 집행유예의 선고는 붙였다할지라도 피고인만이 항소하였는데 제1심의 형보다 중하게 징역8월을 선고한 것은 형사소송법 제368조의 이른바 불이익 변경의 금지원칙에 위반되었다고 보지 않을 수 없다.

10] 광주고법 2008. 9. 17. 자 2008초기29 결정【위헌법률심판제청신청】

[1] 형법 제41조, 제42조, 제72조 제1항, 제250조 제1항, 성폭력범죄의 처벌 및 피해자보호 등에 관한 법률 제10조 제1항에서 가석방이 허용되는 무기징역형과 구별하여 가석방이 허용되지 않는 종신 무기징역형을 규정하지 않고 있는 것은, 헌법 제10조, 제11조, 제37조 제2항 등에 위배된다고 보아 위헌심판을 제청한 사례

❐ 형법 제41조, 제42조, 제72조 제1항, 제250조 제1항 및 성폭력범죄의 처벌 및 피해자보호 등에 관한 법률 제10조 제1항에서 가석방이 허용되는 무기징역형과 구별하여 가석방이 허용되지 않는 종신 무기징역형을 규정하지 않고 있음에 관하여, 그 결과 무기징역형의 체계와 유기형의 체계 사이에 적절한 비례관계가 성립하지 않아 형벌체계의 정당성과 균형을 잃고 있어, 인간의 존엄과 가치를 존중하고 보호하여야 한다는 헌법 제10조의 요구, 헌법 제11조 평등의 원칙, 헌법 제37조 제2항의 비례의 원칙 등에 위배된다고 보아 위헌심판을 제청한 사례.

3. 형의 선고와 자격상실

조문

제43조(형의 선고와 자격상실, 자격정지) ① 사형, 무기징역 또는 무기금고의 판결을 받은 자는 다음에 기재한 자격을 상실한다.
1. 공무원이 되는 자격
2. 공법상의 선거권과 피선거권
3. 법률로 요건을 정한 공법상의 업무에 관한 자격
4. 법인의 이사, 감사 또는 지배인 기타 법인의 업무에 관한 검사역이나 재산관리인이 되는 자격
② 유기징역 또는 유기금고의 판결을 받은 자는 그 형의 집행이 종료하거나 면제될 때까지 전항제1호 내지 제3호에 기재된 자격이 정지된다.

[형의 선고]

관련판례

1] 대법원 2011. 8. 18. 선고 2011도6311 판결

[1] 경합범으로 기소된 수개의 죄에 대하여 형법 제38조의 적용을 배제하고 따로 형을 선고하기 위한 요건

❒ 공직선거법 제263조 및 제265조에 규정된 죄의 경합범 처리에 관하여 판결이 확정되지 아니한 수개의 죄를 동시에 판결할 때에는 형법 제38조가 정하는 처벌례에 따라 처벌하여야 하므로, 경합범으로 공소제기된 수개의 죄에 대하여 형법 제38조의 적용을 배제하고 위 처벌례와 달리 따로 형을 선고하려면 예외를 인정한 명문의 규정이 있어야 한다 (대법원 2009. 1. 30. 선고 2008도4986 판결 등 참조).

그런데 공직선거법 제18조 제3항은 선거사무소의 회계책임자 등에게 "공직선거법 제263조 및 제265조에 규정된 죄와 공직선거법 제18조 제1항 제3호에 규정된 죄의 경합범으로 징역형 또는 300만 원 이상의 벌금형을 선고하는 때"에는 이를 분리 선고하여야 한다고 정하고 있을 뿐, 그 회계책임자 등에게 공직선거법 제263조에 규정된 죄와 공직선거법 제265조에 규정된 죄의 경합범으로 징역형 또는 300만 원 이상의 벌금형을 선고하는 때에도 이를 분리하여 형을 선고하도록 정하고 있지 아니하고, 달리 그와 같은 규정을 두고 있지 아니하다. 따라서 선거사무

소의 회계책임자 등에게 공직선거법 제263조에 규정된 죄와 공직선거법 제265조에 규정된 죄의 경합범으로 징역형 또는 300만 원 이상의 벌금형을 선고하는 경우에 이를 분리하여 형을 선고할 수는 없고, 다른 경합범과 마찬가지로 형법 제38조가 정하는 처벌례에 따라 형을 선고하여야 한다.

2] 대법원 2011. 3. 24. 선고 2008다92022 판결

[1] 국가공무원이 금고 이상의 형의 집행유예를 받아 당연퇴직한 후 형법 제65조에 따라 형의 선고가 효력을 잃게 된 경우, 이미 발생한 당연퇴직의 효력에 영향이 없다(소극).

❐ 구 국가공무원법(2002. 12. 18. 법률 제6788호로 개정되기 전의 것) 제69조는 "공무원이 제33조 각 호의 1에 해당할 때에는 당연히 퇴직한다."고 규정하고, 같은 법 제33조 제1항 제4호는 결격사유 중의 하나로 '금고 이상의 형을 받고 그 집행유예의 기간이 완료된 날로부터 2년을 경과하지 아니한 자'를 들고 있다. 같은 법 제69조에서 규정하고 있는 당연퇴직제도는 같은 법 제33조 제1항 각 호에 규정되어 있는 결격사유가 발생하는 것 자체에 의하여 임용권자의 의사표시 없이 결격사유에 해당하게 된 시점에 당연히 공무원 신분을 상실하게 하는 것이고, 당연퇴직의 효력이 생긴 후에 당연퇴직사유가 소멸한다는 것은 있을 수 없으므로, 국가공무원이 금고 이상의 형의 집행유예를 받은 경우에는 그 이후 형법 제65조에 따라 형의 선고가 효력을 잃게 되었다 하더라도 이미 발생한 당연퇴직의 효력에는 영향이 없다.

3] 대법원 2010. 12. 9. 선고 2008도1092 판결

[1] 검사만이 양형부당을 이유로 항소한 경우, 항소법원이 직권으로 심판하여 제1심의 양형보다 가벼운 형을 선고할 수 있다(적극).

❐ 항소법원은 항소이유에 포함된 사유에 관하여 심판하여야 하고, 다만 판결에 영향을 미친 사유에 관하여는 항소이유서에 포함되지 아니한 경우에도 직권으로 심판할 수 있다(형사소송법 제364조 제1항, 제2항). 한편, 항소이유에는 '형의 양정이 부당하다고 인정할 사유가 있는 때'가 포함되고(같은 법 제361조의5 제15호), 위와 같이 판결에 영향을 미치는 사유는 항소이유서에 포함되지 아니한 것이라도 항소심의 심판의 대상이 될 뿐만 아니라, 검사만이 항소한 경우 항소심이 제1심의 양형보다 피고인에게 유리한 형량을 정할 수 없다는 제한이 있는 것도 아니다. 따라서 항소법원은 제1심의 형량이 너무 가벼워서 부당하다는 검사의 항소이유에 대한 판단에 앞서 직권으로 제1심판결에 양형이 부당하다고 인정할 사유가 있는지 여부를 심판할 수 있고, 그러한 사유가 있는 때에는 제1심판결을 파기하고 제1심의 양형보다 가벼운 형을 정하여 선고할 수 있다(대법원 1980. 11. 11. 선고 80도2097 판결 참조).

4] 대법원 2010. 11. 25. 선고 2010도10985 판결

[1] 수개의 마약류관리에 관한 법률 위반(향정)으로 기소된 피고인에 대한 제1심판결의 무죄 부분에 대한 검사의 항소만 있는 사안에서, 이미 유죄로 확정된 부분까지 다시 심리하여 위 무죄 부분과 함께 형을 선고한 원심판결에 법리오해의 위법이 있다.

❒ 수개의 마약류관리에 관한 법률 위반(향정)으로 기소된 피고인에 대한 제1심판결의 유죄 부분에 대해서 피고인은 항소하지 아니하고 무죄 부분에 대한 검사의 항소만 있는 사안에서, 위 유죄 부분은 확정되고 무죄 부분만이 원심에 계속되게 되었으므로 위 무죄 부분만을 심리·판단하여야 함에도, 이미 유죄로 확정된 부분까지 다시 심리하여 위 무죄 부분과 함께 형을 선고한 원심판결에 심리의 범위에 관한 법리오해의 위법이 있다.

[자격상실]

관련판례

1] 대법원 2007.10.12. 선고 2007다42877, 42884 판결

(1)단체보험에서 보험회사의 승낙과 피보험자의 동의를 조건으로 보험계약자가 구성원 자격을 상실한 종전 피보험자를 새로운 피보험자로 변경하는 것을 허용하면서 위 자격상실 시기를 피보험자변경신청서 접수시로 정한 약관조항이 피보험자변경이 없는 경우까지 적용되지 않는다(소극).

❒ 단체보험약관에서 보험회사의 승낙 및 피보험자의 동의를 조건으로 보험계약자가 구성원으로서의 자격을 상실한 종전 피보험자를 새로운 피보험자로 변경하는 것을 허용하면서 종전 피보험자의 자격상실 시기를 피보험자변경신청서 접수시로 정하고 있다고 하여도, 이는 보험회사의 승낙과 피보험자의 동의가 있어 피보험자가 변경되는 경우 단체보험의 동일성을 유지하기 위하여 피보험자변경신청서 접수시까지 종전 피보험자의 자격이 유지되는 것으로 의제하는 것이므로, 위 약관조항이 피보험자변경이 없는 경우에까지 적용되는 것으로 볼 수는 없다.

2] 대법원 1983. 4. 12. 선고 82누93 판결

[1] 회계감사시 허위보고서를 작성한 공인회계사에 대한 등록취소 처분(2년간 자격상실)의 당부

❒ 공인회계사가 법인의 주식공개의 적합여부를 판정받기 위한 준비절차로서 결산회계심사를 행함에 있어 고의로 피감사회사의 자산상태에 관하여 증권감독원에 허위보고를 하고 또 피감사회사로부터 주가상승이 확실시 되는 주식 2,000주를 배정받아 품위를 손상시킨 행위는 주식공

개의 적합여부를 판정하는 준비절차인 회계감사목적을 저버린 것은 물론, 심히 공익에도 반하는 행위이므로 이에 대하여 등록취소처분(2년간 자격상실)을 한 것은 공공복리와 공인회계사제도의 목적달성을 위한 필요하고도 당연한 조치라 하지 않을 수 없다.

4. 자격정지

조문

제44조(자격정지) ①전조에 기재한 자격의 전부 또는 일부에 대한 정지는 1년 이상 15년 이하로 한다.
②유기징역 또는 유기금고에 자격정지를 병과한 때에는 징역 또는 금고의 집행을 종료하거나 면제된 날로부터 정지기간을 기산한다.

관련판례

1] 대법원 2011. 8. 25. 선고 2010두26506 판결

[1] 의약품의 시판 후 조사 및 그에 따른 대가 수령이 공무원의 지위에서 직무와 관련하여 이루어지거나 실질적으로 의료인의 직무와 관련하여 특정 의약품 채택 또는 계속적인 처방에 대한 대가 성격이 포함되어 있는 것으로 평가할 수 있는 경우, 면허자격정지대상이 될 수 있다(적극).

❒ 의약품의 '시판 후 조사(Post Marketing Surveillance)' 및 그에 따른 대가 수령이 공무원의 지위에서 직무와 관련하여 이루어지거나 실질적으로 의료인의 직무와 관련하여 특정 의약품 채택 또는 계속적인 처방에 대한 대가 성격이 포함되어 있는 것으로 평가할 수 있는 등의 경우에는 구 의료법 시행령(2007. 9. 28. 대통령령 제20292호로 전부 개정되기 전 것) 제21조 제1항 제5호의 '직무와 관련하여 부당하게 금품을 수수한 행위'에 해당하여 면허자격정지대상이 될 수 있다.

2] 대법원 2010. 7. 8. 선고 2010도931 판결

[1] 형법 제37조 후단 경합범 중 판결을 받지 아니한 죄에 대하여 형을 선고하는 경우에, 형법 제37조 후단에 규정된 '금고 이상의 형에 처한 판결이 확정된 죄'의 형도 형법 제59조 제1항 단서에서 정한 선고유예의 예외사유인 '자격정지 이상의 형을 받은 전과'에 포함되는지 여부(적극)

❒ 선고유예가 주로 범정이 경미한 초범자에 대하여 형을 부과하지 않고 자발적인 개선과 갱생을 촉진시키고자 하는 제도인 점(대법원 2003. 12. 26. 선고 2003도3768 판결, 대법원 2008. 1.

18. 선고 2007도9405 판결 등 참조), 형법은 선고유예의 예외사유를 '자격정지 이상의 형을 받은 전과'라고만 규정하고 있을 뿐 그 전과를 범행 이전의 것으로 제한하거나 형법 제37조 후단 경합범 규정상의 금고 이상의 형에 처한 판결에 의한 전과를 제외하고 있지 아니한 점, 형법 제39조 제1항은 경합범 중 판결을 받지 아니한 죄가 있는 때에는 그 죄와 판결이 확정된 죄를 동시에 판결할 경우와 형평을 고려하여 그 죄에 대하여 형을 선고하여야 하는데 이미 판결이 확정된 죄에 대하여 금고 이상의 형이 선고되었다면 나머지 죄가 위 판결이 확정된 죄와 동시에 판결되었다고 하더라도 선고유예가 선고되었을 수 없을 것인데 나중에 별도로 판결이 선고된다는 이유만으로 선고유예가 가능하다고 하는 것은 불합리한 점 등을 종합하여 보면, 형법 제39조 제1항에 의하여 형법 제37조 후단 경합범 중 판결을 받지 아니한 죄에 대하여 형을 선고하는 경우에 있어서 형법 제37조 후단에 규정된 금고 이상의 형에 처한 판결이 확정된 죄의 형도 형법 제59조 제1항 단서에서 정한 '자격정지 이상의 형을 받은 전과'에 포함된다고 봄이 상당하다.

3] 대법원 2008. 2. 14. 자 2007모845 결정

[1] 선고유예의 실효를 규정한 형법 제61조 제1항에서 말하는 '형의 선고유예를 받은 자가 자격정지 이상의 형에 처한 전과가 발견된 때'의 의미

❐ 형법 제61조 제1항에서 '형의 선고유예를 받은 자가 자격정지 이상의 형에 처한 전과가 발견된 때'라 함은 형의 선고유예의 판결이 확정된 후에 비로소 위와 같은 전과가 발견된 경우를 말하고 그 판결확정 전에 이러한 전과가 발견된 경우에는 이를 취소할 수 없으며, 이때 판결확정 전에 발견되었다고 함은 검사가 명확하게 그 결격사유를 안 경우만을 말하는 것이 아니라 당연히 그 결격사유를 알 수 있는 객관적 상황이 존재함에도 부주의로 알지 못한 경우도 포함된다.

4] 헌법재판소 2005. 9. 29. 선고 2003헌마127 전원재판부【지방공무원법제61조위헌확인】

[1] 법원의 판결에 의하여 자격이 정지된 자를 공무원직으로부터 당연퇴직하도록 하고 있는 지방공무원법 제61조 중 제31조 제6호(이하 '이 사건 법률조항'이라 한다)가 공무담임권을 침해하지 않는다(소극).

❐ 명예형 또는 자격형으로서의 자격정지는 시민으로서 일반적으로 자유롭게 누릴 수 있는 자격을 일정기간 박탈하는 것을 본질로 하는 형벌이며, 입법자가 범죄의 죄질과 보호법익 등을 종합적으로 고려하여 이러한 법익의 박탈이 형벌체계 또는 당해 범죄에 대한 형벌의 목적과 기능을 달성함에 있어 필요하다고 판단하면 이를 법정형으로 규정하게 된다. 특히 형법은 자격정지의 효력으로 '공무원이 되는 자격'이 정지된다고 명시하고 있어 자격정지 형의 판결을 선고받은 자의 공무원 지위를 박탈하는 것은 당해 형벌의 본질적인 내용이라 할 수 있고 이 사건 법률조항

은 이를 확인한 것에 불과하다. 또한 형법 기타 다른 법률에서 자격정지를 법정형으로 규정한 경우를 보면 선택형 또는 부가형으로 되어 있다. 법원이 이 중 자격정지를 선택하거나 부가하여 판결로서 선고하였다면 범행의 동기와 수단 및 결과, 범행 후의 정황 등을 고려할 때 당해 범죄인이 더 이상 공무원으로서 지위를 유지하지 못하도록 하는 것이 타당하다고 판단하였음을 의미한다. 따라서 공무원신분의 박탈과 관련된 구체적인 사정들은 법원의 재판절차에서 고려되므로 절차적으로도 당연퇴직의 합리성이 보장된다고 할 수 있다.

따라서 비록 당연퇴직으로 인하여 장기간 쌓은 지위가 박탈된다는 점에서 당해 공무원이 받는 불이익이 크다고 하더라도 이 사건 법률조항이 지나치게 공익만을 우선한 입법이라거나 절차적으로 합리성이 보장되지 않는다고 할 수는 없다.

[2] 이 사건 법률조항이 법원의 판결에 의하여 자격이 정지된 자를 공무원직으로부터 당연퇴직하도록 하는 것이 자격상실의 경우와 비교하여 과도한 불이익을 과함으로써 평등의 원칙에 위반되는지 여부(소극)

❒ 자격정지는 비록 일정한 기간 동안 잠정적인 것이라 하더라도 공무원을 비롯한 공적인 업무를 담당할 자격자체가 박탈되는 효과가 확정적으로 발생하는 점에서 기한이 존재하지 않는 자격상실과 본질적으로 다르지 않다. 따라서 공무원의 신분을 박탈하지 않고 자격정지기간 동안 직무에서만 배제하는 것은 자격정지형을 올바로 집행하는 것이라 볼 수 없다. 게다가 자격정지의 판결을 받은 자가 공무원직으로부터 당연퇴직된다 하더라도 자격정지기간이 경과하면 결격사유가 해소되어 신규채용을 통해 공무원으로서의 지위를 가질 수 있는 점에서 영구히 공무원직으로부터 배제되는 자격상실형을 선고받은 경우와는 효과에 차이가 있다.

따라서 이 사건 법률조항이 법원의 판결에 의하여 자격이 정지된 자를 공무원직으로부터 당연퇴직시킨다고 하여도 자격상실의 경우와 비교하여 과도한 불이익을 과함으로써 평등의 원칙에 반한다고 볼 수 없다.

5] 대법원 2004. 10. 15. 선고 2004도4869 판결

[1] 구 형의실효등에관한법률 제7조에 따라 실효된 자격정지 이상의 형이 형법 제59조 제1항 단행에서 정한 선고유예 결격사유에 해당한다(적극).

❒ 형법 제59조 제1항 단행에서 정한 " 자격정지 이상의 형을 받은 전과 " 라 함은 자격정지 이상의 형을 선고받은 범죄경력 자체를 의미하는 것으로서, 그 형의 효력이 상실되었는지 여부는 묻지 않는 것으로 해석함이 상당하고, 구 형의실효등에관한법률(1993. 8. 5. 법률 제4569호) 제7조 제1항 제1호가 징역 또는 금고형을 받은 사람이 자격정지 이상의 형을 받음이 없이 형의 집행을 종료하거나 그 집행이 면제된 날로부터 10년이 경과한 때에는 그 형은 실효된다고 규정한 취지는 집행유예기간이 경과한 때에는 형의 선고는 효력을 잃는다고 규정한 형법 제65조와 마찬

가지로 그저 형의 선고의 법률적 효과가 없어진다는 의미일 뿐, 형의 선고가 있었다는 기왕의 사실 자체의 모든 효과까지 소멸한다는 뜻은 아니므로, 일단 자격정지 이상의 형을 선고받은 이상 그 후 그 형이 구 형의실효등에관한법률 제7조에 따라 추후 실효되었다 하여도 이는 형법 제59조 제1항 단행에서 정한 선고유예 결격사유인, "자격정지 이상의 형을 받은 전과가 있는" 경우에 해당한다고 보아야 한다(대법원 1995. 12. 22. 선고 95도2446 판결, 2003. 12. 26. 선고 2003도3768 판결 등 참조).

6] 헌법재판소 2004. 3. 25. 2002헌마411 전원재판부

[1] 이 사건 법률조항이 과잉금지원칙에 위배하여 수형자인 청구인의 선거권 등 기본권을 침해하지 않는다(소극).

❒ 이 사건 법률조항이, 국가공동체의 구성원으로서 부담하고 있는 납세 · 병역 · 준법 기타 필요한 사회적 책무를 이행하지 아니하고 오히려 그 의무에 반하여 공동체의 안전을 파괴하고 다른 구성원들의 생명 · 신체 · 재산을 위협한 사람들에 대한 사회적 제재로서 일정한 기간 구금을 명하고 구금시설인 교도소 등의 질서와 수형자의 교화를 위하여 필요한 제한을 가하는 한편, 선거권의 행사를 위하여 필요한 정보의 제공이 현실적으로 어려운 수형자에게 그 기간 동안 공민권의 행사를 정지시키는 것은, 형벌집행의 실효성 확보와 선거의 공정성을 위하여 입법자가 일응 추구할 수 있는 것으로서 입법목적의 정당성이나 방법의 적정성을 충족시킨다고 할 것이다.

❒ 이 사건 법률조항은 형사처벌을 받은 모든 사람에 대하여 무한정 선거권을 제한하는 것이 아니라 금고 이상의 형의 선고를 받은 자에 대하여 그 집행이 종료되지 아니한 경우에 한하여 선거권을 제한하고 있어, 어느 정도 중대한 범죄를 범하여 사회로부터 격리되어 형벌의 집행을 받는 등 선거권을 제한함이 상당하다고 인정되는 경우만으로 한정되며 내용적으로도 그 불이익은 금고보다 가벼운 형벌인 자격상실이나 자격정지의 한 효과에 불과하다. 또한 수형자가 선거권을 행사하지 못하는 것은 수형자 자신의 범죄행위로 인한 것으로서 자신의 책임으로 인하여 일정한 기본권제한을 받는 것이므로, 수형자의 선거권 제한을 통하여 달성하려는 선거의 공정성 및 형벌집행의 실효성 확보라는 공익이 선거권을 행사하지 못함으로써 입게 되는 수형자 개인의 기본권침해의 불이익보다 크다고 할 것이어서 그 법익간의 균형성도 갖추었다.

❒ 사건 법률조항은 과잉입법금지의 원칙을 위배하였다고 보기 어렵고, 그밖에 대부분의 나라에서 형의 선고와 관련하여 이 사건 법률조항과 비슷한 유형의 선거권 결격사유를 규정하고 있는 외국의 입법례에 비추어 보더라도 특별히 헌법에 위반된다고 볼 수 없다.

❒ 재판관 김영일의 반대의견

오늘날 수형자와 국가와의 관계는 더 이상 명령과 복종만이 존재하는 일방적인 관계가 아니며, 자유민주적 헌법질서하에서 수형자도 인간으로서의 존엄과 가치를 가지므로 범죄인의 반사회적 행위에 대한 제재를 위하여 수형자의 자유박탈 이외에 별도의 기본권인 선거권을 제한하는 것은 정당한 입법목적이라고 할 수 없다. 또한 이 사건 법률조항의 입법목적을 우리 헌법이 허용하는 한계내의 정당한 목적으로 고쳐 살피는 경우에도, 이 사건 법률조항은 범죄의 종류와 내용을 가리지 않고 모든 금고이상의 형의 선고를 받은 수형자가 선거권을 행사하지 못하도록 규정함으로써 입법목적을 달성하기 위하여 필요한 최소한의 정도를 넘어 청구인들의 기본권을 과도하게 제한하였고, 공직선거제도의 공정성이라는 공익과 수형자의 선거권이라는 기본권을 적절하게 조화시키지 못하고 과도하게 선거권 및 보통선거의 원칙, 그리고 보통선거원칙이 실현하고 있는 평등원칙을 침해하였다고 볼 수밖에 없다.

7] 대법원 1997. 7. 8. 선고 96누4275 판결

[1] 직위해제 중에 자격정지 이상의 형의 선고유예를 받아 당연퇴직된 경찰공무원에게 임용권자가 복직처분을 한 상태에서 선고유예기간이 경과된 경우, 경찰공무원의 신분이 회복되는지 여부(소극)

❐ 경찰공무원이 재직 중 자격정지 이상의 형의 선고유예를 받음으로써 경찰공무원법 제7조 제2항 제5호에 정하는 임용결격사유에 해당하게 되면, 경찰공무원법 제21조의 규정에 의하여 임용권자의 별도의 행위(공무원의 신분을 상실시키는 행위)를 기다리지 아니하고 그 선고유예 판결의 확정일에 당연히 경찰공무원의 신분을 상실(당연퇴직)하게 되는 것이고, 나중에 선고유예기간(2년)이 경과하였다고 하더라도 이미 발생한 당연퇴직의 효력이 소멸되어 경찰공무원의 신분이 회복되는 것은 아니며 (당원 1995. 10. 12. 선고 95누5905 판결 참조), 한편 직위해제처분은 형사사건으로 기소되는 등 국가공무원법 제73조의2 제1항 각 호에 정하는 귀책사유가 있을 때 당해 공무원에게 직위를 부여하지 아니하는 처분이고, 복직처분은 직위해제사유가 소멸되었을 때 직위해제된 공무원에게 국가공무원법 제73조의2 제2항의 규정에 의하여 다시 직위를 부여하는 처분일 뿐, 이들 처분들이 공무원의 신분을 박탈하거나 설정하는 처분은 아닌 것이므로, 임용권자가 임용결격사유의 발생 사실을 알지 못하고 직위해제되어 있던 중 임용결격사유가 발생하여 당연퇴직된 자에게 복직처분을 하였다고 하더라도 이 때문에 그 자가 공무원의 신분을 회복하는 것은 아니라 할 것이다.

8] 대법원 1969. 7. 22. 선고 69누33 판결

[1] 형법 제43조 제2항의 규정과 변호사법 제5조와의 관계

❐ 형법 제43조 제2항에 의하면 "유기징역 또는 유기금고형의 판결을 받은 자는 그 행의 집행

이 종료하거나 면제될 때 까지 전항 제1호 내지 제3호에 기재된 자격이 정지된다"라고 규정 하였으므로, 위의 반대 해석으로서 소론과 같이 유기징역 또는 유기금고의 형을 선고받아 그 형이 집행중이거나 면제되지 아니하고 있는 동안은, 공무원이 되는 자격, 공법상의 선거권과 피선거권 또는 법률로 요건을 정한 공법상의 업무에 관한 자격은 정지된다 하여도, 위 형의 집행이 종료되고 또는 그 형이 면제된 경우에는 위와 같은 정지된 자격이 당연히 회복된다고 하더라도 특별법에 의하여 특별한 자에게 대하여서의 특별한 소극적 자격 요건을 규정함은 별개문제라 할 것이다.

변호사법 제5조, 법원조직법 제36조, 검찰청법 제21조 규정에 의하면, 일정한 형 이상의 형을 받은 자는 변호사, 판사, 검사가 될 수 없다고 규정하였음은 위와 같은 특별법이 규정한 특별한 사정에 의하여 특별한 소극적 자격요건을 규정한 것이므로, 이는 형법 제43조 규정과는 관계 없다.

5. 벌금 · 구류 · 과료

조문

제45조(벌금) 벌금은 5만원 이상으로 한다. 다만, 감경하는 경우에는 5만원 미만으로 할 수 있다.(개정 1995. 12. 29)
제46조(구류) 구류는 1일 이상 30일 미만으로 한다.
제47조(과료) 과료는 2천원 이상 5만원 미만으로 한다.(개정 1995. 12. 29)
① 전조에 기재한 자격의 전부 또는 일부에 대한 정지는 1년이상 15년이하로 한다.
② 유기징역 또는 유기금고에 자격정지를 병과한때에는 징역 또는 금고의 집행을 종료하거나 면제된 날로부터 정지기간을 기산한다.

관련판례

1] 대법원 2011. 9. 8. 선고 2009도13371 판결

[1] 벌금미납자에 대한 노역장유치 집행을 위하여 검사의 지휘를 받아 형집행장을 집행하는 경우, 벌금미납자 검거가 사법경찰관리의 직무범위에 속하는지 여부(적극)

❒ 형사소송법 제460조 제1항, 제473조에 의하면 재판의 집행은 검사가 지휘하고, 검사는 신체를 구금하는 자유형의 집행을 위하여 형집행장을 발부하여 수형자를 구인할 수 있으며, 같은 법 제475조, 제81조에 의하면 구속영장과 동일한 효력이 있는 형집행장은 검사의 지휘에 의하여 사

법경찰관리가 집행하고, 이러한 형의 집행에 관한 규정은 같은 법 제492조에 의하여 벌금미납자에 대한 노역장유치의 집행에 준용되고 있다. 사법경찰관리도 검사의 지휘를 받아 벌금미납자에 대한 노역장유치의 집행을 위하여 형집행장의 집행 등을 할 권한이 있으므로, 벌금미납자에 대한 검거는 사법경찰관리의 직무범위에 속한다.

2] 대법원 2009. 7. 23. 선고 2009도3131 판결

[1] 조세범처벌법 제4조에서 '형법 제38조 제1항 제2호 중 벌금경합에 관한 제한가중규정을 적용하지 아니한다'는 문언의 의미

❐「조세범처벌법」제4조에서 "「조세범처벌법」제11조의2의 범칙행위를 한 자에 대하여는「형법」제38조 제1항 제2호 중 벌금경합에 관한 제한가중규정을 적용하지 아니한다"라고 규정한 문언의 의미는, 판결이 확정되지 아니한 수개의 위 각 범칙행위를 동시에 벌금형으로 처벌함에 있어서는「형법」제38조 제1항 제2호 본문에서 규정하고 있는 '가장 중한 죄에 정한 벌금다액의 2분의 1을 한도로 가중하여 하나의 형을 선고하는 방식'을 적용하지 아니한다는 취지로 해석되고, 따라서 위 각 범칙행위로 인한 각 조세범처벌법 위반죄에 대해서 벌금을 병과하는 경우에는 각 죄마다 벌금형을 따로 양정하여 이를 합산한 액수의 벌금형을 선고하여야 할 것이다(대법원 1996. 5. 31. 선고 94도952 판결 등 참조).

3] 대법원 2009. 2. 26. 선고 2007도9952 판결

[1] 벌금미납자가 병역을 기피할 목적으로 형집행기관에 자진출두하여 노역장유치처분을 받게 되어 병역의무를 이행하지 않게 되는 결과가 발생하였다고 하더라도, 병역법 제86조의 처벌대상이 되는 행위로 볼 수 없다.

❐ 병역법 제86조는 "병역의무를 기피하거나 감면받을 목적으로 도망하거나 행방을 감춘 때 또는 신체손상이나 사위행위를 한 사람은 1년 이상 5년 이하의 징역에 처한다."고 규정하고 있는바, 단순히 병역의무를 소극적으로 이행하지 않는 행위는 병역법 제88조 소정의 입영기피죄로 따로 처벌하고 있는 것을 고려할 때, 병역법 제86조의 처벌대상이 되는 행위는 위와 같은 입영기피행위 정도를 넘어서 병역의무를 기피할 목적이나 그 의무를 감경 또는 면제받을 목적 달성을 위하여 병역의무의 이행을 면탈하고 병무행정의 적정성을 침해할 직접적인 위험이 있는 적극적인 행위만을 의미한다고 해석하여야 한다 (대법원 2004. 3. 25. 선고 2003도8247 판결, 대법원 2005. 11. 10. 선고 2005도1995 판결 등 참조). 따라서 벌금형의 확정판결을 받고도 그 벌금을 납입하지 못한 자가 비록 병역을 기피할 목적이 있었다고 하더라도 형집행기관에 자진출두하여 노역장유치를 받게 된 것에 불과하다면, 결과적으로 병역의무를 이행하지 않게 되는 결과

가 발생하였다고 하더라도 이를 위 조항 처벌대상이 되는 행위라고 볼 수는 없다.

4] **대법원** 2003. 12. 12. **선고** 2001도606 **판결**

[1] 구 증권거래법 제207조의2 단서 소정의 벌금 처단형의 상한이 되는 '위반행위로 얻은 이익'의 산정방법과 그 기준시기 및 벌금형 양정의 원칙

❐ 구 증권거래법(2002. 4. 27. 법률 제6695호로 개정되기 전의 것) 제207조의2 단서에서 정하고 있는 '위반행위로 얻은 이익'이라 함은 거기에 함께 규정되어 있는 '손실액'에 반대되는 개념으로서 당해 위반행위로 인하여 행위자가 얻은 이윤 즉, 그 거래로 인한 총수입에서 그 거래를 위한 총 비용을 공제한 차액을 말하고, 따라서 현실거래로 인한 시세조종행위로 얻은 이익은 그 시세조종행위와 관련된 유가증권거래의 총 매도금액에서 총 매수금액 외에 그 거래를 위한 매수수수료, 매도수수료, 증권거래세(증권거래소의 경우 농어촌특별세를 포함한다) 등의 거래비용도 공제한 나머지 순매매이익을 의미한다고 할 것이고 (대법원 2002. 6. 14. 선고 2002도1256 판결, 대법원 2002. 7. 26. 선고 2002도1855 판결 참조), 그와 같은 이익의 산정은 시세조종행위 개시 후 종료시점까지의 구체적 거래로 인한 이익 및 시세조종행위 종료 시점 당시 보유 중이던 시세조종 대상 주식의 평가이익 등이 모두 포함되어야 할 것이다. 그리고 벌금형의 상한이 되는 이익 또는 회피한 손실액의 3배가 되는 금액은 피고인에 대한 형을 정함에 있어 기준이 되는 중요한 요소라 할 것이므로 법원으로서는 기록에 나타난 자료를 이용하여 피고인이 증권거래법 제188조의4의 규정에 위반한 행위로 인하여 얻은 이익 또는 회피한 손실액의 3배에 해당하는 금액을 산정한 후 그 범위 내에서 피고인에 대한 형을 정하는 것이 원칙이다.

5] **대법원** 1992. 5. 22. **선고** 92도506 **판결**

❐ 법정형이 5만 원 이하의 벌금, 구류 또는 과료에 해당하는 경미한 범죄의 현행범을 강제로 연행하려고 하는 경찰관의 행위는 적법한 공무집행이라고 볼 수 없으므로 이를 제지하고자 폭행을 가한 행위는 공무집행방해죄를 구성하지 아니한다.

6. 몰수의 대상과 추징

조문

제48조(몰수의 대상과 추징) ① 범인 이외의 자의 소유에 속하지 아니하거나 범죄후 범인 이외의 자가 정을 알면서 취득한 다음 기재의 물건은 전부 또는 일부를 몰수할 수 있다.
1. 범죄행위에 제공하였거나 제공하려고 한 물건.

2. 범죄행위로 인하여 생하였거나 이로 인하여 취득한 물건.
3. 전2호의 대가로 취득한 물건.
② 전항에 기재한 물건을 몰수하기 불능한 때에는 그 가액을 추징한다.
③ 문서, 도화, 전자기록등 특수매체기록 또는 유가증권의 일부가 몰수에 해당하는 때에는 그 부분을 폐기한다.(개정 1995. 12. 29)
제49조(몰수의 부가성) 몰수는 타형에 부가하여 과한다. 단, 행위자에게 유죄의 재판을 아니할 때에도 몰수의 요건이 있는 때에는 몰수만을 선고할 수 있다.

관련판례

1] 대법원 2010. 7. 8. 선고 2010도3545 판결

[1] 공무원범죄에 관한 몰수특례법'에 의한 필요적 몰수 · 추징의 취지 및 그 대상인 범인에 공동정범 외에 종범 · 교사범도 포함되고 소추 여부를 불문한다(적극).

❐ 공무원범죄에 관한 몰수특례법에 의한 필요적 몰수 또는 추징은 범인이 취득한 재산을 범인으로부터 박탈하여 범인으로 하여금 부정한 이익을 보유하지 못하게 함에 그 목적이 있고(대법원 2004. 10. 27. 선고 2003도6738 판결, 대법원 2007. 2. 22. 선고 2006도8214 판결 등 참조), 여기의 범인에는 공동정범 뿐만 아니라 종범 또는 교사범도 포함되고 소추 여부를 불문한다(대법원 2004. 10. 27. 선고 2003도6738 판결 등 참조).

2] 대법원 2010. 5. 13. 선고 2009도11732 판결

[1] 공소가 제기된 공소사실과 관련되어 있지 않고 공소가 제기되지 아니한 별개의 범죄사실을 법원이 인정하여 구 변호사법 제116조의 규정에 의한 몰수나 추징을 선고할 수 없다(소극).

❐ 형법 제49조 단서는 행위자에게 유죄의 재판을 하지 아니할 때에도 몰수의 요건이 있는 때에는 몰수만을 선고할 수 있다고 규정하고 있으므로 몰수뿐만 아니라 몰수에 갈음하는 추징도 위 규정에 근거하여 선고할 수 있다고 할 것이나, 우리 법제상 공소의 제기 없이 별도로 몰수나 추징만을 선고할 수 있는 제도가 마련되어 있지 아니하므로 위 규정에 근거하여 몰수나 추징을 선고하기 위하여서는 몰수나 추징의 요건이 공소가 제기된 공소사실과 관련되어 있어야 하고, 공소가 제기되지 아니한 별개의 범죄사실을 법원이 인정하여 그에 관하여 몰수나 추징을 선고하는 것은 불고불리의 원칙에 위반되어 허용되지 아니한다 (대법원 1992. 7. 28. 선고 92도700 판결 등 참조). 이러한 법리는 형법 제48조의 몰수 · 추징 규정에 대한 특별규정인 변호사법 제116조의 규정에 의한 몰수 또는 추징의 경우에도 마찬가지로 적용된다(대법원 2009. 8. 20. 선고

2009도4391 판결 참조).

3] 대법원 2009. 8. 20. 선고 2009도4391 판결

[1] 법원이 범죄사실에서 인정되지 않은 사실에 관하여 몰수나 추징을 선고할 수 있는지 여부(소극) 및 범죄사실에서 뇌물의 액수를 특정할 수 없다고 판단하는 경우 추징을 선고할 수 있는지 여부(소극)

❐ 형법 제134조의 몰수나 추징을 선고하기 위하여는 몰수나 추징의 요건이 공소가 제기된 범죄사실과 관련되어 있어야 하므로, 법원으로서는 범죄사실에서 인정되지 아니한 사실에 관하여는 몰수나 추징을 선고할 수 없다.

4] 대법원 2009. 6. 11. 선고 2009도2819 판결

[1] 마약류관리에 관한 법률상 추징의 성격 및 그 소유자나 최종소지인으로부터 마약류의 전부 또는 일부를 몰수한 경우, 그 몰수된 마약류의 가액 부분에 대한 추징이 불가하다(소극).

❐ 마약류관리에 관한 법률상의 추징은 징벌적 성질을 가진 처분이므로 마약류의 소유자나 최종소지인 뿐만 아니라 동일한 마약류를 취급한 자들에 대하여도 그 취급한 범위 내에서 가액 전부의 추징을 명하여야 하지만, 그 소유자나 최종소지인으로부터 마약류의 전부 또는 일부를 몰수하였다면 다른 취급자들과의 관계에 있어서도 실질상 이를 몰수한 것과 마찬가지이므로 그 몰수된 마약류의 가액 부분은 이를 추징할 수 없다.

5] 대법원 2009. 3. 26. 선고 2007도7725 판결

[1] 공직자가 업무처리 중 알게 된 비밀을 이용하여 자신이 아닌 다른 사람이 재물을 취득하게 하였지만, 사회통념상 공직자가 직접 취득한 것과 같이 평가가능한 경우, 구 부패방지법 제50조 제3항의 몰수 · 추징의 대상이다(적극).

❐ 공직자가 업무처리 중 알게 된 비밀을 이용하여 다른 사람이 그 명의로 재물을 취득하게 한 경우, 그 다른 사람이 공직자의 사자 또는 대리인으로서 재물을 취득한 경우나 그 밖에 평소 공직자가 그 다른 사람의 생활비 등을 부담하고 있었다거나 혹은 그 다른 사람에 대하여 채무를 부담하고 있었다는 등의 사정이 있어서 그 다른 사람이 재물을 취득한 것을 사회통념상 공직자가 직접 취득한 것과 같이 평가할 수 있는 경우에는 제3자로 하여금 재물을 취득하게 한 것이라고 볼 수 없고(대법원 2004. 3. 26. 선고 2003도8077 판결 등 참조), 이러한 경우 구 부패방지법 제50조 제3항에 의하여 취득한 재물을 몰수할 수 없는 때에는 위 공직자로부터 그 가액을 추징하여야 한다.

6] 대법원 2008. 11. 20. 선고 2008도5596 전원합의체 판결

[1] 필수적 몰수 · 추징 규정이 적용되는 피고사건의 재판 가운데 몰수 또는 추징 부분만에 대하여 상소한 경우의 효력

❐ 마약류관리에 관한 법률 제67조는 이른바 필수적 몰수 또는 추징 조항으로서 그 요건에 해당하는 한 법원은 반드시 몰수를 선고하거나 추징을 명하여야 한다. 위와 같은 몰수 또는 추징은 범죄행위로 인한 이득의 박탈을 목적으로 하는 것이 아니라 징벌적인 성질을 가지는 처분으로 부가형으로서의 성격을 띠고 있다. 이는 피고사건 본안에 관한 판단에 따른 주형 등에 부가하여 한 번에 선고되고 이와 일체를 이루어 동시에 확정되어야 하고 본안에 관한 주형 등과 분리되어 이심되어서는 아니 되는 것이 원칙이므로, 피고사건의 주위적 주문과 몰수 또는 추징에 관한 주문은 상호 불가분적 관계에 있어 상소불가분의 원칙이 적용되는 경우에 해당한다. 따라서 피고사건의 재판 가운데 몰수 또는 추징에 관한 부분만을 불복대상으로 삼아 상소가 제기되었다 하더라도, 상소심으로서는 이를 적법한 상소제기로 다루어야 하고, 그 부분에 대한 상소의 효력은 그 부분과 불가분의 관계에 있는 본안에 관한 판단 부분에까지 미쳐 그 전부가 상소심으로 이심된다.

7] 대법원 2008. 11. 13. 선고 2006도4885 판결

[1] 공소사실이 인정되지 않음에도 공소가 제기되지 아니한 별개의 범죄사실을 법원이 인정하여 범죄수익은닉의 규제 및 처벌 등에 관한 법률 제8조 내지 제10조의 규정에 의한 몰수 · 추징을 선고할 수 있는지 여부(소극)

❐ 형법 제49조 단서는 행위자에게 유죄의 재판을 하지 아니할 때에도 몰수의 요건이 있는 때에는 몰수만을 선고할 수 있다고 규정하고 있으므로 몰수뿐만 아니라 몰수에 갈음하는 추징도 위 규정에 근거하여 선고할 수 있다. 그러나 우리 법제상 공소제기 없이 별도로 몰수나 추징만을 선고할 수 있는 제도가 마련되어 있지 아니하므로, 위 규정에 근거하여 몰수나 추징을 선고하려면 몰수나 추징의 요건이 공소가 제기된 공소사실과 관련되어야 한다. 공소사실이 인정되지 않는 경우에 이와 별개의 공소가 제기되지 아니한 범죄사실을 법원이 인정하여 그에 관하여 몰수나 추징을 선고하는 것은 불고불리의 원칙에 위배되어 불가능하다. 이러한 법리는 형법 제48조의 몰수 · 추징 규정에 대한 특별규정인 범죄수익은닉의 규제 및 처벌 등에 관한 법률 제8조 내지 제10조의 규정에 의한 몰수 또는 추징의 경우에도 마찬가지로 적용된다.

8] 대법원 2008. 10. 9. 선고 2008도6944 판결【변호사법위반】

[1] 추징 가액 산정의 기준시(재판선고시)

❒ 몰수는 범죄에 의한 이득을 박탈하는 데 그 취지가 있고, 추징도 이러한 몰수의 취지를 관철하기 위한 것인 점 등에 비추어 볼 때, 몰수할 수 없는 때에 추징하여야 할 가액은 범인이 그 물건을 보유하고 있다가 몰수의 선고를 받았더라면 잃었을 이득상당액을 의미하므로, 다른 특별한 사정이 없는 한 그 가액산정은 재판선고시의 가격을 기준으로 하여야 한다.

9] **대법원** 2008. 2. 14. **선고** 2007**도**10034 **판결【외국환거래법위반】**

[1] 몰수의 요건인 '범죄행위에 제공하려고 한 물건'의 의미

❒ 형법 제48조 제1항 제1호는 몰수할 수 있는 물건으로서 '범죄행위에 제공하였거나 제공하려고 한 물건'을 규정하고 있는데, 여기서 범죄행위에 제공하려고 한 물건이란 범죄행위에 사용하려고 준비하였으나 실제 사용하지 못한 물건을 의미하는바, 형법상의 몰수가 공소사실에 대하여 형사재판을 받는 피고인에 대한 유죄판결에서 다른 형에 부가하여 선고되는 형인 점(대법원 1999. 5. 11. 선고 99다12161 판결 등 참조) 에 비추어, 어떠한 물건을 '범죄행위에 제공하려고 한 물건'으로서 몰수하기 위하여는 그 물건이 유죄로 인정되는 당해 범죄행위에 제공하려고 한 물건임이 인정되어야 한다.

체포될 당시에 미처 송금하지 못하고 소지하고 있던 자기앞수표나 현금은 장차 실행하려고 한 외국환거래법 위반의 범행에 제공하려는 물건일 뿐, 그 이전에 범해진 외국환거래법 위반의 '범죄행위에 제공하려고 한 물건'으로는 볼 수 없으므로 몰수할 수 없다.

10] **대법원** 2007. 12. 28. **선고** 2007**도**8401 **판결**

[1] 관세법상 추징의 성격 및 관세범칙물을 소유 · 점유하지 않은 공동범칙자에 대한 전액추징이 가능하다.

❒ 관세법상 추징은 일반 형사법에서의 추징과는 달리 징벌적 성격을 띠고 있어 여러 사람이 공모하여 관세를 포탈하거나 관세장물을 알선, 운반, 취득한 경우에는 범칙자의 1인이 그 물품을 소유하거나 점유하였다면 그 물품의 범칙 당시의 국내 도매가격 상당의 가액 전액을 그 물품의 소유 또는 점유 사실의 유무를 불문하고 범칙자 전원으로부터 각각 추징할 수 있고, 범인이 밀수품을 소유하거나 점유한 사실이 있다면 압수 또는 몰수가 가능한 시기에 범인이 이를 소유하거나 점유한 사실이 있는지 여부에 상관 없이 관세법 제282조에 따라 몰수 또는 추징할 수 있다.

11] **대법원** 2007. 12. 14. **선고** 2007**도**7353 **판결**

[1] 부동산 미등기 전매계약에 의하여 제3자로부터 받은 대금을 부동산등기 특별조치법 제8조

제1호 위반 행위와 관련하여 취득한 것으로 보아 몰수 · 추징할 수 없다(소극).

❐ 부동산의 소유권을 이전받을 것을 내용으로 하는 계약(1차 계약)을 체결한 자가 그 부동산에 대하여 다시 제3자와 소유권이전을 내용으로 하는 계약(전매계약)을 체결한 것이 부동산등기 특별조치법 제8조 제1호 위반행위에 해당하는 경우, 전매계약에 의하여 제3자로부터 받은 대금은 위 조항의 처벌대상인 '1차 계약에 따른 소유권이전등기를 하지 않은 행위'로 취득한 것이 아니므로 형법 제48조에 의한 몰수나 추징의 대상이 될 수 없다.

12] 대법원 2008. 11. 13. 선고 2006도4885 판결

[1] 공소사실이 인정되지 않음에도 공소가 제기되지 아니한 별개의 범죄사실을 법원이 인정하여 범죄수익은닉의 규제 및 처벌 등에 관한 법률 제8조 내지 제10조의 규정에 의한 몰수 · 추징을 선고할 수 있는지 여부(소극)

❐ 형법 제49조 단서는 행위자에게 유죄의 재판을 하지 아니할 때에도 몰수의 요건이 있는 때에는 몰수만을 선고할 수 있다고 규정하고 있으므로 몰수뿐만 아니라 몰수에 갈음하는 추징도 위 규정에 근거하여 선고할 수 있다. 그러나 우리 법제상 공소제기 없이 별도로 몰수나 추징만을 선고할 수 있는 제도가 마련되어 있지 아니하므로, 위 규정에 근거하여 몰수나 추징을 선고하려면 몰수나 추징의 요건이 공소가 제기된 공소사실과 관련되어야 한다. 공소사실이 인정되지 않는 경우에 이와 별개의 공소가 제기되지 아니한 범죄사실을 법원이 인정하여 그에 관하여 몰수나 추징을 선고하는 것은 불고불리의 원칙에 위배되어 불가능하다. 이러한 법리는 형법 제48조의 몰수 · 추징 규정에 대한 특별규정인 범죄수익은닉의 규제 및 처벌 등에 관한 법률 제8조 내지 제10조의 규정에 의한 몰수 또는 추징의 경우에도 마찬가지로 적용된다.

13] 대법원 2006. 12. 8. 선고 2006도6400 판결

❐ 사행성 게임기는 기판과 본체가 서로 물리적으로 결합되어야만 비로소 그 기능을 발휘할 수 있는 기계로서, 당국으로부터 적법하게 등급심사를 받은 것이라고 하더라도 본체를 포함한 그 전부가 범죄행위에 제공된 물건으로서 몰수의 대상이 된다.

14] 대법원 2006. 11. 23. 선고 2006도5586 판결

(1) 유죄의 죄책을 지지 않는 공범자의 소유물을 몰수할 수 있다(적극).

❐ 형법 제48조 제1항의 '범인'에 해당하는 공범자는 반드시 유죄의 죄책을 지는 자에 국한된다고 볼 수 없고 공범에 해당하는 행위를 한 자이면 족하므로 이러한 자의 소유물도 형법 제48조 제1항의 '범인 이외의 자의 소유에 속하지 아니하는 물건'으로서 이를 피고인으로부터 몰수할

수 있다. 형법 제48조 제1항의 '범인'에는 공범자도 포함되므로 피고인의 소유물은 물론 공범자의 소유물도 그 공범자의 소추 여부를 불문하고 몰수할 수 있고, 여기에서의 공범자에는 공동정범, 교사범, 방조범에 해당하는 자는 물론 필요적 공범관계에 있는 자도 포함된다.

15] 대법원 1996. 5. 14. 자 96모14 결정【재판의집행에관한이의신청기각에대한재항고】

[1] 징역형의 집행유예와 추징의 선고를 받은 자에 대하여 징역형에 대하여 특별사면이 있은 경우 추징에 대하여도 형 선고의 효력이 상실되는지 여부(소극)

❒ 형법 제48조, 제49조, 사면법 제5조 제1항 제2호, 제7조 등의 규정 내용 및 취지에 비추어 보면, 추징은 부가형이지만 징역형의 집행유예와 추징의 선고를 받은 사람에 대하여 징역형의 선고의 효력을 상실케 하는 동시에 복권하는 특별사면이 있은 경우에 추징에 대하여도 형 선고의 효력이 상실된다고 볼 수는 없다.

16] 대법원 1992. 7. 28. 선고 92도700 판결

[1] 공소사실이 인정되지 않거나 공소사실에 관하여 이미 공소시효가 완성되어 유죄의 선고를 할 수 없는 경우, 몰수나 추징만을 선고할 수 있는지 여부(소극)

❒ 형법 제49조 단서는 행위자에게 유죄의 재판을 하지 아니할 때에도 몰수의 요건이 있는 때에는 몰수만을 선고할 수 있다고 규정하고 있으므로 몰수뿐만 아니라 몰수에 갈음하는 추징도 위 규정에 근거하여 선고할 수 있다고 할 것이나 우리 법제상 공소의 제기 없이 별도로 몰수나 추징만을 선고할 수 있는 제도가 마련되어 있지 아니하므로 위 규정에 근거하여 몰수나 추징을 선고하기 위하여서는 몰수나 추징의 요건이 공소가 제기된 공소사실과 관련되어 있어야 하고, 공소사실이 인정되지 않는 경우에 이와 별개의 공소가 제기되지 아니한 범죄사실을 법원이 인정하여 그에 관하여 몰수나 추징을 선고하는 것은 불고불리의 원칙에 위반되어 불가능하며, 몰수나 추징이 공소사실과 관련이 있다 하더라도 그 공소사실에 관하여 이미 공소시효가 완성되어 유죄의 선고를 할 수 없는 경우에는 몰수나 추징도 할 수 없다.

17] 대법원 1988. 6. 21. 선고 88도551 판결

[1] 주형에 대하여 선고를 유예하지 않으면서 이에 부가할 몰수, 추징에 대해서만 선고를 유예할 수 없다(소극).

❒ 형법 제59조에 의하더라도 몰수는 선고유예의 대상으로 규정되어 있지 아니하고 다만 몰수 또는 이에 갈음하는 추징은 부가형적 성질을 띠고 있어 그 주형에 대하여 선고를 유예하는 경우에는 그 부가할 몰수 추징에 대하여도 선고를 유예할 수 있으나, 그 주형에 대하여 선고를 유예

하지 아니하면서 이에 부가할 몰수 추징에 대하여서만 선고를 유예할 수는 없다.

18] 대법원 2006. 9. 14. 선고 2006도4075 판결

❒ 형법 제48조 제1항 제1호의 "범죄행위에 제공한 물건"은, 가령 살인행위에 사용한 칼 등 범죄의 실행행위 자체에 사용한 물건에만 한정되는 것이 아니며, 실행행위의 착수 전의 행위 또는 실행행위의 종료 후의 행위에 사용한 물건이더라도 그것이 범죄행위의 수행에 실질적으로 기여하였다고 인정되는 한 위 법조 소정의 제공한 물건에 포함된다 - 대형할인매장에서 수회 상품을 절취하여 자신의 승용차에 싣고 간 경우, 위 승용차는 형법 제48조 제1항 제1호에 정한 범죄행위에 제공한 물건으로 보아 몰수할 수 있다.

19] 대법원 2006. 1. 27. 선고 2005도8704 판결

❒ 형법 제40조가 규정하는 1개의 행위가 수개의 죄에 해당하는 경우에는 「가장 중한 죄에 정한 형으로 처벌한다」 함은 그 수개의 죄명 중 가장 중한 형을 규정한 법조에 의하여 처단한다는 취지와 함께 다른 법조의 최하한의 형보다 가볍게 처단할 수는 없다는 취지 즉, 각 법조의 상한과 하한을 모두 중한 형의 범위 내에서 처단한다는 것을 포함하는 것으로 새겨야 할 것이다(1984. 2. 28. 83도3160 참조) – 상상적 경합의 관계에 있는 사기죄와 변호사법위반죄에 대하여 형이 더 무거운 사기죄에 정한 형으로 처벌하기로 하면서도, 교부받은 금품은 공무원이 취급하는 사건에 관하여 청탁을 한다는 명목으로 받은 것으로서 몰수 할 수 없으므로 구 변호사법 제116조, 제111조에 의하여 그 상당액을 추징한 것은 옳다.

20] 대법원 2003. 5. 30. 선고 2003도705 판결

❒ 이미 그 집행을 종료함으로써 효력을 상실한 압수 · 수색영장에 기하여 다시 압수 · 수색을 실시하면서 몰수대상물건을 압수한 경우, 압수 자체가 위법하게 됨은 별론으로 하더라도 그것이 위 물건의 몰수의 효력에는 영향을 미칠 수 없다.

21] 대법원 2000. 5. 12. 2000도745 판결

❒ 형법 제48조 제1항의 범인에는 공범자도 포함된다고 해석되므로, 범인 자신의 소유물은 물론 공범자의 소유물에 대하여도 몰수할 수 있다.

22] 대법원 1999. 10. 8. 선고 99도1638 판결

❒ 공무원이 뇌물의 가액에 상당하는 금원의 일부를 비용의 명목으로 출연하거나 그 밖에 경

제적 이익을 제공하였다 하더라도 몰수 · 추징함에 있어서는 그 받은 뇌물 자체를 몰수하여야 한다.

23] 대법원 1999. 6. 25. 선고 97도57078 판결

❒ 국가가 몰수 판결의 전제가 된 법률에 대한 헌법재판소의 위헌결정 이전에 외관상 확정된 몰수 판결에 기하여 토지에 대한 소유권을 취득하고 이를 점유하기 시작하였다면 특별한 사정이 없는 한 그 점유는 당해 토지를 자기의 물건이라고 믿은 데에 대한 과실이 없이 개시되었다고 보아야 한다.

24] 대법원 1999. 5. 11. 선고 99도12161 판결

❒ 문화재보호법 제80조 제3항에 의한 몰수는 형법총칙이 규정한 몰수에 대한 특별규정으로서 몰수한 문화재가 피고인 이외의 제3자의 소유에 속하더라도 그의 선의 · 악의를 불문하고 필요적으로 이를 몰수하여야 한다.

25] 대법원 1982. 11. 23. 81도1737, 1998. 5. 21. 95도2002 전원합의체판결

❒ 외국환관리법상의 몰수와 추징은 일반 형사법의 경우와 달리 범죄사실에 대한 징벌적 제재의 성격을 띠고 있다고 할 것이므로, 여러 사람이 공모하여 범칙행위를 한 경우 몰수대상인 외국환 등을 몰수할 수 없을 때에는 각 범칙자 전원에 대하여 그 취득한 외국환 등의 가액 전부의 추징을 명하여야 한다.

26] 대법원 1997. 11. 14. 선고 93다34235 판결

❒ 예금통장이 몰수되었다고 하여 예금반환채권까지 몰수된 것으로 볼 수 없다.

27] 대법원 1996. 11. 29. 선고 96도2490 판결

❒ 수인이 공동하여 공무원이 취급하는 사건 또는 사무에 관하여 청탁을 한다는 명목으로 받은 금품을 분배한 경우에는 각자가 실제로 분배받은 금품만을 개별적으로 몰수하거나 그 가액을 추징하여야 한다.

28] 대법원 1996. 11. 12. 선고 96도2477 판결

❒ 몰수하여야 할 압수물이 멸실, 파손 또는 부패의 염려가 있거나 보관하기에 불편하여 이를

매각하여 그 대가를 보관하는 경우에는 그 대가 보관금을 몰수해야한다.

29] 대법원 1996. 5. 14. 선고 96모14 판결

❐ 징역형의 집행유예와 추징의 선고를 받은 사람에 대하여 징역형의 선고의 효력을 상실케 하는 동시에 복권하는 특별사면이 있는 경우에 추징에 대하여도 형 선고의 효력이 상실된다고 볼 수는 없다.

30] 대법원 1996. 5. 8. 선고 96도221 판결

❐ 뇌물에 공할 금품이 특정되지 않았던 것은 몰수할 수 없고 그 가액을 추징할 수도 없다.

31] 대법원 1995. 5. 23. 선고 93도1750 판결

❐ 통일원장관의 반입승인 없이 북한으로부터 수입한 물건은 범죄행위로 인하여 취득한 것으로 몰수의 대상이 된다.

32] 대법원 1995. 3. 10. 선고 94도1075 판결

❐ 특정경제범죄가중처벌등에관한법률 제10조 제3항, 제1항에 의한 몰수, 추징은 형법상의 몰수, 추징과는 달리 징벌적 성질의 처분이므로 그 도피재산이 피고인 소속 회사의 소유이거나 피고인이 이를 점유하지 아니하고 그로 인하여 이득을 취한 바가 없다고 하더라도 추징할 수 있다.

33] 대법원 1995. 1. 12. 선고 94도2687 판결

❐ 피고인이 일정 기간 사이에 룸싸롱 등에서 수회에 걸쳐 술값 등 접대 명목으로 일정 금액 상당의 향응을 제공받은 경우 수뢰액을 인정함에 있어서는 먼저 피고인의 접대에 요한 비용과 향응 제공자가 소비한 비용액을 가려내어 피고인의 접대에 요한 비용을 수뢰액으로 인정하여야 하고, 만일 각자에 요한 비용액이 불명일 때에는 이를 평등하게 분할한 액을 가지고 피고인의 수뢰액으로 인정하여야 할 것이다.

34] 대법원 1992. 12. 8. 선고 92도199 판결

❐ 증뢰자가 교부한 당좌수표가 부도나자 그 당좌수표를 반환받고 그 수표에 대체하여 현금이나 유가증권을 수뢰자에게 다시 교부한 경우 그 현금이나 유가증권이 몰수, 추징의 대상이 된다.

35] 대법원 1991. 6. 11. 선고 91도907 판결

❐ 외국환관리법상 대외지급수단인 외화 등의 집중의무를 위반한 범죄에 있어서는 그 행위 자체에 의하여 취득한 외화는 있을 수 없는 것이므로 위 법조의 규정에 따라 외화를 몰수할 수 없으며, 나아가 동 외화는 범행에 제공되거나 제공하려 한 물건도 아니어서 형법 제48조 제1항 제1호에 의한 몰수대상도 아니다.

36] 대법원 1991. 5. 28. 선고 91조352 판결

❐ 마약류관리에관한법률 제67조에 의한 몰수, 추징의 경우 몰수하기 불능한 때에 추징하여야 할 가액산정은 재판선고시의 가격(국내 도매가격)을 기준으로 하여야 할 것이다.

37] 대법원 1990. 12. 26. 선고 90도2381 판결

❐ 향정신성의약품관리법상의 추징은 그 법에서 정한 죄를 범한 자에 대한 징벌적 성질을 가지는 처분이므로 피고인이 그 범행으로 인하여 이득을 취득한 바 없다 하더라도 법원은 그 가액의 추징을 명하여야 한다.

38] 대법원 1990. 10. 10. 선고 90도1940 판결

❐ 강도상해의 범행에 사용된 자동차에 관하여 피고인의 처 명의로 등록되어 있고 법정에서 피고인의 처 소유라고 피고인이 진술하고 있음에도 위 자동차가 피고인 이외의 자에 속하지 아니하는 것으로 단정하여 이를 몰수한 것은 잘못이다.

39] 대법원 1989. 2. 14. 선고 88도2211 판결

❐ 몰수나 추징은 일종의 형으로서 직권으로 하는 것이므로 검사가 추징을 구하는 의견을 진술하여야 선고할 수 있는 것은 아니다.

40] 대법원 1986. 12. 23. 선고 86도2021 판결

❐ 수개월이 지난 후 교부받은 뇌물을 증뢰자의 거래은행구좌에 온라인으로 입금하여 반환하였다면 반환한 돈이 뇌물로 교부받았던 바로 그 돈이었다고 보기 어려우므로 그 가액상당을 수뢰자로부터 추징해야 한다.

41] 대법원 1984. 12. 11. 선고 84도2154 판결

❒ 범칙물건이 현존하지 아니하는 경우, 수입면장에 나타난 씨.아이.에프(C.I.F) 가격으로부터 관세율을 감안한 시가역산율표에 의하여 역산한 가격을 국내도매가격으로 감정한 감정서에 기하여 추징한 것은 정당하다.

42] 대법원 1984. 2. 14. 선고 83도2871, 1999. 1. 29. 선고 98도3584 판결

❒ 피고인이 뇌물로서 수수한 자기앞수표를 일단 소비한 후에 증뢰자에게 다시 동액의 금원을 반환하였다 하더라도 뇌물 자체를 반환한 것은 아니므로 피고인에게 그 금액 상당을 추징한 조치는 정당하다.

43] 대법원 1983. 9. 13. 선고 83도1927 판결

❒ 마약법 제70조의 규정에 의하여 추징할 마약의 가액이라 함은 시장에서의 통상의 거래가액을 의미하고, 통상의 거래가액이 형성되어 있지 아니한 경우에는 실지거래된 가액에 의할 수밖에 없다 할 것이다.

44] 대법원 1983. 9. 13. 선고 83도1894 판결

❒ 범행에 제공된 히로뽕의 가액을 피고인으로부터 추징한 조치가 별건으로 처벌된 제조자(공범)에 대한 추징의 선고가 없었다는 사유만으로 잘못된 것이라 할 수 없다.

45] 대법원 1983. 3. 8. 선고 82도3050 판결

❒ 관세법상의 추징은 관세법위반에 대한 하나의 징벌이라 할 것이므로 범칙자가 수인일 때에는 공범은 물론 범칙물을 점유하며 알선한 자에 대하여도 그 가격 전부를 추징하여야 한다.

46] 대법원 1982. 9. 28. 선고 82도1669 판결

❒ 피고인이 다른 공동 피고인들에게 도박자금으로 금원을 대여하였다면 그 금원은 그 때부터 피고인의 소유가 아니라 동 공동 피고인들의 소유에 귀속하게 되므로 공동 피고인들로부터 몰수해야지 피고인으로부터 몰수하면 안된다.

47] 대법원 1982. 3. 9. 선고 81도2930 판결

❒ 미화를 휴대하여 우리나라에 입국한 후 외국환관리법 제18조, 동법시행령 제28조 제1항의

규정에 따라 등록하지 아니한 경우에 있어서는 그 행위자체에 의하여 취득한 미화는 있을 수 없는 것이므로 그 미화를 몰수할 수 없다.

48] 대법원 1977. 5. 24. 선고 76도4001 판결

❐ 몰수는 압수되어 있는 물건에 대하여만 하는 것이 아니고, 피고인 소유의 물건으로서 압수되었다가 환부된 물건은 피고인이 소지하고 있다 할 것이어서 이를 피고인으로부터 몰수할 수 있다 할 것이다.

49] 대법원 1973. 12. 11. 선고 73도1133 판결

❐ 형법 제59조에 의하여 형의 선고의 유예를 하는 경우에도 몰수의 요건이 있는 때에는 몰수형만의 선고를 할 수 있다.

50] 대법원 1970. 12. 22. 선고 70도2250 판결

❐ 피고인이 뇌물로 받은 금원을 가령 공무에 종사하는 자들의 숙식비나 차량운영비에 충당한 사실이 있다고 하더라도 피고인이 받은 뇌물인 이상 피고인으로부터 추징하는 것은 정당하다.

51] 대법원 1970. 3. 24. 선고 70도245 판결

❐ 부가형인 몰수의 선고의 효력은 유죄판결을 받은 피고인에 대하여만 발생하는 것이므로 피고인 이외의 제3자는 몰수의 대상이 된 선박의 소유자로서 민사소송으로 국가에 대하여 그 반환을 청구할 수 있다.

52] 대법원 1969. 5. 27. 선고 69도591 판결

❐ 불법벌채한 목림은 몰수할 것이지 피해자에게 환부할 것이 아니다.

53] 대법원 1960. 3. 16.선고 4292형상858 판결

❐ 지적등본의 기재를 변개한 경우에 동 등본중 변개한 부분은 그 공문서변조의 범죄행위로 인하여 생긴 것으로서 어떤 사람의 소유도 불허하는 것이므로 이를 폐기하여야 할 것이다.

54] 대법원 1959. 6. 30. 선고 59도177 판결

❐ 공무원이 그 권한에 의하여 작성한 문서는 설령 그 내용이 신청 당사자의 허위신고에 의하

여 작성되고 객관적 사실에 상반되는 경우라 할지라도 그 문서의 기재부분 자체는 당해 공무소의 소유에 속하므로 기재부분을 몰수할 수 없다.

55] 대법원 1957. 8. 2. 57도190 판결

❐ 부동산 등기부는 범인 이외의 자에 속하는 물건이며 범죄후 범인 이외의 자가 정을 알면서 취득한 것이 아니므로 이를 몰수할 수 없으며 따라서 등기부기재중 특정부분을 문서의 일부라 하고 몰수에 해당한다 하여 폐기의 선고를 할 수 없다,

56] 대법원 1952. 6. 26. 선고 4285형상74 판결

❐ 소유자가 불명인 물건도 몰수할 수 있다.

7. 형의 경중

조문

제50조(형의 경중) ① 형의 경중은 제41조 기재의 순서에 의한다. 단, 무기금고와 유기징역은 금고를 중한 것으로 하고 유기금고의 장기가 유기징역의 장기를 초과하는 때에는 금고를 중한 것으로 한다.
②동종의 형은 장기의 긴 것과 다액의 많은 것을 중한 것으로 하고 장기 또는 다액이 동일한 때에는 그 단기의 긴 것과 소액의 많은 것을 중한 것으로 한다.
③전2항의 규정에 의한 외에는 죄질과 범정에 의하여 경중을 정한다.

【참고】 형의 경중적용방법

구분	적용방법
형의 경중	① 법정형을 원칙으로 한다. 주형과 부가형 포함
	② 법정형에서 병과형, 선택형은 가장 중한 형을 기준으로 한다.
	③ 형의 경중에 차이가 없는 때에는 행위시법(구법) 적용한다.
	④ 범죄행위가 신법 · 구법에 걸쳐 있는 때에는 신법적용한다[판례].
	⑤ 벌금 등 임시조치법에 의하여 벌금을 증액하는 것은 형의 변경에 해당한다[판례]. 단, 외국환관리법의 개정으로 해외여행의 기본경비가 증액된 것과 같은 사례는 사실관계의 변경이며 법률의 변경에 해당하지는 않는다.

관련종합판례

1] 대법원 2002. 4. 12. 선고 2000도3350 판결

(1) 법률의 개정 전후를 통하여 형의 경중의 차이가 없는 경우 검사가 개정 후 신법의 적용을 구하였더라도 법원이 공소장변경절차 없이 행위시법인 구법을 적용할 수 있다(적극)

❒ 법원이 인정하는 범죄사실이 공소사실과 차이가 없이 동일한 경우에는 비록 검사가 재판시법인 개정 후 신법의 적용을 구하였더라도 그 범행에 대한 형의 경중의 차이가 없으면 피고인의 방어권 행사에 실질적으로 불이익을 초래할 우려도 없어 공소장 변경절차를 거치지 않고도 정당하게 적용되어야 할 행위시법인 구법을 적용할 수 있다(대법원 1976. 11. 23. 선고 75도363 판결, 대법원 1992. 6. 23. 선고 92도954 판결 등 참조),

2] 대법원 1997. 12. 26. 선고 97도2609 판결

[1] 상호신용금고법 제39조 제1항 제2호 위반죄와 형법상 배임죄는 신분관계로 인하여 형의 경중이 있는 경우인지 여부 및 비신분자가 위 상호신용금고법위반죄의 공범이 된 경우의 적용법조

❒ 상호신용금고법 제39조 제1항 제2호 위반죄는 상호신용금고의 발기인 · 임원 · 관리인 · 청산인 · 지배인 기타 상호신용금고의 영업에 관한 어느 종류 또는 특정한 사항의 위임을 받은 사용인이 그 업무에 위배하여 배임행위를 한 때에 성립하는 것으로서, 이는 위와 같은 지위에 있는 자의 배임행위에 대한 형법상의 배임 내지 업무상배임죄의 가중규정이고(대법원 1990. 11. 13. 선고 90도1885 판결 참조), 따라서 형법 제355조 제2항의 배임죄와의 관계에서는 신분관계로 인하여 형의 경중이 있는 경우라고 할 것이다. 위와 같은 신분관계가 없는 자가 그러한 신분관계에 있는 자와 공모하여 위 상호신용금고법위반죄를 저질렀다면, 그러한 신분관계가 없는 자에 대하여는 형법 제33조 단서에 의하여 형법 제355조 제2항에 따라 처단하여야 할 것인바, 그러한 경우에는 신분관계가 없는 자에게도 일단 업무상배임으로 인한 상호신용금고법 제39조 제1항 제2호 위반죄가 성립한 다음 형법 제33조 단서에 의하여 중한 형이 아닌 형법 제355조 제2항에 정한 형으로 처벌되는 것으로 보아야 할 것이다(대법원 1986. 10. 28. 선고 86도1517 판결 참조).

3] 대법원 1994. 12. 23. 선고 93도1002 판결

[1] 위증죄와 모해위증죄가 형법 제33조 단서 소정의 '신분관계로 인하여 형의 경중이 있는 경우'에 해당하는지 여부

❐ 형법 제33조 소정의 이른바 신분관계라 함은 남녀의 성별, 내 외국인의 구별, 친족관계, 공무원인 자격과 같은 관계뿐만 아니라 널리 일정한 범죄행위에 관련된 범인의 인적관계인 특수한 지위 또는 상태를 지칭하는 것인 바, 형법 제152조 제1항은 '법률에 의하여 선서한 증인이 허위의 공술을 한 때에는 5년 이하의 징역 또는 2만 5천원 이하의 벌금에 처한다'고 규정하고, 같은 법조 제2항은 '형사사건 또는 징계사건에 관하여 피고인, 피의자 또는 징계혐의자를 모해할 목적으로 전항의 죄를 범한 때에는 10년 이하의 징역에 처한다'고 규정함으로써 위증을 한 범인이 형사사건의 피고인 등을 '모해할 목적'을 가지고 있었는가 아니면 그러한 목적이 없었는가 하는 범인의 특수 한 상태의 차이에 따라 범인에게 과할 형의 경중을 구별하고 있으므로, 이는 바로 형법 제33조 단서 소정의"신분관계로 인하여 형의 경중이 있는 경우"에 해당한다.

4] 대법원 1992. 11. 13. 선고 92도2194 판결

[1] 형의 경중 비교시의 기준형(=법정형) 및 병과형 또는 선택형이 있는 경우 법정형의 경중 비교방법

❐ 법정형의 경중을 비교함에 있어서 법정형 중 병과형 또는 선택형이 있을 때에는 이 중 가장 중한 형을 기준으로 하여 다른 형과 경중을 정하는 것이 원칙이다(대법원 1983. 11. 8. 선고 83도2499 판결 참조). 형의 경중의 비교는 원칙적으로 법정형을 표준으로 할 것이고, 처단형이나 선고 형에 의할 것이 아니다.

5] 대법원 1986. 5. 27. 선고 86도412, 86감도59 판결

[1] 사회보호법시행령 제2조 제2호 소정의 "동종 또는 유사한 죄 이외의 죄에 정한 형이 가장 중한 때"를 가림에 있어 각 죄의 형의 경중에 대한 판단기준

❐ 사회보호법 제5조 제1항 제1호 및 제2항 제1호가 정하는 형기를 계산함에 있어 같은법 시행령 제2조 제2호에 규정된 "동종 또는 유사한 죄 이외의 죄에 정한 형이 가장 중한 때"라 함은 형법 제50조에 규정된 형의 경중에 관한 일반원칙에 따라 정하여야 할 것이지 구체적인 사건에서 판결을 선고한 법원이 그 사건 판결에서 가장 중한 죄로 지목한 경우를 지칭한다고 볼 수 없다.

6] 대법원 1980. 5. 13. 선고 80도765 판결

[1] 벌금형의 환형유치기간이 징역형의 기간을 넘는 경우에 있어서 형의 경중

❐ 벌금형의 환형유치기간이 제1심에서 선고한 징역 1년의 형의 기간을 초과한다고 하더라도, 원심에서 선고한 벌금형이 형법상 징역형보다 경한 형이라고 보아야 할 것이다.

7] 대법원 1960. 9. 30. 선고 4293형상398 판결

[1] 형법 부칙 제2조 제4항에 의한 형의 경중의 비교

❐ 신구형법의 형의 경중을 비교함에 있어 형을 가중감경할 때는 형의 가중 또는 감경을 한 후에 비교하여야 한다

제2절 형의 양정

1. 양형의 조건

조문

제51조(양형의 조건) 형을 정함에 있어서는 다음 사항을 참작하여야 한다.
1. 범인의 연령, 성행, 지능과 환경
2. 피해자에 대한 관계
3. 범행의 동기, 수단과 결과
4. 범행후의 정황

관련판례

1] 대법원 2009. 2. 26. 선고 2008도9867 판결

[1] 여아 2명을 강제추행, 살해하고 이를 은폐하기 위하여 사체를 토막내어 유기한 피고인에 대하여 사형을 선고한 원심의 형의 양정을 인정

❐ 사형은 인간의 생명 자체를 영원히 박탈하는 냉엄한 궁극의 형벌로서 문명국가의 이성적인 사법제도가 상정할 수 있는 극히 예외적인 형벌이라는 점을 감안할 때, 사형의 선고는 범행에 대한 책임의 정도와 형벌의 목적에 비추어 그것이 정당화될 수 있는 특별한 사정이 있다고 누구라도 인정할 만한 객관적인 사정이 분명히 있는 경우에만 허용되어야 하고, 따라서 사형을 선고함에 있어서는 형법 제51조가 규정한 사항을 중심으로 한 범인의 연령, 직업과 경력, 성행, 지능, 교육정도, 성장과정, 가족관계, 전과의 유무, 피해자와의 관계, 범행의 동기, 사전계획의 유무, 준비의 정도, 수단과 방법, 잔인하고 포악한 정도, 결과의 중대성, 피해자의 수와 피해감정, 범행 후의 심정과 태도, 반성과 가책의 유무, 피해회복의 정도, 재범의 우려 등 양형의 조건이 되는 모든 사항을 철저히 심리하여 위와 같은 특별한 사정이 있음을 명확하게 밝힌 후 비로소 사형의 선

택 여부를 결정하여야 할 것이고, 이를 위하여 법원으로서는 마땅히 기록에 나타난 양형조건들을 평면적으로만 참작하는 것에서 더 나아가, 피고인의 주관적인 양형요소인 성행과 환경, 지능, 재범의 위험성, 개선교화 가능성 등을 심사할 수 있는 객관적인 자료를 확보하여 이를 통하여 사형선택 여부를 심사하여야 할 것은 물론이고, 피고인이 범행을 결의하고 준비하며 실행할 당시를 전후한 피고인의 정신상태나 심리상태의 변화 등에 대하여서도 정신의학이나 심리학 등 관련 분야의 전문적인 의견을 들어 보는 등 깊이 있는 심리를 하여 본 다음에 그 결과를 종합하여 양형에 나아가야 한다(대법원 2003. 6. 13. 선고 2003도924 판결 등 참조).

【사례】

원심이 피고인의 성장과정, 이 사건 각 범행을 전후한 피고인의 정신상태나 심리상태의 변화 등에 대한 전문적인 의견 등 공판과정에서 나타난 각종 양형자료들을 토대로 하여, 그 판시와 같은 양형조건들, 특히 피고인이 사소한 이유로 성인 여성 1명을 때려 숨지게 하고, 몇 달 지나지 않아 다시 자신의 힘으로 스스로를 방어하기 힘든 여자 어린이 2명을 유인하여 강제추행한 다음 살해한 점, 그 후 이를 은폐하기 위하여 치밀한 계획 아래 사체들을 여러 토막으로 절단하고 이를 야산에 나누어 묻거나 하천에 버리는 등 그 범행수단이 잔혹하고 무자비하여 온 사회를 경악하게 만든 점, 이 사건 각 범행에 이르게 된 동기에 전혀 납득할 만한 사정이 없는 점, 피고인의 수사기관과 법정에서의 진술 태도에 비추어 피고인이 진심으로 그 잘못을 뉘우치고 있는지에 대하여 의심이 가고, 오히려 여성 및 사회를 탓하면서 자신의 행위를 합리화하려는 경향이 있으며 개선교화의 여지도 거의 없고, 또한 동일한 범행을 반복한 점에 비추어 재범의 위험성이 매우 큰 점 등을 종합적으로 고려하여 피고인에게 사형을 선고한 조치는 정당한 것으로 받아들일 수밖에 없고, 그 형의 양정이 심히 부당하다고 인정할 현저한 사유를 찾아볼 수 없다.

2] 대법원 2008. 5. 29. 선고 2008도1816 판결

[1] 사실심법원이 갖는 양형재량의 내재적 한계 및 형법 제51조에서 정한 양형조건 외 별도의 범죄사실에 해당하는 사정을 증거 없이 핵심적인 형벌가중적 양형조건으로 삼은 것이 위법한 경우에는 상고이유로 할 수 있다(적극).

❐ 양형의 조건에 관하여 규정한 형법 제51조의 사항은 널리 형의 양정에 관한 법원의 재량사항에 속한다고 해석되므로, 상고심으로서는 형사소송법 제383조 제4호에 의하여 사형 · 무기 또는 10년 이상의 징역 · 금고가 선고된 사건에서 형의 양정의 당부에 관한 상고이유를 심판하는 경우가 아닌 이상, 사실심법원이 양형의 기초 사실에 관하여 사실을 오인하였다거나 양형의 조건이 되는 정상에 관하여 심리를 제대로 하지 아니하였다는 주장은 적법한 상고이유가 될 수 없다 고 할 것이나(대법원 1988. 1. 19. 선고 87도1410 판결, 대법원 1990. 10. 26. 선고 90도1940 판결 등 참조), 이러한 사실심법원의 양형에 관한 재량도, 범죄와 형벌 사이에 적정한 균형이 이

루어져야 한다는 죄형균형 원칙이나 형벌은 책임에 기초하고 그 책임에 비례하여야 한다는 책임주의 원칙에 비추어(대법원 2007. 4. 19. 선고 2005도7288 전원합의체 판결 참조) 당해 피고인의 공소사실에 나타난 범행의 죄책 내 양형판단의 범위에서 인정되는 내재적 한계를 가진다 할 것이므로, 사실심법원이 피고인에게 공소가 제기된 범행을 기준으로 그 범행의 동기나 결과, 범행 후의 정황 등의 형법 제51조가 정한 양형조건으로 포섭되지 않는 별도의 범죄사실에 해당하는 사정에 관하여 그것이 합리적인 의심을 배제할 정도의 증명력을 갖춘 증거에 의하여 증명되지 않았음에도 핵심적인 형벌가중적 양형조건으로 삼아 형의 양정을 함으로써 피고인에 대하여 사실상 공소가 제기되지 않은 범행을 추가로 처벌한 것과 같은 실질에 이른 경우에는 단순한 양형판단의 부당성을 넘어 위와 같은 죄형균형의 원칙 내지 책임주의 원칙의 본질적 내용을 침해한 것이 되므로, 그 부당성을 다투는 피고인의 주장은 이러한 사실심법원의 양형심리 및 양형판단 방법의 위법성을 지적하는 취지로 보아 적법한 상고이유로 평가될 수 있다.

3] 대전고법 2008. 5. 28. 선고 2008노123,2008감노18 판결.확정

[1] 국민참여재판 절차로 진행한 제1심의 판결에 대한 항소심에서 피고인의 심신미약 주장을 받아들이면서, 그에 대한 심리를 다하지 아니한 채 이를 배척한 제1심판결을 파기하되 배심원들의 양형의견이 적정하다고 보아 이를 존중하여 제1심판결의 형량을 유지한 사례

❐ 피고인이 수사기관에서부터 공소사실을 모두 인정함에 따라 형의 양정이 가장 주된 쟁점이 되었고, 제1심에서 피고인의 변호인은 필요적 형감경사유인 심신미약을 주장하였다. 그러나 제1심법원은 정신감정 등 피고인의 심신미약 여부를 판단하기 위한 증거조사결과를 제시하지 않았다. 이로 인하여 피고인의 심신미약 여부에 대한 배심원들의 판단도 적극적으로 이루어지지 못했다. 하지만 배심원들은 이 사건 살인죄에 대하여 징역 5년부터 징역 7년 6월의 양형의견을 제시하였고 그 중 징역 6년의 의견이 다수를 차지하였다. 이러한 양형의견은 이 사건 범행과 유사한 유형에 의한 살인죄에 대한 통상의 양형사례에 비추어 보면 다소 가벼운 것으로 일견 보일 수도 있다. 이는 법정에서 피고인의 동태를 직접 목격하고 그 상태를 파악한 배심원들이 사실상 피고인의 심신미약을 인정하고 이를 작량감경 사유로 적극 반영한 결과일 것이다. 제1심법원은 이와 같은 배심원들의 양형의견을 존중하여 이 사건 살인죄의 법정형 중 유기징역형을 선택한 후 작량감경을 거쳐 피고인에게 징역 6년을 선고하였다.

이처럼 제1심판결에는 피고인에 대하여 심신미약 심사를 다하지 못하고 그 형을 정한 잘못이 있다. 그것이 결과적으로 배심원들의 양형판단에 있어서 법논리적 차질을 빚게 하였다. 피고인에 대하여 유기징역형을 선택하고 심신미약 감경을 하는 경우 그 처단형의 범위는 징역 2년 6월에서 7년 6월까지이다. 즉, 최대 7년 6개월까지 징역형의 실형 선고가 가능한 것이다. 그러나 다행스럽게도 배심원들은 제1심의 미흡한 조치에도 불구하고, 이 항소심에서 시정된 처단형의 범

위 내에서 양형의견을 제시하였다. 범행의 동기, 방법 및 수단, 피고인의 성행, 환경, 범행 후의 정황 등 객관적 및 주관적 양형요소를 종합하여 보더라도 제1심판결의 형량은 결과적으로 심신미약 감경을 한 처단형의 범위 내에서 적정한 양형범주에 해당하는 것으로 판단된다(위와 같은 양형요소를 고려할 때 피고인에 대하여 유기징역형을 선택하고 심신미약 감경을 하는 외에 거듭 작량감경을 하는 것은 적절하지 않다). 또한, 제1심법원이 징역 6년의 형을 선고한 것은 배심원들의 건전한 상식과 경험에 기초한 의견을 존중한 데 따른 것으로서 국민참여재판 제도의 취지에 부합하는 바람직한 조치라고 할 것이고, 결과적으로 볼 때 이 사건 제1심의 배심원들은 심신미약을 인정하지 아니한 제1심법원의 오류를 그 상식에 기초하여 적정하게 시정하였다고 평가할 것이다.

따라서 이 법원도 제1심법원에서 이루어진 배심원들의 양형의견을 존중한 제1심 형량과 같이 피고인에 대하여 징역 6년을 선고한다.

4] 대법원 2007. 7. 27. 선고 2007도768 판결

[1] 구 형법 제62조 제1항 단서에 정한 집행유예 결격사유의 해석 범위

❐ 구 형법(2005. 3. 31. 법률 제7427호로 개정되기 전의 것) 제62조 제1항 단서 규정의 문언과 취지 및 위 법리 등에 비추어 보면, 피고인에 대하여 3년 이하의 징역 또는 금고의 형을 선고할 경우에 형법 제51조의 사항을 참작하여 그 정상에 참작할 만한 사유가 있는 때에는 집행유예를 선고할 수 있으나, 원칙적으로 금고 이상의 형의 선고를 받은 전력이 있는 경우에는 집행유예를 선고할 수 없는 것으로 하되, 다만 금고 이상의 형의 선고를 받은 전력이 있더라도, 그 전력이 형의 집행유예를 선고받은 것으로서 그 집행유예가 실효 또는 취소됨이 없이 그 유예기간을 이미 경과하였거나, 그 전력이 실형을 선고받은 것으로서 그 형의 집행을 종료한 후 또는 집행이 면제된 후로부터 5년이 경과한 경우에는 다시 집행유예를 선고할 수 있는 것으로 해석함이 상당하다.

종전 형법 제62조 제1항 단서에서 규정한 "금고 이상의 형의 선고를 받아 집행을 종료한 후 또는 집행이 면제된 후로부터 5년을 경과하지 아니한 자"라는 의미는 실형선고를 받고 집행종료나 집행면제 후 5년을 경과하지 않은 경우만을 가리키는 것이 아니라 형의 집행유예를 선고받고 그 유예기간이 경과하지 않은 경우도 특별한 사정(형법 제37조의 경합범관계에 있는 수죄가 전후로 기소되어 각각 별개의 절차에서 재판을 받게 된 결과 어느 하나의 사건에서 먼저 집행유예가 선고되어 그 형이 확정된 경우로서 같은 절차에서 동시에 재판을 받았더라면 한꺼번에 집행유예의 선고를 받았으리라고 여겨지는 특수한 경우에 한함)이 없는 한 여기에 포함된다(대법원 1989. 9. 12. 선고 87도2365 전원합의체 판결, 대법원 2002. 2. 22. 선고 2001도5891 판결 등 참조).

종전 형법 제62조 제1항 단서 규정의 문언과 취지 및 위 법리 등에 비추어 보면, 피고인에 대하여 3년 이하의 징역 또는 금고의 형을 선고할 경우에 형법 제51조의 사항을 참작하여 그 정상에 참작할 만한 사유가 있는 때에는 집행유예를 선고할 수 있으나, 원칙적으로 금고 이상의 형의 선고를 받은 전력이 있는 경우에는 집행유예를 선고할 수 없는 것으로 하되, 다만 금고 이상의 형의 선고를 받은 전력이 있더라도, 그 전력이 형의 집행유예를 선고받은 것으로서 그 집행유예가 실효 또는 취소됨이 없이 그 유예기간을 이미 경과하였거나, 그 전력이 실형을 선고받은 것으로서 그 형의 집행을 종료한 후 또는 집행이 면제된 후로부터 5년이 경과한 경우에는 다시 집행유예를 선고할 수 있는 것으로 해석함이 상당하다.

위와 같은 법리 및 기록에 비추어 살펴보면, 이 사건의 경우 위와 같이 집행유예기간 중에 범한 피고인의 이 사건 범죄에 대하여 형을 선고함에 있어, 피고인은 그 집행유예가 실효 또는 취소됨이 없이 그 유예기간을 이미 경과한 경우 또는 그 집행유예가 취소되어 그 형의 집행을 종료하거나 집행이 면제된 후로부터 5년을 경과한 경우 중 어디에도 해당하지 아니하므로, 이는 종전 형법 제62조 제1항 단서 소정의 집행유예의 결격사유에 해당된다고 할 것이어서 종전 형법의 규정상 피고인에 대하여 형의 집행유예를 선고할 수 없다.

이와 달리, 종전 형법 제62조 제1항 단서 소정의 집행유예 결격사유는 금고 이상의 형의 선고를 받아 그 형의 '집행을 종료한 자 또는 집행이 면제된 자'에 대하여만 적용될 뿐 그 형의 '집행 중에 있는 자'에 대하여는 적용되지 않는다는 독단적인 견해를 전제로 하여, 피고인은 현재 형의 집행중에 있으므로 종전 형법 제62조 제1항 단서 소정의 결격사유에 해당되지 않는다는 취지의 상고이유의 주장은 받아들일 수 없다.

5] 서울중앙지법 2006. 1. 5. 선고 2005노3145 판결:확정

[1] 공소제기된 사실보다 무거운 별개의 범죄사실을 피고인에게 불리한 양형요소로 참작할 경우, 그 증명 정도.

❐ 범죄의 구성요소가 아닌 양형의 이유가 되는 사실이라 할지라도 공소제기된 사실보다 훨씬 무거운 다른 범죄행위가 되는 사실을 피고인에게 불리한 양형의 요소로 참작할 경우에는 사실상 당해 사건으로 공소제기되지 아니한 범죄행위가 양형에 결정적인 영향을 미치게 될 가능성을 배제할 수 없으므로 그러한 사실에 대하여도 합리적인 의심을 배제할 정도의 엄격한 증명이 요구되는 것이고, 단지 그러한 의심이 있다는 사정만으로 이를 피고인에게 불리한 양형의 요소로 참작할 수는 없다.

6] 서울중앙지법 2004. 12. 13. 선고 2004고합972,973,1023 판결, 항소

(1) 연약한 노인이나 여성 등 20명을 살해한 피고인에 대하여 사형선고

❒ 피고인이 자신과 아무런 관계가 없는 이 사건 범행은 그 살인의 피해자가 20명이고 그 대상도 대부분 연약한 노인이거나 여성으로서 우리 나라 범죄사에 있어서도 그 유례를 찾아보기 어려운 가장 중한 범죄에 해당한다고 할 것이고, 위에서 본 바와 같은 모든 양형 요인을 종합하여 보면, 그 죄질과 범정이 극히 무겁다고 아니할 수 없으며, 이 사건 범행에 나타난 피고인의 반사회적인 악성, 억울하게 죽음을 당한 피해자들과 그 유족들이 겪었거나, 겪고 있는 육체적 · 정신적인 고통의 정도, 피고인의 위와 같은 반인륜적이고 엽기적인 범행으로 인하여 사회에 큰 충격과 경악을 준 점 및 형벌의 균형이나 범죄의 일반예방적인 견지에서도 피고인을 영원히 사회로부터 격리시키는 형의 선고가 불가피하다.

2. 자수 · 자복

조 문

제52조(자수, 자복) ① 죄를 범한 후 수사책임이 있는 관서에 자수한 때에는 그 형을 감경 또는 면제할 수 있다.
② 피해자의 의사에 반하여 처벌할 수 없는 죄에 있어서 피해자에게 자복한 때에도 전항과 같다.

[자수]

관련판례

1] 대법원 2011. 12. 22. 선고 2011도12041 판결

[1] 형법 제52조 제1항에서 말하는 '자수'의 의미 및 자수감경을 하지 아니하거나 자수감경 주장에 대하여 판단하지 아니한 원심의 조치는 위법이 아니다(소극).

❒ 형법 제52조 제1항의 '자수'란 범인이 스스로 수사책임이 있는 관서에 자기의 범행을 자발적으로 신고하고 그 처분을 구하는 의사표시이므로, 수사기관의 직무상의 질문 또는 조사에 응하여 범죄사실을 진술하는 것은 자백일 뿐 자수로는 되지 아니하고, 나아가 자수는 범인이 수사기관에 의사표시를 함으로써 성립하는 것이므로 내심적 의사만으로는 부족하고 외부로 표시되어야 이를 인정할 수 있는 것이다(대법원 2004. 10. 14. 선고 2003도3133 판결 참조). 또한 피고

인이 자수하였다 하더라도 자수한 이에 대하여는 법원이 임의로 형을 감경할 수 있음에 불과한 것으로서 원심이 자수감경을 하지 아니하였다거나 자수감경 주장에 대하여 판단을 하지 아니하였다 하여 위법하다고 할 수 없다(대법원 2004. 6. 11. 선고 2004도2018 판결 참조).

2] 대법원 2009. 6. 11. 선고 2008도8627 판결

[1] 사고 운전자가 교통사고 현장에서 동승자로 하여금 사고차량의 운전자라고 허위 신고하도록 하였더라도 사고 직후 사고 장소를 이탈하지 아니한 채 보험회사에 사고접수를 하고, 경찰관에게 위 차량이 가해차량임을 밝히며 경찰관의 요구에 따라 동승자와 함께 조사를 받은 후 이틀 후 자진하여 경찰에 출두하여 자수한 경우, 특정범죄 가중처벌 등에 관한 법률 제5조의3 제1항에 정한 도주한 때에 해당하지 않는다.

❒ 사고 운전자가 피해자를 구호하는 등 도로교통법 제54조 제1항에 정한 의무를 이행하기 전에 도주의 범의로써 사고현장을 이탈한 것인지 여부를 판정함에 있어서는 그 사고의 경위와 내용, 피해자의 상해의 부위와 정도, 사고 운전자의 과실 정도, 사고 운전자와 피해자의 나이와 성별, 사고 후의 정황 등을 종합적으로 고려하여야 한다(대법원 2002. 6. 28. 선고 2002도2001 판결, 대법원 2007. 10. 11. 선고 2007도1738 판결 등 참조). 피고인이 교통사고 현장에서 동승자이던 원심 공동피고인 2로 하여금 이 사건 차량의 운전자인 것처럼 허위로 신고하도록 하였다 하더라도, 피고인은 사고 직후 사고 장소를 이탈한 바 없이 피해자의 피해사실을 확인한 후 곧바로 보험회사에 사고접수를 하고, 출동한 경찰관에게 이 사건 차량이 가해차량임을 명백히 밝혔으며, 경찰관의 요구에 따라 위 원심 공동피고인 2와 함께 영등포경찰서로 동행하여 조사를 받은 후 귀가하였다가 이틀 후 자진하여 경찰에 출두, 자수하기까지 한 점 등의 사정에 비추어 보면, 피고인이 피해자를 구호하는 등의 의무를 이행하기 전에 도주의 범의를 가지고 사고현장을 이탈하였다고까지 인정하기에는 부족하다.

3] 대법원 2006. 9. 22. 선고 2006도4883 판결

[1] 피고인이 경찰관의 여죄 추궁 끝에 다른 범죄사실을 자백한 경우, 자수라고 할 수 없다.

❒ 자수라 함은 범인이 스스로 수사책임이 있는 관서에 자기의 범행을 자발적으로 신고하고 그 처분을 구하는 의사표시를 말하고, 가령 수사기관의 직무상의 질문 또는 조사에 응하여 범죄사실을 진술하는 것은 자백일 뿐 자수로는 되지 않는다(대법원 1992. 8. 14. 선고 92도962 판결 등 참조). 피고인이 자수하였다 하더라도 자수한 자에 대하여는 법원이 임의로 형을 감경할 수 있음에 불과한 것으로서 자수감경을 하지 아니하였다 하여 위법하다고 할 수 없다(대법원 1992. 8. 14. 선고 92도962 판결 등 참조).

4] 대법원 2005. 4. 29. 선고 2002도7262 판결

[1] 검찰에 자진 출석하여 범행을 사실대로 진술한 후 법정에서 범행을 부인한 경우, 자수감경을 할 수 있다(적극).

❒ 피고인들이 검찰에 조사 일정을 문의한 다음 지정된 일시에 검찰에 출두하는 등의 방법으로 자진 출석하여 범행을 사실대로 진술하였음을 인정할 수 있으므로 자수가 성립되었다고 할 것이고, 그 후 법정에서 범행 사실을 부인한다고 하여 뉘우침이 없는 자수라거나, 이미 발생한 자수의 효력이 없어진다고 볼 수 없어, 피고인들에 대하여 자수감경을 한 것은 옳다.

5] 대법원 2004. 10. 14. 선고 2003도3133 판결

[1] 형법 제52조 제1항에 정한 자수의 의미와 요건 및 자백과의 구별

❒ 형법 제52조 제1항에서 말하는 자수란 범인이 자발적으로 자신의 범죄사실을 수사기관에 신고하여 그 소추를 구하는 의사표시를 함으로써 성립하는 것으로서, 범행이 발각된 후에 수사기관에 자진 출석하여 범죄사실을 자백한 경우도 포함하며, 일단 자수가 성립한 이상 자수의 효력은 확정적으로 발생하고 그 후에 범인이 번복하여 수사기관이나 법정에서 범행을 부인한다고 하여 일단 발생한 자수의 효력이 소멸하는 것은 아니지만(대법원 1997. 3. 20. 선고 96도1167 전원합의체 판결, 대법원 1999. 7. 9. 선고 99도1695 판결, 대법원 2001. 5. 15. 선고 2001도410 판결 등 참조), 수사기관에의 신고가 자발적이라고 하더라도 그 신고의 내용이 자기의 범행을 명백히 부인하는 등의 내용으로 자기의 범행으로서 범죄성립요건을 갖추지 아니한 사실일 경우에는 자수는 성립하지 않고, 일단 자수가 성립하지 아니한 이상 그 이후의 수사과정이나 재판과정에서 범행을 시인하였다고 하더라도 새롭게 자수가 성립할 여지는 없다(대법원 1993. 6. 11. 선고 93도1054 판결, 대법원 1994. 10. 14. 선고 94도2130 판결, 대법원 1999. 7. 9. 선고 99도1695 판결, 대법원 1999. 9. 21. 선고 99도2443 판결 등 참조), 범인이 스스로 수사책임이 있는 관서에 자기의 범행을 자발적으로 신고하고 그 처분을 구하는 의사표시이므로 수사기관의 직무상의 질문 또는 조사에 응하여 범죄사실을 진술하는 것은 자백일 뿐 자수로는 되지 않는다(대법원 2002. 6. 25. 선고 2002도1893 판결 참조), 자수는 범인이 수사기관에 의사표시를 함으로써 성립하기 때문에 내심적 의사만으로는 부족하고, 외부로 표시되어야 이를 인정할 수 있는 것이다.

[2] 자수서를 소지하고 수사기관에 자발적으로 출석하였으나 자수서를 제출하지 아니하고 범행사실도 부인하였다면 자수가 성립하지 아니하고, 그 이후 구속까지 된 상태에서 자수서를 제출하고 범행사실을 시인한 것을 자수가 부정된다.

❒ 피고인 2가 비록 수사기관에 자발적으로 출석하였고, 당시 자수서를 소지하고 있었다고 하더라도, 조사를 받으면서 자수서를 제출하지 않았을 뿐만 아니라 범행사실도 부인하였던 이상

그 단계에서 자수가 성립한다고 인정할 수는 없고, 그 이후 피고인 2가 그와 같은 범죄사실로 인하여 구속까지 된 상태에서 자수서를 제출하고 제4회 피의자신문 당시 범행사실을 시인한 것을 자수에 해당한다고 인정할 수도 없을 것이다.

6] 대법원 2004. 6. 11. 선고 2004도2018 판결

❒ 피고인이 자수하였다 하더라도 자수한 자에 대하여는 법원이 임의로 형을 감경할 수 있음에 불과한 것으로서 원심이 자수감경을 하지 아니하였다거나 자수감경 주장에 대하여 판단을 하지 아니하였다 하여 위법하다고 할 수 없다(대법원 2001. 4. 24. 선고 2001도872 판결).

7] 대법원 2002. 8. 23. 선고 2002도46 판결

❒ 피고인이 검찰의 소환에 따라 자진 출석하여 검사에게 위 금품수수와 그 직무관련성을 포함한 이 사건 범죄사실에 관하여 자백함으로써 형법상 자수의 효력이 발생하였음을 인정할 수가 있고, 그 후에 피고인이 검찰이나 법정에서 범죄사실을 일부 부인하였다고 하더라도 일단 발생한 자수의 효력이 소멸하는 것은 아니라고 할 것이므로, 피고인의 자수를 인정하고 이에 대하여 법률상 감경을 한 조치는 정당하다.

8] 대법원 2001. 4. 24. 선고 2001도872 판결

❒ 피고인이 자수하였다 하더라도 자수한 자에 대하여는 법원이 임의로 형을 감경할 수 있음에 불과한 것으로서 원심이 자수감경을 하지 아니하였다거나 자수감경 주장에 대하여 판단을 하지 아니하였다 하여 위법하다고 할 수 없다(대법원 1991. 11. 12. 선고 91도2241판결, 1992. 8. 14. 선고 92도962판결 등 참조).

9] 대법원 1999. 7. 9. 선고 99도1695 판결【향정신성의약품관리법위반】

❒ 형법 제52조 제1항 소정의 자수란 범인이 자발적으로 자신의 범죄사실을 수사기관에 신고하여 그 소추를 구하는 의사표시를 함으로써 성립하는 것으로서, 일단 자수가 성립한 이상 자수의 효력은 확정적으로 발생하고 그 후에 범인이 번복하여 수사기관이나 법정에서 범행을 부인한다고 하더라도 일단 발생한 자수의 효력이 소멸하는 것은 아니라고 할 것이다.

10] 대법원 1999. 4. 13. 선고 98도4560 판결【대마관리법위반】

❒ 형법 제52조 제1항 소정의 자수라 함은 범인이 자발적으로 자신의 범죄사실을 수사기관

에 신고하여 그 소추를 구하는 의사표시를 말한다(대법원 1994. 10. 14. 선고 94도2130 판결 참조).

[자복]

관련판례

1] 대법원 1990. 4. 27. 선고 90도321 판결

❐ 형법 제52조의 자수, 자복감경이나 소년법 제60조 제2항이 규정한 감경은 필요적인 것이 아니고 법원의 재량에 속하는 것이다.

2] 마산지법 1985. 2. 28. 선고 84고단1541 판결

❐ 유부녀가 남편 아닌 자와 간통하였다고 남편에게 허위자복을 하고 남편이 그에 기하여 상간자라는 사람을 간통죄로 고소하였다 하더라도 그 유부녀의 허위자복만으로써는 무고죄의 간접정범이 성립되지 아니한다.

3. 작량감경

조 문

제53조(작량감경) 범죄의 정상에 참작할 만한 사유가 있는 때에는 작량하여 그 형을 감경할 수 있다.
제54조(선택형과 작량감경) 1개의 죄에 정한 형이 수종인 때에는 먼저 적용할 형을 정하고 그 형을 감경한다.

관련판례

1] 대법원 2006. 3. 23. 선고 2006도1076 판결

[1] 형법 제38조 제1항 제3호에 의하여 징역형과 벌금형을 병과하는 경우, 징역형에만 작량감경을 한 것이 위법한지 여부(소극)
❐ 형법 제38조 제1항 제3호에 의하여 징역형과 벌금형을 병과하는 경우에는 각 형에 대한 범죄의 정상에 차이가 있을 수 있으므로 징역형에만 작량감경을 하고 벌금형에는 작량감경을 하지 아니하였다고 하여 이를 위법하다고 할 수 없다. 이러한 법리에 비추어 원심이, 피고인에게

판시 특정범죄 가중처벌 등에 관한 법률 위반(절도)죄 등에 대한 징역형과 판시 도로교통법 위반죄에 대한 벌금형을 병과하면서 징역형에만 작량감경을 한 제1심의 판단을 유지한 것을 위법하다고 할 수 없다. 이에 관한 상고이유의 주장은 받아들일 수 없다(대법원 1976. 9. 14. 선고 76도2012 판결 등은 하나의 죄에 대하여 징역형과 벌금형을 병과하는 경우에 관한 것으로서 이 사건과 사안을 달리하여 이 사건에 그대로 적용할 수 없는 것들이다).

2] **대법원** 1990. 8. 24. **선고** 90도1316 **판결**

[1] 판결이유중 법령의 적용에 있어서 형의 선택을 명시하지 아니한 잘못과 상고이유인 판결에 영향을 미친 법률위반이 있는 때

❒ 판결이유에 법령의 적용을 명시함에 있어서 피고인의 각 소위가 형법 제129조 제1항에 해당한다고 판시한 다음, 적용할 형으로 징역형을 선택하였음을 명시하지 아니하였다고 하더라도, '피고인의 각 죄가 형법 제37조 전단의 경합범이므로 형법 제38조 제1항 제2호, 제50조에 의하여 경합범가중을 한 형기범위 내에서 피고인을 징역 6월에 처한다'고 이유를 기재한 이상, 수뢰죄의 소정형 중 징역형을 선택하였음을 판시하였다고 볼 수 있으므로, 이 점에 관하여 법령을 위반하여 판결에 영향을 미친 위법이 없다.

3] **대법원** 1985. 3. 12. **선고** 84도3042 **판결**

[1] 자수를 형법 제52조 소정의 감면사유로 삼지 않고, 제53조 소정의 작량감경사유로 한 것의 적법(적극)

❒ 형법 제52조 제1항 소정의 자수감면은 법원의 재량에 속하는 임의적인 것이기 때문에 법원이 이를 위 법조에 의한 감경사유로 삼지 아니하고 다른 정상과 합쳐 정상참작의 사유로 삼아 형법 제53조에 의한 작량감경을 하더라도 적법하다(대법원 1984. 11. 13. 선고 84도1897 판결 참조).

4] **대법원** 1964. 10. 28. 64도454

[1] 형법 제53조에 의한 작량감경의 방법.

❒ 형법 제53조는 작량감경을 할 수 있음을 규정하였을 뿐 그 감경의 방법에 관하여 직접적인 규정은 없으나 작량감경의 경우에 있어서도 일정한 범위를 정하여 그 범위 내에서만 각 범죄사정에 적합한 양형을 하게 하여야 할 것이며 작량감경의 방법도 형법 제55조 소정 감경의 방법에 의하는 것으로 해석함이 상당하다.

4. 법률상의 감경

조문

제55조(법률상의 감경) ① 법률상의 감경은 다음과 같다.
1. 사형을 감경할 때에는 무기 또는 10년 이상의 징역 또는 금고로 한다.
2. 무기징역 또는 무기금고를 감경할 때에는 7년 이상의 징역 또는 금고로 한다.
3. 유기징역 또는 유기금고를 감경할 때에는 그 형기의 2분의 1로 한다.
4. 자격상실을 감경할 때에는 7년 이상의 자격정지로 한다.
5. 자격정지를 감경할 때에는 그 형기의 2분의 1로 한다.
6. 벌금을 감경할 때에는 그 다액의 2분의 1로 한다.
7. 구류를 감경할 때에는 그 장기의 2분의 1로 한다.
8. 과료를 감경할 때에는 그 다액의 2분의 1로 한다.
② 법률상 감경할 사유가 수개있는 때에는 거듭 감경할 수 있다.

관련판례

1] 대법원 1992. 10. 13. 선고 92도1428 전원합의체 판결

[1] 무기징역형을 작량감경하는 경우 경합범가중사유나 누범가중사유가 있다 하여 15년을 넘는 징역형을 선고할 수 없다(소극).

❒ 형법 제38조 제1항 제1호는 경합범 중 가장 중한 죄에 정한 형이 사형 또는 무기징역이나 무기금고인 때에는 가장 중한 죄에 정한 형으로 처벌하도록 규정하고 있으므로, 경합범 중 가장 중한 죄의 소정형에서 무기징역형을 선택한 이상 무기징역형으로만 처벌하고 따로이 경합범가중을 하거나 가장 중한 죄가 누범이라 하여 누범가중을 할 수 없음은 더 말할 나위도 없고, 위와 같이 무기징역형을 선택한 후 형법 제56조 제6호의 규정에 의하여 작량감경을 하는 경우에는 같은 법 제55조 제1항 제2호의 규정에 의하여 7년 이상의 징역으로 감형되는 한편, 같은 법 제42조의 규정에 의하여 유기징역형의 상한은 15년이므로 15년을 초과한 징역형을 선고할 수 없다.

[2] 무기징역형에 처하는 것이 과중하다고 인정되고 작량감경사유가 있는 경우 작량감경한 형이 가볍게 느껴진다고 하여 과중한 무기징역형을 선고함은 부당하다(소극).

❒ 수형자를 사회로부터 영구히 격리시켜 그 자유를 박탈하는 종신자유형인 무기징역형은 유기징역형과는 현저한 차이가 있으므로, 양형의 조건에 비추어 무기징역형에 처하는 것이 과중하다고 인정되고 작량감경의 사유가 있다면 작량감경한 형기 범위 내에서 형을 선고하여야지

작량감경한 형이 가볍게 느껴진다고 하여 과중한 무기징역형을 선고할 수는 없는 것이며, 만일 무기징역형을 선고한다면 이는 형의 양정이 심히 부당한 경우에 해당하여 위법하다.

2] 대법원 1991. 6. 11. **선고** 91도985 **판결**

(1) 법률상 감경사유가 있을 때의 작량감경

❒ 법률상 감경사유가 있을 때에는 작량감경보다 우선하여 하여야 할 것이고, 작량감경은 이와 같은 법률상 감경을 다하고도 그 처단형의 범위를 완화하여 그보다 낮은 형을 선고하고자 할 때에 하는 것이 옳다.

3] 대법원 1978. 4. 25. **선고** 78도246 **전원합의체 판결**

[1] 형법 제55조 제1항 제6호의 벌금을 감경할 때의 다액의 의미

❒ 형법 55조 1항 6호를 금액이라고 규정할 것을 착오로 "금액"을 "다액"으로 부주의하게 표현하였다. 형법 제55조 제1항 제6호의 벌금을 감경할 때의 「다액」의 2분의 1이라는 문구는 「금액」의 2분의 1이라고 해석하여 그 상한과 함께 하한도 2분의 1로 내려가는 것으로 해석하여야 한다(다수의견).

5. 가중감경의 순서

조문

제56조(가중감경의 순서) 형을 가중감경할 사유가 경합된 때에는 다음 순서에 의한다.
1. 각칙본조에 의한 가중
2. 제34조제2항의 가중
3. 누범가중
4. 법률상감경
5. 경합범가중
6. 작량감경

관련판례

1] 대법원 2010. 10. 28. **선고** 2010도10960 **판결**

[1] 상습절도 범행에 적용되는 특정범죄 가중처벌 등에 관한 법률 제5조의4 제1항의 법정형에

누범가중, 소년감경, 작량감경을 차례로 하고도 작량감경을 하기 전의 처단형 범위 내에서 형을 선고한 것은 판결경정사유에 해당한다.

❐ 피고인들이 합동하여 또는 단독으로 저지른 판시 상습절도의 범죄사실에 대하여 특정범죄가중처벌 등에 관한 법률 제5조의4 제1항을 적용하여 유기징역형을 선택하고 그 법정형에 대하여 누범가중, 소년감경, 작량감경을 차례로 한 후 그 최종 처단형의 형기 범위 내에서 피고인 1에 대하여는 장기 2년, 단기 1년 6월의 징역형을, 피고인 2에 대하여는 장기 1년 6월, 단기 1년의 징역형을 선고한 사실, 원심은 양형부당을 항소이유로 내세운 피고인들의 항소를 모두 기각하면서, 다만 제1심이 피고인 1에 대하여 작량감경을 하기 전의 처단형, 즉 소년감경까지만 한 처단형의 범위 내에서 형을 선고하였음에도 작량감경을 한 것은 형사소송규칙 제25조 제1항에 규정된 '재판서에 잘못된 계산이나 기재, 그 밖에 이와 비슷한 잘못이 있음이 분명한 때'에 해당한다고 보아 피고인 1에 대한 작량감경의 법령적용을 삭제하는 것으로 제1심판결을 경정한 사실을 알 수 있다.

제1심이 피고인 1에 대하여 작량감경을 한 후 작량감경을 하지 아니한 처단형의 범위 내에서 형을 선고하였다 하더라도 그것이 작량감경을 한 처단형의 범위 내에서 선고된 것인 이상 이를 위법하다고 할 수 없다.

2] 대법원 1994. 9. 27. 선고 94도1391 판결

[1] 특정범죄가중처벌등에관한법률 제5조의4 제5항 위반죄에 해당하는 경우 상습범에 관한 제1항 내지 제4항 소정의 법정형에 다시 누범가중하여야 한다.

❐ 특정범죄가중처벌등에관한법률(이하 특가법이라 줄여쓴다) 제5조의4 제5항의 규정 취지는 같은 법조 제1항, 제3항 또는 제4항에 규정된 죄 또는 그 미수죄로 3회 이상 징역형을 받은 자로서 다시 이를 범하여 누범으로 처벌할 경우에는 상습성이 인정되지 않은 경우에도 상습범에 관한 제1항 내지 제4항 소정의 법정형에 의하여 처벌한다는 뜻이라고 새겨지므로, 제1항 내지 제4항에 정한 형에 다시 누범가중한 형기범위 내에서 처단형을 정하는 것이 타당하다(대법원 1982. 10. 12. 선고 82도1865 판결 참조).

3] 대법원 1994. 8. 12. 선고 94도1591 판결

[1] 누범가중을 하지 않은 위법은 상고이유가 될 수 없다.

❐ 피고인에게 누범에 해당하는 전과가 있음에도 불구하고 형법 제35조 제2항에 의한 누범가중을 하지 아니한 것은 위법하다고 할 것이나, 피고인으로서 위와 같은 위법을 주장하는 것은 자기에게 불이익을 주장하는 것이 되므로 이는 적법한 상고이유가 될 수 없다(대법원 1953. 5. 19.

선고 4286형상15 판결 참조).

4] **대법원** 1994. 3. 8. **선고** 93도3608 **판결**

[1] 법률상 감경과 작량감경의 순서

❐ 형법 제56조는 형을 가중 감경할 사유가 경합된 경우 가중 감경의 순서를 정하고 있고, 이에 따르면 법률상 감경을 먼저하고 마지막으로 작량감경을 하게 되어 있으므로, 법률상 감경사유가 있을 때에는 작량감경보다 우선하여 하여야 할 것이고, 작량감경은 이와 같은 법률상 감경을 다하고도 그 처단형보다 낮은 형을 선고하고자 할 때에 하는 것이 옳다(대법원 1991. 6. 11. 선고 91도985 판결 참조).

5] **대구고법** 1981. 12. 11. **선고** 81노1111 **형사부판결 : 확정**

[1] 법률상감경과 경합범가중의 순서

형법 제56조에 의하여 형을 가중, 감경할 사유가 경합된 때에는 법률상 감경을 먼저하고, 다음에 경합범가중을 하도록 규정되어 있다.

6] **대법원** 2000. 5. 12. **선고** 2000도605 **판결**

[1] 판결 이유에서 법령의 적용을 명시함에 있어서 형종의 선택을 명시하지 아니하고 경합범가중을 하면서 어느 죄에 정한 형에 가중하는지를 명시하지 아니한 경우, 법령을 위반하여 판결에 영향을 미친 위법이 있다고 할 수 없다(소극).

❐ 판결 이유에 법령의 적용을 명시하면서 각 범죄사실이 해당하는 법조문을 나열한 다음 법정형이 선택적으로 규정된 일부 죄에 대하여 형종의 선택을 명시하지 아니하고, 경합범가중을 하면서도 어느 죄에 정한 형에 가중하는지를 명시하지 아니하더라도, 주문에서 형종과 형기를 명기한 이상 법령을 위반하여 판결에 영향을 미친 위법이 있다고 할 수는 없다.

7] **대법원** 1992. 10. 13. **선고** 92도1428 **전원합의체 판결**

[1] 무기징역형을 작량감경하는 경우 경합범가중사유나 누범가중사유가 있다 하여 15년을 넘는 징역형을 선고할 수 있는지 여부(소극)

❐ 형법 제38조 제1항 제1호는 경합범 중 가장 중한 죄에 정한 형이 사형 또는 무기징역이나 무기금고인 때에는 가장 중한 죄에 정한 형으로 처벌하도록 규정하고 있으므로, 경합범 중 가장 중한 죄의 소정형에서 무기징역형을 선택한 이상 무기징역형으로만 처벌하고 따로이 경합범가중을 하거나 가장 중한 죄가 누범이라 하여 누범가중을 할 수 없음은 더 말할 나위도 없고, 위와 같

이 무기징역형을 선택한 후 형법 제56조 제6호의 규정에 의하여 작량감경을 하는 경우에는 같은 법 제55조 제1항 제2호의 규정에 의하여 7년 이상의 징역으로 감형되는 한편, 같은 법 제42조의 규정에 의하여 유기징역형의 상한은 15년이므로 15년을 초과한 징역형을 선고할 수 없다.

6. 판결선고전 구금일수의 통산

조문

제57조(판결선고전구금일수의 통산) ① 판결선고전의 구금일수는 그 전부 또는 일부를 유기징역, 유기금고, 벌금이나 과료에 관한 유치 또는 구류에 산입한다.
② 전항의 경우에는 구금일수의 1일은 징역, 금고, 벌금이나 과료에 관한 유치 또는 구류의 기간의 1일로 계산한다.
[단순위헌, 2007헌바25, 2009. 6. 25. 형법 제57조제1항 중 "또는 일부" 부분은 헌법에 위반된다.]

관련판례

1] 대법원 2009. 12. 10. 선고 2009도11448 판결

[1] 형법 제57조 제1항의 일부에 대한 헌법재판소의 위헌결정에 따라 판결에서 별도로 '판결선고 전 미결구금일수 산입에 관한 사항'을 판단할 필요가 없다(적극).

❐ 형법 제57조 제1항 중 "또는 일부" 부분은 헌법재판소 2009. 6. 25. 선고 2007헌바25 사건의 위헌결정으로 효력이 상실되었다. 그리하여 판결선고 전 미결구금일수는 그 전부가 법률상 당연히 본형에 산입하게 되었으므로, 판결에서 별도로 미결구금일수 산입에 관한 사항을 판단할 필요가 없다고 할 것이다.

2] 대법원 2009. 5. 28. 선고 2009도1446 판결

[1] 미결구금일수의 통산에 관한 형법 제57조의 규정 취지

❐ 형법 제57조가 미결구금일수의 전부 또는 일부를 본형에 산입한다고 규정한 것은 미결구금이 공소의 목적을 달성하기 위하여 어쩔 수 없이 피고인 또는 피의자를 구금하는 강제처분이어서, 형의 집행은 아니지만 자유를 박탈하는 점이 자유형과 유사하기 때문이다.

[2] 미합중국 정부와의 범죄인인도조약에 따라 미국에서 체포된 후 국내에 송환되어 구속되기까지의 기간이 형법 제57조에 의하여 본형에 산입될 미결구금일수에 해당하지 않는다고 한 사례

❒ 피고인이 미결구금일수로서 본형에의 산입을 요구하는 일수는 공소의 목적을 달성하기 위하여 어쩔 수 없이 이루어진 강제처분기간이 아니라, '대한민국 정부와 미합중국 정부간의 범죄인인도조약'에 따라 체포된 후 인도절차를 밟기 위한 기간에 불과하여 형법 제57조에 의하여 본형에 산입될 미결구금일수에 해당하지 않는다.

[3] 미결구금일수의 산입에 관하여

❒ 미결구금은 공소의 목적을 달성하기 위하여 어쩔 수 없이 피고인 또는 피의자를 구금하는 강제처분이어서 형의 집행은 아니지만, 자유를 박탈하는 점이 자유형과 유사하기 때문에 형법 제57조는 인권보호의 관점에서 미결구금일수의 전부 또는 일부를 본형에 산입한다고 규정하고 있는데(대법원 2003. 2. 11. 선고 2002도6606 판결 참조), 피고인이 미결구금일수로서 본형에의 산입을 요구하는 기간은 공소의 목적을 달성하기 위하여 어쩔 수 없이 이루어진 강제처분의 기간이 아니라 피고인이 범행 후 미국으로 도주하였다가 대한민국정부와 미합중국정부 간의 범죄인인도조약에 따라 체포된 후 인도절차를 밟기 위한 기간에 불과하여 본형에 산입될 미결구금일수에 해당한다고 볼 수 없을 뿐 아니라, 원심이 피고인에 대한 미결구금일수를 일부라도 본형에 산입한 이상 상고이유에서 지적하는 바와 같이 미결구금일수의 산입에 관한 법리를 오해하여 판결에 영향을 미친 위법이 없다.

3] **헌법재판소** 2008. 7. 31. **선고** 2006**헌마**704 **전원재판부【미결구금일수불산입위헌확인】**

[1] 검사의 미결구금일수산입에 관한 처분에 대한 헌법소원에서 보충성요건의 적용 여부(적극)

❒ 형사재판의 집행은 원칙적으로 재판확정 후 그 재판을 한 법원에 대응하는 검찰청 검사의 지휘로 집행하고, 그러한 재판의 집행을 받은 자는 집행에 관한 검사의 처분이 부당할 경우 그 재판을 선고한 법원에 이의신청을 할 수 있다. 그리고 여기서 말하는 검사의 형집행처분에는 미결구금일수의 법정통산에 관한 검사의 처분도 포함된다고 할 것이다. 따라서 피청구인의 형집행처분에 대하여 형사소송법에 의한 구제방법인 이의신청을 함이 없이 곧바로 제기된 이 사건 헌법소원은 보충성의 요건에 반하는 것으로서 부적법하다.

4] **대법원** 2008. 4. 14. **자** 2007**모**726 **결정**

[1] 판결문의 미결구금일수 산입에 오류가 있을 경우 경정결정으로 시정이 허용되는 범위 및 실제 구금일수를 초과하여 본형에 산입한 판결이 확정된 경우, 초과부분이 본형에 산입되는 효력이 생기는지 여부(소극)

❒ 구 형사소송규칙(2007. 10. 29. 대법원규칙 제2106호로 개정되기 전의 것) 제25조 제1항에

의하면 재판서에 '오기 기타 이에 유사한 오류가 있는 것이 명백한 때'에 한하여 법원이 경정결정을 할 수 있다. 따라서 미결구금일수가 실제로는 전혀 존재하지 아니함에도 이를 산입한 경우에는 재판서에 오기와 유사한 오류가 있음이 명백하여 판결서의 경정으로 시정할 수 있을 것이다(대법원 2007. 7. 13. 선고 2007도3448 판결 참조). 또한, 주문에서 '구금일수 몇 일을 산입한다'는 형식으로 기재하는 등 판결서 기재에 의하여 미결구금일수 전부를 산입하려 한 것이 명백하지만 착오로 실제 존재하는 구금일수보다 적은 구금일수만을 산입한 오류가 있는 경우에도 판결서의 경정으로 이를 시정할 수 있다고 봄이 상당하다. 그러나 주문에서 '구금일수 중 몇 일을 산입한다'는 형식으로 기재하는 등 미결구금일수 중 일부만 산입하는 내용의 판결을 선고하면서 착오로 실제 존재하는 구금일수를 초과하여 산입한 경우에는 판결서의 기재만으로 실제 미결구금일수 중 몇 일을 산입하려고 하였는지 알 수 없으므로, 이를 판결서의 경정으로 시정하는 것은 허용될 수 없다. 다만, 이와 같이 실제 존재하는 미결구금일수를 초과하여 산입한 판결이 확정된 경우에도 그 초과 부분이 본형에 산입되는 효력이 생기는 것은 아니므로, 형의 집행과정에서는 실제 존재하는 미결구금일수만 산입하여야 할 것이다.

5] 대법원 2008. 2.2 9. 선고 2007도9137 판결

[1] 형법 제57조에 의하여 산입된 미결구금기간이 본형기간을 초과한 경우, 형법 제62조의 규정에 따라 그 본형의 '집행'을 유예할 수 있다(적극).

❐ 형법 제57조 제1항은 판결선고 전의 구금일수는 그 전부 또는 일부를 유기징역, 유기금고, 벌금이나 과료에 관한 유치 또는 구류에 산입한다고 규정하고 있는바, 미결구금기간이 확정된 징역 또는 금고의 본형기간을 초과한다고 하여 위법하다고 할 수는 없고 (대법원 1989. 10. 10. 선고 89도1711 판결 참조), 미결구금은 공소의 목적을 달성하기 위하여 어쩔 수 없이 피고인 또는 피의자를 구금하는 강제처분으로서, 자유를 박탈하는 점이 자유형과 유사하기 때문에 형법 제57조가 인권보호의 관점에서 미결구금일수의 전부 또는 일부를 본형에 산입한다고 규정하고 있는 것일 뿐, 미결구금이 곧 형의 집행인 것은 아니므로 (대법원 2001. 10. 26. 선고 2001도4583 판결, 대법원 2003. 2. 11. 선고 2002도6606 판결, 대법원 2004. 4. 27. 선고 2004도482 판결 등 참조), 형법 제57조에 의하여 산입된 미결구금기간이 징역 또는 금고의 본형기간을 초과한다고 하여도 형법 제62조의 규정에 따라 그 본형의 '집행'을 유예하는 데에는 아무런 지장이 없다고 할 것이다.

6] 대법원 2007. 8. 10. 자 2007모522 결정

[1] 미결구금의 법적 성질 및 그 기간을 형기에 산입할 수 없다(소극).

❐ 미결구금은 도망이나 증거인멸을 방지하여 수사, 재판, 또는 형의 집행을 원활하게 진행하기 위하여 무죄추정원칙에도 불구하고 불가피하게 피의자 또는 피고인을 일정기간 일정시설에 구금하여 그 자유를 박탈하게 하는 재판확정 전의 강제적 처분이며, 형의 집행은 아니므로 성질상 그 기간을 형기에 당연히 산입하여야 하는 것은 아니다.

7] 대법원 2007. 7. 13. 선고 2007도3448 판결

[1] 실제 구금일수를 초과하여 본형에 산입한 판결이 확정된 경우, 초과부분이 본형에 산입되는 효력이 없다(소극).

❐ 형법 제57조에서 판결 선고 전의 구금일수의 전부 또는 일부를 유기징역, 유기금고, 벌금이나 과료에 관한 유치 또는 구류에 산입하도록 규정하고 있는 것은 신체의 자유를 구속한다는 점에서 자유형의 집행과 실질적 차이가 없다는 점을 감안하여 공평의 견지에서 실제로 구금되었던 일수의 전부 또는 일부를 본형에 산입하도록 하는 것이므로, 실제 구금일수를 초과하여 산입한 판결이 확정된 경우에도 그 초과 부분이 본형에 산입되는 효력이 생기는 것은 아니다.

[2] 판결 선고 전의 구금일수가 전혀 없음에도 이를 산입한 판결을 판결서 경정으로 시정할 수 있다(적극).

❐ 형사소송규칙 제25조 제1항에 의하면 재판서에 오기 기타 이에 유사한 오류가 있는 것이 명백한 때에는 법원은 직권으로 경정결정을 할 수 있다. 따라서 불구속된 피고인에 대하여 판결을 선고하면서 판결 선고 전의 미결구금일수가 실제 없음에도 형법 제57조를 적용하여 이를 산입한 예외적인 경우에는 재판서에 오기와 유사한 오류가 있음이 명백하여 판결서의 경정으로 이를 시정할 수 있다.

[3] 판결을 선고한 법원에서 당해 판결서의 명백한 오류를 판결서의 경정을 통하여 시정하는 경우에 불이익변경금지원칙이 적용될 수 없다(소극).

❐ 불이익변경금지원칙은 피고인이 안심하고 상소권을 행사하도록 하려는 정책적 고려에서 나온 제도로서 피고인만이 상소한 사건의 상소심에서 원심보다 피고인에게 불리하게 미결구금일수의 산입을 감축하는 등의 경우에는 불이익변경금지원칙의 적용 여부를 살펴보아야 하나, 위와 같이 판결을 선고한 법원에서 당해 판결서의 명백한 오류에 대하여 판결서의 경정을 통하여 그 오류를 시정하는 것은 피고인에게 유리 또는 불리한 결과를 발생시키거나 피고인의 상소권 행사에 영향을 미치는 것이 아니므로, 여기에 불이익변경금지원칙이 적용될 여지는 없다.

[4] 피고인이 항소심 계속중 별건 확정판결의 집행에 의하여 수감중이었으므로 항소심에서의 미결구금일수가 전혀 없음에도 불구하고 착오로 본형에 잘못 산입한 오류를 판결서의 경정을 통하여 시정함에 있어 불이익변경금지원칙이 적용될 여지가 없다.

8] 대법원 2007. 1. 12. 자 2006모691 결정【상소권회복기각결정에대한재항고】

[1] 상소권회복청구를 받은 법원이 형의 집행을 정지한 다음 구속영장을 발부하여 피고인을 구금하였다가 상소권회복청구를 기각하는 결정을 할 때에, 형법 제57조를 준용하여 구속영장 집행으로 인한 기각결정 전 구금일수 중 전부 또는 일부를 본형에 산입해야 하는지 여부(적극)

❒ 제1심법원은 재항고인으로부터 이 사건 상소권회복청구를 받고 그 허부의 결정이 있을 때까지 형의 집행을 정지한 다음 구속영장을 발부하여 재항고인을 구금하였음이 기록상 분명하므로, 제1심이 재항고인의 상소권회복청구를 기각하는 결정을 함에 있어서는 형법 제57조를 준용하여 구속영장의 집행으로 인한 제1심결정 전 구금일수의 전부 또는 일부를 그 본형에 산입하였어야 할 것인데(대법원 1996. 7. 16. 자 96모44 결정 참조), 원심은 위 법령의 적용을 하지 않은 채 위 구금일수를 전혀 산입하지 아니한 제1심결정을 그대로 유지하였는바, 이 점에서도 원심결정은 유지될 수 없다.

9] 대법원 2006. 2. 10. 선고 2005도6246 판결

❒ 선고 당일에 집행유예, 선고유예, 벌금형 등의 선고나 보석, 구속취소 등으로 인하여 그날 중으로 석방된 피고인이 바로 당일에 상소를 제기한 경우에는 그 선고 당일(석방된 당일)의 구금일수 1일은 상소심의 재정통산의 대상이 된다고 할 것이고, 상소심은 재정통산의 대상이 되는 미결구금일수가 있을 때에는 반드시 그 전부 또는 일부를 본 형에 산입하여야 하는 것이므로 그 경우 위 미결구금일수 1일을 반드시 본형에 산입하는 선고를 하여야 할 것이다.

10] 대법원 1994. 2. 8. 선고 93도2563 판결

[1] 계산상 일수보다 미결구금일수를 과다 산입한 조치의 적부

❒ 1992.11.29. 구속되었고 제1심판결 선고일이 1993.4.28.이라면 판결 선고 전 구금일수는 150일임이 계산상 명백하므로 미결구금일수 180일을 본형에 산입한 것은 형법 제57조를 잘못 적용하여 위법하다. [형법 제57조에 의하여 본형 산입의 대상이 되는 미결구금일수(재정통산 일수)는 판결선고 전날까지의 구금일수라고 보아야 한다.]

(2) 주형에 산입될 미결구금일수가 제1심보다 줄더라도 주형이 제1심보다 가벼워져 전체적으로 복역일수가 줄어드는 경우 불이익변경에 해당 없음.

❒ 제1심판결에 대하여 피고인만이 불복항소한 경우에 원심이 주형에 산입될 미결구금일수를 제1심보다 줄인다 하더라도 원심의 주형이 제1심보다 가벼워져, 결국 전체적으로는 줄어들게 된다면, 원심의 형이 제1심판결보다 피고인에게 불이익하게 변경되는 것이라고 할 수 없다.

11] 대법원 1989. 10. 10. 선고 89도1711 판결

[1] 미결구금일수의 재량산입에 관한 형법 제57조의 위헌 여부(소극)

❐ 재량에 의하여 판결선고전 구금일수 중 일부만을 통산할 수 있도록 한 형법 제57조의 규정이 신속한 재판을 받을 권리를 규정한 헌법규정에 위반된다고 할 수 없으며 미결구금기간이 확정된 징역 또는 금고의 본형기간을 초과한 결과가 생겼다 하여 위법하다고 할 수 없다.

7. 판결의 공시

조문

제58조(판결의 공시) ①피해자의 이익을 위하여 필요하다고 인정할 때에는 피해자의 청구가 있는 경우에 한하여 피고인의 부담으로 판결공시의 취지를 선고할 수 있다.
②피고사건에 대하여 무죄 또는 면소의 판결을 선고할 때에는 판결공시의 취지를 선고할 수 있다.

관련판례

1] 대전지법 1995. 4. 7. 선고 94고합729 판결 : 항소【강간치상】

[1] 강간치상 피고사건 무죄판결 요지의 공시 취지를 선고한 사례.

❐ 대전지방검찰청 검찰주사 O작성의 거짓말탐지기검사보고의 기재에 의하면 거짓말탐지기에 의한 검사결과 이 사건 범행을 부인하는 피고인의 진술이 거짓반응으로 나타났음을 인정할 수 있으나, 이 사건 거짓말탐지기 검사 당시 피고인이 거짓말탐지기의 원리에 부합하는 심리적, 생리적 반응상태에 있었고 또 피고인에게 사용한 거짓말탐지기의 기계적 성능과 검사방법 및 검사를 담당한 검사자의 자질 및 능력이 검사결과의 정확성을 보장할 정도의 것이었는지에 관하여는 이를 수긍할 자료를 발견할 수 없으므로 대전지방검찰청 검찰주사 O작성의 거짓말탐지기검사보고의 기재는 증거능력을 인정할 수 있는 증거로 할 수 없다.

❐ 그 밖에 검사 작성의 O에 대한 조서의 진술기재는 피해자의 평소의 생활에 대한 것으로서, 검사 및 사법경찰리 작성의 공소외 1에 대한 각 진술조서의 각 기재는 피해자의 동생인 공소외 1이 이 사건 후의 정황에 관한 것으로서 모두 공소사실을 인정할 수 있는 자료가 되지 못하고, 사법경찰리 작성의 공소외 2에 대한 진술조서는 피고인이 증거로 함에 부동의함으로 증거능력이 없어 증거로 사용할 수 없다.

제3절 형의 선고유예

조문

제59조(선고유예의 요건) ① 1년 이하의 징역이나 금고, 자격정지 또는 벌금의 형을 선고할 경우에 제51조의 사항을 참작하여 개전의 정상이 현저한 때에는 그 선고를 유예할 수 있다. 단, 자격정지 이상의 형을 받은 전과가 있는 자에 대하여는 예외로 한다.
② 형을 병과할 경우에도 형의 전부 또는 일부에 대하여 그 선고를 유예할 수 있다.
제60조(선고유예의 효과) 형의 선고유예를 받은 날로부터 2년을 경과한 때에는 면소된 것으로 간주한다.
제61조(선고유예의 실효) ① 형의 선고유예를 받은 자가 유예기간중 자격정지 이상의 형에 처한 판결이 확정되거나 자격정지 이상의 형에 처한 전과가 발견된 때에는 유예한 형을 선고한다.
② 제59조의2의 규정에 의하여 보호관찰을 명한 선고유예를 받은 자가 보호관찰기간 중에 준수사항을 위반하고 그 정도가 무거운 때에는 유예한 형을 선고할 수 있다. 〈신설 1995.12.29〉
형의 선고유예를 받은 날로부터 2년을 경과한 때에는 면소된 것으로 간주한다.

관련판례

1] 대법원 2010. 7. 8. 선고 2010도931 판결

[1] 형법 제37조 후단 경합범 중 판결을 받지 아니한 죄에 대하여 형을 선고하는 경우에, 형법 제37조 후단에 규정된 '금고 이상의 형에 처한 판결이 확정된 죄'의 형도 형법 제59조 제1항 단서에서 정한 선고유예의 예외사유인 '자격정지 이상의 형을 받은 전과'에 포함된다(적극).

❐ 선고유예가 주로 범정이 경미한 초범자에 대하여 형을 부과하지 않고 자발적인 개선과 갱생을 촉진시키고자 하는 제도인 점(대법원 2003. 12. 26. 선고 2003도3768 판결, 대법원 2008. 1. 18. 선고 2007도9405 판결 등 참조), 형법은 선고유예의 예외사유를 '자격정지 이상의 형을 받은 전과'라고만 규정하고 있을 뿐 그 전과를 범행 이전의 것으로 제한하거나 형법 제37조 후단 경합범 규정상의 금고 이상의 형에 처한 판결에 의한 전과를 제외하고 있지 아니한 점, 형법 제39조 제1항은 경합범 중 판결을 받지 아니한 죄가 있는 때에는 그 죄와 판결이 확정된 죄를 동시에 판결할 경우와 형평을 고려하여 그 죄에 대하여 형을 선고하여야 하는데 이미 판결이 확정된 죄에 대하여 금고 이상의 형이 선고되었다면 나머지 죄가 위 판결이 확정된 죄와 동시에 판결되었다

고 하더라도 선고유예가 선고되었을 수 없을 것인데 나중에 별도로 판결이 선고된다는 이유만으로 선고유예가 가능하다고 하는 것은 불합리한 점 등을 종합하여 보면, 형법 제39조 제1항에 의하여 형법 제37조 후단 경합범 중 판결을 받지 아니한 죄에 대하여 형을 선고하는 경우에 있어서 형법 제37조 후단에 규정된 금고 이상의 형에 처한 판결이 확정된 죄의 형도 형법 제59조 제1항 단서에서 정한 '자격정지 이상의 형을 받은 전과'에 포함된다고 봄이 상당하다.

2] 헌법재판소 2009. 4. 30. 선고 2007헌마1279 전원재판부【형법제61조제1항위헌확인】

[1] 헌법소원심판 청구 후 선고유예기간이 만료되어 권리보호이익이 부인된 사례(소극)

❒ 이 사건 심판청구 후 청구인에 대한 형의 선고유예는 선고유예기간이 만료되어 면소로 간주되었고, 따라서 청구인이 자격정지 이상의 유죄판결을 선고받아 확정되었다 하더라도 실효될 선고유예가 존재하지 아니하게 되었고, 헌법재판소가 이미 2009. 3. 26. 선고 2007헌가19 결정에서 범행의 시기는 불문하고 선고유예기간 중 자격정지 이상의 형에 처한 판결이 확정되면 선고유예가 실효되는 것으로 규정하고 있는 이 사건 법률조항이 평등원칙, 책임주의 원칙, 재판을 받을 권리 등에 위반되지 않는다고 판시한 바 있어 헌법질서의 수호 · 유지를 위하여 이 사건 법률조항에 대한 헌법적 해명이 필요한 경우라고 할 수도 없으므로 이 사건 심판청구는 권리보호의 이익이 없어 부적법하다.

3] 대법원 2008. 2. 14. 자 2007모845 결정

[1] 선고유예의 실효를 규정한 형법 제61조 제1항에서 말하는 '형의 선고유예를 받은 자가 자격정지 이상의 형에 처한 전과가 발견된 때'의 의미

❒ 형법 제61조 제1항에서 말하는 '형의 선고유예를 받은 자가 자격정지 이상의 형에 처한 전과가 발견된 때'란 형의 선고유예의 판결이 확정된 후에 비로소 위와 같은 전과가 발견된 경우를 말하고 그 판결확정 전에 이러한 전과가 발견된 경우에는 이를 취소할 수 없으며, 이때 판결확정 전에 발견되었다고 함은 검사가 명확하게 그 결격사유를 안 경우만을 말하는 것이 아니라 당연히 그 결격사유를 알 수 있는 객관적 상황이 존재함에도 부주의로 알지 못한 경우도 포함한다.

4] 대법원 2008. 1. 18. 선고 2007도9405 판결

[1] 집행유예의 선고를 받고 그 유예기간을 무사히 경과한 자에 대하여 선고유예가 불가하다(소극).

❒ 형법 제59조 제1항은 "1년 이하의 징역이나 금고, 자격정지 또는 벌금의 형을 선고할 경우 제51조의 사항을 참작하여 개전의 정상이 현저한 때에는 그 선고를 유예할 수 있다. 단, 자격정

지 이상의 형을 받은 전과가 있는 자에 대하여는 예외로 한다."고 규정하고 있는바, 선고유예가 주로 범정이 경미한 초범자에 대하여 형을 부과하지 않고 자발적인 개선과 갱생을 촉진시키고자 하는 제도라는 점, 형법 제61조가 유예기간 중 자격정지 이상의 형에 처한 판결이 확정되거나 자격정지 이상의 형에 처한 전과가 발각된 경우 등을 선고유예의 실효사유로 규정하고 있는 점 등을 종합하여 보면, 형법 제59조 제1항 단행에서 정한 '자격정지 이상의 형을 받은 전과'라 함은 자격정지 이상의 형을 선고받은 범죄경력 자체를 의미하는 것이고, 그 형의 효력이 상실된 여부는 묻지 않는 것으로 해석함이 상당하다. 따라서 형의 집행유예를 선고받은 자는 형법 제65조에 의하여 그 선고가 실효 또는 취소됨이 없이 정해진 유예기간을 무사히 경과하여 형의 선고가 효력을 잃게 되었다고 하더라도 형의 선고의 법률적 효과가 없어진다는 것일 뿐, 형의 선고가 있었다는 기왕의 사실 자체까지 없어지는 것은 아니므로(대법원 2003. 12. 26. 선고 2003도3768 판결 등 참조), 형법 제59조 제1항 단행에서 정한 선고유예 결격사유인 '자격정지 이상의 형을 받은 전과가 있는 자'에 해당한다고 보아야 한다.

5] 대법원 2003. 12. 26. 선고 2003도3768 판결【폭행】

[1] 집행유예의 선고를 받고 그 유예기간을 무사히 경과한 자에 대하여 선고유예의 선고가 불가하다(소극).

❐ 형법 제59조 제1항 단행에서 정한 "자격정지 이상의 형을 받은 전과"라 함은 자격정지 이상의 형을 선고받은 범죄경력 자체를 의미하는 것이고, 그 형의 효력이 상실된 여부는 묻지 않는 것으로 해석함이 상당하다고 할 것이다. 따라서 형의 집행유예를 선고받은 자는 형법 제65조에 의하여 그 선고가 실효 또는 취소됨이 없이 정해진 유예기간을 무사히 경과하여 형의 선고가 효력을 잃게 되었다고 하더라도 형의 선고의 법률적 효과가 없어진다는 것일 뿐, 형의 선고가 있었다는 기왕의 사실 자체까지 없어지는 것은 아니므로(대법원 1983. 4. 2. 자 83모8 결정, 대법원 1995. 12. 22. 선고 95도2446 판결 등 참조), 형법 제59조 제1항 단행에서 정한 선고유예 결격사유인 "자격정지 이상의 형을 받은 전과가 있는 자"에 해당한다.

피고인이 집행유예를 선고한 판결에 의하여 징역형을 선고받은 사실이 있다고 하더라도 그 유예기간을 무사히 경과한 이상 이를 선고유예의 결격사유로 삼을 수 없다고 판단한 것은 형법 제59조 제1항 단행의 해석적용을 그르쳐 판결에 영향을 미친 위법을 저지른 것이라고 할 것이다. 이 점을 지적하는 검사의 상고이유는 이유 있다.

6] 대법원 2007. 6. 28. 자 2007모348 결정【선고유예실효결정에대한재항고】

[1] 선고유예 실효결정에 대한 상소심 진행 중에 유예기간인 2년이 경과한 경우, 선고유예 실

효 결정을 할 수 없다(소극).

❐ 형법 제60조, 제61조 제1항, 형사소송법 제335조, 제336조 제1항의 각 규정에 의하면, 형의 선고유예를 받은 자가 유예기간 중 자격정지 이상의 형에 처한 판결이 확정되더라도 검사의 청구에 의한 선고유예 실효의 결정에 의하여 비로소 선고유예가 실효되는 것이고, 또한 형의 선고유예의 판결이 확정된 후 2년을 경과한 때에는 형법 제60조가 정하는 바에 따라 면소된 것으로 간주되고, 그와 같이 유예기간이 경과함으로써 면소된 것으로 간주된 후에는 실효시킬 선고유예의 판결이 존재하지 아니하므로 선고유예 실효의 결정(선고유예된 형을 선고하는 결정)을 할 수 없다. 이는 원결정에 대한 집행정지의 효력이 있는 즉시항고 또는 재항고로 인하여 아직 그 선고유예 실효 결정의 효력이 발생하기 전 상태에서 상소심에서 절차 진행 중에 그 유예기간이 그대로 경과한 경우에도 마찬가지이다.

그렇다면 재항고인에 대한 제1심의 선고유예 실효의 결정이 재항고인의 즉시항고로 인하여 효력을 발생하지 아니한 상태에 있던 중 원심결정이 있기 이전에 이미 재항고인에 대한 유예기간이 경과되었음이 역수상 명백한 이 사건에서, 원심결정 당시에는 재항고인이 선고유예의 판결을 선고받은 위 피고사건은 이미 면소된 것으로 간주되어 실효시킬 선고유예의 판결이 존재하지 아니하게 되었다고 할 것인바, 따라서 원심법원으로서는 제1심결정을 취소하고 검사의 이 사건 선고유예 실효 청구를 기각하였어야 함에도 재항고인의 즉시항고를 기각하였으니, 원심결정에는 선고유예의 실효에 관한 법리를 오해한 위법이 있고, 이러한 위법은 재판에 영향을 미쳤음이 분명하다.

7] 대법원 2003. 12. 26. 선고 2003도3768 판결

[1] 집행유예의 선고를 받고 그 유예기간을 무사히 경과한 자에 대하여 선고유예의 선고가 가능한지 여부(소극)

❐ 형법 제59조 제1항은 “1년 이하의 징역이나 금고, 자격정지 또는 벌금의 형을 선고할 경우 제51조의 사항을 참작하여 개전의 정상이 현저한 때에는 그 선고를 유예할 수 있다. 단, 자격정지 이상의 형을 받은 전과가 있는 자에 대하여는 예외로 한다.”고 규정하고 있는바, 선고유예가 주로 범정이 경미한 초범자에 대하여 형을 부과하지 않고 자발적인 개선과 갱생을 촉진시키고자 하는 제도라는 점, 형법 제61조가 유예기간 중 자격정지 이상의 형에 처한 판결이 확정되거나 자격정지 이상의 형에 처한 전과가 발각된 경우 등을 선고유예의 실효사유로 규정하고 있는 점 등을 종합하여 보면, 형법 제59조 제1항 단행에서 정한 “자격정지 이상의 형을 받은 전과”라 함은 자격정지 이상의 형을 선고받은 범죄경력 자체를 의미하는 것이고, 그 형의 효력이 상실된 여부는 묻지 않는 것으로 해석함이 상당하다고 할 것이다. 따라서 형의 집행유예를 선고받은 자는 형법 제65조에 의하여 그 선고가 실효 또는 취소됨이 없이 정해진 유예기간을 무사히 경과하여

형의 선고가 효력을 잃게 되었다고 하더라도 형의 선고의 법률적 효과가 없어진다는 것일 뿐, 형의 선고가 있었다는 기왕의 사실 자체까지 없어지는 것은 아니므로(대법원 1983. 4. 2. 자 83모8 결정, 1995. 12. 22. 선고 95도2446 판결 등 참조), 형법 제59조 제1항 단행에서 정한 선고유예 결격사유인 "자격정지 이상의 형을 받은 전과가 있는 자"에 해당한다고 보아야 할 것이다.

이와 달리 원심이, 피고인이 집행유예를 선고한 판결에 의하여 징역형을 선고받은 사실이 있다고 하더라도 그 유예기간을 무사히 경과한 이상 이를 선고유예의 결격사유로 삼을 수 없다고 판단한 것은 형법 제59조 제1항 단행의 해석적용을 그르쳐 판결에 영향을 미친 위법을 저지른 것이라고 할 것이다. 이 점을 지적하는 검사의 상고이유는 이유 있다.

8] 대구지법 2005. 5. 25. 자 2005로47 결정【선고유예실효에대한즉시항고】재항고

[1] 선고유예 판결의 확정일로부터 2년이 경과하기 이전에 자격정지 이상의 형에 처하는 판결이 확정되고 검사의 선고유예 실효청구가 있었다고 하더라도, 법원은 위 기간이 경과한 이후에는 선고유예 실효의 결정을 할 수 없다.

❐ 형법 제60조는 "형의 선고유예의 선고를 받은 날로부터 2년을 경과한 때에는 면소된 것으로 간주한다."고 규정하고 있는데, 집행유예의 경우 그 유예기간 중 금고 이상의 형을 선고한 판결이 확정되면 법률상 당연히 집행유예가 실효되는 것과는 달리(형법 제63조), 선고유예의 경우에는 그 유예기간 중 자격정지 이상의 형을 선고한 판결이 확정되더라도 검사의 청구에 의한 선고유예 실효의 결정에 의하여 비로소 선고유예가 실효되는바(형법 제61조, 형사소송법 제336조), 이 사건에서 원심법원이 2005. 4. 22. 선고유예 실효의 결정을 할 당시에는 선고유예의 판결이 확정된 2003. 4. 17.로부터 2년이 경과하였음이 역수상 명백하여 항고인이 선고유예의 선고를 받은 위 피고사건이 이미 면소된 것으로 간주되는 이상, 비록 이 사건 청구가 선고유예의 판결이 확정된 날로부터 2년이 경과하기 이전에 있었다고 하더라도, 원심법원으로서는 실효시킬 선고유예가 존재하지 아니하여 이 사건 청구를 기각하였어야 함에도 불구하고 이를 인용하였으므로, 원심결정은 위법하다(대법원 2003. 11. 24.자 2003모410 결정 등 참조).

[2] 선고유예실효결정에 대한 항고의 허용된다(적극).

❐「즉시항고란 법령이 특히 즉시항고를 제기할 수 있다는 규정을 두고 있는 경우에 한하여 허용되고, 선고유예실효결정의 절차에 관한 형사소송법 제336조는 집행유예취소결정에 대한 즉시항고 규정인 형사소송법 제335조 제3항을 준용하는 규정을 두고 있지는 아니하나, 선고유예실효결정의 경우에도 달리 취급할 아무런 이유가 없으므로 즉시항고가 허용된다고 해석될 뿐만 아니라, 가사 즉시항고가 허용되지 아니한다 하더라도, 항고인으로서는 원심결정의 취소를 구할 실익이 존재하므로, 이 사건 항고는 형사소송법 제402조에 의한 항고로서 적법하다.」

9] 대법원 1999. 11. 12. 선고 99도3140 판결

[1] 범죄사실을 부인하는 피고인에게 형의 선고유예는 불가.

❐ 형법 제59조 제1항에 형의 선고를 유예할 수 있는 요건으로 규정된 개전의 정상이 현저한 때란 죄를 깊이 뉘우치고 있는 것을 의미하는 것으로서 범죄사실을 부인하는 경우에는 죄를 뉘우친다고 할 수 없어 형의 선고유예를 할 수 없다.

10] 대법원 1993. 6. 22. 선고 93오1 판결

[1] 구류형을 선고유예할 수 없다.

❐ 형법 제59조 제1항은 1년 이하의 징역이나 금고, 자격정지 또는 벌금의 형을 선고할 경우 같은 법 제51조의 사항을 참작하여 개전의 정상이 현저한 때에는 선고를 유예할 수 있다고 규정하고 있어 형의 선고를 유예할 수 있는 경우는 선고할 형이 1년 이하의 징역이나 금고, 자격정지 또는 벌금의 형인 경우에 한하고 구류형에 대하여는 선고를 유예할 수 없다.

11] 대법원 1993. 6. 11. 선고 92도3437 판결

[1] 선고유예판결을 할 경우 유예되는 형에 대한 판단이 있을 것.

❐ 형법 제59조에 의하여 형의 선고를 유예하는 판결을 할 경우에는 유예되는 선고형에 대한 판단이 있어야 한다(대법원 1975. 4. 8. 선고 74도618 판결; 대법원 1988.1.19. 선고 86도2654 판결 참조).

12] 대법원 1990. 4. 27. 선고 89도2291 판결

[1] 주형인 징역형의 선고를 유예할 경우에도 추징을 선고할 수 있다.

❐ 피고인에 대한 징역형의 선고를 유예하면서 금 5천만원의 추징을 선고한 조치도 정당하다(대법원 1973. 12. 11. 선고 73도1133 판결; 대법원 1981. 4. 14. 선고 81도614 판결 참조).

제4절 형의 집행유예

조문

제62조(집행유예의 요건) ① 3년 이하의 징역 또는 금고의 형을 선고할 경우에 제51조의 사항을 참작하여 그 정상에 참작할 만한 사유가 있는 때에는 1년 이상 5년 이하의 기간 형의 집행을 유예할 수 있다. 다만, 금고 이상의 형을 선고한 판결이 확정된 때부터 그 집행을 종료하거나 면제된 후 3년까지의 기간에 범한 죄에 대하여 형을 선고하는 경우에는 그러하지 아니하다. (개정 2005.7.29)
② 형을 병과할 경우에는 그 형의 일부에 대하여 집행을 유예할 수 있다.
제63조(집행유예의 실효) 집행유예의 선고를 받은 자가 유예기간 중 고의로 범한 죄로 금고 이상의 실형을 선고받아 그 판결이 확정된 때에는 집행유예의 선고는 효력을 잃는다. (개정 2005.7.29)

1. 집행유예의 요건

1) 집행유예의 의의

집행유예란 형을 선고함에 있어서 일정한 기간 동안 형의 집행을 연기하고 그 선고의 실효 또는 취소됨이 없이 그 연기된 기간이 지나면 형의 선고의 효력을 잃게 하는 것을 말한다. 따라서 집행유예는 조건부 유죄판결의 성격이 있다. 집행유예의 본질은 형집행방법의 변형으로 단기자유형의 폐해방지, 형의 집행없이 피고인의 사회복귀와 특별예방주의의 목적을 실현하는 것으로 평가된다. 집행유예에 대하여 형법 제62조 (집행유예의 요건)부터 제65조 (집행유예의 효과)까지 규정하고 있다.

2) 집행유예의 요건(제62조)

법원은 다음과 같은 집행유예의 요건이 성립하면 유예기간을 1년 이상 5년 이하의 기간 형의 범위에서 법원의 재량으로 집행을 유예할 수 있다. 단 하나의 형에 대한 일부의 집행유예는 허용되지 않는다.[17]

---

17) 대법원 2007. 2. 22. 선고 2006도8555 판결「집행유예의 요건에 관한 형법 제62조 1항이 '형'의 집행을 유예할 수 있다고만 규정하고 있다고 하더라도, 이는 같은 조 제2항이 그 형의 '일부'에 대하여 집행을 유예할 수 있는 때를 형을 '병과'할 경우로 한정하고 있는 점에 비추어 보면, 조문의 체계적 해석상 하나의 형의 전부에 대한 집행유예에 관한 규정이라 할 것이고, 또한 하나의 자유형에 대한 일부집행유예에 관하여는 그 요건, 효력 및 일부 실형에

(1) 3년 이하의 징역 또는 금고의 형을 선고할 경우

(2) 제51조(양형의 조건)에 따라 정상에 참작할 만한 사유가 있을 것

(3) 금고 이상의 형이 확정된 때부터 그 집행을 종료하거나 면제된 후 3년까지의 기간에 범한 죄에 대하여 형을 선고하는 경우가 아닐 것

관련판례

1] 대법원 2011. 3. 24. 선고 2009다27605 판결

[1] 국가공무원이 금고 이상의 형의 집행유예를 받아 당연퇴직한 후 형법 제65조에 따라 형의 선고가 효력을 잃게 된 경우, 이미 발생한 당연퇴직의 효력에는 영향이 없다(소극).

❒ 「국가공무원법」(2002. 12. 18. 법률 제6788호로 개정되기 전의 것, 이하 같다) 제69조는 "공무원이 제33조 각 호의 1에 해당할 때에는 당연히 퇴직한다."고 규정하고, 같은 법 제33조 제1항 제4호는 결격사유 중의 하나로 '금고 이상의 형을 받고 그 집행유예의 기간이 완료된 날로부터 2년을 경과하지 아니한 자'를 들고 있다. 구「국가공무원법」제69조에서 규정하고 있는 당연퇴직제도는 같은 법 제33조 제1항 각 호에 규정되어 있는 결격사유가 발생하는 것 자체에 의하여 임용권자의 의사표시 없이 결격사유에 해당하게 된 시점에 당연히 그 공무원으로서의 신분을 상실하게 하는 것이고, 당연퇴직의 효력이 생긴 후에 당연퇴직사유가 소멸한다는 것은 있을 수 없으므로, 국가공무원이 금고 이상의 형의 집행유예를 받은 경우에는 그 이후 「형법」제65조에 따라 형의 선고의 효력을 잃게 되었다 하더라도 이미 발생한 당연퇴직의 효력에는 영향이 없다 (대법원 2002. 7. 26. 선고 2001두205 판결 등 참조).

2] 대법원 2010. 10. 28. 선고 2010도7997 판결

❒ 특정강력범죄의 처벌에 관한 특례법상 '특정강력범죄'인 강도상해죄로 징역형을 선고받아 그 형의 집행을 마친 때로부터 10년이 경과되기 전에 흉기나 그 밖의 위험한 물건을 휴대함이 없이 단독으로 강간상해죄를 저질러 기소된 사안에서, 위 강간상해죄는 2010. 3. 31.자 개정 전의 위 특례법을 적용할 경우 '특정강력범죄'에 해당한다고 볼 수 있지만, 위 개정 후의 같은 법을 적용하면 '특정강력범죄'에 해당하지 아니하여 같은 법 제5조에 따라 집행유예 결격자라고 볼 수 없게 되므로, 피고인에게 유리한 위 개정 후의 같은 법에 따라 집행유예 결격자에 해당하는지 여

대한 집행의 시기와 절차, 방법 등을 입법에 의해 명확하게 할 필요가 있어, 그 인정을 위해서는 별도의 근거 규정이 필요하므로 하나의 자유형 중 일부에 대해서는 실형을, 나머지에 대해서는 집행유예를 선고하는 것은 허용되지 않는다.」

부를 판단하였어야 함에도, 위 강간상해죄가 '특정강력범죄'에 해당한다는 이유로 집행유예를 선고할 수 없다고 본 원심판단에 법률의 적용을 그르친 위법이 있다.

3] 대법원 2010. 9. 30. 선고 2010도6403 판결

[1] 근로기준법을 위반한 피고인에 대하여 형의 집행을 유예함과 동시에 집행유예기간 동안 보호관찰을 받을 것을 명하면서 "보호관찰기간 중 선거에 개입하지 말 것"이라는 내용의 특별준수사항을 부과한 원심판단을 정당하다.

4] 대법원 2010. 5. 27. 자 2010모446 결정

[1]형법 제64조 제2항에 규정된 집행유예취소의 요건에 해당하는지 여부를 심리할 때의 평가요소

❒ 법원이 보호관찰 등에 관한 법률에 의한 검사의 청구에 의하여 형법 제64조 제2항에 규정된 집행유예취소의 요건에 해당하는가를 심리함에 있어, 보호관찰기간 중의 재범에 대하여 따로 처벌받는 것과는 별도로 보호관찰자 준수사항 위반 여부 및 그 정도를 평가하여야 하고, 보호관찰이나 사회봉사 또는 수강명령은 각각 병과되는 것이므로 사회봉사 또는 수강명령의 이행 여부는 보호관찰자 준수사항 위반 여부나 그 정도를 평가하는 결정적인 요소가 될 수 없다.

5] 대법원 2009. 3. 30. 자 2008모1116 결정

[1] 보호관찰명령 없이 사회봉사 · 수강명령만 선고하는 경우, 보호관찰대상자에 대한 특별준수사항을 사회봉사 · 수강명령대상자에게 그대로 적용할 수 있는지 여부(소극)

❒ 보호관찰, 사회봉사 · 수강 또는 갱생보호는 당해 대상자의 교화 · 개선 및 범죄예방을 위하여 필요하고도 상당한 한도 내에서 이루어져야 하며, 당해 대상자의 연령 · 경력 · 심신상태 · 가정환경 · 교우관계 기타 모든 사정을 충분히 고려하여 가장 적합한 방법으로 실시되어야 하므로, 법원은 특별준수사항을 부과하는 경우 대상자의 생활력, 심신의 상태, 범죄 또는 비행의 동기, 거주지의 환경 등 대상자의 특성을 고려하여 대상자가 준수할 수 있다고 인정되고 자유를 부당하게 제한하지 아니하는 범위 내에서 개별화하여 부과하여야 한다는 점, 보호관찰의 기간은 집행을 유예한 기간으로 하고 다만, 법원은 유예기간의 범위 내에서 보호관찰기간을 정할 수 있는 반면, 사회봉사명령 · 수강명령은 집행유예기간 내에 이를 집행하되 일정한 시간의 범위 내에서 그 기간을 정하여야 하는 점, 보호관찰명령이 보호관찰기간 동안 바른 생활을 영위할 것을 요구하는 추상적 조건의 부과이거나 악행을 하지 말 것을 요구하는 소극적인 부작위조건의 부과인 반면, 사회봉사명령 · 수강명령은 특정시간 동안의 적극적인 작위의무를 부과하는 데 그

특징이 있다는 점 등에 비추어 보면, 사회봉사·수강명령대상자에 대한 특별준수사항은 보호관찰대상자에 대한 것과 같을 수 없고, 따라서 보호관찰대상자에 대한 특별준수사항을 사회봉사·수강명령대상자에게 그대로 적용하는 것은 적합하지 않다.

[2] 보호관찰명령 없이 수강명령만 선고한 경우, 특별준수사항 위반을 이유로 집행유예를 취소하는 경우 법원의 판단 방법

❐ 형법 제64조 제2항이 준수사항이나 명령의 위반 정도가 무거운 때에 집행유예의 선고를 취소할 수 있도록 규정하고 있고, 집행유예의 취소는 자유형의 선고와 마찬가지로 자유를 박탈하는 결과를 가져올 뿐만 아니라 사회봉사·수강명령의 실패와 다름없기 때문에 사회봉사·수강명령의 목적을 도저히 달성할 수 없을 정도에 이르렀다고 판단될 때 하여야 하는 것이 바람직하다는 사정을 보태어 보면, 법원이 보호관찰대상자에게 특별히 부과할 수 있는 '재범의 기회나 충동을 줄 수 있는 장소에 출입하지 아니할 것'이라는 사항을 만연히 사회봉사·수강명령대상자에게 부과하고 사회봉사·수강명령대상자가 재범한 것을 집행유예 취소사유로 삼는 것은 신중하여야 한다.

6] 대법원 2008. 4. 11. 선고 2007도8373 판결

[1] 재벌그룹 회장의 횡령행위 등에 대하여 집행유예를 선고하면서 사회봉사명령으로서 금전출연을 주된 내용으로 하는 사회공헌계획의 성실한 이행, 준법경영을 주제로 하는 강연과 기고를 명하는 것은 허용될 수 없다.

7] 대법원 2008. 3. 27. 선고 2007도7874 판결

[1] 구 형법 시행 당시에 범한 범죄에 대하여 형을 선고함에 있어, 구 형법을 적용하면 집행유예 결격사유에 해당하지 아니하지만 현행 형법을 적용하면 집행유예 결격사유에 해당하는 경우, 피고인에게 적용할 법률(=구 형법)

❐ 구 형법(2005. 7. 29. 법률 제7623호로 개정되기 전의 것) 제62조 제1항 단서는 '금고 이상의 형의 선고를 받아 집행을 종료한 후 또는 집행이 면제된 후로부터 5년을 경과하지 아니한 자'를 형의 집행유예의 결격사유로 규정하고 있었으나, 현행 형법 제62조 제1항 단서는 '금고 이상의 형을 선고한 판결이 확정된 때부터 그 집행을 종료하거나 면제된 후 3년까지의 기간에 범한 죄에 대하여 형을 선고하는 경우'를 집행유예 결격사유로 규정하면서, 그 부칙(2005. 7. 29.) 제2항에서는 "이 법은 이 법 시행 전에 행하여진 죄에 대하여도 적용한다. 다만, 종전의 규정을 적용하는 것이 행위자에게 유리한 경우에는 그러하지 아니하다."라고 규정하고 있으므로, 위 법률 개정 전에 저지른 범죄에 대하여 형을 선고함에 있어서는 어느 법률이 피고인에게 유리한지를

가려 그 법률을 적용하여야 한다. 따라서 구 형법 시행중 범한 범죄에 대하여 형을 선고함에 있어, 종전의 형법을 적용하면 형의 집행을 종료한 후 이미 5년이 경과되어 집행유예 결격사유에 해당하지 아니하지만, 현행 형법을 적용하면 형의 집행을 종료한 후 3년까지의 기간중에 범한 죄이어서 집행유예 결격사유에 해당하는 경우 피고인에게는 종전 형법을 적용하는 것이 유리하므로 그 법률을 적용하여야 한다.

8] 대법원 2007. 7. 27. 선고 2007도768 판결

[1] 형의 집행유예를 선고받고 그 유예기간이 경과하지 않은 경우가 구 형법 제62조 제1항 단서에서 정한 집행유예 결격사유에 해당한다(원칙적 적극).

❐ 구 형법(2005. 3. 31. 법률 제7427호로 개정되기 전의 것) 제62조 제1항 단서에서 규정한 '금고 이상의 형의 선고를 받아 집행을 종료한 후 또는 집행이 면제된 후로부터 5년을 경과하지 아니한 자'라는 의미는 실형선고를 받고 집행종료나 집행면제 후 5년을 경과하지 않은 경우만을 가리키는 것이 아니라, 형의 집행유예를 선고받고 그 유예기간이 경과하지 않은 경우도 특별한 사정(형법 제37조의 경합범관계에 있는 수죄가 전후로 기소되어 각각 별개의 절차에서 재판을 받게 된 결과 어느 하나의 사건에서 먼저 집행유예가 선고되어 그 형이 확정된 경우로서 같은 절차에서 동시에 재판을 받았더라면 한꺼번에 집행유예의 선고를 받았으리라고 여겨지는 특수한 경우에 한함)이 없는 한 여기에 포함된다.

[2] 구형법 제62조 제1항 단서에 정한 집행유예 결격사유의 해석범위

❐ 구형법(2005. 3. 31. 법률 제7427호로 개정되기 전의 것) 제62조 제1항 단서 규정의 문언과 취지 및 위 법리 등에 비추어 보면, 피고인에 대하여 3년 이하의 징역 또는 금고의 형을 선고할 경우에 형법 제51조의 사항을 참작하여 그 정상에 참작할 만한 사유가 있는 때에는 집행유예를 선고할 수 있으나, 원칙적으로 금고 이상 형의 선고를 받은 전력이 있는 경우에는 집행유예를 선고할 수 없는 것으로 하되, 다만 금고 이상의 형의 선고를 받은 전력이 있더라도, 그 전력이 형의 집행유예를 선고받은 것으로서 그 집행유예가 실효 또는 취소됨 없이 유예기간을 이미 경과하였거나, 그 전력이 실형을 선고받은 것으로서 그 형의 집행을 종료한 후 또는 집행이 면제된 후로부터 5년이 경과한 경우에는 다시 집행유예를 선고할 수 있는 것으로 해석함이 상당하다.

[3] 현행 형법 제62조의 해석상 집행유예기간 중에 범한 죄에 대하여 공소가 제기된 후 그 재판도중에 집행유예기간이 경과한 경우, 다시 집행유예를 선고할 수 있다(적극).

❐ 집행유예기간 중에 범한 죄에 대하여 형을 선고할 때에, 집행유예의 결격사유를 정하는 현행 형법 제62조 제1항 단서 소정의 요건에 해당하는 경우란, 이미 집행유예가 실효 또는 취소된 경우와 그 선고 시점에 미처 유예기간이 경과하지 아니하여 형 선고의 효력이 실효되지 아니한 채로 남아 있는 경우로 국한되고, 집행유예가 실효 또는 취소됨이 없이 유예기간을 경과한 때에

는 위 단서 소정의 요건에 해당하지 않으므로, 집행유예기간 중에 범한 범죄라고 할지라도 집행유예가 실효 또는 취소됨이 없이 그 유예기간이 경과한 경우에는 이에 대해 다시 집행유예의 선고가 가능하다.

[4] 구 형법(2005. 3. 31. 법률 제7427호로 개정되기 전의 것) 시행중 범한 범죄에 대하여 형을 선고함에 있어, 범죄 당시 집행유예기간 중이었고 그 유예기간 경과 전에 집행유예 취소결정이 확정되었다면 구 형법 제62조의 규정에 의하든 현행 형법 제62조에 의하든 모두 집행유예의 결격사유에 해당하므로, 종전 규정이 피고인에게 더 유리하다고 할 수 없다.

9] **대법원** 2007. 2. 22. **선고** 2006**도**8555 **판결**

[1] 하나의 자유형 중 일부에 대해서는 실형을, 나머지에 대해서는 집행유예를 선고할 수 없다(소극).

❐ 집행유예의 요건에 관한 형법 제62조 제1항 본문은 "3년 이하의 징역 또는 금고의 형을 선고할 경우에 제51조의 사항을 참작하여 그 정상에 참작할 만한 사유가 있는 때에는 1년 이상 5년 이하의 기간 '형'의 집행을 유예할 수 있다."고 규정하여, '형'의 집행을 유예할 수 있다고만 규정하고 있다고 하더라도, 이는 같은 조 제2항이 "형을 '병과'할 경우에는 그 형의 '일부'에 대하여 집행을 유예할 수 있다."고 규정하고 있는바, 그 형의 '일부'에 대하여 집행을 유예할 수 있는 때를 형을 '병과'할 경우로 한정하고 있는 점에 비추어 보면, 조문의 체계적 해석상 하나의 형의 전부에 대한 집행유예에 관한 규정이라 할 것이고, 또한 하나의 자유형에 대한 일부집행유예에 관하여는 그 요건, 효력 및 일부 실형에 대한 집행의 시기와 절차, 방법 등을 입법에 의해 명확하게 할 필요가 있어, 그 인정을 위해서는 별도의 근거 규정이 필요하므로 하나의 자유형 중 일부에 대해서는 실형을, 나머지에 대해서는 집행유예를 선고하는 것은 허용되지 않는다.

10] **대법원** 2007. 2. 8. **선고** 2006**도**6196 **판결【병역법위반】**

[1] 집행유예 기간 중에 범한 죄에 대하여 공소가 제기된 후 그 재판 도중에 집행유예 기간이 경과한 경우 집행유예 기간 중에 범한 죄에 대하여 다시 집행유예를 선고할 수 있다(적극).

❐ 집행유예 기간 중에 범한 죄에 대하여 형을 선고할 때에, 집행유예의 결격사유를 정하는 형법 제62조 제1항 단서 소정의 요건에 해당하는 경우란, 이미 집행유예가 실효 또는 취소된 경우와 그 선고 시점에 미처 유예기간이 경과하지 아니하여 형 선고의 효력이 실효되지 아니한 채로 남아 있는 경우로 국한되고, 집행유예가 실효 또는 취소됨이 없이 유예기간을 경과한 때에는, 형의 선고가 이미 그 효력을 잃게 되어 '금고 이상의 형을 선고'한 경우에 해당한다고 보기 어려울 뿐 아니라, 집행의 가능성이 더 이상 존재하지 아니하여 집행종료나 집행면제의 개념도 상정하

기 어려우므로 위 단서 소정의 요건에 해당하지 않는다고 할 것이므로, 집행유예 기간 중에 범한 범죄라고 할지라도 집행유예가 실효 취소됨이 없이 그 유예기간이 경과한 경우에는 이에 대해 다시 집행유예의 선고가 가능하다.

11] 대법원 2002. 2. 26. 선고 2000도4637 판결【특수강도 · 절도】

[1] 하나의 판결로 두 개의 징역형을 선고하는 경우, 그 중 하나의 징역형에 대하여만 집행유예를 선고할 수 있다(적극).

❒ 형법 제37조 후단의 경합범 관계에 있는 죄에 대하여 형법 제39조 제1항에 의하여 따로 형을 선고하여야 하기 때문에 하나의 판결로 두 개의 자유형을 선고하는 경우 그 두 개의 자유형은 각각 별개의 형이므로 형법 제62조 제1항에 정한 집행유예의 요건에 해당하면 그 각 자유형에 대하여 각각 집행유예를 선고할 수 있는 것이고, 또 그 두 개의 자유형 중 하나의 자유형에 대하여 실형을 선고하면서 다른 자유형에 대하여 집행유예를 선고하는 것도 우리 형법상 이러한 조치를 금하는 명문의 규정이 없는 이상 허용되는 것으로 보아야 할 것이다(대법원 2001. 10. 12. 선고 2001도3579 판결 참조).

[2] 형법 제37조 후단의 경합범 관계에 있는 죄에 대하여 두 개의 징역형을 선고하면서 하나의 징역형에 대하여만 집행유예를 선고하고 그 집행유예기간의 시기를 다른 하나의 징역형의 집행종료일로 한 것은 위법하다.

❒ 우리 형법이 집행유예기간의 시기에 관하여 명문의 규정을 두고 있지는 않지만 형사소송법 제459조가 "재판은 이 법률에 특별한 규정이 없으면 확정한 후에 집행한다."고 규정한 취지나 집행유예 제도의 본질 등에 비추어 보면 집행유예를 함에 있어 그 집행유예기간의 시기는 집행유예를 선고한 판결 확정일로 하여야 하고 법원이 판결 확정일 이후의 시점을 임의로 선택할 수는 없다 할 것이다.

2. 집행유예의 실효

조문

제63조(집행유예의 실효) 집행유예의 선고를 받은 자가 유예기간 중 고의로 범한 죄로 금고 이상의 실형을 선고받아 그 판결이 확정된 때에는 집행유예의 선고는 효력을 잃는다. (개정 2005.7.29)

관련판례

1] 대구지법 2005. 11. 8. 선고 2005노3026 판결 : 확정

[1] 2005. 7. 29. 개정된 형법하에서 집행유예 기간 중 재범의 경우, 다시 집행유예를 선고할 수 없다(소극).

❒ 집행유예기간 중 재범의 경우가 집행유예 결격사유에 해당한다고 해석하는 것은, 유예기간 중 형집행의 미확정 상태에 의한 '재범의 방지'를 중요한 목적으로 하는 집행유예제도의 목적에 현저히 부합하지 아니한다는 형사정책적 견지에서 나온 것이라고 볼 것이고, 2005. 7. 29. 개정된 형법 제62조 제1항 단서가 집행유예 결격의 기간을 단축하고 그 기준시점을 변경하였을 뿐이며, 오히려 위 규정은 집행유예 결격의 기준시점을 판결선고시가 아닌 범행시로 변경하여 집행유예 결격의 기간 중에 범한 죄에 대하여는 그 판결이 아무리 늦게 확정되더라도 집행유예를 허용하지 아니하고, 또한 위 규정과 함께 개정된 형법 제63조는 "집행유예의 선고를 받은 자가 유예기간 중 고의로 범한 죄로 금고 이상의 실형을 선고받아 그 판결이 확정된 때에는 집행유예의 선고는 효력을 잃는다."고 규정함으로써 모두 '재범의 방지'를 주안으로 하는 내용으로 개정되었으므로, 개정 형법하에서도 유예기간 중 재범의 경우에는 종전과 마찬가지로 집행유예의 선고가 허용되지 아니한다고 해석하여야 한다.

[2] 집행유예의 실효에 관한 규정인 형법 제63조에서 말하는 금고 이상의 '실형'의 의미

❒ 사후적 경합범의 경우 재차의 집행유예로 인하여 종전의 집행유예가 실효되지 아니하도록 개정 전의 형법 제63조에서 말하는 금고 이상의 '형'을 금고 이상의 '실형'으로 제한해석할 필요가 있었는데, 개정 후의 형법 제63조는 입법자가 사후적 경합범의 경우에는 다시 집행유예를 선고할 수 있음을 전제로 하면서 위 제한해석을 형법 개정의 기회에 명문화하기 위하여 '실형'이라는 문언을 사용하였을 뿐인 것으로 보아야 한다. 따라서 개정 후의 형법 제63조에 '실형'이라는 문언이 있다고 하여 개정 형법하에서는 사후적 경합범이 아니라 유예기간 중 재범의 경우에도 다시 집행유예를 선고함을 간접적으로 허용한다고 반대해석하여서는 아니 된다. 위 문언은 주의적 당연규정일 뿐이지, 유예기간 중 재범의 경우에도 재차의 집행유예를 허용함을 전제로 하여 실형이 아닌 집행유예로 인하여는 종전의 집행유예가 실효되지 아니한다는 취지의 제한적 특별규정이 아니라고 해석하여야 한다.

2] 대법원 1997. 10. 13. 자 96모118 결정

[1] 형법 제63조 소정의 '금고 이상의 형의 선고'에는 여죄에 대한 집행유예의 선고는 포함되지 않는다(소극).

❐ 집행유예의 실효에 관하여 형법 제63조는 "집행유예의 선고를 받은 자가 유예기간 중 금고 이상의 형의 선고를 받아 그 판결이 확정된 때에는 집행유예의 선고는 효력을 잃는다."고 규정하고 있는바, 위 규정의 "금고 이상의 형의 선고"에는 실형뿐만이 아니라 금고 이상의 형이 선고된 이상 그 형의 집행이 유예된 경우도 원칙적으로 포함되는 것이지만, 이를 엄격히 해석하여 형법 제37조의 경합범관계에 있는 수죄가 전후로 기소되어 각각 별개의 절차에서 재판을 받게 된 결과 어느 하나의 사건에서 먼저 집행유예가 선고되어 그 형이 확정된 후 그 유예기간 중 여죄에 대한 다른 사건의 판결에서 집행유예가 선고되는 경우, 먼저 선고된 집행유예의 선고가 효력을 잃게 된다고 한다면 위 수죄가 같은 절차에서 동시에 재판을 받아 한꺼번에 집행유예를 선고받을 수 있었던 경우와 비교하여 볼 때 현저히 균형을 잃게 되어 불합리한 결과가 되므로, 이와 같이 집행유예기간 중 여죄에 대하여 금고 이상의 실형이 선고된 것이 아니고 금고 이상의 형의 집행유예가 선고된 경우는 예외적으로 위 규정의 "금고 이상의 형의 선고"를 받은 것에 포함되지 아니한다고 해석함이 상당하다 고 할 것이다(대법원 1989. 9. 12. 선고 87도2365 전원합의체 판결 참조).

3] 대법원 1997. 7. 18. 자 97모18 결정【재판의집행에관한이의신청기각에대한재항고】

[1] 형법 제63조의 입법 취지

❐ 형의 집행유예 선고의 실효에 관한 규정인 형법 제63조는 집행유예의 실효사유로서 집행유예기간 중 금고 이상의 형을 선고한 판결이 확정된 것을 요구하고 있을 뿐이고 그와 같이 금고 이상의 형이 확정된 죄가 집행유예기간 중에 범한 것인지 여부를 불문하고 있는바, 위 규정의 입법 취지는 재범의 방지뿐만 아니라, 본래 경합범으로서 동시에 재판하여 단일한 형을 선고할 복수의 죄에 대하여 각각 별도로 재판이 진행되어 선고한 수개의 형이 별도로 확정된 경우에 그 복수의 죄에 대하여 동시에 재판하였더라면 한꺼번에 실형이 선고되었을 경우와 불균형이 생기지 않도록 하는 등 범죄자에 대한 적정한 형벌권 행사를 도모하고자 함에도 있다.

[2] 집행유예의 선고가 확정된 죄와 형법 제37조 후단의 경합범 관계에 있는 다른 죄에 대하여 금고 이상의 실형을 선고한 판결이 그 집행유예기간 중에 확정된 경우, 전자의 집행유예는 실효한다(적극).

❐ 집행유예의 선고가 확정된 죄와 법률상 동일한 절차에서 심판을 받을 가능성이 있었던 형법 제37조 후단의 경합범 관계에 있는 다른 죄에 대하여 금고 이상의 실형을 선고한 판결이 그 집행유예기간 중에 확정된 경우에는 먼저 확정되었던 집행유예의 선고가 효력을 잃는다.

[3] 집행유예의 실효제도가 형벌불소급원칙이나 일사부재리원칙에 반하지 않는다(소극).

❐ 범죄에 대한 형의 집행유예는 합리적 목적을 위하여 법률로 규정한 사유가 발생할 경우 당연히 실효될 것 등을 조건으로 하여 선고되는 것이므로, 그러한 실효사유가 발생하여 형의 집행

유예 선고가 효력을 잃음으로써 유예되었던 형이 집행된다고 하여 행위시의 법률에 의하여 처벌받지 아니하는 행위에 대하여 소급하여 처벌받게 하거나 동일한 범죄에 대하여 거듭 처벌하는 것이라고 볼 수 없으므로 헌법 제13조 제1항이나 형법 제1조에 위반된다고 할 수 없다.

[4] 선행 범행에 대한 실형의 판결의 상고심 계속중 이루어진 후행 범행에 대한 집행유예의 판결이 실형의 판결보다 먼저 상고기각으로 확정되고 실형의 판결이 그 후에 확정됨으로써 집행유예의 선고가 효력을 잃게 되는 것은 평등권 침해가 아니다(소극).

❒ 형벌권 행사의 적정을 도모하고자 하는 형법 제63조의 입법 취지와 같은 법 제62조 제1항 단서에서 일정한 전과를 집행유예의 결격사유로 규정하고 나아가 집행유예의 선고를 받은 후 집행유예의 결격사유가 발각된 때에는 같은 법 제64조의 규정에 의하여 집행유예의 선고를 취소하도록 하고 있는 점 등을 아울러 고려하여 보면, 선행 범행에 대한 실형의 판결의 상고심 계속중 이루어진 후행 범행에 대한 집행유예의 판결이 실형의 판결보다 나중에 확정되지 아니하고 먼저 상고기각으로 확정되고 실형의 판결이 그 후에 상고기각으로 확정됨으로써 그 집행유예의 선고가 효력을 잃는다고 하더라도 평등권이 침해되었다고 볼 수 없다.

4] 대법원 1997. 4. 1. 자 96모109 결정【재판의집행에관한이의신청기각에대한재항고】

[1] 집행유예기간 중 다시 집행유예를 선고할 수 있는 경우에 해당되지 아니함에도 이를 간과하여 다시 집행유예 판결이 선고 · 확정된 경우, 전자의 집행유예 실효 는 적법하다(적극).

❒ 집행유예기간 중에 있는 자로서 다시 집행유예를 선고할 수 있는 경우에 해당되지 아니함에도 이를 간과하여 다시 집행유예 판결이 선고되어 전자의 집행유예기간 중 후자의 집행유예 판결이 확정된 경우, 형의 집행유예 선고의 실효에 관한 규정인 형법 제63조 소정의 '금고 이상의 형의 선고를 받아'라는 의미는 그 실형의 선고만을 지칭하는 것이 아니라 금고 이상의 형이 선고된 이상 그 형의 집행을 유예한 경우도 포함되고, 법원의 판결이 선고되어 확정된 이상 그 판결이 재심 등 다른 불복절차에 의하여 번복되거나 혹은 상소권회복 등에 의하여 그 확정력이 배제되지 않는 이상 그 확정판결 자체는 유효하므로, 비록 후자의 판결 선고 당시 법원이나 검찰이 집행유예기간 중인 사실을 간과하였다고 하더라도 그러한 사정만으로 전자의 판결의 집행유예 선고가 실효되는 것이 위법하다고 할 수는 없다(본 사건은 상표권침해행위로 집행유예 판결을 선고받은 피고인이 그 판결 확정 후 다시 상표권침해행위를 한 사안임).

3. 집행유예의 취소

조 문

제64조(집행유예의 취소) ①집행유예의 선고를 받은 후 제62조 단행의 사유가 발각된 때에는 집행유예의 선고를 취소한다.
②제62조의2의 규정에 의하여 보호관찰이나 사회봉사 또는 수강을 명한 집행유예를 받은 자가 준수사항이나 명령을 위반하고 그 정도가 무거운 때에는 집행유예의 선고를 취소할 수 있다.(신설 1995. 12. 29)

관련판례

1] 대법원 2010. 5. 27. 자 2010모446 결정

[1] 형법 제64조 제2항에 규정된 집행유예취소의 요건에 해당하는지 여부를 심리할 때의 평가요소

❐ 법원이 보호관찰 등에 관한 법률에 의한 검사의 청구에 의하여 형법 제64조 제2항에 규정된 집행유예취소의 요건에 해당하는가를 심리함에 있어, 보호관찰기간 중의 재범에 대하여 따로 처벌받는 것과는 별도로 보호관찰자 준수사항 위반 여부 및 그 정도를 평가하여야 하고, 보호관찰이나 사회봉사 또는 수강명령은 각각 병과되는 것이므로 사회봉사 또는 수강명령의 이행 여부는 보호관찰자 준수사항 위반 여부나 그 정도를 평가하는 결정적인 요소가 될 수 없다고 할 것이다.

2] 대법원 2006. 1. 26. 선고 2005두8740 판결【퇴직급여환수처분취소】

[1] 재직 중의 죄와 퇴직 후의 죄가 형법 제37조 전단의 경합범 관계에 있어 하나의 금고 이상의 형이 선고된 경우, 구 공무원연금법 제64조 제1항 제1호에서 정한 '재직 중의 사유로 금고 이상의 형을 받은 때'에 해당한다(적극).

❐ 구 공무원연금법(2005. 5. 31. 법률 제7543호로 개정되기 전의 것, 이하 '구 공무원연금법'이라 한다) 제64조 제1항 제1호는 공무원 또는 공무원이었던 자가 재직 중의 사유로 금고 이상의 형을 받은 때에는 대통령령이 정하는 바에 의하여 퇴직급여 및 퇴직수당의 일부를 감액하여 지급한다고 규정하고 있는바, 공무원이었던 자가 범한 재직 중의 죄와 퇴직 후의 죄가 형법 제37조 전단의 경합범으로 함께 기소되어 금고 이상의 형을 받은 경우에는 재직 중의 죄에 대하여도 금고 이상의 형이 선택되어 형을 받은 이상 그 죄가 퇴직 후의 죄와 형법 제37조 전단의 경합범의

관계에 있어 형법 제38조 제1항 제2호에 의하여 경합범 가중이 된 후 하나의 형이 선고되었다고 하더라도, 구 공무원연금법 제64조 제1항 제1호 소정의 '재직 중의 사유로 금고 이상의 형을 받은 때'에 해당한다.

3] 대법원 2001. 6. 27. 자 2001모135 결정

[1] 형법 제64조 제1항 소정의 '집행유예의 선고를 받은 후 형법 제62조 단행의 사유가 발각된 때'의 의미 및 집행유예 선고의 판결확정 전에 집행유예 결격사유를 당연히 알 수 있는 객관적 상황이 존재함에도 검사가 부주의로 알지 못한 경우, 위 '집행유예의 선고를 받은 후 형법 제62조 단행의 사유가 발각된 때'에 해당한다(소극).

❐ 형법 제64조 제1항에 의하면 집행유예의 선고를 받은 후 형법 제62조 단행의 사유가 발각된 때에는 집행유예의 선고를 취소한다고 규정되어 있는바, 여기에서 집행유예를 선고받은 후 형법 제62조 단행의 사유 즉 금고 이상의 형의 선고를 받아 집행을 종료한 후 또는 집행이 면제된 후로부터 5년을 경과하지 아니한 자인 것이 발각된 때라 함은 집행유예 선고의 판결이 확정된 후에 비로소 위와 같은 사유가 발각된 경우를 말하고 그 판결확정 전에 결격사유가 발각된 경우에는 이를 취소할 수 없으며, 이때 판결확정 전에 발각되었다고 함은 검사가 명확하게 그 결격사유를 안 경우만을 말하는 것이 아니라 당연히 그 결격사유를 알 수 있는 객관적 상황이 존재함에도 부주의로 알지 못한 경우도 포함된다.

(2) 집행유예 선고의 판결확정 전에 이미 수사단계에서 검사가 집행유예 결격사유가 되는 전과의 존재를 당연히 알 수 있는 객관적 상황이 존재하였음에도 부주의로 알지 못한 경우에 해당한다고 하여 집행유예의 선고를 취소할 수 없다.

4] 대법원 1999. 3. 10. 자 99모33 결정【집행유예취소에대한재항고】

[1] 보호관찰이나 사회봉사 또는 수강을 명한 집행유예를 받은 자가 준수사항이나 명령을 위반하고 그 위반사실이 범죄행위가 되는 경우, 그 범죄에 대한 형사절차와는 별도로 집행유예를 취소할 수 있다(적극).

❐ 형법 제62조의2의 규정에 의하여 보호관찰이나 사회봉사 또는 수강을 명한 집행유예를 받은 자가 준수사항이나 명령을 위반한 경우에 그 위반사실이 동시에 범죄행위로 되더라도 그 기소나 재판의 확정여부 등 형사절차와는 별도로 법원이 보호관찰등에관한법률에 의한 검사의 청구에 의하여 형법 제64조 제2항에 규정된 집행유예 취소의 요건에 해당하는가를 심리하여 준수사항이나 명령 위반사실이 인정되고 위반의 정도가 무거운 때에는 집행유예를 취소할 수 있다.

5] 대법원 1990. 8. 24. 자 89모36 결정【집행유예취소결정에대한재항고】

[1] 형의 집행유예의 취소사유가 되는 형법 제62조 제1항 단행의 사유에 집행유예를 선고받은 경우도 포함된다.

❐ 형의 집행유예의 취소는 그 집행유예선고의 판결이 확정된 후에 비로소 형법 제62조 단행의 사유가 발각된 경우에 할 수 있는 것이고, 그 판결이 확정되기 전에 이미 발각된 경우에는 집행유예의 선고를 할 수 없는 것이며(대법원 1984. 1. 18. 자 83모58 결정 참조) 형법 제62조 단행의 사유 가운데는 특수한 경우(즉 형의 집행유예를 상고받은 사람이 형법 제37조 경합범 관계있는 수죄를 범하여 같은 절차에서 동시에 재판을 받았더라면 한꺼번에 집행유예를 선고를 받았으리라고 여겨지는 경우)가 아닌 한 형의 집행유예선고를 받은 경우에도 포함 된다(대법원 1989. 9. 12. 선고 87도2365 판결 참조).

6] 대법원 1986. 3. 25. 자 86모2 결정【집행유예취소청구기각결정에대한재항고】

[1] 집행유예의 취소요건

❐ 형법 제64조의 규정에 의하여 집행유예의 취소를 하려면 그 집행유예의 판결이 확정된 후 취소사유에 해당하는 전과가 발각된 경우에 한하고 그 판결확정 전에 발견된 경우에는 이를 취소할 수 없다(대법원 1982. 1. 19 자 81모44 결정 참조).

7] 대법원 1984. 1. 18. 자 83모58 결정

[1] 집행유예의 취소요건인 전과의 발각시기

❐ 형법 제64조에 의하면, 집행유예의 선고를 받은 후 같은법 제62조 단행의 사유가 발각된 때에는 집행유예의 선고를 취소한다고 규정되어 있고, 형사소송법 제335조에 의하면 형의 집행유예의 취소는 검사가 청구하도록 되어 있는바, 형법 제64조에 집행유예의 선고를 받은 후 동법 제62조 단행의 사유 즉 금고이상의 형의 선고를 받아 집행 받 료한 후 의 선집행이 면제된 후로부터 5년을 경과하지 아니한 자인 것이 발각된 때라 함은 집행유예선고의 판결이 확정된 후에 비로소 위와 같은 사유가 발각된 경우를 말하고 그 판결이 확정되기 전에 이미 발각된 경우에는 집행유예의 취소청구를 할 수 없다고 할 것이다(당원 1976.4.14. 자 76모12 결정 참조).

8] 대법원 1983. 2. 5. 자 83모1 결정

[1] 집행유예의 판결을 선고받은 사유가 형법 제64조 소정의 집행유예선고의 취소사유에 해당한다.

❒ 형법 제62조 제1항 단서의 금고 이상의 형의 선고를 받았다는 것은 실형의 선고만을 말하는 것이 아니라 형의 집행유예를 선고받은 경우도 포함하는 것이며 형법 제64조가 규정하는 같은 법 제62조 제1항 단서의 해석을 이와 달리할 이유가 없다고 함이 당원의 일관된 입장이다(대법원 1960. 5. 18 선고 단기4292년 형상 제563호 판결 ; 대법원 1975. 11. 13. 자 75모63 결정 등 참조).

【사례】

피고인이 1980. 12. 30 특수절도 등으로 징역 1년에 2년간 집행유예의 선고를 받아 동판결이 확정되고 다시 1982. 2. 23 폭력행위 등 처벌에 관한 법률 위반으로 징역 1년 6월에 3년간 집행유예의 선고를 받아 동 판결이 확정된 경우에는 위 1982. 2. 23. 집행유예선고는 취소되어야 하고 전자의 집행유예판결이 1983. 1. 7로써 집행유예 기간이 경과된다고 하여 결론을 달리 할 것이 아니다.

9] 대법원 1966. 7. 27. 자 66모25 결정

[1] 형법 제64조 규정의 집행유예의 취소 사유로 볼 수 없는 사례

❒ 64.12.4 에 있은 폭행치상으로 65.6.3 징역 6월 2년간 집행유예를 선고받고 항소하고 있던 중 그해 8.12 에 다시 업무상과실치상(65.2.18에 있은)죄목으로 징역8월 2년간 집행유예의 판결을 받고 이에 대하여도 항소를 하였다가 그 해 10.7 위 각 항소를 취하함으로써 위 각 1심판결이 동시에 확정된 경우에는 전자의 판결이 후자의 판결의 관계에 있어 형법 제62조 단행의 사유에 해당하지는 않는다.

4. 집행유예의 효과

조 문

제65조(집행유예의 효과) 집행유예의 선고를 받은 후 그 선고의 실효 또는 취소됨이 없이 유예기간을 경과한 때에는 형의 선고는 효력을 잃는다.

관련판례

1] 대법원 2011. 3. 24. 선고 2008다49714 판결

[1] 국가공무원이 금고 이상의 형의 집행유예를 받아 당연퇴직한 후 형법 제65조에 따라 형의 선고가 효력을 잃게 된 경우, 이미 발생한 당연퇴직의 효력에 영향이 없다(소극).

❐ 구 국가공무원법(2002. 12. 18. 법률 제6788호로 개정되기 전의 것, 이하 같다) 제69조는 "공무원이 제33조 각 호의 1에 해당할 때에는 당연히 퇴직한다"고 규정하고, 같은 법 제33조 제1항 제4호는 결격사유 중의 하나로 '금고 이상의 형을 받고 그 집행유예의 기간이 완료된 날로부터 2년을 경과하지 아니한 자'를 들고 있다. 구 국가공무원법 제69조에서 규정하고 있는 당연퇴직제도는 같은 법 제33조 제1항 각 호에 규정되어 있는 결격사유가 발생하는 것 자체에 의하여 임용권자의 의사표시 없이 결격사유에 해당하게 된 시점에 당연히 그 공무원으로서의 신분을 상실하게 하는 것이고, 당연퇴직의 효력이 생긴 후에 당연퇴직사유가 소멸한다는 것은 있을 수 없으므로, 국가공무원이 금고 이상의 형의 집행유예를 받은 경우에는 그 이후 형법 제65조에 따라 형의 선고의 효력을 잃게 되었다 하더라도 이미 발생한 당연퇴직의 효력에는 영향이 없다 (대법원 2002. 7. 26. 선고 2001두205 판결 등 참조).

2] 대법원 2010. 9. 9. 선고 2010도8021 판결

[1] 형법 제65조에서 '형의 선고가 효력을 잃는다'는 의미 및 이에 따라 형의 선고가 효력을 잃는 경우 그 전과를 구 특정범죄 가중처벌 등에 관한 법률 제5조의4 제5항에서 정한 '징역형을 받은 경우'로 볼 수 없다(소극).

❐ 형법 제65조는 "집행유예의 선고를 받은 후 그 선고의 실효 또는 취소됨이 없이 유예기간을 경과한 때에는 형의 선고는 효력을 잃는다"고 정하고 있고, 여기서 "형의 선고가 효력을 잃는다"는 의미는 형실효법에 의한 형의 실효와 같이 형의 선고에 의한 법적 효과가 장래에 향하여 소멸한다는 취지이다(대법원 1983. 4. 2.자 83모8 결정 참조). 따라서 위 규정에 따라 형의 선고가 효력을 잃는 경우에도 그 전과는 특가법 제5조의4 제5항에서 정한 "징역형을 받은 경우"로 볼 수 없다고 할 것이다 .

3] 대법원 2004. 10. 15. 선고 2004도4869 판결

[1] 구 형의실효등에관한법률 제7조에 따라 실효된 자격정지 이상의 형이 형법 제59조 제1항 단행에서 정한 선고유예 결격사유에 해당한다(적극).

❐ 형법 제59조 제1항 단행에서 정한 "자격정지 이상의 형을 받은 전과" 라 함은 자격정지 이상의 형을 선고받은 범죄경력 자체를 의미하는 것으로서, 그 형의 효력이 상실되었는지 여부는 묻지 않는 것으로 해석함이 상당하고, 구 형의실효등에관한법률(1993. 8. 5. 법률 제4569호) 제7조 제1항 제1호가 징역 또는 금고형을 받은 사람이 자격정지 이상의 형을 받음이 없이 형의 집행을 종료하거나 그 집행이 면제된 날로부터 10년이 경과한 때에는 그 형은 실효된다고 규정한 취지는 집행유예기간이 경과한 때에는 형의 선고는 효력을 잃는다고 규정한 형법 제65조와 마찬

가지로 그저 형의 선고의 법률적 효과가 없어진다는 의미일 뿐, 형의 선고가 있었다는 기왕의 사실 자체의 모든 효과까지 소멸한다는 뜻은 아니므로, 일단 자격정지 이상의 형을 선고받은 이상 그 후 그 형이 구 형의실효등에관한법률 제7조에 따라 추후 실효되었다 하여도 이는 형법 제59조 제1항 단행에서 정한 선고유예 결격사유인, "자격정지 이상의 형을 받은 전과가 있는" 경우에 해당한다고 보아야 한다(대법원 1995. 12. 22. 선고 95도2446 판결, 대법원 2003. 12. 26. 선고 2003도3768 판결 등 참조).

4] 대법원 2003. 12. 26. 선고 2003도3768 판결

[1] 집행유예의 선고를 받고 그 유예기간을 무사히 경과한 자에 대하여 선고유예의 선고가 가능하다(소극).

❐ 형법 제59조 제1항 단행에서 정한 "자격정지 이상의 형을 받은 전과"라 함은 자격정지 이상의 형을 선고받은 범죄경력 자체를 의미하는 것이고, 그 형의 효력이 상실된 여부는 묻지 않는 것으로 해석함이 상당하다고 할 것이다. 따라서 형의 집행유예를 선고받은 자는 형법 제65조에 의하여 그 선고가 실효 또는 취소됨이 없이 정해진 유예기간을 무사히 경과하여 형의 선고가 효력을 잃게 되었다고 하더라도 형의 선고의 법률적 효과가 없어진다는 것일 뿐, 형의 선고가 있었다는 기왕의 사실 자체까지 없어지는 것은 아니므로 (대법원 1983. 4. 2. 자 83모8 결정, 1995. 12. 22. 선고 95도2446 판결 등 참조), 형법 제59조 제1항 단행에서 정한 선고유예 결격사유인 "자격정지 이상의 형을 받은 전과가 있는 자"에 해당한다고 보아야 할 것이다.

5] 대법원 1999. 1. 12. 자 98모151 결정

[1] 집행유예기간을 경과한 후 형법 제62조 단행의 사유가 발각된 경우, 집행유예를 취소할 수 없다(소극).

❐ 집행유예의 선고를 받은 후 그 선고의 실효 또는 취소됨이 없이 유예기간을 경과한 때에는 형법 제65조가 정하는 바에 따라 형의 선고는 효력을 잃는 것이고, 그와 같이 유예기간이 경과함으로써 형의 선고가 효력을 잃은 후에는 형법 제62조 단행의 사유가 발각되었다고 하더라도 그와 같은 이유로 집행유예를 취소할 수 없고 그대로 유예기간경과의 효과가 발생한다.

6] 대법원 1983. 4. 2. 자 83모8 결정

[1] 형법 제65조 소정의 "형의 선고는 효력을 잃는다"의 의미.

❐ 형법 제65조 소정의 "형의 선고는 효력을 잃는다"는 취의는 형의 선고의 법률적 효과가 없어진다는 것일 뿐 형의 선고가 있었다는 기왕의 사실 자체까지 없어진다는 뜻이 아니다.

[2] 형집행 종료 후 7년 이내에 집행유예의 판결을 받고 유예기간이 경과된 경우 형실효 선고는 불가.

❐ 형의 집행종료 후 7년 이내에 집행유예의 판결을 받고 그 기간을 무사히 경과하여 7년을 채우더라도 형법 제81조의 "형을 받음이 없이 7년을 경과"하는 때에 해당하지 아니하여 형의 실효를 선고할 수 없다.

5. 보호관찰, 사회봉사 · 수강명령

조문

제59조의2(보호관찰) ①형의 선고를 유예하는 경우에 재범방지를 위하여 지도 및 원호가 필요한 때에는 보호관찰을 받을 것을 명할 수 있다.
②제1항의 규정에 의한 보호관찰의 기간은 1년으로 한다.
[본조신설 1995. 12. 29]
제62조의2(보호관찰, 사회봉사 · 수강명령) ① 형의 집행을 유예하는 경우에는 보호관찰을 받을 것을 명하거나 사회봉사 또는 수강을 명할 수 있다.
② 제1항의 규정에 의한 보호관찰의 기간은 집행을 유예한 기간으로 한다. 다만, 법원은 유예기간의 범위내에서 보호관찰기간을 정할 수 있다.
③ 사회봉사명령 또는 수강명령은 집행유예기간 내에 이를 집행한다. [본조신설 1995. 12. 29]

1) 보호관찰

보호관찰(保護觀察)이란 범죄인의 재범방지와 사회복귀를 촉진하기 위하여 교정시설에 수용되지 않은 자유로운 사회생활을 허용하면서 일정한 전문지식을 갖춘 보호관찰관 · 보호위원의 지도 · 원호로 건전한 사회인으로 교화 · 선도하여 사회에 복귀하도록 국가가 적극적으로 범죄인을 지도 · 감독하는 제도를 말한다. 보호관찰과 사회봉사명령 또는 수강명령은 집행유예제도의 취지와 범죄예방목적에서 '병과'할 수 있다.[18]

---

18) 대법원 1998. 4. 24. 선고 98도98 판결「형법 제62조의2 제1항은 "형의 집행을 유예하는 경우에는 보호관찰을 받을 것을 명하거나 사회봉사 또는 수강을 명할 수 있다."고 규정하고 있는바, 그 문리에 따르면, 보호관찰과 사회봉사는 각각 독립하여 명할 수 있다는 것이지, 반드시 그 양자를 동시에 명할 수 없다는 취지로 해석되지는 아니할 뿐더러, 소년법 제32조 제3항, 성폭력범죄의처벌및피해자보호등에관한법률 제16조 제2항, 가정폭력범죄의처벌등에관한특례법 제40조 제1항 등에는 보호관찰과 사회봉사를 동시에 명할 수 있다고 명시적으로 규정하고 있는바, 일반 형법에 의하여 보호관찰과 사회봉사를 명하는 경우와 비교하여 특별히 달리 취급할 만한 이유가 없으

2)사회봉사명령

사회봉사명령이란 유죄가 확정된 범죄자를 일정한 기간 내에 지정된 시간 동안 공익적 무보수 근로명령을 말한다. 보호관찰 등에 관한 법률 제59조 제1항, 제61조 제1항규정에서 사회봉사명령으로 피고인에게 명할 수 있는 사회봉사는 500시간의 범위 내에서 법원이 사회봉사를 할 분야와 장소 등을 지정할 수 있는 근로활동을 의미하며 일정한 금원을 출연할 것을 명하는 것은 현행법상 허용될 수 없다.[19] 사회봉사명령의 집행은 원칙적으로 보호관찰관이 담당한다.

3) 수강명령

수강명령이란 유죄가 확정된 범죄자에게 일정한 시간 동안 지정된 장소에 출석하여, 지정된 교육, 강의, 학습, 훈련 또는 상담 등을 받도록 명함으로써 교정의 효과를 달성하고 정상적인 사회복귀를 촉진시키는 제도이다.

관련판례

1] 대법원 2011. 10. 27. 선고 2011두13033 판결

❒ 구 사회보호법에 의하여 보호감호를 받던 갑이 가출소허가결정에 따라 가출소하여 보호관찰을 받던 중 특정범죄 가중처벌 등에 관한 법률 위반(강도)의 죄를 범하여 징역형을 선고받았는데, 보호관찰기간이 지난 후 이 사실을 발견한 치료감호위원회가 구 사회보호법 제30조 제1항 제1호를 적용하여 갑에 대한 보호감호가출소결정을 취소한 사안에서, 구 사회보호법 제30조 제1항에 의한 가출소 취소는 보호관찰기간 만료 전까지만 허용되고, 보호관찰기간 경과 후 행해진 위 처분은 위법성이 중대·명백하여 무효이다.

며, 제도의 취지에 비추어 보더라도, 범죄자에 대한 사회복귀를 촉진하고 효율적인 범죄예방을 위하여 양자를 병과할 필요성이 있는 점 등을 종합하여 볼 때, 형법 제62조에 의하여 집행유예를 선고할 경우에는 같은 법 제62조의2 제1항에 규정된 보호관찰과 사회봉사 또는 수강을 동시에 명할 수 있다고 해석함이 상당하다.」

19) 대법원 2008. 4. 24. 선고 2007도8116 판결「우리 헌법은 "모든 국민은 신체의 자유를 가진다. 누구든지 … 법률과 적법한 절차에 의하지 아니하고는 처벌·보안처분 또는 강제노역을 받지 아니한다."(헌법 제12조 제1항)라고 정하여 처벌, 보안처분, 강제노역에 관한 법률주의 및 적법절차원리를 선언하고 있다. 이를 이어받아 이른바 범죄인에 대한 사회 내 처우의 한 유형으로 도입된 사회봉사명령 등에 관하여 구체적인 사항을 정하고 있는 형법 제62조의2와 보호관찰 등에 관한 법률 제59조 내지 제64조, 특히 제59조 제1항 "법원은 형법 제62조의2의 규정에 의한 사회봉사를 명할 때에는 500시간… 의 범위 내에서 그 기간을 정하여야 한다." 등의 내용을 종합적으로 검토하여 보면, 법원이 현행법에 의하여 형의 집행을 유예하는 경우 명할 수 있는 사회봉사는 500시간 내에서 시간 단위로 부과될 수 있는 일 또는 근로활동을 의미하는 것으로 해석된다. 따라서 법원이 형법 제62조의2의 규정에 의한 사회봉사명령으로 피고인에게 일정한 금원을 출연할 것을 명하는 것은 현행법상 허용될 수 없다.」

2] 대법원 2011. 2. 24. 선고 2010오1, 2010전오1 판결

[1] 성폭력범죄를 범한 피고인에게 형의 집행을 유예하면서 보호관찰을 받을 것을 명하지 않은 채 위치추적 전자장치 부착을 명한 원판결 및 제1심판결에 대하여 '비상상고'를 인용한 사례

❒ 원판결 및 제1심판결이 성폭력범죄를 범한 피고인에게 형의 집행을 유예하면서 보호관찰을 받을 것을 명하지 않은 채 위치추적 전자장치 부착을 명한 것은 법령 위반으로서 피부착명령청구자에게 불이익한 때에 해당한다는 이유로, 형사소송법 제446조 제1호 단서에 의하여 원판결 및 제1심판결 중 부착명령사건 부분을 파기하고 검사의 부착명령 청구를 기각한다.

3] 대법원 2010. 9. 30. 선고 2010도6403 판결

[1] 형법 제62조의2 제1항에서 규정한 '보호관찰'의 법적 성격 및 준수사항 부과의 허용 한계

❒ 형법 제62조의2 제1항에서 말하는 보호관찰은 형벌이 아닌 보안처분의 성격을 갖는 것으로서, 과거의 불법에 대한 책임에 기초하고 있는 제재가 아니라 장래의 위험성으로부터 행위자를 보호하고 사회를 방위하기 위한 합목적적인 조치이다. 보호관찰은 위와 같은 형사정책적 견지에서 때로는 본래 개인의 자유에 맡겨진 영역이거나 또는 타인의 이익을 침해하는 법상 금지된 행위가 아니더라도 보호관찰 대상자의 특성, 그가 저지른 범죄의 내용과 종류 등을 구체적・개별적으로 고려하여 일정기간 동안 보호관찰 대상자의 자유를 제한하는 내용의 준수사항을 부과함으로써 대상자의 교화・개선을 통해 범죄를 예방하고 재범을 방지하려는 데에 그 제도적 의의가 있다. 다만 법치주의와 기본권 보장의 원칙 아래에서 보호관찰 역시 자의적・무제한적으로 허용될 수 없음은 물론이다. 보호관찰은 필요하고도 적절한 한도 내에서 이루어져야 하며, 가장 적합한 방법으로 실시되어야 하므로(보호관찰 등에 관한 법률 제4조 참조), 대상자가 준수할 수 있고 그 자유를 부당하게 제한하지 아니하는 범위 내에서 구체적으로 부과되어야 한다(보호관찰 등에 관한 법률 시행령 제19조 제8호 참조).

4] 대법원 2009. 3. 30. 자 2008모1116 결정

[1] 보호관찰명령 없이 사회봉사・수강명령만 선고하는 경우, 보호관찰대상자에 대한 특별준수사항을 사회봉사・수강명령대상자에게 그대로 적용할 수 없다(소극).

❒ 보호관찰, 사회봉사・수강 또는 갱생보호는 당해 대상자의 교화・개선 및 범죄예방을 위하여 필요하고도 상당한 한도 내에서 이루어져야 하며, 당해 대상자의 연령・경력・심신상태・가정환경・교우관계 기타 모든 사정을 충분히 고려하여 가장 적합한 방법으로 실시되어야 하므로(보호관찰 등에 관한 법률 제4조), 법원은 특별준수사항을 부과함에 있어 대상자의 생활력, 심신의 상태, 범죄 또는 비행의 동기, 거주지의 환경 등 대상자의 특성을 고려하여 대상자가 준수할

수 있다고 인정되고 자유를 부당하게 제한하지 아니하는 범위 내에서 개별화하여 부과하여야 한다는 점, 형법 제62조의2 제2항, 제3항, 보호관찰 등에 관한 법률 제59조 제1항에 의하면, 보호관찰의 기간은 집행을 유예한 기간으로 하고 다만, 법원은 유예기간의 범위 내에서 보호관찰기간을 정할 수 있는 반면, 사회봉사명령·수강명령은 집행유예기간 내에 이를 집행하되 일정한 시간의 범위 내에서 그 기간을 정하여야 하는 점, 보호관찰명령이 보호관찰기간 동안 바른 생활을 영위할 것을 요구하는 추상적 조건의 부과이거나 악행을 하지 말 것을 요구하는 소극적인 부작위조건의 부과인 반면, 사회봉사명령·수강명령은 특정 시간 동안의 적극적인 작위의무를 부과하는 데 그 특징이 있다는 점 등에 비추어 보면, 사회봉사·수강명령대상자에 대한 특별준수사항은 보호관찰대상자에 대한 것과 같을 수 없고, 따라서 보호관찰대상자에 대한 특별준수사항을 사회봉사·수강명령대상자에게 그대로 적용하는 것은 적합하지 않다.

[2] 보호관찰명령 없이 수강명령만 선고한 경우, 특별준수사항 위반을 이유로 집행유예를 취소하는 경우 법원의 판단 방법

❒ 형법 제64조 제2항이 준수사항이나 명령의 위반 정도가 무거운 때에 집행유예의 선고를 취소할 수 있도록 규정하고 있고, 집행유예의 취소는 자유형의 선고와 마찬가지로 자유를 박탈하는 결과를 가져올 뿐만 아니라 사회봉사·수강명령의 실패와 다름아니기 때문에 사회봉사·수강명령의 목적을 도저히 달성할 수 없을 정도에 이르렀다고 판단될 때 하여야 하는 것이 바람직하다는 사정을 보태어 보면, 법원이 보호관찰대상자에게 특별히 부과할 수 있는 '재범의 기회나 충동을 줄 수 있는 장소에 출입하지 아니할 것'이라는 사항을 만연히 사회봉사·수강명령대상자에게 부과하고 사회봉사·수강명령대상자가 재범한 것을 집행유예 취소사유로 삼는 것은 신중하여야 한다.

5] 대법원 2008. 7. 24. 자 2008어4 결정

[1] 가정폭력범죄의 처벌 등에 관한 특례법상 사회봉사명령의 법적 성질 및 형벌불소급원칙의 적용이 가능하다(적극).

❒ 원심은, 2006. 7. 말경에 있었던 재항고인의 이 사건 폭행행위에 대하여 현행 가정폭력범죄의 처벌 등에 관한 특례법(이하 '가정폭력처벌법'이라고 한다) 제41조, 제40조 제1항 제5호, 제4호를 적용하여 재항고인에게 6개월간 보호관찰을 받을 것과 200시간의 사회봉사 및 80시간의 수강을 명하고 있는데, 원심이 적용한 보호처분에 관한 위 규정은 이 사건 폭행행위 이후인 2007. 8. 3. 법률 제8580호로 개정된 것으로서 개정 전 가정폭력처벌법(이하 '구 가정폭력처벌법'이라고 한다)에는 사회봉사 및 수강명령의 상한이 각각 100시간으로 되어 있다가 위 개정 당시 각각 200시간으로 그 상한이 확대되었다.

가정폭력범죄의 처벌 등에 관한 특례법이 정한 보호처분 중의 하나인 사회봉사명령은 가정폭

력범죄를 범한 자에 대하여 환경의 조정과 성행의 교정을 목적으로 하는 것으로서 형벌 그 자체가 아니라 보안처분의 성격을 가지는 것이 사실이다. 그러나 한편으로 이는 가정폭력범죄행위에 대하여 형사처벌 대신 부과되는 것으로서, 가정폭력범죄를 범한 자에게 의무적 노동을 부과하고 여가시간을 박탈하여 실질적으로는 신체적 자유를 제한하게 되므로, 이에 대하여는 원칙적으로 형벌불소급의 원칙에 따라 행위시법을 적용함이 상당하다.

[2] 가정폭력범죄의 처벌 등에 관한 특례법상 사회봉사명령을 부과하면서 행위시법이 아닌 신법을 적용한 것이 위법하다고 한 사례

❐ 가정폭력범죄의 처벌 등에 관한 특례법상 사회봉사명령을 부과하면서, 행위시법인 구 가정폭력처벌법 제41조, 제40조 제1항 제4호, 제3호를 적용하여 100시간의 범위 내에서 사회봉사를 명하여야 함에도 불구하고, 원심은 현행 가정폭력처벌법을 잘못 적용한 나머지 위 상한인 100시간을 초과하여 상한을 200시간으로 올린 신법을 적용한 것은 위법하다

6] 대법원 2008. 4. 24. 선고 2007도8116 판결

[1] 일정한 금원의 출연을 내용으로 하는 사회봉사명령이 허용되는지 여부(소극)

❐ 우리 헌법은 "모든 국민은 신체의 자유를 가진다. 누구든지 … 법률과 적법한 절차에 의하지 아니하고는 처벌·보안처분 또는 강제노역을 받지 아니한다." (헌법 제12조 제1항)라고 정하여 처벌, 보안처분, 강제노역에 관한 법률주의 및 적법절차원리를 선언하고 있다. 이를 이어받아 이른바 범죄인에 대한 사회 내 처우의 한 유형으로 도입된 사회봉사명령 등에 관하여 구체적인 사항을 정하고 있는 형법 제62조의 2와 보호관찰 등에 관한 법률 제59조 내지 제64조, 특히 제59조 제1항 "법원은 형법 제62조의 2의 규정에 의한 사회봉사를 명할 때에는 500시간 … 의 범위 내에서 그 기간을 정하여야 한다." 등의 내용을 종합적으로 검토하여 보면, 법원이 현행법에 의하여 형의 집행을 유예하는 경우 명할 수 있는 사회봉사는 500시간 내에서 시간 단위로 부과될 수 있는 일 또는 근로활동을 의미하는 것으로 해석된다. 따라서 법원이 형법 제62조의2의 규정에 의한 사회봉사명령으로 피고인에게 일정한 금원을 출연할 것을 명하는 것은 현행법상 허용될 수 없다.

오늘날 범죄인의 사회 내 처우에 대한 관심과 지원의 필요성이 증대하고 있고, 형사정책적·특별예방적 견지에서 볼 때 다양하고 효과적인 내용의 사회봉사명령 및 특별준수사항이 개발 시행되는 것은 바람직하다 할 것이다. 그러나 이는 필연적으로 범죄인의 권리와 법익에 대한 제한과 침해를 수반하게 되므로, 그 요건과 절차 등에 관한 사항은 가능한 한 구체적으로 법률에서 정해져야 하고, 적법절차의 원리에 따른 것이어야 하며, 범죄인에게 불리하게 해석 운용되어서는 아니 된다.

이와 다른 견해에서, 피고인이 경영하는 주식회사 소유 자금을 횡령하였다는 등의 범죄사실이

유죄로 인정된다는 이유로, 사회봉사로서 금전 출연 등을 주된 내용으로 하여 그 이행을 명한 원심판결에는, 사회봉사명령의 내용에 관한 법리를 오해한 위법이 있어 그대로 유지될 수 없다.

[2] 사회봉사명령이 위법한 경우 그 파기 범위

❐ 형법은 사회봉사명령을 집행유예에 수반되는 부수처분으로 설정하여 사회봉사명령을 집행유예기간 내에 집행하도록 하고 그 명령위반의 정도가 무거운 경우를 집행유예 취소의 요건으로 삼고 있는 점에 비추어, 사회봉사명령이 위법한 경우 형의 집행유예 부분에 위법이 없더라도 그 부분까지 전부 파기하는 것이 타당하다.

7] 대구지법 2008. 3. 7. 자 2008초기256 결정

❐ 사회봉사명령과 함께 집행유예선고를 받은 피고인이, 보호관찰소에 그 판결이 확정되었음을 신고하지도 아니하고 주거지를 변경하고도 법원이나 보호관찰소에 그 사실을 신고하지 아니함으로 인하여, 공시송달 절차를 밟아 사회봉사명령 준수사항 위반으로 인한 집행유예 취소결정이 내려지고, 이 결정 역시 공시송달을 통해 확정되자, 피고인이 즉시항고권 회복청구를 한 사안 되자,법정기한 내에 즉시항고를 제기하지 못한 것이 피고인의 책임질 수 없는 사유로 인한 것이라고 볼 수 없다.

8] 대법원 1999. 3. 10. 자 99모33 결정【집행유예취소에대한재항고】

[1] 보호관찰이나 사회봉사 또는 수강을 명한 집행유예를 받은 자가 준수사항이나 명령을 위반하고 그 위반사실이 범죄행위가 되는 경우, 그 범죄에 대한 형사절차와는 별도로 집행유예를 취소할 수 있다(적극).

❐ 형법 제62조의2의 규정에 의하여 보호관찰이나 사회봉사 또는 수강을 명한 집행유예를 받은 자가 준수사항이나 명령을 위반한 경우에 그 위반사실이 동시에 범죄행위로 되더라도 그 기소나 재판의 확정여부 등 형사절차와는 별도로 법원이 보호관찰등에관한법률에 의한 검사의 청구에 의하여 형법 제64조 제2항에 규정된 집행유예 취소의 요건에 해당하는가를 심리하여 준수사항이나 명령 위반사실이 인정되고 위반의 정도가 무거운 때에는 집행유예를 취소할 수 있다.

9] 대법원 1998. 4. 24. 선고 98도98 판결

[1] 형법 제62조에 의하여 집행유예를 선고하는 경우에 같은 법 제62조의2 제1항에 규정된 보호관찰과 사회봉사를 동시에 명할 수 있다(적극).

❐ 형법 제62조의2 제1항은 "형의 집행을 유예하는 경우에는 보호관찰을 받을 것을 명하거나 사회봉사 또는 수강을 명할 수 있다."고 규정하고 있는바, 그 문리에 따르면, 보호관찰과 사회봉

사는 각각 독립하여 명할 수 있다는 것이지, 반드시 그 양자를 동시에 명할 수 없다는 취지로 해석되지는 아니할 뿐더러, 소년법 제32조 제3항, 성폭력범죄의처벌및피해자보호등에관한법률(1997. 8. 22. 법률 제5358호로 개정된 것) 제16조 제2항, 가정폭력범죄의처벌등에관한특례법(1997. 12. 31. 법률 제5436호로 제정된 것) 제40조 제1항 등에는 보호관찰과 사회봉사를 동시에 명할 수 있다고 명시적으로 규정하고 있는바, 일반 형법에 의하여 보호관찰과 사회봉사를 명하는 경우와 비교하여 특별히 달리 취급할 만한 이유가 없으며, 제도의 취지에 비추어 보더라도, 범죄자에 대한 사회복귀를 촉진하고 효율적인 범죄예방을 위하여 양자를 병과할 필요성이 있는 점 등을 종합하여 볼 때, 형법 제62조에 의하여 집행유예를 선고할 경우에는 같은 법 제62조의2 제1항에 규정된 보호관찰과 사회봉사 또는 수강을 동시에 명할 수 있다고 해석함이 상당하다.

10] 대법원 1992. 5. 26. 선고 92도675 판결

[1] 제1심에서 소년이었으나 원심에서 성년이 되어 현역군인이 된 피고인에게 보호관찰을 명한 제1심 판결을 유지한 원심판결을 법률위반이 있다는 이유로 파기한 사례

❒ 제1심 법원이 소년인 피고인에게 집행유예의 판결을 선고하면서 보호관찰을 명하였고 그 후 피고인이 성년이 되어 현역군인으로 입대한 경우, 보호관찰법 제25조에 의하면 법원은 소년에 대하여 형법 제62조의 규정에 의하여 형의 집행유예를 선고함에 있어서 지도 및 원호가 필요하다고 판단되는 때에는 판결로써 이 법에 의한 보호관찰을 받을 것을 명할 수 있도록 규정되어 있고 같은 법 제59조는 군사법원법 제2조 제1항 각 호의 1에 해당하는 자에 대하여는 이 법을 적용하지 아니한다고 규정하고 있는바, 피고인이 원심판결 선고 당시 소년이 아님이 분명할 뿐만 아니라, 현역에 복무하는 군인이라면 군사법원법 제2조 제1항 제1호에 해당하는 " 군형법 제1조 제1항, 제2항에 규정된 자"임이 분명하므로, 이 점을 간과한 채 제1심 판결을 그대로 유지한 원심판결에는 법률의 위반이 있다.

제5절 형의 집행

1. 사형, 징역

조문

제66조(사형) 사형은 형무소 내에서 교수하여 집행한다.
제67조(징역) 징역은 형무소 내에 구치하여 정역에 복무하게 한다.

1) 사형

관련판례

1] 헌재 2010. 02. 25, 2008헌가23

[1] 사형제도의 헌법적 근거

❐ 헌법 제110조 제4항은 법률에 의하여 사형이 형벌로서 규정되고 그 형벌조항의 적용으로 사형이 선고될 수 있음을 전제로 하여, 사형을 선고한 경우에는 비상계엄하의 군사재판이라도 단심으로 할 수 없고 사법절차를 통한 불복이 보장되어야 한다는 취지의 규정으로, 우리 헌법은 문언의 해석상 사형제도를 간접적으로나마 인정하고 있다.

[2] 사형제도가 헌법 제37조 제2항에 위반하여 생명권을 침해하는지 여부(소극)

(가) 사형은 일반국민에 대한 심리적 위하를 통하여 범죄의 발생을 예방하며 극악한 범죄에 대한 정당한 응보를 통하여 정의를 실현하고, 당해 범죄인의 재범 가능성을 영구히 차단함으로써 사회를 방어하려는 것으로 그 입법목적은 정당하고, 가장 무거운 형벌인 사형은 입법목적의 달성을 위한 적합한 수단이다.

(나) 사형은 무기징역형이나 가석방이 불가능한 종신형보다도 범죄자에 대한 법익침해의 정도가 큰 형벌로서, 인간의 생존본능과 죽음에 대한 근원적인 공포까지 고려하면, 무기징역형 등 자유형보다 더 큰 위하력을 발휘함으로써 가장 강력한 범죄억지력을 가지고 있다고 보아야 하고, 극악한 범죄의 경우에는 무기징역형 등 자유형의 선고만으로는 범죄자의 책임에 미치지 못하게 될 뿐만 아니라 피해자들의 가족 및 일반국민의 정의관념에도 부합하지 못하며, 입법목적의 달성에 있어서 사형과 동일한 효과를 나타내면서도 사형보다 범죄자에 대한 법익침해 정도가 작은 다른 형벌이 명백히 존재한다고 보기 어려우므로 사형제도가 침해최소성원칙에 어긋난다고 할 수 없다. 한편, 오판가능성은 사법제도의 숙명적 한계이지 사형이라는 형벌제도 자체의 문제로 볼 수 없으며 심급제도, 재심제도 등의 제도적 장치 및 그에 대한 개선을 통하여 해결할 문제이지, 오판가능성을 이유로 사형이라는 형벌의 부과 자체가 위헌이라고 할 수는 없다.

(다) 사형제도에 의하여 달성되는 범죄예방을 통한 무고한 일반국민의 생명 보호 등 중대한 공익의 보호와 정의의 실현 및 사회방위라는 공익은 사형제도로 발생하는 극악한 범죄를 저지른 자의 생명권이라는 사익보다 결코 작다고 볼 수 없을 뿐만 아니라, 다수의 인명을 잔혹하게 살해하는 등의 극악한 범죄에 대하여 한정적으로 부과되는 사형이 그 범죄의 잔혹함에 비하여 과도한 형벌이라고 볼 수 없으므로, 사형제도는 법익균형성원칙에 위배되지 아니한다.

2] 대법원 2009. 2. 26. 선고 2008도9867 판결

[1] 살인죄에서 살인의 범의의 인정 기준 및 피고인이 범행 당시 살인의 범의는 없었고 상해 또는 폭행의 범의만 있었을 뿐이라고 다투는 경우, 살인의 범의에 대한 판단 기준

❒ 살인의 범의는 반드시 살해의 목적이나 계획적인 살해의 의도가 있어야 인정되는 것은 아니고, 자기의 행위로 인하여 타인의 사망의 결과를 발생시킬 만한 가능성 또는 위험이 있음을 인식하거나 예견하면 족한 것이고 그 인식이나 예견은 확정적인 것은 물론 불확정적인 것이라도 이른바 미필적 고의로 인정되는 것인바, 피고인이 범행 당시 살인의 범의는 없었고 단지 상해 또는 폭행의 범의만 있었을 뿐이라고 다투는 경우에 피고인에게 범행 당시 살인의 범의가 있었는지 여부는 피고인이 범행에 이르게 된 경위, 범행의 동기, 준비된 흉기의 유무 · 종류 · 용법, 공격의 부위와 반복성, 사망의 결과발생 가능성 정도 등 범행 전후의 객관적인 사정을 종합하여 판단할 수밖에 없는 것이다(대법원 2002. 2. 8. 선고 2001도6425 판결, 대법원 2006. 4. 14. 선고 2006도734 판결 등 참조).

[2] 충동조절장애와 같은 성격적 결함으로 인한 범행을 심신장애로 인한 범행으로 볼 수 있는지 여부(한정 적극)

❒ 증거의 취사선택과 사실인정은 논리와 경험칙에 반하지 않는 한 사실심의 전권에 속한다. 자신의 충동을 억제하지 못하여 범죄를 저지르게 되는 현상은 정상인에게서도 얼마든지 찾아볼 수 있는 일로서, 특단의 사정이 없는 한 위와 같은 성격적 결함을 가진 자에 대하여 자신의 충동을 억제하고 법을 준수하도록 요구하는 것이 기대할 수 없는 행위를 요구하는 것이라고는 할 수 없으므로, 원칙적으로 충동조절장애와 같은 성격적 결함은 형의 감면사유인 심신장애에 해당하지 아니한다고 봄이 상당하지만, 충동조절장애와 같은 성격적 결함이라 할지라도 그것이 매우 심각하여 원래의 의미의 정신병을 가진 사람과 동등하다고 평가할 수 있는 경우에는 그로 인한 범행은 심신장애로 인한 범행으로 보아야 한다(대법원 2002. 5. 24. 선고 2002도1541 판결, 대법원 2006. 10. 13. 선고 2006도5360 판결 등 참조).

[3] 사형의 선고가 허용되기 위한 요건 및 사형선택 여부의 결정 방법

❒ 사형은 인간의 생명 자체를 영원히 박탈하는 냉엄한 궁극의 형벌로서 문명국가의 이성적인 사법제도가 상정할 수 있는 극히 예외적인 형벌이라는 점을 감안할 때, 사형의 선고는 범행에 대한 책임의 정도와 형벌의 목적에 비추어 그것이 정당화될 수 있는 특별한 사정이 있다고 누구라도 인정할 만한 객관적인 사정이 분명히 있는 경우에만 허용되어야 하고, 따라서 사형을 선고함에 있어서는 형법 제51조가 규정한 사항을 중심으로 한 범인의 연령, 직업과 경력, 성행, 지능, 교육정도, 성장과정, 가족관계, 전과의 유무, 피해자와의 관계, 범행의 동기, 사전계획의 유무, 준비의 정도, 수단과 방법, 잔인하고 포악한 정도, 결과의 중대성, 피해자의 수와 피해감정, 범행

후의 심정과 태도, 반성과 가책의 유무, 피해회복의 정도, 재범의 우려 등 양형의 조건이 되는 모든 사항을 철저히 심리하여 위와 같은 특별한 사정이 있음을 명확하게 밝힌 후 비로소 사형의 선택 여부를 결정하여야 한다. 이를 위하여 법원으로서는 마땅히 기록에 나타난 양형조건들을 평면적으로만 참작하는 것에서 더 나아가, 피고인의 주관적인 양형요소인 성행과 환경, 지능, 재범의 위험성, 개선교화 가능성 등을 심사할 수 있는 객관적인 자료를 확보하여 이를 통하여 사형선택 여부를 심사하여야 할 것은 물론이고, 피고인이 범행을 결의하고 준비하며 실행할 당시를 전후한 피고인의 정신상태나 심리상태의 변화 등에 대하여서도 정신의학이나 심리학 등 관련 분야의 전문적인 의견을 들어 보는 등 깊이 있는 심리를 하여 본 다음에 그 결과를 종합하여 양형에 나아가야 한다(대법원 2003. 6. 13. 선고 2003도924 판결 등 참조).

3] 대법원 2003. 6. 13. 선고 2003도924 판결

[1] 사형의 선고가 허용되기 위한 요건

❐ 사형은 인간의 생명 자체를 영원히 박탈하는 냉엄한 궁극의 형벌로서 문명국가의 이성적인 사법제도가 상정할 수 있는 극히 예외적인 형벌이라는 점을 감안할 때, 사형의 선고는 범행에 대한 책임의 정도와 형벌의 목적에 비추어 그것이 정당화될 수 있는 특별한 사정이 있다고 누구라도 인정할 만한 객관적인 사정이 분명히 있는 경우에만 허용되어야 하고, 따라서 사형을 선고함에 있어서는 범인의 연령, 직업과 경력, 성행, 지능, 교육 정도, 성장과정, 가족관계, 전과의 유무, 피해자와의 관계, 범행의 동기, 사전계획의 유무, 준비의 정도, 수단과 방법, 잔인하고 포악한 정도, 결과의 중대성, 피해자의 수와 피해감정, 범행 후의 심정과 태도, 반성과 가책의 유무, 피해회복의 정도, 재범의 우려 등 양형의 조건이 되는 모든 사항을 철저히 심리하여 위와 같은 특별한 사정이 있음을 명확하게 밝힌 후 비로소 사형의 선택 여부를 결정하여야 한다.

[2] 사형의 선택 여부를 결정함에 있어서 필수적 양형자료 및 필요한 양형심리의 방법

❐ 사형의 선택 여부를 결정하기 위하여는 법원으로서는 마땅히 기록에 나타난 양형조건들을 평면적으로만 참작하는 것에서 더 나아가, 피고인의 주관적인 양형요소인 성행과 환경, 지능, 재범의 위험성, 개선교화 가능성 등을 심사할 수 있는 객관적인 자료를 확보하여 이를 통하여 사형 선택 여부를 심사하여야 할 것은 물론이고, 피고인이 범행을 결의하고 준비하며 실행할 당시를 전후한 피고인의 정신상태나 심리상태의 변화 등에 대하여서도 정신의학이나 심리학 등 관련 분야의 전문적인 의견을 들어 보는 등 깊이 있는 심리를 하여 본 다음에 그 결과를 종합하여 양형에 나아가야 한다.

4] 대법원 1992. 8. 14. 선고 92도1086 판결

[1] 사형의 선택이 허용되는 경우

❒ 사형은 인간의 생명자체를 영원히 박탈하는 냉엄한 극형으로서 그생명을 존치시킬 수 없는 부득이 한 경우에 한하여 적용되어야 할 궁극의 형벌이므로, 사형을 선택함에 있어서는 범행의 동기, 태양, 죄질, 범행의 수단, 잔악성, 결과의 중대성, 피해자의 수, 피해감정, 범인의 연령, 전과, 범행후의 정황, 범인의 환경, 교육 및 생육과정등 여러사정을 참작하여 죄책이 심히 중대하고 죄형의 균형이나 범죄의 일반예방적 견지에서도 극형이 불가피하다고 인정되는 경우에 한하여 허용될 수 있는 것이다(대법원 1985. 6. 11. 선고 85도926 판결; 대법원 1987. 10. 13. 선고 87도1240 판결 각 참조).

5] 대법원 1986. 12. 23. 선고 86도2314 판결

[1] 소년법 제53조 소정의 "사형 또는 무기형으로 처할 것인 때"의 의미

❒ 소년법 제53조 소정의 "사형 또는 무기형으로 처할 것인 때에는 15년의 유기징역으로 한다"라는 규정은 소년에 대한 처단형이 사형 또는 무기형일 때에 15년의 유기징역으로 한다는 것이지 법정형이 사형 또는 무기형인 경우를 의미하는 것은 아니다.

6] 대법원 1986. 9. 9. 선고 85다카2658 판결

[1] 소년감별소에 수용된 위탁생들 사이의 사형방지를 위한 감별소 직원의 주의의무

❒ 소년감별소내에 수용된 위탁생들 사이에 감별소측에서 임명한 간부위탁생외에 별도로 범죄경력이나 고참관계등을 따져 간부를 뽑아 이들이 생활관내의 질서를 잡는다고 행패를 부리고 위탁생들에게 자주 폭력을 써온 사실이 있었다면 위 생활관담당자를 비롯한 감별소의 직원으로서는 감별소 내에서의 사형을 방지하고 위와 같은 폭력성이 현저한 위탁생에 대하여 특별한 조치를 취하는 등 사고를 미연에 방지할 책무가 있다.

2) 징역

관련판례

1] 대법원 2011. 4. 14. 선고 2010도16939, 2010전도159 판결

[1] 아동 · 청소년 대상 성폭력범죄의 피고인에게 '징역 15년 및 5년 동안의 위치추적 전자장치 부착명령'을 선고한 제1심판결을 파기한 후 '징역 9년, 5년 동안의 공개명령 및 6년 동안의 위치

추적 전자장치 부착명령'을 선고한 원심의 조치가 불이익변경금지원칙에 위배되지 않는다.

❒ 불이익변경금지원칙의 적용에 있어서 그 선고된 형이 피고인에게 불이익하게 변경되었는지 여부에 관한 판단은 형법상 형의 경중을 기준으로 하되 이를 개별적 · 형식적으로 고찰할 것이 아니라 주문 전체를 고려하여 피고인에게 실질적으로 불이익한지 아닌지를 보아 판단하여야 한다(대법원 2010. 2. 11. 선고 2009도12967 판결 등 참조). 한편 '특정 성폭력범죄자에 대한 위치추적 전자장치 부착에 관한 법률'에 의한 전자감시제도는 성폭력범죄자의 재범 방지와 성행교정을 통한 재사회화를 위하여 그의 행적을 추적하여 위치를 확인할 수 있는 전자장치를 신체에 부착하게 하는 부가적인 조치를 취함으로써 성폭력범죄로부터 국민을 보호함을 목적으로 하는 일종의 보안처분으로서 형벌과 구별되며 그 본질을 달리한다(대법원 2009. 9. 10. 선고 2009도6061, 2009전도13 판결 등 참조). 이러한 취지에서 피고인 겸 피부착명령청구자(이하 '피고인'이라고만 한다)에게 징역 15년 및 5년 동안의 위치추적 전자장치 부착명령을 선고한 제1심판결을 파기한 후 피고인에 대하여 징역 9년, 5년 동안의 공개명령 및 6년 동안의 위치추적 전자장치 부착명령을 선고한 조치가 불이익변경금지의 원칙에 어긋나는 것이라고 할 수 없다.

2] 대법원 2010. 1. 28. 선고 2009도13411 판결

[1] 피고인의 각 범행이 형법 제37조 후단의 경합범에 해당되어 징역 4년, 징역 2년 6월 및 징역 4년의 각 형이 선고된 경우, 이를 합하면 징역 10년 이상이 되므로 형사소송법 제383조 제4호에 기하여 원심의 양형부당을 이유로 상고할 수 있다.

❒ 형사소송법 제383조 제4호는 양형이 부당한 것을 이유로 상고할 수 있는 것을 원심이 사형, 무기 또는 10년 이상의 징역이나 금고의 형을 선고한 경우에 한정하고 있다. 이러한 제한은 형의 양정이 피고인 및 당해 범행에 관련한 다양한 사정(형법 제51조 참조)을 종합적으로 참작한 판단으로 행하여지는 만큼 일반적으로 법률심인 상고심에서 양형에 관한 구체적 사정들을 심리하도록 하는 것은 적절하지 아니하나, 한편 피고인이 중형을 선고받은 경우에는 예외적으로 피고인의 이익을 위하여 그 양형의 적정 여부를 심리하도록 하려는 취지라고 할 것이다. 또한 피고인의 여러 범행이 형법 제37조 후단의 경합범관계에 있었다는 우연한 사정으로 형이 여럿 선고된 경우를 형법 제37조 전단의 경합범에 해당하여 하나의 형이 선고된 경우와 달리 취급할 이유는 없다(바로 그러한 이유에서 형법 제39조 제1항은 판결이 확정된 죄와 위 형법 제37조 후단의 경합범의 죄를 동시에 판결할 경우와의 형평을 고려하여 그 후자의 죄에 대하여 선고형을 정하도록 규정하고 있는 것이다). 이상과 같은 점 등에 비추어 보면, 하나의 사건에서 징역형이나 금고형이 여럿 선고된 경우에는 이를 모두 합산한 형기가 10년 이상이면 위 규정에서 정하는 "10년 이상의 징역이나 금고의 형을 선고한 경우"에 해당한다고 할 것이다.

3] 대법원 2009. 10. 29. 선고 2009도10340 판결

[1] 흉기휴대 재물손괴 등을 규정한 폭력행위 등 처벌에 관한 법률 제3조 제1항이 법정형을 1년 이상의 징역으로 처하도록 정한 부분이 헌법에 위배되지 않는다(소극).

❒ 어떤 범죄를 어떻게 처벌할 것인가 하는 문제, 즉 법정형의 종류와 범위의 선택은 광범위한 입법재량이 인정되어야 할 사항이고, 쉽사리 헌법에 위반된다고 단정하여서는 아니된다. '폭력행위 등 처벌에 관한 법률' 제3조 제1항, 제2조 제1항 제1호가 흉기 기타 위험한 물건을 휴대하여 재물손괴의 죄를 범한 자에 대하여 1년 이상의 징역에 처하도록 정한 것도 그와 같은 입법형성의 자유에 속하는 바이고, 그 규정이 과잉금지원칙 내지 비례원칙이나 형벌법규명확성의 원칙 등과 같은 헌법상 이념에 반한다고 쉽사리 말할 수 없다.

4] 대법원 2008. 9. 11. 선고 2006도8376 판결

[1] 무기징역의 판결이 확정된 죄와 형법 제37조 후단 경합범의 관계에 있는 죄에 대하여 공소가 제기된 경우, 형을 필요적 면제하는 것은 아니다(소극).

❒ 무기징역에 처하는 판결이 확정된 죄와 형법 제37조의 후단 경합범의 관계에 있는 죄에 대하여 공소가 제기된 경우, 법원은 두 죄를 동시에 판결할 경우와 형평을 고려하여 후단 경합범에 대한 처단형의 범위 내에서 후단 경합범에 대한 선고형을 정할 수 있고, 형법 제38조 제1항 제1호가 형법 제37조의 전단 경합범 중 가장 중한 죄에 정한 처단형이 무기징역인 때에는 흡수주의를 취하였다고 하여 뒤에 공소제기된 후단 경합범에 대한 형을 필요적으로 면제하여야 하는 것은 아니다.

5] 대법원 2006. 5. 29. 자 2006모135 결정

[1] 선고·확정된 경합범관계에 있는 수개의 형 중 중한 형인 무기징역형이 사후에 징역 20년 형으로 감형된 경우, 몰수나 벌금, 과료 이외의 다른 형을 집행할 수 없다(소극), 이미 집행한 형기의 통산규정인 구 형법 제39조 제4항이 적용될 수 없다(소극)

❒ 구 형법(2005. 7. 29. 법률 제7623호로 개정되기 전의 것) 제39조 제2항, 제1항, 제38조 제1항 제1호는 경합범관계에 있는 사건에 관하여 수개의 형이 선고·확정된 경우에는 경합범의 처벌례에 의하여 집행하도록 되어 있으므로 그 중 중한 형이 사형 또는 무기징역이나 무기금고인 때에는 그 형만을 집행할 수 있을 뿐 몰수나 벌금, 과료 이외의 다른 형은 집행하지 아니함이 그 규정 취지에 의하여 분명하므로 경합범에 해당하는 무기징역형이 사후에 징역 20년 형으로 감형되었다 하더라도 그 감형된 형만을 집행할 수 있을 뿐 몰수나 벌금, 과료 이외의 다른 형은 집행할 수 없다(대법원 1991. 8. 9.자 91모54 결정 참조). 한편 이미 집행한 형기의 통산규정인 같

은 법 제39조 제4항은 수개의 형을 합산하여 집행하는 경우에 이미 집행한 형기는 수개의 형 중 일부에 해당하는 것이어서 이를 통산하라는 취지이므로 무기징역형만을 집행할 뿐 다른 형을 더 이상 집행하지 아니하는 경우에는 적용될 여지가 없는 것이니, 위 무기징역형이 사후에 징역 20년 형으로 감형되었다 하더라도 마찬가지로 그 적용이 없다.

[2] 경합범관계에 있는 각 죄에 대하여 각 2년 6월의 징역형과 무기징역형이 별도로 선고・확정된 경우에는 위 무기징역형이 사후에 징역 20년으로 감형되었다고 하더라도 징역 2년 6월의 형 집행으로 복역한 형기를 감형된 징역 20년의 형기에 통산할 수 없다.

❒ 이 사건 각 죄는 경합범관계에 있고 이들에 대하여 각 2년 6월의 징역형과 무기징역형이 별도로 선고되어 확정되었으므로, 형법 부칙(2005. 7. 29.) 제2항, 구법 제39조 제1항, 제2항, 제38조 제1항 제1호의 각 규정에 의하여 그 중 무거운 형인 무기징역형만이 집행되어야 할 것이어서 무기징역형이 확정된 날로부터 형기의 통산 없이 무기징역형을 집행하라는 내용으로 한 검사의 형집행지휘처분에는 아무런 잘못이 없고, 무기징역형이 사후에 징역 20년으로 감형되었다고 하더라도 징역 2년 6월의 형 집행으로 복역한 형기를 감형된 징역 20년의 형기에 통산할 수 없다고 판단한 것은 위 법리에 따른 것으로 정당하고, 거기에 구법 제38조, 제39조의 법리를 오해한 위법이 없다.

2. 금고와 구류

조문

제68조(금고와 구류) 금고와 구류는 형무소에 구치한다.

1) 금고

관련판례

1] 대법원 2011. 10. 27. 선고 2009도9948 판결

[1] 피고인을 금고 이상의 형에 처한 각 판결의 확정일이 갑죄 2005. 4. 16., 을죄 2007. 8. 28., 병죄 2007. 11. 9., 정죄 2007. 12. 29.이고, 을・병・정죄는 모두 갑죄 판결 확정일 이전 범행인 사안에서, 갑죄 판결 확정일 이후 범행인 2007. 7. 26.자 및 2007. 8. 22.자 범죄는 이미 판결이 확정된 을・병・정죄와 처음부터 동시에 판결을 선고할 수 없었으므로 형법 제39조 제1항에 따라 동시에 판결할 경우와 형평을 고려하여 형을 감경 또는 면제할 수 없다.

❒ 「형법」제37조는 후단에서 '금고 이상의 형에 처한 판결이 확정된 죄와 그 판결 확정 전에

범한 죄'를 경합범으로 한다고 규정하고, 「형법」제39조 제1항은 경합범 중 판결을 받지 아니한 죄가 있는 때에는 그 죄와 판결이 확정된 죄를 동시에 판결할 경우와 형평을 고려하여 그 죄에 대하여 형을 선고하며 이 경우 그 형을 감경 또는 면제할 수 있다고 규정하고 있다. 위 각 조항의 문언, 입법취지 등에 비추어 보면, 아직 판결을 받지 아니한 죄가 이미 판결이 확정된 죄와 동시에 판결할 수 없었던 경우에는 「형법」제39조 제1항에 따라 동시에 판결할 경우와 형평을 고려하여 형을 선고하거나 그 형을 감경 또는 면제할 수 없다고 해석함이 상당하다.

2] 대법원 2009. 9. 24. 선고 2007다56876 판결

[1] 퇴직한 사립학교 교직원이 재임용되면서 재직기간의 합산을 신청하여 재직기간이 합산되었는데 재임용 후 재직기간 중의 사유로 금고 이상의 형을 선고받는 경우, 합산된 전체 재직기간에 따른 퇴직급여 및 퇴직수당 전부에 대하여 감액하고 초과지급분이 있으면 환수하여야 한다(적극).

❐ 퇴직한 사립학교 교직원이 다시 같은 교직원으로 임용되면서 재직기간의 합산을 신청하여 종전의 재직기간이 합산된 때에는 적법한 합산제외신청이 없는 한 그 교직원은 재임용 전후의 재임용 전의 재직기간에 관한 부분과 재임용 후의 재직기간에 관한 부분으로 나뉜다고 볼 수는 없고, 따라서 재임용 후 재직기간 중의 사유로 금고 이상의 형을 받는 경우 합산된 전체 재직기간에 따른 퇴직급여 및 퇴직수당 전부에 대하여 감액하고 초과지급분이 있으면 환수해야 한다.

원심은, 종전에 사립학교 교직원이던 원고가 사립학교인 ○고등학교 학교장으로 재임용되어 재직기간 합산신청을 하여 근무하다가 퇴직한 사실, 그 후 원고가 ○고등학교 학교장으로 재직하던 중에 저지른 업무상 횡령죄로 징역 1년 6월에 집행유예 3년의 형을 선고받아 확정된 사실, 이에 피고는 2005. 12. 2. 위 형이 확정된 다음달인 2005. 8.부터 퇴직연금을 2분의 1로 감액하기로 함과 아울러 이미 지급한 퇴직수당 및 퇴직연금 중 감액 부분에 해당하는 금액을 원고로부터 환수한 사실 등 판시와 같은 사실을 인정한 다음, 원고의 재임용 후 재직기간 중의 사유로 인하여 급여제한 사유가 발생하였더라도 원고의 전체 재직기간에 대한 퇴직급여의 지급을 제한할 수 있다고 보아, 재임용 후의 재직기간에 대하여만 퇴직급여를 감액할 수 있다는 원고의 주장을 배척하였는바, 이와 같은 원심의 판단은 앞서 본 법리와 기록에 비추어 정당하고, 거기에 주장하는 바와 같은 법리오해, 심리미진 등의 위법이 없다.

또한, 전체 재직기간에 대한 퇴직급여의 지급을 제한할 수 있다고 본다면 합산신청을 한 후 합산제외신청을 하지 않고 퇴직한 경우에는 처음부터 합산신청을 하지 않았거나 합산신청을 한 후 퇴직 전에 합산제외신청을 한 경우에 비하여 경제적으로 불리한 결과가 발생할 수도 있으나, 퇴직급여에 관한 법률상의 지위가 서로 다른 점에 비추어 그것이 형평의 원칙에 반한다고 볼 수 없다.

3] 대법원 2008. 9. 25. 선고 2006두18423 판결

[1] 단체협약 등에서 해고사유로 규정하는 '금고 이상의 형'이 반드시 실형만을 의미하는지 여부(소극) 및 그 판단 기준

❒ 단체협약 등에서 해고사유로 '금고 이상의 형이 확정되었을 때'라는 규정을 두고 있는 취지는 유죄판결로 인하여 ① 근로자의 기본적인 의무인 근로제공의무를 이행할 수 없는 상태가 장기화되어 근로계약의 목적을 달성할 수 없게 되었기 때문일 뿐 아니라, ② 기업 내의 다른 종업원과의 신뢰관계나 인간관계가 손상되어 직장질서의 유지를 저해하거나, ③ 당해 근로자의 지위나 범죄행위의 내용 여하에 따라서는 회사의 명예와 신용을 심히 훼손하거나 거래관계에까지 악영향을 미치게 되고, 또 ④ 사용자와 근로자 간의 신뢰관계가 상실됨으로써 근로관계의 유지가 기대될 수 없기 때문이라고 할 것이므로, 여기서의 '금고 이상의 형'이 반드시 실형만을 의미한다고 단정하여서는 안 되며(대법원 1997. 9. 26. 선고 97누1600 판결 등 참조), 그 의미는 규정의 취지나 다른 면직사유의 내용 등에 비추어 합리적으로 판단하여야 한다.

이러한 법리를 바탕으로 단체협약에서는 당연퇴직사유와 해고사유를 구분하고, 당연퇴직사유에는 근로자가 명시적 또는 묵시적으로 근로제공의사가 없음을 표시한 경우(사직원의 제출, 복직원 미제출, 직업군인이 된 경우 등), 그 성질상 근로자가 근로제공을 할 수 없는 경우(근로자의 사망, 신체상 또는 정신상 장애), 예정된 근로기간이 만료된 경우(정년, 근로계약의 만료) 등을 규정하는 한편, 해고사유로는 ① 징계해고가 결정되었을 때, ② 금고 이상의 형이 확정되거나 법률에 의하여 공민권이 정지 또는 박탈되었을 때(단, 도로교통법 위반으로 인한 사유인 경우에는 예외), ③ 금치산, 한정치산, 파산선고를 받았을 때, ④ 기타 관계 법령에 의거 허가를 득하였을 때를 규정하고 있음을 알아볼 수 있는바, 위와 같이 이 사건 단체협약에서는 당연퇴직사유와 해고사유를 구분하고, '금고 이상의 형의 확정'은 해고사유로 규정하고 있는 점, 위 단체협약에서는 '금고 이상의 형의 확정'과 '공민권의 정지 또는 박탈'을 함께 규정하고 있는데, '공민권의 정지 또는 박탈'은 실형판결에 의해서만 발생하는 것이 아닌 점, 또한 위 규정에서는 '금고 이상의 형의 확정'에 '도로교통법 위반으로 인한 경우'를 예외사유로 두어 범죄의 내용도 고려하고 있는데, 이는 단순히 근로제공의무의 장기간 불이행만을 해고사유로 정한 것이 아님을 뒷받침하는 점 등과 아울러 이 사건 단체협약상 해고사유로 규정된 다른 사유들과 당연퇴직사유로 규정된 사유들을 종합적으로 비교 · 검토하여 보면, 위 단체협약에서 규정하고 있는 '금고 이상의 형'이 반드시 실형만을 의미한다고 볼 수 없다.

4] 대법원 2007. 11. 30. 선고 2007두10051 판결【의사면허취소처분취소】

[1] 의료관련 범죄와 그 밖의 범죄의 경합범으로 처벌된 결과 금고 이상의 형을 선고 받은 경우

구 의료법 제52조 제1항 제1호에 정한 의료인의 면허취소 사유에 해당한다(적극).

❒ 구 의료법(2007. 4. 11. 법률 제8366호로 전문 개정되기 전의 것, 이하 같다) 제8조 제1항 제5호는 의료인이 될 수 없는 결격사유의 하나로 '이 법에 위반하여 금고 이상의 형의 선고를 받고 그 형의 집행이 종료되지 아니하거나 집행을 받지 아니하기로 확정되지 아니한 자'를 들고 있고, 같은 법 제52조 제1항 제1호는 보건복지부장관이 의료인의 면허를 취소하여야 하는 경우의 하나로 '의료인이 제8조 제1항 각 호의 1에 해당하게 된 때'를 들고 있는바, 그 면허취소의 요건으로 의료법 위반 등의 의료관련 범죄로 인하여 금고 이상의 형의 선고를 받을 것만을 요구하고 있을 뿐 그 장단기에 관하여 별도의 기준을 규정하고 있지 않은 점에 비추어 보면, 의료관련 범죄와 그 밖의 범죄가 형법 제37조 전단의 경합범으로 처벌되는 경우라고 하더라도 당해 의료관련 범죄에 대한 처단형이 금고 이상의 형임을 객관적으로 알 수 있는 이상 의료인의 면허취소사유에 해당한다는 의미임이 분명하다고 할 것이다.

5] 대법원 2006. 4. 7. 선고 2005도9858 전원합의체 판결

[1] 누범가중의 요건으로서 다시 금고 이상에 해당하는 죄를 범하였는지 여부의 판단 기준

❒ 형법 제35조 소정의 누범이 되려면 금고 이상의 형을 받아 그 집행을 종료하거나 면제를 받은 후 3년 내에 다시 금고 이상에 해당하는 죄를 범하여야 하는바, 이 경우 다시 금고 이상에 해당하는 죄를 범하였는지 여부는 그 범죄의 실행행위를 하였는지 여부를 기준으로 결정하여야 하므로 3년의 기간 내에 실행의 착수가 있으면 족하고, 그 기간 내에 기수에까지 이르러야 되는 것은 아니다.

2) 구류

관련판례

1] 대법원 1992. 5. 22. 선고 92도506 판결

[1] 법정형이 5만 원 이하의 벌금, 구류 또는 과료에 해당하는 경미한 범죄의 현행범을 강제로 연행하려고 하는 경찰관의 행위는 적법한 공무집행이라고 볼 수 없으므로 이를 제지하고자 폭행을 가한 행위는 공무집행방해죄를 구성하지 아니한다고 본 사례

❒ 경찰관들이 이 사건 회사 앞길에서 자신에 대한 해고의 부당함을 주장하며 농성을 벌이고 있던 위 회사의 해고 근로자인 공소외 ○에게 경찰서까지 동행할 것을 요구하였다가 거절당함에 따라 그를 연행하기 위하여 경찰순찰차량에 강제로 승차시키려고 하자 피고인이 이를 제지하는 방법으로서 판시와 같은 폭행행위를 한 것이라고 인정하고, 이에 터잡아 위 김영례의 행위

는 도로교통법 제63조 제3항 제2호 내지 경범죄처벌법 제1조 제24호, 제26호 등을 위반한 것으로 그 법정형이 5만원 이하의 벌금, 구류 또는 과료에 해당하는 경미한 범죄에 불과하여 비록 위 ○가 현행 범인이라고 하더라도 영장없이 위 ○를 체포할 수 는 없고, 또한 범죄의 사전 진압이나 교통단속의 목적만을 이유로 위 ○에 대하여 임의동행을 강요할 수도 없다 할 것이므로, 위 경찰관들이 위 ○를 그 의사에 반하여 강제로 연행하려고 한 행위는 적법한 공무집행이라고 볼 수 없고, 따라서 피고인이 위 경찰관들의 행위를 제지하기 위하여 그들에게 폭행을 가하였다고 하여도 이는 공무집행방해죄를 구성하지 아니한다.

2] **대법원** 1950. 3. 20. 4283**형상**72【**국가보안법위반**】

[1] 검사공소의 경우와 공소심의 미결구류일수의 통산

공소심에 있어서의 상소신립 후의 미결구류일수 통산은 검사의 상소인 때에는 그 전부 검사아닌 자의 상소인때에는 그 상소가 이유있는 경우에는 그 전부를 형사소송법 제556조의 규정에 의하여 당연히 통산될 것이오(법정통산) 우 법정통산의 대상되는 미결구류일수는 형법 제21조 규정에 의하여 통산하지 못한다(재정통산)

❒ 원심 미결구류일수 산입가부에 관하여 안컨대 원래 미결구류일수통산에 관하여는 형법 제21조 소정의 재정통산과 형사소송법 제556조 소정의 법정통산이 있어 전자에 있어서는 미결구류일수를 본형에 산입할 것인가 아닌가를 오로지 법원의 직권에 일임하였으나 후자에 있어서는 검사가 그 형을 집행함에 당하여 그 소정조건에 합당하면 즉 상소신립후의 미결구류일수로서 검사의 상고인 때에는 그 전부 검사아닌 자의 상소인 때에는 그 상소가 이유있는 경우에는 그 전부를 반드시 본형에 통산할 것과 또 통산에 관하여는 일정한 법정비율에 의할 것을 명한 것인바 본건에 있어서 피고인등의 공소가 이유 있음은 이미 전단에서 설시한 바와 같으므로 원심중의 미결구류일수통산에는 동법 제556조에 의할 것이오 형법 제21조를 적용하여 그 일부 통산을 판결에서 언도할 것이 아니다. 그러므로 원심의 조치는 공소이유 유무의 결정표준 및 미결구류일수 통산에 관한 각 경우를 이해치 못하고 그의 법률 적용을 그릇한 위법이 있고 논지는 이 점에 있어서 이유있다할 것이다. 그뿐 아니라 형사소송법 제556조 제1항 제1호에 의한 검사 상소인 경우의 법정통산에는 검사 아닌 자의 상소 또는 그 이유의 유무를 불문하는 법의로 해석함이 타당하므로 일건 기록에 의하여 피고인 1에게 대하여 검사로부터 공소하였음이 명백한 본건에 있어서는 더욱이 동 피고인에게 대한 미결구류일수 통산에 관하여는 전시 법정통산에 의할 것이오 형법 제21조를 적용할 여지가 없다할 것이므로 원판결은 이 점에 있어서도 위법을 면치 못할 것이다.

3. 벌금과 과료

조문

제69조(벌금과 과료) ① 벌금과 과료는 판결확정일로부터 30일내에 납입하여야 한다. 단, 벌금을 선고할 때에는 동시에 그 금액을 완납할 때까지 노역장에 유치할 것을 명할 수 있다.
② 벌금을 납입하지 아니한 자는 1일 이상 3년 이하, 과료를 납입하지 아니한 자는 1일 이상 30일 미만의 기간 노역장에 유치하여 작업에 복무하게 한다.

관련판례

1] 대법원 2011. 5. 26. 선고 2011두242 판결

❐ 지방공무원 갑이 공직선거법 위반죄로 벌금 200만 원의 형을 선고받아 1999. 11. 5. 확정된 후 계속 근무하다가 2009. 12. 29. 퇴직한 다음 공무원연금공단에 퇴직급여를 신청하였는데, 공무원연금공단이 갑은 1999. 11. 5. 당연퇴직됨에 따라 퇴직급여 지급청구권의 시효가 완성되어 이를 지급할 수 없다고 통보한 사안에서, 공무원연금공단의 지급 거절이 현저히 부당하거나 불공평하게 되는 등의 특별한 사정에 해당한다고 보기 어렵다는 이유로, 공무원연금공단의 소멸시효 주장이 권리남용에 해당하지 않는다.

2] 대법원 2009. 7. 23. 선고 2009도3131 판결

[1] 조세범처벌법 제4조에서 '형법 제38조 제1항 제2호 중 벌금경합에 관한 제한가중규정을 적용하지 아니한다'는 문언의 의미

❐ 「조세범처벌법」제4조에서 "「조세범처벌법」제11조의2의 범칙행위를 한 자에 대하여는「형법」제38조 제1항 제2호 중 벌금경합에 관한 제한가중규정을 적용하지 아니한다"라고 규정한 문언의 의미는, 판결이 확정되지 아니한 수개의 위 각 범칙행위를 동시에 벌금형으로 처벌함에 있어서는「형법」제38조 제1항 제2호 본문에서 규정하고 있는 '가장 중한 죄에 정한 벌금다액의 2분의 1을 한도로 가중하여 하나의 형을 선고하는 방식'을 적용하지 아니한다는 취지로 해석된다. 따라서 위 각 범칙행위로 인한 각 조세범처벌법 위반죄에 대해서 벌금을 병과하는 경우에는 각 죄마다 벌금형을 따로 양정하여 이를 합산한 액수의 벌금형을 선고하여야 할 것이다(대법원 1996. 5. 31. 선고 94도952 판결 등 참조).

3] 대법원 2009. 6. 25. 자 2008모1396 결정

[1] 채권에 대한 강제집행의 방법으로 벌금형을 집행하는 경우 그 벌금에 대하여 시효중단의 효력이 발생하는 시기(=채권압류명령 신청시) 및 수형자의 재산이라고 추정되는 채권에 대하여 압류신청을 하였으나 집행불능이 된 경우 이미 발생한 시효중단의 효력이 소멸하는지 여부(소극)

❒ 벌금에 있어서의 시효는 강제처분을 개시함으로 인하여 중단되고(형법 제80조), 여기서 채권에 대한 강제집행의 방법으로 벌금형을 집행하는 경우에는 검사의 징수명령서에 기하여 '법원에 채권압류명령을 신청하는 때'에 강제처분인 집행행위의 개시가 있는 것으로 보아 특별한 사정이 없는 한 그때 시효중단의 효력이 발생하며, 한편 그 시효중단의 효력이 발생하기 위하여 집행행위가 종료되거나 성공하였음을 요하지 아니하고, 수형자에게 집행행위의 개시사실을 통지할 것을 요하지 아니한다. 따라서 일응 수형자의 재산이라고 추정되는 채권에 대하여 압류신청을 한 이상 피압류채권이 존재하지 아니하거나 압류채권을 환가하여도 집행비용 외에 잉여가 없다는 이유로 집행불능이 되었다고 하더라도 이미 발생한 시효중단이 효력이 소멸하지는 않는다.

4] 대법원 2009. 2. 26. 선고 2007도9952 판결

[1] 벌금미납자가 병역을 기피할 목적으로 형집행기관에 자진출두하여 노역장유치처분을 받게 되어 병역의무를 이행하지 않게 되는 결과가 발생하였다고 하더라도, 병역법 제86조의 처벌대상이 되는 행위로 볼 수 없다고 한 사례

❒ 병역법 제86조는 "병역의무를 기피하거나 감면받을 목적으로 도망하거나 행방을 감춘 때 또는 신체손상이나 사위행위를 한 사람은 1년 이상 5년 이하의 징역에 처한다."고 규정하고 있는바, 단순히 병역의무를 소극적으로 이행하지 않는 행위는 병역법 제88조 소정의 입영기피죄로 따로 처벌하고 있는 것을 고려할 때, 병역법 제86조의 처벌대상이 되는 행위는 위와 같은 입영기피행위 정도를 넘어서 병역의무를 기피할 목적이나 그 의무를 감경 또는 면제받을 목적 달성을 위하여 병역의무의 이행을 면탈하고 병무행정의 적정성을 침해할 직접적인 위험이 있는 적극적인 행위만을 의미한다고 해석하여야 한다(대법원 2004. 3. 25. 선고 2003도8247 판결, 대법원 2005. 11. 10. 선고 2005도1995 판결 등 참조).

따라서 벌금형의 확정판결을 받고도 그 벌금을 납입하지 못한 자가 비록 병역을 기피할 목적이 있었다고 하더라도 형집행기관에 자진출두하여 노역장유치를 받게 된 것에 불과하다면, 비록 이로 인하여 결과적으로 병역의무를 이행하지 않게 되는 결과가 발생하였다고 하더라도 이를 위 조항 처벌대상이 되는 행위라고 볼 수는 없다.

5] 대법원 2006. 5. 29. 자 2006모135 결정

[1] 선고・확정된 경합범관계에 있는 수개의 형 중 중한 형인 무기징역형이 사후에 징역 20년 형으로 감형된 경우, 몰수나 벌금, 과료 이외의 다른 형을 집행할 수 없고(소극), 이미 집행한 형기의 통산규정인 구 형법 제39조 제4항이 적용될 수 없다(소극).

❒ 구 형법(2005. 7. 29. 법률 제7623호로 개정되기 전의 것, 이하 '구법'이라 한다) 제39조 제2항, 제1항, 제38조 제1항 제1호는 경합범관계에 있는 사건에 관하여 수개의 형이 선고・확정된 경우에는 경합범의 처벌례에 의하여 집행하도록 되어 있으므로 그 중 중한 형이 사형 또는 무기징역이나 무기금고인 때에는 그 형만을 집행할 수 있을 뿐 몰수나 벌금, 과료 이외의 다른 형은 집행하지 아니함이 그 규정 취지에 의하여 분명하므로 경합범에 해당하는 무기징역형이 사후에 징역 20년 형으로 감형되었다 하더라도 그 감형된 형만을 집행할 수 있을 뿐 몰수나 벌금, 과료 이외의 다른 형은 집행할 수 없다(대법원 1991. 8. 9.자 91모54 결정 참조).

한편, 이미 집행한 형기의 통산규정인 구법 제39조 제4항은 수개의 형을 합산하여 집행하는 경우에 이미 집행한 형기는 수개의 형 중 일부에 해당하는 것이어서 이를 통산하라는 취지이므로 무기징역형만을 집행할 뿐 다른 형을 더 이상 집행하지 아니하는 경우에는 적용될 여지가 없는 것이니, 위 무기징역형이 사후에 징역 20년 형으로 감형되었다 하더라도 마찬가지로 그 적용이 없다.

6] 대법원 2001. 8. 23. 자 2001모91 결정

[1] 형사소송법 제489조 소정의 '재판의 집행에 관한 검사의 처분에 대한 이의신청'의 대상 및 검찰징수사무규칙 제17조 소정의 '검사의 벌금 등의 징수명령'이 그 대상에 포함된다(적극).

❒ 형사소송법 제489조에 규정한 '재판의 집행에 관한 검사의 처분에 대한 이의신청'은, 같은 법 제460조에 규정한 검사의 형의 집행지휘, 같은 법 제477조에 규정한 검사의 재산형 등의 집행명령 등 검사가 형사소송법의 규정에 기하여 한 재판의 집행에 관한 일체의 처분을 그 대상으로 한다고 풀이되고, 벌금형 등의 재판의 집행에 관한 사항을 정한 검찰징수사무규칙(1999. 3. 30. 법무부령 제473호로 개정된 것) 제17조에 규정한 '검사의 벌금 등의 징수명령'은 위에서 본 검사의 재산형 등의 집행명령과 같은 것이라고 해석되므로, 검사가 한 징수명령이 형사소송법 제489조에 규정한 이의신청의 대상이 됨은 당연하다.

[2] 벌금형의 시효중단사유인 벌금의 일부납부의 의미 및 수형자가 아닌 제3자가 수형자의 의사와는 무관하게 벌금의 일부를 납부한 경우, 형의 시효가 중단된다(소극).

❒ 수형자가 벌금의 일부를 납부한 경우에는 이로써 집행행위가 개시된 것으로 보아 그 벌금형의 시효가 중단된다고 봄이 상당하고, 이 경우 벌금의 일부 납부란 수형자 본인이 스스로 벌금

을 일부 납부한 경우, 즉 벌금의 일부를 수형자 본인 또는 그 대리인이나 사자가 수형자 본인의 의사에 따라 이를 납부한 경우를 말하는 것이고, 수형자 본인의 의사와는 무관하게 제3자가 이를 납부한 경우는 포함되지 아니한다.

7] 대법원 2000. 11. 24. **선고** 2000**도**3945 **판결【조세범처벌법위반】**

[1] 벌금형에 대한 노역장유치기간이 선택형인 징역형의 장기보다 긴 경우, 노역장유치기간을 정함에 있어 위법이 아니다(소극).

❒ 벌금형에 대한 노역장유치기간의 산정에는 형법 제69조 제2항에 따른 제한이 있을 뿐 그 밖의 다른 제한이 없으므로, 징역형과 벌금형 가운데서 벌금형을 선택하여 선고하면서 그에 대한 노역장유치기간을 환산한 결과 선택형의 하나로 되어 있는 징역형의 장기보다 유치기간이 더 길 수 있게 되었다 하더라도 이를 위법이라고 할 수는 없다.

8] 대법원 1971. 3. 30. **선고** 71**도**251 **판결**

[1] 징역형과 벌금형이 병과된 경우에 벌금형의 환산유치기간이 3년을 넘지 않는한 징역형의 기간보다 길다 하더라도 위법이라 할 수 없다.

❒ 형법 제42조, 제69조 벌금등 임시조치법 제3조로써 징역형에 있어서는 1월이상 15년으로 하나 다만 형을 가중한 경우에 한하여 25년까지 할 수 있고, 벌금형에 있어서는 금 2000원 이상으로 하고 벌금형을 선고할 때에는 그 벌금을 납부하지 아니한 경우에 있어서의 유치기간을 선고하는 것이나 위의 유치기간은 1일 이상 3년 이하의 기간 내로만 할 수 있고, 그 이상의 기간을 벌금을 납부하지 아니한 경우에 있어서의 환산유치기간으로 정할 수 없음을 알 수 있을 뿐이고, 징역형과 벌금형이 병과된 경우에 위의 벌금형의 환산유치기간이 이하병과된 징역형의 기간보다 장기간이 되어서는 아니 된다는 아무 규정도 없을 뿐 아니라 그와 같이 해석하여야 할 합리적 이유도 발견할 수 없으므로, 위에서 말한 바와 같은 원심이 유치한 벌금형의 환산유치기간이 1000일이 되므로써 그에 병과된 징역형 2년6월형의 기간보다 장기간에 해당된다 하더라도 이를 소론과 같이 위법이라 할 수 없다.

4. 노역장 유치

조문

제70조(노역장유치) 벌금 또는 과료를 선고할 때에는 납입하지 아니하는 경우의 유치기간을 정하여 동시에 선고하여야 한다.

관련판례

1] 대법원 2009. 2. 26. 선고 2007도9952 판결

❐ 벌금미납자가 병역을 기피할 목적으로 형집행기관에 자진출두하여 노역장유치처분을 받게 되어 병역의무를 이행하지 않게 되는 결과가 발생하였다고 하더라도 병역법 제86조의 처벌대상이 되는 행위로 볼 수 없다.

2] 대법원 2007. 2. 9. 선고 2006도7837 판결【저작권법위반】

[1] 고인이 수사기관에 의해 체포되었다가 당일 석방된 경우, 피고인에 대하여 벌금형을 선고하면서 위 미결구금일수를 노역장유치기간에 산입하여야 함에도 이를 산입하지 아니한 것이 위법하다고 한 사례

❐ 범죄사실과 증거의 요지는 제1심판결의 각 해당란 기재와 같으므로 형사소송법 제399조, 제369조에 의하여 이를 그대로 인용한다. 법률에 비추건대, 원심판결과 제1심판결을 모두 파기한다. 피고인의 판시 행위는 저작권법 제97조의5에 해당하는바, 정해진 형 중 벌금형을 선택하여 그 형기 범위 내에서 피고인을 벌금 500,000원에 처하고, 피고인이 위 벌금을 납입하지 아니하는 경우 형법 제70조, 제69조 제2항에 의하여 50,000원을 1일로 환산한 기간 피고인을 노역장에 유치하며, 형법 제57조에 의하여 제1심판결 선고 전의 구금일수 1일을 위 벌금에 관한 노역장유치기간에 산입한다.

3] 서울중앙지법 2005. 8. 11. 선고 2005고합476 판결

[1] 집행을 유예하는 징역형에 고액의 벌금형을 병과하여 판결을 선고하는 경우, 벌금형에 대한 노역장 유치기간에 미결구금일수를 산입할 수 있다(적극).

❐ 집행을 유예하는 징역형에 고액의 벌금형을 병과하여 판결을 선고하는 경우, 징역형은 그 집행이 유예되고 벌금형은 그대로 집행되므로 피고인에게 더 유리하도록 벌금형에 대한 노역장유치기간에 미결구금일수를 산입할 수 있다.

4] 대법원 2000. 11. 24. 선고 2000도3945 판결【조세범처벌법위반】

[1] 벌금형은 감경되었으나 그 노역장유치기간이 길어진 경우, 불이익변경금지원칙의 위배 여부(소극) 및 벌금형이 감경되었을 뿐만 아니라 그 벌금형에 대한 노역장유치기간도 줄어들었으나 노역장유치 환산의 기준 금액이 낮아진 경우, 불이익변경금지원칙의 위배되지 않는다(소극).

❐ 피고인에 대한 벌금형이 제1심보다 감경되었다면 비록 그 벌금형에 대한 노역장유치기간이

제1심보다 더 길어졌다고 하더라도 전체적으로 보아 형이 불이익하게 변경되었다고 할 수는 없다 할 것이고, 피고인에 대한 벌금형이 제1심보다 감경되었을 뿐만 아니라 그 벌금형에 대한 노역장유치기간도 줄어든 경우라면 노역장유치 환산의 기준 금액이 제1심의 그것보다 낮아졌다 하여도 형이 불이익하게 변경되었다고 할 수는 없다.

[2] 벌금형에 대한 노역장유치기간이 선택형인 징역형의 장기보다 긴 경우, 노역장유치기간을 정함에 있어 위법이 없다(소극).

❒ 벌금형에 대한 노역장유치기간의 산정에는 형법 제69조 제2항에 따른 제한이 있을 뿐 그 밖의 다른 제한이 없으므로, 징역형과 벌금형 가운데서 벌금형을 선택하여 선고하면서 그에 대한 노역장유치기간을 환산한 결과 선택형의 하나로 되어 있는 징역형의 장기보다 유치기간이 더 길 수 있게 되었다 하더라도 이를 위법이라고 할 수는 없다.

5. 유치일수의 공제

조문

> 제71조(유치일수의 공제) 벌금 또는 과료의 선고를 받은 자가 그 일부를 납입한 때에는 벌금 또는 과료액과 유치기간의 일수에 비례하여 납입금액에 상당한 일수를 제한다.

참고문헌

김성돈, 『형법총론』, 성균관대학교출판부, 2009.

김신규, 『형법총론』, 청목출판사, 2009.

김일수 · 서보학, 『형법총론(새로 쓴)』, 박영사, 2006.

박상기, 『형법총론(제8판)』, 박영사, 2009.

배종대, 『형법총론(제9개정판)』, 홍문사, 2008.

손동권, 『형법총칙론』, 율곡출판사, 2001.

신동운 · 한인섭 · 이용식 · 조국 · 이상원, 『로스쿨 형법총론』, 박영사, 2009.

오영근, 『형법총론(제2판)』, 박영사, 2009.

원형식, 『형법총론(제2판)』, 청목출판사, 2009.

이영란, 『한국형법학, 총론강의(개정판)』, 숙명여대 출판국, 2003.

이재상, 『형법총론(제6판)』, 박영사, 2009.

이정부, 『형법총론, 동방도서』, 2003.

이형국, 『형법총론, 법문사』, 2007.

임 웅, 『형법총론(개정판 제2보정)』, 법문사, 2009.

정성근 · 박광민, 『형법총론(개정판보정)』, 법문사, 2009.

정영일, 『형법총론』, 박영사, 2005.

정진연, 『형법총론』, 숭실대학교출판부, 2008.

진계호 · 이존걸, 『형법총론』, 대왕사, 2007.

최상욱, 『형법총론(강원법학 총서 8)』, 강원대학교출판부, 2007.

하태훈, 『형법총론(사례중심)』, 법원사, 2002.

❖ 형법판례와 관계된 내용을 간략하게 개념을 요점정리했기 때문에 개별각주를 붙이는 데 무리가 있어 개별각주를 생략하고, 대신 인용문헌과 참고문헌으로 통합표기하였음.

판례색인

헌법재판소 2003. 9. 25, 2002헌마533…46
헌법재판소 2004. 3. 25, 2002헌마411…304
헌법재판소 2005. 9. 29, 2003헌마127…293, 302
헌법재판소 2007. 3. 29, 2006헌바69…274
헌법재판소 2008. 7. 31, 2006헌마704…340
헌법재판소 2008. 11. 27, 2007헌마49…27, 34
헌법재판소 2008. 12. 26, 2007헌가10, 16(병합)…236
헌법재판소 2008. 12. 26, 2008헌마547…135
헌법재판소 2009. 4. 30, 2007헌마1279…346
헌법재판소 2009. 6. 25, 2007헌바25…339
헌법재판소2010. 02. 25, 2008헌가23…374

대법원 1950. 3. 20, 4283형상72…384
대법원 1952. 6. 26, 4285형상74…321
대법원 1953. 5. 19, 4286형상15…337
대법원 1955. 2. 25, 4286형상39…230
대법원 1955. 6. 10, 4287형상210…255
대법원 1955. 9. 23, 4288형상221…191
대법원 1955. 9. 23, 4288형상221…169
대법원 1957. 8. 2, 57도190…321
대법원 1958. 8. 29, 4290형상57…229
대법원 1959. 6. 30, 59도177…320
대법원 1959. 7. 31, 4292형상308…179
대법원 1959. 10. 16, 4292 형상 279…254
대법원 1960. 3. 16, 4292형상858…320
대법원 1960. 5. 18, 단기4292년 형상 제563호…364
대법원 1960. 9. 30, 4293형상398…324
대법원 1961.12.14, 4292형상제645…229
대법원 1962.1.11, 4294형상제593…229
대법원 1962. 3. 29, 4294 형상 598…202
대법원 1962. 3. 29, 61도598…70
대법원 1962. 6. 14, 62도57…202
대법원 1964. 10. 28, 64도454…334
대법원 1965. 10. 5, 65도676…239
대법원 1965. 12. 10, 65도826…232
대법원 1966. 6. 28, 66도482…262
대법원 1966. 6. 28, 66도758…96
대법원 1966. 7. 27, 66모25…364
대법원 1966. 12. 8, 66도1319… 297
대법원 1967. 3. 6, 67초6…263
대법원 1967. 10. 31, 67도1151…95
대법원 1968. 3. 19, 68도99…255
대법원 1968. 7. 30, 68도739…181
대법원 1968. 9. 30, 68도1031…181
대법원 1969. 1. 28, 68도1709…169
대법원 1969. 2. 25, 68도1676…171
대법원 1969. 3. 18, 68도1772…181
대법원 1969. 5. 27, 69도591…320
대법원 1969. 7. 22, 69누33…305
대법원 1969. 7. 29, 69도984…190
대법원 1969. 8. 26, 69도1111…239, 240
대법원 1969. 11. 11, 69도1517…181

대법원 1970. 3. 24, 70도245…320
대법원 1970. 7. 21, 70도996…149
대법원 1970. 7. 28, 70도1044…229
대법원 1970. 12. 22, 70도2250…320
대법원 1971. 3. 9, 70도2681…297
대법원 1971. 3. 30, 71도251…388
대법원 1971. 11. 23, 71도1834…254
대법원 1971. 12. 14, 71다1638…87
대법원 1971. 12. 28, 71도2022…65
대법원 1972. 3. 31, 72도64…87
대법원 1972.4.20, 72다268…95
대법원 1972. 5. 9, 72도597…262
대법원 1972. 5. 9, 72도722…104
대법원 1972. 7. 25, 72다867…95
대법원 1973. 5. 1, 73도289…32
대법원 1973. 11. 13, 73도1553……168
대법원 1973. 12. 11, 73도1133…320, 350
대법원 1974. 6. 11, 73도2817…265
대법원 1975. 4. 8, 74도618…350
대법원 1975. 6. 24, 75다36…95
대법원 1975. 11. 13, 75모63…364
대법원 1976. 1. 27, 75도1543…279
대법원 1976. 5. 25, 75도1549…179, 217
대법원 1976. 7. 13, 75도1205…146
대법원 1976. 11. 23, 75도363…322
대법원 1977. 5. 24, 76도4001…320
대법원 1978. 3. 28, 77도4049…175
대법원 1978. 4. 25, 78도246…336
대법원 1979. 5. 22, 79도552…179
대법원 1979. 8. 21, 79도1249…202
대법원 1980. 5. 13, 80도765…323
대법원 1980. 7. 8, 79도2734…104
대법원 1980. 10. 14, 79도 05…67
대법원 1980. 11. 11, 80도2097…299
대법원 1980. 12. 9, 80도384… 276
대법원 1980. 12. 9, 80도2236…279
대법원 1981. 3. 10, 80도3321…107
대법원 1981. 4. 14, 81도614…350
대법원 1981. 8. 20, 81도1638…104
대법원 1981. 11. 24, 81도2422…213, 214, 231
대법원 1982. 1. 19, 81모44…363
대법원 1982. 3. 9, 81도2930…319
대법원 1982. 4. 13, 82도256…178
대법원1982. 6. 8, 82도781…202
대법원 1982. 9. 28, 82도1669…255, 319
대법원 1982. 10. 12, 82도1865…337
대법원 1982. 11. 23, 81도1737…316
대법원 1982. 11. 23, 82도2024…217
대법원 1983. 2. 5, 83모1…363
대법원 1983. 3. 8, 82도2873…216, 217
대법원 1983. 3. 8, 82도2944…182
대법원 1983. 3. 8, 82도3050…319
대법원 1983. 4. 2, 83모8…365
대법원 1983. 4. 2, 83모8 …349, 349, 366
대법원 1983. 4. 12, 82누93…300
대법원 1983. 4. 26, 83도323…272
대법원 1983. 4. 26, 83도323…190
대법원 1983. 6. 14, 81도2278…63
대법원 1983. 6. 14, 83도515…229
대법원 1983. 7. 12, 83도1200…245
대법원 1983. 8. 23, 83도1600…239
대법원 1983. 9. 13, 83도1894…319
대법원 1983. 9. 13, 83도1927…319
대법원 1983. 10. 11, 83도2057…183
대법원 1983. 10. 25, 83다카1163…94
대법원 1983. 10. 25, 83도1566…167

대법원 1983. 10. 25, 83도2432…190
대법원 1983. 11. 8, 83도2499…323
대법원 1983. 11. 22, 83도2590…190
대법원 1983. 12.1 3, 83도1458…214
대법원 1983. 12. 13, 81다카1030…94
대법원 1984. 1. 18, 83모58…363
대법원 1984. 1. 24, 83도1873…141
대법원 1984. 2. 14, 83도2871…319
대법원 1984. 2. 14, 83도2967…176, 190
대법원 1984. 2. 14, 83도2982…70
대법원 1984. 2. 28, 83도2470…262
대법원 1984. 2. 28, 83도3160…279
대법원 1984. 6. 26, 84도782…273
대법원 1984. 7. 24, 84도832…190
대법원 1984. 9. 11, 84도1381…189
대법원 1984. 11. 13, 84도1897…334
대법원 1984. 11. 27, 84도1906…102
대법원 1984. 12. 11, 82도3019…180
대법원 1984. 12. 11, 84도413…15
대법원 1984. 12. 11, 84도2154…319
대법원 1984. 12. 11, 84도2524…189
대법원 1984. 12. 26, 84도1573…177
대법원 1984. 12. 26, 84도2582, 84감도397…148
대법원 1984. 12. 26, 84도2582…149
대법원 1985. 3. 12, 84도3042…334
대법원 1985. 3. 26, 85도206…189
대법원 1985. 4. 23, 84도2890…263
대법원 1985. 4. 23, 85도303…78
대법원 1985. 4. 23, 85도464…189
대법원 1985. 6. 11, 85도926…377
대법원 1985. 7. 9, 85도707…149
대법원 1985. 8. 13, 85도1278…216
대법원 1985. 11. 12, 85도2002…172
대법원 1985. 11. 26, 85도1906…104, 216
대법원 1985, 12. 10, 85도1892…106
대법원 1985. 12. 10, 85도1892…151, 156
대법원 1986. 3. 11, 85도2831…172
대법원 1986. 3. 25, 86모2…363
대법원 1986. 5. 27, 86도412, 86감도59…323
대법원 1986. 9. 9, 85다카2658…377
대법원 1986. 9. 23, 86도1429…216
대법원 1986. 10. 28, 86도1517…322
대법원 1986. 11. 11, 86도1109…189
대법원 1986. 11. 11, 86도2004…239
대법원 1986. 12. 23, 86도2021…318
대법원 1986. 12. 23, 86도2256…182
대법원 1986. 12. 23, 86도2314…377
대법원 1987. 1. 20, 85도221…145
대법원 1987. 2. 24, 86도2731…277
대법원 1987. 9. 22, 87도1635…177
대법원 1987. 10. 13, 87도1240…377
대법원 1987. 10. 26, 87도1745…77
대법원 1987. 11. 10, 87도1213…69
대법원 1987. 12. 8, 87도1959…155
대법원 1988. 1. 12, 87도2256…213, 231
대법원 1988.1.19, 86도2654…350
대법원 1988. 1. 19, 87도1410…325
대법원 1988. 1. 19, 87도2287…35
대법원 1988. 4. 12, 88도178…77
대법원 1988. 5. 10, 87다카3101…94
대법원 1988. 6. 21, 88도551…314
대법원 1988. 6. 28, 88도820…162
대법원 1988. 11. 8, 88도1628…169
대법원 1989. 2. 14, 88도2211…318
대법원 1989. 2. 28, 88도1165…189
대법원 1989. 3. 14, 87도3674…141

대법원 1989. 4. 11, 88도460…30
대법원 1989. 4. 11, 88도1247…216
대법원 1989. 7. 25, 88누10947…94
대법원 1989. 8. 8, 89도358…141
대법원 1989. 9. 12, 87도2365…327, 359, 363
대법원 1989. 9. 12, 89도889…155
대법원 1989. 9. 12, 89도1153…189
대법원 1989. 10. 10, 89도1711…341, 344
대법원 1989. 10. 13, 89도556…93
대법원 1989. 11. 28, 89도201…155
대법원 1990. 3. 27, 89도1670…54
대법원 1990. 4. 27, 89도2291…350
대법원1990. 4. 27, 90도321…333
대법원 1990. 5. 25, 90도607…188
대법원 1990. 6. 26, 90도765…77
대법원 1990. 7. 27, 89도1829…278
대법원 1990. 8. 24, 90도1316…334
대법원 1990. 8. 24, 89모36…363
대법원 1990. 8. 28, 90도1217…175
대법원 1990. 9. 11, 90도1333…168
대법원 1990. 10. 10, 90도1940…318
대법원 1990. 10. 16, 90도1786…93
대법원 1990. 10. 26, 90도1940…325
대법원 1990. 11. 13, 90도1885…322
대법원 1990. 12. 10, 90초108…271
대법원 1990. 12. 26, 90도2381…318
대법원 1991. 3. 4, 90모59…296
대법원 1991. 4. 9, 91도288…188
대법원 1991. 4. 9, 91도357…296
대법원 1991. 5. 10, 89도1748…65
대법원 1991. 5. 10, 90도2102…58
대법원 1991. 5. 10, 90도2601…65
대법원 1991. 5. 14, 91도542…213, 231
대법원 1991. 5. 28, 91조352…318
대법원 1991. 6. 11, 91도907…318
대법원 1991. 6. 11, 91도985…336, 338
대법원 1991. 6. 25, 91도643…279
대법원 1991. 8. 9, 91모54…262
대법원 1991. 8. 9, 91모54…296, 379, 387
대법원 1991. 10. 11, 91도1566…80
대법원 1991. 10. 25, 91도2085…93
대법원 1991.12.10, 91도2478…47
대법원 1991. 12. 10, 91도2642…277, 278
대법원 1992. 1. 17. 91도2837…228
대법원 1992. 1. 17, 91도2837…226
대법원 1992. 2. 11, 91도2951…100, 101, 103
대법원 1992. 2. 28, 91도2935…14
대법원 1992. 5. 12, 91다23707…69
대법원 1992. 5. 22, 92도506…308, 383
대법원 1992. 5. 26, 92도675…373
대법원 1992. 6. 9, 92도77…164
대법원 1992. 6. 23, 92도954…322
대법원 1992. 7. 28, 92도700…309, 314
대법원 1992. 7. 28, 92도917…188
대법원 1992. 8. 14, 92도962…330
대법원 1992. 8. 14, 92도1086…375
대법원 1992. 8. 18, 92도1140…87
대법원 1992. 9. 8, 92도1650, 92감도80…183
대법원 1992. 10. 13, 92도1046…65
대법원 1992. 10. 13, 92도1428… 260, 335, 338
대법원 1992. 10. 27, 92도1377…168
대법원 1992. 11. 10, 92도1342…228
대법원 1992. 11. 13, 92도2194…323
대법원 1992. 12. 8, 92도199…317
대법원 1992. 12. 22, 91다45165…219
대법원 1992. 12. 22, 92다28518…93

대법원 1992. 12. 22, 92도2540…125, 136, 140
대법원 1992. 12. 24, 92도1223…182
대법원 1993. 3. 9, 92도3101…151, 213
대법원 1993. 3. 23, 92도455…154
대법원 1993. 3. 23, 92도3045…64
대법원 1993. 6. 11, 92도3437…350
대법원 1993. 6. 11, 93도1054…331
대법원 1993. 6. 22, 93오1…350
대법원 1993. 7. 27, 92도2345…155
대법원 1993. 9. 14, 93도1790…278
대법원 1993. 10. 8, 93도1951…178
대법원 1993. 10. 12, 93도1851…172
대법원 1993. 11. 23, 93도604…164
대법원 1994. 1. 14, 93도2579…100
대법원 1994. 1. 28, 93도1278…61
대법원 1994. 2. 8, 93도2563…343
대법원 1994. 3. 8, 93도3608…338
대법원 1994. 3. 22, 93도2080…162
대법원1994. 3. 22, 94도35…202
대법원 1994. 4. 15, 94도365…84
대법원 1994. 4. 25, 93도1731…97
대법원 1994. 4. 26, 93도1731…103
대법원 1994. 8. 12, 94도1591…337
대법원 1994. 9. 27, 94도1391…337
대법원 1994. 10. 14, 94도2130…331, 333
대법원 1994. 10. 25, 94도2283…139
대법원 1994. 12. 23, 93도1002…223, 231, 322
대법원 1994. 12. 23, 93도1002…223, 231
대법원 1995. 1. 12, 94도2687…317
대법원 1995. 1. 12, 94도2781…145
대법원 1995. 1. 20, 94도2842…77, 277
대법원 1995. 1. 24, 94도1949…64
대법원 1995. 3. 10, 94도1075…317
대법원 1995. 5. 12, 95도425…92
대법원 1995. 5. 23, 93도1750…317
대법원 1995. 6. 16, 94도1793…2079
대법원 1995. 7. 11, 94도1814…87
대법원 1995. 7. 28, 95도702…87
대법원 1995. 8. 25, 95도717…87
대법원 1995. 9. 15, 94도2561…188
대법원 1995. 9. 29, 95도456…102
대법원 1995. 12. 22, 95도2446…304, 347, 366
대법원 1996. 1. 26, 95도1464…155
대법원 1996. 4. 9, 96도241…140
대법원 1996. 4. 12, 96도304…168
대법원 1996. 5. 8, 96도221…317
대법원 1996. 5. 14, 96모14…317
대법원 1996. 5. 14, 96모14…314
대법원 1996. 5. 31, 94도952…256, 307, 385
대법원 1996. 6. 14, 96도477…17
대법원 1996. 7. 16, 96모44 …343
대법원1996. 8. 23, 96도1231…202
대법원 1996. 9. 6, 95도2551…215
대법원 1996. 9. 24, 95도245…92
대법원 1996. 10. 15, 96도1301…277
대법원 1996. 10. 25, 96다30113…106
대법원 1996. 11. 12, 96도2477…316
대법원 1996. 11. 29, 96도2490…316
대법원 1997. 3. 14, 96도1639 …103
대법원 1997. 3. 20, 96도1167…331
대법원 1997. 4. 1, 96모109…360
대법원 1997. 4. 17, 96도3376…229
대법원 1997. 4. 17, 96도3376…17, 125
대법원 1997. 4. 17, 96도3377…58, 182
대법원 1997. 4. 22, 97도 538…67
대법원 1997. 6. 13, 97도703…23

대법원 1997. 6. 13, 97도957…171
대법원 1997. 6. 27, 97도163…284
대법원 1997. 7. 8, 96누4275…305
대법원 1997. 7. 11, 97도1180…226
대법원 1997. 9. 26, 97누1600…382
대법원 1997. 10. 13, 96모118…358
대법원 1997. 11. 14, 93다34235…316
대법원 1997. 11. 28, 97도1740…202
대법원 1997. 11. 28, 97도1740…106
대법원 1997. 12. 9, 97도2682…15, 23
대법원 1997. 12. 26, 97도2609…322
대법원 1998. 2. 24, 97도183…19, 22, 213, 231, 284
대법원 1998. 3. 13, 98도159…52
대법원 1998. 4. 24, 98도98…367, 372
대법원 1998. 5. 21, 95도2002…316
대법원 1998. 5. 21, 98도321…61, 203, 207
대법원 1998. 5. 29, 97도1126…283
대법원 1998. 11. 27, 98도2734…26, 30
대법원 1999. 1. 12, 98모151…366
대법원…1999. 1. 26, 98도3029…134
대법원1999. 1. 29, 98도3584…319
대법원 1999. 3. 9, 98도3169…220
대법원 1999. 3. 10, 99모33…362, 372
대법원 1999. 3. 26, 98다45379, 45386…68, 69
대법원 1999. 3. 26, 98도3030…178
대법원 1999. 4. 9, 99도424…171
대법원 1999. 4. 13, 98다9915…69
대법원 1999. 4. 13, 98도4560…332
대법원 1999. 4. 13, 99도640…171
대법원 1999. 4. 13, 99초76 …14
대법원 1999. 4. 23, 99도636…54, 260
대법원 1999. 5. 11, 99다12161…312
대법원 1999. 5. 11, 99도12161…316
대법원 1999. 5. 25, 99도949…177
대법원 1999. 6. 11, 99도943…140
대법원 1999. 6. 25, 97도57078…316
대법원 1999. 6. 25, 99도1141…221
대법원 1999. 7. 9, 99도857…155
대법원 1999. 7. 9, 99도1695…14, 22, 331, 332
대법원 1999. 7. 9, 99도1695…14, 22, 332
대법원 1999. 9. 7, 99도3092…260
대법원 1999. 9. 17, 97도3349…22
대법원 1999. 9. 17, 98도3077…182
대법원 1999. 9. 21, 99도2443…331
대법원 1999. 10. 8, 99도1638…209, 315
대법원 1999. 10. 12, 99도3377…130
대법원 1999. 10. 22, 99도2971…130
대법원 1999. 11. 12, 99도3140…350
대법원 1999. 11. 12, 99도3801…180
대법원 1999. 11. 26, 99도2461…180, 187
대법원 1999. 12. 24, 99도3354…32
대법원 1999. 12. 28, 98도138…130
대법원 2000. 2. 25, 99도1252…213, 230
대법원 2000. 3. 28, 2000도228…140
대법원 2000. 3. 28, 2000도493…154
대법원 2000. 4. 7, 2000도576…62
대법원 2000. 4. 21, 99도3403…26
대법원 2000. 4. 21, 99도5563…86
대법원 2000. 4. 25, 98도2389…121
대법원 2000. 4. 25, 98도4490…276
대법원 2000. 5. 12, 2000도605…338
대법원 2000. 5. 12, 2000도745…315
대법원 2000. 5. 12, 2000도745…77
대법원 2000. 6. 9, 2000도764…22
대법원 2000. 6. 9, 2000도1253…187
대법원 2000. 7. 4, 99도4341…137, 138

대법원 2000. 7. 4, 2000도2154…92
대법원 2000. 8. 18, 2000도2943…22, 86
대법원 2000. 9. 29, 2000도3051…78, 80, 86
대법원 2000. 10. 13, 99오1…222
대법원 2000. 10. 24, 2000도3490…168
대법원 2000. 11. 24, 99도 822…154
.대법원 2000. 11. 24, 2000도3945…388, 389
대법원 2000. 11. 24, 2000도4078…212
대법원 2000. 11. 28, 2000도1089…64
대법원 2000. 11. 28, 2000도2123…247, 248
대법원 2000. 12. 8, 2000도2626…22
대법원 2001. 3. 9, 2000도794…209
대법원 2001. 3. 9, 2000도938…228
대법원 2001. 3. 27, 2000도5318…265
대법원 2001. 4. 24, 2001도872…332
대법원 2001. 4. 27, 2001도1276…271
대법원 2001. 5. 8, 2000도5313…21
대법원 2001. 5. 15, 2001도410…331
대법원 2001. 5. 15, 2001도1089…140
대법원 2001. 6. 1, 2001도70…253
대법원 2001. 6. 27, 2001모135…362
대법원 2001. 6. 29, 99도5026…86
대법원 2001. 7. 27, 2000도4298…186
대법원 2001. 8. 23, 2001모91…387
대법원 2001. 9. 7, 2001도2917…129
대법원 2001. 9. 25, 99도3337…28
대법원 2001. 10. 12, 99도5294…283
대법원 2001. 10. 12, 2001도3579…357
대법원 2001. 10. 26, 2001도4583…341
대법원 2001. 11. 9, 2001도4792…62
대법원 2001. 12. 28, 2001도5158…207
대법원 2002. 2. 8, 2001도6425…60, 64, 375
대법원 2002. 2. 22, 2001도5891…327
대법원 2002. 2. 26, 2000도4637…357
대법원 2002. 3. 12, 2001도2064…64
대법원 2002. 3. 26, 2001도6641…186
대법원 2002. 4. 12, 2000도3350…322
대법원 2002. 4. 12, 2000도3485…76
대법원 2002. 4. 26, 2001도6903…147
대법원 2002. 4. 26, 2002도429…177, 282
대법원 2002. 5. 10, 2001도300…139
대법원 2002. 5. 24, 2002도1541…48, 375
대법원 2002. 6. 11, 2000도5701…134, 138
대법원 2002. 6. 14, 2002도1256…308
대법원 2002. 6. 25, 2002도1893…331
대법원 2002. 6. 28, 2002도868…220
대법원 2002. 6. 28, 2002도2001…330
대법원 2002. 7. 23, 2000도746…184
대법원 2002. 7. 26, 2001두205…352, 365
대법원 2002. 7. 26, 2002도1855…250, 251, 308
대법원 2002. 8. 23, 2002도46…332
대법원 2002. 10. 11, 2002도4315…92
대법원 2002. 10. 25, 2002도4089…212
대법원 2002. 11. 26, 2002도4929…30, 34
대법원 2002. 12. 10, 2002도4227…134
대법원 2002. 12. 26, 2002도5077…123, 136
대법원 2003. 1. 10, 2002도5477…21
대법원 2003. 1. 24, 2002도5939…228
대법원 2003. 1. 24, 2002도6103…62, 202
대법원 2003. 2. 11, 2002도6606…340, 341
대법원 2003. 2. 28, 2002도7335…282
대법원 2003. 3. 10, 99도4273…129
대법원 2003. 3. 25, 2002도7134…183
대법원 2003. 3. 28, 2003도665…177
대법원 2003. 4. 8, 2002도6033…273
대법원 2003. 5. 30, 2002도235…151

대법원 2003. 5. 30, 2003도705…315
대법원 2003. 5. 30, 2003도1256…154
대법원 2003. 6. 13, 2003도924…288, 325, 376
대법원 2003. 9. 26, 2003도3000…124, 129, 136
대법원 2003. 10. 10, 2003도2770…15
대법원 2003. 10. 24, 2003도4027…222
대법원 2003. 10. 24, 2003도4417…185
대법원 2003. 11. 13, 2003도3606…137, 138
대법원 2003. 11. 24, 2003모410 …349
대법원 2003. 11. 28, 2003도3972…128
대법원 2003. 12. 12, 2001도606…308
대법원 2003. 12. 12, 2003다50610…69
대법원 2003. 12. 12, 2003도5207…103
대법원 2003. 12. 26, 2003도3768…301, 345, 347, 368
대법원 2004. 1. 15, 2001도1429…263
대법원 2004. 1. 27, 2001도3178…21
대법원 2004. 2. 13, 2003도3090…259
대법원 2004. 3. 25, 2003도3842…138
대법원 2004. 3. 25, 2003도8247…307, 386
대법원 2004. 3. 26, 2003도7878…58
대법원 2004. 3. 26, 2003도8077…310
대법원 2004. 4. 9, 2004도606…257
대법원 2004. 4. 23, 2002도2518…28
대법원 2004. 4. 27, 2002도315…145
대법원 2004. 4. 27, 2004도482…341
대법원 2004. 5. 14, 2004도74…64
대법원 2004. 6. 11, 2004도2018…330, 332
대법원 2004. 6. 24, 2002도995…58, 61, 97, 182
대법원 2004. 7. 22, 2002도4229…63
대법원 2004. 7. 22, 2003도8153…21
대법원 2004. 8. 20, 2003도4732…137
대법원 2004. 9. 16, 2001도3206… 281
대법원 2004. 10. 14, 2003도3133…329, 331
대법원 2004. 10. 15, 2004도4467…124
대법원 2004. 10. 15, 2004도4869…303, 365
대법원 2004. 10. 15, 2004도5035…247
대법원 2004. 10. 27, 2003도6738…209, 309
대법원 2004. 10. 28, 2004도3405…123
대법원 2004. 10. 28, 2004도3994…212
대법원 2004. 11. 12, 2003다52227…144
대법원 2004. 11. 18, 2004도5074…167
대법원 2004. 11. 26, 2004도5894…137
대법원 2005. 2. 17, 2004도6940…264
대법원 2005. 2. 25, 2004도8259…170
대법원 2005. 2. 25, 2004도8530…137
대법원 2005. 3. 11, 2002도5112…61
대법원 2005. 3. 25, 2005도329…58
대법원2005. 4. 29, 2002도7262…331
대법원 2005. 4. 29, 2003도6056…58, 182
대법원 2005. 7. 15, 2003도4293…209
대법원 2005. 7. 22, 2005도3034…103
대법원 2005. 7. 29, 2004도5685…54
대법원 2005. 8. 25, 2005도4178…293
대법원 2005. 9. 28, 2005도3240…186
대법원 2005. 9. 29, 2005도4205…270
대법원 2005. 9. 30, 2005도3940, 2005감도15…136
대법원 2005. 9. 30, 2005도4051…253
대법원 2005. 9. 30, 2005도4688…153
대법원 2005. 10. 7, 2005도2652…100
대법원 2005. 10. 7, 2005도5554…63
대법원 2005. 10. 13, 2005도2200…186
대법원 2005. 10. 28, 2004다13045…68, 69
대법원 2005. 10. 28, 2005도1247…62
대법원 2005. 10. 28, 2005도3963…281
대법원 2005. 11. 10, 2004도1164…250
대법원 2005. 11. 10, 2005도1995…186, 307, 386

대법원 2005. 12. 8, 2005도8105…175, 187
대법원 2005. 12. 9, 2005도7342…51
대법원 2005. 12. 23, 2005도747…14
대법원 2005. 12. 23, 2005도6484…264
대법원 2006. 1. 13, 2005도8873…85
대법원 2006. 1. 26, 2005도8507…207
대법원 2006. 1. 26, 2005두8740…361
대법원 2006. 1. 27, 2005도8704…277, 315
대법원 2006. 2. 10, 2005도6246…343
대법원 2006. 2. 23, 2005도8645…61, 102, 222
대법원 2006. 3. 10, 2005도6316…84
대법원 2006. 3. 23, 2005도9678…268, 270
대법원 2006. 3. 23, 2006도1076…252, 259, 333
대법원 2006. 3. 24, 2005도3717…81, 82, 83, 84
대법원 2006. 3. 24, 2005도8081…148, 153
대법원 2006. 3. 24, 2006도354…293
대법원 2006. 4. 7, 2005도9858…166, 239, 240, 383
대법원 2006. 4. 13, 2005도9396…143
대법원 2006. 4. 14, 2006도734…60, 375
대법원 2006. 4. 27, 2003도4735…138
대법원 2006. 4. 27, 2005도8074…150, 152
대법원 2006. 4. 27, 2006도514…281
대법원 2006. 4. 28, 2003도4128…85, 100, 101, 102
대법원 2006. 5. 11, 2003도 4320…251
대법원 2006. 5. 25, 2003도3945…228
대법원 2006. 5. 26, 2006도1713…264
대법원 2006. 5. 29, 2006모135…253, 295, 379, 387
대법원 2006. 9. 8, 2006도148…134, 138
대법원 2006. 9. 14, 2004도6432…179
대법원 2006. 9. 14, 2006도2824…185
대법원 2006. 9. 14, 2006도4075…315
대법원 2006. 9. 14, 2006도4127…166
대법원 2006. 9. 22, 2006도4883…330
대법원 2006. 9. 22, 2006도5010…25, 30, 33
대법원 2006.9.22, 2006도5010…30
대법원 2006. 9. 28, 2006도4666…81, 83
대법원 2006. 10. 13, 2006도5360…375
대법원 2006. 11. 10, 2006도5811…185
대법원 2006. 11. 23, 2005도5511…85
대법원 2006. 11. 23, 2006도2732…134, 137
대법원 2006. 11. 23, 2006도5586…313
대법원 2006. 12. 7, 2005도3707…211
대법원 2006. 12. 8, 2006도6356…277
대법원 2006. 12. 8, 2006도6400…313
대법원 2006. 12. 8, 2006도6886…238
대법원 2006. 12. 21, 2006도2684…63
대법원 2006. 12. 22, 2006도1623…61
대법원 2007. 1. 11, 2006도5288…165, 185
대법원 2007. 1. 12, 2006도5696…269
대법원 2007. 1. 12, 2006모691 …343
대법원 2007. 1 .25, 2006도6912…211
대법원 2007. 1. 25, 2006도8663…221
대법원 2007. 2. 8, 2006도6196…356
대법원 2007. 2. 8, 2006도7900…51, 44
대법원 2007. 2. 9, 2006도7837…389
대법원 2007. 2. 22, 2006도8214…309
대법원 2007. 2. 22, 2006도8555…351, 356
대법원 2007. 2. 22, 2006도8750…136
대법원 2007. 2. 23, 2005도10233…276, 277
대법원 2007. 3. 15, 2006도7318…228
대법원 2007. 3. 15, 2006도9418…146, 147, 148
대법원 2007. 3. 29, 2006도9307…124, 125, 136
대법원 2007. 3. 30, 2006도6350…165
대법원 2007. 4. 12, 2006도9298…204
대법원 2007. 4. 12, 2007도1033…102
대법원 2007. 4. 19, 2005도7288…326

대법원 2007. 4. 26, 2007도235…61, 203, 205
대법원 2007. 4. 26, 2007도428…203, 204
대법원 2007. 4. 26, 2007도1794…136
대법원 2007. 5. 11, 2006도1993…84
대법원 2007. 5. 11, 2006도4328…146, 147
대법원 2007. 5. 11, 2007도1373…53
대법원 2007. 5. 31, 2005다5867…69
대법원 2007. 6. 1, 2006도1813…90
대법원 2007. 6. 28, 2007모348 …347
대법원 2007. 6. 29, 2007도3306…53
대법원 2007. 7. 12, 2005도9221…101, 102
대법원 2007. 7. 12, 2006도2339…63
대법원 2007. 7. 13, 2007도3448…341, 342
대법원 2007. 7. 26, 2007도3687…174
대법원 2007. 7. 27, 2007도768…327, 355
대법원 2007. 7. 27, 2007도4484…50
대법원 2007. 8. 10, 2007모522 …341
대법원 2007. 8. 23, 2006도5041…184
대법원 2007. 8. 23, 2007도4913…238
대법원 2007. 9. 6, 2006도3591…227
대법원 2007. 9. 20, 2006도294…68
대법원 2007. 9. 20, 2007도5207…121, 151
대법원 2007. 9. 21, 2007도4724…276
대법원 2007. 10. 11, 2007도1738…330
대법원 2007.10.12, 2007다42877, 42884…300
대법원 2007. 10. 25, 2007도6868…267
대법원 2007. 10. 26, 2005도8822…90
대법원 2007. 11. 15, 2007도7140…276
대법원 2007. 11. 16, 2007도7205…83
대법원 2007. 11. 29, 2007도7062…220
대법원 2007. 11. 29, 2007도7471…251
대법원 2007. 11. 29, 2007도8333, 2007감도22…50
대법원 2007. 11. 30, 2007두10051…382
대법원 2007. 12. 14, 2007도7353…312
대법원 2007. 12. 27, 2007도4749…210
대법원 2007. 12. 28, 2007도7717…146
대법원 2007. 12. 28, 2007도8401…312
대법원 2008. 1. 18, 2007도8781…59, 60
대법원 2008. 1. 18, 2007도9405…301, 345, 346
대법원 2008. 2.2 9, 2007도9137…341
대법원 2008. 2. 14, 2005도4202…101
대법원 2008. 2. 14, 2007도8767…164
대법원 2008. 2. 14, 2007도10034…312
대법원 2008. 2. 14, 2007모845…302, 346
대법원 2008. 2. 28, 2007도5987…81, 83
대법원 2008. 2. 28, 2007도9354…101
대법원 2008. 3. 27, 2007도7874…354
대법원 2008. 3. 14, 2007도10601…210
대법원 2008. 3. 27, 2008도917…164
대법원 2008. 4. 10, 2007도9987…151
대법원 2008. 4. 10, 2008도1274…204
대법원 2008. 4. 10, 2008도1464…185
대법원 2008. 4. 11, 2007도8373…354
대법원 2008. 4. 14, 2007모726…340
대법원 2008. 4. 17, 2004도4899…29, 32
대법원 2008. 4. 24, 2007도8116…368, 371
대법원 2008. 4. 24, 2007도10058…163
대법원 2008. 5. 29, 2008도1816…325
대법원 2008. 6. 26, 2007도6188…75
대법원 2008. 6. 26, 2008도3189…275
대법원 2008. 7.2 4, 2007도4310…184
대법원 2008. 7. 10, 2008도3357…273
대법원 2008. 7. 10, 2008도3747…163
대법원 2008. 7. 24, 2008도2794…62
대법원 2008. 7. 24, 2008도4085…32
대법원 2008. 7. 24, 2008어4…370

대법원 2008. 8. 21, 2008도4378…209
대법원 2008. 9. 11, 2006도8376…258, 268, 295, 379
대법원 2008. 9. 11, 2007도6706…62, 202
대법원 2008. 9. 11, 2007도7204…227
대법원 2008. 9. 11, 2008도2409…163
대법원 2008. 9. 25, 2006두18423…382
대법원 2008. 10.2 3, 2008도7362…61
대법원 2008. 10. 9, 2008도6944…311
대법원 2008. 10. 23, 2008도209…252, 267
대법원 2008. 10. 23, 2008도3974…124
대법원 2008. 10. 23, 2008도5526…81, 83
대법원 2008. 10. 23, 2008도6999…127
대법원 2008. 11. 13, 2006도4885…311, 313
대법원 2008. 11. 20, 2008도5596… 311
대법원 2008. 11. 27, 2008도6728…61
대법원 2008. 11. 27, 2008도7820…183
대법원 2008. 12. 11, 2008도3656…25
대법원 2008. 12. 11, 2008도4101…294
대법원 2008. 12. 11, 2008도9606…150
대법원 2008. 12. 24, 2006도1427…237
대법원 2008. 12. 24, 2006도1819…100
대법원 2009. 1. 30, 2008도4986…256, 257, 298
대법원 2009. 1. 30, 2008도8138…220
대법원 2009. 1. 30, 2008도8607…82
대법원 2009. 1. 30, 2008도10560…276
대법원 2009. 2. 12, 2008도6551…61, 206
대법원 2009. 2. 26, 2006도9311…17, 21
대법원 2009. 2. 26, 2007도1214…59, 60
대법원 2009. 2. 26, 2007도9952…307, 386, 389
대법원 2009. 2. 26, 2008도9685…251
대법원 2009. 2. 26, 2008도9867…48, 59, 287, 324, 375
대법원 2009. 2. 26, 2008도11722…182
대법원 2009. 2. 26, 2009도39…251
대법원 2009. 3. 12, 2009도202,2009감도1…163
대법원 2009. 3. 26, 2007도7725…310
대법원 2009. 3. 26, 2008도93…20
대법원 2009. 3. 26, 2008도6641…101
대법원 2009. 3. 30, 2008모1116…353, 369
대법원 2009. 4. 9, 2006도9022…251
대법원 2009. 4. 9, 2008도5634…276
대법원 2009. 4. 9, 2009도321…19
대법원 2009. 4. 9, 2009도675…250
대법원 2009. 4. 9, 2009도870…48
대법원 2009. 4. 23, 2008도6829…126
대법원 2009. 4. 23, 2008도 11017…19
대법원 2009. 4. 23, 2008도11921…249, 257
대법원 2009. 4. 23, 2009도834…275
대법원 2009. 5. 28, 2008도3598…80
대법원 2009. 5. 28, 2009도1446…339
대법원 2009. 6. 11, 2008도8627…330
대법원 2009. 6. 11, 2008도10373…80
대법원 2009. 6. 11, 2008도11784…205
대법원 2009. 6. 11, 2009도2114…124
대법원 2009. 6. 11, 2009도2819…310
대법원 2009. 6. 23, 2009도2994…205
대법원 2009. 6. 25, 2008도10096…16
대법원 2009. 6. 25, 2009도3505…256, 275
대법원 2009. 6. 25, 2008모1396…386
대법원 2009. 7. 23, 2007도541…248
대법원 2009. 7. 23, 2009도840…124
대법원 2009. 7. 23, 2009도1934…59
대법원 2009. 7. 23, 2009도3131…256, 307, 385
대법원 2009. 8. 20, 2009도4391…309, 310
대법원 2009. 9. 10, 2008도7537…247
대법원 2009. 9. 10, 2009도6061, 2009전도13…294, 378
대법원 2009. 9. 24, 2007다56876…381

대법원 2009. 9. 24, 2009도3763…15
대법원 2009. 9. 24, 2009도4998…184
대법원 2009. 9. 24, 2009도5595…184
대법원 2009. 10. 15, 2006도6870…123
대법원 2009. 10. 15, 2008도9433…183
대법원 2009. 10. 29, 2009도4783…122
대법원 2009. 10. 29, 2009도7150…176
대법원 2009.10.29, 2009도7973…150
대법원 2009. 12. 10, 2009도1166…248
대법원 2009. 12. 10, 2009도11151…275
대법원 2009. 12. 10, 2009도11448…339
대법원 2009. 12. 24, 2007도6243…121
대법원 2009. 12. 24, 2009도7815…226
대법원 2009. 12. 24, 2009도9667…183
대법원 2010. 1. 14, 2009도9963…226
대법원 2010. 1. 14, 2009도10845…275
대법원 2010. 1. 14, 2009도12109, 2009감도38…100
대법원 2010. 1. 28, 2009도13411…248, 378
대법원 2010. 2. 11, 2009도12627…281
대법원 2010. 2. 25, 2009도8473…121
대법원 2010. 2. 25, 2009도13187…183
대법원 2010. 2. 25, 2009도14263…162
대법원 2010. 3. 11, 2009도5008…120
대법원 2010. 3. 25, 2009도1530…274
대법원 2010. 4. 8, 2009도11395…120
대법원 2010. 4. 29, 2009도13868…78, 80
대법원 2010. 4. 29, 2009도14427…182
대법원 2010. 4. 29, 2009도14554…182
대법원 2010. 4. 29, 2010도973…236
대법원 2010. 4. 29, 2010도1099…161
대법원 2010. 4. 29, 2010도1751…161
대법원 2010. 5. 13, 2009도11732…309
대법원 2010. 5. 27, 2010도2182…280
대법원 2010. 5. 27, 2010도2680…120
대법원 2010. 5. 27, 2010모446…353, 361
대법원 2010. 6. 24, 2007다62505…69
대법원 2010. 7. 8, 2007다55866…68
대법원 2010. 7. 8, 2010도931…247, 301, 345
대법원 2010. 7. 8, 2010도3545…309
대법원 2010. 7. 15, 2008도9066…58
대법원 2010. 7. 15, 2010도3544…204
대법원 2010. 7. 29, 2007다42433…219
대법원 2010. 9. 9, 2010도6924…204
대법원 2010. 9. 9, 2010도8021…365
대법원 2010. 9. 30, 2010도3364…100
대법원 2010. 9. 30, 2010도6403…353, 369
대법원 2010. 10. 14, 2008도6578…119
대법원 2010. 10. 28, 2008도11999…274
대법원 2010. 10. 28, 2010도2877…58
대법원 2010. 10. 28, 2010도7997…352
대법원 2010. 10. 28, 2010도10960…336
대법원 2010. 10. 28, 2010도11165…273
대법원 2010. 11. 25, 2010도10985…300
대법원 2010. 11. 25, 2010도11620…161
대법원 2010. 12. 9, 2008도1092…247, 299
대법원 2010. 12. 9, 2010도10451…53, 273
대법원 2011. 1. 13, 2010도9330…182
대법원 2011. 1. 27, 2010도11030…204
대법원 2011. 2. 10, 2010도14512…48
대법원 2011. 2. 24, 2010도13801…273
대법원 2011. 2. 24, 2010도15989…247
대법원 2011. 2. 24, 2010오1, 2010전오1…369
대법원 2011. 3. 10, 2010도17779…247
대법원 2011. 3. 17, 2006도8839…117
대법원 2011. 3. 24, 2008다92022…219, 299
대법원 2011. 3. 24, 2009다27605…352

대법원 2011. 3. 24, 2009도7230…99
대법원 2011. 4. 14, 2009도9576…246
대법원 2011. 4. 14, 2010도2540…15
대법원 2011. 4. 14, 2010도10104…68
대법원 2011. 4. 14, 2010도16939, 2010전도159…294, 377
대법원 2011. 5. 13, 2009도14442…117
대법원 2011. 5. 13, 2010도9962…150
대법원 2011. 5. 13, 2011도1415…225
대법원 2011. 5. 13, 2011도2021…203
대법원 2011. 5. 26, 2011도2412…58, 116
대법원 2011. 5. 26, 2011도3682…134
대법원 2011. 5. 26, 2011두242…385
대법원 2011. 6. 24, 2009다58364…219
대법원 2011. 6. 30, 2011도1651…273
대법원 2011. 7. 14, 2009도13151…225
대법원 2011. 7. 14, 2011도639…116
대법원 2011. 7. 14, 2011도1303…14
대법원 2011. 7. 14, 2011도3180…203, 215
대법원 2011. 7. 28, 2010도9652…58
대법원 2011. 8. 18, 2010도9570…116
대법원 2011. 8. 18, 2011도6311…255, 298
대법원 2011. 8. 25, 2010두26506…301
대법원 2011. 8. 25, 2011도6507…31
대법원 2011. 9. 8, 2009도13371…306
대법원 2011. 9. 8, 2009도13959…68
대법원 2011. 9. 8, 2011도7635…14
대법원 2011. 9. 29, 2008도9109…246
대법원 2011. 9. 29, 2008도9109…267
대법원 2011. 9. 29, 2009도2821…203
대법원 2011. 10. 13, 2010도15260…80
대법원 2011. 10. 13, 2011도6287…115
대법원 2011. 10. 27, 2009도9948…246, 266, 380
대법원 2011. 10. 27, 2011두13033…368
대법원 2011. 11. 10, 2009다45146…68
대법원 2011. 11. 10, 2011도10539…170
대법원 2011.11.24, 2010도8568…263
대법원 2011. 11. 24, 2011도9585…209
대법원 2011. 12. 8, 2010도9500…57, 181
대법원 2011. 12. 22, 2011도9721…202
대법원 2011. 12. 22, 2011도12041…329
대법원 2011. 12. 22, 2011도12927…160

고등군사법원 2005. 9. 27, 2005노74…211
광주고법 1961. 2. 20, 4293형공817…107
광주고법 1966. 5. 12, 66노50 형사부…156
광주고법 2008. 9. 17, 2008초기29…288, 297
대구고법 1971. 4. 15, 71노176…28
대구고법 1981. 12. 11, 81노1111…338
대구고법 1985. 2. 26, 84노1615…175
대구고법 1987. 7. 29, 87노879…132
대구고법 1987. 9. 16, 87노787…145
대구고법 2009. 6. 11, 2008노591…81
대전고법 2008. 5. 28, 2008노123,2008감노18…49, 326
대전고법 2008. 7. 23, 2008초기69,2008노105…238
부산고법 2006. 10. 20, 2006수17…76
부산고법 2008. 3. 21, 2007코8 …49
서울고법 단기 4293. 2. 19, 4292형공2188 …280
서울고법 2006. 12. 8, 2006노1010…165
서울고법 2007. 11. 1, 2006노407…221
서울고법 2009. 4. 2, 2008노2518…205
서울고법 1964. 3. 11, 64노22…173
서울고법 1971. 4. 29, 71노103…105
서울고법 1975. 4. 11, 75노245…280
서울고법 1975. 6. 13, 75노410…241
서울고법 1976. 9. 2, 76노591,1593,1613…173
서울고법 1980. 7. 10, 80노509…35

서울고법 1985. 8. 14, 85노1547…173
서울고법 1985. 10. 25, 85노2444…173
서울고법 1987. 3. 20, 87노94 …141
서울고법 1988. 11. 10, 88노2534 …132, 156
서울고법 1989. 1. 26, 88노2050 …132
서울고법 1990. 2. 27, 89노4058 …214
서울고법 2005. 5. 31, 2005노502…148
서울고법 2006. 5. 26, 2005노1861…91
서울고법 2009. 5. 21, 2000재노6…16, 125, 249

대구지법 1996. 12. 27, 96노170…133
대구지법 2004. 9. 16, 2004노2608…181
대구지법 2005. 5. 25, 2005로47…351
대구지법 2005. 11. 8, 2005노3026…360
대구지법 2007. 12. 26, 2006노266…261
대구지법 2008. 3. 7, 2008초기256…374
대구지법 2008. 12. 17, 2008고합783…77, 91
대전지법 1995. 4. 7, 94고합729…344
대전지법 2006. 10. 18, 2006고합102…142
마산지법 1985. 2. 28, 84고단1541…230, 333
부산지법 1991. 8. 20, 91고합291…156
부산지법 1997. 9. 3, 97재노2…131
서울동부지법 2008. 1. 31, 2007노880…220
서울서부지법 2009. 3. 19, 2008노1325…206
서울중앙지법 2007. 6. 14, 2007노450…152
서울중앙지법 2004. 2. 11, 2003고합604…91
서울중앙지법 2005. 8. 11, 2005고합476…389
서울중앙지법 2006. 9. 20, 2005노3760…54
서울지법 1995. 9. 28, 95노1985…131
서울지법 2003. 6. 11, 2003고단728…33
서울지법 2003. 10. 16, 2003가합25992…85
서울형사지법 1991. 11. 12, 90노2758 …132
울산지법 2007. 12. 26, 2007고정713…135
울산지법 2009. 4. 17, 2008노404, 975, 976, 977…127
인천지법 2009. 4. 23, 2009고단1010…126
전주지법 2006. 5. 12, 2005노1381…221
청주지법 2006. 5. 3, 2005노1200…143
청주지법 2009. 4. 13, 2009고정255…127
춘천지법 1998. 7. 9, 97노368…130

저자 **이명복**(Rhyi Myeong Pock)

■ 동국대학교 법과대학 교수, 법학박사.
■ 동국대학교 법정대학 학장 역임.
사법고시, 행정고시 외 기타 국가시험위원 역임.
■ 주요 저서
법률학신론(1988. 대영사)
인격적 법익 보호의 범죄(1988. 대영사)
조선시대 형사제도(2007. 동국대 출판부)
로스쿨 형법헌재판례(2009. 탑북스)
로스쿨 형법판례 I (2009. 탑북스)
로스쿨 형법판례 II (2010. 인북스)

로스쿨 형법총론판례

초판1쇄 인쇄 2011년 12월 20일
초판1쇄 발행 2011년 12월 25일

지은이 : 이명복
펴낸이 : 김향숙
펴낸곳 : 인북스

주소 : 경기 고양시 일산서구 성저로 121, 1102-102
전화 : 02) 325 7402
팩스 : 02) 542 1280
이메일 editorman@hanmail.net

ISBN 978-89-89449-35-5 93360
값 20,000원
잘못된 책은 바꾸어 드립니다.